Pisoni Reggiani Bertoni

Nel vivo della lingua

Grammatica, lessico e comunicazione

W0209999

Impara con l'eBook

1 REGÌSTRATI

Vai su **my.zanichelli.it** e iscriviti come studente

2 ATTIVA IL TUO LIBRO

Nella tua area **myZanichelli**, clicca su **attiva opera** e inserisci la **chiave di attivazione** che trovi sul bollino argentato in questa pagina del libro

3 CLICCA SULLA COPERTINA

Puoi:
- sfogliare l'**eBook online**
- **scaricarlo offline** sul tuo computer o sul tuo tablet

LOSAI? Ripassa con lo smartphone prima della verifica

1 SCARICA LA APP DA:

Scarica su App Store — DISPONIBILE SU Google play

2 AGGIUNGI IL LIBRO

con le tue credenziali **myZanichelli** e con la **chiave di attivazione**

3 CLICCA SUL CAPITOLO

che vuoi ripassare

4 SCEGLI LA TEORIA O IL TEST

Trovi:
- **sintesi di capitolo** per rivedere la teoria
- **batterie di test** per metterti alla prova

DN.0063773495
COD 52122
NEL VIVO DELL
A LINGUA
REGGIANI LORE
PISONI CECILI
BERTONI SILVI
ZANICHELLI
ZANICHELLI ED
2808E74118

ZANICHELLI

COM'È FATTO QUESTO LIBRO

NEL VIVO DELLA LINGUA È ORGANIZZATO IN **PERCORSI**
(4 DI GRAMMATICA E 3 DI EDUCAZIONE LINGUISTICA)
A LORO VOLTA DIVISI IN **UNITÀ**.

IN CIASCUNA UNITÀ

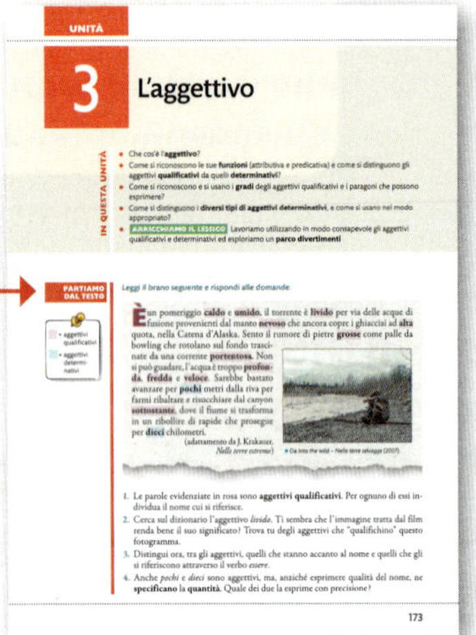

Partiamo dal testo: un breve testo accompagnato da domande di riscaldamento introduce l'argomento dell'unità.

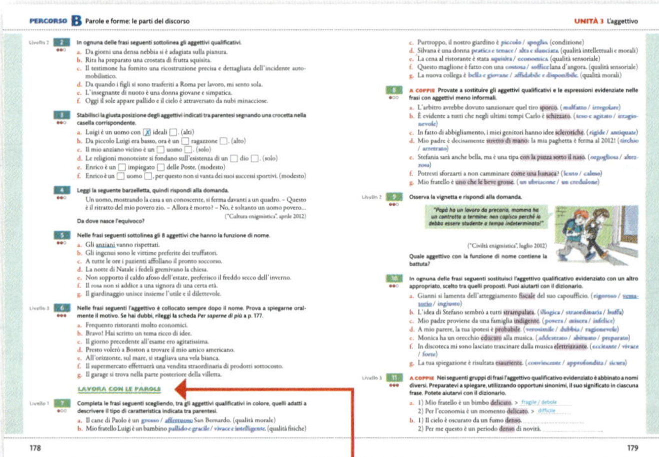

Adesso tocca a te: le attività sono suddivise per **abilità** (individua, correggi, produci ecc.) e per **livelli di difficoltà**.

Lavora con le parole: contiene attività per ampliare e consolidare il lessico.

f. Il giardinaggio è un'attività rilassante. .... / ....
g. Il nuovo bidello ha un'espressione bonaria. .... / ....

PRODUCI

Livello 1 **13** Dividetevi in piccoli gruppi di 3-4 componenti, quindi scegliete un nome tra quelli elencati e abbinate ad esso il maggior numero possibile di aggettivi qualificativi appropriati. Confrontate il vostro lavoro con quello dei compagni.
foresta ~ colore ~ inverno ~ libro ~ animale ~ paesaggio ~ famiglia ~ suono

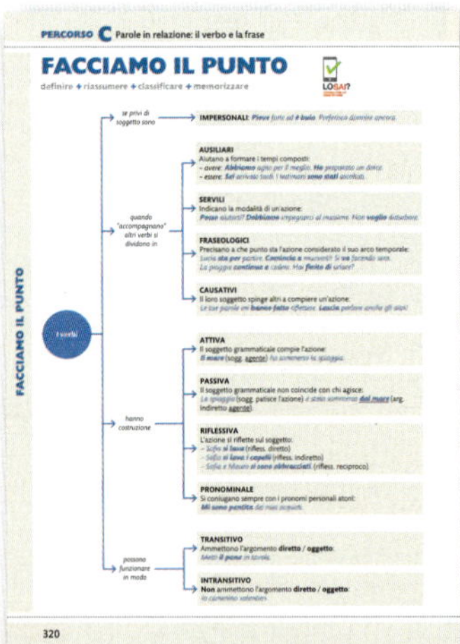

Facciamo il punto: ogni unità si chiude con una mappa riassuntiva e con esercizi di riepilogo sulle conoscenze, abilità e competenze acquisite.

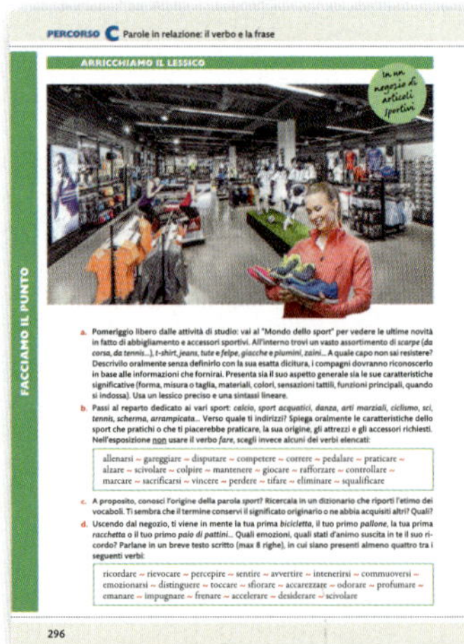

Arricchiamo il lessico: propone attività di produzione, spesso di gruppo, legate a situazioni di vita quotidiana: il cinema, il museo, i negozi, la scuola...

AL TERMINE DI CIASCUN PERCORSO

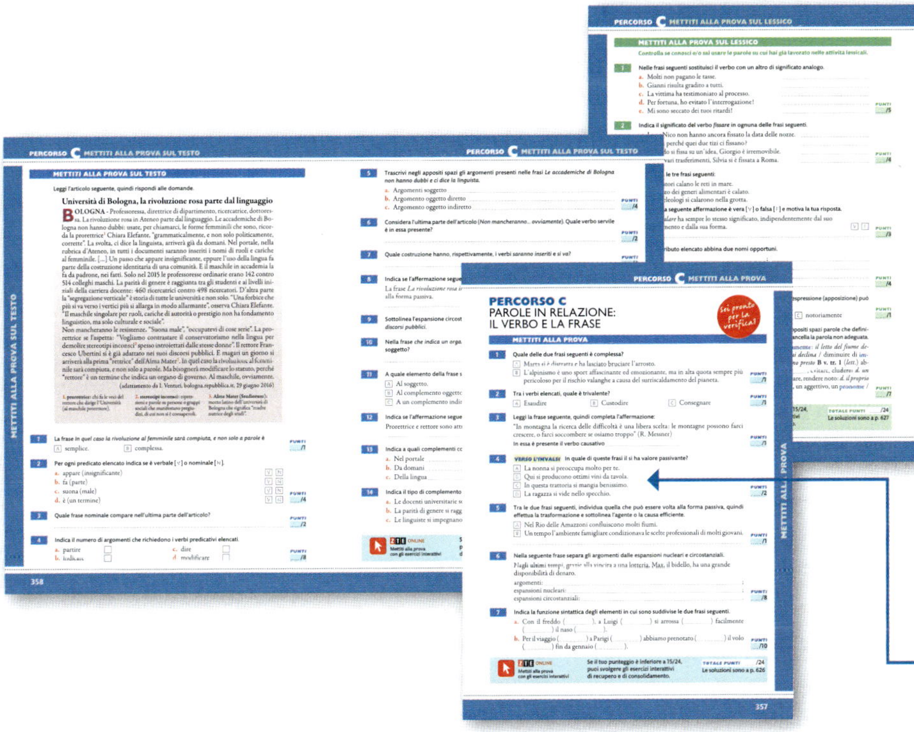

Mettiti alla prova: una verifica con punteggio e chiavi di autocorrezione permette di valutarsi in vista del compito in classe e di prepararsi per la prova **INVALSI**.

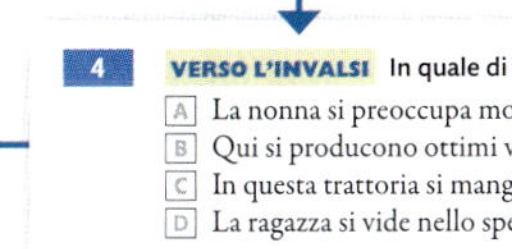
4 **VERSO L'INVALSI** In quale di c

A La nonna si preoccupa mol

B Qui si producono ottimi vi

C In questa trattoria si mangi

D La ragazza si vide nello spe

NEI PERCORSI DI EDUCAZIONE LINGUISTICA

Impariamo a...: sono schede che spiegano come studiare, costruire mappe, prendere appunti, parlare in pubblico, scrivere un *curriculum vitae* e affrontare un colloquio di lavoro.

Compiti di realtà: sono progetti da realizzare in gruppo per mettere alla prova in una situazione reale le competenze acquisite.

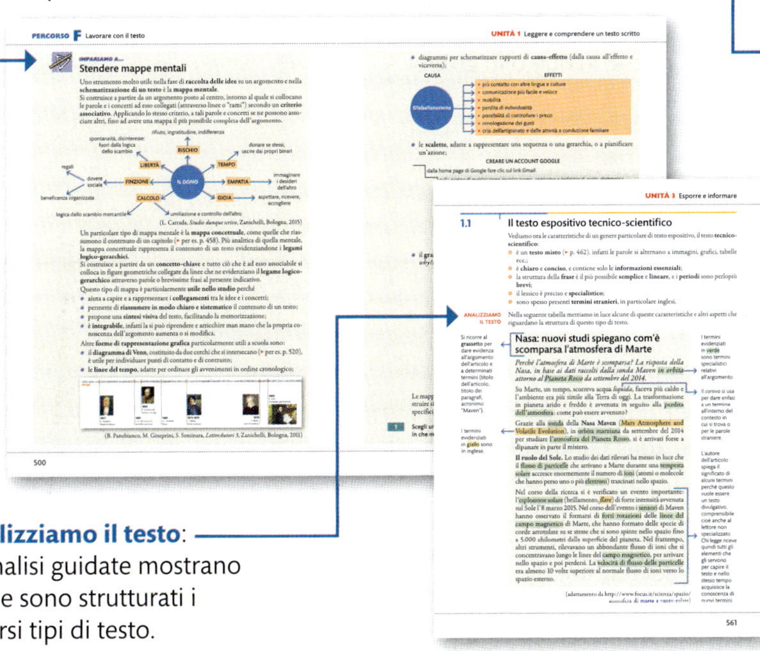

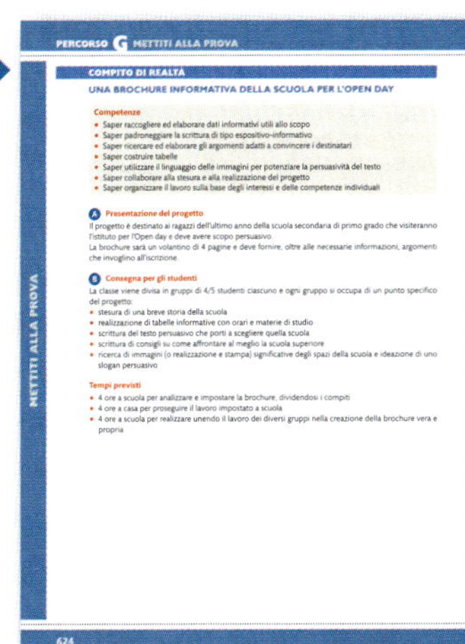

Analizziamo il testo: le analisi guidate mostrano come sono strutturati i diversi tipi di testo.

COME ORIENTARSI NEL LIBRO

TANTI TIPI DI SCHEDE

PER SAPERNE DI PIÙ
Per approfondire argomenti grammaticali e linguistici

DUE PASSI NEL DIZIONARIO
Per imparare a consultare il dizionario, online e cartaceo

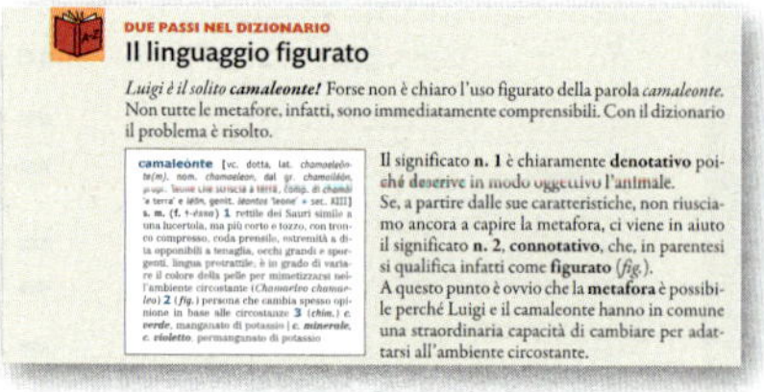

DUE PASSI NEL DIZIONARIO
Il linguaggio figurato

Luigi è il solito ***camaleonte!*** Forse non è chiaro l'uso figurato della parola *camaleonte*. Non tutte le metafore, infatti, sono immediatamente comprensibili. Con il dizionario il problema è risolto.

camaleònte [vc. dotta, lat. *chamaeleònte(m)*, nom. *chamaeleon*, dal gr. *chamailéon*, propr. 'leone che striscia a terra', comp. di *chamái* 'a terra' e *léōn*, genit. *léontos* 'leone' • sec. XIII] **s. m.** (f. *-éssa*) **1** rettile dei Sauri simile a una lucertola, ma più corto e tozzo, con tronco compresso, coda prensile, estremità a dita opponibili a tenaglia, occhi grandi e sporgenti, lingua protrattile, è in grado di variare il colore della pelle per mimetizzarsi nell'ambiente circostante (*Chamaeleo chamaeleo*) **2** (*fig.*) persona che cambia spesso opinione in base alle circostanze **3** (*chim.*) *c. verde*, manganato di potassio | *c. minerale*, *c. violetto*, permanganato di potassio

Il significato **n. 1** è chiaramente **denotativo** poiché descrive in modo oggettivo l'animale.
Se, a partire dalle sue caratteristiche, non riusciamo ancora a capire la metafora, ci viene in aiuto il significato **n. 2**, **connotativo**, che, in parentesi si qualifica infatti come **figurato** (*fig.*).
A questo punto è ovvio che la **metafora** è possibile perché Luigi e il camaleonte hanno in comune una straordinaria capacità di cambiare per adattarsi all'ambiente circostante.

GRAMMATICA E SCRITTURA
Per scoprire il rapporto tra grammatica e stile

IMPARIAMO A...
Per acquisire strategie utili a scuola, sul lavoro e nella vita

LAVORIAMO SULLA LINGUA
Per consolidare il lessico e riflettere su registri linguistici e linguaggi settoriali

TANTI TIPI DI ESERCIZI

HAI CAPITO? Brevi esercizi per applicare subito la teoria

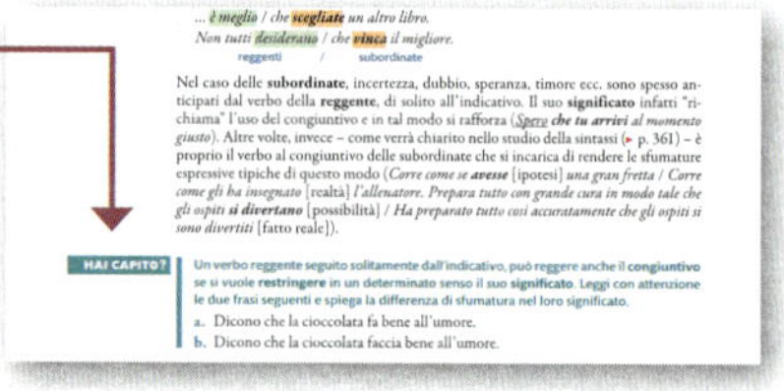

... è meglio / che ***scegliate*** *un altro libro.*
Non tutti ***desiderano*** */ che* ***vinca*** *il migliore.*
reggenti / subordinate

Nel caso delle **subordinate**, incertezza, dubbio, speranza, timore ecc. sono spesso anticipati dal verbo della **reggente**, di solito all'indicativo. Il suo **significato** infatti "richiama" l'uso del congiuntivo e in tal modo si rafforza (*Spero* ***che tu arrivi*** *al momento giusto*). Altre volte, invece – come verrà chiarito nello studio della sintassi (▸ p. 361) – è proprio il verbo al congiuntivo delle subordinate che si incarica di rendere le sfumature espressive tipiche di questo modo (*Corre come se* ***avesse*** [ipotesi] *una gran fretta / Corre come gli ha insegnato* [realtà] *l'allenatore. Prepara tutto con grande cura in modo tale che gli ospiti* ***si divertano*** [possibilità] / *Ha preparato tutto così accuratamente che gli ospiti si sono divertiti* [fatto reale]).

HAI CAPITO? Un verbo reggente seguito solitamente dall'indicativo, può reggere anche il **congiuntivo** se si vuole **restringere** in un determinato senso il suo **significato**. Leggi con attenzione le due frasi seguenti e spiega la differenza di sfumatura nel loro significato.
a. Dicono che la cioccolata fa bene all'umore.
b. Dicono che la cioccolata faccia bene all'umore.

ADESSO TOCCA A TE
Attività graduate per abilità e livelli di difficoltà

A COPPIE / IN GRUPPO
Esercizi da svolgere in classe, in due o in gruppi

PROVIAMO INSIEME Attività guidate per consolidare la teoria

I RIMANDI ALLE RISORSE DIGITALI

18 — Brani audio per esercitare le abilità di ascolto

ZTE ONLINE — Esercizi interattivi di recupero e consolidamento

VIDEO — Video per esercitare le abilità di produzione orale

LOSAI? RIPASSA CON LO SMARTPHONE — Una app per ripassare sul tuo smartphone

SOMMARIO

B PERCORSO B
PAROLE E FORME: LE PARTI DEL DISCORSO

C PERCORSO C
PAROLE IN RELAZIONE: IL VERBO E LA FRASE

D PERCORSO D
PAROLE IN RELAZIONE: LA FRASE COMPLESSA

ADESSO TOCCA A TE

PERCORSO E
IL TESTO

PERCORSO F
LAVORARE CON IL TESTO

G PERCORSO G
PRODURRE

La comunicazione

Oggi la comunicazione si serve di mezzi sempre più veloci e in grado di annullare le distanze, ma è un **bisogno vitale** che contraddistingue l'uomo da sempre. Attraverso vari linguaggi – gesti, immagini, suoni, parole – l'uomo esprime infatti la necessità primaria di rapportarsi all'altro.

• Il linguaggio verbale

Tra i diversi linguaggi spicca quello **verbale**.

PARTIAMO DAL TESTO

Le prime parole pronunciate dai neonati di tutto il mondo sono le uniche eccezioni alla confusa babele delle lingue. Anche se non si tratta proprio di parole ma di **suoni, i più facili**. Basta aprire la bocca e l'**ahhh** sorge spontanea. Basta chiuderla e respirare col naso perché venga fuori la **m**. E quando il bambino inizia a soffiare tra le due labbra escono i **suoni p**, **b**, **v**, **d**, **t**. Da questo nascono i **mama**, **amama**, **papa**, **baba**, **tata**... che commuovono i grandi, i quali spiano con ansia amorosa i bimbi nella speranza di riconoscere una parola che ancora non c'è. È la prova che il linguaggio prima di significare qualcosa, significa per qualcuno.

(adattamento da M. Niola, *Ecco perché tutto il mondo dice mamma (e papà)*, "la Repubblica", 20/10/2015)

1. Che cosa intende l'autore per *confusa babele delle lingue*?
2. Ricerca in Internet le versioni in più lingue della parola "mamma". Perché la loro somiglianza conferma la prima affermazione dell'autore (*Le prime parole pronunciate dai neonati di tutto il mondo sono le uniche eccezioni alla confusa babele delle lingue*)?

I bambini, prima di tutto, si esprimono con il pianto e i movimenti del corpo, ma, come abbiamo letto nel testo sopra, ciò che tutti attendono da loro, insieme al primo sorriso, sono le **parole**.

Per quale motivo? Perché la comunicazione per eccellenza, quella esclusivamente umana, la più versatile e capace di esplorare possibilità espressive davvero infinite avviene attraverso il linguaggio verbale.

• La lingua tra spontaneità e studio

Del **linguaggio verbale** ci impadroniamo fin da piccoli **in modo graduale** e **spontaneo**, imparando ad articolare i suoni e a combinarli tra loro per dire qualcosa. In altri termini, impariamo che attraverso certi **suoni** si esprime un certo **significato** a partire dal momento in cui un ***mam-ma*** non è più un semplice **vocalizzo**, ma una parola **piena** che vuol dire: "Ti riconosco come colei (o colui: ***pa-pà***...) che mi accudisce e mi protegge".

La lingua materna si impara per **imitazione** e si organizza, da subito, nella nostra mente come un **sistema** che segue un determinato **modello di funzionamento**. Sappiamo istintivamente, per esempio, che l'articolo precede sempre il nome.

Il senso della grammatica

Con il tempo e l'istruzione, poi, diventiamo **consapevoli** del **sistema-lingua** e delle **regole** che formano il corpo della **grammatica.** A scuola impariamo per esempio – per restare agli articoli – che l'articolo femminile ***la*** diventa ***l'*** davanti a vocali (***la*** *panca* / ***l'****ape*).

Studiare la grammatica significa quindi entrare dentro quel sistema che abbiamo appreso a usare senza sforzo, per **approfondirne** la **conoscenza** e diventare **consapevoli del suo funzionamento.**

Questo secondo tipo di apprendimento richiede uno sforzo che ci appare più chiaro se visto con gli occhi di chi ha imparato, in età adulta, una lingua diversa da quella di nascita.

Così spiega le difficoltà della grammatica italiana un'autrice di origine indiana e madrelingua inglese che ha scelto di imparare a scrivere, con successo, in italiano.

PARTIAMO DAL TESTO

Ci sono tantissime parole che continuano a confondermi in italiano. Le preposizioni, per esempio: *alla parete, per terra, dal calzolaio, in edicola*. Un'altra spina nel fianco è l'uso dell'articolo: non mi è chiaro quando si usa e quando cade. Perché si dice: *c'è vento*, ma *c'è il sole*? Ormai la differenza tra l'imperfetto e il passato prossimo mi dà un po' meno fastidio. So che alla fine di una cena si dice *è stata una bella serata*, ma che *era una bella serata fino a quando non è piovuto*. Un mio amico riferendosi al mio desiderio di appropriarmi dell'italiano, ha scritto: "Una lingua nuova è quasi una vita nuova, grammatica e sintassi ti rifondono, scivoli dentro un'altra logica e un altro sentimento".

(riduzione da J. Lahiri, *In altre parole*, Guanda, Milano, 2015)

1. Hai mai avuto difficoltà con l'uso corretto delle **preposizioni** e dei **tempi verbali**?
2. A proposito di questi due argomenti grammaticali – o di altri a tua scelta – quali differenze puoi notare tra l'italiano e le lingue straniere che studi?

I Percorsi della grammatica

Il primo testo proposto mette a fuoco la **motivazione** che ci spinge a comunicare con le parole e illustra come queste si vanno formando attraverso l'articolazione dei suoni. I suoni si collegano poi al complesso mondo dei **significati** per cui "sappiamo" ciò che vogliamo dire e "capiamo" ciò che ci viene detto. Tratteremo di questi argomenti nel **Percorso A**.

Il secondo testo ci porta direttamente nel mondo della **morfologia**, cioè delle regole che governano la **forma** delle parole. Per esempio, si tratta di nomi, di aggettivi... e di che genere e numero? Come concordano tra loro? Quando si usa un tempo verbale e quando un altro? Questi aspetti saranno l'argomento del **Percorso B**.

L'autrice accenna infine anche alla **sintassi**, cioè alla giusta organizzazione delle parole in frasi e delle frasi tra loro: la studieremo nei **Percorsi C** e **D**.

L'educazione linguistica

Parole e frasi, combinate tra loro, formano i **testi**. Un testo può avere funzioni diverse, in base all'intenzione di chi comunica e allo scopo che si vuole ottenere in chi lo riceve.

A seconda dello scopo prescelto la lingua si organizza in modi diversi, cambia cioè forme e strutture dando vita a una pluralità di **tipologie testuali**. Un conto è, per esempio, scrivere un avviso, cioè un testo che punta a informare e quindi esige termini precisi ed emotivamente neutri; un altro è fare una dichiarazione d'amore per la quale servono espressioni più sfumate ma cariche di sentimento.

L'educazione linguistica spiega come funzionano i testi e analizza l'ampia gamma delle forme e delle strutture che il linguaggio verbale, orale o scritto, assume in base alle intenzioni comunicative, alle situazioni in cui si produce un testo o avviene lo scambio, alle caratteristiche peculiari dei mezzi, o canali (aria, carta, radio, Internet...) attraverso cui "passano" i messaggi.

• I Percorsi dell'educazione linguistica

Il ruolo del **contesto**, cioè della situazione in cui avviene la comunicazione, sarà approfondito nel **Percorso E**.

Il punto di vista adottato è quello della **ricezione** del testo da parte nostra, in quanto lettori e ascoltatori. Come ci poniamo cioè di fronte ai testi **scritti** e **orali**? In che cosa si differenziano? Come riusciamo a capirli, a distinguere le loro diverse modalità stilistiche – i **registri** – e a interpretarli correttamente?

Nel **Percorso F** tratteremo il testo dal punto di vista di chi "ci lavora", cioè di chi deve saperlo leggere o ascoltare per gli scopi più disparati (divertirsi, informarsi, studiare ecc.). Ci occuperemo di testi **cartacei** e di testi **digitali** e impareremo ad adottare diverse **strategie di lettura** e di **ascolto** per comprendere e rielaborare tramite appunti e sintesi efficaci.

Il **Percorso G** affronterà il testo dal punto di vista di chi lo produce. Si tratta quindi di sviluppare le **abilità** di **scrivere** e **parlare**. Partiremo dai testi che servono a presentare noi stessi agli altri e in cui esprimiamo dunque i nostri tratti personali: lettere, e-mail, messaggistica istantanea, blog, social network ecc.

Scrivere significa anche **esporre**, cioè elaborare testi più formali che sappiano **informare** su argomenti di attualità, scientifici, tecnici o culturali in modo chiaro e preciso, secondo una struttura ben organizzata e qualche volta predefinita (> report, relazioni).

Le **abilità di scrittura** vengono messe alla prova quando non basta esporre un tema, ma è necessario **argomentare** su di esso, cioè dimostrare ai destinatari che ciò di cui noi siamo convinti è davvero convincente. Per fare questo occorre allenarsi a trovare e organizzare gli argomenti più adatti a sostegno delle nostre opinioni.

La produzione di **testi orali**, infine, non è certo meno importante rispetto a quella di testi scritti. Impareremo quindi a **parlare** in modo adeguato alle situazioni e alle intenzioni comunicative (dibattito, interrogazione, racconto ecc.) con chiarezza e pertinenza, utilizzando lessico e registro appropriati e sapendo accordare le parole con il linguaggio del corpo.

PERCORSO A
I SUONI E IL SENSO DELLE PAROLE

1 I suoni, l'alfabeto e la scrittura

IN QUESTA UNITÀ

- Che cosa differenzia un **semplice suono** da quelli che servono a **comporre una lingua**?
- Che **rapporto** c'è tra i **suoni di una lingua** e la loro trascrizione in **lettere alfabetiche**?
- Quali sono le **caratteristiche** delle **vocali** e delle **consonanti**? E come **si pronunciano**?
- Dove mettere l'**accento** quando **pronunciamo le parole**, e quando è necessario **scriverlo**?
- Che cosa sono le **sillabe** e come **dividerle** correttamente?
- Quali sono le principali **regole ortografiche** e gli errori più comuni?
- Quali sono le regole nell'uso della **punteggiatura**?
- **ARRICCHIAMO IL LESSICO** Partiamo dalla riflessione sui suoni, le lettere alfabetiche e l'ortografia ed esploriamo, in particolare, le parole della **scuola**

PARTIAMO DAL TESTO

Leggi la striscia e la citazione, poi rispondi alle domande.

© Joaquín S. Lavado (Quino)

Oggi ho cominciato il mio nuovo libro di novelle.
"Il guardiano del faro prese un accento e fece la guardia a un bel futuro: il farò.
Infatti da quel farò si vedeva talmente lontano che, più che l'orizzonte, si scorgeva l'avvenire."

(A. Bergonzoni, *È già mercoledì e io no*)

1. Nella striscia Mafalda accosta i suoni di una lingua straniera al verso dei cani. L'osservazione fa sorridere, ma anche riflettere. Che cosa hanno in comune i due tipi di "suoni" e/o cosa invece li differenzia? Scegli le risposte più convincenti:
   - A Sono entrambi modi di comunicare.
   - B Quello che conta, con i suoni di cui non si sa il significato, è la loro piacevolezza.
   - C Forse Miguelito vuol dare dei "cani" ai Beatles?
   - D Sono entrambi suoni "stranieri", ma quelli della canzone sono percepiti come linguaggio articolato.
   - E Una lingua non è in nessun modo paragonabile al verso di un animale.
2. Lo scherzoso *incipit* della "novella" gioca con le parole. Quale diverso significato assume la stessa parola con un **accento**, e dunque **un solo suono** diverso?
3. Il mutamento di significato porta a un vero "**doppio senso**". Spiegalo con parole tue.

1 I suoni della lingua

Quando ascoltiamo una lingua sconosciuta, i suoni di cui è composta ci appaiono per lo più indistinti. Al contrario, distinguiamo benissimo quelli della nostra lingua (e di una lingua che abbiamo studiato) perché ne abbiamo appreso le caratteristiche, i **tratti distintivi** che li differenziano, **opponendoli** gli uni dagli altri.

I suoni, o **foni** (dal gr. *phoné*, "voce"), che servono per parlare non sono numerosi – circa **trenta** per l'italiano – e sono detti **fonemi** per differenziarli tra la moltitudine di suoni che, con mille possibili tonalità, il nostro apparato fonatorio sa produrre. La disciplina che studia i **fonemi** negli aspetti che **li distinguono l'uno dall'altro** si chiama **fonologia**.

I singoli fonemi non producono significato, se non combinandosi tra loro. La parola *faro*, per esempio, nasce dall'unione dei fonemi /f/ /a/ /r/ /o/; basta cambiarne uno e avremo /c/ /a/ /r/ /o/, una parola ben diversa che a sua volta può trasformarsi in /c/ /e/ /r/ /o/ e così via secondo combinazioni potenzialmente senza fine.

HAI CAPITO? Secondo te, perché in certi casi, per farci capire correttamente, ricorriamo all'**articolazione** di una parola, lettere per lettera, con esempi (es. *signor Pini o Bimi*? *Pini come* ***p*** di Palermo, ***i*** di Imola, ***n*** di Napoli, ***i*** di Imola)?

PER SAPERNE DI PIÙ

La produzione dei foni

Per articolare i **foni** è necessario coordinare gli organi della **fonazione**: laringe e faringe, bocca, naso, palato (duro, in alto; molle o "velo", più in basso), lingua, denti, labbra. Esemplifichiamo mettendo a confronto la pronuncia della ***r*** e della ***f***.

r L'aria passa in **modo continuo** attraverso il cavo orale e diventa **sonora** facendo **vibrare** le corde vocali che si avvicinano. Viene poi emessa con il **tipico suono** anche grazie alla vibrazione della **lingua**, che la spinge verso gli **incisivi superiori**.

f A differenza della ***r***, durante il passaggio dell'aria nel cavo orale, le corde vocali si allontanano e quindi **non vibrano**, producendo un suono **sordo**. A questo si aggiunge il **fruscio** dell'aria che passa tra gli **incisivi superiori** e il **labbro inferiore**.

2 I fonemi e l'alfabeto

Nella comunicazione scritta i **fonemi** vengono rappresentati **graficamente**, cioè trascritti in **lettere** o **grafemi** che, nel loro insieme, formano l'**alfabeto**. Quello italiano è composto da **ventun lettere** a cui se ne sono aggiunte **cinque** che riproducono suoni di origine straniera (J, K, W, X, Z).

a A	**b B**	**c C**	**d D**	**e E**	**f F**	**g G**	**h H**	**i I**
"a"	"bi"	"ci"	"di"	"e"	"effe"	"gi"	"acca"	"i"
j J*	**k K***	**l L**	**m M**	**n N**	**o O**	**p P**	**q Q**	**r R**
"i lunga"	"cappa"	"elle"	"emme"	"enne"	"o"	"pi"	"qu"	"erre"
s S	**t T**	**u U**	**v V**	**w W***	**x X***	**y Y***	**z Z**	
"esse"	"ti"	"u"	"vu"	"vu doppia"	"ics"	"ipsilon"	"zeta"	

L'alfabeto italiano, sopra riprodotto, segnala in colore la distinzione tra **vocali** e **consonanti**, che si differenziano principalmente per il **modo in cui viene emessa l'aria** per pronunciare i foni.

HAI CAPITO?

I dispositivi e i dizionari digitali ci evitano di "mettere i nomi in ordine alfabetico". Ma se non sono disponibili? Meglio impratichirsi: l'alfabeto è una conoscenza di base e non va dimenticata.

1. Allenati a una rapida consultazione del dizionario cartaceo, provando a ricercare i seguenti vocaboli:
   albero ~ zucca ~ tradizione ~ contrassegno ~ xilofono ~ jolly ~ karate ~ tumulto ~ lamento ~ frazione ~ wafer ~ barbagianni
2. Metti in ordine alfabetico le seguenti parole straniere che ormai fanno parte del linguaggio quotidiano; quindi scrivi per ognuna un'espressione adeguata (> T-shirt > una T-shirt bianca). Se non conosci o non sei certo del significato di un vocabolo, consulta il dizionario.
   hacker ~ hockey ~ kebab ~ webcam ~ mouse ~ yogurt ~ scanner ~ jeans ~ desk ~ ticket ~ fitness ~ western ~ show

• Le vocali

Le vocali sono suoni musicali prodotti quando l'emissione dell'aria avviene liberamente e fa perciò **vibrare** le corde vocali **senza incontrare ostacoli**. Ostacoli che sono invece necessari per pronunciare le consonanti come, per esempio, l'avvicinamento delle corde stesse, lo spostamento di labbra, lingua ecc. Le vocali si possono pronunciare singolarmente e servono di **appoggio alle consonanti**.

I suoni vocalici della lingua italiana sono **sette**, ma i corrispondenti **grafemi** sono **cinque**. La disparità è dovuta alla diversa pronuncia della ***e*** e della ***o*** che, quando sono **accentate**, possono avere un suono **aperto**, segnalato sul dizionario dall'accento grave /`/ o **chiuso**, trascritto dall'accento acuto /´/.

Vocali	Accento	Pronuncia	Esempi
E	/`/ grave	è aperta	*cièlo, dièci, incèrto, sèmpre, ombrèllo*
	/´/ acuto	é chiusa	*tétto, intéro, séra, déntro, ménto*
O	/`/ grave	ò aperta	*nòdi, pòrta, bòsco, giòstra, assòrto*
	/´/ acuto	ó chiusa	*vassóio, balcóne, sógni, cóme, amóre*

La pronuncia delle vocali

È importante pronunciare correttamente queste vocali? Sì, soprattutto se si sceglie una professione dove ciò è richiesto – attore, doppiatore, giornalista radio-televisivo –, o se si vuole **rinforzare** un registro linguistico formale distanziato dagli accenti regionale più marcati (per esempio per recitare da dilettante, per contatti di lavoro con stranieri ecc.).

E nel caso seguente, che valore ha la pronuncia?

pèsca

pésca

Gli esempi illustrati riportano due **omografi**, parole uguali nella grafia ma diverse nel significato a seconda che le loro vocali **toniche** siano **aperte** o **chiuse**. L'esatta dizione sarebbe rilevante, tuttavia spesso è sufficiente il contesto linguistico (o la situazione, l'immagine) per distinguerle:

Come frutta, ti va bene una ***pèsca****?*
Ottima ***pésca*** *oggi, guardate che esemplare di pesce!*

HAI CAPITO?

Contestualizza, creando delle frasi, i seguenti **omografi** dopo averne cercato il significato sul dizionario: *vènti / vénti, còlto / cólto.*

DUE PASSI NEL DIZIONARIO

Tra lettere e suoni: l'alfabeto fonetico

Tra suoni e lettere di una lingua non esiste una corrispondenza perfetta, perché la pronuncia, nel tempo, si è andata modificando, mentre la scrittura è rimasta immutata. Ciò è molto evidente, per esempio, in una lingua come l'inglese, dove il divario tra fonemi e grafemi è notevole. Nell'italiano questo divario è piuttosto limitato, tuttavia esiste. In alcuni casi, per esempio, **a un unico grafema corrispondono suoni diversi e viceversa.** L'ostacolo, di fatto, si supera nel corso dell'apprendimento, che attiva in contemporanea le **abilità di ascolto e scrittura**. Sul piano delle competenze più specifiche, si ricorre all'**alfabeto fonetico** internazionale i cui simboli, racchiusi tra due barre / / corrispondono a un unico fonema.
Lo puoi trovare nelle prime pagine del dizionario: è molto particolareggiato, ma ci si può limitare all'utilizzo dei simboli più comuni e/o indispensabili. Riproduciamo, per esemplificare, una sua piccola parte tratta dallo Zingarelli 2017.

Grafema	Fonema	Esempi
a, à	a	*andàta* /an'data/, *Pìsa* /'pisa/
à	a*	*bontà* /bon'ta*/, *farà* /fa'ra*/
b	b	*Bellìni* /bel'lini/, *viṣìbili* /vi'zibili/
c	k	*Còmo* /'kɔmo/, *vacànza* /va'kantsa/
ch [+*i*, *e*]	k	*Chiànti* /'kjanti/, *schérzo* /'skertso/
c [+*i*, *e*]	ʧ	*Cecìlia* /ʧe'ʧilja/, *pàce* /'paʧe/
ci [+voc.]	ʧ	*ciào* /ʧao/, *cièlo* /'ʧɛlo/, *bàcio* /'baʧo/

Osserviamo:

a ha due diversi **fonemi**:

- il primo [a] corrisponde al grafema della ***a*** non accentata e alla ***à*** su cui cade l'accento tonico all'interno di una parola (graficamente non obbligatorio: *andàta*, *ballàta*);
- il secondo [a*] vale per la ***à*** accentata nelle parole tronche (*bontà*, *libertà*);

b non registra differenze tra fonema e grafema: si pronuncia sempre come si scrive;

c si differenzia nel modo seguente:

- ha lo stesso **fonema** [k] duro, velare nel grafema ***c*** seguito da ***a*** e ***o*** (*cane*, *Como*) e nel grafema ***ch*** seguito da ***e*** e ***i*** (*scherzo*, *chele*, *Chianti*);
- ha un **fonema** diverso [ʧ], di suono dolce o palatale, nel grafema ***c*** seguito da ***i*** ed ***e*** (*circo*, *Cecilia*, *pace*) e nel grafema ***ci*** (digramma) seguito da **vocale** (*ciao*, *cielo*, *bacio*).

Quando servono, nella pratica, i simboli dell'alfabeto internazionale?

Sono utili, per esempio, quando, ricercando sul dizionario italiano un termine straniero di uso corrente, possiamo apprenderne la pronuncia corretta insieme al significato. Va da sé che per riprodurre al meglio tale pronuncia è meglio **ascoltarla** dalla "voce" di un **dizionario online.**

Vediamo, sullo Zingarelli online, la voce ***newsgroup***:

newsgroup / njuz'grup, *ingl.* 'nju:zˌgru:p/

[vc. ingl., propr. 'gruppo (group) di discussione, scambio di notizie (*news*)' ☼ 1994]

s. m. inv.

● (*Internet*) gruppo di discussione

Osserviamo: accanto al lemma ci sono i simboli fonetici, semplificati, che il dizionario registra in una apposita tabella per le **trascrizioni**. Consultandola vedremo che la ***j*** corrisponde alla ***i*** di *ieri* e di *aia*; la ***z*** equivale alla ***s*** di *viso* o di *risma*. La presenza di questi simboli ci guida, almeno in via approssimativa, per una pronuncia che potremmo perfezionare conoscendo i simboli dell'alfabeto fonetico inglese, riprodotti subito dopo.

HAI CAPITO?

La tabella sottostante mostra i simboli grafici delle due vocali che, in posizione tonica, hanno pronunce diverse. Dopo aver verificato sul dizionario l'accento tonico delle seguenti parole, collocale nella riga accanto al simbolo corrispondente:

raccolta ~ allenamento ~ orto ~ cedro ~ obbligo ~ caramella ~ allegro ~ canzone ~ pera ~ mente ~ silenzio ~ serio ~ fiori ~ assolvere ~ erba ~ pallore ~ azione ~ ginocchio ~ pietra ~ risposta

/e/ = *e* chiusa	
/ɛ/ = *e* aperta	
/o/ = *o* chiusa	
/ɔ/ = *o* aperta	

Le consonanti

Le consonanti sono suoni prodotti quando l'aria viene modulata attraverso gli ostacoli che incontra lungo il canale orale e in altri punti dell'apparato fonatorio; per questo tipo di emissione "faticosa", nel pronunciarle, ci si appoggia su una o più vocali.

Le consonanti si differenziano tra loro per la **sonorità**, dovuta alla **vibrazione** o **meno** delle corde vocali (sonore/sorde), per il **modo** in cui si restringe il canale orale e per il **luogo** dell'articolazione, cioè il punto in cui si interpone l'ostacolo (palato, lingua denti, labbra). Questi tre fattori, mescolandosi, danno vita ai vari **tratti distintivi** che caratterizzano ogni singola consonante (▶ Per saperne di più, *La produzione di foni*, p. 3).

La pronuncia di alcune consonanti

I suoni consonantici sono ben più numerosi delle corrispondenti lettere dell'alfabeto per cui è necessario considerare i casi in cui la pronuncia non coincide con la grafia.

C, G	Si possono pronunciare con un suono • **duro** (o velare) quando precedono le vocali ***a***, ***o***, ***u*** (*cane*, *arca*; *colmo*, *arco*; *curva*, *incudine*; *gara*, *diga*; *gola*, *ago*; *gufo*, *agucchiare*) o quando si inserisce una ***h*** prima delle vocali ***e***, ***i*** (*che*, *Marche*; *china*, *varchi*; *gheriglio*, *Ungheria*; *ghiro*, *aghi*); • **dolce** (o palatale) davanti alle vocali ***e***, ***i*** (*cena*, *voce*; *Cina*, *baci*; *gelato*, *giro*).
Q	È seguita sempre da **u + vocale** (*quella*, *quaderno*). Il fonema è lo stesso di ***c*** dura (/k/), cambia solo il grafema.
H	È muta, infatti non si pronuncia ed è impiegata solo come segno grafico.
S, Z	Possono essere pronunciate in modo **sordo** (*sera*, *arso*; *marzo*, *ragazzo*) o **sonoro** (*tesoro*, *Asolo*; *zenzero*, *zanzara*). Il dizionario segnala la pronuncia sonora con ṣ ẓ, ma la differenza non è significativa se non dei diversi usi regionali, anche se ormai è sempre più diffusa la pronuncia sonora caratteristica del Nord.

I gruppi consonantici: digrammi e trigrammi

*Ti piacciono **gli** spaghetti **aglio**, olio e peperoncino?*

Alcuni **grafemi** fanno gruppo e si pronunciano con un **unico suono**. Sono **digrammi**, ovvero combinazioni di **due** grafemi:

- ***ci***, ***gi*** seguiti da vocale (*ciascuno*, *ciocco*, *ciuco*, *giallo*, *gioco*, *giugno*);
- ***ch***, ***gh*** seguiti da ***e***, ***i*** (*che*, *chimera*, *gheriglio*, *ghiro*);
- ***gl*** seguito da ***i*** in finale di sillaba (*egli*, *figli*, *tigli*); in alcuni casi ***gl***, pur essendo seguito da ***i***, non forma digramma e la ***g*** mantiene il suono **duro** seguito da ***l*** di *libro*. Ciò avviene a inizio parola (*g+licerina*, *g+licine*) e in pochi altri casi (*neg+ligenza*, *ang+licano*). Il dizionario lo segnala così ***gl*** (*gḷi*). Pur essendo a inizio parola si pronunciano con un unico suono *gli*, *glielo*, *gliela*, *glieli*, *gliele*, *gliene*;
- ***gn*** seguito da vocale (*gnomo*, *magnifico*);
- ***sc*** seguito da ***e*** oppure ***i*** (*scene*, *scippo*).

Sono, invece, **trigrammi**, cioè combinazioni di **tre** grafemi:

- ***gli*** davanti a vocale (*aglio*, *figlia*, *maglie*);
- ***sci*** davanti ad ***a***, ***o***, ***u*** (*sciarpa*, *sciopero*, *sciupare*).

Le semiconsonanti, i dittonghi, i trittonghi

Alcuni suoni, prodotti con un leggero restringimento del canale orale, stanno a metà strada tra vocali e consonanti. Si tratta delle **semiconsonanti *i*** e ***u***, non accentate, quando sono seguite da un'altra vocale (*ièri*, *tuòno*, *chiùso*) con cui formano un'**unità inseparabile**, pronunciata con un'unica emissione di voce, il **dittongo**. Esaminiamoli nel dettaglio, insieme a un'altra unità inseparabile, il **trittongo**.

Vocali	Dittonghi	Esempi
I	ià, iè, iò, iù	*siamo*, *piede*, *piove*, *chiuso*
	ài, èi, òi, ùi	*sai*, *farei*, *noi*, *lui*
U	uà, uè, uò, uì	*quando*, *questo*, *suono*, *guido*
	àu, èu	*Laura*, *feudo*
Vocali	**Trittonghi**	**Esempi**
I, U	iài, ièi, uòi, uài	*iniziai*, *miei*, *puoi*, *guai*
	iuò, uiè, uià	*aiuola*, *inquieto*, *seguiamo*

Lo iato

Quando due vocali stanno una accanto all'altra, ma si pronunciano separatamente, abbiamo uno **iato** (dal lat. *hiatus*, "apertura"). Si verifica quando:

- si accostano tra loro ***a***, ***e***, ***o*** (*paese*, *reagire*, *Aosta*, *aereo*);
- ***i***, ***u*** accentate sono seguite da altre vocali (*via*, *zio*, *mie*, *suo*, *cui*).

ADESSO TOCCA A TE

▶ Capitoli 1, 2

TRASFORMA

Livello 1

1 ●○○ **Trova tre parole italiane che si possono formare utilizzando esclusivamente i seguenti quattro suoni: m - r - a - o. Lo stesso suono può essere utilizzato più volte.**

2 ●○○ **A COPPIE In ogni parola cambiate il fonema evidenziato, in modo da ottenerne un'altra di significato diverso.**

a. cosa casa / favola tavola
b. pizzo ....
c. pezzo ....
d. dato ....
e. culla ....
f. cartello ....
g. canale ....
h. forte ....
i. olio ....
j. interno ....
k. ostaggio ....
l. ginestra ....

Livello 2

3 ●●○ **A COPPIE La zeppa è un gioco linguistico che consiste nell'inserire in una parola un fonema, in modo da ottenerne un'altra di significato diverso. Accanto a ogni parola scrivete la zeppa corrispondente.**

a. banco branco
b. conato ....
c. ceto ....
d. libro ....
e. torta ....
f. cima ....
g. monte ....
h. puma ....
i. pizza ....

4 ●●○

A COPPIE Lo scarto è il contrario della zeppa: consiste nel togliere in una parola un fonema, in modo da ottenerne un'altra di significato diverso. Accanto a ogni parola scrivete lo scarto corrispondente.

a. coro oro ....
b. mistura ....
c. solido ....
d. pianto ....
e. saluto ....
f. penna ....
g. falce ....
h. monarca ....
i. tarma ....

5 ●●○

A COPPIE In ogni parola cambiate il fonema evidenziato, in modo da ottenerne altre due di significato diverso.

a. luna ...., ...
b. mallo ...., ...
c. lesto ...., ...
d. forte ...., ...
e. seme ...., ...
f. fango ...., ...
g. fava ...., ...
h. doge ...., ...
i. ponte ...., ...

Livello 3 **6** ●●●

L'anagramma è un gioco linguistico che consiste nel disporre, in ordine diverso, le lettere di una parola per ottenerne un'altra. A coppie o in piccoli gruppi cercate gli anagrammi delle parole elencate.

a. orsa rosa ....
b. viola ....
c. ragno ....
d. soia ....
e. nomadi ....
f. mensola ....
g. organo ....
h. attrice ....
i. torcia ....
j. reclamo ....
k. nutrice ....
l. trincea ....

7 ●●●

Leggi attentamente le seguenti parole: *ala*, *ingegni*, *osso*. Che cosa hanno di particolare? Sai indicarne altre con la stessa caratteristica? Confrontati con i tuoi compagni.

INDIVIDUA E COMPLETA

Livello 1 **8** ●○○

Con l'aiuto del dizionario in ogni coppia cancella la parola con l'accento tonico sbagliato.

a. stélla / stèlla
b. gésso / gèsso
c. béne / bène
d. vérde / vèrde
e. mósto / mòsto
f. mósca / mòsca
g. bósco / bòsco
h. lótta / lòtta

9 ●○○

Leggi la barzelletta seguente, quindi rispondi alla domanda.

Una pianta all'altra:
– Io penso che tu ménta.
– No, io rosmarino.
("Telesette", 30/7/2013)

Da che cosa nasce l'equivoco?

10 ●○○

In ogni gruppo di parole con *-c*/*-g* dolce c'è un intruso: trovalo e cancellalo.

a. gelato ~ gelosia ~ brigante ~ giramondo ~ genuino
b. agire ~ drago ~ angelo ~ margine
c. angolo ~ gettone ~ ingenuo ~ indigestione
d. celeste ~ incendio ~ candela ~ falce
e. cilindro ~ formica ~ cenere ~ incerto
f. cupola ~ decimo ~ deciso ~ felice

11 ●○○ **Nelle parole seguenti inserisci gli opportuni digrammi o trigrammi (*ci*, *gi*, *ch*, *gh*, *gl*, *gli*, *gn*, *sc*, *sci*).**

a. ci............o
b. ....ardino
c. ....udice
d. mura............a
e. Bre............a
f. mo............erino
g. ango............a
h. conta............o
i. vo............a
j. qua............a
k. chioc............ola
l. batta............a
m. i............orante
n. a............elle
o. ....opero

12 ●○○ **Leggi a voce alta le frasi, quindi sottolinea le 12 parole che contengono un dittongo.**

a. L'autista della corriera guidava in modo spericolato.
b. In Valle d'Aosta erano sfruttate miniere di ferro.
c. La guerra arreca soltanto lutti e miseria.
d. Sofia è una buona bambina, non piange mai.
e. La piovra ha lunghi e potenti tentacoli.
f. Cucinando le uova sode mi sono ustionata la mano destra.

13 ●○○ **Leggi a voce alta le parole elencate, quindi sottolinea le 6 che contengono un trittongo.**

buoi ~ cambiai ~ ferie ~ guaire ~ manubrio ~ oriente ~ reliquia ~ schiacciai ~ tuoi

Livello 2

14 ●●○ **In ognuna delle frasi seguenti individua la parola omografa corretta. Se hai dubbi, consulta il dizionario.**

a. Il tuo **téma** / **tèma** è ricco di idee.
b. Mio padre lavora in **pòsta** / **pósta**.
c. Marta **lègge** / **légge** con espressività.
d. Marco mi ha offerto una **ròsa** / **rósa** rossa.
e. Napoleone era **còrso** / **córso**.

15 ●●○ **Stabilisci il suono di *-s* e *-z* nelle parole dei due gruppi: sordo [SD] o sonoro [SO]. Se hai dubbi, consulta il dizionario**

a. borsa (.......), caso (.......), esame (.......), insieme (.......), musica (.......), pensiero (.......), fisico (.......), sapone (.......)
b. negozio (.......), ozio (.......), pizzo (.......), romanzo (.......), zafferano (.......), spezie (.......), zeta (.......), Zorro (.......)

16 ●●○ **Leggi la barzelletta seguente: che cosa confonde l'allievo?**

A scuola il maestro dice all'alunno:
– Dividi lettera per lettera la parola "geranio".
– G...e...r...a...g...n...i...o...
– Guarda che il dizionario riporta "geranio", senza "g"!
– Ma lei, signor maestro, ha chiesto di dividerla a me, non al dizionario!

("Civiltà enigmistica", agosto 2013)

17 ●●○ **Completa le parole delle frasi seguenti con gli opportuni digrammi *-ci*, *-gi*, *-gn*.**

a. Mia co......ata conserva i suoi ......oielli in uno scri......o.
b. Questa macchina fotografica ha un conge......o di scatto difettoso.
c. L'impe......o di Luca nello studio è lodevole.

d. A scuola non è ammesso un conte.......o scorretto.
e. Secondo la leggenda, il ci.......o morente emette un canto melodioso.
f. Secondo una leggenda nordica le cico.......e portavano i bambini sulla terra.

18 ●●○ **In ogni serie di parole con dittongo c'è un intruso. Trovalo e cancellalo.**

a. niente ~ piroetta ~ piede ~ violenza
b. pietà ~ suocero ~ uomo ~ neutro
c. piuma ~ suolo ~ faina ~ Luigi
d. ferreo ~ piovoso ~ luogo ~ fiato

19 ●●○ **Quale gruppo comprende due parole con un dittongo e due con un trittongo? Indicalo con una crocetta.**

a. cuoio ~ vietare ~ guadagno ~ fiaba
b. quiete ~ Antonio ~ fiera ~ paura
c. fiotto ~ vecchiaia ~ rinunciai ~ piastra

Livello 3 **20** ●●● **Con l'aiuto del dizionario stabilisci la pronuncia delle vocali toniche *-e*/*-o* evidenziate nelle parole elencate, segnando l'accento corretto: acuto o grave.**

a. aceto ~ addetto ~ cesta ~ cresta ~ messa ~ mesto ~ pendolo ~ peste
b. bordo ~ boria ~ borsa ~ carrozza ~ cofano ~ conca ~ conte ~ lordo

21 ●●● **Con l'eventuale aiuto del dizionario spiega il diverso significato che assumono le parole di ogni coppia a seconda che la vocale tonica *-o*/*-e* sia aperta o chiusa.**

a. fòsse / fósse
b. vòlto / vólto
c. collèga / colléga
d. ésca / èsca

22 ●●● **Indica se le parole elencate contengono un digramma [D], un trigramma [T], oppure né un digramma né un trigramma [N].**

a. briciola D T N
b. ghirlanda D T N
c. argine D T N
d. agrifoglio D T N
e. giovane D T N
f. uscita D T N
g. sporgenza D T N
h. terraglia D T N
i. scroscio D T N
j. scenario D T N
k. asciugare D T N
l. sciroppo D T N
m. sciolto D T N
n. sciatore D T N

23 ●●● **Completa la tabella seguente inserendo le parole elencate nella colonna di appartenenza.**

creare ~ cuoco ~ cuore ~ fiele ~ fiore ~ follia ~ fuoco ~ guai ~ guardia ~ lui ~ maestro ~ Mauro ~ Messia ~ miei ~ miele ~ poeta ~ quei ~ studiai ~ stuoino ~ subacquea ~ teatro ~ vanesio ~ vuoi

Con dittongo	Con trittongo	Con iato
....	....	Creare, ...
....	....	....
....	....	....
....	....	....
....	....	....
....	....	....

3 La sillaba e l'accento

Pronunciando le parole, la nostra voce assume una cadenza che dà al discorso ritmo e musicalità. Ciò avviene perché raggruppiamo i suoni in **piccole unità** formate da vocali a cui si aggregano una o più consonanti, le **sillabe**.

La **sillaba** è perciò un fonema vocalico o un gruppo di fonemi appoggiati a una vocale che si pronuncia con una sola emissione di voce.

La divisione in sillabe

La videoscrittura ci risparmia il rovello della corretta divisione in sillabe, quando serve andare a capo. Ma, poiché si scrive pur sempre anche a mano, è indispensabile saper dividere le sillabe con sicurezza. Queste le regole:

- **vocali a inizio parola** (***u**-ni-co*, ***a**-scol-to*): la vocale fa sillaba da sola se è seguita da una consonante o da un gruppo di consonanti che non si separano (▸ sotto);
- **consonanti singole e doppie** (***pa-ro-la***, ***can-na***, ***ac-qua***): le consonanti, a inizio o nel corpo della parola, si appoggiano sulla vocale seguente; le **doppie** si dividono e così il gruppo ***cq***;
- **gruppi di consonanti** (***stra-no***, ***pro-va***, ***a-pri-re***, ***ca-sco***, ***co-stru-zio-ne***): **due** o **più** consonanti a inizio parola si appoggiano alla vocale seguente; all'interno della parola fanno gruppo appoggiandosi alla vocale seguente solo se possono costituire l'inizio di altre parole della nostra lingua (> **pr**: *primo*, **sc**: *scopa*, **str**: *strumento*). In caso contrario, la prima consonante andrà con la vocale precedente, le altre con la vocale seguente: ***al-tro***, ***ar-co***;
- **dittonghi e trittonghi** (*fiu-me*, ***suò**-ra*, ***piò**-ve*, ***suòi***, *a-**iuò**-la*): dittonghi e trittonghi non si separano mai;

- **iato** (*po-e-ta*, ***a-e-re-o***, ***mì-a***, ***zì-o***): le vocali che non formano dittongo si separano, infatti formano uno **iato.** Lo iato, cioè la separazione, si ha, principalmente, quando sono accostate tra loro le vocali forti (***a***, ***e***, ***o***) o una forte + una debole (***i***, ***u***) accentata;
- **digrammi e trigrammi** (*ma-**gni**-fi-co*, ***sce**-na*, *stri-**scia***, *fi-**glia**-stro*): digrammi e trigrammi non si dividono e fanno sillaba con la vocale seguente;
- **prefissi di parole composte** (***ri**-e-di-zio-ne*, ***tri**-en-nio*, ***tri**-an-go-lo*): i prefissi (*ri-*, *bi-*, *di-*, *tri-*) delle parole composte, generalmente (se si avverte, nella pronuncia, il loro distacco dalla radice) formano sillaba, anche se così si separa un dittongo.

HAI CAPITO? La divisione in sillabe delle seguenti parole contiene alcuni errori. Individuali e correggili:

pa-rla ~ cor-re-re ~ Fran-ce-sca ~ as-pet-to ~ do-ve-re ~ pi-u-ma ~ a-cqui-tri-no ~ liu-to ~ le-gno ~ a-ero-por-to

• **L'accento tonico**

Nel parlare ci si appoggia spontaneamente su una particolare **sillaba** che diventa così **tonica**, **accentata**, in opposizione alle altre che sono invece **atone**. Si tratta dell'**accento tonico**, che si avverte cioè nella **pronuncia** ed è cosa diversa del **segno grafico**, simbolo scritto necessario solo in alcuni casi. Dal punto di vista dell'**accento**, distinguiamo tre gruppi di parole:

- **tronche**: con accento sull'ultima sillaba: *per-ché*, *chia-me-rò*, *o-ne-stà*;
- **piane**: con accento sulla penultima sillaba: *am-bièn-te*, *tèm-po*, *at-mos-fè-ra*;
- **sdrucciole**: l'accento cade sulla terzultima sillaba: *àl-be-ro*, *mò-bi-li*, *tà-vo-lo*;
- **bisdrucciole**: l'accento cade sulla quartultima sillaba: *man-dà-te-me-la*, *ò-pe-ra-no*.

È importante pronunciare le parole con il **giusto accento tonico**? Sì, sempre, altrimenti si altera la **prosodìa** della lingua italiana, cioè il suo ritmo, la sua tipica musicalità. È ancora più importante quando **un diverso accento modifica il significato** di due parole scritte allo stesso modo (omografi), come in questo caso:

nocciòlo = la pianta

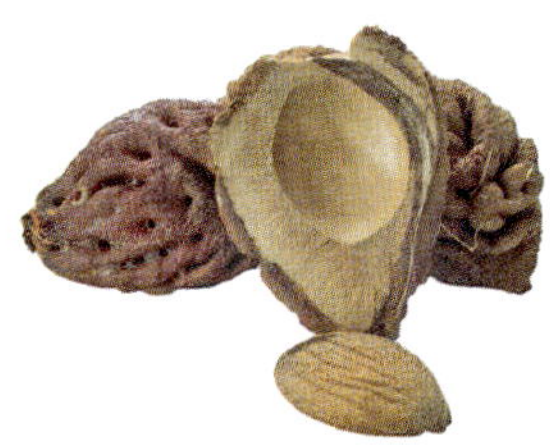

nòcciolo = parte legnosa del frutto

HAI CAPITO? *Non ha colto il nocciolo della questione.* Come si pronuncia la parola *nocciolo* in questo caso? Perché e con quale significato?

• **L'accento grafico**

Nella scrittura, l'**accento grafico** è obbligatorio solo nelle parole **tronche**, nei **monosillabi** che terminano con **due vocali** (*ciò*, *già*, *giù*, *più*, *può*, ma *qui* e *qua* non sono accentati), sui composti di ***su*** e ***tre*** (*lassù*; *ventitré*) e su certi monosillabi per differenziarli da altri che hanno diversa funzione grammaticale (▸ tabella *Grafia e significato di alcuni monosillabi*, p. 22).

ADESSO TOCCA A TE ▶ Capitolo 3

INDIVIDUA E TRASFORMA

Livello 1

1 ●○○ **In ogni gruppo individua la parola divisa in sillabe in modo sbagliato e scrivi la correzione.**

a. af-fres-co; di-vi-sio-ne; ba-glio-re ....
b. fer-reo; fer-ma-glio; raz-zis-ta ....
c. a-gi-ta-to; di-zi-o-na-rio; noc-cio-la ....
d. or-ien-te; se-gre-ta-ria; dia-man-te ....
e. bai-ta; car-tac-ce; cu-o-ce-re ....
f. fra-zio-ne; es-tra-neo; tra-pe-zio ....

2 ●○○ **A COPPIE In ogni parola togliete una sillaba, in modo da ottenerne un'altra.**

a. listino lino
b. baciare ....
c. apposta ....
d. bottega ....
e. papera ....
f. canoro ....
g. caprone ....
h. gratuito ....
i. muscolo ....

3 ●○○ **Nelle seguenti coppie di parole cancella quella con l'accento tonico sbagliato.**

a. mèrito / merìto
b. partènza / pàrtenza
c. piràmide / piramìde
d. boccìolo / bocciòlo
e. abbàzia / abbazìa
f. grembiùle / grembìule
g. albèro / àlbero
h. lavórano / làvorano
i. bersàglio / bersaglìo

Livello 2

4 ●●○ **Dividi in sillabe le parole elencate.**

ba-le-na ~ abbassare ~ gestuale ~ aspro ~ atleta ~ campagna ~ catastrofe ~ giallo ~ fazzoletto ~ incoraggiare ~ libreria ~ motivo ~ patria ~ piacere ~ quaderno ~ riuscire ~ predisporre ~ splendente ~ terrore ~ tortellino ~ zuccheriera

5 ●●○ **A COPPIE In ogni parola aggiungete una sillaba nella posizione segnalata, in modo da ottenerne un'altra.**

a. bo vino
b. .... pero
c. pe .... nale
d. otto ....
e. no .... na
f. ma .... no
g. par .... to
h. .... getto
i. li .... do

6 ●●○ **Quale gruppo comprende soltanto parole piane (accento sulla penultima sillaba)?**

A baccalà ~ estero ~ cavolo ~ scrivono
B modernità ~ fulmine ~ mandamelo ~ desiderio
C quadrato ~ ambiente ~ farina ~ maratona
D multiplo ~ dimmelo ~ concediamolo ~ virtù

7 ●●○ **Nelle frasi di ciascuna coppia sottolinea la parola evidenziata con l'accento tonico corretto. Fai attenzione al contesto.**

a. 1) Quei ragazzi **pèrdono** / **perdóno** tempo.
2) Ti chiedo **pèrdono** / **perdóno**.

b. 1) Giulia ha **subìto** / **sùbito** un torto.
2) Vieni **subìto** / **sùbito** qui!

c. 1) Quanti guai ti **capìtano** / **capitàno**!
2) Luca è il **capìtano** / **capitàno** della squadra.

d. 1) La barca era in **balìa** / **bàlia** delle onde!
2) Un tempo le famiglie nobili affidavano i neonati a una **balìa** / **bàlia**.

e. 1) Marina è una donna **altèra** / **àltera** e superba.
2) La luce al neon **altèra** / **àltera** i colori.

8 ●●○

Con l'aiuto del dizionario o di Internet, segna il corretto accento tonico dei seguenti luoghi d'Italia.

Alghero ~ Egadi ~ Gargano ~ Ossola ~ Panaro ~ Friuli ~ Ventotene ~ Modica ~ Lipari ~ Caorle ~ Benaco ~ Valdobbiadene

Livello 3 **9** ●●●

Dividi in sillabe le parole elencate, facendo attenzione ad applicare le regole riguardanti dittonghi, trittonghi e iati.

armonia ~ igiene ~ manuale ~ miei ~ mitologia ~ paese ~ paura ~ poema ~ riunione ~ triangolo

10 ●●●

A COPPIE Scrivete nello schema seguente le parole suggerite dalle definizioni (due parole per riga e una sillaba per casella), lasciando in bianco l'ultima colonna di caselle. Le due parole di ogni riga hanno in comune una sillaba che va riportata nella casella a lato: tali sillabe, lette di seguito, formeranno il nome di uno strumento musicale.

1						
2						
3						
4						

Definizioni **1.** Protesta, lamentela – Chiasso, scalpore. **2.** Le ... avventure del cuore – La capitale della Francia. **3.** La bevanda degli dei – Il dio del mare presso i Romani. **4.** La regione con Firenze – Avvisaglia di una malattia.

(adattamento da "L'altra enigmistica", agosto 2012)

11 ●●●

In ogni gruppo di parole sdrucciole c'è un intruso bisdrucciolo: trovalo e cancellalo.

a. pregevole ~ compramelo ~ ortografico ~ occorrere
b. incarico ~ evadere ~ contabile ~ considerano
c. telefonami ~ indomito ~ articolo ~ effimero
d. commestibile ~ visitano ~ paralisi ~ disordine

LAVORA CON LE PAROLE

Livello 1 **12** ●○○

In ognuna delle frasi seguenti c'è una parola con un fonema sbagliato. Dopo averla individuata con l'aiuto del dizionario, scrivi la correzione; quindi spiega il diverso significato dei due vocaboli.

a. L'acme giovanile affligge molti adolescenti. ....
b. Ma che bella novizia! ....
c. Gino è proprio un tipo bagordo. ....
d. Nell'incidente ho riportato una forte confusione. ....
e. Nelle pavimentazioni stradali è ancora usata la felce. ....
f. Che buono il pane flagrante! ....

13 ●○○ **Leggi con attenzione la seguente definizione, tratta dal dizionario Zingarelli 2017 online, di *zaino*; quindi, per ognuna delle affermazioni indica se è vera [V] o falsa [F].**

> ♦zàino (1) / *'dzaino/ o †zàno
>
> [longob. *zaina* 'corbello, cesto' ☼ av. 1500]
>
> s. m.
>
> ● sacco di tela o altro materiale impermeabile e resistente che, munito di cinghie per essere caricato e trasportato sulle spalle, contiene vestiario, provviste alimentari e oggetti vari di alpinisti, escursionisti, militari, ecc.: *preparare lo zaino*; *mettere la giacca a vento nello zaino* | anche in formule di comando militare: *zaino in spalla!*; *zaino a terra!* | (milit.) ***affardellare lo zaino***, disporvi dentro, con ordine le cose di cui va riempito | ***a zaino***, detto di oggetto che si porta appeso alle spalle: *irroratrice a zaino*
>
> || zainétto, dim. (V.) | zainóne, accr.

a. La parola "zaino" è un sostantivo maschile. V F
b. La parola "zaino" è molto recente. V F
c. La consonante iniziale *z* è sorda. V F
d. Nel pronunciare la parola, l'accento cade sulla penultima sillaba. V F
e. La prima sillaba contiene un dittongo. V F

Livello 2 **14** ●●○ **Nella barzelletta seguente è presente una parola che può essere pronunciata con un diverso accento tonico. Trovala e spiega i due diversi significati che assume.**

– Cameriere! – urla un cliente al ristorante. – Desidero un piatto di errori ortografici!
– Non ne abbiamo, signore – dice il cameriere, molto compito.
– E allora – replica il cliente – perché ne avete messi così tanti nella lista?

("Cultura enigmistica", dicembre 2013)

15 ●●○ **Con l'aiuto del dizionario segna il corretto accento tonico delle parole elencate e controlla il significato di quelle che non conosci. Fai attenzione: in cinque casi sono accettate due diverse pronunce.**

aneddoto ~ dialisi ~ ecchimosi ~ edile ~ icona ~ infido ~ ombelico ~ persuadere ~ polizza ~ regime ~ sclerosi ~ stesura ~ utensile

Livello 3 **16** ●●● **Le parole elencate possono essere pronunciate con l'accento su differenti sillabe. Per ognuna indica le due diverse posizioni dell'accento; quindi, con l'aiuto del dizionario, spiega il diverso significato che assume.**

àncora / ancóra > strumento per trattenere la nave ormeggiata al fondale / avverbio di tempo indicante continuità

abitino ~ ambito ~ tendine ~ bacio ~ presidi ~ predico ~ impari

17 ●●● **Con l'aiuto del dizionario segna il corretto accento tonico delle parole elencate, appartenenti a un registro alto. Controlla il loro significato, quindi scegline tre e, per ognuna, scrivi sul quaderno una frase in cui sia usata in modo opportuno.**

abulia ~ apocrifo ~ apogeo ~ apoteosi ~ atrofia ~ enfasi ~ euforia

4 La scrittura corretta

Non è facile imparare a trascrivere i suoni di una lingua, visto che tra **fonemi** e **grafemi** la corrispondenza non è perfetta. Ciò non obbedisce a una precisa logica, ma piuttosto alla sedimentazione, nella scrittura, di usi diventati **norme da memorizzare**. Proprio per la fatica che ci è costato impadronirci di queste norme, ci aspettiamo che **l'immagine visiva della lingua scritta** sia esattamente come l'abbiamo appresa. L'**ortografia** regola la corretta rappresentazione grafica delle parole.

Le seguenti indicazioni puntualizzano le variabili ortografiche che suscitano i dubbi più comuni.

CE / CIE GE / GIE	La grafia in ***cie*** e ***gie*** non è frequente e si pronuncia come ***ce***, ***ge***. La ***i*** è presente, ma non è pronunciata, nei seguenti casi: • in parole che ne hanno conservato la **grafia latina**: *cielo*, *cieco*, *società*, *socievole*, *specie*, *superficie*, *effigie*, *igiene*; • in parole con suffisso in **-*iere/iera***, **-*iente***, **-*ienza***: *pasticciere*, *crociera*, *efficiente* (e simili: *efficienza*, *deficiente*, *sufficienza* ecc.); • nei **plurali** quando la ***c*** è preceduta da **vocale**: *camicie*, *valigie* (al contrario avremo: *guance*, *frange*; alcune parole ammettono però entrambe le grafie, > *ciliegie* / *ciliege*, *grigie* / *grige*, *province* / *provincie*); • nei **plurali** quando la ***i*** è **accentata** e **pronunciata**: *farmacìe*, *bugìe*, *pedagogìe*, *analogìe*.
SCE / SCIE	La ***i*** è presente, ma non si pronuncia in *usciere*, *scienza*, *coscienza* (e derivati); è presente e, ovviamente, si pronuncia, nelle parole in cui è accentata: *scìa*, *scìe*.
NI / GN / GNI + VOCALI	• Si usa ***ni*** in alcune parole di **grafia latina**: *genio*, *colonia*, *scrutinio*. • Si usa ***gn*** in tutti gli altri casi: *ragno*, *bagno*, *ignaro*, *degno*, *ognuno* ecc. • Si usa ***gni*** se la ***i*** è **accentata**: *compagnìa*.
H	Il grafema muto ***h*** viene usato nei seguenti casi: • come simbolo grafico per indicare suono duro, velare: *chimera*, *gheriglio* ecc.; • nelle interiezioni: *oh!*, *ehi!*, *ahimè!*; • in quattro forme del verbo *avere*, all'indicativo presente: *ho*, *hai*, *ha*, *hanno*; • in parole di origine latina o straniera: *habitat*, *hotel*, *hacker*.
CU / QU / CQ	• Si ha ***cu*** quando il gruppo è seguito da consonante: *cumulo*, *curva*. • Di norma si ha ***cu*** + consonante e ***qu*** + vocale, ma le eccezioni sono numerose (è importante consultare il dizionario): *cursore*, *curvo*; *equestre*, *conquista*, *quaderno*; ma: *innocuo*, *cuore*, *proficuo* ecc. • Il raddoppiamento di ***cu/qu*** è ***cqu***: *acqua* (e derivati); *acquisto* (fanno eccezione *soqquadro*, *taccuino*); è ***ccu*** quando è seguito da consonante: *accusa*, *accumulo*.
MB / MP	Davanti alle consonanti ***b*** e ***p*** si usa la ***m***, mai la ***n***: *bambola*, *imbarazzo*, *campana*.
Z / ZZ	La ***z***, in genere, non si raddoppia davanti alle desinenze **-*ione***, **-*ia***, **-*ie***, **-*io***, tranne che nelle parole derivate: *addizione*, *soluzione*, *profezia*, *spezie*, *spazio*; *razziale* (da *razza*), *pazzìa* (da *pazzo*).

HAI CAPITO?

1. Quale errore nella scritta murale di p. 17 fa "rinunciare anche all'italiano"? Secondo te è grave? Perché?

2. Individua tra le seguenti parole scritte correttamente, quelle "regolari" e le eccezioni:

acquaio ~ bambino ~ conquista ~ benpensante ~ acquazzone ~ cuoco ~ scuotere ~ insufficienza ~ soqquadro ~ ambizione ~ circuire ~ addizione ~ cui ~ notizia ~ quale ~ taccuino ~ curva ~ proficuo ~ razziale ~ cuoio

ADESSO TOCCA A TE

▶ Capitolo 4

INDIVIDUA E CORREGGI

Livello 1

1 ●○○ **In ogni coppia di parole cancella quella scritta in modo scorretto.**

a. Romagna / Romagnia
b. menzogna / menzonia
c. baniante / bagnante
d. ragioniere / ragiognere
e. dianiosi / diagnosi
f. ingeniere / ingegnere
g. vergogna / vergonia
h. convinciente / convincente
i. storcere / storciere
j. pasticceria / pasticcieria
k. conducente / conduciente
l. seduciente / seducente

2 ●○○ **In ogni gruppo correggi la parola scritta in modo scorretto.**

a. scheggie ~ spiagge ~ sagge
b. camicie ~ riccie ~ farmacie
c. facce ~ borracce ~ minaccie
d. mancie ~ guance ~ cartucce
e. frangie ~ selvagge ~ grigie
f. grucce ~ trecce ~ buccie

3 ●○○ **Nelle frasi seguenti individua e correggi gli errori nell'uso della lettera *h*.**

a. Correva l'hanno 1889 quando ha Parigi fu inaugurata la torre Eiffel.
b. Che faccia tosta ai: invii una marea di sms ha una ragazza appena conosciuta!
c. Non o capito perché sia vietato l'uso dei cellulari ha scuola.
d. Ho, che sorpresa! ha Natale arriveranno a nonni!
e. A, che guaio! Ho rovesciato l'olio.

4 ●○○ **Sottolinea la forma corretta delle parole evidenziate nelle frasi seguenti.**

a. Quando il concerto ebbe inizio, tutti **taccuero** / **tacquero**.
b. Che profumino! Mi viene l'**acquolina** / **aquolina** in bocca...
c. Tra **poliziotti** / **polizziotti** e malviventi vi fu una **colluttazione** / **colluttazzione**, quindi i ladri furono arrestati e la refurtiva **sequestrata** / **secuestrata**.
d. Giada nutre **ambizzioni** / **ambizioni** artistiche.
e. Luca possiede una **collezione** / **collezzione** di fumetti giapponesi.
f. Come si dice, l'**eccezzione** / **eccezione** conferma la regola.

Livello 2

5 ●●○ **Nelle seguenti parole inserisci il grafema corretto: *ce/cie, ge/gie*.**

a. boccac............
b. cannuc............
c. cami............
d. denun............
e. farma............
f. focac............
g. lan............
h. mar............
i. effi............nte
j. emer............nte
k. in............gnoso
l. passeg............ro

6 ●●○ **Nelle frasi seguenti inserisci in modo opportuno *hanno, anno, hai, ha, ah!, a, ai, ho, oh, o*.**

a. Carlo e Maria si conobbero .... Venezia nell'............ 2010.
b. ....! Mi .... punto un'ape!

c. Se gli allievi non .... studiato, l'insegnante se ne accorge subito.
d. .... sentito il parere degli esperti? .... bambini troppi dolci fanno male.
e. ...., povero me! .... perso la carta di credito!
f. .... Luigi non è piaciuta la cravatta che gli .... regalato.
g. .... Che aria buffa .... Luca con quel taglio di capelli!
h. Non .... scelta: .... fare più moto .... ingrassare!

7 ●●○

Nelle seguenti parole inserisci il grafema corretto: *c, cc, cq, q, qq*.

a. a............uilone
b. se............uoia
c. a............uerello
d. so............uadro
e. diso............upato
f. tran............uillo
g. con............uista
h. a............uisto
i. a............urato
j. a............uedotto
k. ....uesito
l. s............uarciagola

Livello 3 **8** ●●●

In quale gruppo di parole <u>non</u> ci sono errori ortografici? Segnalo con una crocetta.

A scientifico ~ coscienza ~ discesa
B adolescienza ~ scosceso ~ scena
C incoscente ~ scegliere ~ sciendere

9 ●●●

Correggi i 10 errori ortografici presenti nelle espressioni date.

ecuinozio di primavera ~ figure ecuivalenti ~ equipaggio di bordo ~ ecuilibrio instabile ~ razza equina ~ cirquito automobilistico ~ studio profiquo ~ un oggetto d'antiquariato ~ una frecuenza televisiva ~ un incuilino moroso ~ una sentenza inicua ~ un collocuio chiarificatore ~ un'innoqua lucertola

LAVORA CON LE PAROLE

Livello 1 **10** ●○○

Nelle seguenti frasi sostituisci l'espressione/la parola evidenziata con un termine di analogo significato, scelto tra le parole elencate sotto, nella forma che ritieni corretta; quindi, controlla l'ortografia sul dizionario.

ingegno / ingenio ~ vigiglia / vigilia ~ esilio / esiglio ~
scrutigno / scrutinio ~ concilio / conciglio

a. Il giorno prima .... dell'esame di maturità ero agitatissimo.
b. A fine mese si terrà l'assemblea .... nazionale dei vescovi.
c. Dante subì l'allontanamento forzato .... da Firenze.
d. Chiusi i seggi, si procedette allo spoglio .... dei voti.
e. Leonardo da Vinci fu uomo di grandi capacità intellettive ....

Livello 2 **11** ●●○

Con l'aiuto del dizionario, abbina ogni definizione alla parola corrispondente, scelta tra quelle elencate. Fai attenzione: non tutte le parole vanno usate, infatti alcune sono sbagliate dal punto di vista del significato, altre scritte in modo scorretto.

squacquerato ~ equitazione ~ querula ~ locuace ~ squinternato ~ qualità ~ loquace ~ equidistanti ~ squacquerone ~ requisito ~ squinternato ~ scuaccherone ~ strampalato

a. Lo è una persona che parla molto. ....
b. Tecnica e pratica dell'andare a cavallo. ....
c. Lo sono due rette parallele. ....
d. Formaggio di consistenza molto morbida, simile allo stracchino. ....
e. Titolo o condizione richiesta per ottenere un incarico. ....
f. Lo è un tipo strano, che conduce una vita disordinata. ....

Livello 3 **12** ●●●

Leggi la definizione d'autore della parola *soqquadro*, tratta dal Vocabolario della lingua italiana di Nicola Zingarelli (Zanichelli, 2017), redatta dallo scrittore Alessandro Baricco; quindi, con l'aiuto del dizionario, rispondi alle domande.

"Se si esclude il Manzoni che una volta, con scarsi risultati, l'ha proposto da solo, come sostantivo, è un termine che vive esclusivamente in compagnia del verbo *mettere*: «ho messo a **soqquadro**». Significa che ho buttato all'aria qualcosa o fatto un gran casino. Nonostante l'uso piuttosto raro, gode di una certa notorietà poiché è l'unica parola italiana che si scrive con due q. Inspiegabile il fatto che di un simile privilegio non goda, ad esempio, il termine "acquartierato": non risulta, oltretutto, che un battaglione acquartierato debba per forza stare a mollo nell'acqua fino al ginocchio, come il termine, erroneamente, suggerisce."

a. Qual è il significato di "acquartierare"?
b. Su quale regola ortografica ironizza Baricco?
c. Un'altra parola che, benché ormai poco usata, gode di una certa notorietà è "taccuino". Per quale ragione? Quali altri termini hanno preso il suo posto? Per quali motivi?

5 Elisione e troncamento

Quando parliamo, le parole tendono a unirsi tra loro e si raggruppano a seconda degli accenti tonici più importanti (> *Vìstocheèsci còmpradelpàne*). Questo fenomeno si è parzialmente registrato nella scrittura, per cui in alcuni casi, l'avvicinamento di due parole provoca, nella **prima**, la **caduta di una lettera o di una sillaba.**

● **L'elisione**

L'elisione consiste nella caduta della **vocale finale atona** (cioè non accentata) di una parola quando è seguita da un'altra parola che **inizia per vocale**. È sempre segnalata con l'**apostrofo** ('). Questi i casi in cui ciò avviene:

L'elisione è necessaria
• Con gli articoli ***lo***, ***la***, ***una***; con le preposizioni articolate formate da ***lo***, ***la***: ***l'o****mbrello*, ***l'a****sta*, ***un'e****lica* (si è diffusa anche la forma senza elisione: *una ecologista*), ***dell'o****rto*, ***nell'a****nima*.
• Con gli aggettivi ***questo/a***, ***quello/a***, ***bello/a***, ***santo/a*** davanti a nomi maschili: ***quest'u****omo*, ***quell'a****rco*, ***bell'a****spetto*, ***sant'A****ntonio*.
• Con ***ci***, ***come***, ***dove*** davanti al verbo ***essere***: ***c'è***, ***c'era***, ***c'erano***, ***c'eravamo***, ***com'è***, ***dov'è***.
• Con gli aggettivi ***alcuna*** e ***nessuna***, nelle espressioni ***alcun'altra*** e ***nessun'altra***: ***Nessun'altra*** *esperienza è così importante*.
L'elisione è frequente
• Con le particelle pronominali ***mi***, ***ti***, ***ci***, ***si***, ***vi***, ***ne***: ***m'a****spettano*, ***t'i****nviterò*, ***v'i****mporta* ecc.
• Con la congiunzione ***anche*** seguita da un pronome: ***anch'i****o*, ***anch'e****gli*, ***anch'e****ssa* ecc.
• Con i pronomi ***lo***, ***la*** purché non ci siano dubbi sul genere: ***l'ho*** *visto*, ***l'ha*** *ascoltata*.
• Con la preposizione ***di***: ***d'e****state*, ***d'o****ro*, ***d'a****ccordo*.
• In alcune espressioni d'uso: ***d'a****ltronde*, *mezz'ora*, *senz'altro*, *quant'altro*, *tutt'al più* ecc.
• Con gli aggettivi ***questo/a***, ***quello/a***, ***bello/a***, ***santo/a*** davanti a nomi femminili: ***quest'****arte*, ***quell'****erba*, ***bell'****anima*, ***sant'****Anna*.

● **Il troncamento**

Quando cade la **vocale** finale atona – o un'intera **sillaba** – di una parola davanti a un'altra che **inizia** sia per **vocale**, sia per **consonante** si verifica un **troncamento.** A differenza dell'elisione, il troncamento **non viene segnalato dall'apostrofo** e segue le regole qui elencate:

Il troncamento è necessario
• Con ***uno*** e i suoi composti ***alcuno***, ***taluno***, ***nessuno***, ***ciascuno***, ***buono*** (ma non davanti a parole che iniziano con *gn-*, *ps-*, *pn-*, s impura, x, z): *un arco, in alcun modo, nessun problema, ciascun partecipante, buon anno.* • Con gli aggettivi ***quello***, ***bello***, ***santo*** davanti a parole maschili singolari che iniziano per consonante: *quel problema, bel tiro, san Paolo.* • Con i nomi ***signore***, ***professore***, ***dottore***, ***ingegnere***, ***cavaliere***, ***suora*** seguiti dal nome proprio: *signor Carlo, professor Orsi, dottor Marietti, ingegner Bassi, cavalier Asti, suor Antonia.* • Con ***tale*** e ***quale*** seguiti dal verbo *essere*: *tal era, qual è.*
Il troncamento è frequente
• Con l'aggettivo ***grande*** davanti a consonante, anche per il femminile e il plurale: *gran bugiardo, gran dama, gran regali.* • Con ***tale*** e ***quale*** davanti a vocale o consonante: *tal bontà, tal animo, qual evento, qual bellezza.* • In alcune espressioni d'uso: *venir via, buon giorno, fin qui, mal di mare, si dicon tante cose, ben fatto, mal di mare* ecc.

▶ Il troncamento non avviene

Davanti a parole che iniziano con ***gn***, ***pn*** (ma non sempre), ***ps***, ***s*** **+ consonante**, ***z***, ***x***, ***i*** **+ vocale**: *uno **gn**occo, uno **ps**icologo, nessuno **st**acco, quello **st**upido, bello **scr**ittoio; quello **z**aino, santo **St**efano, buono **st**ipendio.*

Per **semplificare**: c'è **elisione** (') davanti a qualunque parola inizi per vocale, tranne con:
- l'articolo ***un*** e composti (*un aspetto*);
- ***buono*** al maschile singolare (*buon amico*, ma attenzione: *buon'anima*);
- i **titoli di cortesia** (***signore*** ecc.: *signor Alberto*);
- ***tale*** e ***quale*** (*tal è / qual impresa*).

Negli altri casi si ha **troncamento.**

Un altro **accorgimento pratico**: se la parola accorciata può stare anche davanti a consonante, è **troncamento** (*Un **m**ago / un **a**lbero; buon **v**iaggio / buon **a**scolto*); altrimenti è **elisione** (*quest **m**ago?*: certamente no! / *quest'**e**vento?*: sì).

HAI CAPITO?

Il cartello contiene un errore ortografico voluto. Perché non è "scandaloso" e molto diffuso?

• **Un troncamento particolare**

Esiste un troncamento che è **segnalato dall'apostrofo**: si verifica davanti a qualunque consonante iniziale e anche al termine di una frase. Riguarda i seguenti monosillabi: ***po'*** per ***poco***; ***mo'*** per ***modo***; ***di'*** per ***dici***; ***da'*** per ***dai***; ***fa'*** per ***fai***; ***sta'*** per ***stai***; ***va'*** per ***vai***: ***Fa'*** *attenzione e* ***sta'*** *attento alla linea: il dolce è calorico, anche se ne mangi solo un* ***po'***.

Grafia e significato di alcuni monosillabi	
di preposizione **dì** giorno **di'** 2ª pers. sing. imperativo del verbo *dire*	*È una borsa* ***di*** *carta plasticata.* *Lavora notte e* ***dì.*** ***Di'*** *la verità!*
da preposizione **dà** 3ª pers. sing. indic. pres. del verbo *dare* **da'** 2ª pers. sing. imperativo del verbo *dare*	*Viene* ***da*** *Roma.* *Forse il prof mi* ***dà*** *un bel voto.* ***Da'*** *qualcosa anche agli altri!*
fa 3ª pers. sing. indic. pres. del verbo *fare* **fa'** 2ª pers. sing. imperativo del verbo *fare*	*Troppa pioggia* ***fa*** *danni.* ***Fa'*** *prima le cose importanti.*
va 3ª pers. sing. indic. pres. del verbo *andare* **va'** 2ª pers. sing. imperativo del verbo *andare*	*Lucia* ***va*** *a teatro.* ***Va'*** *piano!*
e congiunzione **è** 3ª pers. sing. ind. pres. del verbo *essere*	*Compra insalata* ***e*** *mele.* *Il mare* ***è*** *blu.*
la articolo, pronome **là** avverbio di luogo	*Questa è* ***la*** *mia città / Non* ***la*** *vedo.* *Ti aspettano di* ***là.***
li pronome **lì** avverbio di luogo	***Li*** *rivedremo presto.* *Metti* ***lì*** *la spesa.*
ne pronome **né** congiunzione	*Quante noci!* ***Ne*** *vorrei un po'!* *Non mangio* ***né*** *carne,* ***né*** *pesce.*
se congiunzione, pronome atono **sé** pronome	***Se*** *vuoi, ti raggiungo /* ***Se*** *ne va.* *Lo fa da* ***sé.*** Ma: *Ama solo se stesso* (Si può usare anche la forma accentata *sé stesso*).
si pronome **sì** avverbio affermativo	***Si*** *conoscono da molto.* *Dimmi di* ***sì!***
te pronome **tè** bevanda	***Te*** *lo porto subito.* *È l'ora del* ***tè.***

DUE PASSI NEL DIZIONARIO

"Come si scrive?"

ti a vocale). *Bello* si tronca in *bel* davanti a consonante: *un bel gatto, bel tempo, che bel tipo*; rimane però *bello* davanti a *s impura, z, x, gn, ps* e (ma non sempre) *pn*: *bello scrittoio, bello stivale, bello zaino*; si elide in *bell'* davanti a vocale: *bell'aspetto, bell'e fatto, bell'operaio, bell'uomo*. Al plurale, *belli* diventa *bei* davanti a consonante: *bei pomodori, bei fiori, bei libri*; diventa però *begli* davanti a vocale o a *s impura, z, x, gn, ps* e (ma non sempre) *pn*: *begli atleti, begli uomini, begli stupidi*. Al femminile, la forma del singolare *bella* si può elidere davanti a vocale: *bell'attrice*; invece il plurale *belle* si elide raramente: *belle immagini* (meglio di *bell'immagini*). (V. nota d'uso ELISIONE e TRONCAMENTO) **1** che, per le sue

Il dizionario risolve, ovviamente, qualunque dubbio ortografico, anche quando si tratta di **elisione e troncamento**.
Vediamo, per esempio, come lo Zingarelli ci guida nel caso dell'aggettivo ***bello***, sotto la cui voce, su fondino azzurro, riporta la "**nota d'uso**" relativa, appunto a "elisione e troncamento".

Osserviamo: le indicazioni sono precise e dettagliate, ricche di esempi. Informano anche su altri "comportamenti" dell'aggettivo, specificando che, al **plurale maschile**, diventa ***bei*** o ***begli***, seguendo, in sostanza, le stesse regole valide per l'**articolo determinativo**. Queste norme valgono anche, come sappiamo, per l'aggettivo ***quello*** (*bei pomodori, begli atleti, begli stupidi; quei pomodori, quegli atleti, quegli psicologi*).

E il correttore digitale?
Con la videoscrittura disponiamo di una sorta di dizionario, incorporato nella funzione "**strumenti**", che agisce correggendo **automaticamente** durante la digitazione o con attivazione su **richiesta**. Ogni problema sembrerebbe dunque risolto, sennonché – come sostiene un noto giornalista – usare il correttore «è come saper nuotare con il salvagente. Se non c'è si affonda» (B. Severgnini, *L'italiano. Lezioni semiserie*, Rizzoli, Milano, 2007). In ogni caso, per cancellare errori o sviste imperdonabili va benissimo usarlo, purché lo si attivi a scrittura completata e si rifletta su ogni errore evidenziato.

ADESSO TOCCA A TE

▶ Capitolo 5

INDIVIDUA E CORREGGI

Livello 1

1 ●○○ **Nelle seguenti espressioni effettua le elisioni necessarie. In caso di dubbio, riguarda la tabella di p. 20.**

a. quello anno
b. santo Ambrogio
c. allo inizio
d. anche io
e. lo occhio
f. ti ascolterò
g. una amica
h. la umanità
i. dove è
j. nessuna altra
k. bello uomo
l. la ho vista
m. questo assegno
n. lo ho detto
o. ci era

2 ●○○ **Nelle frasi seguenti individua e correggi gli errori nell'uso del troncamento.**

a. In un mercato ho comprato un zaino di tipo militare.
b. Mai un stacco per riposarsi tra un impegno e l'altro!
c. Un "xenofobo" è colui che prova avversione per gli stranieri o per tutto ciò che è straniero.
d. Da un anno mio fratello è seguito da un psicologo.
e. Per un incidente ho dovuto sostituire un pneumatico dell'auto.

3 ●○○ **Nelle frasi di ciascuna coppia sottolinea la parola evidenziata scritta in modo corretto.**

a. 1) **Dà** / **Da'** un aiuto in cucina a tua madre! 2) Mio figlio non mi **da** / **dà** mai ascolto.
b. 1) Studiare? Non **né** / **ne** voglio sapere. 2) Studiare non è **né** / **ne** facile **né** / **ne** divertente.
c. 1) Paola e Luigi sono seduti **lì** / **li** davanti. 2) Non **lì** / **li** vedi?
d. 1) **Se** / **Sé** Luca mi inviterà a ballare, gli dirò di **si** / **sì**. 2) **Si** / **Sì** definisce egoista una persona che pensa solo a **se** / **sé**.
e. 1) Tranquillo, **va'** / **va** tutto bene. 2) **Va** / **Va'** a studiare!
f. 1) **Fa** / **Fa'** silenzio! 2) Oggi **fa** / **fa'** freddo.

Livello 2

4 ●●○

Nelle frasi seguenti effettua le 12 elisioni necessarie.

a. Cristina telefona alla amica Sara.
b. Che bello aspetto hai oggi!
c. Ho condito la insalata con lo olio e dello aceto.
d. Come è bello quello abito! È la ultima novità in fatto di moda.
e. Per cena ho preparato la anatra alla arancia.
f. Con Luca ci erano dei compagni di squadra.
g. Te lo ho già detto: non voglio sentire nessuna altra scusa.

5 ●●○

Nelle frasi seguenti effettua i 7 troncamenti necessari.

a. Carlo è un buono amico.
b. A ciascuno giocatore è stato assegnato uno premio.
c. A Bologna abbiamo visitato la basilica di santo Petronio.
d. Il professore Antinori è uno uomo gentile e pacato.
e. Beckham è stato un grande calciatore.
f. Un bello mattino mi sono svegliato e il mio gatto era scappato.
g. So quale è il segreto di Lucia: è innamorata di Renzo.

6 ●●○

Nelle frasi seguenti effettua tutte le elisioni e i troncamenti possibili, compresi quelli particolari.

a. Vai a Santo Elpidio? Buono viaggio! Anche io ci sono stato lo altro anno: in nessuna altra vacanza mi sono divertito tanto.
b. Stai attento a non scivolare sul ghiaccio!
c. Per cortesia, vai a comprare un poco di insalata.
d. A modo di esempio, il professore Rossi ha risolto alla lavagna due equazioni di secondo grado.
e. Franco non ci entra con quei bulli, tutto al più, per paura, non è intervenuto in alcuno modo per fermarli.

Livello 3

7 ●●●

Quale frase contiene <u>due</u> elisioni frequenti, ma non necessarie?

A Giovanni ha sempre l'aria dimessa di un pover'uomo.
B L'anno scorso, in Marocco, alloggiavamo in un grand'albergo.
C Anch'io vorrei ricevere in regalo un ciondolo d'argento.

8 ●●●

Le frasi seguenti contengono delle locuzioni tipiche in cui è d'uso il troncamento: effettua quelli che ritieni opportuni.

a. Livia soffre di male d'amore.
b. Stefano è male visto dai colleghi.
c. Oggi ho i nervi a fiore di pelle.
d. Male comune, mezzo gaudio.
e. Ti rimprovero a fine di bene.
f. Per l'amore di Dio, rallenta in curva!
g. Taci, hai detto fino troppo.
h. Buona fine e migliore principio!

6 Quando si usano le maiuscole

Le lettere **minuscole** formano il corpo principale della scrittura. Le **maiuscole** – come prima lettera della parola – creano uno stacco visivo e hanno il compito di **segnalare** l'inizio di un nuovo periodo, **distinguere** i nomi propri dai nomi comuni, **evidenziare** una forma di riguardo verso istituzioni, e persone.

La tendenza a ignorarne l'uso nelle mail, negli SMS, negli inviti, nei titoli di programmi televisivi e perfino nelle denominazioni di strade rivela, forse, oltre alla "tendenza" attuale, una certa antipatia verso questo carattere. D'altra parte c'è chi ne abusa per enfatizzare parole o espressioni ritenute particolarmente significative. È importante perciò saper usare la **maiuscola** correttamente, e cioè nei seguenti casi.

► Con la punteggiatura

- All'inizio di un testo e dopo ogni **punto fermo**:
  Si inviano SMS in continuazione. Non credo siano necessari. Sarebbe meglio coltivare un po' di silenzio interiore.
- Dopo il punto interrogativo ed esclamativo.
  Mi fai vedere le foto? Sono bellissime! Mandamele su Whatsapp.
  La minuscola è ammessa quando si intende evidenziare la continuità del discorso:
  Verranno tutti i tuoi compagni di classe? proprio tutti?
- All'inizio di un discorso diretto:
  Mi disse: "Sono certo che ce la farai".

► Con i nomi e i titoli

- Nei **nomi propri** (anche geografici, astronomici, di animali, di squadre), nei **cognomi** e **soprannomi**:
  Mara Rossi, Giorgio da Castelfranco detto Giorgione, le Alpi, l'Orsa Maggiore, Snoopy, la Juventus.
- Nei nomi dei **punti cardinali** quando indicano un'area geografica:
  Nord, Sud, Settentrione, Mezzogiorno ecc.
- Per gli **abitanti** di uno stato o regione (ma è ammessa anche la minuscola):
  i Francesi / francesi, i Liguri / liguri.
  Si usa la maiuscola anche per gruppi etnici o popoli del passato: *gli Egizi, i Normanni.*
- Nei nomi di secoli, di festività, di periodi e avvenimenti storico-culturali, di oggetti-simbolo:
  il Settecento, Natale, il Rinascimento, la Muraglia cinese.
- Nei titoli di opere d'arte, libri, giornali:
  La Traviata, la Repubblica, Iris (van Gogh).

Il Muro di Berlino

▸ **Come forma di riguardo**

- Nei nomi riferiti a istituzioni, cariche, enti, partiti ecc.:
  *il **P**residente della **R**epubblica* [ma *il presidente **M**attarella*], *la **C**amera, il **P**apa, lo **S**tato e la **C**hiesa.*
- Nelle lettere commerciali:
  ***S**pettabile **A**zienda; per informazioni rivolgersi all'**U**fficio del personale.*

7 A cosa serve la punteggiatura

Senza punteggiatura, o con una punteggiatura sbagliata, un testo scritto rischia di essere imcomprensibile. Il suo scopo è infatti quello di:

- **riprodurre ritmo e intonazione del parlato**: gli appositi segni grafici modulano il discorso, seguendo abbastanza fedelmente la naturale **musicalità** di quello orale, mentre ne marcano il **senso logico**;
- **scandire il testo**: suddividendolo in parti di varia lunghezza, lo rende più "**agevole**"; dà il giusto **risalto agli enunciati** e chiarisce se sono affermativi, interrogativi o esclamativi.
- **rendere maggiormente riconoscibile la struttura sintattica**: la successione delle frasi è evidenziata secondo la loro varietà di **struttura**, **ampiezza** e **complessità**.

Le seguenti righe mostrano segni di interpunzione disposti a casaccio. Proviamo a sistemarli.

Niente virgola davanti a *per* e davanti a *con*: le precisazioni (*divertirsi / amici*) non vanno separate dalla frase o dalle parole che le introducono.

Dopo *discoteca*, è meglio mettere un punto fermo (.). "Tiriamo il fiato" prima di affrontare un concetto nuovo: il *ballo*.

Non va messa la virgola tra soggetto (*ballare*) e verbo (*è divertente*).

La virgola ci vuole invece davanti a *ma* quando introduce una frase.

Esistono molti modi, per divertirsi stando in compagnia,
con gli amici ma quello preferito dagli adolescenti
è senz'altro andare in discoteca, ballare, è divertente
e liberatorio, seguendo il ritmo della musica ad alto
volume si fa movimento si stacca la spina.
Non si riesce a pensare ad altro che al ballo.

Dopo *liberatorio*, meglio i due punti (:) che annunciano una spiegazione di quanto appena detto. Va bene anche il punto fermo.

Dopo *volume* e dopo *movimento*, meglio mettere una virgola per staccare le frasi con una pausa debole; dopo *spina*, invece, meglio una pausa più forte: il punto e virgola (;).

• Come decidere? Mettere la punteggiatura crea a tutti qualche disagio perché, a parte alcune regole tassative, c'è molto margine per la discrezionalità. Il segreto sta nel rileggere quanto scritto "ascoltandolo" con l'orecchio interiore, come se si trattasse del discorso a voce alta di qualcun altro. Esaminiamo ora, nel dettaglio, il valore dei singoli segni.

Per creare pause

. **Il punto**

Il punto fermo indica una **pausa netta** che divide tra loro enunciati di senso compiuto:

Scivolo in camera mia con il cuore in gola. Mi infilo vestita sotto le coperte. Sto in ascolto, ma tutto tace. Per fortuna i miei non si sono svegliati.

, **La virgola**

La virgola indica una **pausa breve** e si usa nei seguenti casi.

- Nelle elencazioni:
  Concimi chimici, diserbanti, biotecnologie, inquinamento minano la qualità del cibo.
- Per interpellare qualcuno, e con un vocativo:
  ***Tu**, avvicinati, per favore.*
  *Pensaci, **carissima amica**, per te l'offerta è sempre valida.*
- Per isolare un inciso o un'apposizione:
  *Molti cantanti rap, **parlo dei migliori**, si sono cimentati con testi di interesse sociale. Sono però i neri, autentiche **star** del "genere", che hanno lanciato i messaggi più "forti".*
- Per separare le proposizioni di un periodo:
  Se tutto fosse filato liscio, oggi sarei in America, sarei ricco e potrei godermi in pieno il successo.
- Davanti a una frase introdotta dalle congiunzioni ***ma***, ***però***, ***sebbene***, ***se***, ***tuttavia***, ***mentre***, ***nonostante*** ecc.:
  *Mi è simpatico, **però** non dovrei frequentarlo.*

Non si deve invece usare la virgola prima di ***e*** (a volte è ammessa), ***né***, ***o*** e neppure per separare gli elementi della frase indissolubilmente uniti sul piano logico, quali soggetto e verbo, il verbo e il suo "oggetto":

Gianni**×** ***dorme*** *troppo / Gianni* ***mangia*****×** ***troppi dolci.***

È fondamentale, infine, ricordare che la posizione della virgola può modificare il significato di una frase (► Per saperne di più, p. 29).

; **Il punto e virgola**

Indica una **pausa di carattere intermedio** tra il punto e la virgola. Si usa nei seguenti casi:

- All'interno di un periodo per separare due o più frasi, quando lo stacco logico non è tale da richiedere il punto:
  La voce si sparse per le vallate; nella corte del castello s'aggruppò gente: famigliari [...] gente d'arme. (I. Calvino, *Il visconte dimezzato*).
- Nelle elencazioni complesse che, al loro interno, contengano delle virgole:
  Ecco il significato di alcuni termini: "Aromaterapia", cura con gli oli essenziali; "wellness", filosofia del benessere; "cardiofitness", allenamento per dimagrire e rinforzare il cuore.

Per segnalare

:

I due punti

Segnalano che a una affermazione faranno seguito parole o frasi che la **spiegano**; **introducono**, pertanto, un'enumerazione, una precisazione, un discorso diretto:

Controllate di non aver dimenticato nulla: passaporto, biglietto, carta di credito, prenotazione. Questa la scelta migliore: non partire.

? !

Il punto interrogativo e il punto esclamativo

Sono i segni che esprimono il **tono**:

- **ascendente** il primo, per segnalare una domanda:

  Perché te la prendi?

- **discendente** il secondo, per esprimere – con enfasi, stupore, gioia, amarezza – un comando:

  Che bello rivederti! / Che delusione!" / "Vattene!".

...

I puntini di sospensione

Indicano l'**interruzione** del discorso e lasciano sottintendere il seguito: perché nel contesto non serve, per lasciarlo all'immaginazione, per incertezza, imbarazzo, reticenza ecc.:

Mi ha detto certe cose... ma non voglio riferirle.

Nelle citazioni, inseriti tra parentesi quadre, segnalano l'omissione di certe parole:

... s'aggruppò gente: famigliari [...] gente d'arme. (I. Calvino, *Il visconte dimezzato*)

Per delimitare

" "

« »

' '

Le virgolette

Delimitano un discorso diretto, una citazione, parole o frasi di cui si intende evidenziare il significato, parti riportate da libri e giornali:

"Ti sembra un 'amico', dopo quello che mi ha fatto?"

Il mio pensiero, in quel primo istante, era: «Dunque, adesso, anch'io conosco i baci! Questo è il mio primo bacio!» (E. Morante, *L'isola di Arturo*)

Per i **titoli** di libri e giornali, invece, si usa il corsivo che serve anche per i termini tecnici e stranieri: Nel romanzo *La cognizione del dolore* Gadda fa largo uso di *flashback* (retrospezione).

—

Le lineette

Introducono il discorso diretto, soprattutto in un dialogo continuo e circoscrivono, con più forza della virgola, gli incisi:

– Dove vai? – le ho chiesto. – Fuori – mi ha risposto.

Le sue risposte – quando me le dà – sono sempre vaghe.

-

Il trattino

Unisce parole che formano un composto, soprattutto se collegate in modo occasionale: *percorso storico-artistico*, *caro-prezzi*. Segna anche l'andata a capo:

parti-
ta.

( )

Le parentesi

Isolano parole o frasi che spiegano o commentano, ma non sono necessarie per comprendere il discorso:

L'ho dovuto punire (e mi dispiace molto) perché mi ha sfidato apertamente.

PER SAPERNE DI PIÙ

L'uso della virgola e il significato della frase

Osserva la frase: ***Quando il leone attacca la gazzella corre veloce.***

Chi dei due corre? La situazione evocata implica che possano o debbano correre entrambi, ma il verbo *corre* è singolare e si può riferire a entrambi gli animali. Evidentemente, per cogliere il significato dell'affermazione dobbiamo mettere una **virgola**. Abbiamo però **due** possibilità:

1. ***Quando il leone attacca, la gazzella corre veloce.***

Chi corre veloce è la gazzella. La virgola separa, infatti, le due frasi, e il verbo *corre* si riferisce alla gazzella che ne è il soggetto. Questa formulazione sottolinea l'atto del correre che la selvaggina è costretta a compiere, in modo veloce, per sfuggire al predatore (il quale potrebbe essere sul punto di spiccare un balzo).

2. ***Quando il leone attacca la gazzella, corre veloce.***

Anche in questo caso la virgola separa le due frasi, ma ora il soggetto che *corre* è il leone, soggetto anche del verbo *attacca*. L'attenzione si sposta dunque sulla corsa predatoria del felino, mentre la gazzella è percepita solo come l'"oggetto" del suo attacco, la preda, appunto (potrebbe anche essere ancora ferma e inconsapevole del pericolo).

HAI CAPITO? *Per ora ci dividiamo i soldi rimasti con Lucia poi troveremo qualche spiegazione.* Metti la virgola nella frase in modo che acquisti **due significati diversi**: Lucia partecipa alla spartizione; Lucia ne è esclusa.

ADESSO TOCCA A TE

► Capitoli 6, 7

CORREGGI

Livello 1 **1** ●○○

Nelle frasi seguenti correggi le lettere iniziali mettendo il maiuscolo dove necessario. Fai attenzione: non in tutte le frasi ci sono errori.

a. Dante alighieri nacque a firenze nell'anno 1265.
b. La luna ruota attorno alla terra.
c. A pasqua andremo a roma a visitare la basilica di san pietro.
d. Incredibile! juventus batte milan tre a zero.
e. "Non nominare il nome di Dio invano".
f. I maori sono gli abitanti autoctoni della nuova zelanda.
g. Questa sera la luna e le stelle scintillano in cielo.
h. Presso i Romani Nettuno era il dio del mare.

Livello 2 **2** ●●○

Nelle frasi seguenti correggi le maiuscole di troppo.

a. Preferisco andare al mare in Luglio, nel mese di Agosto c'è troppa gente.
b. L'Anno Santo fu istituito da Papa Bonifacio VIII nel 1300.
c. Garibaldi incontrò Re Vittorio Emanuele II a Teano.
d. La cucina Italiana è apprezzata in tutto il mondo.
e. Lo Scirocco è un vento caldo che soffia da Sud-est.
f. Il Dottor Rossi è un pediatra molto amato dai suoi piccoli pazienti.
g. Piove e fa freddo! È arrivato l'Autunno!

Livello 3 **3** ●●●

Nelle frasi seguenti correggi gli errori nell'uso delle lettere minuscole e maiuscole. Fai attenzione, non in tutte.

a. A Venezia molti turisti visitano la Basilica di San Marco.
b. Bisogna rispettare le leggi dello stato.
c. Nel 1929 il crollo della borsa di Wall Street segnò l'inizio di una gravissima crisi economica.
d. Il primo presidente della repubblica italiana fu Enrico De Nicola.
e. Nel Regno Unito il sovrano è a capo della chiesa anglicana.
f. Con l'evaporazione l'acqua passa dallo stato liquido a quello gassoso.

COMPLETA E RIFLETTI

Livello 1 **4** ●○○

In ognuna delle frasi seguenti inserisci la virgola nella posizione corretta, scegliendo tra le due proposte.

a. Studiare non è la mia passione ☐ tuttavia ☐ mi impegno.
b. Quando sull'autobus ☐ salì un'anziana signora ☐ il giovane si alzò per cederle il posto.
c. Nipoti ☐ cari ☐ il nonno e io vi aspettiamo per le vacanze.
d. L'arancia non solo ☐ è un frutto succoso ☐ è anche ricco di vitamina.
e. Vedendomi rientrare ☐ tutto coperto di fango ☐ mia madre si è arrabbiata.
f. Dato che stiamo studiando il Medioevo ☐ faremo una gita ☐ a San Gimignano.

5 ●○○

Nella frase seguente la virgola è usata in modo scorretto. Spiega perché. Aiutati considerando se gli elementi della frase che separa sono uniti o meno sul piano logico.

Il cassiere della Cassa di Risparmio, non mi ha cambiato l'assegno perché non avevo con me un documento di riconoscimento.

Livello 2 **6** ●●○

Nelle frasi seguenti inserisci le virgole necessarie.

a. "Venni vidi vinsi" è una celebre frase attribuita a Giulio Cesare.
b. Non mi piacciono le persone curiose invadenti impiccione.
c. Devi andare a letto presto Renato ripete ogni sera mia madre.
d. Coraggio con un po' di allenamento giocherai presto come titolare.
e. Il mio collega ha moglie tre figli e suocera a carico.
f. Se continuerà il freddo intenso alzerò il riscaldamento.
g. Forza spicciati si parte.

7 ●●○

Nelle frasi seguenti inserisci la virgola nella posizione che ritiene opportuna, quindi motiva la tua scelta: isola un inciso [1], separa gli elementi di un elenco [2], separa un nome personale o un appellativo con cui ci si rivolge a una persona [3], separa parole che sono in una posizione ambigua [4], separa le proposizioni di un periodo [5].

a. Caro Michele ti penso sempre con grande affetto. ☐
b. Mentre la mamma cucina il gatto miagola. ☐
c. Questa mattina al mercato del pesce si trovavano triglie sogliole orate e scorfani. ☐
d. La madre di Rita a essere sinceri è una pessima cuoca. ☐
e. Egregio signor Bianchi Le ricordiamo che la sua polizza assicurativa sta per scadere. ☐
f. Stanotte mentre dormivo è scoppiato un temporale che mi ha svegliato. ☐

8 ●●○

Nella barzelletta seguente inserisci i segni di punteggiatura mancanti: punto fermo, lineette, due punti, punto interrogativo e punto esclamativo.

Dice il punto alla virgola
Ho saputo che ti stai allenando nel salto in alto È vero
Risponde la virgola
Proprio così Voglio diventare un apostrofo

("Telesette", n. 36, 3/9/2013)

9 ●●○

In quali frasi non sono rispettate le regole della punteggiatura? Indicale con una crocetta e motiva la tua risposta.

- A Insomma, basta con queste continue lamentele!
- B Al supermercato Giorgio compera: zucchero, caffè.
- C Un eccentrico signore inglese scommette di compiere il giro del mondo in ottanta giorni: questa la trama di un famoso romanzo di Jules Verne.
- D Mentre studia, grammatica Carlo ascolta musica.

10 ●●○

Nel brano seguente inserisci i segni di punteggiatura mancanti: virgola, due punti, virgolette, puntini di sospensione. Confronta il tuo lavoro con l'originale che ti leggerà l'insegnante.

Fantozzi entrò alla clinica Le Magnolie alle 7 del pomeriggio di un sabato per una cura dimagrante. Versò subito un anticipo terrificante e lo misero in una cella. La clinica in realtà era una vecchia galera asburgica e i pazienti venivano chiusi nei loro loculi e per quanto battessero sui muri o urlassero non gli veniva portato per i 10 giorni della cura né da mangiare né da bere.

Fu svegliato in piena notte da tremendi urli e lamenti Assassini datemi da bere pietà erano gli altri carcerati. A un tratto Fantozzi credette quasi di impazzire quando sentì distintamente un odore micidiale di spaghetti alla carbonara e risotto ai funghi che il direttore del carcere immetteva nell'impianto di aria condizionata.

(P. Villaggio, *Fantozzi, rag. Ugo. La tragica e definitiva trilogia*, Rizzoli, Milano, 2013)

Livello 3 **11** ●●●

Nelle frasi seguenti inserisci la virgola in due diverse posizioni, in modo da cambiare il significato della frase. Aiutati rispondendo alle domande tra parentesi. Prima di procedere, rileggi la scheda Per saperne di più *Virgola e significato della frase* a p. 29.

a. Quando Giulia sgrida il figlio strepita a voce alta. (Chi strepita?)
b. Quando l'insegnante corregge l'allievo è accigliato. (Chi è accigliato?)
c. Mentre Andrea scriveva il compito si è macchiato d'inchiostro. (Chi si è macchiato?)
d. Mentre stavo uscendo da scuola Marta mi ha inviato un messaggino. (Chi si trovava a scuola?)

12 ●●●

Leggi le due coppie di frasi, quindi spiega il loro diverso significato a seconda della presenza o meno delle virgole.

a. 1) Gli allievi che si sono impegnati sono stati promossi. 2) Gli allievi, che si sono impegnati, sono stati promossi.
b. 1) Questi signori sono i nuovi inquilini del terzo piano. 2) Questi, signori, sono i nuovi inquilini del terzo piano.

13 ●●●

Lo scrittore Oscar Wilde una volta disse: «Ho passato tutta la mattina a correggere un testo, per eliminare alla fine una sola virgola. Al pomeriggio, l'ho aggiunta di nuovo». Tu, quando scrivi, inserisci subito le virgole oppure lo fai quando rileggi il testo? Ti capita spesso di aggiungere, eliminare o spostare virgole? Per quali motivi?

FACCIAMO IL PUNTO

definire + riassumere + classificare + memorizzare

LOSAI? RIPASSA CON LO SMARTPHONE

Il linguaggio è fatto di **suoni** articolati dall'apparato fonatorio, i **foni**. La **fonologia** li chiama **fonemi** quando ne studia i tratti distintivi.

I fonemi

- Si **oppongono** l'uno all'altro per le loro diverse caratteristiche (*cosa* / *rosa*)
- Sono **limitati** nel numero, ma si combinano in modo **illimitato**

→ *si dividono in due grandi gruppi di suoni*

- **VOCALI** pronunciandole l'aria non è ostacolata: **a**, **è**, **é**, **i**, **ò**, **ó**, **u** → *nelle parole possono essere*
  - Atone: *palestra*
  - Accentate: *palèstra* → A seconda dell'**ACCENTO TONICO** le parole sono:
    - piane (*amòre*)
    - sdrucciole (*tàvolo*)
    - bisdrucciole (*pòrtameli*)
    - tronche (*perché*)
- **CONSONANTI** l'aria espirata incontra ostacoli nel cavo orale

I fonemi → *si trascrivono in* → **Grafemi** → *formano* → L'**ALFABETO** di **21** lettere italiane + **5** di origine straniera

- Alcuni **grafemi** indicano due **fonemi** diversi (*casa* / *cena*)
- Alcuni **fonemi** singoli sono indicati da gruppi di **due** o **tre grafemi**
  - **DIGRAMMI**: *ciocco*, *gioco*, *che*, *scena*, *gli*, *ragno*, *scena*
  - **TRIGRAMMI**: *paglia*, *sciopero*

Per scrivere correttamente, rendendo chiaro e riconoscibile il messaggio, servono regole sull'**ortografia** e sull'uso della **punteggiatura**.

La scrittura

- Rappresenta **visivamente**, e in forma **stabile**, la lingua parlata
- È costituita di **grafemi** che non sempre corrispondono perfettamente ai **fonemi** (*cielo* / *hanno*)

→ *deve tenere conto di*

- **REGOLE ORTOGRAFICHE**: *quaderno* / *cuore* / *taccuino*
- Uso della **PUNTEGGIATURA** e delle **MAIUSCOLE**: *Ho perso l'aereo!* / *Andrea abita al Nord, vicino a Milano*
- **ELISIONE**: *C'è un'arancia?*
- **TRONCAMENTO**: *Il signor Mario mi ha dato un buon consiglio*
- **DIVISIONE IN SILLABE**: *te-a-tro* / *stre-ga* / *zì-o* / *na-stri-no*

CONOSCENZE

1 **Indica se le seguenti affermazioni sono vere [V] o false [F].**

a. I fonemi sono dotati di un proprio significato. V F
b. Tra fonemi e grafemi c'è perfetta corrispondenza. V F
c. I suoni vocalici della lingua italiana sono sette. V F
d. Il digramma è una combinazione di due grafemi cui corrisponde un unico suono. V F
e. Nella divisione in sillabe le vocali dei dittonghi vanno mantenute unite. V F
f. Nella scrittura l'accento grafico è sempre necessario. V F
g. Le parole con l'accento tonico sulla quartultima sillaba si dicono bisdrucciole. V F
h. La punteggiatura ha una sola funzione: riprodurre ritmo e intonazione del messaggio. V F

ABILITÀ

2 **Quale gruppo di parole è scritto nel corretto ordine alfabetico?**

A caribù ~ cincillà ~ scoiattolo ~ vipera
B criceto ~ pipistrello ~ maggiolino ~ riccio
C alligatore ~ lince ~ coccodrillo ~ testuggine
D cornacchia ~ merlo ~ piccione ~ pavone

3 **Quale parola contiene un trigramma?**

A bacio B fiducia C camoscio D delizioso

4 **In quale frase è segnato un accento tonico scorretto?**

A Luca è stato còlto in fallo. B La maestra corrésse il compito.

5 **Che cosa differenzia le parole *perno* - *perdono*?**

A Un fonema.
B Un grafema.
C L'accento tonico.
D Una sillaba.

6 **Segna il corretto accento tonico delle parole evidenziate nelle due frasi seguenti.**

a. Nell'ultimo mese nel mio condominio si sono verificati diversi guasti elettrici.
b. I risultati delle ultime consultazioni dimostrano che le elettrici hanno premiato le quote rosa.

7 **In quale tra le espressioni evidenziate <u>può</u> essere effettuata l'elisione?**

A Nessuno altro ti amerà come me.
B Quale è la tua opinione?
C Questo episodio mi rattrista.

8 **Quale frase <u>non</u> contiene errori nell'uso delle maiuscole e della punteggiatura?**

A Il presidente della Camera ha annunciato: «Entro breve il parlamento discuterà la riforma del sistema elettorale».
B Domenica andremo a Firenze a palazzo pitti dove è stata allestita una nuova mostra sul Rinascimento.
C Il "Corriere della Sera", fondato a Milano nel lontano 1876, è il primo quotidiano italiano per diffusione.

FACCIAMO IL PUNTO

COMPETENZE

9 **Leggi con attenzione il brano seguente, quindi svolgi le attività proposte.**

La scrittura degli abitanti di Lilliput

Dirò per ora solo poche cose della loro cultura, che per molti secoli è fiorita laggiù in tutti i rami del sapere. Tutta particolare è la loro scrittura, perché non vanno da sinistra a destra come gli Europei:

Inimitablement, Incomparablement.

né da destra a sinistra come gli Arabi:

لو يعلم الّذين كفروا حين لا يكفّون عن وجوههم النّار ولا عن
ظهورهم ولا هم ينصرون

e nemmeno da sopra in sotto, come i Cinesi:

頭西
内城
屬同
史交
嗣志

né da sotto in sopra come i Cascagiani[1]; ma oblicquamente da un angolo del foglio all'altro, come le signore in Inghilterra.

(adattamento da J. Swift, *I viaggi di Gulliver*, trad. di U. Dèttore, I. Delfini, Fabbri, Milano, 2006)

1. **Cascagiani:** popolazione inventata dall'autore.

COMPRENDI

Livello 1
1. ●○○ In che modo scrivono gli abitanti di Lilliput?

Livello 2
2. ●●○ Oltre a quelle indicate dall'autore, quali altre differenze ci sono tra gli esempi di scrittura riportati?

Livello 3
3. ●●● Come si definisce la scrittura cinese?

ANALIZZA

Livello 1
4. ●○○ La parola *foglio* contiene un digramma o un trigramma? ....
5. ●○○ Come si divide in sillabe la parola *Europei*? ....

Livello 2
6. ●●○ Nel brano abbiamo introdotto un errore ortografico. Quale? ....
7. ●●○ Perché le parole *Arabi*, *Cinesi*, *Cascagiani* hanno l'iniziale maiuscola? ....

Livello 3
8. ●●● Perché la parola *né* è accentata? ....
9. ●●● Nell'espressione *all'altro* l'elisione è necessaria o facoltativa? ....

PRODUCI

Livello 1
10. ●○○ Nelle lingue europee sono usati altri alfabeti, oltre a quello latino. Documentati tramite Internet, quindi prepara una breve presentazione delle loro principali caratteristiche.

Livello 2 **11.** ●●○ Esistono anche alfabeti speciali, come l'alfabeto manuale, Braille, Morse, marittimo, fonetico internazionale. Chi li utilizza? Documentati tramite Internet, quindi prepara una breve presentazione delle loro principali caratteristiche.

Livello 3 **12.** ●●● La parola "calligrafia" (dal gr. *kállos*, "bellezza" e *-graphìa*, "-grafia") significa "bella scrittura". Nell'era di tastiere, computer e cellulari la capacità di scrivere a mano, in modo comprensibile anche agli altri, sta passando di moda. Tuttavia, la scrittura a mano va preservata sia per evitare il rischio di dipendere totalmente dalla tecnologia, sia perché, lo confermano psicologi e psichiatri, il corsivo manuale è "uno specchio dell'anima", espressione diretta della mente razionale o fantastica. Tu che cosa ne pensi? Esponi le tue idee al riguardo in un breve testo di 12 righe.

CHE LINGUA PARLIAMO?

RIFLETTI

Livello 1 **10** ●○○

A COPPIE A volte gli errori di ortografia dipendono dalle tendenze regionali dell'italiano parlato, come avviene per l'uso dei suoni consonantici doppi, spesso non pronunciati nell'Italia settentrionale o limitati ad alcune consonanti in quella centro-meridionale. Per evitare tali errori è necessario acquisire una migliore dizione (dal lat. *dicere*, "dire"), cioè un modo di pronuncia corretto e chiaro. A turno leggete a voce alta le frasi seguenti, mentre il compagno annota gli errori di pronuncia, senza interrompere la lettura; quindi verificate gli errori commessi e provate a migliorarvi.

a. Riordina subito la tua camera!
b. Luisa è proprio una bella ragazza.
c. Gigi vuole sempre avere ragione su tutto.
d. Per la fatica ho avuto un collasso.
e. La sorella di Emma fa assistenza agli ammalati.
f. Con il professore di italiano abbiamo assistito a una rappresentazione del dramma di Luigi Pirandello *Sei personaggi in cerca d'autore*.

Livello 2 **11** ●●○

Nell'italiano parlato, oltre agli accenti, ha grande importanza l'intonazione: grazie ad essa riusciamo a comprendere il significato di una frase o di una sua parte. Completa le seguenti frasi con l'opportuno segno di interpunzione a seconda del contesto: punto interrogativo oppure esclamativo. Quindi leggile a voce alta con l'intonazione appropriata.

a. 1) Luca mi chiese: "È arrivato Andrea ?....." 2) Finalmente è arrivato Andrea !.....
b. 1) Non ci posso credere, Clara ha preso otto in scienze ....
2) Secondo te, Clara aveva studiato molto per l'interrogazione ....
c. 1) Chissà se è stato Gino ad aprire la gabbia del canarino ....
2) Se sei stato tu, Gino, ad aprire la gabbia del canarino, ti punirò ....
d. 1) Per cortesia, abbassate il volume dello stereo ....
2) Questa musica è assordante, abbassate subito il volume ....
e. 1) Che delusione, non ti credevo così bugiardo ....
2) Sabrina, mi credi forse un bugiardo........

Livello 3 **12** ●●●

A COPPIE Ciascuno scriva tre frasi e le legga a voce alta al compagno: in una dovrà esprimere un tono ascendente per segnalare una domanda, in due dovrà invece esprimere un tono discendente per segnalare, rispettivamente, stupore e amarezza/delusione. Il compagno dovrà completare le frasi inserendo il segno di punteggiatura corretto: punto interrogativo oppure esclamativo.

ARRICCHIAMO IL LESSICO

A scuola

T. Signorini, *Bambina che scrive*, 1860-1900 ca. Firenze, collezione privata.

a. Osserva la riproduzione del dipinto di Telemaco Signorini *Bambina che scrive*. Secondo te, a quale epoca appartiene la bambina ritratta? Da che cosa lo deduci?

b. Fino agli anni Sessanta nei banchi era inserito un piccolo contenitore per l'inchiostro: il calamaio. Qual è la corretta divisione in sillabe di *inchiostro* e *calamaio*? Anche certi animali usano l'inchiostro. Quali? Se non li conosci, vai alla voce *inchiostro* del dizionario e lo scoprirai.

c. La seconda immagine si riferisce a un'aula scolastica dei nostri giorni. La tua scuola com'è? Descrivila in un breve testo scritto (max 12 righe) usando per esempio questi termini:

> tipologia e ubicazione dell'edificio ~ laboratorio didattico generale ~ palestra ~ biblioteca ~ aula magna ~ mensa ~ bar ~ laboratori linguistici, informatici e tecnico pratici di indirizzo ~ aula di scienze

Metti in rilievo gli strumenti e i sussidi didattici a disposizione di studenti e docenti. Di quali altri spazi ti piacerebbe disporre? Quali miglioramenti apporteresti all'edificio e agli arredi? Volgi lo sguardo anche all'ambiente esterno: lo trovi rilassante e piacevole, oppure rumoroso e poco gradevole? Come vorresti che fosse? Nella tua esposizione utilizza almeno tre termini che contengano, rispettivamente, un dittongo, un digramma e un trigramma.

d. Preparati a raccontare oralmente come hai vissuto il tuo primo giorno di scuola superiore: quali aspettative e/o timori avevi, come si è invece rivelata l'esperienza?

Aula scolastica dei nostri giorni.

UNITÀ

2 Dentro la parola: significato e struttura

IN QUESTA UNITÀ

- Che cos'è il **significato** e come si riconoscono i **diversi significati** di una stessa parola?
- Cosa differenzia il **significato di base** dai **significati aggiunti**? Cos'è la **metafora**?
- Com'è possibile orientarsi rispetto alla moltitudine di parole esistenti? Quali sono i **principi organizzatori** del lessico che ci aiutano in questo compito? Cosa sono i **sinonimi**?
- Cos'è la **polisemìa**? E l'**omonimìa**?
- Come sono fatte le parole? In che modo si possono trasformare le **parole primitive**?
- Come si trasforma e arricchisce il nostro **lessico**? Come si combinano **radici**, **prefissi** e **suffissi**? Cosa sono i **neologismi** e i **forestierismi**?
- **ARRICCHIAMO IL LESSICO** Lavoriamo su tutti i meccanismi che ne fanno un **sistema organizzato** ed esploriamo, in particolare, il tema delle **vacanze marine**

PARTIAMO DAL TESTO

Leggi il brano seguente e rispondi alle domande.

«Come si chiama quando si dice il contrario di quello che si pensa facendo capire che si pensa il contrario di quello che si dice?»
«Prof la sua domanda mi fa venire il mal di testa».
«Qual è la domanda, prof?»
«Forse ironia?»
«Be', sì, è esattamente questo. Provate a fare una frase ironica».
«Lei è bello».
«Grazie, ma la frase ironica?»
«Lei è bello».
«Ok, perfetto, grazie tante».

(F. Bégaudeau, *La classe*)

Scena tratta dal film *La classe* (2008).

1. La domanda del professore è volutamente un po' ingarbugliata. Come potremmo definirla? Scegli le risposte che preferisci.

   A Una definizione complessa.
   B Un indovinello arguto.
   C Una spiegazione insolita e stuzzicante.
   D Un concetto particolarmente difficile.

2. L'allievo risponde correttamente perché coglie il **significato** di ciò che il professore ha voluto dire. Come ha fatto? Scegli la risposta più convincente.
   - A Conosceva già il significato della parola *ironia*.
   - B È intelligente e ha fatto un tentativo pescando tra le sue vaghe nozioni.
   - C Ha riconosciuto i concetti illustrati dal professore e li ha collegati alla parola giusta.
3. Con l'esempio – non molto lusinghiero verso il professore – l'allievo mostra di conoscere davvero il **significato** di *ironia*. Spiega perché cercando il termine sul dizionario.

1 Che cosa comunicano le parole: il significato

Se ascoltiamo o leggiamo parole che non conosciamo, ovviamente per noi non **significano** nulla. Il **significato** nasce solo quando una determinata combinazione di suoni o lettere – il **significante** – suscita nella nostra mente un'immagine corrispondente, un'idea.

Ma che cos'è esattamente il **significato**? Non è facile definirlo perché rappresenta la parte immateriale delle parole, al contrario del **significante**, che invece si sente o si vede. Semplificando, si può dire che un **significato** corrisponde a una serie più o meno complessa di **informazioni**. Così la parola *ironia*, per esempio, ci informa su una modalità di comunicazione "obliqua", indiretta, perché mira a far capire il contrario di ciò che viene detto esplicitamente.

• Parole, idee e immagini

Cogliere la relazione tra una **parola** (ascoltata o letta) e le **informazioni** che porta con sé è semplice quando questa indica – per esempio – una persona, un animale, un oggetto. Ci è di aiuto, infatti, l'immagine correlata che si forma nella nostra mente. È più arduo quando la parola si riferisce a concetti astratti e rimanda quindi a operazione mentali più sottili, come nel caso di *ironia*. Tuttavia, il significato di alcune parole, anche se complesso, si può trasmettere con raffigurazioni che lo rendono perfettamente intuibile.

HAI CAPITO?

Quale significato sprigionano queste immagini? Esprimilo con una parola adeguata.

P.A. Renoir, *Il ballo al Moulin de la Galette*, 1876. Parigi, Musée d'Orsay.

E. Hopper, *Morning Sun*, 1952. Columbus, Museum of Art.

Il significato e il contesto

Quello del significato è un mondo ricco e complesso, studiato da una disciplina che si chiama **semantica** (dal gr. *semáinein*, "significare"). La prima ragione della sua complessità sta nel fatto che quasi ogni parola possiede più di un significato. Ce ne accorgiamo facendo attenzione al suo **contesto**, quell'**insieme verbale** dentro il quale ciascuna parola va considerata per avere **pienamente senso**. Osserva le seguenti frasi in cui la **stessa parola** è inserita in gruppi differenti di parole che creano contesti, e quindi messaggi, tra loro ben lontani.

*Stai seduto al tuo **banco**! Non puoi circolare per la classe come ti pare.*
*In autostrada abbiamo incontrato un **banco** di nebbia: visibilità quasi zero.*
*La scuola è un **banco** di prova per la vita.*

HAI CAPITO?

*Lontani dal **banco** per favore!* In questa frase la nostra parola è ambigua; se ne può cogliere il significato solo in un preciso **contesto situazionale**. Consulta il dizionario e - visti i vari altri significati di *banco* - completa e/o modifica la frase in modo corrispondente.

2 Le sfumature di significato e il suo "trasferimento"

Il significato denotativo

Tra i vari significati di una parola, di solito, isoliamo subito quello principale, quello che si usa più comunemente e che è anche il primo fornito dal dizionario, il significato **denotativo**. Si chiama così perché **denota**, cioè **indica**, una realtà precisa, indipendente dalla nostra singolare percezione. Se esaminiamo, per esempio, la parola ***casetta***, vediamo che il suo significato **denotativo** è "casa piccola"; "casa", a sua volta significa "costruzione adibita ad abitazione per una o più famiglie". Quando però la stessa parola viene usata in particolari contesti, le cose cambiano aspetto:

*Quest'estate passeremo un mese in questa **casetta** nel bosco.*

*Stasera non esco con gli amici, me ne sto tranquilla a godermi la mia **casetta**.*

Il significato connotativo

Possiamo notare che in entrambe le frasi il significato di base del termine *casetta* è ovviamente lo stesso: stiamo sempre parlando di un'abitazione. Non è difficile accorgersi però – ed è testimoniato anche dalle immagini – che, nella prima, il termine è usato nel suo significato **denotativo**, neutro. Nella seconda, invece, alla parola **si aggiungono sfumature** diverse, di carattere soggettivo, che rivelano cioè le sensazioni e le emozioni di chi comunica. Si tratta delle **connotazioni** o elementi che, nel loro insieme, formano il **significato connotativo**: in questo caso casetta è inteso come "luogo intimo e piacevole che conforta chi ci abita".

● **La metafora**

Ho la testa nel pallone!

L'esclamazione della ragazza è molto efficace e rende proprio l'idea. Di che cosa? Non è semplice dirlo con precisione, anche se la comprensione è rapida e intuitiva: la testa sembra dilatarsi e girare in tondo, i pensieri rotolano e rimbalzano. La mente è confusa, incapace di considerare in modo "fermo" le cose.

Com'è possibile comunicare e afferrare istantaneamente un significato così articolato e immaginifico con un'unica espressione? Grazie al **trasferimento** del significato primario o **letterale** della parola *pallone* su un piano "secondo", **figurato**. In tale piano la realtà è sovvertita (impossibile che la testa stia in un pallone!), ma si carica di suggestioni che allargano la comprensione. Il trasferimento si basa su alcune **somiglianze**:

- testa e pallone sono rotondi;
- il "contenuto" della testa è, a volte, instabile e sembra muoversi in ogni direzione, senza freno, come un pallone che rotola e va su e giù.

Tramite questo meccanismo di trasferimento il linguaggio ha creato un particolare **significato connotativo**, la **metafora** (dal gr. *metaphérein*, "trasportare, trasferire"), figura – cioè ornamento, arricchimento, estrosità – principale tra le tante a cui si può dare vita.

Per sintetizzare il processo linguistico che abbiamo fin qui descritto, possiamo definire la metafora come una figura retorica che si ottiene sostituendo una parola o un'espressione con un'altra in base a un rapporto di palese o intuitiva analogia tra i rispettivi significati letterali.

HAI CAPITO? Qual è il significato dell'espressione metaforica *Ho un peso sul cuore*?

DUE PASSI NEL DIZIONARIO

Il linguaggio figurato

Luigi è il solito ***camaleonte!*** Forse non è chiaro l'uso figurato della parola *camaleonte*. Non tutte le metafore, infatti, sono immediatamente comprensibili. Con il dizionario il problema è risolto.

camaleónte [vc. dotta, lat. *chamaeleónte(m)*, nom. *chamaeleon*, dal gr. *chamailéōn*, propr. 'leone che striscia a terra', comp. di *chamái* 'a terra' e *léōn*, genit. *léontos* 'leone' ✻ sec. XIII] **s. m.** (**f.** †-*éssa*) **1** rettile dei Sauri simile a una lucertola, ma più corto e tozzo, con tronco compresso, coda prensile, estremità a dita opponibili a tenaglia, occhi grandi e sporgenti, lingua protrattile; è in grado di variare il colore della pelle per mimetizzarsi nell'ambiente circostante (*Chamaeleo chamaeleo*) **2** (*fig.*) persona che cambia spesso opinione in base alle circostanze **3** (*chim.*) *c.* ***verde***, manganato di potassio | *c.* ***minerale***, *c.* ***violetto***, permanganato di potassio

Il significato **n. 1** è chiaramente **denotativo** poiché descrive in modo oggettivo l'animale.
Se, a partire dalle sue caratteristiche, non riusciamo ancora a capire la metafora, ci viene in aiuto il significato **n. 2**, **connotativo**, che, in parentesi si qualifica infatti come **figurato** (*fig.*).
A questo punto è ovvio che la **metafora** è possibile perché Luigi e il camaleonte hanno in comune una straordinaria capacità di cambiare per adattarsi all'ambiente circostante.

HAI CAPITO? A coppie, trovate altre parole - indicanti animali, ma non solo - che, usate in senso figurato, suggeriscono un atteggiamento o una qualità umana. Spiegate poi su che base si creano le varie analogie.

ADESSO TOCCA A TE

▶ Capitoli 1, 2

INDIVIDUA E COMPRENDI

Livello 1

1 ●○○ **Ogni coppia di frasi ha una parola in comune: secondo il contesto, abbinala al suo corretto significato, riportando la lettera corrispondente nelle apposite caselle.**

a. 1) Il vecchio materasso era infestato dalle cimici. ☐
2) La polizia installò delle cimici nell'ufficio del sospettato. ☐

b. 1) Lo scudo proteggeva il cavaliere. ☐
2) Un numismatico ha valutato questo scudo d'argento 1500 euro. ☐

c. 1) Hai risolto il problema sulla rotazione del cilindro? ☐
2) Nessuno indossa più bombetta e cilindro. ☐

d. 1) L'Everest è il monte più alto della Terra. ☐
2) In tempi di crisi, molti si rivolgono al monte dei pegni. ☐

e. 1) Tra un anno mio nonno andrà in pensione. ☐
2) La pensione Miramare pratica prezzi modici. ☐

1. rilievo della crosta terrestre
2. cessazione dell'attività lavorativa
3. moneta
4. copricapo
5. istituto di credito
6. solido geometrico
7. insetto parassita
8. arma da difesa
9. microspia
10. piccolo albergo che offre vitto e alloggio

2 ●○○ **Indica il significato delle parole evidenziate nelle seguenti coppie di frasi: denotativo [D] o connotativo [C].**

a. 1) Sogno di diventare una stella del firmamento cinematografico. D C
2) Nel firmamento brilla luminosissima la stella Sirio. D C

b. 1) La vita è una come una marea. D C
2) A quest'ora sale l'alta marea. D C

c. 1) In Valle d'Aosta abbiamo visitato molti castelli. D C
2) Leo fa sempre castelli in aria. D C

d. 1) Attento alla fiamma della candela! D C
2) Tra Mario e me c'è stato un ritorno di fiamma. D C

e. 1) Il paziente ha le pupille dilatate. D C
2) Maria è la pupilla della nonna. D C

Livello 2

3 ●●○ **In ogni coppia indica la frase in cui la parola evidenziata è usata in senso metaforico.**

a. 1) Questo tappeto persiano è molto pregiato.
2) Il 14 novembre 1940 Coventry fu bombardata a tappeto dall'aviazione tedesca.

b. 1) Conservo ancora una Barbie, la mia bambola preferita.
2) Nell'ultima partita la mia squadra è andata in bambola.

c. 1) Sara Errani è una bandiera dello sport italiano.
2) Nella bandiera di molti Paesi islamici compare il colore verde.

d. 1) Gianni si è fatto crescere la barba.
2) Che barba questa lezione!

e. 1) L'arrosto è troppo salato.
2) Al ristorante ci hanno presentato un conto salato.

f. 1) L'amicizia tra Ester e Saul mostra qualche crepa.
2) Sul soffitto della sala è comparsa una crepa.

Livello 3 **4** ●●●

Nelle frasi seguenti sottolinea le metafore e spiega il loro significato.

a. Anna è nel fiore della giovinezza.
b. Stefano è cresciuto nella bambagia.
c. Bisogna preservare le foreste, i polmoni della Terra.
d. Del mio ex non mi importa, gli ho dato un taglio definitivo.
e. La squadra giovanile è un vivaio di futuri campioni.
f. Su tutte le piazze europee titoli bancari sulle montagne russe.
g. Il mio impiego mi piace, anche se non sono tutte rose e fiori.

LAVORA CON LE PAROLE

Livello 1 **5** ●○○

Per ogni parola elencata, ricerca sul dizionario un possibile significato figurato-metaforico (*fig.*), quindi per ciascuna scrivi una frase in cui sia usata in modo opportuno.

piovere > Quando il cantante fece una stecca, piovvero fischi.

mangiare ~ cantare ~ volare ~ cuore ~ corrente ~ decollare ~ correre ~ fulminare

Livello 2 **6** ●●○

A COPPIE Le parole elencate sono spesso usate in senso metaforico. Con l'aiuto del dizionario scrivi a quale ambito o settore appartengono, quindi componi per ognuna una frase esemplificativa.

segnare il passo: ambito militare > I negoziati di pace segnano il passo.

arenarsi ~ decimare ~ fare il contrappunto a qualcuno ~ invertire la rotta ~ mettere al tappeto ~ sdoganare ~ tifo ~ fare melina

7 ●●○

Per ogni parola elencata scrivi una frase in cui sia usata con senso metaforico. Puoi aiutarti con il dizionario.

cielo ~ galassia ~ luna ~ nuvola ~ sole ~ stella ~ firmamento

Livello 3 **8** ●●●

A COPPIE Sul dizionario cercate tutti i significati delle parole elencate e per ciascuna costruite tre frasi: in ognuna la parola dovrà assumere un significato diverso.

classe > 1) Piccola e media borghesia costituiscono la classe media.
2) Nel 1917 fu richiamata la classe del '99.
3) Luigi vuole fare il primo della classe.

altezza ~ cassa ~ lettera ~ onda ~ torre

9 ●●●

***Notte, oscurità, profondo, lontano, antico, ricordo*: Giacomo Leopardi considerava queste parole «poeticissime» perché capaci di sollecitare l'immaginazione. Scegli le tre che ti ispirano di più e per ciascuna scrivi una frase in cui assuma significato connotativo.**

3 La rete di significati

La lingua dispone di un numero grandissimo di parole che, insieme, costituiscono il suo **lessico**. Orientarsi in questa moltitudine è un'impresa più facile di quanto sembri. Le parole, infatti, si organizzano nella nostra mente in modo semplice perché si richiamano spontaneamente l'una all'altra quando, tra loro, si stabilisce qualche tipo di **relazione**.

Le parole ***gatto*** e ***topo***, per esempio, si richiamano perché indicano animali notoriamente antagonisti: il gatto ama cacciare il topo che, a sua volta, teme il gatto.

Le parole ***libri*** e ***libreria*** sono strettamente connesse perché la seconda esiste in funzione dei primi, serve a contenerli; per di più si assomigliano anche nel **significante**.

Le parole ***ironia*** e ***sarcasmo*** sono unite da un forte rapporto di somiglianza. Entrambe trasmettono un messaggio opposto a quello dichiarato. La prima però è tendenzialmente bonaria o scherzosa, la seconda è pungente e amara:

- ***ironia***: «Lei è bello», detto al professore non proprio avvenente (▸ p. 37);
- ***sarcasmo***: *Classe eccellente, la vostra! Lavorare con voi è davvero gratificante*, detto da un professore agli allievi dopo una verifica disastrosa.

HAI CAPITO?

Suddividi le seguenti parole in piccoli gruppi in base alle **relazioni reciproche**. Con i compagni/e cercate di stabilire in che cosa consiste il legame che tiene unito ciascun gruppo:

sole ~ scrivere ~ bianco ~ dormire ~ professore ~ stelle ~ cassettone ~ maestro ~ fame ~ luna ~ vegliare ~ appetito ~ nero ~ penna ~ cucinare ~ armadio ~ matita ~ letto

3.1 I gruppi organizzati di parole

Aveva lasciato una Torino piovigginosa e triste, ed eccolo immerso in un mondo di **ginestre, lavanda, oleandri, rosmarino, oleastro, palme, tamerici**. Un mondo così verde da essere rilucente anche sotto la polvere sollevata dalle **motorette**, dalle **utilitarie**, dalle **corriere**.

(G.A. Stella, *Il maestro magro*)

Ginestra

Oleandro

Tamerice

Le parole evidenziate si dividono in due gruppi, chiaramente riconoscibili per i loro legami di significato, e anche perché fanno parte della stessa **categoria grammaticale** (sono tutti nomi).

Il primo gruppo – *ginestre*, *lavanda* ecc. – unisce **nomi** di piante che appartengono al più grande insieme della **vegetazione mediterranea**.

I **nomi** del secondo sono accomunati, invece, dal fatto di essere **mezzi di trasporto**.

Il campo semantico

Quando consideriamo parole vicine per significato e dello stesso tipo grammaticale (tutti nomi, tutti aggettivi ecc.) parliamo di **campo semantico.**

Esiste una grande varietà di campi semantici. Alcuni contengono un numero limitato di parole come, per esempio, i seguenti:

- i **giorni della settimana**: *lunedì, martedì, mercoledì*...
- le **stoviglie**: *piatti, posate, tazze, bicchieri*...
- i **colori**: *bianco, giallo, rosso, blu*...
- le **figure geometriche**: *triangolo, quadrato, rettangolo, pentagono*...

Altri sono molto estesi, come, per esempio, quello dei minerali, delle piante, degli animali. La stessa **vegetazione mediterranea**, nominata nel nostro testo, forma una campo semantico ricchissimo, di cui citiamo solo qualche altro esempio: *eucalipto, cedro, leccio, alloro, mimosa, biancospino*...

HAI CAPITO?

Ci sono insiemi lessicali disposti in modo gerarchico, le parole cioè di un certo "campo" sono l'una parte dell'altra. Per esempio: *lettera, parola, riga, paragrafo, capitolo, libro.* Costruisci una gerarchia che parta dall'unità di misura di tempo *secondo* per arrivare a *millennio*.

Il campo associativo

Il campo semantico può confluire in un insieme ancora più ampio, il **campo associativo.** Succede quando colleghiamo una determinata parola a termini – anche diversi grammaticalmente (nomi, verbi, aggettivi) – che le si riferiscono in vario modo. Osserva la mappa seguente che illustra il campo associativo costruito intorno alla parola *bosco*. Alcune parole sono vicine non solo nel **significato**, denotativo e connotativo, ma anche nella forma, il **significante**.

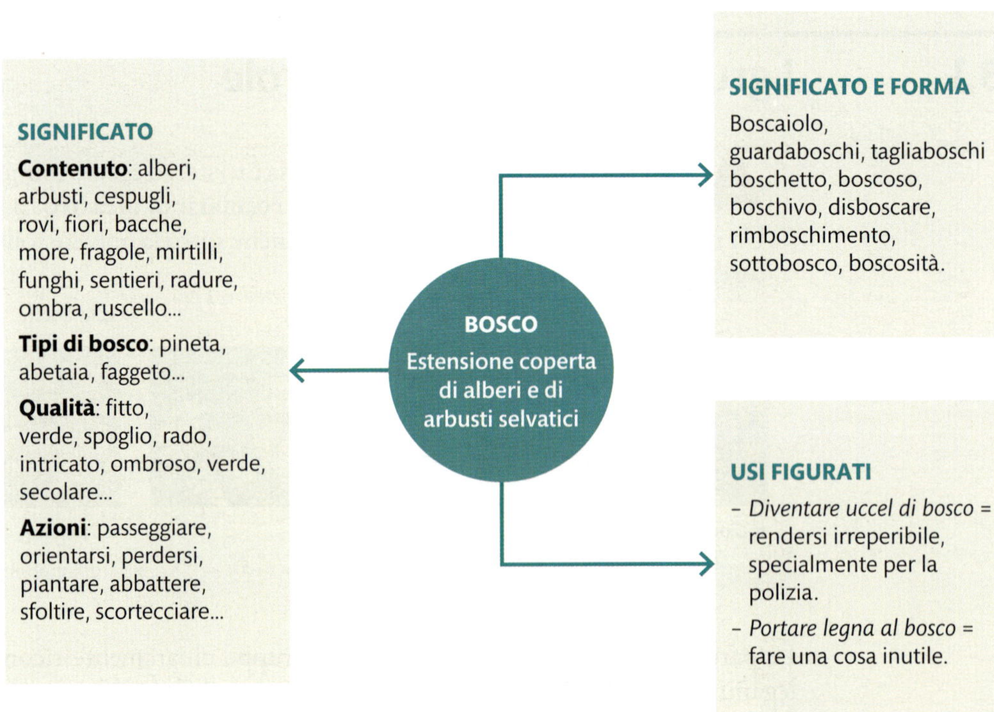

HAI CAPITO?

Costruite insieme il **campo associativo** delle parole *calcio* e *motociclismo* e/o di altre che vi sembrino stimolanti.

ADESSO TOCCA A TE

▶ Capitolo 3

INDIVIDUA

Livello 1

1 ●○○ **A ogni coppia di parole aggiungi un terzo vocabolo che abbia una qualche relazione con i primi due.**

a. rosa, profumo, giardino / primavera...
b. lupo, agnello, ...
c. partenza, arrivo, ...
d. sentimento, emozione, ...
e. acqua, siccità, ...
f. padre, babbo, ...

2 ●○○ **Indica il campo semantico di appartenenza dei seguenti gruppi di parole.**

a. allievi, aule, insegnanti, studio, libri scuola
b. corteccia, rami, tronco, linfa, quercia ....
c. ritmo, passi, tango, coreografia, musica ....
d. gara, lealtà, campione, olimpiadi, atleta ....
e. tenerezza, rispetto, bacio, coppia, sentimento ....
f. cucina, cuoco, pasta, agricoltura, sapore, caloria ....

Livello 2

3 ●●○ **A COPPIE Costruite un campo semantico-associativo di almeno sei elementi per ognuna delle seguenti parole.**

discoteca ~ fiume ~ giardino ~ palestra ~ clima

4 ●●○ **A COPPIE Le parole elencate si riferiscono al campo semantico "piscina". Per ogni vocabolo indicate sul quaderno almeno un altro campo semantico di appartenenza. Confrontate il vostro lavoro con quello dei compagni.**

acqua ~ blocco di partenza ~ trampolino ~ corsia ~ costume ~ calottina ~ fondo ~ libero ~ dorso ~ farfalla ~ nuoto ~ rana ~ delfino ~ piattaforma ~ doccia ~ stile

Livello 3

5 ●●● **A COPPIE Costruite un campo semantico-associativo il più ampio possibile intorno alle seguenti parole.**

città ~ telegiornale ~ luce ~ buio

6 ●●● **Per ogni parola elencata indica due diversi campi semantici di appartenenza.**

a. numero ....; ....
b. albero ....; ....
c. grado ....; ....
d. Giove ....; ....
e. viola ....; ....
f. carattere ....; ....
g. giallo ....; ....
h. raggio ....; ....

7 ●●● **A COPPIE Nel più breve tempo possibile individuate i campi semantici-associativi prevalenti nella seguente poesia di Sandro Penna.**

Sul molo il vento soffia forte

Sul molo il vento soffia forte. Gli occhi
hanno un calmo spettacolo di luce.
Va una vela piegata, e nel silenzio
la guida un uomo quasi orizzontale.
Silenzioso vola dalla testa
di un ragazzo un berretto, e tocca il mare
come un pallone il cielo. Fiamma resta
entro il freddo spettacolo di luce
la sua testa arruffata.

(S. Penna, in *Poeti italiani del Novecento*, a cura di P. V. Mengaldo, Mondadori, Milano, 1978)

PRODUCI

Livello 1 **8** ●○○

Osserva il dipinto. Secondo te, quali sentimenti ed emozioni esprimono i personaggi e la situazione rappresentata? Tra le parole che ti sono venute in mente, quali hanno significato connotativo?

....

■ M. Chagall, *Compleanno*, 1915. New York, Museum of Modern Art.

Livello 2 **9** ●●○

A COPPIE Osservate il dipinto e provate a interpretare la situazione rappresentata: la ragazza piange di dolore o di felicità? I due personaggi si scambiano un bacio di addio oppure sono felici perché coronano il loro sogno d'amore? Scrivete un breve testo in cui immaginate la loro storia d'amore. Usate un lessico appropriato, utilizzando almeno sei parole appartenenti al campo semantico dell'"amore".

....

■ R. Lichtenstein, *Kiss V*, 1964. Collezione privata.

Livello 3 **10** ●●●

Osserva il dipinto e prova a spiegare perché i due amanti ritratti hanno il volto coperto; scrivi quindi un breve testo in cui, utilizzando almeno due metafore, racconti un'immaginaria vicenda di vita e di affetti che coinvolge i due personaggi.

....

■ R. Magritte, *Gli amanti*, 1928. New York, Museum of Modern Art.

4 Rapporti particolari di significato

Abbiamo visto come le parole si leghino l'una all'altra per **campi di significato** più o meno estesi. Esistono però altri tipi di relazione, basati su criteri più precisi, che tengono conto:

- della somiglianza tra parole;
- del significato opposto;
- di un particolare tipo di rapporto che lega le parole (inclusivo o esclusivo).

Parole equivalenti: i sinonimi

L'insegnante ha segnato in rosso le parole e commenta: "ripetizione!" Accade molto spesso, e non solo agli studenti, di ripetersi senza volerlo. Come si rimedia? Ricorrendo ai **sinonimi** (dal gr. *sýn*, "insieme" e *ónoma*, "nome"), parole di significato molto simile che si possono usare in modo alternativo.

Sono un ragazzo
di quindici anni,
come tutti i ragazzi
amo la musica.

Alcuni sinonimi sono perfettamente intercambiabili, possiamo usare a piacere un termine o l'altro:

*Attenta agli ultimi **gradini** / **scalini**!*
*Andiamo con la mia **macchina** / **auto**.*
*Non voglio **nulla** / **niente**.*
*Ho **comprato** / **acquistato** un nuovo smartphone.*
*Stiamo **tra** / **fra** di noi.*

Altri si distinguono per **sfumature di significato** e non sempre si possono usare indifferentemente nello stesso contesto. Facciamo degli esempi:

coraggioso* / *temerario

Entrambi gli aggettivi richiamano forza di carattere, decisione e audacia:

*Sei stato **coraggioso** / **temerario** a saltare da quel muro alto tre metri.*

Tuttavia ***temerario*** significa anche "eccessivamente audace", "imprudente", "avventato":

*Sei **coraggiosa** quando difendi con decisione i tuoi diritti, ma **sei temeraria** se lo fai davanti a un uomo minaccioso e armato.*

faccia* / *viso* / *volto

Indicano la stessa parte del corpo, ma il primi due sono di uso più comune, il terzo appartiene a un registro più alto, spesso poetico.

*Non esporre troppo la **faccia** / il **viso** al sole.*
*Non recidere, forbice, quel **volto*** (E. Montale)

Il termine ***faccia*** si usa, inoltre, in molte espressioni figurate:

*Guardami bene in **faccia**!* (= Dimmelo apertamente).
*Gli ha riso in **faccia*** (= Gli ha manifestato il suo disprezzo).

Tieni dunque presente che i **sinonimi** si usano per:

- evitare le ripetizioni;
- esprimere sfumature di significato (> *Matteo è **schizzato** a casa* anziché *è corso* [più neutro]);
- esprimersi con maggiore precisione (> ***Configurare** il nuovo tablet* anziché *sistemare*);
- distinguere tra il linguaggio quotidiano e quello più ricercato (> *faccia* / *volto*);
- evitare espressioni offensive o volgari (> *Sei **sciocco*** anziché *idiota*).

HAI CAPITO?

Secondo te è corretto sostituire la parola *gatto* con *micio* nella seguente frase?

Fai sparire questo gatto dalla mia stanza, mi graffia e sono allergico al suo pelo!

Perché? Rifletti sul fatto che alcuni sinonimi si differenziano per la connotazione.

• **Parole in contrasto: gli antònimi o contrari**

Guerra e pace è il titolo di un famoso romanzo di Tolstoj, capolavoro della letteratura ottocentesca. Le due parole riflettono il contenuto del libro e colpiscono l'attenzione perché hanno un **significato opposto**. Si chiamano perciò **antonimi** (dal gr. *anti*, "contro" e *ónyma*, var. di *ónoma*, "nome") o **contrari**.

Le parole tra loro in opposizione formano coppie **antonìmiche**, come:

pari ⟷ dispari   caldo ⟷ freddo   sempre ⟷ mai   vivere ⟷ morire

Una stessa parola può avere **antonimi diversi** poiché diversi sono i suoi significati:

dolce →

- **amaro**
  totalmente privo di zucchero: *Il caffè mi piace* ***amaro.***
- **salato**
  privo di zucchero e con sale: *Ti preparo una torta* ***salata****?*
- **piccante**
  non è delicato di sapore: *Per favore, niente cibi* ***piccanti!***
- **aspro**
  di sapore irritante: *Non riesco a bere questo vino: è troppo* ***aspro.***

HAI CAPITO?

Riformula le seguenti frasi usando il corretto antonimo della parola *basso*.

a. Paolo non ha un timbro di voce basso.
b. Il mio fidanzato non è basso di statura.
c. La cima che ho scalato non è bassa.

• **Parole l'una dentro l'altra**

Per la sua festa le abbiamo regalato un cesto di ***fiori****:* ***rose****,* ***gigli****,* ***tulipani****...*

= iperonimo
= iponimo

Il significato della parola ***fiore*** è generico e include in sé il significato di parole come ***rose***, ***gigli***, ***tulipani***... che sono infatti **fiori**. Dire "rosa" è dire anche "fiore".

Il significato della parola ***rosa***, a sua volta, include il significato di parole come ***rosa tea***, ***rosa canina***, ***rosa damascena***, tre fra le numerose varietà di questo **fiore**.

• **Iperònimi**

Tra le parole evidenziate nell'esempio e tra quelle che indicano i diversi tipi di rosa si è delineato un rapporto di **inclusione**. Le parole di significato più ampio e generale che **includono** – cioè coprono, accolgono dentro di sé – il significato più ristretto e specifico di altre parole si chiamano **iperònimi** (dal gr. *hypér*, "sopra" e *ónyma*, var. di *ónoma*, "nome", "nome che sta sopra").

• **Ipònimi**

Le parole il cui significato è, invece, **incluso** si chiamano **ipònimi** (dal gr. *hypó*, "sotto" e *ónyma*, var. di *ónoma*, "nome", "nome che sta sotto"). Come suggerisce il significato originario di questi termini, il rapporto di inclusione è di tipo **gerarchico** (dal sopra al sotto e viceversa).

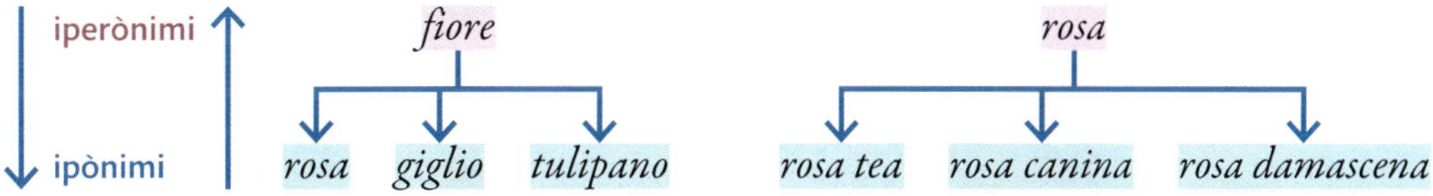

HAI CAPITO?

Come si vede dallo schema qui sopra, il rapporto di inclusione **funziona nei due sensi**: i ruoli sono **reciproci** e quindi **scambievoli**. Gioca un po' con i ruoli completando le seguenti affermazioni:

a. Se *fiore* è **iperònimo** di *rosa*, *rosa* è il suo ....
b. L'**iperonimo** di *rosa tea* è ....
c. *Rosa tea* rispetto a *rosa* è ....
d. Rispetto a *fiore*, *tulipano* è ....
e. *Rosa* rispetto a *rosa canina* è ....

Il rapporto di inclusione può organizzare una serie più o meno lunga di parole, ciascuna delle quali rappresenta un **campo semantico**, dal più ampio al più ristretto, e viceversa:

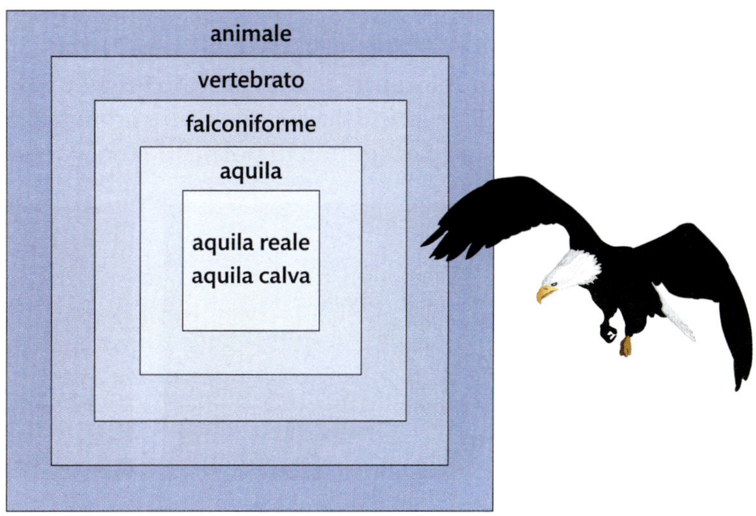

Conoscere questo tipo di relazioni tra le parole permette di:

- **sintetizzare, specificare** ed **elencare**: *"Quali **ortaggi** devo comperare?" "**Carote, patate** e **zucchine**"*;
- **chiarire**: *Il **corno** è uno **strumento musicale**. Appartiene alla famiglia degli **aerofoni** o strumenti a fiato*;
- **evitare ripetizioni**: *Non lo si vede mai senza il suo **barboncino**. Il piccolo **cane** crea un simpatico contrasto con la sua alta statura.*

HAI CAPITO?

1. Per i seguenti gruppi di parole, indica l'**iperonimo**.

a. quaderno ~ gomma ~ matita.
b. maglioni ~ abiti, gonne ~ cappotti
c. Vasco Rossi ~ Giorgia ~ Tiziano Ferro ~ Mika ~ Elisa

2. Per i termini seguenti, trova alcuni **iponomi**.

felino ~ abitazione ~ libera professione ~ conifere

5 Una parola, tanti significati

*Questa vetrina è tutto uno scintillio di ori e **gemme**.*

↑ pietre preziose

germogli ↓

*Temo che alcune **gemme** siano state distrutte dalla gelata.*

- La polisemìa

La maggior parte delle parole ha **più di un significato** perché, nel tempo, a quello originario se ne sono aggiunti via via altri. Naturalmente ciascuno di questi significati si rende chiaro solo a partire dal **contesto verbale** o dalla **situazione comunicativa** (> *Guarda quante gemme!* La frase può essere pronunciata davanti a una vetrina o davanti a un albero). Si parla quindi di **polisemia** (dal gr. *poly-*, "molto" e *séma*, "segno").

- L'omonimìa

*Nel mio giardino è spuntata la prima **viola**.*

*Ho assistito a un concerto per **viola** e orchestra.*

I due diversi significati della parola evidenziata non rappresentano un caso di polisemìa. Anche se il **significante** è il **medesimo**, in realtà appartengono a due **parole diverse**. Il dizionario, infatti, le registra separatamente con il numero in esponente (o in parentesi). Si tratta di **omonimi** (dal gr. *homós*, "uguale" e *ónyma*, "nome"), parole che, casualmente hanno la stessa **forma**, ma il cui **significato** si differenzia completamente, anche per storia e origine:

Viola[1] è un nome che deriva dal latino *viola*. Indica la pianticella che dà fiori di profumo delicato, di colore bianco o violetto;

Viola[2] è un nome di origine incerta e indica uno strumento ad arco con quattro corde, poco più grande del violino, di forma e meccanismo identici, ma di suono più velato.

Tra gli **omonimi** alcuni appartengono alla **stessa categoria grammaticale** come negli esempi:

- capitale[1] città principale / capitale[2] somma di denaro;
- lama[1] oggetto tagliente / lama[2] animale;

- riso[1] atto del ridere / riso[2] cereale;
- stagno[1] metallo / stagno[2] specchio d'acqua.

Altri appartengono a una **categoria grammaticale diversa** come:

- ora[1] avverbio / ora[2] nome;
- letto[1] verbo / letto[2] nome;
- salutare[1] aggettivo / salutare[2] verbo;
- regolare[1] verbo / regolare[2] aggettivo;
- folle[1] nome / folle[2] aggettivo.

Alcuni **omonimi** sono **anche omografi** (▶ p. 5) – si scrivono cioè in modo identico – e **omofoni** in quanto hanno la stessa pronuncia: è il caso di *viola*; altri sono invece **omofoni, ma non omografi** (> *là* = avverbio; *la* = articolo); altri ancora sono **omografi, ma non omofoni** (> *fòrmica* = laminato plastico; *formìca* = animaletto; *cólto* = istruito, *còlto* = participio passato del verbo *cogliere*).

HAI CAPITO?

Come abbiamo visto, certi omonimi non omofoni si differenziano per l'accento fonico (e/o aperte o chiuse) – come *pèsca*, frutto e *pésca*, pesce pescato –, altri per l'accento tonico. Metti il giusto accento tonico e fonico (quando serve) agli omonimi presenti nelle seguenti coppie di frasi:

1. Scegli le tendine (a) per le finestre / Mi fa male un tendine (b).
2. Che ci vuoi fare: certe cose capitano (a)! / Hai conosciuto il capitano (b) della nave?
3. Vi prego, non fate a botte (a)! / Questo vino è invecchiato in una botte (b) di rovere.

DUE PASSI NEL DIZIONARIO

La mappa dei significati

*Lassù, da quel **balzo**, si scorge quasi tutta la vallata.*

Che cosa significa esattamente la parola *balzo*? Il contesto ce lo fa capire, ma forse solo intuitivamente. Meglio approfondire sul dizionario. La ricerca ci mette di fronte a un caso sia di **omonimìa** sia di **polisemìa**. Esaminiamoli.

> ♦**bàlzo** ① [da *balzare* ✳ 1508] **s. m. 1** salto che fa un corpo elastico dopo aver picchiato in terra | ***prendere la palla al b.***, (*fig.*) cogliere l'occasione **2** movimento repentino, salto, scatto: *Attraversò così, a balzi delle sue gambe magre, metà della scogliera* (I. CALVINO) **3** (*fig.*) superamento di una posizione precedente | ***fare un b. nella propria carriera***, migliorarla nettamente ‖ **balzèllo**, **dim.** (V.) | **balzétto**, **dim.**

Balzo[1] In parentesi quadra troviamo l'origine o **etimologia** della parola: è antica poiché deriva da un verbo del 1500. Il significato n. **2** è esemplificato con la frase di un importante autore del Novecento. Quanto al n. **3** è solo figurato (***fig.***) e l'esempio generico ne chiarisce l'uso comune.

> **bàlzo** ② [lat. *bălteu(m)* 'cintola' ✳ 1313] **s. m. 1** prominenza, sporgenza del terreno | luogo scosceso, balza **2** striscia, guarnizione **3** (*mar.*, *disus.*) bansigo

Balzo[2] La parola risale al 1300, quando significava "cintola", dal termine latino. Il significato n. **1** corrisponde a quello della parola usata nel nostro esempio iniziale. Il significato n. **3** corrisponde a un termine marinaro (*mar.*) ormai in disuso (*disus.*), *bansigo*.

GRAMMATICA E SCRITTURA

La forza espressiva della connotazione

Il nostro linguaggio è disseminato di **metafore** che, talora, sono persino inevitabili, come quando rappresentano l'unico termine per designare certi oggetti (> le *gambe* del tavolo / i *denti* del pettine). In genere comunque esprimono creatività, stimolano l'intuizione e l'immaginazione. Ciascuno può crearne di nuove o attingere al repertorio della letteratura – in prosa e in versi – e dei testi delle canzoni, dove si rintracciano esempi originali e particolarmente significativi:

*Con le **guance di fuoco** / E gli **occhi ridenti***
camminavi per una selva...

(A. Bertolucci, *A Ninetta*)

Affiderò
*le mie parole al **mare del tempo***
che le consumi un po' ...

(M. Mengoni, *Io ti aspetto*)

Le metafore e i **significati connotativi**, comunque ottenuti, rendono la nostra comunicazione più vivace ed espressiva, nell'oralità come nei testi scritti, tra i quali alcuni si caratterizzano proprio per l'intensità delle connotazioni. Eccone un esempio, in cui il narratore descrive il collegio per l'istruzione musicale in cui è stato "rinchiuso".

Le nostre stanze erano celle anguste con una sola finestrella, dalla quale tuttavia non ci si poteva sporgere, perché era troppo alta e sprofondata in una parete più spessa di un braccio. [...]. Alle nove di sera le porte di questi abitacoli venivano chiuse dall'esterno, le luci si spegnevano e nessuno poteva uscire fino alle cinque del giorno dopo, quando ci riunivamo tutti nel cortile per gli esercizi a corpo libero, estate e inverno, con qualsiasi tempo. Poi ci precipitavamo alle docce, che erano piccoli stabbi[1] di legno, vere e proprie trappole, dove, prima di aprire la porta, bisognava ruotare con forza una manopola dentata, un congegno a molla che a fine corsa scattava, chiudendo all'interno chi si era permesso di superare i cinque minuti concessi per lavarsi. Il ritardatario restava così imprigionato per tutta la giornata, e sul registro gli veniva annotata un'assenza ingiustificata. E guai a chi, da fuori, osava liberarlo, perché avrebbe subito la stessa sorte. Ma in realtà nessuno correva questo rischio, perché il Collegium Musicum era un campo di competizione feroce, dove ognuno pensava solo a se stesso.

(riduzione da P. Maurensig, *Canone inverso*, Mondadori, Milano, 1996)

1. **stabbi**: spazi recintati all'aperto per animali.

HAI CAPITO?

1. Rintraccia le metafore presenti nel testo qui sopra.
2. Definisci con due o tre parole, anche tra loro sinonime, l'atmosfera della scuola descritta.
3. Sottolinea le espressioni fortemente connotate in senso negativo.

ADESSO TOCCA A TE

▶ Capitoli 4, 5

INDIVIDUA E TRASFORMA

Livello 1

1 ●○○ **Completa le frasi seguenti con una parola adatta al contesto, scelta tra i due sinonimi indicati.**

a. L'erba del giardino è troppo **densa** / **fitta**, va tagliata.
b. L'inverno è stato **mite** / **mansueto**.
c. Non bisogna **offendere** / **insultare** la sensibilità altrui.
d. Laura è intervenuta con un discorso **calmo** / **pacato**.
e. Il nuovo decreto sulle pensioni mira a **riparare** / **aggiustare** palesi ingiustizie.
f. Guadagno un **modesto** / **umile** stipendio, spero in una promozione.

2 ●○○ **Scrivi gli antonimi (opposti) dei verbi elencati.**

a. piangere ....
b. riempire ....
c. parlare ....
d. sporcare ....
e. amare ....
f. vincere ....
g. permettere ....
h. comandare ....
i. insegnare ....
j. accendere ....

3 ●○○ **Per ogni gruppo di parole scrivi l'iperonimo che le include tutte.**

a. tempio, sinagoga, pagoda, chiesa, moschea ....
b. porcino, prataiolo, tartufo, ovolo, gallinaccio ....
c. calzoni, gonna, sari, tunica, pareo ....
d. babà, meringa, cannolo, crostata ....
e. ippica, atletica, nuoto, canottaggio ....
f. maestrale, libeccio, grecale, scirocco, föhn ....

4 ●○○ **Leggi la seguente barzelletta, quindi rispondi alle domande.**

– Vorrei fare un investimento sicuro – chiede un tizio all'amico impiegato in banca. – Tu cosa mi consigli? – Scegli una giornata piena di nebbia e poi vai in macchina a 120 all'ora a fari spenti!

("Enigmistica moderna", gennaio 2014)

a. **Nel testo è presente una parola polisemica. Qual è?**
b. **Quale diverso significato le attribuiscono i due amici?**

Livello 2

5 ●●○ **Quale gruppo di parole è costituito esclusivamente da coppie di sinonimi perfettamente intercambiabili?**

A camposanto/cimitero; redini/briglie; efelidi/lentiggini.
B acquisto/spesa; soldato/militare; accecare/abbagliare.
C anticipo/acconto; attitudine/abilità; monarca/sovrano.

6 ●●○ **In ogni gruppo di sinonimi sottolinea quello che esprime il significato più intenso. Puoi aiutarti col dizionario.**

a. avversione, ostilità, odio.
b. magro, macilento, scarno.
c. vessatorio, fiscale, rigoroso.
d. pusillanime, irresoluto, vigliacco.
e. istruito, erudito, colto.
f. meticoloso, pedante, pignolo.

7 ●●○

Riordina i sinonimi di ogni gruppo per intensità crescente. Puoi aiutarti col dizionario.

a. amicizia, passione, affetto, amore.
b. anelito, desiderio, brama.
c. spavento, paura, terrore.
d. lite, discussione, alterco.
e. ozio, indolenza, pigrizia.
f. preoccupazione, ansia, angoscia.
g. maldicenza, diffamazione, calunnia.
h. grassoccio, cicciottello, obeso, grasso.

8 ●●○

Tra i gruppi di antonimi elencati, quale è costituito esclusivamente da opposti di cui l'uno esclude l'altro (per esempio, *maschio/femmina*)?

A marito/moglie; pesante/leggero; vero/falso; presente/assente.
B vendere/comprare; acceso/spento; inquilino/proprietario; dare/ricevere.

9 ●●○

Nelle frasi seguenti sostituisci i termini evidenziati con un antonimo adeguato.

a. Sono convinto che Dario abbia torto ....
b. Ognuno di noi possiede qualche virtù ....
c. Il bilancio rivela che l'azienda è in attivo ....
d. Lorenzo gioca come attaccante ....
e. Energica .... opposizione delle minoranze alla riforma scolastica.
f. Elena ha un carattere docile ....

10 ●●○

Per ogni iperonimo scrivi almeno tre iponimi.

a. autoveicolo: furgone ...., monovolume ...., ...
b. giornale: ...., ..., ...
c. barca: ...., ..., ...
d. recipienti: ...., ..., ...
e. elettrodomestici: ...., ..., ...
f. frutti esotici: ...., ..., ...

11 ●●○

A ogni parola polisemica elencata abbina il corrispondente gruppo di significati.

a. chiocciola ☐
b. corte ☐
c. livrea ☐
d. mina ☐
e. piatto ☐
f. tessera ☐

1. Divisa della servitù, aspetto di un animale.
2. Recipiente per le vivande, strumento musicale, posta in gioco.
3. Mollusco, tipo di scala, carattere usato nella posta elettronica.
4. Tassello di mosaico, cartoncino di riconoscimento o appartenenza.
5. Reggia, collegio di giudici, spazio scoperto circondato da un edificio.
6. Ordigno militare, cilindro di grafite.

12 ●●○

Leggi le due coppie di frasi, quindi, con l'aiuto del dizionario, completa correttamente l'affermazione sotto riportata.

a. "Delizioso questo sorbetto al cocco" / "Dario è proprio un cocco di mamma!".
b. "Gioco spesso a dama con mio fratello" / Alice si crede una dama del bel mondo.

I termini evidenziati nelle frasi sono

A polisemici.
B omonimi.
C polisemico il primo, omonimo il secondo.

Livello 3

13 ●●●

Riordina i sinonimi di ogni gruppo in base al registro linguistico: dal più ricercato al più informale.

a. bugia, menzogna, bubbola.
b. noioso, barboso, tedioso.
c. sciocco, citrullo, babbeo.
d. disgustoso, schifoso, ripugnante.
e. uccidere, assassinare, accoppare.
f. infinocchiare, frodare, ingannare.

14 ●●●

Nelle seguenti coppie di antonimi inserisci un termine intermedio.

a. bianco, grigio........, nero
b. ricco, ..., povero
c. bontà, ..., cattiveria
d. luce, ..., buio
e. forte, ..., debole
f. soffice, ..., duro

15 ●●●

Completa le frasi con un iperonimo adatto.

a. In quel locale servono birre, vini, aperitivi, liquori (............) a tutte le ore.
b. Arrederò la camera con letto, armadio e comodini (............) in stile antico.
c. Offerte da non perdere: sconti del 30% su rossetti, ciprie, mascara, ombretti (............).
d. Al museo sono esposti anelli, spille, collane, orecchini e bracciali (............) di Tiffany.
e. La colazione, il pranzo e la cena (............) sono serviti in terrazza.
f. Nel Medioevo si versava la decima a frati, monache, parroci, vescovi. (............)

16 ●●●

Con l'aiuto del dizionario stabilisci se le parole evidenziate nelle coppie di frasi sono omonime [O] o polisemiche [P].

a. 1) Spesso mi ritrovo con gli amici al bar. 2) Nel 1906 il fisico norvegese Bierknes chiamò "bar" l'unità di misura della pressione. O P
b. 1) Il 2 giugno in piazza suonerà la banda cittadina. 2) La banda larga consente un'elevata velocità di trasmissione in rete. O P
c. 1) Ho dovuto sostituire la batteria dell'auto. 2) Sta per partire la seconda batteria dei 200 metri. O P
d. 1) Luciano Pavarotti è stato un celebre tenore. 2) Mario conduce un tenore di vita al di sopra dei suoi mezzi. O P
e. 1) Quest'anno la vite ha dato pochi grappoli. 2) Per unire i vari pezzi usa una vite di collegamento. O P

LAVORA CON LE PAROLE

Livello 1

17 ●○○

Tra i due sinonimi proposti in ogni frase seguente sottolinea quello adatto al contesto.

a. Dice un proverbio che l'occasione / opportunità fa l'uomo ladro.
b. Lotta senza quartiere alla delinquenza / criminalità organizzata.
c. La mia fedele / devota utilitaria mi porta ovunque.
d. I nonni mi fanno sempre un'accoglienza festosa / gioiosa.
e. Tra me e Luca c'è somiglianza / affinità di idee e interessi.
f. Che bel giardino florido / fiorente!

18 ●○○

Nelle frasi seguenti sostituisci il termine evidenziato con un sinonimo meno informale.

a. Per informazioni si rivolga all'incaricato addetto........ allo sportello.
b. Un altro test di grammatica! Che strizza ....!
c. Luigi mi sembra abbacchiato ....
d. In autobus mi hanno fregato .... il portafoglio.
e. Mio fratello pappa .... tutto quello che c'è in tavola.
f. Ho ancora delle grane .... per quell'incidente in motorino dell'anno scorso.

19 ●○○ **Completa le coppie di frasi con gli omonimi appropriati.**

a. "Il .... abbonda sulla bocca degli stolti" / A tavola è bene alternare pasta e ....

b. È un .... da guardia, ma dorme sempre. / Il bandito sparò, ma il .... della pistola si inceppò.

c. Milan - Inter! Che .... ! / Lucia è .... per Londra.

d. Franco è una persona .... / Tracciate una .... perpendicolare al piano.

e. Stasera .... in casa. / Il barista non ha dato il ....

f. Enrico abita al terzo .... / L'assessore ha presentato il .... regolatore.

Livello 2 **20** ●●○ **Tra i due sinonimi proposti in ogni frase scegli quello adatto al contesto indicato tra parentesi.**

a. Il paziente lamenta forte **emicrania** / **mal di testa**. (L'infermiera al medico)

b. Sono **stufa** / **stanca** delle vostre prediche! (La figlia ai genitori)

c. Ho preso una **sbandata** / **infatuazione** per Luca. (Lucia a un'amica)

d. Il bambino ha **la parotite** / **gli orecchioni**. (Il pediatra a un madre)

e. Lei, Rossi, **sbandiera** / **ostenta** troppo i suoi meriti. (Il direttore a Rossi)

f. Il ferito presenta **fratture** / **rotture** multiple al braccio destro. (Il medico del pronto soccorso)

21 ●●○ **Con l'aiuto del dizionario spiega le sfumature di significato tra le parole dei seguenti gruppi di sinonimi.**

a. indole, carattere, temperamento.

b. indulgente, clemente, bonario.

c. sbadato, sventato, avventato.

d. robusto, massiccio, possente.

e. cordiale, socievole, affabile.

f. bianco, candido, niveo.

22 ●●○ **Nelle frasi seguenti sostituisci il termine evidenziato prima con un sinonimo, poi con un antonimo adatto al contesto. Per un aiuto consulta il dizionario.**

a. Questo abito ha un colore vivace .... ; ....

b. Sara si è espressa con tono deciso .... ; ....

c. Silvio ha un personalità forte .... ; ....

d. Mio cognato è un tipo originale .... ; ....

e. Che tormento .... ; .... il Natale in famiglia!

f. La prima colazione è inclusa .... ; ....

23 ●●○ **In ogni coppia di frasi sottolinea gli omonimi, quindi, con l'aiuto del dizionario, chiarisci il loro significato.**

a. 1) In *Notre-Dame de Paris* il gobbo Quasimodo ama la bella Esmeralda.
2) In tv gli attori possono leggere le battute scritte sul gobbo.

b. 1) La leva del cambio va sostituita.
2) In Italia la leva obbligatoria è stata abolita da diversi anni.

c. 1) Il ratto delle Sabine è una leggenda latina.
2) Il ratto può diffondere malattie pericolose.

d. 1) Grazie alla parabola non mi perderò una partita.
2) Il sacerdote lesse una parabola evangelica.

e. 1) In Italia si registra un basso tasso di natalità. 2) Il tasso vive nei boschi.

f. 1) *Fratelli d'Italia, l'Italia s'è desta, dell'elmo di Scipio s'è cinta la testa.* 2) A Lucca si conserva la cinta muraria del XVI secolo.

24 ●●○ **Le parole elencate appartengono al linguaggio matematico. Con l'aiuto del dizionario individua i loro altri significati.**

esponente ~ espressione ~ fattore ~ formula ~ frazione ~ funzione ~ punto ~ tangente ~ virgola

Livello 3 **25** ●●● **Nelle coppie di frasi sostituisci l'aggettivo evidenziato con un sinonimo adatto al contesto.**

a. 1) Sequestrato ingente quantitativo di vino sofisticato .... 2) Lea indossa un abito sofisticato ....

b. 1) In Norvegia il clima è rigido .... 2) Mio padre è rigido .... ma comprensivo.

c. 1) Apri la finestra, c'è aria viziata .... 2) Carlotta è una ragazza viziata ....

d. 1) Che bel cielo limpido .... ! 2) L'acqua del ruscello è fresca e limpida ....

e. 1) Preferisco bere acqua frizzante .... 2) Al mattino soffia un vento frizzante ....

f. 1) Trattoria "Rosa", vera .... cucina umbra. 2) Conosci la vera .... ragione della sua depressione?

26 ●●● **Con l'aiuto del dizionario, scrivi un antonimo (opposto) di ogni aggettivo elencato.**

a. concreto
b. prolisso
c. assurdo
d. bellicoso
e. trasparente
f. tortuoso
g. totale
h. loquace

27 ●●● **Per ogni aggettivo dei seguenti gruppi di espressioni, scrivi un contrario adatto al contesto.**

a. vento forte / debole; forte spesa / esigua, modesta
b. cielo sereno / ....; sguardo sereno / ....; vita serena / ....
c. abito chiaro / ....; linguaggio chiaro / ....; idea chiara / ....
d. pasto leggero / ....; ferita leggera / ....; persona leggera / ....
e. persona cattiva / ....; cattivo / .... avvocato; tempo cattivo / ....
f. compito semplice / ....; stile semplice / ....; frase semplice / ....

28 ●●● **Per ciascuna delle seguenti parole polisemiche scrivi due frasi in cui assuma significati diversi.**

decoro ~ indice ~ muro ~ nota ~ ordine ~ pianta

29 ●●● **A COPPIE Con l'aiuto del dizionario, per ogni parola evidenziata nelle espressioni elencate individuate un termine omonimo, quindi scrivete una frase in cui sia usato in modo appropriato.**

il filtro della moka > filtro bevanda magica > Isotta e Tristano bevvero un filtro d'amore.

una borsa da viaggio ~ antiche credenze ~ un vano tentativo ~ un termine medico ~ un sandalo estivo ~ asse terrestre ~ un miglio marittimo ~ un bambino minuto ~ una salsa di pomodoro ~ un arancio tarocco

6 La struttura e la formazione delle parole

La quinoa è una pianta **erbacea sudamericana**. Sembra un cereale ma non lo è ed è tanto **nutriente** da essere nella dieta degli **astronauti**. Più ricca di ferro degli spinaci, più **proteica** della soia, la pianta – da **insaporire** con verdure – è il sogno di ogni **nutrizionista**, contiene dieci **amminoacidi**, è ricca di sali minerali ed è pure "gluten free" ("priva di glutine").

(adattamento da L. Baratta, *Perché tutti vogliono quinoa*, in "D la Repubblica", 25/11/2014)

Parole "in pezzi"

Le parole non sono unità compatte e immodificabili. Molte di esse possono **cambiare la loro forma e struttura**, trasformandosi in parole di **significato diverso**, secondo un meccanismo che permette di **arricchire il lessico** anche senza inventare termini totalmente nuovi. Esaminiamo, come esempio, quelle evidenziate nella didascalia della fotografia.

- ***erb-acea*** — Alla parte principale della parola ***erb-a*** si è aggiunto *-**acea***, **suffisso** che, da nome, la fa diventare aggettivo.
- ***sud-americana*, *astro-nauti*, *ammino-acidi*** — Questi tre termini nascono dall'unione di due parole. Nel primo caso, si usano entrambe anche separate; nel secondo, la parola *-**nauta*** (= pilota), di derivazione latina, è un **suffisso** che serve per formare parole composte (> *cosmonauta*, *motonauta* ecc.); nel terzo si unisce il **prefisso *ammino*-** al sostantivo acido (entrambi appartenenti alla terminologia chimica).
- ***nutri-ente*** — Viene dal verbo ***nutr-ire*** trasformato in aggettivo dal suffisso *-**ente***.
- ***prote-ica*** — Deriva dal nome ***proteina***, con il suffisso *-**ica*** diventa aggettivo.
- ***in-sapor-ire*** — Al nome ***sapore*** – da cui deriva il verbo – il **prefisso *in*-** aggiunge il significato di "dentro".
- ***nutrizion-ista*** — Il **suffisso *-ista*** indica il professionista che si occupa di ***nutr-ire***, verbo che è all'origine di questa catena di trasformazioni (***nutr**-ire*, ***nutri**-zione*, ***nutri**-zion-ista*, ***nutri**-ente*).

Parole primitive: radice e desinenza

Guardando a come sono costruite le parole, cioè alla loro **struttura**, ci accorgiamo che i processi di trasformazione partono da una parola di **base**, la **parola primitiva** (nell'esempio: *erba*, *sud*, *americana*, *nutrire*, *proteina*, *sapore*). Questa è composta da due elementi fondamentali: la **radice**, parte essenziale che esprime il significato **lessicale** e la **desinenza**, che ha un valore **grammaticale**:

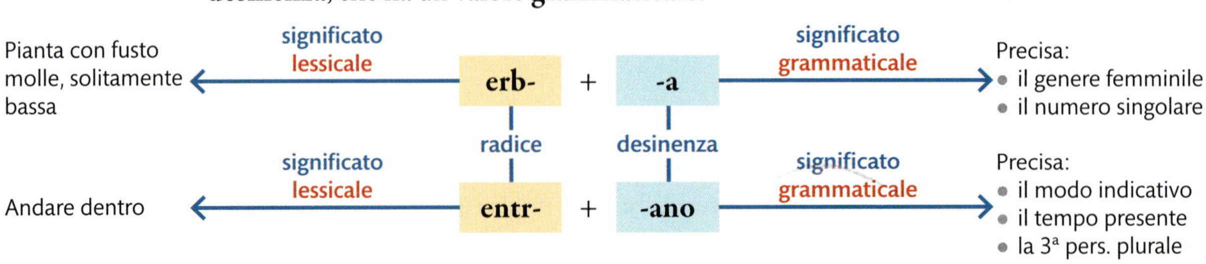

7 La trasformazione delle parole

● La derivazione

Il meccanismo per cui dalle parole **primitive**, che formano il nucleo originario della lingua, se ne formano altre si chiama **derivazione** e si ottiene con gli **affissi**. Questi non si usano da soli, ma possiedono dei significati tali da modificare quello della parola cui si aggiungono, come abbiamo visto nell'esempio introduttivo (> ***in**-saporire*, "mettere dentro" in un cibo dei sapori).

erb-a → **erbace-o** → **erbari-o** → **diserbant-e**

primitiva — derivate

● I prefissi

Quando gli affissi precedono la radice si chiamano **prefissi**. Questi sono preposizioni usate nella nostra lingua (***di**-pendere*, ***con**-trattare*...) o di origine greca (***ana**-logico*, ***dia**-logo*...) e latina (***bi**-cicletta*, ***dis**-detta*). Ecco alcuni esempi del valore che assumono nella formazione delle parole:

- **negazione, privazione**: ***dis**-*, ***s**-*, ***in**-/**im**-/**inn**-* (***il**-*, ***ir**-*), ***anti**-*, ***contro**-* → ***dis**-erbante*, ***dis**-accordo*, ***dis**-fare*, ***s**-fogliare*, ***in**-felice*, ***im**-possibile*, ***il**-lecito*, ***ir**-regolare*, ***anti**-dolorifico*, ***contro**-voglia*;
- **immissione**: ***in**-* / ***im**-* → ***in**-saporire*, ***in**-tagliare*, ***im**-mettere*;
- **unione**: ***con**-* → ***con**-sociare*, ***con**-dividere*, ***con**-direttore*, ***con**-nazionale*;
- **anteriorità**: ***ante**-*, ***pre**-* → ***anti**-pasto*, ***Pre**-alpi*, ***pre**-dire*, ***pre**-maturo*, ***pre**-mettere*;
- **ripetitività**: ***re**-* / ***ri**-* → ***re**-agire*, ***re**-inventare*, ***ri**-tentare*.

● I suffissi

Quando gli affissi seguono la radice si chiamano **suffissi derivativi**; trasformano il significato di una parola soprattutto trasferendola da una categoria grammaticale a un'altra. Ovviamente il suffisso ha anche una parte mobile, la **desinenza** che, come nelle parole primitive, segnala **genere** e **numero**. Ecco alcuni esempi (le sigle A, N, V indicano, rispettivamente: aggettivo, nome, verbo):

- **azioni** (V verso N) ***-aggio*** → *lav-**aggio***, *pesta-**aggio***, *ricicl-**aggio***;
- **insiemi** (N verso N) ***-aglia*** → *bosc-**aglia***, *mur-**aglia***, *sterp-**aglia***;
- **attività, mestieri** (N verso N) ***-aio***, ***-ante***, ***-ario***, ***-(i)ere***, ***-ino***, ***-ista*** → *forn-**aio***, *commedi-**ante***, *bibliotec-**ario***, *ingegn-**ere***, *pomp-**iere***, *imbianch-**ino***, *bar-**ista***, *pian-**ista***;
- **qualità** (A verso N) ***-izia*** → *avar-**izia***, *furb-**izia***, *giust-**izia***;
- **condizioni, stati** (V verso N) ***-ore*** → *bruci-**ore***, *gonfi-**ore***;
- **luoghi di raggruppamento** (N verso N) ***-aia***, ***-eto/a***, ***-ile*** → *abet-**aia***, *fagg-**eto***, *pin-**eta***, *can-**ile***;
- **azione** (V verso N) ***-zione/-sione*** → *circola-**zione***, *lavora-**zione***, *eva-**sione***;
- **qualità** (A verso N) ***-ezza*** → *dur-**ezza***, *bell-**ezza***, *grand-**ezza***.

HAI CAPITO?

Il suffisso ***-ismo*** significa "movimento", "atteggiamento", "ideologia". Nell'uso attuale, alcune parole così derivate hanno una sfumatura di significato negativa. Quali tra quelle elencate? Cercane eventualmente il significato sul dizionario e contestualizzane almeno un paio.

arrivismo ~ pacifismo ~ buonismo ~ collezionismo ~ attivismo ~ moralismo

L'alterazione

Il significato delle parole, pur non mutando nella sostanza, può essere modificato nelle sue sfumature dai **suffissi alterativi**. Questi hanno valore **diminutivo** e **vezzeggiativo** (***-ino***, ***-olino***, ***-etto***, ***-ello***, *-(u)****ola***, ***-uccio***, ***-otto***: *gatt-****ino***, *verd-****ino***, *pesci-****olino***, *armadi-****etto***, *paes-****ello***, *besti-****ola***, *cald-****uccio***, *aquil-****otto***) o **accrescitivo** / **peggiorativo** (***-one***, ***-acc(h)ione*** / ***-accio***, ***-ucolo***, ***-astro***: *paes-****one***, *furb-****acchione***, *spend-****accione***, *palazz-****accio***, *paes-****ucolo***, *verd-****astro***).

erb-a → **erbett-a** (diminutivo) → **erbacci-a** (peggiorativo)
primitiva — alterate

affar-e → **affarucci-o** (diminutivo) → **affaron-e** (accrescitivo) → **affaracci-o** (peggiorativo)
primitiva — alterate

Dal momento che i suffissi alterativi "alterano" il significato originario, denotativo, sono un modo veloce per esprimere le **connotazioni** desiderate:

Lasciami in pace; oggi è stata una ***giornataccia*** [connotazione negativa, trasmette frustrazione].

È stato solo un ***bacetto****, una* ***cosuccia*** *da niente. Di che ti preoccupi?* [sminuisce la portata del fatto].

HAI CAPITO? Riflettete, a coppie, su quali e quante **parole alterate** usate nel vostro linguaggio quotidiano e sulle relative **connotazioni**.

La composizione

Alcune parole nuove si formano anche tramite l'unione di due o più termini che esistono in modo autonomo. Si ottengono così le parole **composte**: *sudamericana* (nome + aggettivo), *fermalibro* (verbo + nome), *benedire* (avverbio + verbo), *Ventimiglia* (aggettivo + nome) ecc. (▸ Il nome, p. 143).

La derivazione greca e latina

Le parole composte si ottengono anche usando come **prefissi** e **suffissi** – in questo caso detti **prefissoidi** e **suffissoidi** –, elementi linguistici derivanti da parole greche o latine. Per esempio ***crono****metro* (misuratore del tempo) e *sin****crono*** (che avviene nel medesimo tempo) hanno rispettivamente come **prefissoide** e **suffissoide** la radice greca ***crono*** che significa "tempo". La tabella elenca alcune di queste parole precisando il significato della loro parte **antica**.

Nome	Significato	Nome	Significato
aeroporto	*aero-* = aria	*onnipotenza*	*onni-* = tutto
autocontrollo	*auto-* = di, da se stesso	*maxischermo* *megaconcerto*	*maxi-*, *mega-* = grande
miniabito, *microonde*	*mini-*, *micro-* = piccolo	*fruttifero*	*-fero* = che porta, produce
ecosistema, *ecologia*	*eco-* = ambiente; *-logìa* = studio, discorso	*televisione*	*tele-* = lontano, a distanza
astrologo, *psicologo*	*psico-* = della psiche, mente *logo-* = che studia	*termosifone*	*termo-* = calore
neoeletto	*neo-* = nuovo	*geometrìa*	*geo-* = terra *-metrìa* = misurazione

HAI CAPITO?

Conoscere il significato di molti **suffissoidi/prefissoidi** è utile per orientarsi sia nel linguaggio comune sia in quello specialistico, soprattutto scientifico. Per esercitarti, forma delle parole composte combinando tra loro i seguenti elementi:

onni- ~ multi- ~ equi- ~ -fero ~ bio- ~ -grafo ~ -crazia ~ micro- ~ neo- ~ -fono ~ foto- ~ crono- ~ -gramma ~ sfera ~ sonni ~ nato ~ scienza ~ buro ~ spia ~ distanza ~ cito ~ logìa ~ tipo ~ culturale

Se non conosci il significato dei suffissoidi/prefissoidi o delle parole in tabella, ricorri al dizionario (> *demo-*: *demografia*, *demoscopia*, *demofobia*).

● Le parole complesse

Un particolare tipo di composizione si verifica con le **parole complesse**:

- i **conglomerati** o sequenze di parole, quasi segmenti di frase, tra loro fuse o meno: *nontiscordardime* / *non ti scordar di me* (fiore), *tiramisù* (dolce);
- le **parole-frase** che concentrano in due termini staccati, con o senza trattino, il senso di una frase intera: *silenzio stampa* (scelta dei media – voluta o imposta – di tacere determinate notizie), *caso limite* (straordinario), *cifra record* (finora mai raggiunta);
- le **unità lessicali**, combinazioni che indicano un'unica cosa: *cucina a gas*, *ferro da stiro*;
- le **parole macedonia**, formate da spezzoni di due o più parole tra loro fusi: *Confindustria*, *autosole*, *fantascienza*, *mandarancio*, *cantautore*.

ADESSO TOCCA A TE

▶ Capitoli 6, 7

INDIVIDUA E COMBINA

Livello 1

1 ●○○ **In ogni parola elencata sottolinea la radice.**

dis<u>ordine</u> ~ famigliari ~ derubare ~ ventola ~ rudemente ~ sfiducia ~ innamorato ~ affollato ~ abbracciare ~ impoverito ~ rimodellare ~ guanciale ~ patentato

2 ●○○ **Scrivi la parola-base di ogni coppia di termini.**

a. bianchetto, biancheria, bianco..........
b. allenatore, allenamento, ...
c. scanzonato, canzoniere, ...
d. mondiale, mondano, ...
e. personaggio, personalità, ...
f. affilare, filamento, ...

3 ●○○ **Per ogni nome primitivo sono indicate due parole derivate, ma soltanto una lo è veramente. In ogni coppia cancella il falso derivato.**

a. stella: costellare / pastella
b. velo: veleggiare / velato
c. capo: capeggiare / accapponare
d. costa: costoso / accostare
e. lusso: lussuoso / lussurioso
f. arma: armatore / armamento

4 ●○○ **Per ogni nome primitivo sono indicati due alterati, ma soltanto uno lo è veramente. In ogni coppia cancella il falso alterato.**

a. tacco: tacchino / tacchetto
b. botte: botticella / bottino
c. mela: meletta / melone
d. posto: postino / posticino
e. carta: cartina / cartone
f. pianta: piantina / piantone

5 ●○○ **Abbina le parole dell'elenco a. con quelle dell'elenco b. in modo da formare parole composte.**

a. retro ~ pasta ~ para ~ carro ~ alto ~ fuori ~ foto ~ guarda ~ reggi
b. montaggio ~ gioco ~ seno ~ frolla ~ marcia ~ attrezzi ~ locato ~ spalle ~ stinchi

6 ●○○

Sottolinea le parole complesse presenti nelle frasi seguenti.

a. In campeggio si dormiva in sacco a pelo.
b. Posso lasciarle il mio biglietto da visita?
c. Il mapo è un frutto ottenuto dall'incrocio di un mandarino e un pompelmo.
d. Questa carta da parati è fuori moda, va sostituita.
e. Oramai tutti ricevono l'estratto conto online.
f. Con il buono sconto ho acquistato un forno a microonde a un prezzo conveniente.

Livello 2 **7** ●●○

Per ogni parola base elencata scrivi sul quaderno il nome di un'attività o un mestiere derivato. Fai attenzione: in tre casi le professioni sono due. Se hai difficoltà consulta il dizionario.

banca ~ erba ~ cubo ~ ragione ~ stile ~ impianto ~ opinione ~ ebano ~ liuto ~ economia ~ shampoo

8 ●●○

Componi le parole unendo, secondo tutte le combinazioni possibili, le radici delle parole del primo contenitore ai prefissi e suffissi del secondo.

pulsa, promo, contento, olivo, fare, senso, fedele, bello, caduta, sicuro, cortese

s-, -eto, -ezza, in-, contro-, -zione, ri-

9 ●●○

Con l'aiuto del dizionario, in ogni parola elencata sottolinea i prefissi e i suffissi di origine greca e latina e stabilisci il loro significato.

aeroporto ~ antidoto ~ asociale ~ bioritmo ~ emoteca ~ fisioterapia ~ bivalente ~ filantropo ~ omofobia ~ autodidatta

10 ●●○

Abbina le parole dell'elenco a. con quelle dell'elenco b. in modo da formare parole-frase.

a. vagone ~ conferenza ~ buono ~ scuola ~ fondo ~ fine ~ scalo ~ guerra ~ casa ~ treno
b. letto ~ guida ~ stampa ~ mese ~ lampo ~ merci ~ pasto ~ famiglia ~ campo ~ navetta

Livello 3 **11** ●●●

Utilizza ogni parola elencata per formare il maggior numero di vocaboli composti. Puoi aiutarti col dizionario.

pista ~ verde ~ figura ~ gioco ~ montaggio ~ gente ~ vita ~ accetto ~ vedere ~ feste

12 ●●●

Nei seguenti nomi composti evidenzia prefissoidi e suffissoidi. Se hai difficoltà, ricerca la parola sul dizionario e leggi quanto riportato sulla sua formazione; una volta individuato il prefisso/suffisso, puoi trovare altre parole in cui è utilizzato.

infradito ~ prevendita ~ disarmo ~ termostato ~neoassunto ~ antenato ~ psicosi ~ microchip ~ logopedista ~ dislessia ~ fotografia ~ topografia ~ trigonometria ~ onniscienza ~ panorama ~ otite ~ bronchite ~ eucaristia ~ eugenetica

LAVORA CON LE PAROLE

Livello 1 **13** ●○○

Da una stessa parola base possono derivare aggettivi di significato diverso. Completa le frasi seguenti sottolineando l'aggettivo appropriato tra i due proposti, quindi scrivi la parola primitiva da cui derivano.

a. In Riviera c'è un clima **ottimale** / **ottimista** > ottimo
b. Per Natale abbiamo in programma un soggiorno **montano** / **montuoso**. ....

c. La madre parla al figlio con voce **amorosa** / **amorevole**. ....

d. Livorno è un importante scalo **marittimo** / **marino**. ....

e. Non tollero gli uomini con atteggiamenti **maschilisti** / **maschili**. ....

f. Questo vino ha uno sgradevole sapore **terroso** / **terrestre**. ....

Livello 2 **14** ●●○

Indica la parola primitiva da cui derivano le attività e i mestieri elencati; quindi, stabilisci quali tra essi hanno oramai poco a che fare con il significato di base.

paroliere ~ ingegnere ~ cassiere ~ corriere ~ parrucchiere ~ carrozziere ~ droghiere ~ animatore

15 ●●○

Con l'aiuto del dizionario, stabilisci il significato che i seguenti prefissi e suffissi attribuiscono alle parole elencate per ciascuno di essi.

a. -ite: tonsillite, polmonite, tendinite, ...

b. sub-: subacqueo, subappalto, subalterno ....

c. -itudine: attitudine, beatitudine, solitudine, ...

d. -oso: maestoso, arioso, generoso ....

e. -ato: papato, artigianato, proletariato ....

f. -ficio: caseificio, calzaturificio, diplomificio ....

16 ●●○

Accanto a ogni nome sono indicati due aggettivi derivati. Con l'aiuto del dizionario, spiega il significato di ognuno e scrivi una frase in cui sia usato in modo opportuno.

a. artificio: artificiale, artificioso

b. senso: sensuale, sensato

c. corpo: corporeo, corposo

d. forma: formale, formoso

e. virtù: virtuoso, virtuale

f. sangue: sanguigno, sanguinario

Livello 3 **17** ●●●

Per ogni termine scrivi una parola derivata e una composta.

a. mano: ....; ....

b. canto: ....; ....

c. voce: ....; ....

d. cenere: ....; ....

e. vita: ....; ....

f. vento: ....; ....

g. gamba: ....; ....

h. fede: ....; ....

18 ●●●

Con l'aiuto del dizionario sostituisci ogni definizione seguente con una parola di significato equivalente formata mediante prefissi e/o suffissi, anche di origine greca e latina.

a. Che è privo di lealtà > sleale........

b. Che è contrario all'igiene ....

c. Che è senza lavoro ....

d. Appassionato di cinema ....

e. Che è indegno dell'essere umano ....

f. Alimento cucinato prima del consumo ....

19 ●●●

Con l'aiuto del dizionario scomponi le parole macedonia elencate nei loro diversi elementi.

informatica ~ telematica ~ internauta ~ saltimbocca ~ bancomat ~ fantapolitica ~ colf ~ Cobas

PRODUCI

Livello 1 **20** ●○○

Nelle espressioni elencate sostituisci gli elementi evidenziati con un aggettivo adatto, formato mediante prefissi e/o suffissi. Puoi aiutarti col dizionario (avvia la ricerca dai possibili sinonimi).

a. Un cibo gradevole al gusto ....
b. Una notizia che corrisponde a verità ....
c. Una storia commovente, che fa piangere ....
d. Un'attesa prolungata, che sembra non avere fine ....
e. Una confusione enorme, incredibile ....
f. Un viaggio ricco di avvenimenti insoliti ed emozionanti ....

Livello 2 **21** ●●○

Accanto a ogni coppia di termini scrivi la comune parola base; quindi, per ogni termine di ciascuna coppia scrivi una frase in cui sia usato in modo appropriato. Se hai difficoltà consulta il dizionario.

a. avvampare, divampare > vampa > avvampò per la vergogna / l'incendio divampò
b. fusoliera, affusolato ....
c. bordare, abbordare ....
d. temporeggiare, temporizzare ....
e. aggirare, raggirare ....
f. beccare, sbeccare ....

Livello 3 **22** ●●●

Per ogni parola primitiva indica due derivati ottenuti mediante prefissi o suffissi: il primo connotato in modo positivo, il secondo in modo negativo.

a. fortuna > fortunato / sfortunato
b. gloria .... ; ....
c. dolce .... ; ....
d. sole .... ; ....
e. natura .... ; ....
f. forza .... ; ....
g. latte .... ; ....
h. mano .... ; ....

23 ●●●

Nelle parole elencate sono evidenziati alcuni prefissoidi e suffissoidi. Con l'aiuto del dizionario stabilisci il loro significato, quindi indica un'altra parola che lo contenga e scrivi una frase in cui sia usata in modo appropriato.

a. anteguerra > anteriorità, precedenza nel tempo o nello spazio > L'anteprima del film ha riscosso molto successo.
b. autoscatto ....
c. pedofilo ....
d. tendopoli ....
e. cyberbullismo ....
f. televisione ....
g. astrofisico ....
h. femminicidio ....
i. ecologia ....
j. etnocentrico ....
k. emicrania ....
l. polisportiva ....
m. superteste ....

8 Parole vecchie, parole nuove

Che cos'è *VeryBello*? È forse un nuovo tipo di parola composta? In un certo senso sì. Mette insieme infatti, piuttosto arditamente, un notissimo termine inglese equivalente a "molto, assai" e un aggettivo italiano. È quindi una sorta di **neologismo**, cioè di parola nuova (dal gr. *néos*, "nuovo" e *lógos*, "*parola*"), che ovviamente non compare nel dizionario poiché si tratta solo di una trovata pubblicitaria del nostro Ministero dei Beni Culturali in occasione dell'Esposizione Universale 2015. Questo esempio di "invenzione" linguistica ci serve per capire quanto il lessico sia onnicomprensivo e in continuo "movimento". Il lessico è cioè un **sistema elastico e aperto** in cui convivono:

- parole formate da **radici antiche** o recuperate dal passato;
- parole **totalmente nuove**;
- parole "**prestate**", anche stabilmente, da altre lingue.

HAI CAPITO? Considerato l'uso di termini inglesi per significare "eventi culturali" ed "esposizione", a chi è rivolto l'invito?

8.1 I "lasciti" antichi

Arriva finalmente in Italia la serie TV horror targata Ryan Murphy.

Molte serie TV arrivano dagli USA. È dunque inglese il titolo di quella pubblicizzata dall'immagine? Per la precisione contiene anche una parola **latina**, ***horror*** ("brivido, orrore"), che è di uso universale.

Come abbiamo visto, nella nostra lingua abbondano le radici antiche che si combinano variamente per dare origine a parole nuove. Per ottenerle si attinge al serbatoio dei **prefissoidi** e dei **suffissoidi**: vengono da lontano, ma rivivono persino in parole che indicano realtà decisamente "giovani" come ***discoteca***, ***videoteca***, ***ludoteca***, ***paninoteca***...

Accanto a queste parole "manipolate", non mancano, nel linguaggio abituale, termini **latini** giunti fino a noi con **identica forma.** La tabella ne elenca alcuni il cui significato coincide con quello originale (tra virgolette) o è comunque molto simile.

habitat "abita"; condizioni ambientali in cui vive un animale o una pianta *L'**habitat** naturale dei rododendri è il sottobosco di media e alta quota.*	**deficit** "viene a mancare"; difetto, eccedenza del passivo sull'attivo *Il **deficit** del nostro bilancio pubblico condiziona molte scelte politiche.*
ego "io": parte razionale della mente (in psicologia), ma anche ciò che rende una persona fin troppo consapevole del proprio valore *Quel conduttore Tv è bravissimo, ma ha un **ego** smisurato.*	**raptus** "il portare via, rapimento"; impulso improvviso e violento che porta a rivolgersi contro di sé o contro altri *Preso da un improvviso **raptus** si scagliò contro l'amico, cercando di colpirlo.*
ictus "attacco"; improvvisa e grave alterazione di un organo *Se trascura la sua salute e non segue le prescrizioni mediche rischia di avere un **ictus**.*	**placebo** "piacerò"; preparato medicinale senza sostanze attive usato nelle sperimentazioni *È guarito perfettamente credendo di assumere una medicina, invece era solo un **placebo**.*
solarium "luogo esposto al sole"; terrazzo per elioterapia, lettino solare *È così abbronzata! Per forza! È sempre sul **solarium**!*	**magnitudo** "grandezza, ampiezza"; misura dell'intensità dei terremoti *Il Giappone è spesso colpito da terremoti di intensa **magnitudo**.*

HAI CAPITO?

Oltre alle parole, il latino ci ha lasciato numerosi modi di dire come *dulcis in fundo* (1), *do ut des* (2), *tabula rasa* (3). Inseriscili nelle frasi seguenti e poi spiega il loro significato, consultando, se serve, il dizionario:

a. Non gli restituirò il piacere, non ci sto al ....
b. Che giornata: scuola, corso di teatro, aiuto in casa, studio e, ..., allenamento!
c. Dimenticate ciò che avete imparato, fate ....

8.2 Neologismi, gerghi, forestierismi

Apericena. Con Solaria e Ilaria ci siamo date apuntello per l'apericena al bar dello Straf, l'hotel di design in via San Raffaele. Sediamo su un divano di pelle trapuntata e come sempre l'atmosfera è vibrante, sarà il via vai di businessman fighetti che se la viaggiano una cifra e quando s'incrociano si danno il cinque ed esclamano "Bella zio" di default.

(G. Culicchia, *Venere in metrò*)

Ma come parla la protagonista di queste righe? A Milano, come dovunque, il linguaggio parlato rispecchia il mutare di abitudini e atteggiamenti culturali. In situazioni informali, alcuni gruppi omogenei mettono a punto una sorta di codice che mescola parole "**regolari**", parole di loro **invenzione**, molti **termini stranieri** e altri **gergali**, cioè usati solo in un determinato ambiente sociale, più o meno esteso. Alcune di queste parole entrano a pieno titolo nel nostro lessico ufficiale, altre sono sono "di passaggio" poiché rispecchiano mode transitorie.

- **I "neologismi" e "parole macedonia"**

La citazione che abbiamo riportato è l'inizio di un capitolo intitolato ***Apericena***, "**parola macedonia**" (► p. 61) nata tra il "popolo" che ama il rito moderno dell'aperitivo serale servito con assaggi appetitosi. I **neologismi** sorgono in ogni ambiente – giornalistico, politico, giovanile ecc. – per nominare oggetti e situazioni che un tempo non esistevano, o per il gusto di assegnare nomi più "freschi" alle cose di sempre. Hanno origine da parole italiane (con o senza prefissoidi o suffissoidi), come *apericena*, *ambientalizzazione*, *colazionare*, *docciarsi*, *ecomafia*, *pentastellato*, o dalla italianizzazione di parole straniere, come *googlare*, *chattare*, *whatsappare*, *postare*, *smartphonizzati*.

- **I gerghi**

Nella nostra citazione di Culicchia colpisce l'espressione *Bella zio* che, da forma di saluto milanese per lo più popolare, è entrata in ambienti più eleganti e contraddistingue, a pieno titolo, il loro **gergo**, accanto a espressioni come "darsi puntello" (= darsi appuntamento) e "se la viaggiano una cifra" (= darsi un sacco di arie). Il **gergo** serve a marcare l'appartenenza degli individui che lo parlano a un determinato gruppo e a rendere esclusivo il loro linguaggio; si forma in ogni ambiente, ma il più ricco e creativo appartiene all'area giovanile da cui attingiamo solo alcuni esempi:

- *Ci crederesti? Con Matteo siamo di nuovo **ami*** → *ami*: amici stretti
- *Piantala o ti **allampo*** → *allampare*: pestare, picchiare
- *Non lo sopporto: quel tipo mi **si è accollato*** → *accollarsi*: essere appiccicosi
- *Ma che ti prende, **cricchi**?* → *criccare*: sragionare
- *Sì, la maggior parte dei miei compagni di classe è **guardabile*** → *guardabile*: carino

- **I forestierismi**

■ Quartetto

■ Band

Le due immagini rispecchiano mondi diversi: si tratta sempre di esecuzione musicale, ma cambiano il "genere" e la denominazione del gruppo che, nella seconda, è inglese. La parole "viaggiano", passando da una lingua all'altra. L'Italia ha ceduto al mondo termini come *ciao*, *bravo* (esclamazione in forma fissa), *espresso*, *cappuccino*, *grazie mille*, *cornetto* e, a sua volta, ha accolto stabilmente parole straniere come *bar*, *film*, *toilette*, *menu*, *griffe*, *golpe*, *siesta*, *movida*, *kimono*, *bazar*, *zecca* e moltissime altre che ormai sono diventate "nostre".

HAI CAPITO?

1. Stabilisci la provenienza dei nomi stranieri appena citati, consultando eventualmente il dizionario.
2. Rintraccia poi, e spiega, i tre termini inglesi presenti nella citazione di Culicchia.

• Gli anglismi

Tramontato l'influsso dello spagnolo e del francese, ora i **forestierismi** sono quasi tutti **prestiti** anglo-americani, accolti in quantità crescente e con un certo compiacimento. Alcuni **anglismi** sono necessari, specie in ambiti specialistici, quando si riferiscono a realtà scientifico-tecnologiche oggetto di scambio e ricerca internazionale; altri sono utili se, non essendoci un equivalente italiano, esprimono meglio e più sinteticamente ciò che ci arriva da "fuori". Altri ancora, invece, sembrano compensare la nostra presunta marginalità, come se il loro uso – e abuso – ci autorizzasse a sentirci davvero "cittadini del mondo". Ecco una brevissima rassegna tratta, a titolo esemplificativo, dal grande serbatoio di questi termini.

moda

style (stile), *fashion* (moda, eleganza), *look* (immagine), *appeal* (capacità di attrazione), *trendy* (alla moda), *casual* (disinvolto), *baggys* (pantaloni sovradimensionati portati sotto la cintura)

spettacolo

nomination (candidatura), *award* (premio), *audience* (totale di spettatori di un certo programma Tv), *flop* (fiasco), *location* (luogo dove si "gira"), *trailer* (video che presenta un film)

forma fisica

fitness (forma fisica), *trainer* (allenatore), *step* (attrezzo per ginnastica aerobica), *stretching* (stiramento muscolare)

lavoro

startup (impresa in fase di avvio), *workshop* (seminario di lavoro), *budget* (bilancio preventivo, stanziamento), *brand* (marchio), *mobbing* (persecuzione esercitata sul luogo di lavoro)

HAI CAPITO? A coppie, scrivete brevi testi che raggruppino il maggior numero possibile di **prestiti** di cui indicherete oralmente l'equivalente italiano.

ADESSO TOCCA A TE

► Capitolo 8

INDIVIDUA E PRODUCI

Livello 1 **1** ●○○

A COPPIE Con l'aiuto del dizionario individuate la lingua da cui provengono le parole elencate.

a. apartheid ....
b. bunker ....
c. algebra ....
d. embargo ....
e. jihad ....
f. refrain ....
g. cocktail ....
h. garage ....
i. depliant ....
j. tabloid ....
k. bailamme ....
l. tariffa ....
m. robot ....
n. hinterland ....
o. zafferano ....
p. goleada ....

2 ●○○

A COPPIE **Arricchite ogni gruppo di francesismi con il maggior numero di parole che conoscete.**

MODA: prêt-à- porter, tailleur, pois, défilé ....

....

CUCINA: chef, maître, brioche, buffet ....

....

Livello 2

3 ●●○

Con l'aiuto del dizionario, individua il significato delle parole/espressioni latine elencate, ancora oggi usate nella nostra lingua; quindi, scegline quattro e scrivi per ognuna una frase in cui sia usata in modo adeguato.

alibi ~ rebus ~ junior ~ seniores ~ gratis ~ virus ~ ultimatum ~ iter ~ quorum ~ aula magna ~ auditorium ~ referendum ~ pro memoria ~ qui pro quo ~ par condicio

4 ●●○

Riformula oralmente le frasi seguenti sostituendo le parole straniere con espressioni o termini italiani di analogo significato.

a. Finita l'austerity, l'economia torna a segnare un trend positivo.
b. Boxe: match decisivo per il titolo europeo dei medio-massimi.
c. Battuto il record mondiale dei 200 stile libero.
d. Trovo il nuovo show del sabato sera decisamente trash.
e. Benché abbia due bambini, Maria lavora full time.

5 ●●○

Nelle tre frasi seguenti sono presenti dei falsi anglismi, cioè parole che in inglese hanno un significato diverso da quello attribuito loro in italiano. Dopo averle individuate, indica oralmente il loro vero significato.

a. Scusi, dove si paga il ticket per l'ecografia?
b. Vorrei provare quegli slip e quel body nero esposti in vetrina.
c. Per mantenermi in forma, faccio footing ogni mattina.

6 ●●○

Scrivi sei parole italiane, appartenenti all'ambito musicale, utilizzate a livello internazionale e sei prestiti stranieri usati in Italia, indicando la lingua da cui sono stati presi. Puoi aiutarti col dizionario (consulta la voce "musica").

Livello 3

7 ●●●

Nelle frasi seguenti sostituisci la parola/espressione evidenziata, appartenente al gergo giovanile, con un termine non gergale di analogo significato.

a. Dovevamo uscire insieme, invece Sofia mi ha dato buca.
b. Filippo non è bollito come sembra, infatti tampina Laura.
c. In cambio di un deca, ti faccio provare questo videogioco da urlo.
d. Mi dai una dritta per un viaggio a Barcellona?

8 ●●●

A COPPIE **I nomi elencati sono neologismi entrati di recente nella lingua italiana; dopo avere controllato il loro significato e la loro origine sul dizionario, scrivete per ciascuno una frase in cui sia usato in modo opportuno.**

nomofobia ~ ludopatia ~ cineturismo ~ rottamatore ~ sbigliettamento

9 ●●●

Sul dizionario ricerca il significato e l'origine dei neologismi *spamming* e *quark*. Secondo te, perché gli autori di un fortunato programma televisivo di divulgazione scientifica hanno scelto proprio il nome *quark*?

FACCIAMO IL PUNTO

definire + riassumere + classificare + memorizzare

LOSAI? RIPASSA CON LO SMARTPHONE

Il **significato** corrisponde a una serie di **informazioni**. Grazie a esse, ogni volta che udiamo o leggiamo una parola nota, possiamo **capire a che cosa si riferisce**; e ogni volta che vediamo o pensiamo qualcosa che corrisponde a determinate informazioni, possiamo **nominarla**. Molte parole possono cambiare forma e **struttura**. Lo fanno secondo meccanismi di **trasformazione** che danno vita a parole diverse utilizzando la **radice** di quelle esistenti e gli **affissi** portatori di nuovi significati. Nel **lessico** – sistema aperto e dinamico – trovano posto, in un vitale impasto linguistico, **parole antiche**, **neologismi**, **parole gergali** e **prestiti**.

Le parole

- Sono portatrici di **significato** → *Il loro significante corrisponde a* → **più significati** individuabili grazie al contesto: *Mi piace andare a* ***cavallo*** */ I tuoi calzoni hanno un* ***cavallo*** *basso / Finalmente tutto si è risolto: siamo a* ***cavallo****.* → *possono essere*
  - **DENOTATIVI**: *Nell'abbigliamento il* ***nero*** *non mi dona.*
  - **CONNOTATIVI / METAFORICI**: *Oggi Carlo è* ***nero*** *e nessuno gli si può avvicinare.*
- *si raggruppano in*
  - **CAMPI SEMANTICI**: ***sandalo***, ***zoccolo***, ***scarpa***, ***stivale***...
  - **CAMPI ASSOCIATIVI**: ***mare***, ***marina***, ***marinaio***, ***ammarare***, ***onde***, ***barche***, ***pescare***...
- *si legano in base a*
  - **SINONIMÌA / ANTINOMÌA**: *allegro* → ***gioioso*** / ***cupo***
  - **IPERONIMÌA**: *guardaroba* → ***cappotto***, ***giacca***, ***maglia***, ***calzoni***...
  - **OMONIMÌA**: *Attenzione alla* ***punta*** *del coltello / Nella caccia servono i cani da* ***punta****.*
- Formano un insieme aperto: il **lessico** → *comprende parole*
  - **PRIMITIVE**, uniscono radice e desinenza: *mar-**e***, *scriv-**ere***
  - **DERIVATE**, tramite **prefissi** e **suffissi** aggiunti alla **radice**: ***in**-felice*, ***s**-content-**ezza***; Alcuni suffissi sono **alterativi**: parola → *parol-**ina***, *parol-**etta*** [diminutivi], *parol-**ona*** / *parol-**accia*** [accrescitivo / dispregiativo]
  - **COMPOSTE**, tramite l'unione di due o più parole: ***cassa-panca***, ***capo-stazione***; composte anche da prefissoidi o suffissoidi antichi: ***logo-pedia*** (= cura dei disturbi del linguaggio)
  - **ANTICHE**, cioè tramandate integralmente dal passato: ***alibi***, ***iter***, ***idem***
  - **NUOVE** (**NEOLOGISMI**), cioè che si creano a seconda delle necessità espressive: ***svapare*** (= fumare la sigaretta elettronica), ***attenzionare*** (= sollecitare l'attenzione)
  - **"PRESTATE"**, cioè assunte da altre lingue: ***benefit*** (= vantaggio), ***boss*** (= capo), ***cash*** (= contante), ***tsunami*** (= maremoto)

CONOSCENZE

1 **Indica se le seguenti affermazioni sono vere [V] o false [F].**

a. Si definisce denotativo il significato principale di una parola. V F
b. La metafora è il cambiamento di significato di una parola. V F
c. Il campo semantico è un insieme di parole vicine per significato e dello stesso tipo grammaticale. V F
d. I sinonimi sono sempre intercambiabili. V F
e. Una parola può avere antonimi diversi. V F
f. Gli iponimi hanno un significato più generico rispetto agli iperonimi. V F
g. L'omonimìa si riferisce al fatto che una stessa parola ha più significati. V F
h. La radice esprime il significato lessicale di una parola. V F
i. Prefissi e suffissi sono sempre di origine straniera. V F
j. I forestierismi sono parole prese in prestito da altre lingue. V F

ABILITÀ

2 **Quale titolo giornalistico non contiene una metafora?**

A Crisi: luce alla fine del tunnel.
B Tunnel sotto la Manica: maxi ingorgo di auto.
C Doccia fredda sui mercati azionari.
D Disgelo tra minoranza e opposizioni.

3 **Abbina ciascun gruppo di parole al campo semantico di appartenenza.**

a. fiocco, prua, scafo, vela ☐
b. piroetta, ritmo, passo, corpo ☐
c. verso, strofa, rima, metafora ☐
d. sogno, buio, incubo, riposo ☐

1. sonno **2.** poesia **3.** barca **4.** danza

4 **Leggi le seguenti frasi:**

Trovo questo romanzo di Pennac una lettura amena.
Lo zio ha lasciato a Luigi una cospicua eredità.

Quale sinonimo e quale contrario possono sostituire ciascuna parola evidenziata? Metti una crocetta per ogni riga e ogni colonna.

Aggettivo	Sinonimo	Contrario
Amena	☐ divertente ☐ rilassante ☐ superficiale	☐ difficile ☐ sgradevole ☐ noiosa
Cospicua	☐ considerevole ☐ importante ☐ ingente	☐ piccola ☐ banale ☐ inconsistente

5 **Accanto a ogni iperonimo scrivi tre iponimi.**

a. Piante aromatiche: ....; ....; ....
b. Legumi: ....; ....; ....
c. Verdure: ....; ....; ....

6 Accanto a ogni parola polisemica scrivi un altro suo significato oltre a quello dato.

a. arco: struttura architettonica; ....
b. registro: quaderno per annotazioni; ....
c. asta: bastone dritto, lungo e sottile; ....
d. collana: ornamento per il collo; ....

7 In ogni gruppo seguente sottolinea la parola che non ha la stessa radice delle altre.

a. lamentazione, lamiera, lamentoso.
b. fasciatoio, fasciatura, fascismo.
c. imballaggio, ballabile, ballerino.

8 Abbina i prefissi e i suffissi evidenziati nelle coppie di parole al loro significato.

a. disaccordo, disinformazione ☐
b. saldatore, professore ☐
c. passaggio, spionaggio ☐
d. ferraglia, teppaglia ☐

1. insiemi o strumenti 2. negazione 3. attività e mestieri 4. azioni

9 Quali parole italiane possono sostituire gli anglismi elencati?

a. meeting ....
b. plot ....
c. self control ....
d. remake ....
e. screening ....
f. make-up ....

COMPETENZE

10 Leggi con attenzione il brano, quindi svolgi le attività proposte.

Sui monti

Sui monti non nascono gli oleandri, non ci sono ibischi tropicali, né buganvillee con grappoli di fiori rossi, rosa, bianchi o viola, ma ci sono pernici e conigli, lepri e quaglie, anatre che volano e nuotano nei laghi. I ruscelli che scendono dalle cime con tante rapide, come se la neve li rincorresse, ospitano trote che ingrassano nelle loro acque dolci, fredde e a volte, nelle pozze in cui finiscono intrappolate, si installano tumultuose famiglie di granchi. Sulle rive crescono le lumache tra erbe officinali e dappertutto gli asparagi selvatici che maturano alla fine della primavera, come le more in estate, prima che l'autunno dissemini il terreno di funghi commestibili. L'inverno è peggio, ma d'inverno scendono a valle i cinghiali in fuga dal gelo, mentre i cervi si perdono, si allontanano dal gruppo e, per fortuna dei cacciatori, sono spacciati. Sui monti ci sono grotte in cui ripararsi dal freddo, macchie ombrose per sfuggire al caldo, arnie piene di miele nelle cavità degli alberi e acqua in abbondanza per bere, fare il bucato e il bagno. Ci sono molte cose in montagna, basta saperle trovare.

(A. Grandes, *Il ragazzo che leggeva Verne*, trad. di R. Bovaia, Guanda, Parma, 2012)

COMPRENDI

Livello 1 — 1. ●○○ Quali parole del brano rientrano nel campo semantico-associativo della montagna?

Livello 2 — 2. ●●○ Nel contesto del brano, la parola *famiglie* (di granchi) ha significato denotativo o connotativo?

Livello 3 — 3. ●●● Nel brano, quali verbi assumono significato connotativo?

ANALIZZA

Livello 1

4. ●○○ Indica due appropriati sinonimi di *commestibili* nell'ultima parte del brano.
5. ●○○ Quali antonimi sono presenti nell'ultima parte del brano?
6. ●○○ Indica le parole-base di *tropicali, ingrassano, tumultuose.*

Livello 2

7. ●●○ Quale termine meno informale può sostituire *spacciati* nell'ultima parte del brano?
8. ●●○ Qual è un iperonimo adeguato di *oleandri, ibischi, buganvillee?*
9. ●●○ Indica due iponimi di *piante officinali.*
10. ●●○ Nella parola *cacciatori*, quale significato ha il suffisso *-tore*?

Livello 3

11. ●●● Indica almeno tre significati della parola *albero.*
12. ●●● Che tipo di relazione c'è tra la parola "(il) bucato" nell'ultima parte del brano e "bucato" (part. di *bucare*)?
13. ●●● Qual è la parola-base di *selvatici*? Indica un altro suo derivato.
14. ●●● Nella parola *intrappolate*, quale significato ha il prefisso *-in*?

PRODUCI

Livello 1

15. ●○○ Scrivi tre frasi in cui le parole *miele, bagno, neve* abbiano significato metaforico.

Livello 2

16. ●●○ Scrivi una breve descrizione (max 10 righe) di un paesaggio montano che conosci. Nella stesura usa almeno due parole derivate mediante suffissi/prefissi e quattro parole legate tra loro da diversi rapporti di significato (sinonimi, antonimi, iperonimi/iponimi). Rileggi il testo e verifica se hai utilizzato prestiti lessicali da altre lingue.

Livello 3

17. ●●● Scrivi un breve testo (max 12 righe) in cui descrivi uno spettacolo della natura che ti ha colpito. Nella stesura usa almeno tre parole con significato connotativo, due parole derivate mediante suffissi/prefissi e quattro legate tra loro da diversi rapporti di significato (sinonimi, antonimi, iperonimi/iponimi). Rileggi il testo e verifica se hai utilizzato prestiti lessicali da altre lingue.

CHE LINGUA PARLIAMO?

COMPRENDI E PRODUCI

Livello 1 **11** ●○○

A COPPIE Chiarite il significato dei seguenti modi dire, tutti riferiti al mondo della cucina, quindi scrivete per ognuno una frase in cui sia usato in modo opportuno. Potete aiutarvi col dizionario (avviate la ricerca dai nomi, non dai verbi).

dire pane al pane e vino al vino ~ avere le mani in pasta ~ rompere le uova nel paniere ~ gettare olio sul fuoco ~ essere zucchero e miele ~ essere tutto pepe ~ essere un salame

Livello 2 **12** ●●○

A COPPIE Provate a spiegare il significato dei seguenti modi di dire, quindi per ognuno scrivete una frase in cui sia usato in modo opportuno. Potete aiutarvi col dizionario (avviate la ricerca dai nomi, non dai verbi).

camminare sul filo del rasoio ~ promettere mari e monti ~ avere l'acqua alla gola ~ metterci una pietra sopra ~ fare il doppio gioco ~ rompere il ghiaccio ~ giocarsi la camicia

13 ●●○

Per ogni parola elencata scrivi una frase in cui sia usata in modo figurato.

bocca ~ costole ~ gamba ~ ginocchio ~ mani ~ occhi ~ orecchie ~ testa ~ fegato

Livello 3 **14** ●●●

Con l'eventuale aiuto del dizionario, spiega il significato di ogni termine elencato e indica mediante quale meccanismo si è formato.

palmare ~ stagista ~ correntista ~ lampadato ~ griffato ~ sbarbino ~ presenzialista ~ salutista ~ sistemista ~ gufata ~ graffitaro

FACCIAMO IL PUNTO

ARRICCHIAMO IL LESSICO

Al villaggio vacanze

a. **Tempo d'estate... e se tu potessi trascorrere qualche giorno in un villaggio vacanze? Ecco i numerosi servizi che offre: *animazione, attrezzature sportive, ristoranti, bungalow*... Aggiungi tu altre parole, in modo da costruire un campo semantico-associativo il più ampio possibile, anche utilizzando prestiti lessicali da altre lingue.**

b. **Dal punto di vista della struttura, che parola è "villaggio vacanze"?**

c. **Finalmente sei arrivato/a! Prova a esprimere oralmente le sensazioni e le emozioni che suscita in te la vista del mare (se non hai ricordi personali, ispirati a film, video, YouTube...). Utilizza almeno dieci tra le parole seguenti, di cui tre derivate:**

calmo / mosso / spumeggiante / agitato / burrascoso ~ trasparente / torbido ~ onda / ondata / cavallone ~ marea / mareggiata ~ infrangersi / agitarsi / incupirsi ~ avanzare / lambire / toccare ~ serenità / gioia ~ inquietudine / eccitazione ~ impressione / stupore ~ immaginare / fantasticare / sognare ~ abbandono / avventura

d. **Serata musicale: una band suona una canzone di Luca Carboni.**

"Mare, mare mare, ma che voglia di arrivare lì / da te, da te, sto accelerando e adesso ormai ti prendo / mare, mare mare, sai che ognuno c'ha il suo mare dentro il cuore, / sì... e ogni tanto gli fa sentire l'onda...".

(L. Carboni, *Mare Mare*)

Individua e prova a spiegare le due metafore presenti nel testo. Ricordi altre canzoni in cui la parola "mare" abbia un significato connotativo? Confronta il tuo lavoro con quello dei compagni.

e. **Ultimo giorno: gita in barca e bagno al largo. Racconta la tua immaginaria esperienza in un breve testo scritto (max 12 righe). Utilizza iponimi (per esempio per la flora e la fauna marina), parole composte (per esempio per il colore del mare) e parole derivate, anche mediante suffissi e prefissi, per esempio:**

tuffarsi / guizzare / immergersi / esplorare / riemergere ~ bagnarsi / asciugarsi ~ nuotare / pinneggiare / galleggiare / annaspare ~ remare / vogare / veleggiare ~ scogliera / fondale

PERCORSO A
I SUONI E IL SENSO DELLE PAROLE

Sei pronto per la verifica?

METTITI ALLA PROVA

1 VERSO L'INVALSI **Completa le frasi che seguono con l'espressione corretta, scegliendola fra quelle sotto elencate, ognuna contrassegnata da un numero. Riporta sui puntini, nello spazio vuoto di ogni frase, il numero corrispondente all'espressione corretta.**
1. da'; 2. n'è; 3. fa'; 4. s'è; 5. se; 6. ne; 7. fa; 8. sé; 9. dà; 10. né; 11. sta'; 12. da; 13. sta

a. Non .... mai visto niente di simile.
b. Chi la ...., l'aspetti.
c. Giovanni non .... mai ascolto agli insegnanti.
d. Sopra il caminetto il quadro .... meglio.
e. Compra altro pane: non ce .... abbastanza.

PUNTI ..../10

2 **Nelle frasi seguenti inserisci le sei maiuscole mancanti.**
a. La costituzione della repubblica italiana entrò in vigore il 1° gennaio 1948.
b. La storia tramanda che giulio cesare fu ucciso nel 44 avanti cristo.
c. Nella mia stanza ho un poster con i girasoli del pittore olandese van gogh.

PUNTI ...../6

3 **Quale delle frasi seguenti ha la punteggiatura corretta? Motiva la tua risposta.**
[A] Mentre Rita cucina, il bambino piange.
[B] Mentre Rita cucina il bambino, piange.
[C] Mentre Rita, cucina il bambino piange.
....

PUNTI ...../2

4 **Per ogni parola scrivi due campi semantici-associativi di appartenenza.**
a. fumo ....; ....
b. chitarra ....; ....
c. castello ....; ....
d. crema ....; ....

PUNTI ...../8

5 **Individua la relazione esistente tra le coppie di parole elencate.**
1. Sinonimia; 2. Antinomia; 3. Inclusione; 4. Omonimia

a. inoffensivo / innocuo ☐
b. dolce / crostata ☐
c. valido / scaduto ☐
d. spia / delatore ☐
e. rètina / retìna ☐
f. accordo / intesa ☐
g. malato / sano ☐
h. scatola / contenitore ☐

PUNTI ...../8

6 **Per ogni parola elencata indica se è primitiva [P], derivata [D], alterata [A] o composta [C].**
a. bluastro [P] [D] [A] [C]
b. microfilm [P] [D] [A] [C]
c. prezzemolo [P] [D] [A] [C]
d. regionale [P] [D] [A] [C]
e. trapianto [P] [D] [A] [C]
f. panificazione [P] [D] [A] [C]
g. giovincello [P] [D] [A] [C]
h. malvestito [P] [D] [A] [C]

PUNTI ...../8

7 **Accanto a ogni nome, scrivine altri due formati con lo stesso prefissoide/suffissoide.**
a. Megaprogetto: ....; ....
b. Mineralogia: ....; ....
c. Bioenergia: ....; ....

PUNTI ...../6

ZTE ONLINE
Mettiti alla prova con gli esercizi interattivi

Se il tuo punteggio è inferiore a 28/48, puoi svolgere gli esercizi interattivi di recupero e di consolidamento.

TOTALE PUNTI ...../48
Le soluzioni sono a p. 625

METTITI ALLA PROVA SUL TESTO

Leggi il seguente testo, quindi rispondi alle domande.

Migrante

I migranti fanno notizia quando muoiono. Migrante è il participio presente del verbo migrare. Ma un tempo non si diceva emigrante? Così l'Accademia della Crusca[1]: «**Migrante** sembra adattarsi meglio alla condizione maggiormente diffusa oggi di chi transita da un Paese all'altro alla ricerca di una stabilizzazione: nei molti transiti, questo è il rischio maggiore, si può perdere il legame con il paese d'origine senza acquisirne un altro altrettanto forte dal punto di vista identitario con il Paese d'arrivo». «Uomini migranti, corpi in movimento. Prendi l'onda del cambiamento» canta Jovanotti.

(A. Grasso, *La parola della settimana*, www.iodonna.it, 11 giugno 2016)

1. **Accademia della Crusca**: istituto nazionale per la salvaguardia e lo studio della lingua italiana. Costituita a Firenze nel 1585, raccoglie studiosi ed esperti della nostra lingua.

1 Le parole *maggiore* e *meglio* contengono, rispettivamente, un digramma e un trigramma. V F

PUNTI ....../1

2 Tra le parole elencate, quale non contiene un dittongo?

- A paese
- B uomini
- C condizione
- D cambiamento

PUNTI ....../1

3 Dividi in sillabe le parole elencate.

d. emigrante ....
e. identitario ....
f. maggiormente ....
g. stabilizzazione ....

PUNTI ....../4

4 Nelle parole elencate segna il corretto accento tonico.

a. perdere
b. notizia
c. muoiono
d. transiti

PUNTI ....../4

5 Nell'articolo sono presenti due elisioni <u>non</u> obbligatorie. Trascrivile nell'ordine in cui compaiono.

....; ....

PUNTI ....../2

6 **Per quale motivo, nell'articolo, la parola *paese* è scritta per due volte con la maiuscola?**

A Perché è un nome proprio.
B Perché indica lo Stato, la Nazione.
C Perché è particolarmente significativa.

PUNTI ....../1

7 **Nel testo la parola *onda* ha significato**

A denotativo.
B connotativo.

PUNTI ....../1

8 **Nel testo, a quale campo semantico si riferiscono le parole *ricerca*, *condizione*, *transiti*, *stabilizzazione*, *rischio*, *legame*, *cambiamento*?**

....

PUNTI ....../1

9 **Quale sinonimo di *forte* si adatta meglio al contesto dell'articolo?**

A energico
B robusto
C intenso
D resistente

PUNTI ....../1

10 **Indica se le affermazioni seguenti sono vere [V] o false [F].**

a. Le parole *rischio* e *pericolo* sono sinonimi. V F
b. Il termine opposto a *uomini* è *femmine*. V F
c. *Paese* è iponimo di *Italia*. V F
d. La parola *corpo* è polisemica. V F

PUNTI ....../4

11 **Abbina a ogni parola elencata il meccanismo mediante il quale si è formata.**

a. identitario
b. ricerca
c. altrettanto
d. emigrante

1. prefisso + suffisso
2. prefisso
3. suffisso
4. composizione

.............; ....; ....; ....

PUNTI ....../4

ZTE ONLINE
Mettiti alla prova con gli esercizi interattivi

Se il tuo punteggio è inferiore a 14/24, puoi svolgere gli esercizi interattivi di recupero e di consolidamento.

TOTALE PUNTI ....../24
Le soluzioni sono a p. 625

METTITI ALLA PROVA SUL LESSICO

Controlla se conosci e/o sai usare le parole su cui hai già lavorato nelle attività lessicali.

1 **Completa le seguenti definizioni con l'espressione corretta, scelta tra quelle evidenziate.**

a. Una persona con uno spirito "bellicoso" è **un militare** / **un individuo battagliero** / **un tipo sicuro di sé**.

b. Chi ha un appetito "robusto" **ha una fame inesauribile** / **preferisce cibi pesanti** / **mangia molto**.

c. Un individuo "loquace" è **un chiacchierone** / **uno che parla a sproposito** / **uno di poche parole**.

d. Una proposta "sensata" è **prudente** / **ragionevole** / **geniale**.

PUNTI ....../4

2 **Con quale aggettivo indicheresti una persona con un carattere remissivo?**

[A] Debole. [B] Docile. [C] Pacifico. [D] Tollerante.

PUNTI ....../1

3 **Accanto a ogni aggettivo indica due nomi cui può riferirsi, anche con significati diversi.**

a. sofisticato ....; ....
b. massiccio ....; ....
c. clemente ....; ....
d. fiorente ....; ....
e. vivace ....; ....

PUNTI ..../10

4 **Nelle frasi seguenti sostituisci la parola evidenziata con un'espressione che ne spieghi il significato.**

a. Molte eroine dei romanzi hanno una vita travagliata. ....
b. L'intervento del relatore è stato prolisso. ....
c. Giovanni è un ecologo. ....
d. Mogol è stato un famoso paroliere. ....
e. Sono sempre stato un cinefilo. ....

PUNTI ....../5

5 **Considera le frasi seguenti:**

a) Il signor Rossi è un tipo cordiale. **b)** Il signor Bianchi è una persona affabile.

Indica se la seguente affermazione è vera [V] o falsa [F] e motiva la tua risposta.

Il signor Rossi e il signor Bianchi hanno la stessa qualità: entrambi sono socievoli e hanno modi gentili e garbati. [V] [F]

....

PUNTI ....../2

6 **Completa le seguenti voci del dizionario inserendo negli appositi spazi parole che definiscono ed esempi opportuni. Dove è presente un'alternativa, cancella la parola non adeguata.**

a. **candido agg. 1** che ha un colore bianco puro e luminoso: *neve candida*, ... SIN immacolato **2** (*fig*) sincero, **innocente** / **ingenuo**: *cuore candido, anima candida, coscienza candida*; *candide parole* | che ha un animo puro, semplice, **innocente** / **ingenuo**: *ragazzo, uomo candido*.

b. **calmo agg. 1** che si trova in uno stato di calma: ....; SIN pacifico CONTR .... **2** (per estensione) quieto, tranquillo, come condizione abituale o momentanea: **abitudine** / **temperamento**.

PUNTI ....../6

ZTE ONLINE
Mettiti alla prova con gli esercizi interattivi

Se il tuo punteggio è inferiore a 17/28, puoi svolgere gli esercizi interattivi di recupero e di consolidamento.

TOTALE PUNTI ....../28

Le soluzioni sono a p. 625

PERCORSO B
PAROLE E FORME: LE PARTI DEL DISCORSO

La morfologia e le parti del discorso

In questo percorso ci occuperemo di **morfologia** (dal gr. *morphé*, "forma", e *logos*, "discorso"), lo studio delle parole attraverso l'analisi delle **forme**, **funzioni** e **significato** che esse assumono nel discorso. Da questo punto di vista le parole vengono, tradizionalmente, considerate "parti del discorso" e quindi suddivise in due grandi gruppi:

- **le parti variabili**: comprendono le parole che si possono scomporre in un **morfema lessicale** o **radice** (***mar***-*e* / ***nuot***-*are*) e in un **morfema morfologico** o **desinenza** (*mar*-***e*** / *nuot*-***are***; ▸ p. 58). Di questo gruppo fanno parte: **nome**, **articolo**, **aggettivo**, **pronome**, **verbo**;
- **le parti invariabili**: comprendono le parole che sono prive di desinenza e perciò non cambiano la loro forma. Appartengono a questo secondo gruppo: **avverbio**, **preposizione**, **congiunzione**, **interiezione**.

UNITÀ

1 Il verbo

IN QUESTA UNITÀ

- A che cosa **serve** il verbo? Quanto è **importante**?
- Come **si riconoscono** i verbi e le **informazioni** che ci sanno dare circa il loro **significato**, la **persona**, il **numero**, il **modo**, il **tempo** e l'**aspetto** dell'azione cui si riferiscono?
- In che modo i verbi, con i loro tempi grammaticali, riescono a farci capire il **rapporto temporale** tra gli eventi?
- Che **significato** hanno e quando si **usano** i vari **modi** e i loro **tempi**?
- Come si usano le forme verbali in modo **consapevole** e **appropriato** alle situazioni?
- **ARRICCHIAMO IL LESSICO** Ci concentreremo soprattutto sulla comprensione e sull'uso dei **verbi** ed esploreremo, in particolare, il lessico collegato al **centro commerciale**

PARTIAMO DAL TESTO

Leggi il brano seguente e rispondi alle domande.

Caro diario,
in classe oggi Matteo ci **ha spiegato** cos'**è** il calcio per un italiano. Non **è** come **pensavo**! Non **si tratta** di un semplice gioco in cui venti fusti **inseguono** una palla e due **cercano** di **fermarla**, mentre il pubblico **alterna** canzoncine allegre a espressioni molto colorite. Per un buon italiano, il calcio **è** religione, il vero collante della nazione. [...]

.... sicura che un giorno, grazie alla fede calcistica, ... l'amore della mia vita. Già mi .... il mio futuro compagno che mi .... fisso negli occhi e mi .... qual .... la mia squadra del cuore. Io .... il mio abito dai colori nero e azzurro e lui .... : " .... interista"! Due partite dopo .... fidanzati.

(adattamento da W. Laila, *Come diventare italiani in 24 ore*)

1. Una ragazza indiana esprime le sue considerazioni sul calcio italiano, ma a un certo punto il discorso si fa incomprensibile, perché mancano i **verbi**, **nucleo vitale** del messaggio. Inserisci i verbi mancanti qui elencati in ordine sparso:

saremo ~ Sono ~ chiede ~ vedo ~ troverò ~ guarda ~ balbetterà ~ Sei ~ indicherò ~ è

2. Completo di verbi, come ridiventa il discorso?
3. Tra le parole, il verbo è quella più ricca di **informazioni**. Può informare, prima di tutto, circa un'**azione** che il soggetto compie. Matteo, per esempio, è il **soggetto** che ha svolto l'azione di "spiegare". Quali azioni compiono, rispettivamente, i soggetti *fusti* e *pubblico*, e i pronomi personali *io* e *lui*?
4. Tra le informazioni di un verbo c'è anche il **tempo** in cui un'azione avviene (o si verifica un modo d'essere ecc.). Distingui, tra le azioni già individuate insieme al loro soggetto, quelle relative al **passato**, al **presente** e al **futuro**.
5. Tutti i verbi sono al **modo indicativo** la cui scelta dipende anche dal punto di vista di chi parla. Ti sembra che la narratrice esprima le sue idee sul calcio italiano in modo sicuro e positivo o con perplessità e incertezza?

1 Le caratteristiche del verbo

Il significato e la funzione del verbo

Il verbo è l'elemento **centrale** attorno al quale si viene a comporre l'intero significato di ogni **frase**. La sua funzione è quella di **dare informazioni** su qualcuno o qualcosa.

In primo luogo, informa dei fatti o delle esperienze cui si riferisce, precisando se si tratta di:

- **azioni, movimenti** (*Venti fusti* ***inseguono*** *una palla*), anche non intenzionali (*Il vento* ***spinge*** *le nuvole*);
- **avvenimenti**, **fenomeni**, cioè fatti che avvengono indipendentemente dalla volontà (*Oggi mi* ***è venuto*** *mal di gola / Nel muro* ***si è formata*** *una crepa*);
- **situazioni**, **modi d'essere** (*Due partite dopo* ***saremo*** *fidanzati. Non ne* ***sono*** *sicura*).

La centralità del verbo

Quando, per formulare una frase, servono altri elementi, questi **si organizzano intorno al verbo** e hanno ruoli distinti proprio a seconda di come vi si relazionano.

Osserva la rappresentazione grafica della frase seguente:

La nostra squadra ***vince*** *le partite quasi sempre ai rigori.*

A partire dal verbo "vince" ci chiediamo:

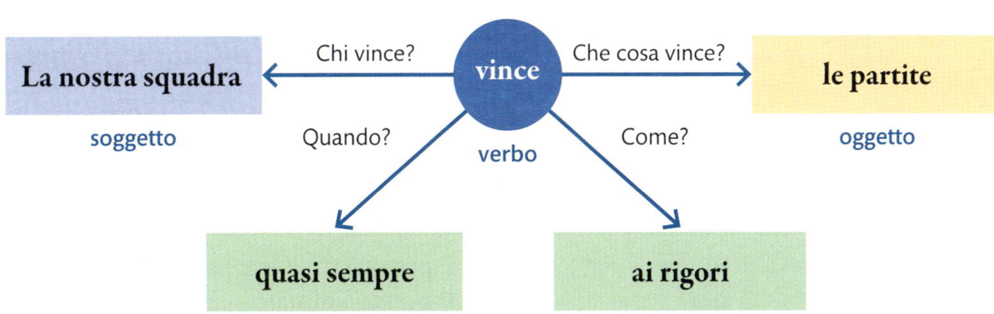

Come puoi notare la **centralità** del verbo spicca anche perché tutti gli altri elementi rispondono alle domande che esso suscita. Le **informazioni** che il verbo può dare, grazie al suo significato, si riferiscono in **primo luogo al soggetto**. In questo caso, del soggetto *squadra* ci dice che *vince*, è cioè protagonista di un'azione vincente sulle altre squadre. Però il verbo ci permette (o talora **esige**, come vedremo più avanti) che si precisi anche "cosa" la squadra *vince* e in quali circostanze. Lo fa **richiamando** una serie di elementi che **completano**, appunto, il messaggio (i complementi) e/o lo **arricchiscono**.

- **La struttura** Il **significato** di base, **lessicale**, del verbo è espresso dalla **radice invariabile**, mentre la **desinenza** costituisce la parte **variabile** che si incarica di **informare** sugli altri molteplici aspetti del significato: **persona, numero, modo, tempo.**

Informa circa l'azione espressa dal verbo: "affrontare vittoriosamente" ← significato — **vinc-** (radice) + **-e** (desinenza) — significato → Precisa:
- la persona che compie l'azione (3ª singolare)
- il modo (indicativo)
- il tempo (presente)

HAI CAPITO?

1. L'**autonomia espressiva** del verbo è tale che un breve testo può essere fatto solo di verbi (es. *Corri, suda, resisti!*). Costruiscine tu uno.

2. Nelle frasi seguenti, invece, il verbo è assente anche se in realtà è solo **sottinteso**. Prova a esplicitarlo (es. *Appuntamento al solito bar.* [Diamoci] *appuntamento*...).

a. Giornata terribile, oggi!
b. Pronta per il grande giorno?
c. Forza, tutti al lavoro!

2 La persona e il numero

▭ = verbo
▭ = soggetto

*Ti **prendo** e ti **porto** via*
***Tu** che **dormivi** piano*
Siamo** solo **noi
(titoli di canzoni di Vasco Rossi)

Nel primo titolo di canzone, la desinenza ***-o*** dei due verbi (*prendo*, *porto*) indica che il soggetto è ***io***, anche se è sottinteso, come accade nella maggior parte dei casi quando si tratta di **pronomi personali**.

Nel secondo titolo il soggetto è esplicito, si accorda con la desinenza ***-ivi*** che basterebbe da sola per comprendere la persona cui si riferisce. Ugualmente esplicito è anche terzo soggetto, ***noi***.

La desinenza del verbo **indica** dunque **la persona** che compie o subisce l'azione o che si trova in una determinata condizione. Le **persone** sono **tre**, ciascuna delle quali può essere **singolare** o **plurale**. Attraverso la **desinenza** si segnala dunque:

1. chi parla	**io** **noi**	1ª persona singolare 1ª persona plurale	***io** osserv-**o**; **prend-o** / **port-o*** ***noi** osserv-**iamo**; **Siamo** solo **noi***
2. chi ascolta	**tu** **voi**	2ª persona singolare 2ª persona plurale	***tu** osserv-**i**; **Tu** che **dorm-ivi** piano* ***voi** osserv-**ate***
3. qualsiasi soggetto presente o meno nella situazione comunicativa	**egli** (lui) / **ella** (lei) **essi** (loro) / **esse** (loro)	3ª persona singolare 3ª persona plurale	***egli** osserv-**a*** ***esse** osserv-**ano***

ADESSO TOCCA A TE

▶ Capitoli 1, 2

RICONOSCI

Livello 1

1 ●○○ **Sottolinea il verbo presente in ogni gruppo di parole.**

a. peggio, peggiorare, peggiorativo, peggioramento.
b. perdere, perdita, perdutamente, perdifiato.
c. rovina, rovinoso, rovinare, rovinosamente.
d. dolce, dolcemente, dolcezza, addolcire.
e. gioia, gioire, gioiosamente, gioioso.
f. amore, amoreggiare, amorevolmente, amoroso.

2 ●○○ **In ogni gruppo di verbi c'è un intruso: cancellalo con un tratto di penna.**

a. predare, altare, variare, piombare, pesare.
b. ascoltare, contare, auricolare, spiare, plasmare.
c. temere, dovere, volere, podere, cadere.
d. perire, sentire, venire, ferire, mire.
e. inciampare, luminare, incrociare, moderare, operare.

Livello 2

3 ●●○ **Sottolinea le 10 forme verbali presenti nel brano seguente.**

Paddy aveva deciso di comprarsi un'isola.
I soldi li aveva (qualche sterlina), progetti chiari, grande determinazione. Era un ragazzo sveglio, molto sveglio: sempre il primo della classe. In questo caso la scuola finisce per diventare noiosissima. Ma non si sarebbe mai sognato di fare un acquisto così impegnativo come un'isola se la vita in famiglia non gli fosse diventata insopportabile: se i suoi genitori non fossero stati così sgarbati, le zie così prepotenti e gli amici – la maggior parte, almeno – così poco simpatici.

(U. Moray Williams, *Un'isola tutta per me*, trad. di B. Draghi, Salani, Firenze, 1991)

Livello 3

4 ●●● **Indica che cosa esprime la forma verbale presente in ogni frase seguente: un'azione compiuta o subita [A], una condizione o esistenza [C/E] oppure un modo d'essere, una qualità [M/Q].**

a. L'anno scorso Luca vinse la gara di nuoto. [A]
b. L'isola di Rodi si trova nel mar Egeo. [.....]
c. Una coppia di koala sarà ospitata dallo zoo cittadino. [.....]
d. Roberto Bolle è il ballerino italiano più famoso nel mondo. [.....]
e. La lezione di grammatica annoiava gli allievi. [.....]
f. "Storia di una ladra di libri" è un film commovente e straordinario. [.....]
g. Paolo diventerà alto come il padre. [.....]

5 ●●● **Tra le seguenti espressioni, indica con una crocetta quelle autosufficienti dal punto di vista del significato, cioè che non necessitano di altre parole per essere frasi di senso compiuto.**

- [A] Sta piovendo.
- [B] L'aereo sta decollando.
- [C] Lucia risponde.
- [D] Piace.
- [E] Grandina!
- [F] Mio padre cura.
- [G] Spegne.
- [H] Paola ha tradotto.

INDIVIDUA

Livello 1 **6** ●○○

In ogni forma verbale separa con una barra (/) radice e desinenza. Una strategia utile è coniugare il verbo alle prime tre persone del presente indicativo, quindi isolare la parte invariabile.

versammo: vers/ammo > verso, versi, versa > vers/ ....

inseguiva ~ commentano ~ formulò ~ deviò ~ lavorerai ~ calcolando ~ partito ~ riderà ~ cantarono ~ tacque ~ gridato ~ arrossisco ~ capiresti ~ legga ~ bollito ~ vedessi ~ arredammo ~ sterzò

7 ●○○

Indica persona e numero delle forme verbali elencate.

a. dormirò 1ª sing. ....
b. ballammo ....
c. ballerei ....
d. nuotavamo ....
e. perdonò ....
f. evitasse ....
g. affrontarono ....
h. desideri ....
i. vorrebbero ....
j. (che) andiate ....

Livello 2 **8** ●●○

Per ogni forma verbale indica infinito, radice, desinenza, persona e numero.

a. imparerete imparare, impar-, erete, 2ª plurale ....
b. avrei bevuto ....
c. ho deciso ....
d. visse ....
e. capisse ....
f. avrebbe finito ....
g. avevate sentito ....

Livello 3 **9** ●●●

Per ogni forma verbale indica infinito, radice, desinenza, persona, numero e genere.

a. sarebbe stato assolto ....
b. fu affrescata ....
c. verrete rimproverati ....
d. era tramontato ....
e. erano state abbandonate ....
f. sarebbero state premiate ....
g. fossimo ringraziate ....

COMPLETA E TRASFORMA

Livello 1 **10** ●○○

Nelle frasi seguenti inserisci le persone su cui informano le forme verbali.

a. .... speravamo che .... apprezzaste il regalo.
b. .... è stato visitato dal medico?
c. Mentre .... studiavo, ... giocavi.
d. L'autista del pullman si è arrabbiato perché .... cantavamo.
e. Pippo non è un cane di razza, ... è stato preso in un canile.
f. Gino e Franco sono molto amici, ... vanno anche in vacanza insieme.
g. .... amo molto la montagna, mentre .... volete andare sempre al mare.

11 ●○○

Volgi alla corrispondente persona plurale le seguenti forme verbali.

a. sorride > sorridono ....
b. rispondi ....
c. frena ....
d. ballo ....
e. pensi ....
f. trucchi ....
g. segui ....
h. chiude ....
i. strillo ....

Livello 2 **12** ●●○

Completa le frasi seguenti con un verbo che dia loro un senso compiuto.

a. Il gatto gioca .... con il gomitolo di lana.
b. Matteo .... per le battute di Maurizio Crozza.
c. .... le vendite di prodotti tecnologici.
d. L'anno scorso Sergio .... il Ferragosto a letto con il mal di gola.
e. Gli alluvionati .... dai volontari.
f. Mio fratello .... lo sport allo studio.
g. Lucia .... con attenzione le istruzioni.

13 ●●○

Volgi al plurale le frasi seguenti mantenendo la corrispondenza delle persone. Fai attenzione a modificare tutte le concordanze necessarie.

a. Lesse l'annuncio. Lessero l'annuncio. ....
b. Tu sei un presuntuoso.
c. Spesso, durante la lezione, lei si distrae.
d. Per la festa, porterò una torta salata.
e. Lui gioca a calcio da tre anni.
f. Penserà lui ad avvisarci in caso di imprevisti.

Livello 3 **14** ●●●

Nelle espressioni seguenti inserisci nella posizione opportuna un verbo, in modo da formare frasi di senso compiuto.

a. A giugno Silvano si diplomerà. ....
b. La fidanzata di mio fratello dieci volte al giorno. ....
c. Il prezzo della benzina. ....
d. La giuria uno scrittore esordiente. ....
e. Sara una persona sicura di sé. ....
f. Non lista della spesa! ....

15 ●●●

Volgi al plurale le frasi seguenti. Fai attenzione a modificare tutte le concordanze necessarie.

a. Pretendo che tu mi ascolti. Pretendiamo che voi ci ascoltiate. ....
b. Entrato nella pasticceria, il profumo della vaniglia lo riportò all'infanzia.
c. Speravo che tu saresti stato d'accordo con me.
d. Ero certo che avrebbe battuto l'avversario.
e. Vorrebbe che andassi anch'io in montagna con lui.
f. Ho avuto l'impressione che ridesse di me.

3 I modi e i tempi

Anima mia leggera,
va' a Livorno, ti **prego**.
E con la tua candela
timida, di nottetempo
fa' un giro...
Anima mia, **sii** brava
e **va'** in cerca di lei.
Tu **sai** cosa **darei**
se la **incontrassi** per strada.

(G. Caproni, *Preghiera*)

Teun Hocks, *To and fro*, 1986

La **desinenza** del verbo è in grado di esprimere – oltre alla persona – la varietà degli atteggiamenti e dei punti di vista circa il fatto di cui si parla. Si serve, per questo, di variazioni della forma chiamate **modi**. Il **modo verbale** esprime, quindi, la maniera in cui è considerata la realtà di cui si parla.

Attraverso i modi possiamo, come vedremo meglio in seguito, presentare un fatto come **certo** (... *ti prego. Tu sai*...), oppure, al contrario, come **incerto** o **desiderabile** (... *se la incontrassi*...); come **possibile ma condizionato** a qualche altro fattore (... *cosa darei se la incontrassi*); come un **ordine**, un **incitamento** (*va' a Livorno... / sii brava / fa' un giro... / va' in cerca di lei*) ecc.

I **modi** sono sette di cui quattro sono detti **finiti** perché definiscono sempre, con le loro desinenze, le persone cui si riferiscono: **indicativo, congiuntivo, condizionale** e **imperativo**.

Gli altri tre – **infinito, participio e gerundio** – sono detti, al contrario, **indefiniti** poiché le loro desinenze non forniscono chiarimenti sulla persona, a parte l'indicazione di **genere** e **numero** nel participio.

Sempre grazie alle modificazioni della sua forma, il verbo esprime anche **indicazioni temporali**, ovvero il tempo in cui accadono le azioni o le situazioni di cui si parla:

- il **presente** segnala che un fatto accade nello **stesso momento** in cui viene comunicato;
- il **passato** si riferisce invece a ciò che è accaduto **prima**;
- il **futuro** rimanda al **dopo**, anticipando ciò che deve ancora accadere.

Momento in cui si parla		
anteriorità **passato**	contemporaneità **presente**	posteriorità **futuro**

Queste tre categorie temporali si traducono in una grande varietà di **tempi verbali** che si dividono, nella loro forma grammaticale, in due gruppi: **semplici**, costituiti di un'unica

parola (*scriv-o, usc-irò*) e **composti**, costituiti da due parole: l'**ausiliare** *essere* o *avere* seguito dal **participio passato** del verbo (*ho scritto, sarei uscita*).
Il seguente schema sintetizza modi e tempi che troverai coniugati per esteso nelle tabelle delle pp. 126-128.

Modi finiti					
Indicativo	Tempi semplici	**Presente** *Io amo, io temo, io sento...* ***Sento** sempre freddo.*	**Imperfetto** *Io amavo, io temevo, io sentivo...* *Un tempo ti **piaceva** la musica punk.*	**Passato remoto** *Io amai, io temei (temetti), io sentii...* *Il vento **scoperchiò** il tetto.*	**Futuro semplice** *Io amerò, io temerò, io sentirò...* *Ci **vedremo** al solito bar.*
	Tempi composti	**Passato prossimo** *Io ho amato, io ho temuto, io ho sentito...* *Ieri **ho studiato** troppo.*	**Trapassato prossimo** *Io avevo amato, io avevo temuto, io avevo sentito...* *Era stanco perché **aveva lavorato** duramente.*	**Trapassato remoto** *Io ebbi amato, io ebbi temuto, io ebbi sentito...* *Si tuffò decisa dopo che **ebbe respirato** a fondo.*	**Futuro anteriore** *Io avrò amato, io avrò temuto, io avrò sentito...* *Decideremo dopo che **avremo sentito** le previsioni meteo.*
Congiuntivo	Tempi semplici	**Presente** *Che io ami, che io tema, che io senta...* *Ci auguriamo che **faccia** bel tempo.*		**Imperfetto** *Che io amassi, che io temessi, che io sentissi...* *Magari mi **ascoltasse**!*	
	Tempi composti	**Passato** *Che io abbia amato, che io abbia temuto, che io abbia sentito...* *Non so se **abbiano capito** bene.*		**Trapassato** *Che io avessi amato, che io avessi temuto, che io avessi sentito...* *Abbiamo temuto che si **fosse persa**.*	
Condizionale	Tempo semplice	**Presente** *Io amerei, io temerei, io sentirei...* *Se tu parlassi lentamente **capiremmo** meglio.*			
	Tempo composto	**Passato** *Io avrei amato, io avrei temuto, io avrei sentito...* *Mi **avresti prestato** il tuo tablet se te lo avessi chiesto?*			
Imperativo		**Presente** **Seconda persona singolare** *Ama, temi, senti...* ***Torna** subito a casa!*		**Seconda persona plurale** *Amate, temete, sentite...* ***Seguitemi**!*	

Modi indefiniti			
Infinito	Tempo semplice	Presente *Amare, temere, sentire...* *Mi piacerebbe* ***prevedere*** *il futuro.*	
	Tempo composto	Passato *Avere amato, avere temuto, avere sentito...* *Non ti senti gonfio dopo* ***aver mangiato*** *troppo?*	
Participio		Presente *Amante, temente, sentente* *Calzi scarpe* ***provenienti*** *dagli Stati Uniti?*	Passato *Amato, temuto, sentito...* *Questo è il grattacielo* ***progettato*** *da un architetto famoso.*
Gerundio	Tempo semplice	Presente *Amando, temendo, sentendo...* *Mi si avvicinò* ***sorridendo.***	
	Tempo composto	Passato *Avendo amato, avendo temuto, avendo sentito...* ***Avendo dormito*** *a lungo si sentiva rilassato.*	

HAI CAPITO?

Con l'aiuto della tabella riassuntiva, stabilisci modo e tempo di ogni verbo presente nel testo seguente:

Avrei voluto salutarti prima che tu partissi, ma mi sono completamente dimenticata. Spero che mi perdonerai. Quando sarai arrivato, comunque fatti vivo. Impegnandoci entrambi, ci si può scrivere.

ADESSO TOCCA A TE

▶ Capitolo 3

INDIVIDUA

Livello 1

1 ●○○ **Nelle frasi seguenti sono evidenziati con due diversi colori i verbi di modo finito e quelli di modo indefinito. A quale colore corrisponde ciascun gruppo?**

rosa: FINITO .... **azzurro:** INDEFINITO ....

a. Sulla spiaggia si sentiva spirare una leggera brezza.
b. Sbrigate le faccende di casa, mi stenderò sul divano per concedermi un po' di riposo guardando la tv.
c. Prima di spegnere la luce, controlla di avere puntato la sveglia.
d. Avvertito un fruscio tra le fronde, il cane si immobilizzò drizzando le orecchie.
e. Avendo studiato pianoforte, mia madre mi ha trasmesso l'amore per la musica.
f. Ad ascoltare Marco, passerebbe tutto il pomeriggio a giocare con la playstation.

2 ●○○ **Indica la collocazione temporale dell'azione o della situazione espressa dai verbi presenti nelle frasi seguenti: presente [1], passato [2], futuro [3].**

a. Gianni rifiuta sempre ogni responsabilità. [X] [2] [3]
b. Gino fu squalificato per comportamento scorretto. [1] [X] [3]
c. Pietro viene viziato da nonni e genitori, diventerà capriccioso. [1] [2] [X]

d. Sono felice di esservi stato d'aiuto. [1] [2] [3]
e. Forse nella partita di sabato vi batteremo. [1] [2] [3]
f. Ieri Sofia chiacchierava con un gruppo di ragazzi più grandi. [1] [2] [3]

3 ●○○

Indica se le forme verbali elencate sono semplici [S] o composte [C].

a. eravamo amati [S] [C]
b. dipingeva [S] [C]
c. avremo scelto [S] [C]
d. aggiungere [S] [C]
e. sarei partita [S] [C]
f. avere ballato [S] [C]
g. avessero capito [S] [C]
h. studiato [S] [C]

4 ●○○

Avvicendandovi uno per volta, indicate oralmente modo e tempo dei verbi elencati.

abbassarono ~ giocherellava ~ abbiate risolto ~ avremo superato ~ rispondesse ~ abbiamo deciso ~ hai sollevato ~ lasciate! ~ conoscerete ~ avessi ascoltato ~ ebbe terminato ~ avremmo immaginato ~ taci! ~ proseguirei ~ avevate imparato ~ riflettano

Livello 2

5 ●●○

Indica che cosa esprime la voce verbale evidenziata nelle seguenti coppie di frasi: un fatto sicuro [1], incerto o desiderabile [2], possibile ma condizionato da qualche altro fattore [3].

a. 1) Carla non ascolta sempre i miei consigli. [1] [2] [3]
2) Vorrei che Carla ascoltasse i miei consigli. [1] [2] [3]
b. 1) Se rileggessi la consegna, capiresti l'esercizio. [1] [2] [3]
2) Prima di svolgere un esercizio, rileggo la consegna. [1] [2] [3]
c. 1) Temo che Luca abbia sbagliato il compito. [1] [2] [3]
2) Purtroppo, Luca ha sbagliato il compito. [1] [2] [3]
d. 1) Stefano vincerà la gara di atletica. [1] [2] [3]
2) Se si allenasse, Stefano vincerebbe la gara di atletica. [1] [2] [3]

6 ●●○

Indica che cosa esprime la voce verbale evidenziata nelle seguenti coppie di frasi: un ordine, un incitamento [1] oppure un desiderio, un'azione augurabile [2].

a. 1) Se Luca leggesse di più... [1] [2]
2) "Leggi di più!", ripete sempre la madre a Luca. [1] [2]
b. 1) Desidero che rispettiate gli impegni. [1] [2]
2) "Rispettate gli impegni!" [1] [2]
c. 1) "Bambini, dormite!" [1] [2]
2) Mi auguro che i bambini dormano. [1] [2]
d. 1) "Spegnete l'aria condizionata, dà fastidio!" [1] [2]
2) Per favore, spegnereste l'aria condizionata?" [1] [2]

7 ●●○

Nelle frasi seguenti sottolinea le forme verbali di modo indefinito.

a. Quando suonò la sveglia, Lucia si girò dall'altra parte tirandosi la coperta sulla testa.
b. Affacciatami alla finestra, mi accorsi che di notte aveva piovuto.
c. Gli piaceva, passeggiando nel parco, aspirare l'aria fresca e limpida del mattino.
d. Dopo la corsa mi sono fermato a riprendere fiato appoggiato a un tronco d'albero.
e. Nei caldi pomeriggi estivi ho bisogno di sdraiarmi un po' sul divano.
f. Maria trascorre la pausa pranzo seduta su una panchina, mordicchiando un panino.

8 ●●○

In ogni gruppo sottolinea la forma verbale con un tempo composto.

a. avevo scommesso, mirano, vinceremo, udirono.
b. notasse, viaggiavano, piangeresti, avrà mentito.
c. arrossirebbero, leggete, avrei deciso, scrivesse.
d. sorrideva, studierò, risero, fu deluso.
e. tramontava, ebbero votato, camminammo, arrivereste.

9 ●●○

Avvicendandovi uno per volta, indicate oralmente modo e tempo dei verbi elencati.

fummo sorpresi ~ erano stati spinti ~ noi saremmo stati premiati ~ è stato calcolato ~ fosse stato considerato ~ fu deciso ~ sarà stato risolto ~ che tu sia compreso ~ voi sareste promossi ~ fossi ascoltato ~ erano presentati ~ sarà stato svolto ~ sono stati raccolti ~ sono letti

Livello 3 **10** ●●●

Con una crocetta indica in quale frase non è presente una voce verbale di modo indefinito.

A Dopo essere intervenuto alla Camera, il ministro rilasciò un comunicato alla stampa.
B Concluso il dibattito alla Camera, il ministrò preparò un comunicato da rilasciare alla stampa.
C Alla stampa il ministro ribadì quanto aveva comunicato alla Camera.
D Il ministro intervenne alla Camera, quindi si accinse ad affrontare la stampa.

11 ●●●

Nel testo seguente evidenzia i verbi con tre diversi colori a seconda della collocazione temporale dell'azione o della situazione che esprimono: presente (rosso), passato (verde), futuro (blu).

Secondo uno studio dell'Università di Salamanca, il tempo sta rallentando e a un certo punto, molto dopo la fine della Terra, si fermerà del tutto e ogni cosa apparirà come congelata, in una sorta di fermo immagine che durerà per sempre. L'ipotesi non è così assurda come sembra: se il tempo ha avuto origine con il Big Bang, così come è nato potrà anche sparire.

12 ●●●

Nelle frasi seguenti sottolinea una volta i tempi semplici, due volte quelli composti.

a. Maria dice che le hanno rubato il cellulare.
b. Rovistando in un cassetto, ho trovato delle vecchie foto di famiglia in bianco e nero.
c. Era stato accusato ingiustamente, perciò si arrabbiò tanto.
d. Lo chef Andrea avrebbe preferito mantenere segreta la ricetta del risotto coi porri.
e. Il problema era che non conoscevano la strada e avevano dimenticato il navigatore.
f. Dopo che ebbero ricevuto l'eredità, si diedero a spese folli.

LAVORA CON LE PAROLE

Livello 1 **13** ●○○

Per ogni gruppo di nomi scrivi un verbo adatto.

a. articolo, lettera, biglietto > scrivere
b. idraulico, vetraio, meccanico ....
c. via, piazza, monumento ....
d. idee, diritti, opinioni ....
e. pianoforte, clacson, campanello ....
f. fiore, essenza, fragranza ....

14 ●○○

A COPPIE **Per ogni parola individuate almeno due verbi adatti. Confrontate il vostro elenco con quello dei compagni. Per un aiuto consultate il dizionario: le voci riportano spesso esempi di espressioni in cui la parola si accompagna a un verbo appropriato, anche negli usi figurati (*fig.*).**

ago > piccolo strumento d'acciaio a forma di barretta appuntita, con un foro ovale a un'estremità in cui si inserisce il filo per cucire: infilare l'ago / (fig.) Cercare un ago in un pagliaio...

zanzara ~ pasta ~ compito ~ mucca ~ incendio ~ poesia ~ burro ~ muro ~ ferita ~ aereo

Livello 2

15 ●●○

In ognuna delle frasi seguenti sostituisci il generico verbo *fare* con un sinonimo appropriato al contesto.

a. Prima di giocare, dovete fare .... i compiti.
b. Vincent van Gogh, il mio artista preferito, fece .... magnifici paesaggi.
c. Giacomo Puccini fece .... molte opere liriche.
d. Dio fece .... il mondo dal nulla.
e. Marco è stato fatto .... direttore del suo ufficio.
f. Quest'anno Alessandro Preziosi farà .... "Amleto".

16 ●●○

In ognuna delle frasi seguenti sostituisci il generico verbo *dire* con un sinonimo appropriato al contesto.

a. Luisa non riesce a dire .... le proprie emozioni.
b. Dimmi .... come sono andate le vacanze.
c. Alberto dice .... sempre bene di tutti.
d. Dici .... di essere mio amico, ma non lo dimostri.
e. Vi dico .... di tacere e ascoltare con attenzione.
f. L'economista disse .... che la disoccupazione sarebbe calata.

Livello 3

17 ●●●

Per ogni verbo elencato scrivi due verbi derivati con l'aggiunta di prefissi.

a. disporre ....
b. fluire ....
c. giungere ....
d. mettere ....
e. volgere ....
f. tornare ....
g. vedere ....
h. piantare ....

18 ●●●

Per ogni nome elencato scrivi un verbo derivato, anche mediante l'aggiunta di prefissi e/o suffissi. Se hai difficoltà, consulta il dizionario: cerca i verbi che hanno la stessa radice del nome oppure prova ad aggiungere alla radice prefissi o suffissi; controlla sempre l'origine dei verbi ottenuti.

bordo > bord > bordare, bordeggiare, abbordare

pagina ~ nota ~ fumo ~ alba ~ notte ~ punta ~ proprietà ~ peso ~ carta ~ pianta ~ bastone ~ calunnia ~ nodo ~ pasta ~ paura

19 ●●●

Da alcuni verbi sono stati ricavati nomi a suffisso "zero", cioè eliminando la desinenza dell'infinito e sostituendola con una -o/-a finale: per esempio *parcheggiare* > *parcheggio*. Per ogni verbo elencato scrivi un nome derivato mediante questo meccanismo, quindi per ognuno inventa una frase in cui sia adeguatamente contestualizzato. Puoi aiutarti con il dizionario.

bloccare ~ borseggiare ~ conteggiare ~ passeggiare ~ solfeggiare ~ revocare ~ rimborsare ~ verificare ~ decollare

PRODUCI

Livello 1 **20** ●○○

Avvicendandovi uno per volta coniugate oralmente i verbi elencati nella forma attiva, al modo e al tempo indicati.

leggere (indicativo passato remoto) ~ lavare (indicativo trapassato remoto) ~ scrivere (congiuntivo passato) ~ dormire (condizionale presente) ~ ascoltare (imperativo) ~ sperare (indicativo imperfetto) ~ scommettere (indicativo trapassato prossimo) ~ provare (indicativo futuro anteriore) ~ sapere (indicativo passato prossimo) ~ sbagliare (congiuntivo trapassato) ~ credere (condizionale passato) ~ cercare (congiuntivo imperfetto) ~ sentire (congiuntivo presente)

21 ●○○

Scrivi due frasi che descrivano brevemente la situazione rappresentata nell'immagine. Utilizza due diversi verbi a seconda degli aspetti focalizzati (per esempio: giovani donne in palestra, movimenti di braccia e gambe, posizione di equilibrio...).

Livello 2 **22** ●●○

A COPPIE Scrivete tre frasi che descrivano la situazione rappresentata nell'immagine; utilizzate tre verbi diversi a seconda degli aspetti focalizzati (per esempio: ballo di coppia, serata di tango, volteggi...). Ampliate il significato di ogni verbo usato con almeno tre elementi (per esempio: Lucia ricorda le sue vacanze al mare).

Livello 3 **23** ●●●

Scrivi un breve testo (max 12 righe) che descriva la situazione rappresentata nell'immagine. Nella stesura dovrai utilizzare forme verbali di tempi e modi diversi, finiti e indefiniti. Puoi prendere spunto dalle seguenti chiavi di lettura: bambine al lavoro in una fabbrica tessile, sfruttamento del lavoro minorile, diritti negati: per le bambine niente scuola.

4 La coniugazione

= 1ª coniugazione

= 2ª coniugazione

= 3ª coniugazione

Vorrei **fermare** il tempo e **viaggiare**
svegliarsi lontano non può farci male
crescendo senza **perdere** tempo
lasciandosi **portare** dal vento
guarire ogni bar
e poi **fare** e **disfare**

(Cesare Cremonini, *Fare e disfare*)

I verbi all'infinito *fermare* (*viaggiare*, *portare*, *fare*, *disfare*), *perdere* e *guarire* hanno desinenze diverse, poiché appartengono a **tre distinte coniugazioni**, che definiamo **tre sistemi ordinati** di **forme** relative a **numero, persona, modo** e **tempo**.

Le tre **coniugazioni** si individuano a partire dalla terminazione dell'**infinito** e, in particolare, tramite la **vocale tematica** che segue la **radice** e costituisce il **tema** del verbo.

Coniugazioni	Infinito		Esempi di alcune forme verbali
	radice	desinenza con vocale tematica	
1ª	*am-*	***a**-re*	*am-o, am-a, am-avi, am-ai, am-asti, am-ato*
2ª	*tem-*	***e**-re*	*tem-o, tem-e, tem-evi, tem-ei, tem-etti, tem-esti, tem-uto*
3ª	*sent-*	***i**-re*	*sent-o, sent-e, sent-ivi, sent-ii, sent-isti, sent-ito*

Le tabelle delle coniugazioni di forma attiva e passiva (▸ pp. 126-131) forniscono il modello generale. Non tutti i verbi, però lo seguono interamente, dal momento che alcuni sono **irregolari**, altri **difettivi**, altri ancora **sovrabbondanti**.

- I **verbi irregolari** devono questa denominazione al fatto che in alcune forme mutano la **radice** (> *andare*: indicativo presente: *vado, vai, va, andiamo, andate, vanno*), oppure le **desinenze** e ciò avviene più frequentemente al **passato remoto** e al **participio passato** (> *appendere*: passato remoto: *appesi, appendesti, appese, appendemmo, appendeste, appesero*, participio passato: *appeso*). Un elenco dei principali verbi irregolari segue la tabella delle coniugazioni (▸ pp. 132-136). In caso di dubbio è sufficiente consultare il dizionario.
- I **verbi difettivi** possiedono solo alcuni **tempi** o solo alcune **persone** (> *addirsi* si usa quasi solo in queste forme: *si addice, si addicono, si addiceva, si addicevano, si addicesse, si addicessero*).
- I **verbi sovrabbondanti**, pur avendo la stessa **radice**, appartengono a due diverse **coniugazioni**. Alcuni mantengono lo stesso significato (> *compiere / compire*, "portare a termine"), altri lo mutano col variare della coniugazione (> *arrossare*, "rendere rosso" / *arrossire*, "diventare rosso").
- I verbi ***essere*** e ***avere*** seguono una loro coniugazione (▸ pp. 124-125).

• Variazioni ortografiche

Individuare la radice di un verbo e coniugarlo secondo le relative desinenze dei modi e dei tempi non sempre assicura la correttezza della scrittura. Ecco alcuni esempi delle più frequenti particolarità.

1ª coniugazione:

- I verbi che finiscono in ***-care*** (*caricare*) e in ***-gare*** (*pagare*) aggiungono l'***h*** davanti a desinenze che cominciano per ***i*** e per ***e***: *io caric-o, tu caric-**h**-i, noi caric-**h**-iamo, io pag-o, tu pag-**h**-i* ecc.
- I verbi che finiscono in ***-ciare*** (*baciare*), in ***-giare*** (*assaggiare*) e in ***-sciare*** (*fasciare*) perdono la ***i*** finale della radice davanti a desinenze che iniziano per ***i*** e per ***e***: *io ba**ci**-o, tu bac-i, noi bac-eremo; io assag**gi**-o, tu assagg-i, noi assag-eremo; io fas**ci**-o, tu fasc-i, noi fasc-eremo.*
- I verbi che finiscono in ***-gnare*** (*insegnare*) dovrebbero conservare la ***i*** della desinenza nella prima persona plurale dell'**indicativo presente** (*noi insegn-**i**amo*) e del **congiuntivo presente** (*che noi insegn-**i**amo*) oltre che nella seconda persona plurale del **congiuntivo presente** (*che voi insegn-**i**ate*); è però ammesso anche *noi insegnamo, che voi insegnate.*

2ª coniugazione:

I verbi in ***-cere***, ***-gere*** (*vincere, scorgere*) modificano il suono palatale in velare (***c*** di *cane* e ***g*** di *gatto*) davanti alle desinenze che iniziano in ***-a*** e per ***-o***: *io vin**c**-o, che egli vin**c**-a; essi scor**g**-ono, che essi scor**g**-ano.* Alcuni verbi irregolari, però (*cuocere, tacere*), mantengono il suono palatale e inseriscono una ***i*** grafica fra la radice e le desinenze che cominciano per ***-a*** e per ***-o***: *cuoc-**i**-o, cuoc-**i**-amo.*

3ª coniugazione:

Numerosi verbi della 3ª coniugazione (*guarire, capire, fiorire*) alla 1ª, 2ª, 3ª persona singolare e alla 3ª persona plurale del **presente indicativo** e **congiuntivo**, e nella 2ª, 3ª sing. e 3ª plur. del **presente imperativo** hanno l'affisso *-isc-* tra radice e desinenza: *io guar-**isc**-o, tu guar-**isc**-i, egli guar-**isc**-e, essi guar-**isc**-ono; che io/tu/egli guar-**isc**-a, che essi guar-**isc**-ano; guar-**isc**-i!; guar-**isc**-a!, guar-**isc**-ano!*

ADESSO TOCCA A TE

▶ Capitolo 4

INDIVIDUA

Livello 1

1 ●○○ **Indica la coniugazione di appartenenza dei verbi elencati.**

a. benedire ....
b. cambiare ....
c. consolare ....
d. dire ....
e. fare ....
f. scoprire ....
g. fruttare ....
h. leggere ....
i. patire ....
j. schernire ....
k. sorridere ....
l. vincere ....
m. nascere ....
n. impazzire ....
o. deridere ....
p. suggerire ....

2 ●○○ **Nelle frasi seguenti inserisci la forma verbale corretta tra le due evidenziate. Fai attenzione: in un caso sono accettate entrambe le forme. Se hai dubbi, consulta il dizionario.**

a. Zia Paola dice che lascerà / lascierà tutti i suoi beni in beneficenza.
b. Domani comincierò / comincerò il corso di recitazione.
c. Ti fascieranno / fasceranno la ferita al pronto soccorso.
d. Domani vincieremo / vinceremo noi!
e. Esigo che spegnate / spegniate i cellulari!
f. Enzo disegna / disegnia gioielli.

Livello 2 **3** ●●○

Indica l'infinito delle voci verbali presenti nelle frasi seguenti. Per un aiuto, consulta il dizionario: le voci dei participi, presenti o passati, riportano il rimando all'infinito del verbo.

a. Luigi ha redatto il verbale dell'assemblea. ……………………
b. I due pregiudicati hanno commesso un furto. ……………………
c. La bomba è deflagrata con un grande boato. ……………………
d. Claudio fu espulso dal circolo del tennis. ……………………
e. Nel 1860 il Regno delle Due Sicilie fu annesso al Piemonte. ……………………

4 ●●○

In ognuna delle frasi seguenti scegli la forma verbale corretta tra le due evidenziate.

a. Per non perdere l'autobus, **corrette** / **corse** a perdifiato.
b. L'inverno scorso per la neve **caddero** / **cadettero** due alberi.
c. Gino **morse** / **mordette** il panino con avidità.
d. Quando mi vedrà con quest'abito, Sara **muorirà** / **morirà** d'invidia.
e. **Difendetti** / **difesi** Paolo dalle calunnie.
f. Lo squillo di un cellulare **ruppe** / **rompette** il silenzio in sala.

Livello 3 **5** ●●●

Indica l'infinito dei 7 verbi difettivi presenti nelle frasi seguenti. Puoi aiutarti con il dizionario. Una strategia utile consiste nell'isolare la radice del verbo, quindi avviare la ricerca; individuato il verbo, controlla la segnalazione delle forme mancanti.

a. In molti Stati vige ancora la pena capitale. ……………………
b. Dopo due ore al computer mi doleva il capo. ……………………
c. Nel nostro condominio urgono lavori di manutenzione. ……………………
d. I nonni solevano trascorrere l'estate in collina. ……………………
e. Forti nevicate incombono su tutto l'arco alpino. ……………………
f. In Borsa fervevano le contrattazioni. ……………………
g. "Il lutto si addice ad Elettra" è un celebre dramma di Eugene O' Neill. ……………………

6 ●●●

In ognuna delle frasi seguenti inserisci il verbo tra parentesi coniugato al passato remoto. Se hai dubbi, consulta l'elenco dei verbi irregolari alle pp. 132-136.

a. A causa della nebbia Carlo (distinguere) …………………… a malapena la strada.
b. I genitori non (concedere) …………………… a Laura un nuovo cellulare.
c. Antonia (fingere) …………………… di non sentire la sveglia.
d. Nella busta (accludere) …………………… un assegno.
e. Il dirigente (assolvere) …………………… i suoi compiti con competenza.
f. Appena (spegnere) …………………… la luce, si addormentò.

PRODUCI

Livello 1 **7** ●○○

Per ogni coppia di parole elencata scrivi una frase in cui il verbo sia usato al passato remoto. Fai attenzione: in alcuni casi esistono due forme di passato remoto. Se hai dubbi consulta le tabelle alle pp. 132-136 oppure il dizionario.

a. Il cuoco / friggere Come contorno il cuoco frisse delle patatine croccanti.
b. I teppisti / distruggere ……………………
c. I passanti / assistere ……………………
d. Il padrone di casa / offrire ……………………
e. I raggi del sole / sciogliere ……………………
f. La mia squadra / perdere ……………………

Livello 2 **8** ●●○

Per ogni verbo irregolare elencato scrivi una frase in cui sia usato in modo opportuno al tempo del modo indicativo indicato tra parentesi. Puoi aiutarti con il dizionario.

sospendere (passato remoto) ~ reprimere (passato prossimo) ~ crescere (passato remoto) ~ discutere (passato remoto) ~ assumere (passato prossimo) ~ piacere (passato remoto)

Livello 3 **9** ●●●

Lavorate a piccoli gruppi: per ogni coppia di verbi sovrabbondanti scrivete due frasi in cui sia contestualizzato il diverso significato di ciascun verbo a seconda della forma e della coniugazione di appartenenza. Potete aiutarvi con il dizionario.

bramare / bramire ~ imbiancare / imbianchire ~ imboscare / imboschire ~ impazzare / impazzire

5 Le relazioni temporali, i modi e i loro tempi

= anteriorità
= contemporaneità
= posteriorità

Caro amico ti **scrivo** così mi **distraggo** un po'
e siccome **sei** molto lontano più forte ti **scriverò**.
Da quando **sei partito** **c'è** una grossa novità,
l'anno vecchio **è finito** ormai
ma qualcosa ancora qui non **va**.

(Lucio Dalla, *L'anno che verrà*)

Le tre dimensioni temporali

Viviamo attimo per attimo nel **presente**, ma non possiamo prescindere da tutto ciò che è **passato**. Allo stesso modo ogni cosa esiste qui, **ora**, ma ha una sua storia, lunga o breve. Infine ci proiettiamo con l'immaginazione nel **futuro**. Il verbo ci permette di esprimere, in vario modo, queste tre **dimensioni temporali**.

Per chiarire meglio, visualizziamo il tempo come una linea su cui collocare gli eventi in successione. Tale successione viene resa tramite le forme grammaticali, nel loro intreccio di **modi** e **tempi**.

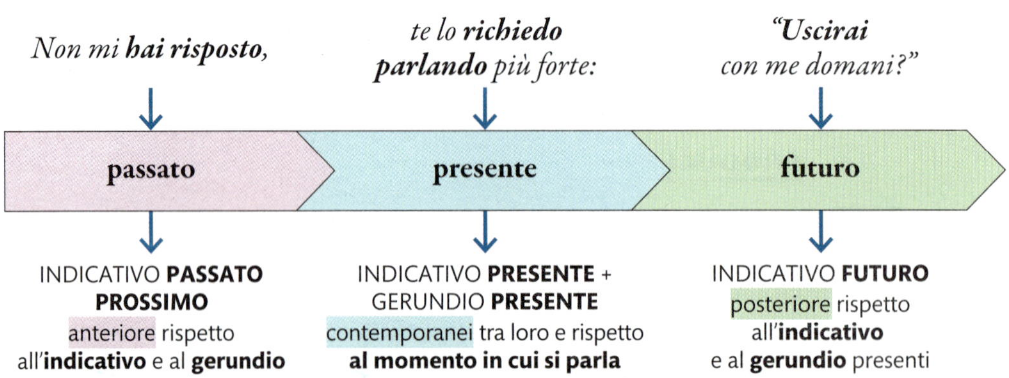

I tempi "in relazione"

Dall'esempio si può capire che il verbo non ci segnala solo in quale tempo si colloca un'azione, ma indica anche la **relazione temporale** tra un'azione e le altre a essa collegate. Considerando cioè ogni singola azione ci è quasi sempre consentito sapere, tramite la forma verbale, se avviene **prima**, nello **stesso tempo** o **dopo** le altre.

Ciascuna di queste possibilità – **anteriorità, contemporaneità, posteriorità** – nel nostro esempio è presa in considerazione rispetto al **presente** (*te lo* ***richiedo***...), ma ovviamente vale anche in riferimento al **passato** e al **futuro**, come chiarisce la seguente tabella che presenta solo alcune delle combinazioni possibili di **tempi** e **modi verbali**. Combinazioni che si ricaveranno per esteso esaminando ciascun modo e i relativi tempi nei prossimi paragrafi.

È bene tenere presente che le relazioni temporali vengono segnalate anche da indicatori specifici come **avverbi di tempo, congiunzioni** ecc.:

Prima ***leggo****, poi* ***guardo*** *la TV.* (posteriorità)
Dormirai *e* ***sognerai*** *cose bellissime.* (contemporaneità)
Ieri ***pioveva****, ma l'altro ieri* ***soffrivamo*** *il caldo.* (anteriorità)

Tipo di relazione	Rispetto al	Esempi
Anteriorità	presente	*Le* ***comunico*** *ufficialmente che* ***ha vinto*** *il primo premio.* ↓ indic. pres. ↓ indic. pass. pross.
	passato	*Non* ***sapevamo*** *ancora se* ***avevi vinto****.* ↓ indic. imperf. ↓ indic. trapass. pross.
	futuro	*Quando* ***avrai vinto festeggeremo****.* ↓ indic. futuro ant. ↓ indic. futuro sempl.
Contemporaneità	presente	*Mi* ***pare*** *che* ***dormano****.* ↓ indic. pres. ↓ cong. pres.
	passato	***Arrivarono*** *subito,* ***portando*** *i primi soccorsi.* ↓ indic. pass. rem. ↓ ger. pres.
	futuro	*Ti* ***vedremo recitare****.* ↓ indic. fut. sempl. ↓ inf. pres.
Posteriorità	presente	*Le previsioni* ***dicono*** *che* ***pioverà****.* ↓ indic. pres. ↓ indic. fut. sempl.
	passato	***Temevamo*** *che* ***sarebbe piovuto****.* ↓ indic. imperf. ↓ condiz. pass.
	futuro	*Mi* ***impegnerò*** *perché mi* ***ammettano*** *all'esame.* ↓ indic. fut. sempl. ↓ cong. pres.

HAI CAPITO? Sull'esempio dei versi della canzone di Dalla, scrivi alcune righe a un amico utilizzando le tre dimensioni temporali.

6 L'indicativo

Il mio amore per Linton **è** simile al fogliame del bosco: il tempo lo **muterà**, ne **sono** sicura, come l'inverno **muta** gli alberi. Il mio amore per Heathcliff **somiglia** alle eterne rocce che **stanno** sottoterra...

(E. Brontë, *Cime tempestose*)

L'**indicativo** si usa quando i fatti espressi sono **reali** e **certi**: perché sono già accaduti o accadono nel presente, oppure perché si ritiene, con ragionevole certezza, che accadranno in futuro. Il personaggio che parla nelle righe del romanzo citato esprime chiaramente le sue certezze – sia pure interiori – anche attraverso l'uso di questo modo.

6.1 L'indicativo presente

***Suonano** alla porta, **apri** tu?*

Indica la **coincidenza** o **contemporaneità** tra il tempo in cui si svolge il fatto espresso e il momento in cui se ne parla.

Si usa anche per esprimere:

- un'azione **abituale** che si ripete o dura nel tempo:

  *Il sabato sera **esco** con gli amici.*

  Il presente *esco*, usato insieme all'indicazione temporale (*sabato sera*), comunica il senso di una consuetudine settimanale;
- un fatto ritenuto, generalmente, **sempre vero**. Si usa quindi per formulare:
  - **definizioni**, **leggi**: *L'ossigeno **è** l'elemento chimico della tavola periodica degli elementi che **ha** come simbolo O. La Repubblica **promuove** lo sviluppo della cultura e la ricerca scientifica e tecnica*;
  - **informazioni di natura geografica**: *Il fiume Adige **nasce** dal passo di Resia. La presenza di ulivi secolari **caratterizza** le coltivazioni nel Salento pugliese*;
  - **massime** e **proverbi**: *La fortuna **aiuta** gli audaci* (Cicerone);
  - **commenti** e **citazioni letterarie**: *Eugenio Montale **usa** una linguaggio semplice, privo di toni sentimentali*;
- un fatto del passato di cui si vuol far risaltare l'**importanza**, l'**immediatezza** e/o la **vivacità** (**presente storico**):

  ***Sono** le 6,30 del mattino del 6 giugno 1944: le truppe alleate **sbarcano** in Normandia e **aprono** un varco nell'esercito tedesco*;
- un'azione relativa a un **futuro prossimo** che si realizzerà quasi certamente:

  *Il mese prossimo **partiamo** per il mare.*

Gli usi elencati del **presente** sottolineano come alcuni concetti e fatti godano di un'**attualità permanente** che impedisce loro di "scadere" nel passato.

6.2 L'indicativo imperfetto

La giornata ***era*** *più fresca, la colonnina di mercurio era scesa infatti sotto i trenta gradi.*

L'indicativo imperfetto si usa per esprimere un'azione **passata** quando:

- ha avuto una certa **durata** (imperfetto **durativo**):

  Lavorava *concentratissima, senza interruzioni; La giornata* ***era*** *più fresca...*

- si è ripetuta più volte (imperfetto **iterativo**):

  Ogni giorno, per prima cosa, ***facevamo*** *ginnastica in spiaggia.*

Nelle **narrazioni**, l'imperfetto è il tempo che fa da **sfondo a tutta la storia**, la base temporale su cui si inseriscono azioni, eventi, situazioni, discorsi ecc., espressi da verbi coniugati secondo i tempi e modi via via necessari:

C'era *una volta un re e una regina, che ogni giorno* ***dicevano:*** *– Ah se avessimo un bambino! – ... La profezia della rana si avverò e la regina partorì una bimba*

(*Rosaspina*, da J.e W. Grimm, *Fiabe*, trad. di C. Bovero, Einaudi, Torino, 1992)

Anche le **descrizioni**, ambientate nel **passato**, utilizzano l'imperfetto:

In una pensione in piazza Annibaliano entrò un uomo che si chiamava Osvaldo Ventura. ***Era*** *un uomo tarchiato e quadrato, con un impermeabile.* ***Aveva*** *i capelli biondo-grigi, il colorito florido, gli occhi gialli.* ***Aveva*** *sempre sulla bocca un sorriso incerto.*

(N. Ginzburg, *Caro Michele*, Mondadori, Milano, 1973)

L'imperfetto indica anche la **contemporaneità,** nel **passato**, di due azioni, di cui una – quella resa dall'imperfetto – esprime **durata**, mentre l'altra si risolve in un attimo (▸ *L'aspetto del verbo*, p. 121).

Dormivo *beatamente* — *quando Anna* ***irruppe*** *nella mia stanza.*

contemporanei

L'azione si prolunga nel tempo — L'azione si esaurisce rapidamente

6.3 L'indicativo passato remoto

Traslocò *da quella casa due anni fa.*
Facemmo, *tutti noi del gruppo, vacanze bellissime.*

Il **passato remoto** esprime un'azione **avvenuta nel passato**, considerata indipendentemente dalla sua durata e ormai **conclusa**, oppure un'azione effettivamente **lontana nel tempo** o percepita come tale.

Nelle **narrazioni** esprime le azioni e i fatti che imprimono una svolta alla vicenda e che spiccano sul tempo di sfondo costituito dall'**imperfetto** o dal **trapassato prossimo**:

Mia madre aveva sempre desiderato una bambina. Quando ***nacqui,*** *il 22 novembre 1963,* ***fu*** *il giorno più brutto della sua vita: la delusione per la nascita di un maschio* ***coincise*** *con la tragica morte del suo eroe, John Fitzgerald Kennedy.*

(E. Kelly, *Chiedi scusa! Chiedi scusa!*, trad. di O. Giumelli, Adelphi, Milano, 2010)

6.4 L'indicativo futuro semplice

*Ti **accompagnerò** nel tuo prossimo viaggio in India.*

Indica un fatto che **deve ancora accadere**.

Serve anche per esprimere:

- un'affermazione **approssimativa**: ***Peserà*** *quasi un quintale.*
- un **ordine** riferito al futuro: ***Sistemerai*** *subito la tua stanza, basta proteste!*

6.5 L'indicativo passato prossimo

*Stamattina **è piovuto** e le strade sono ancora bagnate.*
*Mi **sono trasferita** a Milano diversi anni fa.*

Il passato prossimo indica un fatto avvenuto in un **passato recente** o anche **lontano purché** le sue **conseguenze durino** nel presente.

Esprime anche l'**anteriorità** di un'azione rispetto a un'altra che si svolge nel **presente**:

Hai spostato *le mie cose*	*e ora non **trovo** più nulla.*

anteriore →

6.6 L'indicativo trapassato prossimo

*La giornata era più fresca, la colonnina di mercurio **era scesa** infatti sotto i trenta gradi*

Il trapassato prossimo indica un'azione collegata con un'altra del **passato** (i cui tempi possono essere: **imperfetto**, **passato prossimo**, **passato remoto**), ma avvenuta **anteriormente**:

Si sentiva *stanchissimo*	*perché **aveva studiato** tutto il giorno.*

← anteriore

Era arrivato *prima di me*	*e mi **ha tenuto** il posto.*
Avevamo iniziato *da poco la salita*	*quando **scoppiò** il temporale.*

anteriori →

6.7 L'indicativo trapassato remoto

*Solo dopo che il controllore glielo **ebbe chiesto**, si accorse di aver perso il biglietto.*

Il trapassato remoto esprime un'azione passata e considerata definitivamente conclusa, **anteriore** a un'altra resa dal **passato remoto**:

*Dopo che **ebbe risposto** alle mail*	***si dedicò*** *ai videogiochi.*

anteriore →

Il suo uso è piuttosto raro, in particolare nel parlato, gli si preferisce il trapassato prossimo o altri tempi passati che esprimono **anteriorità** (*Uscì di casa dopo che **aveva chiuso*** / ***aver chiuso*** [► p. 114] *tutte le finestre*).

6.8 L'indicativo futuro anteriore

*Gli parlerò di nuovo solo quando mi **avrà chiesto** scusa.*

Il futuro anteriore esprime un'azione che dovrà essere compiuta **prima** di un'altra collocata nel **futuro**:

*Non appena l'**avrò visto***	*ti **dirò** la mia opinione sul film più premiato.*

anteriore

Nella lingua attuale, soprattutto parlata, si tende a sostituirlo con il futuro semplice (*Appena mi **telefonerà** gli **dirò** tutto*).

Indica anche un'**anteriorità** che ha il valore di un **passato nel futuro**:

Dimensione temporale prefigurata: FUTURO

*Tra un mese l'**avrai dimenticato** completamente.*

Riferimento a un passato che diventerà tale solo nel futuro

HAI CAPITO? Riesamina l'uso dei tempi del modo indicativo e individua quelli che servono solo a esprimere una relazione temporale.

PER SAPERNE DI PIÙ

I tempi dell'indicativo tra regola e uso

Nella comunicazione quotidiana difficilmente rispettiamo alla perfezione le regole che differenziano l'uso dei vari tempi.

- Al Nord, per esempio, al posto del **passato remoto** si usa abitualmente il **passato prossimo**: *L'inverno scorso **fu** rigidissimo* diventa così *L'inverno scorso **è stato** rigidissimo.* Al contrario, in molte regioni centro-meridionali il **passato remoto** segnala anche fatti recenti i cui effetti sono ancora in atto: ***Accendesti** il fuoco per grigliare la carne? Tra poco si cena.*
- Anche l'**imperfetto** assume valori diversi. Lo si usa, per esempio, quando facciamo una richiesta, perché suona più gentile rispetto al presente del verbo *volere* o al modo imperativo: *"Posso esserle utile?" "Sì grazie, **volevo*** [anziché *voglio* o *mi dia*] *una camicia azzurra.*
  Nei discorsi dei bambini, l'imperfetto diventa il tempo della **finzione** e dell'**immaginazione giocosa** per una sorta di spontanea analogia con lo sfondo temporale delle fiabe (***C'era** una volta...*): *Io **ero** la regina e voi **eravate** le mie guardie.*
- Nell'uso attuale, il **futuro semplice** cede sempre più il passo al **presente**, indipendentemente da ogni considerazione sulla quasi certa realizzazione dell'evento: *Forse domani **passo** da casa tua, anche se è improbabile. A partire da lunedì **smetto** di fumare! Perlomeno ci **provo**.*
- Nella linguaggio colloquiale il **futuro anteriore** serve anche per esprimere una possibilità, un dubbio circa un fatto passato: ***Sarà stato** giusto punirlo? **Avremo chiuso** tutte le finestre?*

ADESSO TOCCA A TE ▶ Capitoli 5, 6

INDIVIDUA

Livello 1

1 ●○○ **In ogni frase seguente indica come si colloca nel tempo l'azione del verbo evidenziato in rosa: prima [P], nello stesso tempo [ST] o dopo [D] quella del verbo evidenziato in azzurro.**

a. Riconosco quell'attore perché l'ho visto su una rivista. [X] P [ ] ST [ ] D
b. La informo che mi assenterò per un paio di giorni. [ ] P [ ] ST [ ] D
c. Salderò il conto quando il lavoro sarà ultimato a regola d'arte. [ ] P [ ] ST [ ] D
d. Era fine ottobre e già arrivava la nebbia. [ ] P [ ] ST [ ] D
e. Per adesso Leo e Mara sono buoni amici, poi si vedrà. [ ] P [ ] ST [ ] D
f. Mi ero sbagliato, la gita scolastica è stata divertente. [ ] P [ ] ST [ ] D

2 ●○○ **Nelle frasi seguenti indica il tempo dei verbi coniugati al modo indicativo.**

a. Ebbi l'impressione di avere a che fare con un tipo simpatico. Passato remoto
b. Quando arrivai, Marco sedeva a tavola con la famiglia. .... ; ....
c. Non si rese conto che gli avevano fatto uno scherzo. .... ; ....
d. Antonio Meucci era un inventore che se n'era andato in America in cerca di fortuna. .... ; ....
e. Quando il relatore ebbe concluso il suo intervento, il pubblico applaudì. .... ; ....
f. Uscirai la sera quando avrai compiuto sedici anni. .... ; ....

Livello 2

3 ●●○ **Leggi la seguente frase in cui sono usati differenti tempi del verbo. Per ognuno di essi indica se l'azione avviene nel passato ma è narrata come attuale [1], avviene nel passato e la si considera conclusa [2], avviene nel passato e si ripete più volte [3], deve essere ancora compiuta rispetto all'enunciazione [4].**

Il 14 luglio 1789 il popolo di Parigi attacca [ ] la Bastiglia, libera [ ] i prigionieri e la distrugge [ ]; alla sommossa urbana seguì [ ] quella nelle campagne: i contadini assalivano [ ] castelli, incendiavano [ ] municipi e catasti; in pochi giorni l'insurrezione si estenderà [ ] in quasi tutto il Paese.

4 ●●○ **Indica che cosa esprimono i verbi al presente indicativo usati nelle frasi seguenti: azione abituale [1], fatto ritenuto, generalmente, sempre vero [2], presente storico [3], futuro prossimo dato per certo [4].**

a. Ogni giorno consulto l'oroscopo. [ ]
b. Nelson Mandela muore il 5 dicembre 2013, lo piangono milioni di sudafricani. [ ] [ ]
c. La valeriana possiede proprietà sedative e calmanti. [ ]
d. Domani mi sposo. [ ]
e. Dice un proverbio arabo: "Beato colui che riesce a dare ai propri figli ali e radici". [ ] [ ]

5 ●●○ **In ogni frase seguente indica che cosa esprime il verbo evidenziato in verde rispetto a quello evidenziato in rosa: un'azione anteriore [A], contemporanea [C], posteriore [P].**

a. Raggiungerò Fabio e vivremo insieme. [ ] A [ ] C [ ] P
b. Notai che mi aveva guardato con interesse. [ ] A [ ] C [ ] P

c. Sapevo che uscivi con Lisa, però non immaginavo che vi sareste fidanzati. A C P
d. Quando avremo deciso la meta delle vacanze, sceglieremo l'albergo. A C P
e. Temo che il mio progetto andrà in fumo. A C P
f. Ho appreso che frequenterai l'università a Pisa. A C P

6 ●●○ **Sul quaderno costruisci una griglia come quella riportata sotto, quindi inserisci i tempi verbali che individuerai nelle frasi seguenti.**

a. Poiché aveva studiato, si offrì volontario.
b. Quando avrò pagato le tasse, sul mio conto rimarrà ben poco.
c. L'avvocato è stato informato della sua visita, la riceve subito.
d. Dopo che ebbe chiuso la porta, si ricordò di non aver dato da mangiare al gatto.
e. Stamattina ho pulito i vetri delle finestre e adesso piove!

PASSATO (da passato anteriore a passato)		PRESENTE (da passato anteriore a presente)		FUTURO (da futuro anteriore a futuro)	
aveva studiato	(si) offrì	....	....	....	....

Livello 3 **7** ●●● **Indica i tempi dell'indicativo evidenziati nelle frasi seguenti, quindi stabilisci in quale tempo collocano l'azione espressa: contemporanea a quando se ne parla [1], contemporanea a un'altra nel passato [2], anteriore a un'altra avvenuta nel passato [3], anteriore a un'altra nel futuro [4].**

a. Giornata nera: piove a dirotto, dimentico l'ombrello e perdo l'autobus. .... ☐
b. Capì che aveva sbagliato a fidarsi di uno sconosciuto. .... ☐
c. Dopo che ebbe terminato il liceo, si iscrisse a medicina. .... ☐
d. Quando avremo corretto gli esercizi, leggeremo un nuovo capitolo. .... ☐
e. Ero sotto la doccia, quando squillò il telefono. .... ☐
f. Per quando si tornerà a scuola avrò svolto tutti i compiti estivi. .... ☐

COMPLETA

Livello 1 **8** ●○○ **Nelle frasi seguenti inserisci la forma verbale corretta del verbo indicato tra parentesi: passato remoto o imperfetto.**

a. (Sognare) .... di volare tra le nuvole, quando mia madre mi (svegliare) ....
b. Negli ultimi anni Filippo (guadagnare) .... molto denaro.
c. Un tempo (essere) .... molto amiche, poi (litigare) ....
d. (Avere) .... due ore di tempo, così (bere) .... un aperitivo in un ristorantino sul mare.
e. (Esserci) .... una volta un re che (cercare) .... moglie, allora (invitare) .... al castello tutte le giovani in età da marito.

Livello 2 **9** ●●○

Nelle frasi seguenti inserisci la forma verbale corretta del verbo indicato tra parentesi: passato prossimo o passato remoto. Fai attenzione: in due casi sono accettabili entrambi i tempi.

a. L'ho subito riconosciuta: anni fa (essere) .... compagne di scuola.
b. La camera 12 è occupata dalla coppia che (arrivare) .... questa mattina.
c. Quando si ritrovarono soli, Maria e Luca (prendersi) .... per mano.
d. La Seconda guerra mondiale (durare) .... sei anni.
e. Nonna Luisa ancora parla del ricevimento che (organizzare) .... per il suo matrimonio.

Livello 3 **10** ●●●

Nelle frasi seguenti inserisci la forma appropriata del verbo tra parentesi, in modo da stabilire con il verbo evidenziato il corretto rapporto temporale.

a. Gli escursionisti (*avvertire*) erano stati avvertiti del pericolo, ma lo ignorarono.
b. Dopo che (*fare*) .... l'appello, l'insegnante corresse i compiti.
c. Mentre (*sorseggiare*) .... un aperitivo, sfogliava il giornale.
d. Andremo al cinema quando (*finire*) .... di bisticciare.
e. Appena (*concludere*) .... gli esami, si sentì più leggero.
f. Notai che Marta (*diventare*) .... più espansiva.

RIFLETTI

Livello 1 **11** ●○○

Leggi il testo seguente, quindi stabilisci per quale motivo è usato l'indicativo presente.

La Luna è il nostro satellite naturale. Questa parola deriva dal latino e significa compagno di viaggio, proprio perché un satellite, oltre a ruotare su se stesso, ruota attorno a un pianeta (in questo caso alla Terra) e lo "accompagna" nel suo giro attorno al sole.

(E. Baldini, *Magica Luna!*, in *Focus Junior*, Mondadori, luglio 2009)

A Perché quanto descritto avviene regolarmente.
B Perché espone fatti scientifici validi sempre.
C Perché quanto descritto si ripeterà anche in futuro.

Livello 2 **12** ●●○

Soffermati sulle forme verbali evidenziate nelle due coppie di frasi, quindi rispondi alla domanda.

a. Mi sa che torno tardi, finirò in un mare di guai. / Se tornerò tardi, finirò in un mare di guai.
b. Desidera bere qualcosa? Sì grazie, voglio un caffè. / Sì grazie, volevo un caffè.

Nelle frasi di ciascuna coppia, quali diversi significati esprimono le due forme verbali?

Livello 3 **13** ●●●

A COPPIE Leggete il testo seguente e sottolineate i verbi coniugati al modo indicativo, quindi provate a spiegare quali diversi valori esprimono nel contesto i quattro tempi usati: presente, imperfetto, passato remoto, futuro.

L'idea del suffragio femminile nasce con l'Illuminismo nel XVIII secolo. La Repubblica Corsa (1755-1769), per esempio, accordava il voto alle donne nubili sopra i 25 anni. Tuttavia il primo esempio di suffragio universale femminile risale al 1893 quando la Nuova Zelanda, allora protettorato britannico, concesse il voto alle donne sopra i 18 anni. In Europa sarà la Finlandia ad aprire i seggi alle donne nel 1906. Le italiane per votare dovranno invece aspettare fino al 1946.

7 Il congiuntivo

= indicativo

= congiuntivo

Se vi interessano le storie a lieto fine, è meglio che scegliate un altro libro. In questo non solo non c'è lieto fine, ma nemmeno un lieto inizio, e ben poco di lieto anche in mezzo. [...] Non è che mi faccia piacere dirlo, ma la storia è proprio così.

(L. Snicket, *Un infausto inizio. Una serie di sfortunati eventi*)

Il modo **congiuntivo** serve a esprimere **opinioni, consigli** (***è meglio che scegliate** un altro libro*), **dubbi, possibilità, desideri, ordini, richieste, aspettative, timori** e **stati d'animo.** È il modo dunque dell'**incertezza** e delle **supposizioni**, al contrario dell'indicativo che si caratterizza per la **certezza** e l'**oggettività**. La differenza tra i due modi si può cogliere con evidenza quando il contenuto del messaggio è molto simile sul piano letterale:

- **indicativo**: *Sono sicura che Luisa **ha dimenticato** le chiavi, come sempre.*
- **congiuntivo**: *Sospetto che Luisa **abbia dimenticato** le chiavi, come capita spesso.*

Il valore del congiuntivo varia, come vedremo, a seconda che la **frase** in cui è usato sia:

- **indipendente**, cioè autonomamente dotata di senso compiuto:
  *Che **vinca** il migliore!*
  *Che Marco **abbia finito** il compito così presto?*
- **dipendente** o **subordinata**, abbia cioè senso se è retta da un'altra – la **reggente** – di cui è il completamento:
  *... è meglio / che **scegliate** un altro libro.*
  *Non tutti desiderano / che **vinca** il migliore.*
  reggenti / subordinate

Nel caso delle **subordinate**, incertezza, dubbio, speranza, timore ecc. sono spesso anticipati dal verbo della **reggente**, di solito all'indicativo. Il suo **significato** infatti "richiama" l'uso del congiuntivo e in tal modo si rafforza (*Spero **che tu arrivi** al momento giusto*). Altre volte, invece – come verrà chiarito nello studio della sintassi (▸ p. 361) – è proprio il verbo al congiuntivo delle subordinate che si incarica di rendere le sfumature espressive tipiche di questo modo (*Corre come se **avesse*** [ipotesi] *una gran fretta / Corre come gli ha insegnato* [realtà] *l'allenatore. Prepara tutto con grande cura in modo tale che gli ospiti **si divertano*** [possibilità] */ Ha preparato tutto così accuratamente che gli ospiti si sono divertiti* [fatto reale]).

HAI CAPITO?

Un verbo reggente seguito solitamente dall'indicativo, può reggere anche il **congiuntivo** se si vuole **restringere** in un determinato senso il suo **significato**. Leggi con attenzione le due frasi seguenti e spiega la differenza di sfumatura nel loro significato.

a. Dicono che la cioccolata fa bene all'umore.

b. Dicono che la cioccolata faccia bene all'umore.

7.1 Il congiuntivo presente

Nelle proposizioni indipendenti esprime una **possibilità**, un **dubbio**, un **augurio**, un **ordine** relativi al **presente** o al **futuro**:

*Che la sua storia **sia** vera?*
*Che **arrivi** sano e salvo!*
*Si **faccia** coraggio!*
*Si **metta** in fila come tutti!*

Nelle proposizioni subordinate è usato in dipendenza da verbi – al **presente** o al **futuro** – con i quali sta in relazione di **contemporaneità**.

CONTEMPORANEITÀ con un **presente** o un **futuro**

Pensa** / **penserà	*che io lo **detesti**.*

contemporanei

In presenza di qualche indicatore temporale può esprimere anche una relazione di **posteriorità**: *Non vedo l'ora che il mio ragazzo **torni** dal suo viaggio.*
*Preferisco che, dopo la nuotata, ti **rispalmi** la crema abbronzante.*

7.2 Il congiuntivo imperfetto

Nelle proposizioni indipendenti esprime un **desiderio**, una **speranza** rispetto a eventi la cui probabilità che si realizzino è forse bassa. Spesso assume forma **esclamativa**:

*Almeno **piovesse**!*
*Mi **desse** una mano qualche volta!*
***Sapessi** quanta fatica!*
*Magari ci **frequentassimo** più spesso.*

Nelle proposizioni subordinate esprime **anteriorità** in relazione a un tempo **presente** della reggente o **contemporaneità** rispetto al **passato** della reggente.

ANTERIORITÀ con il presente

*Non **so***	*quale scuola **frequentasse** il mio nuovo compagno di banco.*

anteriore

CONTEMPORANEITÀ con il passato

*Ci **è sembrato***	*che **giocassero** meglio con il vecchio allenatore.*

contemporanei

7.3 Il congiuntivo passato

Nelle proposizioni indipendenti esprime un **interrogativo dubitativo**, una **possibilità** riferiti al **passato**:

*Che **abbia lasciato** il cellulare a casa sua?*

Nelle proposizioni subordinate esprime **anteriorità** rispetto al **presente** o al **futuro** della reggente:

ANTERIORITÀ con il **presente** e il **futuro**

*Si **chiedono** / si **chiederanno***	*chi **abbia preso** la decisione.*

anteriore

7.4 Il congiuntivo trapassato

Nelle proposizioni indipendenti esprime una **possibilità che nel passato non si è realizzata**:

*Ah se ti **avessi ascoltata!***

Nelle proposizioni subordinate esprime **anteriorità** rispetto al **passato** della reggente:

ANTERIORITÀ con il **passato**

Speravo	*che **avessi fatto** tu la spesa.*

(anteriore)

HAI CAPITO?

Quale tempo del congiuntivo richiede ciascuna delle seguenti espressioni?

– Un augurio per il futuro. ....
– Anteriorità rispetto al presente o al futuro della reggente. ....
– Un'esortazione. ....

PER SAPERNE DI PIÙ

Il congiuntivo tra obbligo e libertà

«'A nonno, che c'avresti qualche millante pe' la benza?»
«Ma come cavolo parli!? Via ignorante! Vadi, impara l'italiano, si istruischi!»
(battuta dal film *Fantozzi, il ritorno*)

Da *Fantozzi - Il ritorno*, 1996.

Sbagliare i congiuntivi, un tempo, causava imbarazzo e "declassava" chi ne ignorava l'uso corretto. Come si vede dalla citazione del film, questo errore linguistico serve a ridicolizzare l'impiegato, inconsapevole delle proprie lacune. Ora alcune scorrettezze, meno marcate di quelle fantozziane, vengono tollerate. Possiamo dire che l'uso del congiuntivo – **nel parlato** – dipende sempre più da ragioni di **stile** e di **gusto**, influenzate, a loro volta, dall'**evoluzione delle abitudini linguistiche**:

– chi preferisce uno stile più sorvegliato e preciso, volendo esprimere un **dubbio** o una **possibilità**, si atterrà alla norma e continuerà, per esempio, a dire:

*Mi chiedo se **tu abbia** finalmente preso la decisione giusta.*

– chi è meno attento e più **informale**, userà invece l'equivalente e assai **più diffusa** espressione con l'**indicativo**:

*Mi chiedo se **hai preso** finalmente preso la decisione giusta.*

L'esempio mostra come il più facile **indicativo tenda a soppiantare il congiuntivo**, forse perché la comunicazione, sempre più rapida ed economica, sceglie le forme più immediatamente praticabili. Il congiuntivo è invece complesso: richiede concentrazione, prevede una precisa **concordanza** temporale con il verbo **reggente** e impone, per individuare il soggetto, che si esplicitino le persone singolari (tre per il presente, due per l'imperfetto; > *Vogliono che **io** venga, che **tu** venga, che **egli** venga / Volevano che **io** venissi, che **tu** venissi*). È anche "sentito" come ridondante, visto che la modalità di "incertezza" che gli è propria, in molti casi è già espressa dal verbo reggente (> *desidero, spero, non so, dubito*...).

In attesa di esaminare in modo puntuale i tempi e i modi delle frasi subordinate (▸ pp. 383-418), è utile tenere presente che il congiuntivo è comunque **necessario** nei seguenti casi:

- dopo le congiunzioni concessive ***benché, sebbene, nonostante***...: *Non riesco a trovarlo simpatico **benché sia** gentilissimo*;
- nelle congiunzioni che indicano una condizione come ***purché, a condizione che, nel caso che, basta che***...: ***Purché stesse** zitta le avrei promesso qualunque cosa*;
- con gli aggettivi indefiniti e pronomi doppi come ***qualunque, chiunque, dovunque***...: ***Chiunque risponda** a questo annuncio riceverà un compenso*;
- dopo espressioni impersonali come ***è normale / giusto / importante / necessario che***...: ***È necessario** che tu **studi** di più*;
- dopo connettivi come ***prima che, a seconda che, quasi, quanto, fuorché, tranne che, come se***...: *Mi hanno guardata **come se** non mi **avessero** mai **vista***;
- nelle congiunzioni finali ***perché, affinché***: *Dammi le indicazione giuste **affinché** io **capisca** dove trovarti.*

HAI CAPITO?

In quale delle seguenti frasi l'assenza del congiuntivo – perlomeno nel parlato – ti sembra accettabile e in quali decisamente no?

a. Eravamo uguali di statura e sembrava che **avevamo** la stessa età.
b. Qualunque cosa **dice**, io non rispondo.
c. Mi sembra che **hai fatto** un buon lavoro.
d. Se il controllore mi **vedeva**, mi dava di sicuro la multa.
e. Ti comporti come se nessuno ti **ha insegnato** l'educazione.

8 Il condizionale

= condizionale

= congiuntivo

*Se tu **fossi** qui io **sarei** da sola...*
(Noemi, *Se tu fossi qui*)

Il modo **condizionale** indica un evento **condizionato** da qualche fattore o che si può realizzare solo a **condizione** che se ne verifichi prima un altro.

*Mi sa che **andresti** volentieri in vacanza* [se, per esempio, la scuola fosse finita].
*Se avessi studiato **avrei superato** l'esame.*
*Se tu fossi qui io **sarei** da sola...*

8.1 Il condizionale presente

Esprime una **possibilità**, un **desiderio**, una **perplessità** che si collocano nel **presente** o nel **futuro** a certe **condizioni**.

- *Ti **accompagnerei** volentieri, ma sono di fretta.*
  Nell'esempio il condizionale mette in luce l'**opposizione** tra ciò che desidero fare e l'ostacolo che me lo impedisce.

- *Quanto mi* ***piacerebbe*** *quella borsa firmata!*
  La forma verbale *piacerebbe* sottolinea l'intensità di un **desiderio** che è difficile venga realizzato.
- ***Faresti*** *tutto da solo?*
  Dicendo *faresti*, chi parla esprime dei **dubbi sulle intenzioni o sulle capacità** dell'interlocutore.

Il condizionale presente si usa anche per esprimere una **richiesta gentile**: *Mi* ***verseresti*** *l'acqua?*

8.2 Il condizionale passato

Indica una **possibilità** che avrebbe potuto verificarsi nel **passato**, sempre a una certa **condizione**.

Vi ***avremmo aiutati*** *volentieri se ce l'aveste chiesto.*

Esprime anche un **desiderio** che non si è realizzato nel passato e ormai non è più realizzabile.

Mi ***sarebbe piaciuto*** *frequentare un altro tipo di scuola.*

Si usa anche per esprimere un'azione che ha un rapporto di **posteriorità** con quella, al **passato**, della reggente (**futuro nel passato**).

Dimensione temporale: PASSATO

Ascoltai *il rimprovero in silenzio,*	***avrei replicato*** *più tardi, con calma.*

↑ Riferimento a un'azione che, all'epoca, si doveva ancora compiere (in un certo senso **futura**)

HAI CAPITO?

Completa le frasi seguenti con la corretta forma del **condizionale**, **presente** e **passato**. Stabilisci quali, tra i seguenti usi del condizionale vengono impiegati, mettendo il relativo numero accanto al verbo coniugato: futuro nel passato [1], possibilità [2], perplessità [3], desiderio che non si è realizzato [4].

a. (potere) .... ☐ concederci un bel gelato.
b. Sapevo già che da grande (fare) .... ☐ la giornalista.
c. (scegliere) .... ☐ medicina ben volentieri, ma non ho superato i test di ingresso.
d. Chissà se (avere) .... ☐ il tuo coraggio di fronte al pericolo.

PER SAPERNE DI PIÙ

Gli altri significati del condizionale

Il **condizionale** esprime anche:

- **opinioni non troppo dirette**: *Secondo me* ***sarebbe*** *il caso di chiedere le sue dimissioni*;
- **affermazioni attenuate**: ***Dovrei*** *rifletterci*; *Ecco...* ***sarei*** *io la festeggiata*;
- **consigli**: ***Potresti*** *dedicarti di più allo sport*;
- **sorpresa, incredulità, indignazione**: *Cosa* ***vorresti*** *insinuare? E questi politici ci* ***dovrebbero*** *rappresentare in Europa?*
- **rimpianto**: *Come* ***avrei fatto*** *bene a darti retta!*
- **notizie non confermate**: *Stando alle prime voci un film italiano* ***avrebbe vinto*** *l'Oscar.*

9 L'imperativo

***Raccontami** di un giorno perfetto*
(romanzo di J. Niven)

L'imperativo è il modo che esprime un **ordine**, un **comando**, un'**esortazione**, un **invito**, un **consiglio**.
Possiede solo il tempo **presente** e si usa prevalentemente alla **seconda persona**, **singolare** e **plurale**.

***Telefona** quando arrivi.*
***Chiudi** le finestre prima di uscire.*
***Mangiate** sempre lentamente.*
***Non state** troppo al computer.*
*Dai, **vediamoci** oggi pomeriggio!*

Per esprimere un'esortazione in **terza persona** e nella **prima plurale** si usa il **congiuntivo presente**:

*Mi **ascolti** fino in fondo, per favore.*
***Stia** in fila come tutti!*
*La prego, **smetta** di urlare al telefono.*
*Grandina! **Corriamo** al riparo!*

La **terza persona plurale** (*mi ascoltino / stiano*) è quasi in disuso.
Quando si intende impartire **ordini** o **istruzioni** in forma **impersonale**, poiché rivolti a chiunque, si può usare l'**infinito**:

***Spegnere** i cellulari.*
***Togliere** il dolce dal frigo almeno venti minuti prima della consumazione.*
***Non parlare** al conducente.*

Sempre con l'**infinito** viene reso anche l'**imperativo negativo** per la **seconda persona singolare**:

***Non uscire** dalla tua stanza fino a ora di cena!*
***Non farmi arrabbiare**!*

HAI CAPITO?

Inserisci il verbo adatto, all'imperativo, nelle seguenti frasi:

a. Scusi se l'ho fatta attendere, ... prego.
b. Non .... la toilette mentre il treno è in corsa.
c. Se suona il telefono, per favore .... tu.
d. Non .... gli occhi al cielo quando ti parlo.
e. Non .... su quell'autobus: è fuori servizio.
f. Per favore, non vi scomodate, ... seduti, sto in piedi volentieri.
g. .... bassa la suoneria dei cellulari.
h. Mi raccomando: domattina .... presto, altrimenti rischi di perdere il treno.
i. Che facciamo ancora qui? Ormai è chiaro che l'ufficio oggi non aprirà. .... a casa.

GRAMMATICA E SCRITTURA

Il testo narrativo e i tempi verbali

Il tempo base della narrazione è, solitamente, il **passato**. Nel momento in cui il narratore si dispone a raccontare una storia, questa è infatti ormai conclusa. I fatti, già accaduti, vengono quindi rievocati per intrattenere i lettori. Un esempio è il seguente brano:

Uma, Aruna e tutte le altre cugine si affollarono intorno per vedere quel partito, quando venne, come sposo, al matrimonio, e vedendolo arretrarono deluse. Era talmente più vecchio di Anamika, così torvo e consapevole della propria superiorità rispetto a tutti i presenti: diplomi e medaglie lo avevano reso insopportabilmente presuntuoso e tenevano tutti a distanza. I bambini lo capirono subito: non ci sarebbero stati scherzi dello sposo a quel matrimonio, niente regalini e mance per i più piccoli. In effetti, quasi non si accorgeva di loro; sembrava quasi che non si accorgesse di Anamika.

(A. Desai, *Digiunare, divorare*, trad. di A. Nadotti, Einaudi, Torino, 2005)

Alcuni autori scelgono però di adottare il **presente** come **tempo base**, cioè come **scenario temporale** principale in cui svolgere la storia. È a partire dal presente dunque che, quando è necessario, si inseriscono il passato e il futuro. Così facendo si semplifica l'intreccio dei tempi verbali. Ecco come la storia viene narrata "al presente" nel romanzo di un giovane autore contemporaneo:

A un certo punto del loro matrimonio, invece di separarsi, i genitori di Sofia decidono di cambiare casa. [...] Nella primavera del 1985 trovano una villetta appena costruita, in un complesso residenziale circondato da un parco: fanno il giro della casa e del giardino e poi salgono a osservare il panorama da una collinetta spoglia sopra lo stagno a cui il nome del villaggio è ispirato. Raccontando questa storia, una domenica mattina del futuro, Sofia dirà che a lei, da lassù, Lagobello sembra un paesino delle favole. Non può sapere quanto lo odierà crescendo.

(P. Cognetti, *Sofia si veste sempre di nero*, minimum fax, Roma, 2012)

HAI CAPITO?

1. Nel primo brano il tempo grammaticale che indica la successione degli eventi narrati è il **passato remoto**. Sottolinealo ogni volta che compare.
2. Individua il "**futuro nel passato**": con che modo e tempo è reso?
3. Sottolinea tutti i verbi all'**imperfetto** e individua quello che ha funzione descrittiva.
4. Tutti gli altri che valore hanno?
5. Nel secondo brano la storia, ambientata nel presente, fa un'incursione nel **futuro**. Con quale espressione lo segnala oltre che col verbo?
6. *Sofia dirà che a lei, da lassù, Lagobello sembra...* In questa frase, che si apre col futuro, il ritorno al presente non rispetta la giusta relazione temporale. Come andrebbe riscritta più correttamente?

ADESSO TOCCA A TE

▶ Capitoli 7, 8, 9

INDIVIDUA

Livello 1

1 ●○○ **Nelle frasi seguenti sottolinea con tre diversi colori i verbi coniugati al modo congiuntivo, condizionale e imperativo.**

a. Aspetto da un'ora che tu decida quale abito comprare!
b. In fase di decollo allacciare le cinture di sicurezza!
c. Non credo che Laura sia un'ingenua, piuttosto che abbia preferito sembrarlo.
d. Luigi mi ha esasperata, se non avessi contato fino a dieci, lo avrei picchiato!
e. Avrei voluto frequentare il bel mondo, invece vivo in una città di provincia.
f. Spegni il computer e riordina la tua camera!
g. Se il giardiniere si fosse limitato a potare i rami secchi, avremmo ancora un bel giardino.

Livello 2

2 ●●○ **In ognuna delle frasi seguenti indica che cosa esprime il verbo evidenziato: un desiderio o una speranza [1], un dubbio o un augurio relativi al presente o al futuro [2], un interrogativo dubitativo, una possibilità riferiti al passato [3], una possibilità che nel passato non si è realizzata [4].**

a. Che vinca il migliore! 1 2 3 4
b. Che Sandra rimpianga la giovinezza? 1 2 3 4
c. Se Leo facesse un po' di moto! 1 2 3 4
d. Avessi avuto una sorella con cui confidarmi! 1 2 3 4
e. Magari avessi una stanza tutta per me. 1 2 3 4
f. Che Gino mentisse per proteggere Luca? 1 2 3 4

3 ●●○ **Nelle frasi seguenti sono evidenziati i verbi coniugati al modo congiuntivo: di ognuno indica il tempo e il rapporto temporale che esprime rispetto al verbo in corsivo: anteriorità [A], contemporaneità [C], posteriorità [P].**

a. Bello quell'anello, ma *temo* che il prezzo sia troppo alto. Presente C
b. *Credevo* che fossero felici insieme, invece divorziarono. ....
c. Per il furto del materiale *sospetteranno* chiunque abbia lavorato nel magazzino. ....
d. Mi *fissò* con uno sguardo impaurito, come avesse paura di me. ....
e. Non *vedo* l'ora che finisca questa lezione di grammatica. ....
f. Non *ricordo* quanti anni avesse allora Carla. ....

4 ●●○ **Indica oralmente che cosa esprime in ognuna delle frasi seguenti il verbo coniugato al modo condizionale: desiderio, possibilità che non si è realizzata, affermazione attenuata, consiglio, richiesta cortese, notizia non confermata, sorpresa e incredulità, rimpianto.**

a. Potresti suggerirmi un regalo per Valeria?
b. La prossima estate vorrei frequentare un corso di barca a vela.
c. Esauriti gli argomenti all'ordine del giorno, direi che possiamo sciogliere la seduta.
d. Stando a fonti ufficiose, sarebbe in arrivo un nuova manovra fiscale.
e. Prima di licenziarti dall'ufficio, dovresti riflettere.
f. Ci saremmo potuti incontrare tanti anni fa!
g. E oltre allo sconto riceverei in omaggio un soggiorno gratis al mare?
h. Se mi avessi chiesto aiuto, avrei sistemato io quei bulletti.

Livello 3 **5** ●●●

Sul quaderno costruisci una tabella come quella riportata sotto, quindi inserisci i verbi evidenziati nel brano e indica che cosa esprimono.

Quando è iniziato il primo quadrimestre, ero malata. Kalle mi aveva attaccato la varicella sia a me che ad Anton: non l'avevamo ancora avuta, e non potevamo andare a scuola finché le pustole non si fossero seccate.

In genere non è che a scuola mi diverta poi tanto. [...]

Questa volta però avevo davvero voglia di cominciare. Io e Anton eravamo stati dal papà in Dalecarlia tutto luglio, e al mio ritorno a Stoccolma Sabina si trovava già in colonia, e dunque erano quasi due mesi che non ci vedevamo. [...]

A me sarebbe piaciuto che Sabina venisse da noi in Dalecarlia, ma la nuova fidanzata di papà non aveva voluto saperne. A dire il vero, probabilmente preferirebbe che non andassimo lì nemmeno io e Anton, anche se non ha il coraggio di dirlo a papà.

(A. Thor, *Obbligo o verità?*, trad. di L. Cangemi, Feltrinelli, Milano, 2009)

Voci verbali	Modo e tempo
Aveva attaccato	Indicativo trapassato prossimo
	È usato per esprimere un'azione avvenuta anteriormente a un'altra del passato (*ero malata*)

COMPLETA

Livello 1 **6** ●○○

Nelle frasi seguenti inserisci la forma verbale corretta, scelta tra le due proposte.

a. Con questo caldo immagino che berreste / berrete volentieri una bibita fresca.
b. Se avessi difficoltà, mi rivolgerò / rivolgerei a te.
c. Speravo che tu fossi / eri sincero.
d. Non sono convinto che la fortuna aiuta / aiuti sempre gli audaci.
e. Voglio che tu obbedisci / obbedisca subito!
f. Pensi che per me tutto sia / è facile?

Livello 2 **7** ●●○

Nelle frasi seguenti inserisci verbi indicati coniugati al tempo appropriato del modo congiuntivo o condizionale.

a. Era deluso che Marta non (rispondere) .... ai suoi sms.
b. Non capisco che gusto ci (essere) .... a prendere in giro le persone.
c. Non abbandonare gli studi, pensa a come la (prendere) .... i tuoi genitori.
d. Le chiesi se le (fare) .... piacere uscire con me.
e. Mi chiedo quanto Luca (spendere) .... per il nuovo tablet.
f. Quella notte il cane aveva abbaiato, come se (avvertire) .... un intruso.

Livello 3 **8** ●●●

Nelle frasi seguenti coniuga i verbi tra parentesi al tempo appropriato del modo congiuntivo o indicativo. Fai attenzione: in due casi sono accettabili entrambi i modi.

a. Aspetto che (arrivare) .... Matteo.
b. Ammesso che tu lo (volere) ...., inviterò gli amici.
c. Se (rinascere) ...., (cambiare) .... mestiere.
d. Nonostante (che) (essere) .... stanchi, siamo usciti con amici.
e. Mi chiedo se ieri Fausto (prelevare) .... del denaro dal conto.
f. È certo che l'azienda (essere) .... in crisi.
g. Che l'azienda (essere) .... in crisi, è certo.

TRASFORMA

Livello 1 **9** ●○○

Volgi al presente i verbi evidenziati nella battuta.

– Ma che sciocchezze dici, Oreste? Se avessero voluto che ce ne andassimo, di certo ce lo avrebbero fatto capire!–
("Cultura enigmistica", maggio 2014)

Livello 2 **10** ●●○

Volgi i verbi evidenziati nelle frasi seguenti dal presente al passato in modo che esprimano un'azione anteriore rispetto a quella del verbo in corsivo.

a. *Mi domando* perché Lina sia sia stata........ scortese con me.
b. Per *rilassarmi* mi basterebbe .... un bel bagno caldo.
c. *Speravo* che ricordasse .... il compleanno della nonna.
d. *Credo* che Giulio finga .... di non capire.
e. *Credevo* che Giulio fingesse .... di non capire.
f. La famiglia *pensava* che Laura sbagliasse .... a scegliere quella scuola.

Livello 3 **11** ●●●

Riscrivi le frasi seguenti volgendo tutti i verbi a un tempo passato rispetto a quello espresso. Fai attenzione a rispettare i rapporti temporali di anteriorità, contemporaneità e posteriorità.

a. Immagino che Mauro sia già partito per la montagna.
b. È necessario che abbia più fiducia in se stesso.
c. Mi chiedo che cosa gli faccia credere che sia giusto dire sempre sì.
d. Non sospettavo che Cesare agisse soltanto per il suo tornaconto.
e. Luca mi ha garantito che mi accompagnerà a teatro.
f. Davide ha trent'anni, è giunto il momento che trovi un'occupazione.

10 L'infinito

Essere *o non* ***essere****, questo è il problema...*
(W. Shakespeare, *Amleto*)

Scena dal film *Hamlet*, 1996.

L'**infinito** esprime il puro e semplice **significato del verbo**, si limita cioè a trasmettere il senso di azioni, eventi, situazioni senza comunicare altre informazioni circa la persona e il numero. Si usa prevalentemente in dipendenza di altri verbi.

• **Infinito presente** Indica un rapporto di **contemporaneità** o di **posteriorità** rispetto al tempo del verbo della reggente:

CONTEMPORANEITÀ

Sa	*di* ***valere*** *molto.*

↑ contemporanei ↑

POSTERIORITÀ

Era intenzionata	*a* ***battere*** *tutti i record.*

↑ posteriore

• **Infinito passato** Indica un rapporto di **anteriorità** con il tempo del verbo della reggente:

ANTERIORITÀ

Sono *davvero* ***contento***	*di* ***aver avuto*** *fiducia in te.*

↑ anteriore

Nelle proposizioni **indipendenti** esprime un **desiderio**, un'**indicazione tassativa**, un'**esclamazione**, un **comando negativo** (▸ uso dell'imperativo, par. precedente):

Stare *sulla destra.*
Ah, ***sdraiarsi*** *finalmente sul divano!*
Non ***cedere****!*
Essere *o non* ***essere...***

Può svolgere anche la funzione del **nome**:

Il ***dormire*** *è un problema: spesso soffro di insonnia.*
*L'****aver studiato*** *attentamente ogni mossa dell'avversario gli facilitò la vittoria.*

11 Il participio

Il ***passato*** *è una terra straniera*
(titolo del romanzo di G. Carofiglio)

Il **participio** è un modo che "partecipa" delle caratteristiche dell'**aggettivo** e del **nome**, è infatti usato con queste due funzioni più che come verbo.

• **Participio presente** È impiegato quasi esclusivamente come **aggettivo** o come **nome**:

Vorrei vedere un film ***rilassante.***
- in quanto **aggettivo** accompagna il nome *film*
- il **significato** quale verbo è: **"azione che rilassa, distende"**

I ***contribuenti*** *italiani pagano molte tasse.*
- in quanto **nome** è il soggetto del verbo *pagano*
- il significato quale verbo è: "azione di chi concorre alle spese dello Stato"

HAI CAPITO? In che funzione è usato il participio passato del titolo del film?

Come **verbo** non è molto frequente e ha sempre un valore **attivo**. Il soggetto cui è riferito è infatti colui / colei che compie l'azione o si trova in un certo stato: *Come regalo ha voluto un robot **parlante*** [= che parla: il *robot* è il soggetto che compie "attivamente" l'azione di "parlare"]. Per meglio distinguere le sue diverse funzioni, teniamo presente che:

- è sicuramente **verbo** se è seguito da un **complemento diretto**:
  *Cerca nel cassetto **contenente*** [che contiene] ***i documenti*** [complemento diretto].
- è di solito **verbo** quando, se **non ammette un complemento diretto** (intransitivo, ▸ p. 311), è seguito da un **complemento indiretto**:
  *Ha la casa piena di vasi **provenienti*** [che provengono] ***dalla Cina*** [complemento indiretto].
- è sicuramente **aggettivo** se può avere il grado **comparativo** e **superlativo** (***più** attraente*, ***molto** attraente*) e se è unito al verbo ***essere*** (o altri con analoga funzione: *È / sembra **coinvolgente***.

• **Participio passato**

- Si utilizza nei **tempi composti**, nella formazione del **passivo** (▸ p. 307) e come **aggettivo**:
  *Ti ho **mandato** un sms.* = **passato prossimo** (ausiliare *avere* + participio passato del verbo "mandare").
  *Gli alberi sono stati **potati**.* = **passivo**: gli alberi hanno subito "passivamente" l'azione di essere "potati".
  *Non hai ancora steso i panni **lavati**?* = **aggettivo**, in quanto tale qualifica il nome "panni"; come verbo significa che i panni "hanno subito l'azione di essere lavati".
- Quando segue il verbo ***essere*** è parte di una **costruzione verbale passiva** se, nella frase, c'è un **complemento d'agente** (colui che compie effettivamente l'azione, ▸ p. 307) o un **avverbio** che precisa il significato dell'azione:
  *Clara è **ricercata** <u>da tutti</u>.*
  *Le figurine sono **ritagliate** <u>approssimativamente</u>.*
- In qualità di **verbo** è usato anche in molte proposizioni dipendenti implicite (prive cioè di informazioni sulla persona) che chiariscono, per esempio, le circostanze di tempo dell'azione espressa dal verbo reggente, in relazione di **anteriorità**:

ANTERIORITÀ | ***Salutati** gli ultimi ospiti* | ***sono crollata** per la stanchezza.*

= Dopo che avevo salutato
anteriore

- Come **aggettivo** può avere il grado superlativo: *È un insegnante **stimatissimo***.

HAI CAPITO?

In quali delle seguenti frasi il participio ha valore di verbo?

A. Hai comprato le stelle filanti?
B. Non vedo cartelli indicanti la direzione.
C. Non si può abbattere un muro portante.
D. Chiarito l'equivoco, ci siamo riappacificati.
E. Perché tieni in vaso fiori appassiti?

PER SAPERNE DI PIÙ

Come concorda il participio passato?

Con l'ausiliare ***essere*** concorda in **genere e numero** con il **nome** cui si riferisce: *La valigia troppo piena **è stata chiusa** dopo molti tentativi.*
Lo stesso avviene con i verbi **riflessivi diretti** (che reggono un pronome riflessivo dal valore di complemento diretto (▸ verbi riflessivi, p. 315): *Carlo **si è specchiato** e **si è visto** bellissimo* [*specchiare* e *vedere* se stesso= compl. diretti].
Con i verbi **riflessivi indiretti** (il cui pronome riflessivo è un complemento indiretto) la concordanza può avvenire sia con il soggetto, sia con il complemento **diretto/oggetto**: ***Gli** ospiti si sono lavati / lavate le mani* [lavare le mani a se stessi = compl. indiretto].

Con **l'ausiliare *avere*** solitamente è invariato: *Roberto ha innaffiato le aiuole.*
Se però è preceduto da un **pronome personale** o **relativo** in funzione di complemento diretto / oggetto può concordare o meno con esso: ***Le** aiuole che **hai innaffiato** / **innaffiate*** [raro] *sono quelle là in fondo*? ***Ti** hanno colpita / colpito, **Sandra** le mie parole di ieri*?
La concordanza però è obbligatoria quando si tratta dei pronomi che si differenziano per genere ***lo, la, li, le***: *Prendi i miei appunti, **li ho messi** sulla scrivania.*

12 Il gerundio

***Urlando** contro il cielo*
(Ligabue)

Il gerundio si usa in proposizioni **dipendenti implicite** ed esprime diversi **rapporti di natura logica** che si instaurano tra queste e la reggente. Per esempio:

- ***Sbagliando** si impara:* indica sia lo **strumento** attraverso i quale si riesce a "imparare", sia il **modo** in cui si acquisisce esperienza;
- *Non **avendo studiato** l'argomento, preferì tacere*: esprime la **causa** che ha prodotto l'azione di "tacere";
- *Mi ha accolto **sorridendo***: indica il **modo** in cui si è svolta l'azione di "accogliere".

Gerundio presente

Indica la **contemporaneità** con l'azione espressa dal verbo della reggente:

CONTEMPORANEITÀ: | *Il tuo cane mi **accoglie** sempre* | ***scodinzolando***. | (contemporanei)

Gerundio passato

Indica l'**anteriorità** rispetto all'azione espressa dal verbo della reggente:

ANTERIORITÀ: | ***Avendo mangiato** cibi sani* | *si **sentiva** sazio e leggero.* | (anteriore)

HAI CAPITO?

Che tipo di relazione temporale indica, rispetto alla reggente, il **gerundio** nelle seguenti frasi?

a. Essendo stato ammalato, mi sento ancora debole.
b. Da me non ottieni nulla gridando.

ADESSO TOCCA A TE ▶ Capitoli 10, 11, 12

INDIVIDUA

Livello 1

1 ●○○ **Sottolinea le forme verbali che non danno informazioni circa la persona o il numero.**

aspettando ~ predicava ~ scambiare ~ insorsero ~ avendo dominato ~ colleziona ~ aver esplorato ~ fuggirete ~ avremo superato ~ amante ~ studiasse ~ conquistando

2 ●○○ **Indica modo e tempo dei verbi elencati.**

a. sognando
b. avere ottenuto
c. domandare
d. ricevente
e. scrivente
f. avendo nuotato
g. riuscito
h. osservato
i. avere lasciato
j. essendo stato promosso
k. vincente
l. essere stato ricevuto
m. consigliare
n. sconfitto
o. aver perso
p. essendo scoperto
q. sorridente
r. essere stato mandato

Livello 2

3 ●●○ **Indica il rapporto temporale che esprimono i verbi evidenziati rispetto a quello in corsivo: anteriorità [A], contemporaneità [C], posteriorità [P].**

a. Uscita dall'ufficio, *passerò* in banca. ☒A ☐C ☐P
b. Acceso il computer, *si collegò* al suo sito preferito. ☐A ☐C ☐P
c. *Ho buttato* via quelle riviste pensando che le avessi già lette. ☐A ☐C ☐P
d. Con quella nuova pettinatura *era convinta* di sembrare più bella. ☐A ☐C ☐P
e. Essendo stato annunciato l'arrivo dei campioni, i tifosi si *accalcano* a bordo campo per festeggiarli. ☐A ☐C ☐P
f. Indette le elezioni, *iniziò* la campagna elettorale. ☐A ☐C ☐P

4 ●●○ **Individua la frase in cui l'infinito indica il modo in cui si attua l'azione dell'altro verbo.**

A La cliente chiese di provare l'abito rosso.
B Non perdete tempo a chiacchierare!
C L'esercizio da svolgere è troppo difficile.
D A usare per troppo tempo il computer mi fanno male gli occhi.

5 ●●○ **Individua la frase in cui il gerundio indica il modo in cui si attua l'azione dell'altro verbo.**

A Aprendo il pacchetto del regalo, rimase delusa.
B Abbiamo trascorso una piacevole serata giocando a carte.
C Concludendo l'arringa, l'avvocato si appellò alla clemenza della Corte.
D Mangiando cioccolata mi sento più allegra.

Livello 3

6 ●●● **In ogni frase prova a sostituire l'espressione evidenziata con un verbo coniugato a un modo indefinito: gerundio, participio o infinito.**

a. A causa del ritardo, non ci hanno fatti entrare a teatro. > Essendo arrivati tardi...
b. Si lamentò per l'esclusione dal torneo. ....
c. Per lo studio della musica occorre passione. ....
d. A causa dell'annullamento del volo, abbiamo dormito in aeroporto. ....
e. Mi ha accolto con un sorriso. ....
f. Per l'influenza ho dovuto rinunciare alla settimana bianca. ....
g. Dopo il saldo del conto, lasciarono in fretta l'albergo. ....
h. Dopo la firma del contratto, si strinsero la mano. ....

7 ●●●

Indica la funzione della parola evidenziata nelle seguenti coppie di frasi: aggettivo [A] o participio passato di un verbo [P].

a. 1) Mi piaci perché sei un tipo deciso. [X] A [ ] P
   2) Il restauro del teatro è stato deciso all'unanimità. [ ] A [ ] P
b. 1) La mia frase non è stata compresa. [ ] A [ ] P
   2) La camera costa 90 euro a notte, prima colazione compresa. [ ] A [ ] P
c. 1) L'esercito nemico fu sbaragliato e disarmato. [ ] A [ ] P
   2) Di fronte alle avversità mi sento disarmato. [ ] A [ ] P
d. 1) L'ordine del giorno è stato discusso dall'assemblea. [ ] A [ ] P
   2) Suo zio è un discusso uomo politico. [ ] A [ ] P
e. 1) Questo lenzuolo di lino è stato filato dalla mia bisnonna. [ ] A [ ] P
   2) Vado pazzo per lo zucchero filato. [ ] A [ ] P
f. 1) La bassa temperatura ha ghiacciato le strade. [ ] A [ ] P
   2) Attenzione, si scivola sul fondo ghiacciato! [ ] A [ ] P
g. 1) La piccola Sara legge un libro illustrato. [ ] A [ ] P
   2) La guida ha illustrato il percorso di visita [ ] A [ ] P

COMPLETA

Livello 1 **8** ●○○

A COPPIE **Completate la tabella scrivendo la forma del participio mancante.**

Verbo	Participio presente	Participio passato
a. emergere	emergente	emerso
b. invadere		invaso
c. mancare	mancante	
d. morire		morto
e. vivere		vissuto
f. pungere	pungente	
g. pensare		pensato
h. cadere	cadente	
i. mutare		mutato

9 ●○○

A COPPIE **Completate la tabella scrivendo la forma del gerundio mancante.**

Verbo	Gerundio presente	Gerundio passato
a. difendere	difendendo	avendo difeso
b. disputare	disputando	
c. esibire		avendo esibito
d. guidare	guidando	
e. mentire	mentendo	
f. parare		avendo parato
g. accendere	accendendo	
h. risolvere	risolvendo	

Livello 2 **10** ●●○

Nelle frasi seguenti inserisci i verbi all'infinito coniugandoli al tempo appropriato del participio o del gerundio.

a. (Superare) .... l'esame, tirò un sospiro di sollievo.
b. (Decidere) .... di scioperare, i lavoratori rimasero fuori dai cancelli della fabbrica.
c. (Essere) .... presente alla discussione, confermo la versione di Leo.
d. (Divenire) .... avvocato, si dedicò alla libera professione.
e. (Cadere) .... dalla scala, l'anziana signora si lamentava (invocare) .... aiuto.
f. (Mangiare) .... troppi dolci a Natale sono ingrassata.

Livello 3 **11** ●●●

Nelle frasi seguenti inserisci i verbi tra parentesi coniugandoli al tempo appropriato dei tre modi indefiniti: infinito, participio, gerundio. Fai attenzione a rispettare i rapporti temporali.

a. Si godeva l'azzurro mare d'agosto (crogiolarsi) .... al sole.
b. Dopo (lavorare) .... tutto l'inverno, mi concederò una breve vacanza.
c. All'inizio ero persuaso di (fare) .... un affare, in seguito si rivelò una truffa.
d. (Percorrere) .... il viale, (proseguire) .... in direzione centro, arriverà in via Verdi.
e. Uscirò dall'ufficio non prima di (completare) .... il bilancio.
f. (Vedere) .... Mauro entrare qualche minuto prima, Teresa lo avvicinò (sorridere) ....
g. Era convinta di (risolvere) .... tutti i quesiti di matematica e rimase delusa dell'insufficienza.

LAVORA CON LE PAROLE

Livello 1 **12** ●○○

Per ogni participio presente elencato scrivi una frase in cui sia usato come aggettivo.

riposante ~ ridente ~ volante ~ battente ~ curante ~ idratante ~ deludente ~ pagante ~ sfuggente ~ corrente ~ danzante ~ ammorbidente ~ abbronzante

Livello 2 **13** ●●○

Forma il participio presente dei verbi elencati, quindi per ognuno scrivi una frase in cui sia usato come nome (puoi usare anche la forma plurale).

insegnare ~ votare ~ rappresentare ~ condurre ~ aspirare ~ mandare ~ navigare ~ contribuire ~ badare ~ celebrare ~ perdere

Livello 3 **14** ●●●

A COPPIE Per ogni termine elencato, nome e/o aggettivo, indicate il verbo di cui è il participio presente o passato. Per un aiuto consultate il dizionario.

mordente ~ stupefacente ~ pregiudicato ~ officiante ~ delinquente ~ inquisito ~ estinto ~ estromesso ~ indulgente ~ brulicante ~ urgente ~ vigente

15 ●●●

A COPPIE Formate il participio passato dei verbi elencati, quindi per ognuno scrivete una frase in cui sia usato come aggettivo abbinato a un nome adeguato. Se non conoscete il significato di alcuni verbi o del loro participio, cercate aiuto nel dizionario.

accendere ~ adottare ~ incantare ~ temperare ~ testare ~ estinguere ~ incallire ~ scollare ~ scontare ~ ravvicinare

13 L'aspetto del verbo

Come abbiamo visto, le forme verbali sanno esprimere una grande varietà di significati e usi.

Ma se consideriamo ora la **natura in sé** dell'azione espressa, ci accorgeremo che possiede determinate caratteristiche a seconda di **come si svolge il processo del suo "accadere"**. Chiediamoci perciò:

- Dura un momento o si prolunga nel tempo? Si ripete?
- Sta per succedere, è in corso di svolgimento o è nella fase conclusiva? È cioè **ingressiva**, **progressiva** o **conclusiva**? (***Stavo per uscire!*** ***Sto perdendo*** *la testa.* ***Ha smesso*** *di fumare.*)

La risposta a ciascuno di questi interrogativi si trova osservando l'**aspetto del verbo** o, meglio, dell'**azione**.

I principali criteri secondo cui si esamina l'aspetto sono illustrati dalle seguenti mappe.

Da C. Thompson, *Blankets*, 2004.

Proprio allora squillò il telefono

↓

aspetto PUNTUALE o MOMENTANEO

L'azione si esaurisce infatti in un tempo breve, in un momento. Questa potrebbe essere la sua rappresentazione sulla linea del tempo:

——— • ———→

L'aspetto **momentaneo** è reso dall'indicativo

- **presente**: ***Prendo*** *un po' del tuo dolce*;
- **passato prossimo**: *Ti* ***ho inviato*** *una foto*;
- **passato remoto**: ***Spense*** *la luce*.

Entrò mentre squillava il telefono

↓

aspetto DURATIVO

L'azione non si consuma in un attimo, ma si prolunga nel tempo:

——— ——— ———→

L'aspetto **durativo** è reso dall'indicativo

- **presente**: ***Va*** *sempre di fretta*;
- **imperfetto**: ***Parlavano*** *tutti insieme*;
- da **espressioni specifiche** (verbi fraseologici): *Ma perché* ***continui a gridare****?*

Il telefono squillava ogni mezzora

↓

aspetto ITERATIVO

L'azione si ripete nel tempo:

——— - - - - - - - ———→

L'aspetto **iterativo** è reso dall'indicativo

- **presente**: ***Faccio*** *sport ogni giorno*;
- **imperfetto**: *Di tanto in tanto* ***guardava*** *l'ora*.

Alcune informazioni sull'**aspetto** ci vengono date, in molti casi, dallo stesso **significato** del verbo, anche indipendentemente dalla sua forma. *Aspettare* / *attendere* e *riposare*, per esempio, indicano azioni che non possono risolversi in un attimo, ma comportano di per sé una certa **durata**:

Aspetta *in silenzio! Ti* ***ho attesa*** *inutilmente tutto il giorno;* ***Riposa*** *tranquillo! Concedimi almeno mezzora per* ***riposare****.*

HAI CAPITO?

Stabilisci l'aspetto di ciascun verbo evidenziato nel seguente breve testo:

Ti **ho chiesto** di sparecchiare, ma siccome **stavi** davanti al computer **hai continuato a giocare**. Quando mi serve il tuo aiuto, tu **stai** sempre **facendo** qualcos'altro. Ti **avviso**: **sto per perdere** la pazienza.

ADESSO TOCCA A TE

▶ Capitolo 13

INDIVIDUA

Livello 1

1 ●○○ **Sofferma l'attenzione sulle espressioni verbali evidenziate nelle frasi, quindi abbina ognuna all'affermazione corretta.**

a. La band attaccò a suonare un pezzo rock. ☐
b. Sta piovendo a dirotto. ☐
c. Lucia va raccontando a tutti le mie confidenze. ☐
d. Non mi disturbi, stavo per telefonarti. ☐
e. Finalmente ho finito di stirare il bucato. ☐

Il verbo/la perifrasi verbale descrive:
1. l'imminenza di un evento o un'azione.
2. l'inizio di un evento o un'azione.
3. il protrarsi di un evento o un'azione.
4. il termine di un evento o un'azione.
5. un evento o un'azione in svolgimento.

Livello 2

2 ●●○ **Nelle seguenti coppie di frasi indica l'aspetto dell'azione espresso dai verbi: puntuale [P], iterativo [I], durativo [D].**

a. 1) Da ragazza mia madre partecipava a gare di ballo. P I ~~D~~ (X)
   2) Da ragazza mia madre partecipò a gare di ballo. P I D
b. 1) Non fumo da anni. P I D
   2) Di tanto in tanto fumo una sigaretta. P I D
c. 1) Il maltempo imperversò su tutta Europa. X I D
   2) Il maltempo persisteva su tutta Europa. P I D
d. 1) Luca ogni giorno fa una promessa. P X D
   2) Luca continua a fare promesse. P I D

3 ●●○ **Nelle frasi seguenti indica il tipo di svolgimento dell'azione espressa dal verbo: sta per iniziare o è imminente [I], è in corso, "progredisce" [P], si conclude [C].**

a. Sta per uscire un nuovo romanzo di Ken Follett. I P C
b. Finalmente mia madre ha smesso di trattarmi come un bambino. I P C
c. Marco sta dando gli ultimi ritocchi alla tinteggiatura. I P C
d. Sono sul punto di perdere la pazienza! I P C
e. L'azienda ha cessato la produzione dei vecchi modelli. I P C
f. Il dibattito alla Camera sta proseguendo ad oltranza. I P C

Livello 3

4 ●●● **Nelle frasi seguenti sottolinea le espressioni verbali che segnalano l'aspetto dell'azione.**

a. Laura è in procinto di partire per l'Australia.
b. Luca continua a far finta di niente, ma sa bene di essere in debito con me.
c. Si va dicendo che i lavori per il nuovo ponte stanno per essere sospesi.
d. Mi accingevo ad asciugarmi i capelli, quando il phon ha smesso di funzionare.
e. Il campionato di calcio sta per partire e i tifosi stanno organizzandosi.
f. Quando Anna è in vena di confidenze, non smette più di parlare.

TRASFORMA

Livello 1 **5** ●○○

Riscrivi le frasi modificando, mediante espressioni specifiche, forme o perifrasi verbali, l'aspetto dell'azione secondo l'indicazione tra parentesi.

a. Piove. (è in fase conclusiva) > Ha smesso di piovere.
b. Continui a brontolare? (è in fase conclusiva) ....
c. Alla vista di un ragno, Sara svenne per la paura. (sta per succedere) ....
d. La mia tosse peggiora. (è in pieno svolgimento) ....
e. Al campeggio dormimmo nei sacchi a pelo. (durativo) ....
f. Finalmente ho un aumento di stipendio. (sta per succedere) ....

Livello 2 **6** ●●○

Riscrivi le frasi modificando, mediante espressioni specifiche, forme o perifrasi verbali, l'aspetto dell'azione evidenziata secondo l'indicazione tra parentesi.

a. Messo alle strette, il sospettato confessò. (è in corso) > sta confessando
b. Studiavo, quando Lisa mi ha telefonato. (sta per succedere) ....
c. Mi pregò di aiutarlo. (è in corso) ....
d. Mi dispiace che tu sparli alle mie spalle. (è in corso) ....
e. Una volta Fabio mi confidò i suoi progetti. (durativo) ....
f. Temendo di arrivare in ritardo, Maurizio controllò l'ora ogni pochi minuti. (iterativo) ....

Livello 3 **7** ●●●

Riscrivi le frasi seguenti modificando l'aspetto puntuale dell'azione secondo l'indicazione tra parentesi. Usa tempi verbali, locuzioni e avverbi opportuni.

a. Il postino è arrivato alle 9.00. (iterativo) > Il postino arriva ogni mattina alle 9.00.
b. Per il freddo il motore dell'auto si è bloccato. (durativo)
c. La madre accarezzò con dolcezza il bambino. (durativo)
d. Nora spegne la luce. (iterativo)
e. La sera Lucia accese la televisione. (iterativo).

8 ●●●

Nelle frasi seguenti sostituisci i verbi che informano sull'aspetto dell'azione con altri equivalenti, uno diverso per ogni frase. Puoi consultare il dizionario sia per trovare opportuni sinonimi sia per controllare il tipo di costruzione che richiedono.

a. Sono molto arrabbiata con te, sono sul punto di metterti in punizione.
sto per metterti in punizione.
b. Stavo per partire per Londra, ma hanno sospeso i voli per il maltempo.
....
c. Quando è scoppiato il temporale stavo per andare a letto.
....
d. Uscirò soltanto se smetterà di piovere.
....
e. Finiti gli studi, cercherò un lavoro, anche all'estero.
....
f. Sindacati e imprenditori continuano a trattare.
....
g. I sindacati continuano a ribadire la loro opposizione alla riforma del lavoro.
....

Coniugazione del verbo *essere*

Modi finiti

Tempi semplici	Tempi composti	Tempi semplici	Tempi composti
Indicativo		**Congiuntivo**	
Presente	**Passato prossimo**	**Presente**	**Passato**
io sono	io sono stato	che io sia	che io sia stato
tu sei	tu sei stato	che tu sia	che tu sia stato
egli è	egli è stato	che egli sia	che egli sia stato
noi siamo	noi siamo stati	che noi siamo	che noi siamo stati
voi siete	voi siete stati	che voi siate	che voi siate stati
essi sono	essi sono stati	che essi siano	che essi siano stati
Imperfetto	**Trapassato prossimo**	**Imperfetto**	**Trapassato**
io ero	io ero stato	che io fossi	che io fossi stato
tu eri	tu eri stato	che tu fossi	che tu fossi stato
egli era	egli era stato	che egli fosse	che egli fosse stato
noi eravamo	noi eravamo stati	che noi fossimo	che noi fossimo stati
voi eravate	voi eravate stati	che voi foste	che voi foste stati
essi erano	essi erano stati	che essi fossero	che essi fossero stati
Passato remoto	**Trapassato remoto**	**Condizionale**	
io fui	io fui stato	**Presente**	**Passato**
tu fosti	tu fosti stato	io sarei	io sarei stato
egli fu	egli fu stato	tu saresti	tu saresti stato
noi fummo	noi fummo stati	egli sarebbe	egli sarebbe stato
voi foste	voi foste stati	noi saremmo	noi saremmo stati
essi furono	essi furono stati	voi sareste	voi sareste stati
		essi sarebbero	essi sarebbero stati
Futuro	**Futuro anteriore**	**Imperativo**	
io sarò	io sarò stato	**Presente**	
tu sarai	tu sarai stato	–	
egli sarà	egli sarà stato	sii	
noi saremo	noi saremo stati	sia	
voi sarete	voi sarete stati	siamo	
essi saranno	essi saranno stati	siate	
		siano	

Modi indefiniti

Infinito		Participio		Gerundio	
Presente	**Passato**	**Presente**	**Passato**	**Presente**	**Passato**
essere	essere stato	–	stato	essendo	essendo stato

Coniugazione del verbo *avere*

Modi finiti

Tempi semplici	Tempi composti	Tempi semplici	Tempi composti
Indicativo		**Congiuntivo**	
Presente	**Passato prossimo**	**Presente**	**Passato**
io ho	io ho avuto	che io abbia	che io abbia avuto
tu hai	tu hai avuto	che tu abbia	che tu abbia avuto
egli ha	egli ha avuto	che egli abbia	che egli abbia avuto
noi abbiamo	noi abbiamo avuto	che noi abbiamo	che noi abbiamo avuto
voi avete	voi avete avuto	che voi abbiate	che voi abbiate avuto
essi hanno	essi hanno avuto	che essi abbiano	che essi abbiano avuto
Imperfetto	**Trapassato prossimo**	**Imperfetto**	**Trapassato**
io avevo	io avevo avuto	che io avessi	che io avessi avuto
tu avevi	tu avevi avuto	che tu avessi	che tu avessi avuto
egli aveva	egli aveva avuto	che egli avesse	che egli avesse avuto
noi avevamo	noi avevamo avuto	che noi avessimo	che noi avessimo avuto
voi avevate	voi avevate avuto	che voi aveste	che voi aveste avuto
essi avevano	essi avevano avuto	che essi avessero	che essi avessero avuto
		Condizionale	
Passato remoto	**Trapassato remoto**	**Presente**	**Passato**
io ebbi	io ebbi avuto	io avrei	io avrei avuto
tu avesti	tu avesti avuto	tu avresti	tu avresti avuto
egli ebbe	egli ebbe avuto	egli avrebbe	egli avrebbe avuto
noi avemmo	noi avemmo avuto	noi avremmo	noi avremmo avuto
voi aveste	voi aveste avuto	voi avreste	voi avreste avuto
essi ebbero	essi ebbero avuto	essi avrebbero	essi avrebbero avuto
		Imperativo	
Futuro	**Futuro anteriore**	**Presente**	
io avrò	io avrò avuto	–	
tu avrai	tu avrai avuto	abbi	
egli avrà	egli avrà avuto	abbia	
noi avremo	noi avremo avuto	abbiamo	
voi avrete	voi avrete avuto	abbiate	
essi avranno	essi avranno avuto	abbiano	

Modi indefiniti

Infinito		Participio		Gerundio	
Presente	**Passato**	**Presente**	**Passato**	**Presente**	**Passato**
avere	avere avuto	avente	avuto	avendo	avendo avuto

Forma attiva
Prima coniugazione: *AM-ARE*

Modi finiti

Indicativo

Tempi semplici	Tempi composti
Presente	**Passato prossimo**
io am-*o*	io ho am-*ato*
tu am-*i*	tu hai am-*ato*
egli am-*a*	egli ha am-*ato*
noi am-*iamo*	noi abbiamo am-*ato*
voi am-*ate*	voi avete am-*ato*
essi am-*ano*	essi hanno am-*ato*
Imperfetto	**Trapassato prossimo**
io am-*avo*	io avevo am-*ato*
tu am-*avi*	tu avevi am-*ato*
egli am-*ava*	egli aveva am-*ato*
noi am-*avamo*	noi avevamo am-*ato*
voi am-*avate*	voi avevate am-*ato*
essi am-*avano*	essi avevano am-*ato*
Passato remoto	**Trapassato remoto**
io am-*ai*	io ebbi am-*ato*
tu am-*asti*	tu avesti am-*ato*
egli am-*ò*	egli ebbe am-*ato*
noi am-*ammo*	noi avemmo am-*ato*
voi am-*aste*	voi aveste am-*ato*
essi am-*arono*	essi ebbero am-*ato*
Futuro	**Futuro anteriore**
io am-*erò*	io avrò am-*ato*
tu am-*erai*	tu avrai am-*ato*
egli am-*erà*	egli avrà am-*ato*
noi am-*eremo*	noi avremo am-*ato*
voi am-*erete*	voi avrete am-*ato*
essi am-*eranno*	essi avranno am-*ato*

Congiuntivo

Tempi semplici	Tempi composti
Presente	**Passato**
che io am-*i*	che io abbia am-*ato*
che tu am-*i*	che tu abbia am-*ato*
che egli am-*i*	che egli abbia am-*ato*
che noi am-*iamo*	che noi abbiamo am-*ato*
che voi am-*iate*	che voi abbiate am-*ato*
che essi am-*ino*	che essi abbiano am-*ato*
Imperfetto	**Trapassato**
che io am-*assi*	che io avessi am-*ato*
che tu am-*assi*	che tu avessi am-*ato*
che egli am-*asse*	che egli avesse am-*ato*
che noi am-*assimo*	che noi avessimo am-*ato*
che voi am-*aste*	che voi aveste am-*ato*
che essi am-*assero*	che essi avessero am-*ato*

Condizionale

Tempi semplici	Tempi composti
Presente	**Passato**
io am-*erei*	io avrei am-*ato*
tu am-*eresti*	tu avresti am-*ato*
egli am-*erebbe*	egli avrebbe am-*ato*
noi am-*eremmo*	noi avremmo am-*ato*
voi am-*ereste*	voi avreste am-*ato*
essi am-*erebbero*	essi avrebbero am-*ato*

Imperativo

Presente

–
am-*a*
am-*i*
am-*iamo*
am-*ate*
am-*ino*

Modi indefiniti

Infinito		Participio		Gerundio	
Presente	**Passato**	**Presente**	**Passato**	**Presente**	**Passato**
am-*are*	avere am-*ato*	am-*ante*	am-*ato*	am-*ando*	avendo am-*ato*

Forma attiva
Seconda coniugazione: *TEM-ERE*

Modi finiti

Indicativo

Tempi semplici	Tempi composti
Presente io tem-*o* tu tem-*i* egli tem-*e* noi tem-*iamo* voi tem-*ete* essi tem-*ono*	**Passato prossimo** io ho tem-*uto* tu hai tem-*uto* egli ha tem-*uto* noi abbiamo tem-*uto* voi avete tem-*uto* essi hanno tem-*uto*
Imperfetto io tem-*evo* tu tem-*evi* egli tem-*eva* noi tem-*evamo* voi tem-*evate* essi tem-*evano*	**Trapassato prossimo** io avevo tem-*uto* tu avevi tem-*uto* egli aveva tem-*uto* noi avevamo tem-*uto* voi avevate tem-*uto* essi avevano tem-*uto*
Passato remoto io tem-*ei* (tem-*etti*) tu tem-*esti* egli tem-*é* (tem-*ette*) noi tem-*emmo* voi tem-*este* essi tem-*erono* (tem-*ettero*)	**Trapassato remoto** io ebbi tem-*uto* tu avesti tem-*uto* egli ebbe tem-*uto* noi avemmo tem-*uto* voi aveste tem-*uto* essi ebbero tem-*uto*
Futuro io tem-*erò* tu tem-*erai* egli tem-*erà* noi tem-*eremo* voi tem-*erete* essi tem-*eranno*	**Futuro anteriore** io avrò tem-*uto* tu avrai tem-*uto* egli avrà tem-*uto* noi avremo tem-*uto* voi avrete tem-*uto* essi avranno tem-*uto*

Congiuntivo

Tempi semplici	Tempi composti
Presente che io tem-*a* che tu tem-*a* che egli tem-*a* che noi tem-*iamo* che voi tem-*iate* che essi tem-*ano*	**Passato** che io abbia tem-*uto* che tu abbia tem-*uto* che egli abbia tem-*uto* che noi abbiamo tem-*uto* che voi abbiate tem-*uto* che essi abbiano tem-*uto*
Imperfetto che io tem-*essi* che tu tem-*essi* che egli tem-*esse* che noi tem-*essimo* che voi tem-*este* che essi tem-*essero*	**Trapassato** che io avessi tem-*uto* che tu avessi tem-*uto* che egli avesse tem-*uto* che noi avessimo tem-*uto* che voi aveste tem-*uto* che essi avessero tem-*uto*

Condizionale

Tempi semplici	Tempi composti
Presente io tem-*erei* tu tem-*eresti* egli tem-*erebbe* noi tem-*eremmo* voi tem-*ereste* essi tem-*erebbero*	**Passato** io avrei tem-*uto* tu avresti tem-*uto* egli avrebbe tem-*uto* noi avremmo tem-*uto* voi avreste tem-*uto* essi avrebbero tem-*uto*

Imperativo

Presente

–
tem-*i*
tem-*a*
tem-*iamo*
tem-*ete*
tem-*ano*

Modi indefiniti

Infinito		Participio		Gerundio	
Presente	**Passato**	**Presente**	**Passato**	**Presente**	**Passato**
tem-*ere*	avere tem-*uto*	tem-*ente*	tem-*uto*	tem-*endo*	avendo tem-*uto*

Forma attiva
Terza coniugazione: *SENT-IRE*

Modi finiti

Indicativo

Tempi semplici	Tempi composti
Presente	**Passato prossimo**
io sent-*o*	io ho sent-*ito*
tu sent-*i*	tu hai sent-*ito*
egli sent-*e*	egli ha sent-*ito*
noi sent-*iamo*	noi abbiamo sent-*ito*
voi sent-*ite*	voi avete sent-*ito*
essi sent-*ono*	essi hanno sent-*ito*
Imperfetto	**Trapassato prossimo**
io sent-*ivo*	io avevo sent-*ito*
tu sent-*ivi*	tu avevi sent-*ito*
egli sent-*iva*	egli aveva sent-*ito*
noi sent-*ivamo*	noi avevamo sent-*ito*
voi sent-*ivate*	voi avevate sent-*ito*
essi sent-*ivano*	essi avevano sent-*ito*
Passato remoto	**Trapassato remoto**
io sent-*ii*	io ebbi sent-*ito*
tu sent-*isti*	tu avesti sent-*ito*
egli sent-*ì*	egli ebbe sent-*ito*
noi sent-*immo*	noi avemmo sent-*ito*
voi sent-*iste*	voi aveste sent-*ito*
essi sent-*irono*	essi ebbero sent-*ito*
Futuro	**Futuro anteriore**
io sent-*irò*	io avrò sent-*ito*
tu sent-*irai*	tu avrai sent-*ito*
egli sent-*irà*	egli avrà sent-*ito*
noi sent-*iremo*	noi avremo sent-*ito*
voi sent-*irete*	voi avrete sent-*ito*
essi sent-*iranno*	essi avranno sent-*ito*

Congiuntivo

Tempi semplici	Tempi composti
Presente	**Passato**
che io sent-*a*	che io abbia sent-*ito*
che tu sent-*a*	che tu abbia sent-*ito*
che egli sent-*a*	che egli abbia sent-*ito*
che noi sent-*iamo*	che noi abbiamo sent-*ito*
che voi sent-*iate*	che voi abbiate sent-*ito*
che essi sent-*ano*	che essi abbiano sent-*ito*
Imperfetto	**Trapassato**
che io sent-*issi*	che io avessi sent-*ito*
che tu sent-*issi*	che tu avessi sent-*ito*
che egli sent-*isse*	che egli avesse sent-*ito*
che noi sent-*issimo*	che noi avessimo sent-*ito*
che voi sent-*iste*	che voi aveste sent-*ito*
che essi sent-*issero*	che essi avessero sent-*ito*

Condizionale

Tempi semplici	Tempi composti
Presente	**Passato**
io sent-*irei*	io avrei sent-*ito*
tu sent-*iresti*	tu avresti sent-*ito*
egli sent-*irebbe*	egli avrebbe sent-*ito*
noi sent-*iremmo*	noi avremmo sent-*ito*
voi sent-*ireste*	voi avreste sent-*ito*
essi sent-*irebbero*	essi avrebbero sent-*ito*

Imperativo

Presente

–
sent-*i*
sent-*a*
sent-*iamo*
sent-*ite*
sent-*ano*

Modi indefiniti

Infinito		Participio		Gerundio	
Presente	**Passato**	**Presente**	**Passato**	**Presente**	**Passato**
sent-*ire*	avere sent-*ito*	sent-*ente*	sent-*ito*	sent-*endo*	avendo sent-*ito*

Forma passiva
Prima coniugazione: *AM-ARE*

Modi finiti

Tempi semplici	Tempi composti	Tempi semplici	Tempi composti
Indicativo		**Congiuntivo**	
Presente	**Passato prossimo**	**Presente**	**Passato**
io sono am-*ato/a*	io sono stato am-*ato*	che io sia am-*ato*	che io sia stato am-*ato*
tu sei am-*ato*	tu sei stato am-*ato*	che tu sia am-*ato*	che tu sia stato am-*ato*
egli è am-*ato*	egli è stato am-*ato*	che egli sia am-*ato*	che egli sia stato am-*ato*
noi siamo am-*ati/e*	noi siamo stati am-*ati*	che noi siamo am-*ati*	che noi siamo stati am-*ati*
voi siete am-*ati*	voi siete stati am-*ati*	che voi siate am-*ati*	che voi siate stati am-*ati*
essi sono am-*ati*	essi sono stati am-*ati*	che essi siano am-*ati*	che essi siano stati am-*ati*
Imperfetto	**Trapassato prossimo**	**Imperfetto**	**Trapassato**
io ero am-*ato*	io ero stato am-*ato*	che io fossi am-*ato*	che io fossi stato am-*ato*
tu eri am-*ato*	tu eri stato am-*ato*	che tu fossi am-*ato*	che tu fossi stato am-*ato*
egli era am-*ato*	egli era stato am-*ato*	che egli fosse am-*ato*	che egli fosse stato am-*ato*
noi eravamo am-*ati*	noi eravamo stati am-*ati*	che noi fossimo am-*ati*	che noi fossimo stati am-*ati*
voi eravate am-*ati*	voi eravate stati am-*ati*	che voi foste am-*ati*	che voi foste stati am-*ati*
essi erano am-*ati*	essi erano stati am-*ati*	che essi fossero am-*ati*	che essi fossero stati am-*ati*
Passato remoto	**Trapassato remoto**	**Condizionale**	
io fui am-*ato*	io fui stato am-*ato*	**Presente**	**Passato**
tu fosti am-*ato*	tu fosti stato am-*ato*	io sarei am-*ato*	io sarei stato am-*ato*
egli fu am-*ato*	egli fu stato am-*ato*	tu saresti am-*ato*	tu saresti stato am-*ato*
noi fummo am-*ati*	noi fummo stati am-*ati*	egli sarebbe am-*ato*	egli sarebbe stato am-*ato*
voi foste am-*ati*	voi foste stati am-*ati*	noi saremmo am-*ati*	noi saremmo stati am-*ati*
essi furono am-*ati*	essi furono stati am-*ati*	voi sareste am-*ati*	voi sareste stati am-*ati*
		essi sarebbero am-*ati*	essi sarebbero stati am-*ati*
Futuro	**Futuro anteriore**	**Imperativo**	
io sarò am-*ato*	io sarò stato am-*ato*	**Presente**	
tu sarai am-*ato*	tu sarai stato am-*ato*	–	
egli sarà am-*ato*	egli sarà stato am-*ato*	(sii am-*ato*)	
noi saremo am-*ati*	noi saremo stati am-*ati*	(sia am-*ato*)	
voi sarete am-*ati*	voi sarete stati am-*ati*	(siamo am-*ati*)	
essi saranno am-*ati*	essi saranno stati am-*ati*	(siate am-*ati*)	
		(siano am-*ati*)	

Modi indefiniti

Infinito		Participio		Gerundio	
Presente	**Passato**	**Presente**	**Passato**	**Presente**	**Passato**
essere am-*ato*	essere stato am-*ato*	–	(stato) am-*ato*	essendo am-*ato*	essendo stato am-*ato*

Forma passiva
Seconda coniugazione: *TEM-ERE*

Modi finiti

Indicativo

Tempi semplici	Tempi composti
Presente	**Passato prossimo**
io sono tem-*uto/a*	io sono stato tem-*uto*
tu sei tem-*uto*	tu sei stato tem-*uto*
egli è tem-*uto*	egli è stato tem-*uto*
noi siamo tem-*uti/e*	noi siamo stati tem-*uti*
voi siete tem-*uti*	voi siete stati tem-*uti*
essi sono tem-*uti*	essi sono stati tem-*uti*
Imperfetto	**Trapassato prossimo**
io ero tem-*uto*	io ero stato tem-*uto*
tu eri tem-*uto*	tu eri stato tem-*uto*
egli era tem-*uto*	egli era stato tem-*uto*
noi eravamo tem-*uti*	noi eravamo stati tem-*uti*
voi eravate tem-*uti*	voi eravate stati tem-*uti*
essi erano tem-*uti*	essi erano stati tem-*uti*
Passato remoto	**Trapassato remoto**
io fui tem-*uto*	io fui stato tem-*uto*
tu fosti tem-*uto*	tu fosti stato tem-*uto*
egli fu tem-*uto*	egli fu stato tem-*uto*
noi fummo tem-*uti*	noi fummo stati tem-*uti*
voi foste tem-*uti*	voi foste stati tem-*uti*
essi furono tem-*uti*	essi furono stati tem-*uti*
Futuro	**Futuro anteriore**
io sarò tem-*uto*	io sarò stato tem-*uto*
tu sarai tem-*uto*	tu sarai stato tem-*uto*
egli sarà tem-*uto*	egli sarà stato tem-*uto*
noi saremo tem-*uti*	noi saremo stati tem-*uti*
voi sarete tem-*uti*	voi sarete stati tem-*uti*
essi saranno tem-*uti*	essi saranno stati tem-*uti*

Congiuntivo

Tempi semplici	Tempi composti
Presente	**Passato**
che io sia tem-*uto*	che io sia stato tem-*uto*
che tu sia tem-*uto*	che tu sia stato tem-*uto*
che egli sia tem-*uto*	che egli sia stato tem-*uto*
che noi siamo tem-*uti*	che noi siamo stati tem-*uti*
che voi siate tem-*uti*	che voi siate stati tem-*uti*
che essi siano tem-*uti*	che essi siano stati tem-*uti*
Imperfetto	**Trapassato**
che io fossi tem-*uto*	che io fossi stato tem-*uto*
che tu fossi tem-*uto*	che tu fossi stato tem-*uto*
che egli fosse tem-*uto*	che egli fosse stato tem-*uto*
che noi fossimo tem-*uti*	che noi fossimo stati tem-*uti*
che voi foste tem-*uti*	che voi foste stati tem-*uti*
che essi fossero tem-*uti*	che essi fossero stati tem-*uti*

Condizionale

Tempi semplici	Tempi composti
Presente	**Passato**
io sarei tem-*uto*	io sarei stato tem-*uto*
tu saresti tem-*uto*	tu saresti stato tem-*uto*
egli sarebbe tem-*uto*	egli sarebbe stato tem-*uto*
noi saremmo tem-*uti*	noi saremmo stati tem-*uti*
voi sareste tem-*uti*	voi sareste stati tem-*uti*
essi sarebbero tem-*uti*	essi sarebbero stati tem-*uti*

Imperativo

Presente

–
(sii tem-*uto*)
(sia tem-*uto*)
(siamo tem-*uti*)
(siate tem-*uti*)
(siano tem-*uti*)

Modi indefiniti

Infinito		Participio		Gerundio	
Presente	**Passato**	**Presente**	**Passato**	**Presente**	**Passato**
essere tem-*uto*	essere stato tem-*uto*	–	(stato) tem-*uto*	essendo tem-*uto*	essendo stato tem-*uto*

Forma passiva
Terza coniugazione: *SENT-IRE*

Modi finiti

Tempi semplici	Tempi composti	Tempi semplici	Tempi composti
Indicativo		**Congiuntivo**	
Presente io sono sent-*ito/a* tu sei sent-*ito* egli è sent-*ito* noi siamo sent-*iti/e* voi siete sent-*iti* essi sono sent-*iti*	**Passato prossimo** io sono stato sent-*ito* tu sei stato sent-*ito* egli è stato sent-*ito* noi siamo stati sent-*iti* voi siete stati sent-*iti* essi sono stati sent-*iti*	**Presente** che io sia sent-*ito* che tu sia sent-*ito* che egli sia sent-*ito* che noi siamo sent-*iti* che voi siate sent-*iti* che essi siano sent-*iti*	**Passato** che io sia stato sent-*ito* che tu sia stato sent-*ito* che egli sia stato sent-*ito* che noi siamo stati sent-*iti* che voi siate stati sent-*iti* che essi siano stati sent-*iti*
Imperfetto io ero sent-*ito* tu eri sent-*ito* egli era sent-*ito* noi eravamo sent-*iti* voi eravate sent-*iti* essi erano sent-*iti*	**Trapassato prossimo** io ero stato sent-*ito* tu eri stato sent-*ito* egli era stato sent-*ito* noi eravamo stati sent-*iti* voi eravate stati sent-*iti* essi erano stati sent-*iti*	**Imperfetto** che io fossi sent-*ito* che tu fossi sent-*ito* che egli fosse sent-*ito* che noi fossimo sent-*iti* che voi foste sent-*iti* che essi fossero sent-*iti*	**Trapassato** che io fossi stato sent-*ito* che tu fossi stato sent-*ito* che egli fosse stato sent-*ito* che noi fossimo stati sent-*iti* che voi foste stati sent-*iti* che essi fossero stati sent-*iti*
Passato remoto io fui sent-*ito* tu fosti sent-*ito* egli fu sent-*ito* noi fummo sent-*iti* voi foste sent-*iti* essi furono sent-*iti*	**Trapassato remoto** io fui stato sent-*ito* tu fosti stato sent-*ito* egli fu stato sent-*ito* noi fummo stati sent-*iti* voi foste stati sent-*iti* essi furono stati sent-*iti*	**Condizionale** **Presente** io sarei sent-*ito* tu saresti sent-*ito* egli sarebbe sent-*ito* noi saremmo sent-*iti* voi sareste sent-*iti* essi sarebbero sent-*iti*	 **Passato** io sarei stato sent-*ito* tu saresti stato sent-*ito* egli sarebbe stato sent-*ito* noi saremmo stati sent-*iti* voi sareste stati sent-*iti* essi sarebbero stati sent-*iti*
Futuro io sarò sent-*ito* tu sarai sent-*ito* egli sarà sent-*ito* noi saremo sent-*iti* voi sarete sent-*iti* essi saranno sent-*iti*	**Futuro anteriore** io sarò stato sent-*ito* tu sarai stato sent-*ito* egli sarà stato sent-*ito* noi saremo stati sent-*iti* voi sarete stati sent-*iti* essi saranno stati sent-*iti*	**Imperativo** **Presente** – (sii sent-*ito*) (sia sent-*ito*) (siamo sent-*iti*) (siate sent-*iti*) (siano sent-*iti*)	

Modi indefiniti

Infinito		Participio		Gerundio	
Presente	**Passato**	**Presente**	**Passato**	**Presente**	**Passato**
essere sent-*ito*	essere stato sent-*ito*	–	(stato) sent-*ito*	essendo sent-*ito*	essendo stato sent-*ito*

Verbi irregolari

I **verbi irregolari** mutano, nel corso della coniugazione, a volte la **radice** (*andare*, per esempio, nell'indicativo presente diventa *io* ***vado****, tu* ***vai****, egli* ***va****, essi* ***vanno***; riprende la sua radice regolare in *noi andiamo, voi andate*). A volte mutano la **desinenza** (per esempio, nel futuro semplice *cadere* fa *io cadr****ò***) e, a volte, sia la radice sia la desinenza (in *rompere,* il passato remoto muta radice e desinenza in *io* ***ruppi****, egli* ***ruppe****, essi* ***ruppero****,* ridiventa regolare in *tu rompesti, noi rompemmo, voi rompeste*).
Forniamo ora un elenco dei verbi irregolari più usati: di ogni verbo sono indicati soltanto i tempi in parte o del tutto irregolari. È sottinteso perciò che per gli altri tempi si deve seguire il modello della coniugazione regolare.

Accèndere	indicativo passato remoto: *accesi, accendesti, accese, accendemmo, accendeste, accesero*; participio passato: *acceso.*
Accòrgersi	indicativo passato remoto: *mi accorsi, ti accorgesti, si accòrse, ci accorgemmo, vi accorgeste, si accorsero*; participio passato: *accortosi.*
Andare	indicativo presente: *vado (vo), vai, va, andiamo, andate, vanno*; futuro: *andrò* ecc.; congiuntivo presente: *vada, andiamo, andiate, vadano*; condizionale presente: *andrei* ecc.; imperativo: *va' (va, vai), vada, andiamo, andate, vadano.*
Apparire	indicativo presente: *appaio, appari, appare, appariamo, apparite, appaiono*; passato remoto: *apparvi, apparisti, apparve, apparimmo, appariste, apparvero*; congiuntivo presente: *appaia, appariamo, appariate, appaiano*; imperativo: *appari, appaia, appariamo, apparite, appaiano*; participio passato: *apparso.* Accanto al passato remoto forte, accentato sulla desinenza (regolare): *apparii, apparisti* ecc.
Appèndere	indicativo passato remoto: *appesi, appendesti, appese, appendemmo, appendeste, appesero*; participio passato: *appeso.*
Aprire	indicativo passato remoto: *aprii (apèrsi), apristi, aprì (apèrse), aprimmo, apriste, aprirono (apèrsero)*; participio passato: *aperto.*
Assìstere	indicativo passato remoto: *assistei (assistetti), assistesti, assisté (assistette), assistemmo, assisteste, assisterono (assistettero)*; participio passato: *assistito.*
Assùmere	indicativo passato remoto: *assunsi, assumesti, assunse, assumemmo, assumeste, assunsero*; participio passato: *assunto.*
Bére	indicativo presente: *bévo, bévi, béve, beviamo, bevete, bévono*; imperfetto: *bevevo* ecc.; passato remoto: *bévvi, bevesti, bévve, bevemmo, beveste, bévvero*; futuro: *berrò* ecc.; congiuntivo presente: *béva* ecc.; imperfetto: *bevessi* ecc.; condizionale presente: *berrei* ecc.; imperativo: *bévi, béva, beviamo, bevete, bévano*; participio presente: *bevente*; passato: *bevuto*; gerundio presente: *bevendo.* Da evitare l'infinito *bevere* e il passato remoto *bevei* o *bevetti.*
Cadére	indicativo passato remoto: *caddi, cadesti, cadde, cademmo, cadeste, caddero*; futuro: *cadrò* ecc.; condizionale presente: *cadrei* ecc.
Chièdere	indicativo passato remoto: *chiesi, chiedesti, chiese, chiedemmo, chiedeste, chiesero*; participio passato: *chiesto.*
Chiùdere	indicativo passato remoto: *chiusi, chiudesti, chiuse, chiudemmo, chiudeste, chiusero*; participio passato: *chiuso.*
Cògliere	indicativo presente: *còlgo, cògli, coglie, cogliamo, colgono*; passato remoto: *còlsi, cogliesti, còlse, cogliemmo, coglieste, colsero*; congiuntivo presente: (io, tu, egli) *còlga, cogliamo, cogliate, colgano*; participio passato: *còlto.*

Comprìmere	indicativo passato remoto: *comprèssi, comprimesti, coprèsse, comprimemmo, comprimeste, compressèro*; participio passato: *comprèsso*.
Concèdere	indicativo passato remoto: *concèssi, concedesti, concèsse, concedemmo, concedeste, concèssero*; participio passato: *concèsso*.
Conóscere	indicativo passato remoto: *conóbbi, conoscesti, conóbbe, conoscemmo, conosceste, conóbbero*.
Córrere	indicativo passato remoto: *córsi, corresti, córse, corremmo, correste, córsero*; participio passato: *córso*.
Créscere	indicativo passato remoto: *crébbi, crescesti, crébbe, crescemmo, cresceste, crébbero*.
Cuòcere	indicativo presente: *cuocio, cuoci, cuoce, cuociamo* (*cociamo*), *cuocete* (*cocete*), *cuociono*; passato remoto: *còssi, cuocesti* (*cocesti*), *còsse, cuocemmo* (*cocemmo*), *cuoceste* (*coceste*), *còssero*; congiuntivo presente: *cuocia, cuociamo* (*cociamo*), *cuociate* (*cociate*), *cuociano*; participio passato: *còtto*.
Dare	indicativo presente: *do, dai, dà, diamo, date, danno*; passato remoto: *diedi* (*detti*), *desti, diede* (*dette*), *demmo, deste, diedero* (*dettero*); futuro: *darò* ecc.; congiuntivo presente: *dia, diamo, diate, diano*; congiuntivo imperfetto: *dessi, desse, desse, dessimo, deste, dessero*; condizionale presente: *darei* ecc.; imperativo: *da'* (*da, dai*), *dia, diamo, date, diano*; participio presente (raro): *dante*.
Decìdere	indicativo passato remoto: *decisi, decidesti, decise, decidemmo, decideste, decisero*; participio passato: *deciso*.
Difèndere	indicativo passato remoto: *difesi, difendesti, difese, difendemmo, difendeste, difesero*; participio passato: *difeso*.
Dire	indicativo presente: *dico, dici, dice, diciamo, dite, dicono*; imperfetto: *dicevo* ecc.; passato remoto: *dissi, dicesti, disse, dicemmo, diceste, dissero*; futuro: *dirò* ecc.; congiuntivo presente: *dica, diciamo, diciate, dicano*; congiuntivo imperfetto: *dicessi*; condizionale presente: *direi* ecc.; imperativo: *di', dica, diciamo, dite, dicano*; participio presente: *dicente*; passato: *detto*; gerundio: *dicendo*.
Discùtere	indicativo passato remoto: *discussi, discutesti, discusse, discutemmo, discuteste, discussero*.
Distìnguere	indicativo passato remoto: *distinsi, distinguesti, distinse, distinguemmo, distingueste, distinsero*; participio passato: *distinto*.
Distrùggere	indicativo passato remoto: *distrussi, distruggesti, distrusse, distruggemmo, distruggeste, distrussero*; participio passato: *distrutto*.
Divìdere	indicativo passato remoto: *divisi, dividesti, divise, dividemmo, divideste, divisero*; participio passato: *diviso*.
Dovére	indicativo presente: *dèvo* (*dèbbo*), *dèvi, dève, dobbiamo, dovete, dèvono* (*dèbbono*); futuro: *dovrò* ecc.; congiuntivo presente: *dèva* (*dèbba*), *dobbiamo, dobbiate, dèvano* (*dèbbano*); condizionale presente: *dovrei* ecc. Mancano l'imperativo e il participio presente; il participio passato è regolare (*dovuto*).
Espèllere	indicativo passato remoto: *espulsi, espellesti, espulse, espellemmo, espelleste, espulsero*; participio passato: *espulso*.
Fare	indicativo presente: *faccio* (*fo*), *fai, fa, facciamo, fate, fanno*; imperfetto: *facevo, facevi* ecc.; passato remoto: *feci, facesti, fece, facemmo, faceste, fecero*; futuro: *farò* ecc.; condizionale: *farei* ecc.; imperativo: *fa'* (*fai*), *faccia, facciamo, fate, facciano*; participio presente: *facente*; participio passato: *fatto*; gerundio presente: *facendo*.

Fìngere	indicativo passato remoto: *finsi, fingesti, finse, fingemmo, fingeste, finsero*; participio passato: *finto*.
Frìggere	indicativo passato remoto (raro): *frissi, friggesti, frisse, friggemmo, friggeste, frissero*; participio passato: *fritto*.
Giùngere	indicativo passato remoto: *giunsi, giungesti, giunse, giungemmo, giungeste, giunsero*; participio passato: *giunto*.
Lèggere	indicativo passato remoto: *lèssi, leggesti, lèsse, leggemmo, leggeste, lèssero*; participio passato: *lètto*.
Méttere	indicativo passato remoto: *misi, mettesti, mise, mettemmo, metteste, misero*; participio passato: *mésso*.
Mòrdere	indicativo passato remoto: *mòrsi, mordesti, mòrse, mordemmo, mordeste, mòrsero*; participio passato: *mòrso*.
Morire	indicativo presente: *muoio, muori, muore, muoriamo, morite, muoiono*; futuro: *morirò* (*morrò*) ecc.; congiuntivo presente: *muoia, moriamo, moriate, muoiano*; condizionale presente: *morirei* (*morrei*) ecc.; imperativo: *muori, muoia, moriamo, morite, muoiano*; participio passato: *mòrto*.
Muòvere	indicativo passato remoto: *mòssi, muovesti* (*movesti*), *mòsse, muovemmo* (*movemmo*), *muoveste* (*moveste*), *mòssero*; participio passato: *mòsso*.
Nàscere	indicativo passato remoto: *nacqui, nascesti, nacque, nascemmo, nasceste, nacquero*; participio passato: *nato*.
Nascóndere	indicativo passato remoto: *nascósi, nascondesti, nascóse, nascondemmo, nascondeste, nascósero*; participio passato: *nascósto*.
Nuòcere	indicativo presente: *nòccio, nuoci, nuoce, nuociamo* (*nociamo*), *nuocete* (*nocete*), *nòcciono*; passato remoto: *nòcqui, nuocesti* (*nocesti*), *nòcque, nuocemmo* (*nocemmo*), *nuoceste* (*noceste*), *nòcquero*; congiuntivo presente: *nòccia, nuociamo* (*nociamo*), *nuociate* (*nociate*), *nòcciano*; imperativo: *nuoci, nòccia, nuociamo* (*nociamo*), *nuocete* (*nocete*), *nòcciano*.
Offrire	indicativo passato remoto: *ofrii* (*offèrsi*), *offristi, offrì* (*offèrse*), *offrimmo, offriste, offrirono* (*offèrsero*); participio presente: *offerente*; passato: *offèrto*.
Parére	indicativo presente: *paio, pari, pare, paiamo, parete, paiono*; passato remoto: *parvi, paresti, parve, paremmo, pareste, parvero*; futuro: *parrò* ecc.; congiuntivo presente: *paia, paiamo, paiate, paiano*; condizionale presente: *parrei* ecc.; participio passato: *parso*. Mancano l'imperativo e il participio presente.
Pèrdere	indicativo passato remoto: *pèrsi* (*perdei, perdetti*), *perdesti, pèrse* (*perdé, perdette*), *perdemmo, perdeste, pèrsero* (*perderono, perdettero*); participio passato: *pèrso* (*perduto*).
Persuadére	indicativo passato remoto: *persuasi, persuadesti, persuademmo, persuadeste, persuasero*; participio passato: *persuaso*.
Piacére	indicativo presente: *piaccio, piaci, piace, piacciamo, piacete, piacciono*; passato remoto: *piacqui, piaceste, piacque, piacemmo, piaceste, piacquero*; congiuntivo presente: *piaccia, piacciamo, piacete, piacciono, piacciate, piacciano*; imperativo: *piaci, piaccia, piacciamo, piacete, piacciano*.

Piàngere	indicativo passato remoto: *piansi, piangesti, pianse, piangemmo, piangeste, piansero*; participio passato: *pianto*.
Potére	indicativo presente: *pòsso, puoi, può, possiamo, potete, pòssono*; futuro: *potrò* ecc.; congiuntivo presente: *pòssa, possiamo, possiate, pòssano*; condizionale presente: *potrei* ecc. Manca l'imperativo.
Prèndere	indicativo passato remoto: *presi, prendesti, prese, prendemmo, prendeste, presero*; participio passato: *preso*.
Protèggere	indicativo passato remoto: *protèssi, proteggesti, protèsse, proteggemmo, proteggeste, protèssero*; participio passato: *protètto*.
Rèndere	indicativo passato remoto: *resi, rendesti, rese, rendemmo, rendeste, resero*; participio passato: *reso*.
Ridere	indicativo passato remoto: *risi, ridesti, rise, ridemmo, rideste, risero*; participio passato: *riso*.
Rimanére	indicativo presente: *rimango, rimani, rimane, rimaniamo, rimanete, rimangono*; passato remoto: *rimasi, rimanesti, rimase, rimanemmo, rimaneste, rimasero*; futuro: *rimarrò* ecc.; congiuntivo presente: *rimanga, rimaniamo, rimaniate, rimangano*; participio passato: *rimasto*.
Rispòndere	indicativo passato remoto: *rispòsi, rispondesti, rispòse, rispondemmo, rispondeste, rispòsero*; participio passato: *rispòsto*.
Rómpere	indicativo passato remoto: *ruppi, rompesti, ruppe, rompemmo, rompeste, ruppero*; participio passato: *rótto*.
Salire	indicativo presente: *salgo, sali, sale, saliamo, salite, salgono*; congiuntivo presente: *salga, saliamo, saliate, salgano*; imperativo: *sali, salga, saliamo, salite, salgano*.
Sapére	indicativo presente: *so, sai, sa, sappiamo, sapete, sanno*; passato remoto: *sèppi, sapesti, sèppe, sapemmo, sapeste, sèppero*; futuro: *saprò* ecc.; congiuntivo presente: *sappia, sappiamo, sappiate, sappiano*; condizionale presente: *saprei* ecc.; imperativo: *sappi, sappia, sappiamo, sappiate, sappiano*.
Scégliere	indicativo presente: *scélgo, scégli, scéglie, scegliamo, scegliete, scélgono*; passato remoto: *scélsi, scegliesti, scélse, scegliemmo, sceglieste, scélsero*; congiuntivo presente: *scélga, scegliamo, scegliate, scélgano*; imperativo: *scégli, scélga, scegliamo, scegliete, scélgano*; participio passato: *scélto*.
Sciògliere	indicativo presente: *sciòlgo, sciogli, sciòglie, sciogliamo, sciogliete, sciòlgono*; passato remoto: *sciòlsi, sciogliesti, sciòlse, sciogliemmo, scioglieste, sciolsero*; congiuntivo presente: *sciòlga, sciogliamo, sciogliate, sciòlgano*; participio passato: *sciòlto*.
Scrìvere	indicativo passato remoto: *scrissi, scrivesti, scrisse, scrivemmo, scriveste, scrissero*; participio passato: *scritto*.
Scuòtere	indicativo passato remoto: *scòssi, scuotesti (scotesti), scòsse, scuotemmo (scotemmo), scuoteste (scoteste), scòssero*; participio passato: *scòsso*.
Spègnere	indicativo passato remoto: *spènsi, spegnesti (spengesti), spènse, spegnemmo (spengemmo), spegneste (spengeste), spènsero*; participio passato: *spènto*.
Spìngere	indicativo passato remoto: *spinsi, spingesti, spinse, spingemmo, spingeste, spinsero*; participio passato: *spinto*.

Stare	indicativo presente: *sto, stai, sta, stiamo, state, stanno*; passato remoto: *stètti, stesti, stètte, stemmo, steste, stèttero*; futuro: *starò* ecc.; congiuntivo presente: *stia, stiamo, stiate, stiano*; imperfetto: *stessi* ecc.; condizionale presente: *starei* ecc.; imperativo: *sta'* (*sta, stai*), *stia, stiamo, state, stiano*.
Strìngere	indicativo passato remoto: *strinsi, stringesti, strinse, stringemmo, stringeste, strinsero*; participio passato: *strétto*.
Tacére	indicativo presente: *taccio, taci, tace, tacciamo, tacete, tacciono*; passato remoto: *tacqui, tacesti, tacque, tacemmo, taceste, tacquero*; congiuntivo presente: *taccia, tacciamo, tacciate, tacciano*; imperativo: *taci, taccia, tacciamo, tacete, tacciano*.
Tenére	indicativo presente: *tèngo, tieni, tiene, teniamo, teniate, tèngono*; passato remoto: *tenni, teneste, tenne, tenemmo, teneste, tennero*; futuro: *terrò* ecc.; congiuntivo presente: *tènga, teniamo, teniate, tèngano*; condizionale presente: *terrei* ecc.; imperativo: *tieni, tènga, teniamo, tenete, tèngano*.
Tògliere	indicativo presente: *tòlgo, tògli, tòglie, togliamo, togliete, tòlgono*; passato remoto: *tòlsi, togliesti, tòlse, togliemmo, toglieste, tòlsero*; congiuntivo presente: *tòlga, togliamo, togliate, tòlgano*; imperativo: *tògli, tolga, togliamo, togliete, tòlgano*; participio passato: *tòlto*.
Udire	indicativo presente: *òdo, òdi, òde, udiamo, udite, òdono*; futuro: *udirò* (*udrò*) ecc.; congiuntivo presente: *òda, udiamo, udiate, òdano*; condizionale presente: *udirei* (*udrei*) ecc.; imperativo: *òdi, òda, udiamo, udite, òdano*.
Uscire	indicativo presente: *èsco, èsci, èsce, usciamo, uscite, èscono*; congiuntivo presente: *èsca, usciamo, usciate, èscano*; imperativo: *èsci, èsca, usciamo, uscite, èscano*.
Valére	indicativo presente: *valgo, vali, vale, valiamo, valete, valgono*; passato remoto: *valsi, valesti, valse, valemmo, valeste, valsero*; futuro: *varrò* ecc.; congiuntivo presente: *valga, valiamo, valiate, valgano*; condizionale presente: *varrei* ecc.; imperativo: *vali, valga, valiamo, valete, valgano*; participio passato: *valso*.
Vedére	indicativo presente: *vidi, vedesti, vide, vedemmo, vedeste, videro*; futuro: *vedrò* ecc.; condizionale presente: *vedrei* ecc.; participio passato: *visto* (*veduto*). Stessa coniugazione nel passato remoto e nel participio passato per i composti (*prevedere, provvedere* ecc.) che presentano, invece, futuro e condizionale regolari: *prevederò, prevederei*.
Venire	indicativo presente: *vèngo, vieni, viene, veniamo, venite, vèngono*; passato remoto: *vénni, venisti, vénne, venimmo, veniste, vénnero*; futuro: *verrò* ecc.; congiuntivo presente: *vènga, veniamo, veniate, vèngano*; condizionale presente: *verrei* ecc.; imperativo: *venga, veniamo, venite, vèngano*; participio presente: *veniente*; passato: *venuto*.
Vìncere	indicativo passato remoto: *vinsi, vincesti, vinse, vincemmo, vinceste, vinsero*; participio passato: *vinto*.
Vivere	indicativo passato remoto: *vissi, vivesti, visse, vivemmo, viveste, vissero*; futuro: *vivrò* ecc.; condizionale presente: *vivrei* ecc.; participio passato: *vissuto*.
Volére	indicativo presente: *vòglio, vuoi, vuole, vogliamo, volete, vògliono*; passato remoto: *vòlli, volesti, vòlle, volemmo, voleste, vòllero*; futuro: *vorrò* ecc.; congiuntivo presente: *vòglia, vogliamo, vogliate, vògliano*; condizionale presente: *vorrei* ecc.; imperativo: *vògli, vòglia, vogliamo, vogliate, vògliano*.

FACCIAMO IL PUNTO

definire + riassumere + classificare + memorizzare

LOSAI? RIPASSA CON LO SMARTPHONE

Il verbo, **centrale** nella frase, è la parola più ricca di **informazioni**. È composto da una **radice** che ne trasmette il **significato** e da una **desinenza** che, a seconda delle sue forme, indica la **persona**, il **numero**, il **modo** e il **tempo**.

Il verbo

- *esprime* → un'**azione**, una condizione, la semplice **esistenza**, un **modo di essere**, una **qualità**
- *informa circa* → **L'ASPETTO DELL'AZIONE**
  - *Mi **colpì** senza preavviso.* (momentaneo)
  - ***Mangiava** lentamente.* (durativo)
  - ***Sta per piovere**.* (ingressivo)
- *segnala* →
  - **IL SUO SIGNIFICATO LESSICALE**
    La radice ***gioc*** [-are] indica l'atto di "dedicarsi a un'attività piacevole"
  - **IL TEMPO**
    - *nelle sue dimensioni di*
      - **PRESENTE**: *Io ti **aspetto** sempre.*
      - **PASSATO**: *Tu, però, non mi **hai chiamato**.*
      - **FUTURO**: *Forse ti **dimenticherò**.*
    - *morfologicamente si divide in*
      - **Tempi semplici**: ***Sorrideva** entusiasta.*
      - **Tempi composti**: ***Ha sorriso** entusiasta.*
  - **I MODI**
    - *si dividono in*
      - **FINITI**
        - **INDICATIVO**: ***Ami** di più il tennis o il basket? **Stavamo** così bene!*
        - **CONGIUNTIVO**: *Se almeno **piovesse**!*
        - **CONDIZIONALE**: *Io **farei** una pausa.*
        - **IMPERATIVO**: ***Rientrate** presto!*
      - **INDEFINITI**
        - **INFINITO**: *Ciao, devo **correre**.*
        - **PARTICIPIO**: ***Imboccata** la strada, accosta subito.*
        - **GERUNDIO**: *È arrivato **fischiettando***
    - *esprimono* → il punto di vista di chi parla
  - **LA PERSONA E IL NUMERO** → 1ª, 2ª, 3ª persona singolare e plurale (*io*, *tu*, *egli*, *noi*, *voi*, *essi*)

CONOSCENZE

1 **Indica se le seguenti affermazioni sono vere [V] o false [F].**

a. Per formare una frase è sufficiente un verbo. V F
b. I modi indefiniti sono due: infinito e gerundio. V F
c. Il verbo segnala le relazioni temporali tra le azioni. V F
d. Il congiuntivo è il modo della certezza e dell'oggettività. V F
e. Per esprimere una richiesta si può usare il condizionale. V F
f. Il participio può fungere da aggettivo o da nome. V F
g. I verbi difettivi cambiano radice e desinenze in talune forme. V F
h. L'aspetto dell'azione è reso solo dai modi e tempi verbali. V F

ABILITÀ

2 **Tra le seguenti forme verbali, quale ti permette di individuare con certezza la persona?**

A consigliare B stando C sceglieremmo D crescente

3 **Leggi il seguente breve testo:**

"Arrivammo tardi: avevano chiuso la biglietteria del museo da mezz'ora. Delusi, ci arrabbiammo tra di noi, perché, se non avessimo perso tempo inutilmente, avremmo visitato la mostra quel giorno stesso".

Riporta nella tabella tutte le forme verbali e indica modo e tempo di ognuna.

Forma verbale	Modo	Tempo

4 **Completa le frasi seguenti coniugando al modo e al tempo opportuno il verbo tra parentesi.**

a. Se non (perdere) .... il treno, a quest'ora anche Renato (brindare) .... con noi al nuovo anno.

b. Anche quella volta Luca (controllare) .... quanto (scrivere) ...., benché (essere) .... certo di non (compiere) .... errori ortografici.

5 **Leggi le seguenti frasi:**

a. *Si collegò* a Internet, avrebbe studiato più tardi.
b. Avendo ballato tutta la sera, *si sentiva* stanca.
c. Quando saremo a Venezia *visiteremo* le isole della laguna.
d. *Speravo* che la febbre fosse scesa.

Riporta nella tabella le forme verbali evidenziate collocando ciascuna nella colonna di appartenenza.

Rispetto al verbo in corsivo esprime un'azione anteriore	Rispetto al verbo in corsivo esprime un'azione contemporanea	Rispetto al verbo in corsivo esprime un'azione posteriore

COMPETENZE

6 **Leggi con attenzione il brano, quindi svolgi le attività proposte.**

La musica in testa

Accanto alla foto che ricorda sempre a Mattia il viaggio a Roma con lo zio, sul pianoforte ce n'è un'altra. E certo non saranno gli spartiti della sonatina di Kuhlau[1] a farla sloggiare. Mattia con Giovanni Allevi, il singolare pianista, compositore e direttore d'orchestra. [...]

Di Allevi gli piacevano la faccia stralunata, i riccioli ribelli, la felpa sempre addosso: un personaggio delle favole, un folletto. Poi aveva letto il libro che Allevi scrisse per raccontare la sua passione, *La musica in testa*. E oltre a capire che il titolo intendeva che la musica occupava tutti i suoi pensieri, Mattia si immaginava tante note attaccate a quella capigliatura indomabile. Gli piaceva anche che avesse definito la musica "una strega capricciosa", una signora che chiede sempre di più, in modo imprevedibile. Lui se ne stava rendendo conto.

Quando aveva saputo che avrebbe dato un concerto a Catania, aveva chiesto subito alla mamma di comprare i biglietti, sapendo che anche lei era una sua fan.

(A. Cannavò, *In viaggio con lo zio*, Bompiani, Milano, 2013)

1. **Kuhlau:** Friedrich Kuhlau (1786-1832), compositore danese.

COMPRENDI

Livello 1
1. ●○○ In quale tempo si colloca il narratore?

Livello 2
2. ●●○ A partire dal secondo capoverso, quale tempo si inserisce nella narrazione? Quale tempo grammaticale lo segnala?

Livello 3
3. ●●● Nella parte centrale del brano si inserisce un "passato nel passato". Con che modo e tempo è espresso?

ANALIZZA

Livello 1
4. ●○○ Analizza le forme verbali del modo indicativo e congiuntivo presenti nel brano.
5. ●○○ Quali voci verbali di modo indefinito contiene il brano?

Livello 2
6. ●●○ Quali frasi sono prive di verbo? Essendo questo sottinteso, prova a esplicitarlo.
7. ●●○ Stabilisci il valore assunto dalle forme verbali dei modi congiuntivo e condizionale presenti nel brano.
8. ●●○ Rispetto allo svolgimento, quale tipo di azione esprime il verbo *se ne stava accorgendo*?

Livello 3
9. ●●● Quale rapporto temporale esprime il verbo *avesse definito* rispetto a *piaceva*?
10. ●●● Quale rapporto temporale esprime il verbo *aveva chiesto* rispetto ad *aveva saputo*?

FACCIAMO IL PUNTO

PRODUCI

Livello 1

11. ●○○ Scrivi un breve testo (max 10 righe) riguardo i tuoi gusti e interessi musicali. Puoi anche presentare il tuo musicista (compositore, cantante o cantautore) preferito. Nella stesura usa almeno sei verbi: quattro coniugati a diversi tempi di un modo finito, due coniugati a un modo indefinito.

Livello 2

12. ●●○ Scrivi un breve testo (max 12 righe) sulla bellezza della musica (puoi anche scegliere un genere in particolare). Nell'elaborato dovranno essere presenti almeno otto verbi: due coniugati ai diversi tempi del modo indicativo, due coniugati al congiuntivo, uno al condizionale, uno al participio e uno al gerundio.

Livello 3

13. ●●● Secondo te, quale funzione ha la musica nella vita dell'uomo? Quale il suo ruolo culturale? Esprimi le tue idee in proposito in un testo di almeno 14 righe. Nell'elaborato dovranno essere presenti almeno 10 verbi: tre coniugati al modo indicativo, due al congiuntivo, due al condizionale, uno per ogni modo indefinito.

CHE LINGUA PARLIAMO?

RIFLETTI E PRODUCI

Livello 1

7 ●○○ **A COPPIE** **Il presente storico è di uso frequente nei titoli dei giornali, per esempio:**

RUBA AUTO E FUGGE CONTROMANO IN AUTOSTRADA

Ricercate almeno quattro esempi e provate a riscriverli utilizzando il passato prossimo. Quali differenze notate tra le due versioni?

Livello 2

8 ●●○ **Nell'era del web, tra i giovani, e non solo, spopolano nuovi verbi, per esempio *googolare*, *resettare*, *chattare*, *messaggiare*, *whatsappare*. Con quale meccanismo è avvenuta la loro formazione? Ne conosci altri? Per ognuno scrivi una frase in cui il nuovo verbo sia usato in modo appropriato.**

9 ●●○ **Sostituisci i verbi delle espressioni seguenti, usati nei linguaggi tecnici o settoriali (amministrativo, burocratico, giuridico, economico...), con altri di significato equivalente, ma appartenenti a un registro meno formale. Aiutati con il dizionario.**

a. Obliterare il titolo di viaggio. ....
b. Esibire un documento di riconoscimento. ....
c. Esentare dal ticket. ....
d. Differire il pagamento. ....
e. Defalcare da un debito. ....
f. Espletare gli atti. ....
g. Fruire della pensione ....
h. Diramare un comunicato. ....
i. Rigettare un'istanza. ....

Livello 3

10 ●●● **Indica se, nella lingua parlata, le frasi seguenti sono o non sono accettabili; quindi riformula in modo appropriato quelle decisamente scorrette.**

	Accettabile	Non accettabile
a. Mi auguro che stai bene.	☐	☐
b. Credo che la crisi è superata.	☐	☐
c. Basta che tu mi dici la verità.	☐	☐
d. Pensano che i ladri avevano un basista.	☐	☐
e. Se me lo chiedevi, ti aiutavo io.	☐	☐
f. Talvolta succede che mi addormento davanti alla tv.	☐	☐
g. I piatti li lavo dopo.	☐	☐
h. Stendevo il bucato e all'improvviso si mette a piovere!	☐	☐
i. Forse domani siamo di nuovo amici.	☐	☐

ARRICCHIAMO IL LESSICO

Al centro commerciale

a. Sabato pomeriggio: per distrarti vai in un grande centro commerciale con alcuni amici. A piccoli gruppi (2-3) preparatevi a riferire oralmente quali negozi avete visto (abbigliamento, articoli sportivi, profumerie, erboristerie, libri e dvd...) e quali acquisti avete fatto. Nell'esposizione impiegate verbi coniugati ai diversi tempi dei modi finiti e indefiniti. Qualche suggerimento lessicale sui verbi da usare:

notare ~ adocchiare ~ vedere ~ piacere ~ esporre ~ provare ~ scegliere ~ scartare ~ consigliare ~ ascoltare ~ rinunciare ~ comprare ~ acquistare ~ vendere ~ pagare

b. Tra i verbi usati per raccontare il vostro pomeriggio c'è senz'altro *andare*. Con l'aiuto del dizionario individuate almeno sei sinonimi che esprimano diverse sfumature del suo significato di base, per esempio: *andiamo* > *entriamo* (*andare dentro*) *in un negozio di scarpe*.

c. Una tappa obbligata è il negozio di novità tecnologiche. Quali prodotti attirano la vostra attenzione? Per ciascuno scrivete una frase in cui sia presente un verbo che ne spieghi la funzione e/o il funzionamento.

d. Decidete di approfittare dell'occasione per cambiare look, andate quindi dal parrucchiere o in un centro estetico. In un breve testo descrivete il vostro nuovo aspetto o quello di un amico. Usate come aggettivi almeno 4 forme di participio dei verbi elencati:

acconciare ~ accorciare ~ allungare ~ arricciare ~ applicare ~ colorare / decolorare ~ idratare ~ lisciare ~ ondulare ~ rasare ~ riflettere ~ scombinare ~ sfilare ~ stirare ~ sfumare ~ tagliare ~ tingere ~ truccare

e. Prima di uscire, vi concedete una sosta al bar o in gelateria. Riportate per iscritto il dialogo tra voi e un cameriere, mettendo in evidenza il rispetto o meno, da parte vostra o dell'addetto, dei modi verbali nelle formule di cortesia.

UNITÀ

2 Il nome e l'articolo

IN QUESTA UNITÀ

- Che **funzione** ha il nome e quali sono le sue **tipologie**?
- Come cambia la sua forma per indicare **genere** e **numero**? Con quali **particolarità** significative?
- Qual è la sua **struttura**? Distingueremo tra nomi **primitivi**, **derivati**, **alterati**, **composti**
- Che funzione hanno gli **articoli**?
- Come si usano gli articoli **determinativi**, **indeterminativi** e **partitivi** a seconda del loro diverso significato?
- **ARRICCHIAMO IL LESSICO** Approfondiremo la relazione tra significato e variazioni morfologiche in alcuni nomi ed esploreremo le parole che appartengono al mondo della **campagna**

PARTIAMO DAL TESTO

Leggi il brano seguente e rispondi alle domande.

Papà entrò in camera mia dopo cena. Stavo ripassando **la** lezione di storia. Eravamo arrivati a Garibaldi che libera tutta **la** mia Sicilia, poi a **un** certo punto riceve **una** lettera e risponde: "Obbedisco". Era **un** punto che non mi risultava chiarissimo. Probabilmente, quando **la** maestra l'aveva spiegato in classe, mi ero distratto. In ogni caso, quell'eroe a cavallo con **la** barba folta, che batteva tutti, mi entusiasmava. Vestiva **la** casacca rossa come David Beckham del Manchester United, che è **la** più brava ala destra del mondo. Era forte come Braveheart che avevo visto al cinema e che combatteva con **la** gonna, perché in Scozia portano **la** gonna anche **gli** uomini.

(adattamento da L. Garlando, *Per questo mi chiamo Giovanni*)

1. Osserva il titolo del libro: *Per questo mi chiamo Giovanni*. Il verbo ***mi chiamo*** fa intuire a cosa serve il nome, la sua **funzione**. Definiscila con parole tue.
2. Metti a fuoco la prima differenza tra i vari tipi di nomi. *Giovanni* è un nome **proprio** che identifica il protagonista narratore. Con quale nome **comune** lo si può anche chiamare, vista l'età e la situazione in cui compare?
3. Individua nel testo gli altri nomi **propri** e affianca ciascuno con uno o più nomi **comuni** che li definiscano.

4. Tra tutti i nomi comuni del testo distingui quelli che indicano:
   a. persone
   b. cose dotate di concretezza
   c. idee / concetti / immagini metaforiche.
5. *Classe* è un nome **collettivo**, indica cioè un insieme di individui. Quali, in questo caso? Conosci altri nomi collettivi?
6. Tra gli **articoli** in neretto, quale si riferisce a luoghi, persone e cose note, precise? Spiega perché citando un esempio a scelta.

1 Il nome

• **Che cos'è il nome**

Tra le prime parole che impariamo ci sono i **nomi**, termini che definiscono **esseri animati, oggetti, idee, sentimenti, fenomeni.** I nomi – o **sostantivi** – ci servono dunque per indicare, distinguere, classificare tutto ciò che esiste "chiamandolo per nome", **nominandolo.** Osserva la mappa per distinguere le diverse tipologie di nomi.

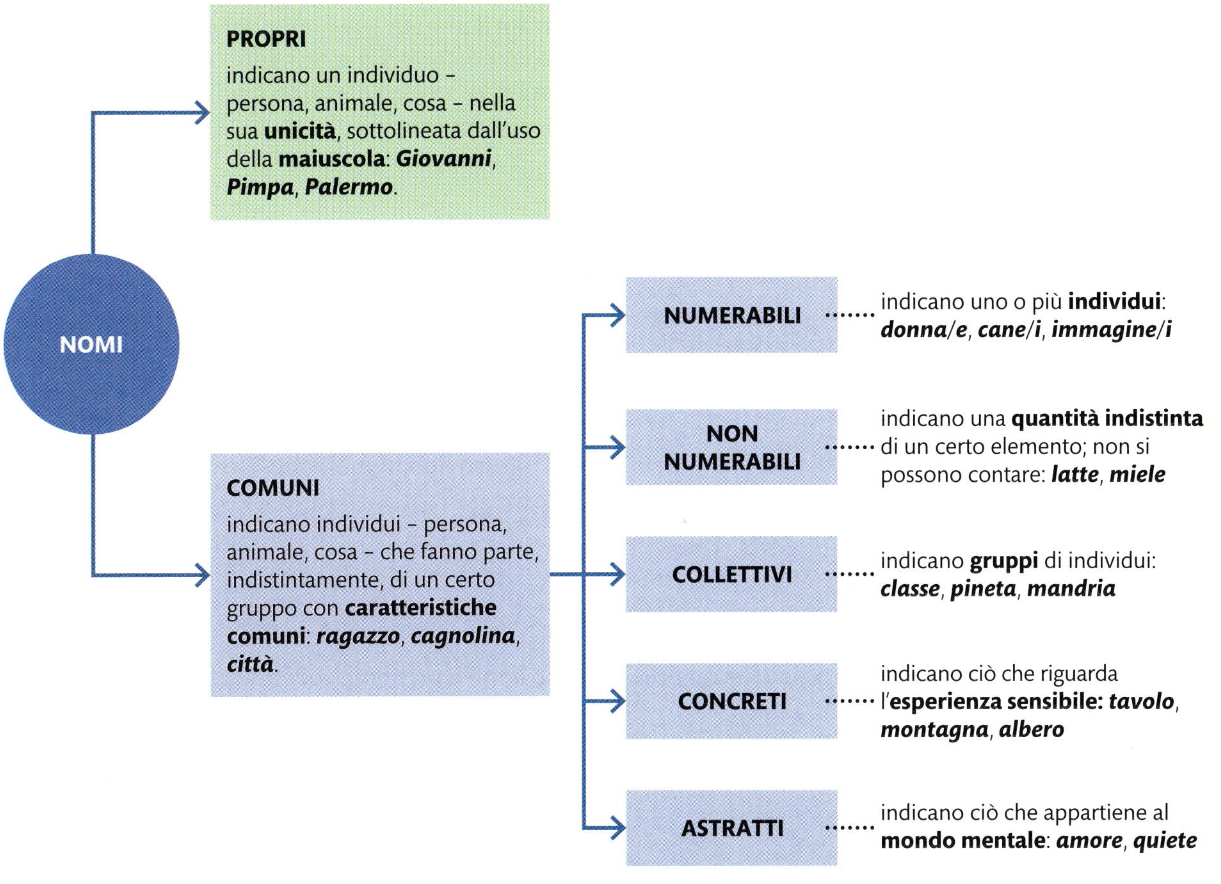

HAI CAPITO?

Definisci seguenti nomi **propri** con uno o più nomi **comuni** corrispondenti (se non li conosci, consulta Wikipedia o altre fonti).

Roberto Baggio ~ Giorgio de Chirico ~ Federico Fellini ~ Enrico Fermi ~ Natalia Ginzburg ~ Margherita Hack ~ Nelson Mandela ~ Giuseppe Mazzini

PER SAPERNE DI PIÙ

Tra grammatica e significato

Conoscere la classificazione del nome si rivela utile per applicare alcune **regole** e riflettere sul **significato**, come nei seguenti casi:

- i nomi **non numerabili** non possono essere preceduti dall'articolo **indeterminativo**. Al suo posto useremo il **partitivo** (▸ p. 158): *Vorrei **un** biscotto* [*due, tre... biscotti*] *con **del** miele*. Per precisarne la quantità occorre affiancarli con l'unità di misura (***un chilo** di miele*);
- i nomi **collettivi** richiedono attenzione per la **concordanza**, che varia a seconda che ci riferiamo al nome collettivo o agli individui che ne fanno parte: *La folla, sull'autobus, era fittissima* [sing. femm.] *e tutti i viaggiatori* [plur. masch.] *mi premevano da ogni parte.*
- Ai fini grammaticali, la differenza tra nomi **concreti** e **astratti** non è particolarmente utile, ma può servire a far riflettere sulla natura delle cose e delle esperienze per capire se sono di tipo prevalentemente fisico (> *Ho contato i **soldi**, godendo del **fruscio** delle **banconote**, ma...*) o interiore, mentale (*... che **dispiacere**, sono così pochi! I miei **calcoli** erano sbagliati. Ci vuole **pazienza**, la **ricchezza** è una meta ancora lontana*).

HAI CAPITO? Alcuni nomi non numerabili hanno anche il plurale, ma in tal caso **cambiano significato**. Per esempio *acqua*, al plurale, è così definita sul dizionario: "2 (spec. al pl.) distesa o raccolta di acque: *le acque del mare, di un torrente, di un lago*". Cerca le parole ***zucchero*** e ***sale*** e, per entrambe, produci delle frasi in cui siano usate sia al singolare sia al plurale.

ADESSO TOCCA A TE

▸ Capitolo 1

INDIVIDUA

Livello 1

1 ●○○ **In ogni gruppo di nomi numerabili c'è un intruso non numerabile. Trovalo e cancellalo.**

a. stabilimento, amianto, veleno, malattia.
b. ghisa, forno, colata, operaio.
c. concime, raccolto, azoto, potatura.
d. sfilata, accessorio, tessuto, eleganza.

2 ●○○ **A ogni nome individuale del primo elenco abbina un nome collettivo del secondo.**

a. soldato	☐	1.	vasellame
b. abito	☐	2.	sciame
c. insetto	☐	3.	mazzo
d. animale	☐	4.	esercito
e. piatto	☐	5.	fauna
f. carta	☐	6.	vestiario

3 ●○○ **In ogni gruppo di nomi sottolinea quello sicuramente astratto.**

a. abbraccio, illusione, sorriso.
b. idea, progresso, conquista.
c. elemosina, sofferenza, compassione.
d. sincerità, testimonianza, regola.

Livello 2 **4** ●●○

Tra i nomi elencati sottolinea i sei non numerabili. Prima di procedere, verifica se possono essere accompagnati da un articolo indeterminativo e/o volti al plurale.

basalto ~ catrame ~ olio ~ prezzemolo ~ smeraldo ~ avarizia ~ arredo ~ basilico ~ sangue ~ ormone ~ torrone ~ sedano ~ nicotina

5 ●●○

Per ogni nome evidenziato nelle frasi seguenti stabilisci, in base al contesto, se è usato con significato concreto [C] oppure astratto [A].

a. 1) Teresa si alza sempre all'alba. C A
2) All'alba del nuovo millennio molti speravano in un mondo migliore. C A

b. 1) Il Giappone è un arcipelago a forte rischio sismico. C A
2) L'arcipelago dei centri sociali attrae molti giovani. C A

c. 1) Lisa ha una pelle di velluto. C A
2) Il velluto è un tessuto pregiato. C A

d. 1) Angelina Jolie è una celebrità. C A
2) Molti inseguono la celebrità. C A

e. 1) Il dirigente illustrò il quadro della situazione. C A
2) Ginevra: rubato un quadro di Matisse. C A

Livello 3 **6** ●●●

Classifica i nomi presenti nelle frasi seguenti in base al loro significato: comune o proprio, astratto o concreto, numerabile, non numerabile o collettivo.

a. Valeria recita in una compagnia teatrale di successo.
b. Il coro intonò il *Va' pensiero* di Verdi.
c. La fraternità è un valore fondamentale della convivenza civile.
d. La giuria condannò l'imputato per furto aggravato.
e. Una folla festante accolse i campioni olimpionici.

LAVORA CON LE PAROLE

Livello 1 **7** ●○○

Con l'aiuto del dizionario individua il significato/i significati che i nomi propri presenti nelle frasi esprimono se considerati come nomi comuni; quindi, scrivi per ciascuno una frase in cui sia usato in modo appropriato.

a. Mia sorella Elsa sta leggendo *Alice nel paese delle meraviglie*.
elsa, impugnatura della spada; alice, altro nome dell'acciuga.
b. Il film "Viola bacia tutti" è una divertente commedia brillante.
c. La battaglia di Magenta fu molto sanguinosa.
d. Aurora e Grazia sono le mie migliori amiche.

8 ●○○

Secondo te, i tre nomi usati dal celebre comico sono concreti o astratti? Qual è il loro significato?

"bazzecole, quisquilie, pinzillacchere"
(Totò)

9 ●○○

Con l'aiuto del dizionario, accanto a ogni nome collettivo scrivi l'insieme di persone o oggetti che designa.

a. elettorato ....
b. equipaggio ....
c. orchestra ....
d. magistratura ....
e. parlamento ....
f. biancheria ....
g. campionario ....
h. cordata ....
i. branco ....

Livello 2

10 ●●○

Per ogni nome concreto elencato individua sul dizionario un'espressione in cui abbia significato astratto.

nebbia ~ cuore ~ vortice ~ giungla ~ galassia ~ isola ~ marea

11 ●●○

Con l'eventuale aiuto del dizionario, nelle frasi seguenti sostituisci l'espressione evidenziata con un appropriato nome collettivo.

a. Una moltitudine di manifestanti ha sfilato lungo le vie del centro. ....

b. A Carnevale Venezia è invasa da gruppi di turisti in gita. ....

c. Saldi: una grande quantità di gente all'assalto dei negozi. ....

d. Il concerto si concluse con un'ovazione da parte di tutte le persone presenti. ....

e. Il regista Gabriele Muccino sta scegliendo l'insieme degli attori del suo nuovo film. ....

12 ●●○

Accanto a ciascuna definizione scrivi il corrispondente nome collettivo, scelto tra quelli elencati; quindi, per ogni nome inserito scrivi una frase in cui sia usato in modo appropriato. Puoi aiutarti con il dizionario.

costellazione ~ tifoseria ~ etnia ~ indotto ~ clero ~ stampa

a. Insieme degli appartenenti agli ordini della Chiesa ....

b. Raggruppamento umano basato su comuni caratteri fisici, linguistici e culturali ....

c. Insieme di stelle ....

d. Insieme di giornalisti, fotoreporter e simili ....

e. Insieme di ammiratori entusiasti di una squadra ....

f. Complesso di attività e lavorazioni generate dalla grande industria ....

13 ●●○

A COPPIE Saper usare una discreta varietà di nomi rende più preciso e adeguato il messaggio. Leggete il seguente testo:

> Quando le cose non funzionano come ci pare, ci sentiamo giù, se non proprio a pezzi. Meno male che questa cosa non dura tanto. C'è sempre un po' di speranza e possiamo farci altre idee per il futuro.

Trasformatelo, ora, in modo che assuma un registro più ricco e appropriato, riformulandolo intorno ai seguenti nomi in sostituzione delle espressioni più comuni e generiche:

aspettative / previsioni ~ delusione / frustrazione ~ amarezza ~ scoraggiamento ~ margine (di) ~ progetti / disegni / programmi

Livello 3

14 ●●●

Per ogni nome proprio elencato scrivi una frase in cui sia usato come nome comune (esempio: *Cenerentola > Per molti anni la Grecia è stata la cenerentola dell'Unione europea*). Se hai dubbi, puoi aiutarti con il dizionario.

Ercole ~ Purgatorio ~ Biro ~ Pulcinella ~ Colonia ~ Mandrake

15 ●●●

Con l'aiuto del dizionario, spiega il significato dei nomi evidenziati nelle frasi: in origine erano tutti nomi propri, ma col tempo hanno assunto funzione di nomi comuni per indicare caratteristiche o comportamenti proprie del portatore del nome.

a. Non sopporto la capoufficio: è una megera!

b. Smettila di fare il gradasso!

c. Se vieni a Vicenza, ti farò da cicerone.

d. Quell'imprenditore è un vero mecenate.

e. Oh cielo, arriva quel casanova di Arturo!

f. Fausto era il beniamino della maestra.

1.1 La formazione del plurale

La maggior parte dei nomi è **variabile** nel **numero**, assume cioè una forma diversa per il **singolare** e per il **plurale**, cambiando la **desinenza**: ***il*** *tetto* / ***i*** *tetti*; ***la*** *casa* / ***le*** *case.*

Le regole per la formazione del **plurale** sono riassunte nella **tabella** seguente che suddivide i nomi secondo le **tre** diverse **classi** di appartenenza, determinate dalla desinenza singolare (**1ª** in *-a*, **2ª** in *-o*, **3ª** in *-e*). La tabella elenca anche le **particolarità** dei nomi **maschili** e **femminili** in *-a* e dei nomi **maschili** in *-o*.

= 1ª in *-a*
= 2ª in *-o*
= 3ª in *-e*

Classi	Genere	Singolare	Plurale	
-a	femm.	*vel-**a**, bambin-**a***	***-e***	*vel-**e**, bambin-**e***
	masch.	*problem-**a***	***-i***	*problem-**i***
-ca / ***-ga***	femm.	*barc-**a*** / *botteg-**a***	***-che*** / ***-ghe***	*bar-**che*** / *botte-**ghe***
	masch.	*duc-**a*** / *colleg-**a***	***-chi*** / ***-ghi***	*du-**chi*** / *colle-**ghi***
-cia / ***-gia***	femm.	*farma-**cìa*** / *bu-**gìa*** (**ì** tonica)	***-cìe*** / ***-gìe***	*farma-**cìe*** / *bu-**gìe***
		*cami-**cia*** / *vali-**gia*** (***i*** atona, preceduta da vocale)	***-cie*** / ***-gie***	*cami-**cie*** / *vali-**gie***
		*lan-**cia*** / *fran-**gia*** (***i*** atona e preceduta da consonante)	***-ce*** / ***-ge***	*lan-**ce*** / *fran-**ge***
-o	femm.	*man-**o**, bambin-**o***	***-i***	*man-**i**, bambin-**i***
	masch.	*ombrell-**o***	***-i***	*ombrell-**i***
-co / ***-go***	masch.	*cuo-**co*** / *fun-**go*** (piani)	***-chi*** / ***-ghi***	*cuo-**chi*** / *fun-**ghi***
		*sìnda-**co*** / *esòfa-**go*** (sdruccioli)	***-ci*** / ***-gi***	*sinda-**ci*** / *esofa-**gi***
-io	masch.	*frusc-**ìo*** (**ì** tonica)	***-ii***	*frusc-**ìi***
		*princip-**io*** (***i*** non accentata)	***-i***	*princip-**i***
-e	femm.	*ret-**e***	***-i***	*ret-**i***
	masch.	*mar-**e***	***-i***	*mar-**i***

• **Nomi invariabili**

Possiedono **un'unica forma per singolare e plurale.** Tra questi:

- alcuni **nomi maschili** in ***-a*** (*il / i cinema, il / i vaglia*);
- i nomi che terminano in **vocale accentata** e in ***-i*** (*la / le virtù, la / le città, l' / le analisi*);
- i nomi **stranieri** d'uso comune (*il / i bar, il / i film, lo / gli sport*);
- i nomi **abbreviati** (*la / le radio, la / le moto*);
- i **monosillabi** (*la / le gru, il / i re*);
- alcuni nomi in ***-ie*** (*la / le specie, la / le serie*).

• **Plurali anomali**

Hanno un **plurale irregolare**: *ala / ali, arma / armi, moglie / mogli, uomo / uomini, dio / dei, bue / buoi.* Al plurale **cambiano genere**: *l'uovo / le uova, il paio / le paia, il carcere / le carceri.*

• Nomi difettivi

Alcuni nomi **mancano del singolare o del plurale**. **Sono privi di plurale** i nomi non numerabili (*il pepe*, *il timo*, *il rame*, *l'oro*), anche se alcuni di essi vengono usati al plurale con un altro significato (> *i rami* = recipienti di rame per la cucina); molti nomi **astratti** (*l'umiltà*, *il coraggio*); alcuni nomi **collettivi** (*il fogliame*, *la selvaggina*).

Sono spesso privi di singolare i nomi di oggetti composti di più parti (*gli occhiali*, *le tenaglie*); i nomi che indicano un insieme di cose (*le stoviglie*, *i pantaloni*); alcuni nomi di origine latina (*le ferie*, *le nozze*).

• Nomi sovrabbondanti

Hanno **due forme di plurale** che, spesso, **divergono nel significato**. La tabella ne mostra alcuni.

il braccio	**i bracci** di un edificio, di un candelabro ecc.	il ciglio	**i cigli** bordi di strade e fossi
	le braccia del corpo umano		**le ciglia** dell'occhio
il dito	**i diti** uno distinto dall'altro	il filo	**i fili** di cotone, della luce...
	le dita nel loro insieme		**le fila** di una situazione, di un complotto
il fondamento	**i fondamenti** di una disciplina	il fuso	**i fusi** fusi orari; strumenti per filare
	le fondamenta di una costruzione		**le fusa** del gatto
il muro	**i muri** di un edificio	il grido	**i gridi** riferiti agli animali
	le mura di una città		**le grida** umane

1.2 La classificazione in base al genere

un bambino / **una** bambina

il / **la** pianista

I nomi di **cose** hanno un **genere fisso**, prestabilito senza alcun motivo. I nomi di **persone** e **animali**, invece, possono modificarlo a seconda del sesso – femminile o maschile – degli individui cui si riferiscono.

Rispetto al cambiamento di genere distinguiamo i seguenti gruppi di nomi:

- **nomi mobili**: cambiano desinenza passando dal maschile al femminile:
  - **maschile** *-o* / **femminile** *-a* (*il bambino* / *la bambina*; *il cavallo* / *la cavalla*);
  - **maschile** *-e* / **femminile** *-a* (*il signore* / *la signora*), *-essa* (*il leone* / *la leonessa*, *il dottore* / *la dottoressa*);
  - **maschile** *-tore* / **femminile** *-trice* (*il pittore* / *la pittrice*), *-tora* (*l'impostore* / *l'impostora*);
- **nomi ambigeneri**: possiedono un'unica forma per entrambi i generi (***un*** / ***un'****artista*, ***il*** / ***la*** *collega*, ***il*** / ***la*** *cantante*, ***un*** / ***un'****insegnante*, ***il*** / ***la*** *pianista*); alcuni di essi, al plurale, si differenziano (***gli*** *artisti* / ***le*** *artiste*, ***i*** *colleghi* / ***le*** *colleghe*, ***i*** *pianisti* / ***le*** *pianiste*);
- **nomi indipendenti**: hanno forme del tutto diverse per il maschile e il femminile (***il*** *marito* / ***la*** *moglie*, ***il*** *fratello* / ***la*** *sorella*, ***il*** *padre* / ***la*** *madre*, ***il*** *montone* / ***la*** *pecora*);
- **nomi di genere promiscuo**: si riferiscono agli animali e hanno un'unica forma sia per il maschio sia per la femmina (***la*** *volpe femmina* / *maschio*; ***il*** *maschio della tigre*).

HAI CAPITO?

Tra i seguenti nomi mobili ci sono sei intrusi. Rintracciali e stabilisci a quale categoria di genere appartengono:

venditore ~ scultore ~ testimone ~ fratello ~ delfino ~ farmacista ~ leone ~ moglie ~ canguro ~ parrucchiere ~ suocero ~ giornalaio

PER SAPERNE DI PIÙ

Quale suffisso per le donne?

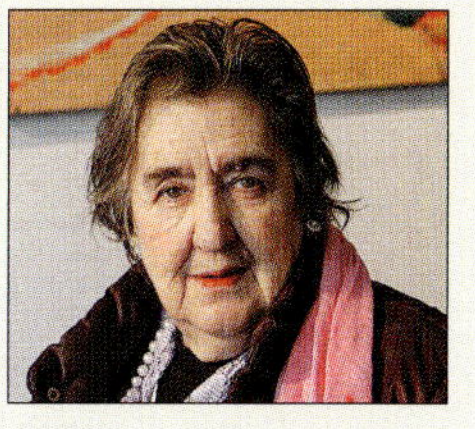

Alda Merini, poetessa.

Nell'esercizio delle professioni prestigiose alle donne è stato riservato uno spazio esiguo e privo di grande risonanza. Si tratta di un fatto culturale discriminatorio, molto radicato e persistente, che si riflette anche nel linguaggio. Questo, infatti, segnala le professioniste, di epoche antiche o comparse in tempi più recenti, con i suffissi "particolari" ***-essa*** e ***-trice*** (*dottor-essa, poet-essa, professor-essa, at-trice, pit-trice*...). Attualmente però lo scenario è cambiato e nessun campo è precluso alle donne: da tutte le libere professioni, ai vertici delle istituzioni, nazionali e internazionali.

Christine Lagarde, politica e avvocato.

Ma come stabilire il genere grammaticale di queste nuove figure? Le donne non gradiscono i **tradizionali suffissi** perché li considerano un residuo di vecchie disparità. Di conseguenza c'è chi "femminilizza" nel più semplice e meno connotato ***-a*** (*avvocat-****a*** – piuttosto di *avvocat-****essa*** – *ministr-****a***...) e chi, invece, preferisce mantenere il titolo al maschile, attribuendogli un valore unisex (*Il ministr-****o*** *Maria Elena Boschi*; *l'Alt-****o*** *rappresentante dell'Unione per gli affari esteri Federica Mogherini*; *Christine Lagarde, politica e avvocat-****o****, dal 2011 diret-****tore*** *del Fondo Monetario Internazionale*).

HAI CAPITO?

Completa le frasi seguenti scegliendo, tra le opzioni proposte, quella più in linea con le nuove riflessioni sul "genere".

a. Sono otto *le donne ministro* / *le ministre* del governo Renzi insediato nel febbraio 2014.
b. Giuliana è *direttore* / *direttrice* del settore vendite di una grande impresa.

• Cambiamento di genere e di significato

In alcuni casi il **mutamento di desinenza** non si riferisce al genere corrispondente, ma **esprime un significato diverso** che ha, con il primo, un rapporto di vicinanza poiché condivide la stessa radice. Ciò accade, per esempio, in questi casi:

il cero (grande candela) ***la cera*** (prodotto delle api)	***lo spillo*** (oggetto acuminato) ***la spilla*** (ornamento)	***il gambo*** (del fiore) ***la gamba*** (arto)

= genere maschile

= genere femminile

Il significato può essere, però, del tutto diverso se le due forme si riferiscono a parole di origine differente, per esempio:

il busto (parte del corpo) ***la busta*** (contenitore)	***il colpo*** (movimento violento) ***la colpa*** (omissione)	***il pianto*** (lacrime) ***la pianta*** (vegetale; parte del piede; mappa)

1.3 La struttura e la formazione del nome

La grande ***bellezza***
(film, 2013)

La ***bellezza*** che compare nel titolo del famoso film è un **nome primitivo** o **derivato?** Il suffisso derivativo ***-ezza*** indica che il nome **deriva** da un aggettivo, *bello* (▸ *La trasformazione delle parole*, p. 59).

I nomi, infatti, vanno considerati anche tenendo conto delle parti di cui si compongono, e cioè della loro **struttura** e **formazione**. Da questo punto di vista si suddividono nel modo seguente:

Primitivi → ***bosco*** → *bosc -* (radice) + ***- o*** (desinenza)

Non derivano da altre parole e sono costituiti solo di **radice** e **desinenza**

Derivati → ***boscaglia*** → *bosc -* (radice) + ***- aglia*** (suffisso)

→ ***disboscamento*** → ***dis -*** (prefisso) + *bosc -* (radice) + ***- amento*** (suffisso)

Sono formati dalla **radice** di altri nomi cui si aggiungono **prefissi** e/o **suffissi**

Alterati — si suddividono in:

- **Diminutivi** e **vezzeggiativi**: *ino, -etto, -ello, -otto, -uccio, -iccino, -olino, -icello, -icciolo*
  *bosch-**etto**, anell-**ino**, tesor-**etto**, cucciol-**etto*** ecc.
- **Accrescitivi**: *-one, -accione*
  *cartell-**one**, om-**accione***
- **Dispregiativi**: *-accio, -uccio, -astro, -onzolo, -ucolo, -iciattolo, -uncola, -aglia*
  *tavol-**accio**, abit-**uccio**, medic-**astro**, gent-**aglia*** ecc.

Esprimono il significato di un nome con sfumature di tipo **valutativo**. Si formano con l'aggiunta di **suffissi alterativi**

Composti → *guardaboschi* → *guarda* (verbo) + *boschi* (nome)

Risultano dall'**unione** di **due** o **più parole** secondo varie combinazioni

PER SAPERNE DI PIÙ

I falsi alterati

Il *pulcino* è forse una piccola *pulce*? Non lo è, anche se si tratta di due animali: il primo è il piccolo della gallina, la seconda è un insetto che si nutre di sangue umano. Ciò che può trarre in inganno è la parte finale della parola *pulcino* che è uguale al **suffisso diminutivo** ***-ino***. In realtà, non esiste alcun suffisso: *pulcino* è un nome primitivo, derivato dal latino e ben lontano da "pulce", nome di origina indoeuropea.
Ecco altri esempi:

- ***bottino***, preda di guerra → **non** è l'alterato di ***botte***, contenitore di liquidi;
- ***bullone***, componente delle macchine → non è l'alterato di ***bullo***, giovane prepotente;
- ***lampone***, piccolo frutto → **non** è l'alterato di ***lampo***, fenomeno luminoso;
- ***nasello***, tipo di pesce → **non** è l'alterato di ***naso***, parte del volto;
- ***merletto***, pizzo → **non** è l'alterato di ***merlo***, tipo di uccello.

Diverso è il caso di alcuni nomi che sono effettivamente **alterati**. Ormai però si sono talmente allontanati dal nome primitivo, quanto al **significato**, che ci si scorda l'originario rapporto di alterazione. Tra questi, per esempio, ci sono *fumo* → ***fumetto***, *fattore* → ***fattorino***, *rosa* → ***rosone***.

HAI CAPITO?

Tra i seguenti termini, trova, con l'aiuto del dizionario, i falsi alterati.

a. tacco, tacchino, tacchetto, taccheggio
b. merlo, merluzzo, merlotto
c. torre, torrone, torretta
d. storia, storiaccia, storione

• Tipologie di nomi composti

I nomi **composti** sono molto numerosi; gli esempi seguenti ne rispecchiano le possibili combinazioni con le rispettive, e/o più frequenti, forme plurali.

Nome	Composizione	Regola	Plurale
arcobaleno	nome + nome di genere uguale	si fa il plurale del **secondo** nome	*arcobaleni*
pescespada	nome + nome di genere diverso	si fa il plurale del **primo** nome	*pescispada*
terracotta	nome + aggettivo	si fa il plurale di **entrambi**	*terrecotte*
francobollo	aggettivo + nome	si fa il plurale del **nome**	*francobolli*
pianoforte	aggettivo + aggettivo	si fa il plurale solo del **secondo**	*pianoforti*
passaporto	verbo + nome (masch.)	si fa il plurale del **nome**	*passaporti*
portafortuna	verbo + nome (femm.)	è **invariabile**	*portafortuna*
dormiveglia	verbo + verbo	è **invariabile**	*dormiveglia*
sempreverde	avverbio + aggettivo	si fa il plurale dell'**aggettivo**	*sempreverdi*
pomodoro	nome + preposizione + nome	si fa il plurale del **secondo** nome	*pomodori* (ma *ficodindia* / *fichidindia*)

DUE PASSI NEL DIZIONARIO

E il plurale?

Abbiamo studiato le regole, ma... chi non ha dubbi quando queste sono un po' complesse e con eccezioni? In questo caso è utile consultare il dizionario.

> **psicòlogo** [comp. di *psico-* e *-logo* ✱ 1818] **s. m.** (**f.** *-a*; **pl. m.** *-gi*, *pop.* *-ghi*) **1** studioso, specialista di psicologia **2** (*est.*) chi conosce profondamente l'animo umano

Osserviamo: dopo il **lemma** c'è sempre la definizione grammaticale. s. = sostantivo; m. = maschile. In parentesi, trattandosi di un nome **mobile**, è indicata la desinenza del femminile ***-a*** e il plurale maschile ***-gi*** (nella forma più corretta), ***-ghi*** (nella forma popolare). Non c'è nessuna indicazione per il plurale della forma al femminile, ma sappiamo che è meno problematica: sempre in ***-ghe***.

> **portafinèstra** o **pòrta finèstra** [comp. di *porta* e *finestra*: calco sul fr. *porte-fenêtre* ✱ 1890] **s. f.** (**pl.** *portefinèstre*) ● finestra da balcone o terrazzo apribile fino al pavimento

Riflettiamo: Il plurale dei nomi composti dipende dalle parole di cui sono costituiti. Nel caso di **nome + nome**, di genere uguale, **solitamente**, muta solo la desinenza finale (> *pescecani*), come si può vedere anche dagli esempi elencati (*arcobaleni*). In questo caso, invece, mutano entrambe, il nome composto, infatti, esiste anche nella versione che vede i due termini separati.

> ♦**làbbro** o (*poet.*) †**làbro**① [vc. dotta, lat. *lă-bru(m)*, di etim. incerta ✱ 1266] **s. m.** (**pl.** *làbbra*, **f.** nei sign. 1, 2, 3, *làbbri*, **m.** nei sign. 4, 5 e, lett., †anche nei sign. 1 e 2)

Osserviamo: il dizionario precisa che esistono **due** plurali e, accanto a ciascuna forma, elenca il numero dei significati corrispondenti di cui darà la definizione. Consideriamone uno per ogni tipo di plurale.

- Con plurale in ***-a***: **1** ognuna delle due pieghe cutanee, muscolari e mucose, che delimitano l'apertura della bocca: *labbro superiore, inferiore*; *labbra grosse, sottili, tumide* | ***leccarsi le labbra***, (fig.) detto di chi ha appena gustato un cibo squisito o si prepara a gustarlo
- Con plurale in ***-i***: **4** margine, bordo di una ferita: *i labbri sono ancora aperti*

ADESSO TOCCA A TE

▶ Capitoli 1.1, 1.2, 1.3

INDIVIDUA E ANALIZZA

Livello 1

1 ●○○ **Sottolinea la corretta forma di plurale dei nomi elencati.**

a. asparagi / asparaghi
b. specie / speci
c. portici / portichi
d. bilancie / bilance
e. brusi / brusii
f. epilogi / epiloghi
g. antropologi / antropologhi
h. dii / dei

2 ●○○ **In ogni gruppo di nomi sottolinea quello ambigenere.**

a. nipote, suocero, cugino.
b. compratore, acquirente, venditore.
c. testimone, imputato, giurato.
d. dottore, analista, ricercatore.
e. imprenditore, artigiano, astronauta.
f. commesso, barista, cameriere.

3 ●○○ **Oralmente volgi alla forma femminile i nomi elencati. Fai attenzione a quelli con un'unica forma per i due generi e a quelli indipendenti, cioè del tutto diversi per maschile e femminile.**

ceramista ~ vedovo ~ tirocinante ~ tenente ~ scattista ~ contorsionista ~ truccatore ~ scultore ~ arredatore ~ seccatore ~ maratoneta ~ pilota ~ patrigno ~ piromane ~ montone ~ camionista

4 ●○○ **Nelle frasi seguenti sottolinea i nomi invariabili.**

a. Analisi e sintesi sono alla base del procedimento logico.
b. I mammut vissero nell'era quaternaria.
c. Per gli uliveti la mosca olearia è una calamità.
d. I parchi nazionali sono oasi di protezione faunistica.
e. Robin Hood è un leggendario fuorilegge.
f. Stasera, baccalà alla vicentina.

5 ●○○ **Leggi la barzelletta, quindi stabilisci se i nomi evidenziati sono primitivi [P], derivati [D] o composti [C]. Se hai dubbi, consulta il dizionario.**

Luisa va al bioparco ☐ e si ferma guardare gli ippopotami ☐:
– Qual è il maschio ☐ e qual è la femmina? – domanda al guardiano ☐.
– Non crede, signorina ☐, – risponde l'uomo ☐ – che questa sia una faccenda ☐ personale, che riguarda solo gli ippopotami?

("Enigmistica moderna", gennaio 2014)

6 ●○○ **Trova e cancella i 10 falsi alterati presenti tra i nomi elencati.**

balcone ~ ballerino ~ bambinello ~ caffeina ~ fascicoletto ~ fattorino ~ fialetta ~ fifone ~ sbruffone ~ scivolone ~ sorbetto ~ trafficone ~ trampolino

Livello 2

7 ●●○ **Stabilisci il genere di ogni nome elencato: indipendente [I], comune [C], promiscuo [P].**

a. giudice	I	C	P	h. frate	I	C	P
b. cliente	I	C	P	i. madrina	I	C	P
c. turista	I	C	P	j. genero	I	C	P
d. complice	I	C	P	k. marito	I	C	P
e. coniuge	I	C	P	l. antilope	I	C	P
f. coccinella	I	C	P	m. lucciola	I	C	P
g. ragno	I	C	P	n. dea	I	C	P

8 ●●○

Indica da quali parti del discorso è formato ognuno dei nomi composti elencati.

scendiletto: verbo + nome ....

buonanotte ~ buttafuori ~ rubacuori ~ perdigiorno ~ malasanità ~ pallacanestro ~ tritatutto ~ belvedere ~ scaldapiatti ~ parabrezza ~ portapillole ~ ficodindia ~ videogioco

9 ●●○

Forma il plurale dei nomi elencati.

a. caporeparto ....
b. mezzanotte ....
c. capostipite ....
d. pescecane ....
e. apribottiglie ....
f. parapendio ....
g. parapiglia ....
h. formicolio ....
i. contapassi ....
j. battistrada ....
k. capoturno ....
l. guardalinee ....

10 ●●○

Analizza i nomi evidenziati nelle frasi, dal punto di vista del significato, della forma e della struttura.

a. Il maltempo persiste su tutto il versante tirrenico.
b. L'uomo sta mettendo in pericolo la fauna marina.
c. Secondo la diagnosi, ho avuto un attacco d'asma.
d. Rai 5 trasmetterà un documentario sulle civiltà extraeuropee.
e. L'arte richiede sensibilità e creatività.

Livello 3 **11** ●●●

Nelle frasi seguenti sottolinea i nomi difettivi del plurale, quindi indica se si tratta di nomi non numerabili [NN], astratti [A] oppure collettivi [C].

a. Il mio piatto preferito è il risotto con lo zafferano. [NN]
b. Mio fratello ha preso la varicella. [.....]
c. A volte per risolvere i problemi basta il buonsenso. [.....]
d. In Africa milioni di persone soffrono la sete. [.....]
e. Luigi ha una prole numerosa: ben cinque figli! [.....]
f. Gli alberi stanno perdendo il fogliame. [.....]
g. Quel pover'uomo vive di carità. [.....]
h. Chi prova invidia vive male. [.....]

12 ●●●

Analizza i nomi contenuti nei titoli dei film elencati, dal punto di vista del significato, della forma e della struttura.

La marcia dei pinguini ~ L'ultimo bacio ~ La migliore offerta ~ La banda dei Babbi Natale ~ La spia venuta dal freddo ~ Un tocco di zenzero ~ Nuovo cinema Paradiso ~ Storia di una ladra di libri ~ Tutta colpa di Freud

LAVORA CON LE PAROLE

Livello 1 **13** ●○○

A COPPIE Volgete al femminile i nomi elencati, quindi, con l'eventuale aiuto del dizionario, spiegate il diverso significato che assumono.

tappo ~ banco ~ taglio ~ colletto ~ palmo ~ scalo ~ lancio ~ tormento ~ calco ~ modo ~ romanzo

14 ●○○

Osserva il dipinto. Sofferma l'attenzione sugli elementi che lo compongono, quindi elencali, utilizzando la forma opportuna, singolare o plurale. Quali nomi collettivi potremmo utilizzare per indicarli?

G. Arcimboldo, *L'imperatore Rodolfo II come Vertumno*, 1590. Habo (Svezia), Skokloster Castle.

Livello 2 **15** ●●○

Abbina a ogni definizione il nome corrispondente, indicandone il genere: maschile [M] o femminile [F]. Se hai dubbi, consulta il dizionario.

a. Caduta di una vocale o di una sillaba in fine di parola ☐ M F
b. Ciò che è superfluo dimostrare perché palesemente vero ☐ M F
c. Qualcosa di inspiegabile o misterioso ☐ M F
d. Una difficile scelta tra due possibilità ☐ M F
e. Altro nome dell'ulna, osso dell'avambraccio ☐ M F
f. Dilatazione di un'arteria ☐ M F

1. Radio **2.** Apocope **3.** Aneurisma **4.** Assioma **5.** Dilemma **6.** Enigma

16 ●●○

La giovane ritratta nel dipinto è una merlettaia, mestiere artigianale oggi molto raro. Conosci altri mestieri "scomparsi" o per i quali è difficile reperire manodopera qualificata? Avvia una ricerca su Internet, quindi stabilisci se si tratta di attività comuni ai due generi oppure prevalentemente femminili o maschili.

J. Vermeer, *La merlettaia*, 1669. Parigi, Musée du Louvre.

17 ●●○

Con l'aiuto del dizionario, stabilisci il diverso significato dei nomi elencati a seconda che siano di genere maschile o femminile, quindi scrivi per ciascuno una frase in cui sia usato in modo appropriato.

apostrofo / apostrofe ~ armo / arma ~ costata / costato ~ branca / branco ~ mostro / mostra ~ tempio / tempia

18 ●●○ **A COPPIE** **I nomi elencati sono alterati che col tempo hanno assunto significato autonomo. Con l'eventuale aiuto del dizionario, per ognuno individuate la parola da cui deriva, quindi scrivete una frase in cui sia contestualizzato in modo adeguato.**

bamboccione ~ girone ~ manichino ~ fegatello ~ pancetta ~ patentino ~ costoletta ~ tortellino ~ calcetto ~ pastetta ~ reginetta

19 ●●○ **Con l'aiuto del dizionario, riscrivi le frasi seguenti sostituendo le espressioni evidenziate con un nome derivato adatto al contesto. Quando necessario, modifica verbi e articoli.**

a. Mi ha risposto un addetto al centralino. > centralinista ....
b. Claudio è un frequentatore assiduo delle discoteche.
c. Fiorella è un'attivista impegnata nella salvaguardia e protezione degli animali.
d. A livello retributivo vi sono ancora differenze di trattamento tra donne e uomini.
e. La domanda deve essere corredata dal modulo con le domande e le risposte debitamente compilato.

Livello 3 **20** ●●● **Con l'aiuto del dizionario, scopri il nome proprio di persona o di luogo geografico da cui derivano i nomi comuni elencati.**

mongolfiera ~ linciaggio ~ mansarda ~ pralina ~ arazzo ~ carpaccio ~ madera ~ zampirone

21 ●●● **I nomi elencati sono segnalati come "parole da salvare", cioè parole il cui uso sta scomparendo perché tv e giornali privilegiano i loro sinonimi più comuni. Sul dizionario ricerca il significato di ognuna, quindi indica con quale altro nome è frequentemente sostituita.**

onere ~ varco ~ cipiglio ~ sentore ~ rigoglio ~ sfarzo ~ oblio

COMPLETA E PRODUCI

Livello 1 **22** ●○○ **Completa ogni gruppo con due nomi scelti tra quelli elencati.**

salvia ~ viveri ~ bucaneve ~ nozze ~ gas ~ modestia

a. Invariabili: luminosità, magrezza, ... ; ....
b. Difettivi del plurale: lavanda, cannella, ... ; ....
c. Difettivi del singolare: ferie, occhiali, ... ; ....

Livello 2 **23** ●●○ **Per ogni settore di attività elencato scrivi almeno un mestiere / una professione con una forma comune per donne e uomini.**

a. musica: arpista, violinista ....
b. cura del viso e del corpo: ....
c. sanità e medicina: ....
d. moda: ....
e. industria: ....
f. spettacolo: ....

24 ●●○ **Per ognuno dei nomi seguenti scrivi una frase in cui sia usato in modo ironico o scherzoso alla forma maschile: *Cenerentola, sirenetta, mamma, mammola*.**

Livello 3 **25** ●●● **A COPPIE** **Scrivete una frase per ciascuna delle forme plurali dei nomi sovrabbondanti elencati, evidenziando il loro diverso significato (esempio: *i membri / le membra* > *I membri della giuria emisero il verdetto / Sento le membra doloranti*).**

i gesti / le gesta ~ gli ossi / le ossa ~ i cervelli / le cervella ~ gli urli / le urla

2 L'articolo

= articolo determinativo
= articolo indeterminativo
= articolo partitivo

Penne al pomodoro

Ingredienti per 4 persone:
350 g di penne
olio di oliva
½ kg di pomodori maturi
basilico
parmigiano.

In **un** tegame mettete a cuocere **i** pomodori. Quando si saranno addensati, aggiungete **il** basilico. Appena **le** penne sono cotte, scolatele e versatele nel tegame a insaporire, mescolandole con **un** cucchiaio di legno. Spolverate poi a piacere con **del** parmigiano.

Che cos'è e come funziona l'articolo

L'**articolo** è una parte del discorso **sempre associata al nome**, e solo in virtù di questo legame possiede un significato. La sua funzione principale è, infatti, quella di **precedere** il **nome** per introdurlo nel discorso, **indicandolo** in modi diversi. Vediamo quali, esaminando la ricetta.

Perché *pomodori*, *basilico* e *penne* sono preceduti da *i, il, le*? Perché questo tipo di articoli indica, **determinandoli** con precisione, nomi che **già conosciamo** in quanto sono già stati citati tra gli ingredienti. Si tratta perciò di **articoli determinativi**.

All'opposto, ***tegame*** e ***cucchiaio*** compaiono per la prima volta in questo testo e sono intesi come attrezzi **qualsiasi**, **generici**. Per questo sono introdotti dall'**articolo indeterminativo *un***.

L'articolo **partitivo *del***, infine, indica una quantità imprecisa, **indeterminata**, di parmigiano, nome **non numerabile**.

Le altre funzioni

Oltre alla sua importante **funzione identificativa**, l'articolo ne svolge altre, ugualmente indispensabili:

- **conferma** o **segnala genere** e **numero**.
  Poiché **concorda** con il nome in **genere** e **numero** (***il*** *figlio* / ***la*** *figlia;* ***i*** *figli* / ***le*** *figlie*), quando il nome ha un'unica forma per il maschile e il femminile, ne precisa il **genere** (***la*** *cantante* / ***il*** *cantante*). Consente inoltre di capire il **significato** di quei nomi che lo cambiano passando da un **genere** all'altro (***il*** *cero* / ***la*** *cera*, ***il*** *porto* / ***la*** *porta*). Allo stesso modo indica il **numero** dei nomi che non variano al singolare e al plurale (***la*** *città* / ***le*** *città*).
- **Sostantiva** qualunque parte del discorso:

  Non sono un artista, è solo che ***il dipingere*** (verbo) *mi rilassa.*
  Vivo in collina perché amo ***il verde*** (aggettivo).
  Le sue parole mi hanno lasciato ***l'amaro*** (aggettivo) *in bocca, ma non so di preciso* ***il perché*** (avverbio).
  È ora che ti si dica ***un*** *bel* ***basta!*** (esclamazione).

2.1 I tipi di articolo e le loro forme

• L'articolo determinativo

L'articolo determinativo **identifica** con chiarezza ciò che è indicato dal **nome** e in particolare:

- ciò che è generalmente **noto** agli interlocutori:
  Il *nostro patrimonio artistico ha una rilevanza straordinaria.*
  Il *rilassamento serale concilia* ***il*** *sonno;*
- ciò che è **già stato nominato**:
  Ho visto entrare un ragazzo fantastico. "Ecco ***il*** *ragazzo che fa per me", ho pensato.*
  ... ***i*** *pomodori, ...* ***il*** *basilico e ...* ***le*** *penne;*
- oggetti o persone che esistono come **individui unici**:
  La *luna è in fase calante*
  Il *nuovo sindaco ha condonato le multe degli ultimi sei mesi;*
- una **classe** o **categoria** di individui o concetti astratti:
  Eviterò ***i*** *cibi troppo calorici. Cerca di non perdere* ***la*** *calma!*

• L'articolo indeterminativo

Indica ciò che **non è noto**, ciò di cui **non si precisa l'identità** o che **non viene meglio specificato**:

Portale ***una*** *seta indiana dal tuo viaggio.*
Cerca su internet il nome di ***un*** *idraulico, per favore.*

Si riferisce inoltre a:

- un elemento che appartiene a un **insieme indeterminato**:
  Non ne conosco il nome, so solo che è ***una*** *pietra preziosa;*
- un individuo che rappresenta **tutti i membri** della sua categoria o il **singolo membro** di un gruppo:
  Un *avvocato onesto ti avrebbe sconsigliato di fare causa.*
  Ho conosciuto ***una*** *partecipante alle selezioni di X Factor.*

HAI CAPITO?

La distinzione tra i due tipi di articolo non è sempre tassativa. Per esempio, possiamo dire indifferentemente: "Vuoi **un** / **il** caffè?". Opteremo per ***il*** se il momento è abituale per questa bevanda, riferendoci al "noto" e condiviso. Nelle seguenti frasi inserisci correttamente gli articoli: **determinativo**, **indeterminativo** o entrambi, se è il caso.

a. Ti va .... tè? Anche se so che non prendi .... tè quasi mai.
b. Passa da me per .... aperitivo.
c. Gradiresti .... fetta di torta?
d. Ora accetto .... fetta di torta che mi hai promesso.
e. Dammi .... bacio e facciamo pace.
f. Voglio .... bacio della buonanotte.

• L'articolo partitivo

L'articolo partitivo indica:

- al **singolare**, una **parte indeterminata** di un insieme designato da nomi **non numerabili**:
  A fine cottura aggiungere ***del*** *vino bianco* (= un po' di vino bianco);
- al **plurale sostituisce** l'articolo indeterminativo ***un*** / ***una***, che è privo di questa forma e sta per *alcuni* / *alcune*:
  Tutti abbiamo ***dei*** *desideri segreti* (= alcuni desideri).

La seguente tabella mostra le forme generali dei tre tipi di articolo.

Tipi di articolo		Singolare		Plurale	
		Maschile	Femminile	Maschile	Femminile
Determinativo		*il, lo, (l')*	*la, (l')*	*i, gli*	*le*
Indeterminativo		*un, uno*	*una, (un')*	–	–
Partitivo	con nomi numerabili	–	–	*dei, degli*	*delle*
	con nomi non numerabili	*del, dello, (dell')*	*della, (dell')*	–	–

L'articolo e i nomi stranieri

E con i nome di origine straniera come ci regoliamo, visto che sono sempre più numerosi? La regola fondamentale sta nel tenere conto di **come si pronunciano**, in particolare:

- ***il, lo*** davanti alle iniziali ***ch*** + vocale: ***il*** *chador* (pron. "cia"); ***lo*** *chalet,* ***lo*** *chef,* ***lo*** *shampoo* (pron. "sc" di sciarpa);
- ***l', gli*** se l'iniziale è ***h***: ***l'*** / ***gli*** *hobby*; ***l'****hotel,* ***gli*** *habitué* (francese = frequentatore abituale); quando il nome è femminile si usa ***la*** senza elisione: ***la*** *home page*;
- ***il*** davanti all'iniziale ***w***: ***il*** *würstel* (la *w* tedesca si pronuncia sempre *v*); ma anche ***il*** *whisky,* ***il*** *web* (l'uso scritto, in questo caso, contravviene la regola basata sulla pronuncia che vorrebbe ***l'****whisky,* ***l'*** *web,* visto che la "w" inglese si pronuncia come in "**u**omo"). In ogni caso, il dizionario dà indicazioni anche su questo aspetto.

Le forme dell'articolo e le iniziali del nome

La scelta tra le varie forme dell'articolo dipende dall'**iniziale** della **parola seguente**:

articolo maschile
- davanti a vocale → ***l', gli, un, dell', degli***: ***l'****arco,* ***gli*** *aranci,* ***un*** *orto,* ***dell'****argento,* ***degli*** *alberi*
- davanti a ***gn***, ***pn***, ***s*** + consonante, ***z***, ***x***, ***i*** + vocale → ***lo, gli, uno, dello, degli***: ***lo*** *pneumatico* (ma anche *il pneumatico*) ***lo*** *psichiatra,* ***lo*** *iato,* ***gli*** *gnocchi,* ***uno*** *scatolone,* ***dello*** *zucchero,* ***degli*** *xenofobi*
- davanti a tutte le altre consonanti → ***il, i, un, del, dei***: ***il*** *libro,* ***i*** *fiori,* ***un*** *tavolo,* ***del*** *burro,* ***dei*** *biscotti*

articolo femminile
- davanti a consonante, ***i*** + vocale → ***la, le, una, della, delle***: ***la*** *pianta,* ***la*** *iena,* ***le*** *ragazze,* ***una*** *mela,* ***della*** *farina,* ***delle*** *patate*
- davanti a vocale, eccetto ***i*** + vocale → ***l', un', dell'***: ***l'****ironia,* ***un'****oliva,* ***dell'****acqua*

Particolarità L'uso dell'articolo non è sempre necessario, in alcuni casi è facoltativo, in altri vietato. Consideriamo, nella vasta casistica, le norme principali, tenendo presente che solo l'ascolto e la lettura possono orientare in modo più sicuro ed efficace.

L'articolo si usa con:

- i **cognomi al plurale**: *Abbiamo invitato* ***i*** *Landini a cena*;
- i **soprannomi**: *Il pittore veneziano Giovanni Antonio Canal è conosciuto come* ***il*** *Canaletto*;
- i nomi di **mari**, **fiumi**, **laghi**, **monti**, **continenti**, **nazioni**, **regioni**, **isole grandi**, **arcipelaghi**: ***il*** *Tirreno,* ***l'****Adige,* ***il*** *Garda,* ***il*** *Cervino,* ***l'****Asia,* ***la*** *Germania,* ***la*** *Sicilia,* ***le*** *Eolie*;
- i **nomi propri preceduti da** un aggettivo e da un nome, oppure **seguiti da** una specificazione: ***il*** *bravissimo Johnny Depp,* ***la*** *cantante Giorgia, Non è questa* ***la*** *Parigi dei miei sogni*;
- i **nomi di parentela** con connotazione neutra: ***il*** *padre,* ***la*** *madre,* ***il*** *cognato,* ***uno*** *zio*.

Eccezioni: è preferibile ometterlo con i **cognomi** di **personaggi famosi** della letteratura, dell'arte, della storia ecc.: *Ariosto, Leopardi, Brunelleschi, Pasteur, Modigliani, Morante.*

Non si usa quando i **nomi di parentela** sono preceduti da un **aggettivo possessivo singolare** (***mio*** *padre* / ***nostra*** *sorella*), a meno che i nomi non siano al **plurale** (***i*** *miei fratelli*).

L'articolo non si usa con:

- i **nomi propri**: *Ho conosciuto Marianna e Giovanni*;
- i **cognomi** riferiti a persona di genere **maschile**: *Anche Ferrari* [Marco] è tra gli invitati;
- i nomi di **città e piccole isole**: *Tutto il mondo ci invidia Venezia; Pantelleria è un'isola ventosa*;
- nomi di **pianeti** e **corpi celesti**: *Sono gli astri lenti, come Giove e Saturno, a determinare se una storia avrà fortuna*;
- i **mesi** e i **giorni**: *Dicembre sta per finire. Ci vediamo sabato*;
- **continenti**, **stati**, **regioni** preceduti da ***in***: *in Africa, in Francia, in Toscana*;
- alcune espressioni che indicano il **luogo**, il **mezzo**, il **modo**, la **materia**: *in piazza / in treno / lavora con calma / pavimento in marmo*;
- alcune espressioni in cui il verbo fa quasi corpo unico con il nome: *avere freddo, piacere* ecc. / *dare coraggio, notizia* ecc. / *prendere esempio, forma* ecc.

Eccezioni:

- usi **familiari e regionali**: *Salutami* ***la*** *Marta e* ***il*** *Paolo* (uso settentrionale);
- alcune **piccole isole** come ***il*** *Giglio,* ***l'****Elba*;
- i nomi di **città** di cui l'articolo è parte integrante: ***l'****Aquila,* ***la*** *Spezia,* ***l'****Aia,* ***l'****Avana*...;
- i seguenti **pianeti** e **corpi celesti**: ***la*** *Luna,* ***il*** *Sole,* ***la*** *Terra,* ***la*** *Stella Polare*;
- **nomi di mesi e giorni** seguiti da una **determinazione**: ***L'****agosto 2003 fu particolarmente torrido.* ***Il*** *lunedì è quasi sempre una giornata difficile.*

L'articolo si può omettere:

- nelle **enumerazioni**: *Prepara farina, latte, uova e lievito*;
- nei **titoli** di romanzi, film, articoli, opere d'arte: Gomorra *è un film molto duro* / Marcovaldo *si legge sempre volentieri*;
- quando seguono il verbo *essere* come **nomi del predicato** (▸ p. 271): *Anna non è* [un] ***tipo*** *da perdersi in un bicchier d'acqua / Tuo fratello è* [un] ***architetto****?*

- nelle **apposizioni** (▸ p. 340): *Benigni,* [il] *regista di tanti film, è anche un grande interprete;*
- nelle versioni **affettive** dei nomi di **parentela**: [il] *papà,* [la] *mamma,* [il/la] *nonno/a,* [il] *babbo;*
- nei **cognomi femminili**, se è altrimenti noto il genere della persona designata. Il suo uso, quando non è necessario, è spesso considerato discriminatorio: *Sandri, la nuova dirigente, ha riorganizzato l'azienda. Preferisco* [la] *Callas nel ruolo di Carmen.*

HAI CAPITO?

In che senso l'uso o meno dell'articolo nelle due frasi cambia il significato del nome *maggio*?

Arriva **maggio** con la sua esplosione di verde e colori.
Ci siamo incontrati per la prima volta **lo** scorso **maggio**.

ADESSO TOCCA A TE

▸ Capitolo 2

INDIVIDUA E CORREGGI

Livello 1

1 ●○○ Premetti a ogni nome l'articolo determinativo e indeterminativo opportuni.

a. lo .... / .... yogurt
b. .... / .... suocero
c. .... / .... zio
d. .... / .... spettacolo
e. .... / .... specchio
f. .... / .... scimpanzé
g. .... / .... scisma
h. .... / .... diluvio
i. .... / .... jumbo
j. .... / .... varo
k. .... / .... war game
l. .... / .... web cast
m. .... / .... wellness
n. .... / .... zaffiro
o. .... / .... zampone
p. .... / .... xilofono
q. .... / .... pigiama
r. .... / .... apotema

2 ●○○ Le frasi seguenti contengono 5 errori nell'uso degli articoli. Trovali e correggili.

a. Franco pratica lo windsurf.
b. Lo wrestling è un tipo di lotta molto violenta.
c. Praticare il yoga è molto rilassante.
d. Giacomo è un yuppie insopportabile.
e. Secondo una leggenda, tra le nevi dell'Himalaya vivrebbe uno yeti.
f. La ostrica conteneva una perla.

3 ●○○ Quale frase contiene un articolo partitivo?

[A] Finalmente vedo dei soldi sul conto corrente.
[B] "Il colore dei soldi" è un vecchio film di Martin Scorsese.

Livello 2

4 ●●○ Individua e correggi i 5 errori nell'uso dell'articolo presenti nelle frasi seguenti.

a. Gli arresti nel mondo dello sport hanno suscitato un grande eco.
b. Il psicologo mi ha consigliato una terapia di gruppo.
c. Un chiodo ha provocato un squarcio nello pneumatico.
d. Il xeres è un vino bianco spagnolo conosciuto anche col nome di sherry.
e. Maria Callas è stata la più celebre soprano del '900.

5 ●●○ Nelle frasi seguenti inserisci gli articoli opportuni. Fai attenzione: in alcuni casi non vanno usati, in altri è possibile o preferibile ometterli.

a. .... Parigi che ricordavo è molto diversa da quella di oggi.
b. .... Sarti sono una famiglia piuttosto rumorosa.
c. .... tua sorella è .... pediatra?

d. .... generale tedesco Erwin Rommel fu soprannominato .... "Volpe del deserto".
e. .... Buonarroti scolpì .... Mosè e .... David.
f. In letteratura stiamo studiando .... Petrarca.

6 ●●○ **Tra le frasi seguenti individua le tre che forniscono un'informazione ambigua sul genere del soggetto, quindi prova a riformularle sostituendo l'articolo determinativo con un indeterminativo, in modo da rendere chiaro il messaggio.**

a. L'atleta francese tagliò il traguardo.
b. Il discesista si preparò ad affrontare lo slalom.
c. L'agente si appostò davanti alla banca.
d. L'archivista riordinò i documenti.
e. La tassista guidava con prudenza.

7 ●●○ **In ogni coppia di frasi indica quella che contiene un articolo partitivo.**

a. 1) Il vento fa sbattere le imposte delle finestre. 2) In quella casa delle imposte stanno sbattendo.
b. 1) Per cena ho cucinato degli scampi. 2) La cottura degli scampi non richiede molto tempo.
c. 1) In spiaggia c'erano dei tipi che ci infastidivano. 2) Non reagire alle provocazione di questi tipi!
d. 1) La moda dello smalto blu non mi piace. 2) Sara ha applicato alle unghie dello smalto blu.
e. 1) Il grido richiamò l'attenzione dei passanti. 2) Dei passanti udirono un grido e si fermarono.

Livello 3 **8** ●●● **In base alle indicazioni tra parentesi, completa le frasi seguenti con un articolo e un nome opportuni.**

a. La grandine / la siccità .... rovina i raccolti. (qualcosa di noto a tutti)
b. Finalmente è arrivata ....! (qualcosa di noto a tutti)
c. .... è un animale domestico. (una classe di individui)
d. Chi ha trovato .... di Greta? (una cosa specificata nella frase)
e. C'era una volta .... (qualcuno di ancora sconosciuto)
f. Gradite ....? (qualcosa che non occorre precisare)
g. Guarnire la torta con .... (una quantità indeterminata)

9 ●●● **Spiega oralmente il diverso significato delle frasi seguenti a seconda dell'articolo usato: determinativo, indeterminativo o partitivo.**

a. **Gli** / **degli** allievi non rispettano le regole.
b. Durante le vacanze ho letto **i** / **dei** romanzi di Licia Troisi.
c. I ladri hanno rubato **un** / **il** Modigliani conservato al museo.
d. L'imprenditore Rossi ha delocalizzato **la** / **una** fabbrica.
e. Stefano ha ereditato **l'** / **un** orologio del nonno.

10 ●●● **Indica quale parte del discorso sostantiva l'articolo evidenziato in ogni frase seguente.**

a. "Tra il dire e il fare c'è di mezzo il mare". ....; ....
b. Il verde e il blu, colori freddi, suggeriscono calma e dolcezza. ....; ....
c. Voglio sapere il come e il perché di quanto accaduto. ....; ....
d. Il chi è della moda italiana include molti giovani stilisti. ....
e. Nella notte mi ha svegliato un "ahi ahi!": mio marito aveva mal di denti. ....
f. La fiaba *La bella e la bestia* ha ispirato molti film. ....

FACCIAMO IL PUNTO

definire + riassumere + classificare + memorizzare

LOSAI? RIPASSA CON LO SMARTPHONE

Il **nome** è la parte variabile del discorso che serve a **indicare** le realtà più disparate: **oggetti**, **esseri animati**, **eventi**, **idee** ecc. Viene tradizionalmente detto anche **sostantivo** perché è riferito a ciò che – in un certo senso – ha "sostanza", stabilità. Questo per contrapporlo al **verbo**, indicante, invece, un processo, un avvenimento, un'azione.

I nomi

- *in base al significato si dividono in*
  - **PROPRI**: *Po, Marta, Napoli*
  - **COMUNI**: *fiume, ragazza, città*
  - **NUMERABILI**: *malessere, cibo, carburante*
  - **NON NUMERABILI**: *varicella, panna, burro*
  - **COLLETTIVI**: *costellazione, corteo, giuria*
  - **CONCRETI**: *acqua, sale, farina, torta*
  - **ASTRATTI**: *magia, fantasia, libertà*
- *in base alla struttura si dividono in*
  - **PRIMITIVI**: *fior**i**, libr**o**, can**e***
  - **DERIVATI**: ***s**fiori**tura**, libr**aio**, can**ile***
  - **ALTERATI**: *fior**ellino**, libr**one**, cagn**accio***
  - **COMPOSTI**: *videogioco, dopopranzo, pomodoro*
- *a seconda della forma distinguono per*
  - **GENERE maschile / femminile**
    - **FISSO**: *albero, sasso*
    - **MOBILE**: *bambino/a, gatto/gatta*
    - **AMBIGENERE**: *il/la cantante*
    - **INDIPENDENTE**: *il padre/la madre, il fratello/la sorella*
    - **PROMISCUO**: *la volpe maschio/la volpe femmina*
  - **NUMERO singolare / plurale**
    - **VARIABILE**: *la cas**a**/le cas**e***
    - **INVARIABILE**: *la cris**i**/le cris**i***
    - **DIFETTIVO**: *il latte, gli occhiali*
    - **SOVRABBONDANTE**: *il filo/le fila*

L'**articolo** è la parte variabile del discorso che **si premette al nome**, con cui **concorda in genere e numero**, segnalando se ciò che il nome indica sia **preciso** e **determinato** (determinativo) oppure **indefinito** e **generico** (indeterminativo).

L'articolo

- *può essere*
  - **DETERMINATIVO**: ***il*** *giorno*, ***la*** *verifica*, ***l'****albero*
  - **INDETERMINATIVO**: ***un*** *mattino*, ***un'****albicocca*
  - **PARTITIVO**: ***del*** *pane*, ***delle*** (alcune) *persone*
- *permette di*
  - Confermare e individuare genere e numero: ***le*** *donne*, ***gli*** *uomini*, ***un***/***un'****alpinista*, ***il***/***la*** *cantante*
  - Sostantivare qualunque parte del discorso: ***Il verde*** *ti dona*

CONOSCENZE

1 **Indica se le seguenti affermazioni sono vere [V] o false [F].**

a. La distinzione tra nomi concreti e astratti è sempre netta. V F

b. La desinenza *-a* indica sempre nomi di genere femminile. V F

c. Il genere dei nomi comuni è indicato dall'articolo. V F

d. I nomi invariabili hanno un'unica forma per singolare e plurale. V F

e. I nomi non numerabili indicano una quantità indistinta. V F

f. I suffissi alterativi cambiano il significato di base del nome. V F

g. L'articolo può sostantivare qualsiasi parte del discorso. V F

h. Gli articoli partitivi si usano soltanto con i nomi non numerabili. V F

ABILITÀ

2 **Tra i seguenti gruppi, quale non contiene un nome non numerabile?**

A Pulce, tropico, bruco.

B Kiwi, gennaio, rosolia.

C Saggezza, luppolo, Capodanno.

3 **Classifica ogni nome elencato in base al cambiamento di genere: mobile [M], ambigenere [A], promiscuo [P], indipendente [I].**

a. sosia M A P I

b. impostore M A P I

c. spia M A P I

d. delatore M A P I

e. traditore M A P I

f. podista M A P I

g. complice [M] [A] [P] [I]
h. allenatore [M] [A] [P] [I]
i. borseggiatore [M] [A] [P] [I]
j. dio [M] [A] [P] [I]
k. ermellino [M] [A] [P] [I]
l. airone [M] [A] [P] [I]
m. istrice [M] [A] [P] [I]
n. femmina [M] [A] [P] [I]
o. celibe [M] [A] [P] [I]
p. suora [M] [A] [P] [I]
q. signora [M] [A] [P] [I]
r. poliziotto [M] [A] [P] [I]
s. tuffatore [M] [A] [P] [I]
t. collega [M] [A] [P] [I]

4 **Considera i seguenti nomi: *serie*, *tribù*, *divinità*, *quiz*, *robot*, *crisi*. Rispetto al numero, quale caratteristica hanno in comune?**

....

5 **Leggi con attenzione le frasi seguenti, quindi nelle righe sottostanti trascrivi i nomi derivati, alterati e composti in esse presenti.**

a. Il calciatore Messi è un vero fuoriclasse.
b. Alla vista del conto del dentista ho avuto un capogiro.
c. Molti Italiani all'estero hanno mantenuto i contatti con la madrepatria.
d. La mia sorellina ha sbattuto contro una porta e le è venuto un livido bluastro sulla fronte.

Derivati ....
Alterati ....
Composti ....

6 **Accanto a ogni nome scrivi la forma plurale accompagnata dall'appropriato articolo determinativo.**

a. archeologo ....
b. equivoco ....
c. naufrago ....
d. gnocco ....
e. sgocciolio ....
f. manico ....
g. teorema ....
h. rinuncia ....
i. pianoforte ....
j. capolinea ....

7 **In quale frase sono usati tutti e tre i tipi di articolo?**

[A] Vittorio Gassman, detto il Mattatore, è stato un protagonista del teatro e del cinema italiano.
[B] A fine cottura tagliate la carne a fette, aggiungete della salsa verde e servite su un piatto da portata.

COMPETENZE

8 **Leggi con attenzione il brano, quindi svolgi le attività proposte.**

Tiramisù (6 persone)

Girate bene 2 rossi d'uovo con 2 cucchiai di zucchero. Aggiungete 250 g di mascarpone e 1 chiara montata a neve. Fate 3 tazzine da caffè e inzuppatevi dei biscottini che sistemerete in una coppa di vetro. Sopra stenderete metà del composto, poi altro strato di biscottini inzuppati e altro strato di crema. Spolverizzate di cioccolato e ponete in frigorifero.

(Fratelli Carli, *Ricettario del centenario 1911-2011*, Editore Fratelli Carli, Imperia, 2010)

COMPRENDI

Livello 1
1. ●○○ Nel contesto, che cosa si intende con il nome *chiara*? Secondo te, questo uso del termine appartiene al linguaggio colloquiale o ricorre anche in quello scientifico?

Livello 2
2. ●●○ Con quale significato è qui usato il nome *neve*?

Livello 3
3. ●●● Secondo te, per quale motivo nelle ricette gli ingredienti sono accompagnati da numeri espressi in cifre e non in lettere (due, una...)?

ANALIZZA

Livello 1
4. ●○○ Quali nomi non numerabili compaiono nella ricetta? ....
5. ●○○ "Ricettario" e "centenario" sono nomi primitivi o derivati? ....
6. ●○○ Quale aggettivo sostantivato è presente nella ricetta? ....

Livello 2
7. ●●○ Quale nome ambigenere compare nella ricetta? Spiega i suoi diversi significati. ....
8. ●●○ Quali nomi alterati, uno dei quali usato con significato autonomo, sono presenti nella ricetta? ....
9. ●●○ Quale articolo partitivo compare nella ricetta? ....

Livello 3
10. ●●● Quale particolarità ha il nome *uova*? ....
11. ●●● Quale nome composto è presente nella ricetta? Da quali parti del discorso è formato? ....
12. ●●● Il nome *frigorifero* è composto da un prefisso e da un suffisso. Qual è il loro significato? ....

PRODUCI

Livello 1
13. ●○○ Organizzi un rinfresco per festeggiare il tuo compleanno. Scrivi che cosa offrirai agli ospiti: bevande, dolcetti, stuzzichini... Usa nomi diversi per struttura, comuni e non numerabili, accompagnati dagli articoli opportuni.

Livello 2
14. ●●○ Scrivi la ricetta di un semplice primo piatto che conosci. Nel testo dovranno essere presenti alcuni nomi non numerabili, almeno un nome derivato e un nome difettivo o sovrabbondante.

Livello 3
15. ●●● Scrivi una ricetta tipica della tua regione. Nel testo dovranno essere presenti almeno un articolo partitivo e nomi diversi per genere, numero e struttura.

CHE LINGUA PARLIAMO?

INDIVIDUA E CORREGGI

Livello 1 **9** ●○○

Osserva la vignetta, quindi rispondi alla domanda del malvivente.

("Civiltà enigmistica", aprile 2013)

10 ●○○

Leggi le frasi seguenti, soffermando l'attenzione sull'uso dell'articolo: una frase è corretta [C], una è decisamente scorretta [S], due sono accettabili nella lingua parlata [A]. Per ognuna indica la lettera corrispondente, quindi correggi gli errori di quella decisamente scorretta.

a. Cari colleghi, anche oggi il Rispoli è assente per malattia. C S A
b. Il bell'Antonio ha infranto un altro cuore femminile... C S A
c. Ho comperato un regalino per la Paola e uno per il Giorgio. C S A
d. La domenica scorsa ho visitato il Giglio con la mia madre. C S A

Livello 2 **11** ●●○

In molte espressioni formate da verbo più nome, per esempio *fare capolino* (spuntare, apparire fugacemente), i nomi non sono accompagnati dall'articolo. Con l'aiuto del dizionario, anche online, individua altre forme analoghe con i verbi *avere* e *dare*.

12 ●●○

I nomi elencati si riferiscono agli abitanti di alcune città italiane, ma 6 sono sbagliati. Con l'aiuto del dizionario, anche on line, individuali e correggili.

spezzesi (La Spezia) ~ palermitani (Palermo) ~ parmigiani (Parma) ~ aostani (Aosta) ~ ragusani (Ragusa) ~ assisani (Assisi) ~ rovigiani (Rovigo) ~ patavini (Padova) ~ reggini (Reggio Emilia) ~ reggiani (Reggio Calabria) ~ viareggini (Viareggio) ~ urbinesi (Urbino) ~ trevigiani (Treviso)

Livello 3 **13** ●●●

Nelle frasi seguenti il nome non si accorda morfologicamente con il verbo: in un caso si tratta di una concordanza a senso accettabile nell'uso corrente, altre due frasi sono decisamente scorrette. Distingui tra loro le frasi ed effettua le opportune correzioni.

a. Un gruppo di ciclisti arrancavano in salita.
b. Trenta gli atleti iscritti alla gara, una decina non superano le eliminatorie.
c. La vittima dell'incidente, il sedicenne Luigi Rossi, è stato prontamente soccorso.

14 ●●●

Individua e correggi le quattro frasi che presentano un uso dell'articolo partitivo diffuso in ambito familiare ma inaccettabile nella lingua scritta.

a. A Natale ho comprato dei regali per dei nostri amici.
b. Mi ha guardato con degli occhi tristi...
c. Ti ho aspettato per delle ore.
d. Lucia ha una bocca piccola con delle labbra sottili.
e. Sono stato avvisato dello sciopero da dei colleghi.

FACCIAMO IL PUNTO

ARRICCHIAMO IL LESSICO

In campagna

a. Prendi la bicicletta e... via! Pochi chilometri e sei in campagna, un ambiente ricco di sorprese: *quiete*, *silenzio*... Quali altre sensazioni associ alla campagna? Di ciascuna prova a dire se il nome usato per esprimerla è astratto o concreto.

b. Il paesaggio circostante è intensamente lavorato dall'uomo. Quali *colture* sono diffuse o prevalgono? Indicale utilizzando nomi formati con il suffisso *-coltura*. Per un aiuto, consulta il dizionario.

c. Associa alla parola *agricoltura* il maggior numero possibile di aggettivi, per esempio *intensiva*, *sostenibile*... Per un aiuto, consulta il dizionario.

d. Il prefisso *agro-*, dal latino *agru(m)*, "campo", ricorre in nomi riferiti alla campagna e all'agricoltura. Con l'aiuto del dizionario, spiega oralmente il significato di *agronomo*, *agrobiologia*, *agroindustria*. Conosci altri nomi formati con lo stesso prefisso? Tra quelli di recente diffusione vi sono *agromafia* e *agropirateria*: con l'aiuto del dizionario, chiarisci il loro significato e scrivi per ognuno una frase in cui sia usato in modo adeguato.

e. Conosci il significato dei nomi *ampelotecnia*, *enologia*, *enologo*? Sono tutti legati alla viticoltura. Se sei in difficoltà, cercane l'origine e il significato sul dizionario.

f. **A COPPIE** Sui campi è in pieno svolgimento il lavoro: descrivete ciò che vedete in un breve testo (max 10 righe). Utilizzate in modo appropriato i nomi delle piante coltivate, delle macchine usate, delle attività e dei lavoratori all'opera. Qualche suggerimento lessicale:

> coltivatore ~ azienda ~ allevatore ~ frutteto ~ vigneto ~ uliveto ~ frantoio ~ stalle ~ zootecnia ~ serre ~ fertilizzanti ~ concimazione ~ trattorista ~ aratura ~ semina ~ raccolto ~ potatura ~ irrigazione ~ mietitura ~ trebbiatrice

PERCORSO B
PAROLE E FORME: LE PARTI DEL DISCORSO

UNITÀ 1 Il verbo
UNITÀ 2 Il nome e l'articolo

Sei pronto per la verifica?

METTITI ALLA PROVA

1 **Indica modo e tempo delle seguenti voci verbali.**

a. scavò ....
b. ebbero visitato ....
c. avere rovinato ....
d. avessimo deciso ....
e. vincerebbero ....
f. avendo verificato ....
g. (che) abbiano controllato ....
h. avevo perso ....

PUNTI ....../8

2 **VERSO L'INVALSI** **Nelle frasi che seguono inserisci il verbo dato tra parentesi, coniugandolo nella forma richiesta.**

a. Ero così in dubbio che .... (*pensare*: indicativo pass. prossimo, 1ª pers. sing.) a lungo prima di prendere una decisione.
b. Arrivati sulla riva del mare, ... (*vedere*: indicativo pass. remoto, 3ª pers. plur.) una nave in lontananza.
c. Temo che, dopo il lavaggio, il mio maglione di lana .... (*rovinarsi*: congiuntivo passato, 3ª pers. sing.).
d. Il manifesto .... (*attaccare*: indicativo trapassato prossimo passivo, 3ª pers. sing.) su tutti i muri della città.

PUNTI ....../4

3 **Leggi le tre frasi seguenti, quindi indica quale aspetto dell'azione segnala il verbo evidenziato.**

a. Luca entrò in classe quando suonò la campanella. ....
b. Luca entrò in classe mentre suonava la campanella. ....
c. Ogni volta che la campanella suona Luca si affretta a entrare. ....

PUNTI ....../3

4 **Riporta due esempi a sostegno della seguente affermazione: "alcuni nomi non numerabili hanno il plurale, ma in tal caso cambiano significato".**

.... ; ....

PUNTI ....../2

5 **Completa ogni gruppo con almeno due esempi di nomi con la stessa caratteristica morfologica.**

a. Nomi mobili: soldato, elettore, ..., ...
b. Nomi ambigenere: artista, interprete, ..., ...
c. Nomi indipendenti: padre, uomo, ..., ...

PUNTI ....../6

6 **In quale frase compare un articolo partitivo?**

A A Londra ho visitato il Museo delle cere.
B Vi devo delle scuse, non ho ancora corretto i compiti.
C Carla parla sempre male dei colleghi.

PUNTI ....../1

ZTE ONLINE
Mettiti alla prova con gli esercizi interattivi

Se il tuo punteggio è inferiore a 15/24, puoi svolgere gli esercizi interattivi di recupero e di consolidamento.

TOTALE PUNTI ....../24
Le soluzioni sono a p. 625

METTITI ALLA PROVA SUL TESTO

Leggi il brano, quindi rispondi alle domande seguenti.

Siddharta

Così tutti amavano Siddharta[1]. A tutti egli dava gioia, tutti ne traevano piacere. Ma egli, Siddharta, a se stesso non procurava piacere, non era di gioia a se stesso. [...]

Siddharta aveva cominciato ad alimentare in sé la scontentezza. Aveva cominciato a sentire che l'amore di suo padre e di sua madre, e anche l'amore dell'amico suo, Govinda, non avrebbero fatto per sempre la sua eterna felicità, non gli avrebbero dato la quiete, non l'avrebbero saziato, non gli sarebbero bastati. Aveva cominciato a sospettare che il suo degnissimo padre e gli altri suoi maestri, cioè i saggi Brahmini[2], gli avevano già impartito il più e il meglio della loro saggezza, avevano già versato interamente i loro vasi pieni nel suo recipiente in attesa, ma questo recipiente non si era riempito, lo spirito non era soddisfatto, l'anima non era tranquilla, non placato il cuore. Buona cosa le abluzioni[3], certo: ma erano acqua, non lavavano via il peccato, non guarivano la sete dello spirito, non scioglievano gli affanni del cuore.

(H. Hesse, *Siddharta*, trad. di M. Mila, Adelphi, Milano, 2002)

1. **Siddharta:** è un giovane indiano che vive esperienze diverse in cerca della realtà profonda delle cose e dell'esistenza.
2. **Brahmini:** sacerdoti della religione induista.
3. **abluzioni**: lavaggi rituali della religione induista.

1 **Quale modo e tempo verbale fanno da sfondo alla narrazione?**

....

PUNTI ...... /2

2 **Scrivi la coniugazione dei verbi elencati.**

a. (era) placato ....
b. guarivano ....
c. avrebbero saziato ....
d. scioglievano ....
e. (avevano) impartito ....

PUNTI ...... /5

3 **Il verbo *avrebbero fatto*, rispetto ad *aveva cominciato a sentire*, esprime un'azione**

A anteriore.
B contemporanea.
C posteriore.

PUNTI ...... /2

4 **Indica modo e tempo delle seguenti forme verbali presenti nel brano.**

a. aveva cominciato ....
b. avrebbero dato ....
c. lavavano ....
d. alimentare ....

PUNTI ...... /8

5 **Il verbo *cominciare* segnala che la riflessione di Siddharta**

A è appena iniziata.
B è in corso di svolgimento.
C si avvia alla fase conclusiva.

PUNTI ...... /1

6 **Nelle frasi seguenti coniuga il verbo tra parentesi al modo e tempo verbale corretti.**

a. Benché tutti lo (amare) ...., Siddharta era insoddisfatto.
b. Pensava che se (abbandonare) .... la casa del padre avrebbe trovato se stesso.
c. Avendo deciso di seguire gli asceti, pregò il padre che lo (lasciare) .... partire.
d. Siddharta visse tre anni con gli asceti, (partecipare) .... ai loro esercizi spirituali.
e. Si allontanerà da loro dopo che (sentire) .... parlare del Buddha.

PUNTI .... /10

7 **Rispetto al genere, quali nomi indipendenti sono presenti nel brano?**

....

PUNTI ...... /4

8 **Quale nome difettivo del plurale è presente nell'ultima frase del brano?**

....

PUNTI ...... /2

9 **Indica se l'affermazione seguente è vera [V] o falsa [F], quindi motiva la tua risposta.**

Quiete, felicità, saggezza sono nomi concreti privi di plurale. V F

....

PUNTI ...... /2

10 **Rispetto al genere, *maestro* è un nome mobile. Quale suo sinonimo è invece ambigenere?**

....

PUNTI ...... /2

11 **Per ogni nome elencato, scrivi un suo alterato.**

a. spirito ....
b. vaso ....
c. anima ....
d. acqua ....
e. amore ....
f. amico ....

PUNTI ...... /6

12 **In quali espressioni del brano l'articolo sostantiva una parte del discorso diversa dal nome?**

....

PUNTI ...... /4

ZTE ONLINE
Mettiti alla prova con gli esercizi interattivi

Se il tuo punteggio è inferiore a 28/48, puoi svolgere gli esercizi interattivi di recupero e di consolidamento.

TOTALE PUNTI ...... /48
Le soluzioni sono a p. 625

METTITI ALLA PROVA SUL LESSICO

Controlla se conosci e/o sai usare le parole su cui hai già lavorato nelle attività lessicali.

1 **Scegli l'espressione corretta tra quelle evidenziate nelle seguenti frasi.**

a. Se mi hanno estromesso dal club del tennis, sono stato isolato / espulso / sospeso.
b. Se Luigi mi ha calunniato, mi ha offeso / ingiuriato / diffamato.
c. Un'azienda testa un prodotto quando lo lancia sul mercato / lo sottopone a prove / ne accerta la resistenza.
d. Una folla che brulica in strada si muove confusamente / va di fretta / passeggia senza meta.

PUNTI ....../4

2 **Accanto a ogni verbo scrivi due nomi cui può riferirsi.**

a. dedicare .... ; ....
b. estinguere .... ; ....
c. comporre .... ; ....
d. sostenere .... ; ....
e. esprimere .... ; ....

PUNTI ..../10

3 **Accanto a ogni nome scrivi un verbo cui può accompagnarsi.**

a. maestranze ....
b. mecenate ....
c. calca ....
d. onere ....

PUNTI ....../4

4 **In ogni frase seguente sostituisci il nome evidenziato con un'espressione o un altro nome che ne spieghi il significato.**

a. I contribuenti vorrebbero servizi più efficienti. ....
b. Gli aspiranti al posto di vigile urbano sono un centinaio. ....
c. L'azienda è stata acquistata da una cordata straniera. ....
d. Alcuni politici hanno denunciato pastette elettorali. ....

PUNTI ....../4

5 **A quali nomi corrispondono le seguenti voci del dizionario?**

a. .... *nome m.* **1** discorso o frase difficile da comprendere **2** (fig) cosa, fatto inspiegabile e misterioso / persona di cui non si capiscono carattere e intenzioni: *quell'uomo è un vero ....*
b. .... *nome f.* gruppo di uomini legati da comuni caratteri fisici, linguistici e culturali.

PUNTI ....../2

6 **Completa le seguenti voci del dizionario inserendo negli appositi spazi un altro significato del verbo e/o esempi opportuni.**

a. **celebrare 1** esaltare, lodare pubblicamente con parole o scritti; **2** .... : ....
b. **badare 1** sorvegliare, prendersi cura di qlcu. o qlco.: *b. ai bambini, agli anziani, alla casa* **2** .... : *bada a quel che fai* / **non b. a spese**, ...

PUNTI ....../4

ZTE ONLINE
Mettiti alla prova con gli esercizi interattivi

Se il tuo punteggio è inferiore a 17/28, puoi svolgere gli esercizi interattivi di recupero e di consolidamento.

TOTALE PUNTI ....../28
Le soluzioni sono a p. 626

3 L'aggettivo

IN QUESTA UNITÀ

- Che cos'è l'**aggettivo**?
- Come si riconoscono le sue **funzioni** (attributiva e predicativa) e come si distinguono gli aggettivi **qualificativi** da quelli **determinativi**?
- Come si riconoscono e si usano i **gradi** degli aggettivi qualificativi e i paragoni che possono esprimere?
- Come si distinguono i **diversi tipi di aggettivi determinativi**, e come si usano nel modo appropriato?
- **ARRICCHIAMO IL LESSICO** Lavoriamo utilizzando in modo consapevole gli aggettivi qualificativi e determinativi ed esploriamo un **parco divertimenti**

PARTIAMO DAL TESTO

= aggettivi qualificativi

= aggettivi determinativi

Leggi il brano seguente e rispondi alle domande.

È un pomeriggio **caldo** e **umido**, il torrente è **livido** per via delle acque di fusione provenienti dal manto **nevoso** che ancora copre i ghiacciai ad **alta** quota, nella Catena d'Alaska. Sento il rumore di pietre **grosse** come palle da bowling che rotolano sul fondo trascinate da una corrente **portentosa**. Non si può guadare, l'acqua è troppo **profonda**, **fredda** e **veloce**. Sarebbe bastato avanzare per **pochi** metri dalla riva per farmi ribaltare e risucchiare dal canyon **sottostante**, dove il fiume si trasforma in un ribollire di rapide che prosegue per **dieci** chilometri.

(adattamento da J. Krakauer, *Nelle terre estreme*)

Da *Into the wild - Nelle terre selvagge* (2007).

1. Le parole evidenziate in rosa sono **aggettivi qualificativi**. Per ognuno di essi individua il nome cui si riferisce.
2. Cerca sul dizionario l'aggettivo *livido*. Ti sembra che l'immagine tratta dal film renda bene il suo significato? Trova tu degli aggettivi che "qualifichino" questo fotogramma.
3. Distingui ora, tra gli aggettivi, quelli che stanno accanto al nome e quelli che gli si riferiscono attraverso il verbo *essere*.
4. Anche *pochi* e *dieci* sono aggettivi, ma, anziché esprimere qualità del nome, ne **specificano** la **quantità**. Quale dei due la esprime con precisione?

1 Che cos'è l'aggettivo e come funziona

L'aggettivo è una parola che **arricchisce** e **precisa** il significato del nome. Lo può fare in due modi, come negli esempi:

a. *Fissavo con paura* ***il mare** agitato.*

b. ***Il mare** era / sembrava agitato.*

L'aggettivo *agitato* **affianca** il nome *mare*, con cui fa gruppo, e gli **attribuisce** in modo **diretto** una certa qualità. La sua funzione è per questo definita **attributiva.**

Nel secondo caso, esprime la medesima qualità del mare, ma in modo diverso e cioè servendosi del **verbo *essere*** (o *sembrare, apparire, diventare, rimanere...*) a cui si unisce.
Dal momento che è collegato al nome tramite il verbo o **predicato** si dice che ha funzione **predicativa.**

- I due grandi gruppi di aggettivi

Gli aggettivi si suddividono in:

- **qualificativi**, quando esprimono una **qualità** o una **caratteristica del nome che accompagnano** (*mare **agitato*** e gli aggettivi evidenziati del testo di apertura);
- **determinativi** quando **precisano aspetti** che non fanno strettamente parte del nome, ma esprimono una relazione tra di esso e altre realtà come, per esempio, l'**appartenenza** (*la **mia** casa*), l'**identità** (***questa** matita*), una **quantità indefinita** (***molti** libri*), una **domanda** (***quale** maglione*?), un'**esclamazione** (***quanto** cibo*!), **l'ordine numerico** (*il **tredicesimo** piano*).

PER SAPERNE DI PIÙ

La funzione predicativa e il significato del verbo

Come nella funzione attributiva, anche in quella **predicativa** l'aggettivo **modifica** il **significato** del nome dal momento che vi aggiunge elementi nuovi (nell'esempio illustrato dalla mappa qui sopra, all'idea di mare come distesa di acqua salata si aggiunge quella del suo forte movimento), ma lo fa **indirettamente**, cambiando anche il **significato del verbo.** È come se, nell'esempio, i verbi *essere* / *sembrare* si trasformassero in *essere / sembrare agitato*, passando con ciò da un significato generico a uno più **ricco** e **preciso.**

HAI CAPITO?

Individua le frasi in cui gli aggettivi hanno funzione attributiva e quelle in cui sono predicativi.

a. Mi piacciono i cibi salati.
b. Case e strade erano impraticabili a causa della neve.
c. È un bambino vivace, non sta mai fermo.
d. Questi esercizi sarebbero difficili per chiunque.
e. Insieme, abbiamo trascorso una splendida giornata.
f. Il film non era divertente e io mi sono annoiato.
g. Sei diventato grande, basta capricci!
h. Con esercizi facili impareremo senza sforzo.

ADESSO TOCCA A TE

▶ Capitolo 1

INDIVIDUA E PRODUCI

Livello 1

1 ●○○ **Nelle frasi seguenti abbiamo evidenziato gli aggettivi. Con una freccia collega ciascuno di essi al nome di cui arricchisce o precisa il significato.**

a. La bella mattina soleggiata ha reso piacevole la nostra gita al mare.

b. Nei negozi del bazar si vendono soffici tessuti, scialli ricamati, pregiati tappeti, preziosi gioielli d'oro e d'argento, spezie profumate, dolci fantastici e frutta candita.

c. Il Museo Egizio di Torino conserva una straordinaria collezione di reperti, la più importante al mondo dopo quella del Cairo.

2 ●○○ **In quale frase l'aggettivo evidenziato si unisce direttamente al nome cui si riferisce?**

A La luce della lampada è tenue.

B La lampada nel soggiorno diffonde una luce tenue.

C Grazie alla lampada il soggiorno diviene luminoso.

3 ●○○ **Arricchisci le frasi seguenti con appropriati aggettivi con funzione attributiva, scelti tra quelli elencati (non tutti vanno usati).**

a. Da lassù si gode un ..bel.. panorama della ..nostra.. città.

b. Adoro le storie di principesse ...., principi .... e cavalieri.

c. Nel giardino sono fiorite ortensie e dalie ....

d. Ieri sera ho guardato in tv un .... documentario sugli animali.

e. I genitori ci rimproverano per la .... pigrizia.

affascinanti ~ coraggiosi ~ infelici ~ interessante ~ noioso ~ nostra ~ odorose ~ perseguitate ~ profumate

Livello 2

4 ●●○ **Nelle frasi seguenti sottolinea una volta gli aggettivi qualificativi, due volte quelli determinativi.**

a. Alcuni cespugli delle aiuole sono già fioriti, altri hanno parecchie gemme.

b. Mio fratello mangia troppa cioccolata, rischia una brutta indigestione!

c. Avrei voluto comprare quella gonna rossa, ma non era la mia taglia.

d. Con un impegno costante tutti gli allievi possono compiere progressi.

e. Il tatuaggio è un'antichissima tecnica di pittura e decorazione del corpo per molteplici scopi: estetici, rituali, religiosi.

5 ●●○ **In quale frase, entrambi gli aggettivi evidenziati hanno funzione attributiva?**

A L'insegnante ha svolto una lunga e noiosa lezione di grammatica.

B Nel Medioevo i cavalieri dovevano essere leali e coraggiosi.

C Prendi il cappotto pesante, la giacca di lana è troppo leggera.

Livello 3

6 ●●● **Nelle frasi seguenti sottolinea gli aggettivi e indica la loro funzione: attributiva [A] o predicativa [P].**

a. Giorgio lavora troppo, infatti è esausto. [P]

b. Quando è sola in casa, Marta ascolta musica a volume altissimo. [ ] [ ]

c. Dopo il violento temporale l'aria era tersa, pulita e fresca. [ ] [ ] [ ] [ ]

d. Carla è diventata capricciosa a causa dell'eccessiva indulgenza dei genitori. ☐ ☐
e. Una rigogliosa vegetazione estiva ha ricoperto il nostro giardino. ☐ ☐ ☐
f. Leo è appassionato di montagna ed è un esperto escursionista. ☐ ☐

7 ●●● **Per ognuno degli aggettivi elencati scrivi due frasi: nella prima l'aggettivo dovrà avere funzione attributiva, nella seconda funzione predicativa. Confronta il tuo lavoro con quello dei compagni.**

gradevole > Nella camera aleggiava un gradevole profumo di rose.
Il profumo delle rose è gradevole.

amaro ~ comodo ~ determinato ~ eterno ~ lussuoso ~ giovane ~ singolare ~ vivace

2 Gli aggettivi qualificativi

• Il mondo delle qualità

Gli aggettivi qualificativi **aggiungono al nome qualità** tra le più varie, aumentando le informazioni su ciò che i nomi indicano più in generale. Osservando le immagini, per esempio, si può notare come *deliziosa* appartenga al mondo delle sensazioni fisiche e interiori, come anche: *piacevole*, *gradevole*, *divertente*, *rilassante* / *rilassato*, *teso*, *inquieto*, *spensierato*, *tranquillo*...

Scorbutiche è un aggettivo che definisce un aspetto, non esattamente simpatico, del carattere di una persona.

Gli aggettivi qualificativi però indicano anche qualità puramente fisiche, come *liscio*, *ruvido*, *caldo*, *freddo*, *dolce*, *salato*...

HAI CAPITO?

Gli aggettivi possono indicare anche qualità intellettuali e morali, come *intelligente*, *riflessivo*, *generoso*, *disponibile*, *grato*, *astuto* ecc. Aggiungine tu altri dello stesso tipo, e contestualizzane almeno due.

• Aggettivi usati come nomi

Non fare la ***smorfiosa*** *con me!*
Alcuni ***violenti*** *hanno invaso lo stadio.*
Vedo due ***blu****: uno scuro, quasi nero; l'altro un po' violetto.*

Come mai gli aggettivi degli esempi non si riferiscono a un nome? Succede quando ne **prendono il posto** assumendone la **funzione**, in genere per semplificare il discorso. L'espressione *la smorfiosa*, per esempio, è più concisa e/o più "forte" di *la ragazza smorfiosa*. Questi **aggettivi sostantivati** – cioè resi simili al nome o sostantivo – si distinguono perché sono preceduti da un **articolo** (o da un aggettivo dimostrativo, indefinito, numerale ▸ pp. 189-195, o da preposizioni: *Si comporta da* ***sciocco***).

PER SAPERNE DI PIÙ

La posizione degli aggettivi qualificativi

L'aggettivo qualificativo può stare indifferentemente prima o dopo il nome, a seconda del rilievo che gli vogliamo dare o di come suona al nostro orecchio (*La nostra scuola è circondata da uno spazioso cortile / è circondata da un cortile spazioso*). In molti casi però la **posizione influisce sul significato**:

- se **segue** il nome, precisa una certa qualità e ne esclude altre. In questo modo **distingue** un elemento dall'insieme cui appartiene. Assume dunque una funzione **distintiva** e tende a risaltare più del nome.

  Togli da quel vaso solo il fiore ***appassito***. (indica l'unico fiore appassito nel mazzo);
- se **precede** il nome, ha una funzione **descrittiva**, ne arricchisce infatti il significato descrivendone le caratteristiche:

  Me ne sto qui a godere dello ***splendido*** *panorama.*

HAI CAPITO? Se elimini gli aggettivi nelle frasi degli esempi qui sopra, in un caso il messaggio diventa privo di senso. In quale dei due e perché? Per rispondere rifletti sulle definizioni delle due funzioni.

Variazioni

Alcuni aggettivi, a seconda della posizione, **cambiano completamente significato**, come, per esempio, nel caso di *semplice* e *vecchio*:

È una ***semplice*** *richiesta* = È **solo** una richiesta (non un ordine ecc.)
È una richiesta ***semplice*** = È una richiesta **facile da soddisfare**.
Sonia è una mia ***vecchia*** *amica.* = La nostra amicizia è di **lunga data**.
Frequenti Sonia, hai un'amica così ***vecchia***? = Sonia ha un'età **avanzata**.

Infine, gli aggettivi **seguono sempre il nome** quando:

- sono accompagnati da avverbi: *Non bevo mai caffè così* ***forte***;
- sono seguiti da precisazioni: *Si tratta di un lavoro* ***facile*** *per un esperto / Si tratta di un lavoro* ***facile*** *da eseguire / Aveva la schiena* ***piena*** *di tatuaggi*;
- indicano origine, nazionalità, appartenenza: *Le nuotatrici italiane sono campionesse* ***mondiali***;
- derivano da un participio presente o passato: *Hai un profumo* ***stordente***! (participio presente del verbo *stordire*) *Abita in una casa* ***ristrutturata*** (participio passato del verbo *ristrutturare*).

ADESSO TOCCA A TE

▶ Capitolo 2

INDIVIDUA

Livello 1 **1** ●○○ **In ogni gruppo di aggettivi qualificativi c'è un intruso. Trovalo e cancellalo.**

a. Morbido, rotondo, dolcemente, soffice, tenero.
b. Fraterno, nostro, allegro, attento, pulito.
c. Quello, tiepido, mite, gradevole, gelido.
d. Rosso, coraggioso, gentile, generoso, parecchi.
e. Onesto, facile, quarto, fantastico, reale.

Livello 2 **2** ●●○

In ognuna delle frasi seguenti sottolinea gli aggettivi qualificativi.

a. Da giorni una densa nebbia si è adagiata sulla pianura.
b. Rita ha preparato una crostata di frutta squisita.
c. Il testimone ha fornito una ricostruzione precisa e dettagliata dell'incidente automobilistico.
d. Da quando i figli si sono trasferiti a Roma per lavoro, mi sento sola.
e. L'insegnante di nuoto è una donna giovane e simpatica.
f. Oggi il sole appare pallido e il cielo è attraversato da nubi minacciose.

3 ●●○

Stabilisci la giusta posizione degli aggettivi indicati tra parentesi segnando una crocetta nella casella corrispondente.

a. Luigi è un uomo con ☒ ideali ☐. (alti)
b. Da piccolo Luigi era basso, ora è un ☐ ragazzone ☐. (alto)
c. Il mio anziano vicino è un ☐ uomo ☐. (solo)
d. Le religioni monoteiste si fondano sull'esistenza di un ☐ dio ☐. (solo)
e. Enrico è un ☐ impiegato ☐ delle Poste. (modesto)
f. Enrico è un ☐ uomo ☐, per questo non si vanta dei suoi successi sportivi. (modesto)

4 ●●○

Leggi la seguente barzelletta, quindi rispondi alla domanda.

Un uomo, mostrando la casa a un conoscente, si ferma davanti a un quadro. – Questo è il ritratto del mio povero zio. – Allora è morto? – No, è soltanto un uomo povero...

("Cultura enigmistica", aprile 2012)

Da dove nasce l'equivoco?

5 ●●○

Nelle frasi seguenti sottolinea gli 8 aggettivi che hanno la funzione di nome.

a. Gli anziani vanno rispettati.
b. Gli ingenui sono le vittime preferite dei truffatori.
c. A tutte le ore i pazienti affollano il pronto soccorso.
d. La notte di Natale i fedeli gremivano la chiesa.
e. Non sopporto il caldo afoso dell'estate, preferisco il freddo secco dell'inverno.
f. Il rosa non si addice a una signora di una certa età.
g. Il giardinaggio unisce insieme l'utile e il dilettevole.

Livello 3 **6** ●●●

Nelle frasi seguenti l'aggettivo è collocato sempre dopo il nome. Prova a spiegarne oralmente il motivo. Se hai dubbi, rileggi la scheda *Per saperne di più* a p. 177.

a. Frequento ristoranti molto economici.
b. Bravo! Hai scritto un tema ricco di idee.
c. Il giorno precedente all'esame ero agitatissima.
d. Presto volerò a Boston a trovare il mio amico americano.
e. All'orizzonte, sul mare, si stagliava una vela bianca.
f. Il supermercato effettuerà una vendita straordinaria di prodotti sottocosto.
g. Il garage si trova nella parte posteriore della villetta.

LAVORA CON LE PAROLE

Livello 1 **7** ●○○

Completa le frasi seguenti scegliendo, tra gli aggettivi qualificativi in colore, quelli adatti a descrivere il tipo di caratteristica indicata tra parentesi.

a. Il cane di Paolo è un grosso / affettuoso San Bernardo. (qualità morale)
b. Mio fratello Luigi è un bambino pallido e gracile / vivace e intelligente. (qualità fisiche)

c. Purtroppo, il nostro giardino è piccolo / spoglio. (condizione)
d. Silvana è una donna pratica e tenace / alta e slanciata. (qualità intellettuali e morali)
e. La cena al ristorante è stata squisita / economica. (qualità sensoriale)
f. Questo maglione è fatto con una costosa / soffice lana d'angora. (qualità sensoriale)
g. La nuova collega è bella e giovane / affidabile e disponibile. (qualità morali)

8 ●○○ **A COPPIE** **Provate a sostituire gli aggettivi qualificativi e le espressioni evidenziate nelle frasi con aggettivi meno informali.**

a. L'arbitro avrebbe dovuto sanzionare quel tiro sporco. (malfatto / irregolare)
b. È evidente a tutti che negli ultimi tempi Carlo è schizzato. (teso e agitato / irragionevole)
c. In fatto di abbigliamento, i miei genitori hanno idee sclerotiche. (rigide / antiquate)
d. Mio padre è decisamente stretto di mano: la mia paghetta è ferma al 2012! (tirchio / arretrato)
e. Stefania sarà anche bella, ma è una tipa con la puzza sotto il naso. (orgogliosa / altezzosa)
f. Potresti sforzarti a non camminare come una lumaca? (lento / calmo)
g. Mio fratello è uno che le beve grosse. (un ubriacone / un credulone)

Livello 2 **9** ●●○ **Osserva la vignetta e rispondi alla domanda.**

"Papà ha un lavoro da precario, mamma ha un contratto a termine: non capisco perché io debba essere studente a tempo indeterminato!"

("Civiltà enigmistica", luglio 2012)

Quale aggettivo con la funzione di nome contiene la battuta?

10 ●●○ **In ognuna delle frasi seguenti sostituisci l'aggettivo qualificativo evidenziato con un altro appropriato, scelto tra quelli proposti. Puoi aiutarti con il dizionario.**

a. Gianni si lamenta dell'atteggiamento fiscale del suo capoufficio. (rigoroso / vessatorio / ingiusto)
b. L'idea di Stefano sembrò a tutti strampalata. (illogica / straordinaria / buffa)
c. Mio padre proviene da una famiglia indigente. (povera / misera / infelice)
d. A mio parere, la tua ipotesi è probabile. (verosimile / dubbia / ragionevole)
e. Monica ha un orecchio educato alla musica. (addestrato / abituato / preparato)
f. In discoteca mi sono lasciato trascinare dalla musica elettrizzante. (eccitante / vivace / forte)
g. La tua spiegazione è risultata esauriente. (convincente / approfondita / sicura)

Livello 3 **11** ●●● **A COPPIE** **Nei seguenti gruppi di frasi l'aggettivo qualificativo evidenziato è abbinato a nomi diversi. Preparatevi a spiegare, utilizzando opportuni sinonimi, il suo significato in ciascuna frase. Potete aiutarvi con il dizionario.**

a. 1) Mio fratello è un bimbo delicato. > fragile / debole ....
   2) Per l'economia è un momento delicato. > difficile ....
b. 1) Il cielo è oscurato da un fumo denso. ....
   2) Per me questo è un periodo denso di novità. ....

c. 1) Una notizia esplosiva: Marco e Licia si sono lasciati! ....
2) La situazione in Medio Oriente si è fatta di nuovo esplosiva. ....
3) Nel laboratorio di scienze Carlo ha preparato una miscela esplosiva. ....

d. 1) Ferdinando Magellano fu un navigatore audace. ....
2) Questo abito mi pare un po' audace. ....
3) La tua gestione dell'azienda è certamente audace. ....

e. 1) Simona è una bimba magra e pallida. ....
2) L'anno scorso la vendemmia è stata magra ma di alta qualità. ....

f. 1) Vorrei un bicchiere di acqua fresca. ....
2) La frutta fresca è piuttosto cara. ....
3) La nuova assunta è fresca di studi. ....

g. 1) Il tuo comportamento non sempre è corretto. ....
2) Per cortesia, un caffè corretto. ....

12 ●●● **Sostituisci ogni aggettivo qualificativo evidenziato nelle frasi seguenti prima con un sinonimo e poi con un contrario appropriati. Se hai dubbi, consulta il dizionario.**

a. Al ristorante ci hanno servito un vino eccellente. > buonissimo / scadente
b. Il successo di Gianni come cantante è stato effimero. .... / ....
c. Il risultato di questa somma è errato. .... / ....
d. Il contenuto del tuo tema è estroso. .... / ....
e. La via dove abito è intitolata a un famoso artista. .... / ....
f. Il giardinaggio è un'attività rilassante. .... / ....
g. Il nuovo bidello ha un'espressione bonaria. .... / ....

PRODUCI

Livello 1 **13** ●○○ **Dividetevi in piccoli gruppi di 3-4 componenti, quindi scegliete un nome tra quelli elencati e abbinate ad esso il maggior numero possibile di aggettivi qualificativi appropriati. Confrontate il vostro lavoro con quello dei compagni.**

foresta ~ colore ~ inverno ~ libro ~ animale ~ paesaggio ~ famiglia ~ suono

Livello 2 **14** ●●○ **Ognuno descriva oralmente ai compagni l'aspetto fisico di un noto personaggio contemporaneo (attore, cantante, sportivo, scienziato, uomo politico...), ma senza fare il nome del soggetto prescelto. Toccherà ai compagni indovinarlo. Ricordate: più preciso è il ritratto, più facile e veloce sarà il riconoscimento.**

Livello 3 **15** ●●● **Osserva l'immagine, quindi scrivi un breve testo descrittivo (max 12 righe), utilizzando appropriati aggettivi qualificativi. Confronta il tuo lavoro con quello dei compagni.**

G. Morandi, *Paesaggio*, 1942. Roma, Collezione privata.

2.1 Il genere, il numero, la concordanza

Con le guance di fuoco
e gli occhi ridenti
camminavi per una selva. [...]
C'erano il ginepro aromatico
e le grandi felci fiere [...].
Sorse la luna chiara
fra i rami.

(A. Bertolucci, *A Ninetta*)

Gli aggettivi **concordano** nel **genere** e nel **numero** con il nome cui si riferiscono, variando la **desinenza.** Tale variazione non è uguale per tutti gli aggettivi, ma dipende dal gruppo o **classe** cui appartengono come mostra la tabella seguente.

Classe	Genere	Singolare	Plurale
1ª quattro diverse desinenze	maschile femminile	-o *cappotto nuovo* -a *borsa nuova*	-i *cappotti nuovi* -e *borse nuove*
2ª due diverse desinenze	maschile femminile	-e *bambino vivace* *scenetta vivace*	-i *bambini vivaci* *scenette vivaci*
3ª tre diverse desinenze	maschile femminile	-a *uomo egoista* *donna egoista*	-i *uomini egoisti* -e *donne egoiste*

HAI CAPITO?

1. Qual è la desinenza per il plurale maschile di ogni classe? In quali casi le desinenze femminili coincidono con quelle maschili?
2. A quale classe appartengono, rispettivamente, gli aggettivi dei versi citati?

Ci sono forme del **plurale particolari** che possono creare incertezza. Per esempio, qual è il plurale di *largo/a*? Si può consultare il dizionario [A agg. (pl. m. –ghi)] o, meglio ancora, rifarsi alle regole che riguardano il **plurale dei nomi**. Gli aggettivi con desinenza *-co* / *-ca*, *-go* / *-ga*, *-cio* / *-cia*, *-gio* / *-gia*, si comportano infatti nello stesso modo (▸ p. 147).

HAI CAPITO?

Consulta il paragrafo "genere e numero" del nome (▸ p. 147) e volgi al plurale, maschile e femminile, i seguenti aggettivi:

stanco ~ lungo ~ democratico ~ vario ~ stantìo ~ liscio ~ saggio ~ sudicio ~ grigio ~ marcio

● **Particolarità**

Alcuni aggettivi **non mutano mai desinenza** (invariabili), tra questi:

- **pari** e i suoi derivati: ***pari*** *opportunità*, *numero* ***pari*** / *numeri* ***pari***, *confronto* ***impari***;
- **aggettivi di colore** derivati da sostantivi o da termini stranieri: *maglia* / *maglione* ***arancio***; *nastro* / *lenzuola* ***viola***; *vestito* / *vestiti* ***blu***; o formati da aggettivo + nome: *borsa* ***verde mela*** / *borse* ***verde mela***.

● **La concordanza con più nomi**

Se l'aggettivo è riferito a **più nomi** assume la **forma plurale**. Quanto al **genere**, abbiamo tre possibilità:

- se i nomi appartengono allo **stesso genere**, nessun problema:
  Mi servono penne, matite e cartelline ***nuove***.

- se i nomi appartengono a **generi diversi** e indicano esseri animati prevale il **maschile**:
  *Come compagni di viaggio preferisco gli **allegri** Carlo e Marina.*
- se i nomi indicano cose, prevale il **genere più vicino all'aggettivo** o il maschile:
  *Nel bosco raccogli solo mirtilli, lamponi e fragole **mature** / maturi*

2.2 La struttura e la formazione dell'aggettivo

*Non sono ancora **sazio**. Mi riempio di nuovo il piatto, tanto qui nessuno mi prende per **maleducato**. Lo ammetto, sono **insaziabile** e, ovviamente, anche **golosone**!*

Quale relazione c'è tra gli aggettivi ***sazio*** e ***insaziabile***? Chiaramente il secondo **deriva** dal primo, parola **primitiva** (**radice**: ***sazi-*** + **desinenza *-o***) che, con l'aggiunta del **prefisso *in-*** e del **suffisso *-abile***, si trasforma nell'aggettivo **derivato** (***in-sazi-abile***).

Chi parla non teme di definirsi ***maleducato***, un **aggettivo composto** dall'**avverbio *male*** unito all'**aggettivo *educato***.

Inoltre, per qualificarsi meglio, **altera** l'aggettivo *goloso*, **accrescendolo** in ***golos-one***.

Allo stesso modo dei nomi, gli **aggettivi qualificativi** possiedono dunque una **struttura** che consente processi di **derivazione**, **alterazione** e **composizione** (▸ p. 59).

HAI CAPITO?

Nella seguente frase distingui gli aggettivi primitivi, derivati, alterati e composti:
Il terreno è erto e boscoso, con alberi sempreverdi e strani arbusti dai fiori biancastri. È invitante per la fresca ombra, peccato non abbia sentieri facilmente percorribili.

2.3 I gradi dell'aggettivo

*La scuola **più bella** del mondo*
(film, 2014)

L'aggettivo (*più*) *bella* ha "qualcosa in più", il suo significato è cioè **potenziato** al massimo. Ciò è possibile perché l'aggettivo qualificativo è capace di esprimere anche le **variazioni di una certa qualità**, cioè il suo **grado di intensità**, secondo una scala che prevede i seguenti tre livelli: positivo, comparativo e superlativo.

Al **grado positivo** l'aggettivo esprime semplicemente la qualità, non ne precisa l'intensità e la misura, né fa riferimento a un termine di confronto.

*Luca è **disordinato**.*
*La quercia è un albero **robusto**.*
*L'immaginazione è **importante**.*

Al **grado comparativo** l'aggettivo esprime un grado di intensità in confronto a un altro termine, stabilendo così un **paragone** che può essere di tre tipi:

- di **maggioranza**: si forma premettendo all'aggettivo l'avverbio ***più*** seguito dalla preposizione ***di***.
  *Luca è **più socievole** del padre.*
  *L'immaginazione è **più importante** della conoscenza.*

- di **uguaglianza**: è introdotto dagli avverbi ***tanto*** o ***così*** (quasi sempre sottintesi); il secondo termine segue gli avverbi ***come***, ***quanto*** o le locuzioni ***allo stesso modo di***, ***tanto quanto***.

  *Luca è **gentile come** la madre.*
  *L'esercitazione è stata **noiosa quanto** la spiegazione.*

- di **minoranza**: si forma premettendo all'aggettivo l'avverbio ***meno*** seguito dalla preposizione ***di***.

  *Luca **è meno chiassoso** della sorella.*
  *La tua serata è stata **meno noiosa** della mia?*

Il **paragone** – il cui secondo termine è introdotto da ***che*** – si può stabilire anche tra:
– due **aggettivi**: *A volte serve essere **più intuitivi che riflessivi***;
– due **verbi**: *Preferisco **digiunare che mangiare** cibo spazzatura*;
– due **avverbi**: *Meglio affrontare le cose **pacatamente che impetuosamente***.

Al **grado superlativo** l'aggettivo esprime il **livello massimo** di una qualità e può essere di due tipi:

- **superlativo relativo**: la qualità posseduta è al massimo livello possibile, ma solo nel confronto con altre persone o cose (*La scuola **più bella del mondo***). Si forma aggiungendo ***il*** / ***la*** ... al comparativo di maggioranza o di minoranza. Il secondo termine è introdotto da ***tra*** / ***fra*** o ***di***.

  *Luca è **il più affettuoso tra i suoi fratelli**.*
  *Punta Penia è la cima **più alta delle Dolomiti**.*

  Il termine di confronto può essere anche sottinteso (*Abbiamo studiato le regole **più importanti***).

- **superlativo assoluto**: la massima intensità prescinde da ogni termine di paragone.

  *Luca è **molto educato**.*
  *Quel famoso rifugio alpino è circondato da cime **altissime**.*

  Il superlativo assoluto si forma in più modi, sempre a partire dall'aggettivo di grado positivo:
  – sostituendo alla normale desinenza il **suffisso *-issimo*** (*-a*, *-i*, *-e*): *Hai un viso **bellissimo***!;
  – premettendogli avverbi come ***molto***, ***davvero***, ***assai***, ***notevolmente***, ***decisamente***: *Oggi il mio umore è **decisamente alto**. Ha passato momenti **assai duri***;
  – ripetendolo due volte: *Me ne starò **buona buona**. Si allontanò **quatto quatto***;
  – rafforzandolo con un altro aggettivo o premettendogli ***tutto***: *Ho trovato una posizione **bella comoda**. Un tè **caldo bollente**, per favore! Oggi sei **tutto allegro**.*

HAI CAPITO? Confrontati con i compagni nel rintracciare i superlativi tipici del più colorito linguaggio giovanile.

• Particolarità Alcuni tipi di aggettivo si comportano in modo **anomalo**, come i seguenti:

- **aggettivi che hanno solo il grado positivo.** Possiamo forse dire *I miei problemi sono **più psichici** dei tuoi* oppure *rassegna di capolavori **immortalissimi***? No, perché il significato di **aggettivi** come questi – e di altri come *quadrato*, *sferico*, *chimico*, *marmoreo*, *eterno*, *mortale* ecc. – è talmente **preciso** e **definito** che ogni aumento di gradazione sarebbe privo di senso. Hanno solo il **grado positivo** anche aggettivi che esprimono una **qualità di per sé molto intensa** e quindi non ulteriormente paragonabile o rafforzabile, come *straordinario*, *stupendo*, *eccellente*, *enorme*, *immenso*, *infinito* ecc.

- **forme derivate dal latino.** Alcuni aggettivi hanno il **superlativo**, derivato dal latino, in *-errimo*: ***celebre → celeberrimo, acre → acerrimo, integro → integerrimo, misero → miserrimo, salubre → saluberrimo, aspro → asperrimo.***
- **forme doppie.** Gli aggettivi sottoelencati hanno doppia forma di **comparativo** e **superlativo assoluto**: quella normale (*più buono, buonissimo* ecc.) e altre derivate dal latino.

Positivo	buono	cattivo	grande	piccolo	alto	basso
Comparativo	più buono **migliore**	più cattivo **peggiore**	più grande **maggiore**	più piccolo **minore**	più alto **superiore**	più basso **inferiore**
Superlativo assoluto	buonissimo **ottimo**	cattivissimo **pessimo**	grandissimo **massimo**	piccolissimo **minimo**	altissimo **sommo**	bassissimo **infimo**

GRAMMATICA E SCRITTURA

Quanti aggettivi?

Molti scrittori sostengono che l'uso degli aggettivi va calibrato attentamente. Gli aggettivi devono cioè essere veramente indispensabili per **informare**, **descrivere** e **creare la giusta suggestione**. Vanno dunque scelti con cura e "pesati" attentamente. Se questa sembra essere la convinzione più generale, tuttavia esistono notevoli differenze di stile, a questo proposito, tra i vari autori; differenze che potrai notare, per esempio, mettendo a confronto i due brani seguenti.

1. Leggi i due testi e sottolinea gli aggettivi qualificativi.

È appoggiata al banco, è sola e beve una spremuta. Per terra, vicino alle gambe, ha una borsa di pelle nera e non so per quale motivo vengo attirato proprio da quel particolare. Mi fissa con insistenza imbarazzante. Quando i nostri sguardi si incrociano però si gira. Passano pochi secondi e la sequenza si ripete diverse volte. Non la conosco, e all'inizio mi chiedo se stia guardando proprio me.

(N. Ginzburg, *È stato così*, Einaudi, Torino, 2001)

Quell'anno il grano era alto. A fine primavera aveva piovuto tanto, e a metà giugno le piante erano più rigogliose che mai. Crescevano fitte, cariche di spighe, pronte per essere raccolte. Ogni cosa era coperta di grano. Le colline, basse, si susseguivano come onde di un oceano dorato. Fino in fondo all'orizzonte grano, cielo, grilli, sole e caldo. [...] Quella maledetta estate del 1978 è rimasta famosa come una delle più calde.

(N. Ammaniti, *Io non ho paura*, Einaudi, Torino, 2001)

2. Quale dei due brani fa un uso maggiore di aggettivi? E con quale effetto? Scegli una o più ipotesi tra quelle proposte. La narrazione con più aggettivi:

- A è più precisa e ricca di particolari.
- B è più suggestiva.
- C è piacevole, ma troppo ricca di particolari.
- D non lascia nulla all'immaginazione.
- E è più descrittiva e meno "neutra".

3. Spesso, scrivendo, si cede alla tentazione di usare gli aggettivi con troppa generosità, credendo, in questo modo, di abbellire e rendere più interessante il proprio scritto. Tu come ti comporti quando scrivi?

ADESSO TOCCA A TE

► Capitoli 2.1, 2.2, 2.3

INDIVIDUA

Livello 1

1 ●○○ **Nelle frasi seguenti concorda l'aggettivo qualificativo tra parentesi con il nome (o i nomi) cui si riferisce.**

a. Lucio e Anna sono .... (spiritoso), perciò li trovo .... (simpatico).
b. Nel giardino c'è un gradevole profumo di gelsomini, ciclamini e ortensie .... (fiorito).
c. Questa settimana ho letto un romanzo d'avventura e una biografia molto .... (coinvolgente).
d. In molti Paesi le bambine e i bambini sono .... (malnutrito) e .... (privo) di assistenza medica.
e. In ufficio hanno assunto una segretaria e un centralinista .... (nuovo).
f. Butta la maglietta e i calzoni .... (sporco) nel cesto della biancheria.

2 ●○○ **Tra gli aggettivi elencati sottolinea i 7 primitivi.**

barbuto ~ celestiale ~ comico ~ denso ~ folle ~ fumoso ~ furbo ~ iroso ~ liberale ~ libero ~ prioritario ~ prodigioso ~ profondo ~ rumoroso ~ scientifico ~ serioso ~ servile ~ stupido

3 ●○○ **Nelle frasi seguenti sottolinea gli aggettivi qualificativi alterati e di ognuno indica la corrispondente forma primitiva.**

a. Che colorito verdognolo! Verde
b. Dice un proverbio: "marzo pazzerello, prima il sole, poi l'ombrello" ....
c. Giorgio vuole sempre fare il sapientone. ....
d. Anch'io ho uno zio d'America riccone, ma è un avaraccio. .... ; ....
e. Queste mele hanno un gusto asprigno, sono ancora acerbe. ....
f. Dario è un credulone e gli altri si divertono alle sue spalle. ....

4 ●○○ **Indica il grado degli aggettivi qualificativi presenti nelle frasi seguenti: positivo [P], comparativo [C]. superlativo [S].**

a. In Sardegna il cielo era limpidissimo. P C ~~S~~ X
b. Tommaso ha una bicicletta nuova fiammante. P C S
c. Giocando, ho ricevuto un forte colpo allo zigomo. P C S
d. L'accoglienza da parte degli zii è stata più calorosa del solito. P C S
e. Trovo il calcio meno appassionante della pallacanestro. P C S
f. Giulio è il più cordiale dei miei vicini. P C S
g. Il parco è un posto tranquillo dove trascorrere il pomeriggio. P C S

5 ●○○ **Al via dell'insegnante scrivete nello schema (una sillaba per casella e una parola per riga) le parole suggerite dalle definizioni. Alla fine nelle caselle colorate, lette verticalmente, risulterà un aggettivo che non possiede superlativo.**

1.		
2.		
3.		
4.		

Definizioni

1. Contrario di cauto.
2. Sinonimo di morbido.
3. Superlativo di piccolo.
4. Lo è chi non bada a quello che fa.

Livello 2

6 ●●○ **Volgi alla forma maschile le seguenti espressioni.**

una cognata egoista ~ una nuora perbene ~ una giovane attraente ~ una amica ingrata ~ una sportiva dilettante ~ una dirigente efficiente ~ una ammiratrice entusiasta ~ una donna ipocrita ~ una sorella invadente ~ un'ospite inattesa ~ un'imputata innocente ~ una gatta scontrosa ~ una studentessa distratta

7 ●●○ **Con l'aiuto del dizionario individua e scrivi la parola da cui è derivato ciascuno degli aggettivi delle seguenti coppie, quindi indica per ogni termine un nome cui può accompagnarsi.**

a. melodioso, melodico ....
b. oleario, oleato ....
c. erbaceo, erboso ....
d. nodoso, nodale ....
e. ferroso, ferrato ....
f. sensorio, sensuale ....
g. personale, personalistico ....
h. laniero, lanoso ....
i. rosato, rosaceo ....
j. festoso, festivo ....

8 ●●○ **Accoppia le parole elencate in modo da formare 7 aggettivi composti, quindi indica per ognuno un nome cui può riferirsi.**

Multi + etnico > territorio ....

americano ~ asiatico ~ dolce ~ doppio ~ eno ~ euro ~ gastronomico ~ italo ~ mare ~ nero ~ petto ~ rosso ~ verde ~ vita

9 ●●○ **Quale frase non contiene un superlativo assoluto? Indicala con una crocetta.**

A Il corteo dei manifestanti procedeva lento lento.
B Questo esercizio mi riesce particolarmente difficile.
C Per la pioggia sono tornata a casa tutta bagnata.
D La famiglia Sandri abita al piano superiore.

10 ●●○ **Per ogni superlativo assoluto contenuto nelle espressioni elencate indica oralmente almeno altre due forme possibili.**

bambino attivissimo > molto attivo, iperattivo ....

sposo felicissimo ~ luce debolissima ~ passaggio strettissimo ~ impegno intensissimo ~ visetto graziosissimo ~ frutto dolcissimo ~ cinema pienissimo ~ sapore delicatissimo ~ serata piacevolissima ~ festa allegrissima ~ cesto colmissimo

11 ●●○ **Nelle frasi seguenti sottolinea i 9 aggettivi che non possiedono né comparativo né superlativo.**

a. Accetto il vostro gradito invito con immenso piacere.
b. I telamoni erano colossali statue di sostegno degli antichi templi greci.
c. Il cono è un solido con base circolare.
d. L'orgoglio smisurato e l'enorme presunzione lo rendono antipatico.
e. Il vostro servizio di bicchieri di vetro infrangibile è davvero stupendo.
f. Da quando ha visto la mia pagella mio padre è furibondo.
g. Le guerre sono sempre immani tragedie.

Livello 3 **12** ●●●

Considera la struttura degli aggettivi qualificativi elencati e precisa la loro tipologia: primitivo [P], derivato [D], alterato [A], composto [C].

a. bricconcello	P	D	A	C	i. multimediale	P	D	A	C
b. bugiardello	P	D	A	C	j. piacevole	P	D	A	C
c. esatto	P	D	A	C	k. picchiatello	P	D	A	C
d. femminile	P	D	A	C	l. piccolo	P	D	A	C
e. fotovoltaico	P	D	A	C	m. piovoso	P	D	A	C
f. innocentino	P	D	A	C	n. proficuo	P	D	A	C
g. malpagato	P	D	A	C	o. senzacasa	P	D	A	C
h. maturo	P	D	A	C	p. zebrato	P	D	A	C

13 ●●●

Con l'aiuto del dizionario stabilisci il significato degli aggettivi qualificativi presenti nelle espressioni seguenti, tutti derivati da personaggi mitologici, storici o letterari. Ne conosci altri?

sforzo titanico ~ pasto pantagruelico ~ giudizio salomonico ~ passo marziale ~ spirito garibaldino ~ dubbio amletico ~ pietre ciclopiche ~ provvedimento draconiano ~ tavola pitagorica ~ preparato galenico ~ bellezza giunonica ~ chiusura ermetica

14 ●●●

Alcuni aggettivi di grado comparativo o superlativo usati nelle frasi hanno anche forme di derivazione latina. Dopo averli individuati, scrivi la corrispondente forma speciale.

a. Per le vacanze dispongo di una somma più bassa di quella dell'anno scorso. Inferiore
b. Questa è una trattoria di bassissimo livello. ....
c. Il disavanzo statale è più grande del previsto. ....
d. Tra i presenti, il tenente è l'ufficiale di grado più alto. ....
e. Le trenette al pesto di Elena sono buonissime. ....
f. In montagna il tempo era cattivissimo. ....

3 Gli aggettivi determinativi

= aggettivi determinativi

= aggettivi qualificativi

Ritagliarono il cielo a **mia** misura e lo gettarono sul lago Michigan, misero sulla sabbia **gialla** dei bambini con una palla che rimbalzava, un genitore **scontento**, e me che uscivo dalle onde per trovare **questo** mondo molto **squallido** e **bagnato**. "**Che** vento!" disse la mamma. Era settembre, la spiaggia era **lunga** e **solitaria**, con solo **sei** persone.

(adattamento da R. Bradbury, *Il lago*)

Dopo aver lavorato sugli aggettivi qualificativi, ti sarà più facile notare che quelli **determinativi** non aggiungono qualità alle persone o alle cose cui si riferiscono. Servono invece a **specificare**, o **determinare**, il tipo di **relazione** che persone e cose stabiliscono con certi aspetti della realtà. Aspetti che la **inquadrano** e la **definiscono** meglio, come vedremo trattando ogni loro tipologia.

3.1 Gli aggettivi possessivi

*E tutto il mondo è la **mia** famiglia*
(Jovanotti, *Estate*)

*Ho riferito a **tuo** fratello la **nostra** opinione sul **suo** nuovo sito internet.*

Gli aggettivi ***mia, tuo, nostra, suo*** sono **possessivi**, stabiliscono infatti a **chi appartiene** ciò che è indicato dal nome. In caso di persone, idee, esperienze ecc. – e non di cose – più che di appartenenza è meglio parlare di **legame**. I possessivi sono **sei**, come le **persone del verbo**, e concordano nel **genere** e **numero** con il nome cui si riferiscono.

Persona	Singolare		Plurale	
	maschile	femminile	maschile	femminile
io (1ª sing.)	mio	mia	miei	mie
tu (2ª sing.)	tuo	tua	tuoi	tue
egli, lui, ella, lei, esso, essa (3ª sing.)	suo	sua	suoi	sue
noi (1ª plur.)	nostro	nostra	nostri	nostre
voi (2ª plur.)	vostro	vostra	vostri	vostre
essi, esse, loro (3ª plur.)	loro	loro	loro	loro

• I possessivi *proprio* e *altrui*

Sono aggettivi **possessivi** anche ***proprio*** e ***altrui***.

Proprio (*propria, propri, proprie*) si può usare in alternativa a ***suo/a, suoi, sue, loro*** quando chi possiede è anche il **soggetto** della frase:

Sara [soggetto] *non presta a nessuno le **proprie** / **sue** cose.*

Ci sono casi ambigui in cui l'uso di ***suo/a*** ecc. lascia incerti circa l'effettiva appartenenza. L'aggettivo ***proprio*** è allora **necessario** per chiarire che la proprietà è del soggetto.

soggetto

Sandro ha parlato a Mara — dei propri errori

Sandro ha parlato a Mara — dei suoi errori

L'uso di ***proprio***:

- è **obbligatorio** con i verbi impersonali (▸ p. 305): *È giusto godere dei **propri** successi*;
- è **consigliabile** quando il soggetto è indefinito: *Ognuno si sieda al **proprio** posto*;
- può rafforzare un altro aggettivo possessivo: *Lo ha fatto di sua **propria** volontà.*

Altrui (di altri) si riferisce a un **possessore indefinito**, è invariabile e solitamente segue il nome:

*Non occuparti dei problemi **altrui**, a meno di non esserne coinvolto.*

• La posizione degli aggettivi possessivi

Di solito gli aggettivi possessivi **precedono** il nome. Lo seguono nei seguenti casi:

- quando vogliamo che esprimano una **particolare forza**:

  *Questa è casa **mia** e voglio arredarla a modo **mio**.*
  *Non puoi sempre fare di testa **tua**!*

- in alcune **esclamazioni** tipiche:
  *Mamma **mia**!* *Figli **miei**, venite ad abbracciarmi!*
- in certe espressioni di **uso quotidiano** come *bontà **loro***, *da parte **sua***, *in cuor **nostro***.

PER SAPERNE DI PIÙ

Come si comportano i possessivi con l'articolo?

Solitamente gli **aggettivi possessivi** sono **preceduti** dall'articolo, tranne che nelle esclamazioni (*Figlio **mio**!*) e con i nomi di parentela (***Mio** padre è severo. Ho visto **tua** figlia*). L'articolo però **rimane**:

- con il possessivo ***loro***: *Hai visto il **loro** padre?*
- se il nome è unito a un altro aggettivo: *il **suo** carissimo fratello*;
- quando il nome è al plurale: *i **vostri** zii*;
- quando il nome è alterato: *le **tue** cuginette*;
- quando il nome ha una sfumatura affettiva: *la **mia** mamma*.

3.2 Gli aggettivi dimostrativi

***Quel** pazzo venerdì*
(film, 2003)

***Questo** piccolo grande amore*
(film, 2009)

***Quel** e **questo** sono **aggettivi dimostrativi**, servono a indicare la **posizione**, nello spazio, nel tempo e nel discorso, di persone, cose, situazioni. Lo fanno tenendo conto di chi parla e di chi ascolta:

- ***questo*** indica la **vicinanza** a chi parla:
  ***Questo** pennarello è asciutto, me ne porti uno dei tuoi?* → Vicinanza nello spazio
  ***Questa** settimana ho studiato poco.* → Vicinanza nel tempo
  *Sul libro non trovo la soluzione di **questi** problemi.* → Vicinanza nel discorso (se ne è appena parlato o scritto)
- ***quello*** indica la lontananza – nello spazio, nel tempo, nel discorso –, sia da chi parla sia da chi ascolta:
  *Osserva **quelle** nubi rosa all'orizzonte.* → Lontananza nello spazio
  *Prova a dimenticare **quei** giorni difficili.* → Lontananza nel tempo
  *Ti ricordo **quegli** impegni di cui abbiamo parlato.* → Lontananza nel discorso

Quello segue le norme **ortografiche** dell'articolo determinativo, perciò avremo:
- ***quello*** / ***quella***, ***quegli*** / ***quelle*** davanti alle parole che iniziano per **z**, **x**, **y**, **s+consonante**, **gn**, **pn**, **ps**;
- ***quel*** / ***quella***, ***quei*** / ***quelle*** davanti alle parole che iniziano con tutte le altre consonanti;
- ***quell'*** davanti alle parole che iniziano per **vocale**.

- ***codesto*** (*codesta*, *codesti*, *codeste*), ormai in **disuso**, indica la vicinanza a chi ascolta:
  Chiedo a ***codesto*** *ufficio di annullare la multa ingiustificata.*

HAI CAPITO?

Nei tre seguenti esempi, precisa se si tratta di lontananza nel tempo, nello spazio o nel discorso.

a. Non posso rispettare quegli impegni, li ho presi un anno fa!
b. Quelle indicazioni che avete trovato nel primo capitolo sono ancora valide.
c. Prendi tu quei piatti, la mensola è troppo alta.

Sono **aggettivi dimostrativi** anche:
- ***tale*** (*tali*), ***simile*** (*simili*):
  Non si aspettava un ***tale*** / ***simile*** *successo* (= un successo così grande);
- ***stesso*** (*stessa*, *stessi*, *stesse*), ***medesimo*** (*medesima*, *medesimi*, *medesime*) con il significato di "uguale, identico":
  Fai sempre gli ***stessi*** (= identici) *gesti.*

  Stesso e *medesimo* si usano anche per rafforzare nomi e pronomi personali:
  Me l'ha assicurato la preside ***stessa*** (= lei in persona).
  Tu ***stesso*** (= perfino tu) *capisci di aver sbagliato.*

ADESSO TOCCA A TE

▶ Capitoli 3.1, 3.2

INDIVIDUA E TRASFORMA

Livello 1

1 ●○○ **Sottolinea gli 8 aggettivi possessivi presenti nelle frasi seguenti. Ricorda che l'aggettivo deve sempre accompagnare un nome.**

a. Lia e Ciro hanno deciso di fare visitare il loro bambino dal nostro pediatra.
b. In casa di mio nonno si mangiano soltanto verdure coltivate nel suo orto.
c. Le bollette di luce e gas sono astronomiche, dovete diminuire i vostri consumi.
d. Nel loro giardino crescono fiori bellissimi, nel nostro soltanto erbacce!
e. Ti ho cucinato il tuo piatto preferito, il risotto alla milanese.
f. Abbiamo dimenticato il nostro cellulare, ci prestate il vostro?

2 ●○○ **Colloca nella giusta posizione l'aggettivo possessivo indicato tra parentesi, segnando una crocetta nella casella corrispondente.**

a. Siete sempre presenti nel ☒ cuore ☐. (nostro)
b. ☐ Amore ☐, aiutami! (mio)
c. Questi sono ☐ disegni ☐, non tuoi! (miei)
d. Mentono, non è vero che copio i ☐ compiti ☐. (loro)
e. È un testardo, fa sempre di ☐ testa ☐. (sua)

f. Chiedo scusa, è stata ☐ colpa ☐. (mia)
g. Non è bene invidiare la ☐ fortuna ☐. (altrui)
h. Si deve seguire la ☐ coscienza ☐. (propria)

3 ●○○

Completa le frasi seguenti con gli aggettivi possessivi adatti.

a. Tutti i cittadini devono presentare la ...loro... dichiarazione dei redditi.
b. Ascolta il .... consiglio: non impicciarti dei fatti ....
c. Ci dovete risarcire: giocando a pallone, i .... figli hanno rotto il vetro della .... finestra.
d. Prima di procedere con questa pratica, vorrei il .... parere.
e. Filippo è felice perché la .... squadra del cuore è prima in classifica.
f. Ognuno ha i .... gusti.

4 ●○○

In 4 frasi davanti all'aggettivo possessivo è stato erroneamente messo l'articolo determinativo: cancellalo con un tratto di penna.

a. Anna è venuta al saggio di danza con la sua zia Marta.
b. La mia sorellina, a cinque anni, sa già leggere.
c. Il nostro cugino Enrico si è appena diplomato in chimica.
d. Non mi presenti la tua mogliettina?
e. Quale attività svolge la tua moglie?
f. Il loro babbo è allenatore di calcio.
g. Al mare ho conosciuto il tuo nipote Lorenzo.

5 ●○○

Sottolinea i 10 aggettivi dimostrativi presenti nelle frasi seguenti.

a. In questo testo hai ripetuto più volte lo stesso errore: hai omesso l'apostrofo.
b. In quell'albergo così costoso non ci aspettavamo un simile trattamento!
c. Quella casetta laggiù l'ha costruita mio nonno con tali sacrifici...
d. Chiedo a codesta giuria di concedere all'imputato le attenuanti generiche.
e. Questi moderni edifici sono stati lesionati dal recente terremoto, quegli antichi palazzi non hanno invece subito danni.
f. Quei vecchi giocattoli sono da buttare, questi li conserverò per ricordo.

6 ●○○

Inserisci nelle frasi seguenti l'opportuno aggettivo dimostrativo, scelto tra *stesso*, *questo*, *medesimo*, *tale*, *codesto*, *quello*, *simile*.

a. Ogni mattina la .... storia: mio fratello non vorrebbe alzarsi da letto!
b. .... film l'ho già visto, ne dovremo scegliere un altro.
c. Non voglio sentire da voi .... parolacce!
d. Cadendo dalla scala ho preso un .... spavento che ancora tremo al pensiero.
e. Ho conosciuto Luca durante una gita, ma .... volta non abbiamo fatto subito amicizia.
f. Riguardo alla scuola superiore, io .... sono indeciso tra il liceo e l'istituto tecnico.

Livello 2 **7** ●●○

In quale frase puoi sostituire *proprio* con *suo*? Indicala con una crocetta.

A ☐ È opportuno curare il proprio aspetto.
B ☐ Lisa ha accompagnato Dalia dal proprio parrucchiere.
C ☐ Marta si cura eccessivamente del proprio aspetto.

8 ●●○ **In base al contesto e alle indicazioni date tra parentesi, inserisci nelle frasi seguenti l'aggettivo adeguato: *suo* o *proprio*.**

a. Martina si troverà in discoteca con Enrico e tornerà a casa con la sua auto (di Enrico).
b. Lucia accompagnerà Valeria nella ...... casa (di Lucia) al mare.
c. Stefano ha confidato a Sara che gli amici criticano il ...... (di Sara) comportamento.
d. Mio padre parla sempre con mio fratello dei ...... (di mio fratello) problemi.
e. Mia madre ha conosciuto mio padre nel ...... ufficio (di mia madre) di commercialista.
f. Finiti i compiti, Carlo ha chiesto a Luigi di giocare con la ...... playstation (di Luigi).
g. Mia madre ha ricordato a mio padre che l'assicurazione della ...... (di mia madre) auto è scaduta.

9 ●●○ **In due frasi l'aggettivo dimostrativo usato è sbagliato: individua gli errori e scrivi la correzione a lato.**

a. Negli anni Cinquanta migliaia di Italiani emigrarono: in questo periodo, infatti, mancava il lavoro. ....
b. Prego, accomodatevi su quel divano vicino alla finestra. ....
c. Ah, l'infanzia! Che belli quegli anni spensierati di gioco e scoperta del mondo! ......
d. L'affare non sembrava sicuro, a questo punto ho preferito lasciar perdere. ....

10 ●●○ **Riscrivi ognuna delle frasi seguenti volgendo al plurale l'aggettivo dimostrativo e il nome che accompagna. Quando necessario, cambia le varie concordanze.**

a. Quel parco è molto frequentato dai giovani > Quei parchi sono molto frequentati dai giovani.
b. Vieni, riposiamoci sotto quell'albero laggiù.
c. Quel biologo è molto apprezzato dai colleghi.
d. Quel cane è insopportabile, abbaia giorno e notte.
e. Quell'allenatore è severo, ma ottiene eccellenti risultati.
f. Non so perché, ma quell'individuo non mi ispira fiducia.
g. Quel lampadario a gocce avrebbe bisogno di essere spolverato.
h. Quell'esperimento di fisica è stato molto interessante.

Livello 3 **11** ●●● **Non sempre è necessario indicare il possesso. Nelle frasi seguenti cancella gli aggettivi possessivi che possono essere omessi, quindi rispondi alla domanda.**

a. Rosalba ha perso il suo diario scolastico.
b. Cadendo dalla sua bicicletta, Mirco si è sbucciato il suo ginocchio destro.
c. Grazia era molto elegante con il suo vestito rosso e la sua sciarpa di seta.
d. Esprimo sempre le mie opinioni con franchezza.
e. Mario e Anna educano bene i loro figli.
f. "Com'è Linda? Te la descrivo: i suoi capelli sono biondi, il suo naso all'insù e le sue guance rosa".

In quali casi l'indicazione del possesso è superflua?

12 ●●● **A COPPIE Preparatevi a spiegare oralmente qual è la funzione e a chi va attribuito l'aggettivo *proprio* nelle 4 frasi seguenti.**

a. Non mentire, ti ho visto uscire di nascosto con i miei propri occhi!
b. Sara, al ristorante con Leo, ha pagato la cena con la propria carta di credito.
c. Gianni è molto geloso del proprio tablet, non lo presta a nessuno.
d. Capita non vedere realizzati i propri sogni.

13 ●●● **Riformula oralmente le frasi seguenti volgendole al plurale. Fai attenzione a rispettare tutte le concordanze.**

a. L'allievo esegue puntualmente il suo compito.
b. Lo scienziato illustrò la sua ultima scoperta.
c. Una volta arredato il suo appartamento, il nostro amico ci inviterà a cena.
d. Passata la tempesta, lo scalatore riprese l'ascesa verso la vetta.
e. La tuffatrice seguì le istruzioni del suo allenatore e vinse la gara.
f. Il viaggiatore fu multato perché non aveva obliterato il suo biglietto.
g. La mia amica è stata molto soddisfatta della sua vacanza in Grecia.

3.3 Gli aggettivi indefiniti

***Ogni** cosa è illuminata*
(scena dal film, 2005)

***Tutti** i miei Robot*
(I. Asimov, 1995)

Gli **aggettivi indefiniti** danno informazioni **generiche** e **indeterminate** circa la **qualità** e la **quantità** (*Ogni cosa, Tutti i miei*). **Variano** in **genere** e **numero**, tranne nei casi specificati in parentesi. Sono numerosi e possiamo raggrupparli nel modo seguente:

- ***certo***, ***tale*** indicano una **singola** persona o cosa imprecisata:

  *Ti ha cercata un **certo** Luca.* *Avrei una **certa** idea.*
  *Il nuovo custode è un **tale** Carli.* *La partita era una **tale** noia!*

- ***certi***, ***alcuni*** si riferiscono a **più unità** indefinite:

  ***Certe** strade sono poco illuminate.*
  *Se mi raggiungi, portami **alcuni** abiti scelti a caso;*

- ***poco***, ***tanto***, ***molto***, ***troppo***, ***parecchio***, ***altrettanto***, ***alquanto*** (poco usato), ***vario***, ***diverso*** indicano una **quantità generica**, che può essere più o meno scarsa, o più o meno abbondante, uguale o eccessiva:

  *Bastano **poche** parole per capirci.*
  *Prendi i libri e **altrettanti*** (uguale quantità) *quaderni.*
  *Ho avuto **varie** / **diverse*** (numerose e di diverso tipo) *difficoltà.*
  *Tu bevi **troppo** latte.*

- ***qualche***, ***qualsiasi***, ***qualunque***, ***qualsivoglia***, ***ogni*** (invariabili), ***ciascuno*** (varia solo nel genere: *ciascuno/a*) ***tutto*** indicano un certo **insieme**, **indeterminato per qualità** e **quantità**, considerato in ogni singolo elemento e/o nella sua totalità. Tra ***tutto*** e il nome si inserisce l'articolo o il dimostrativo; in questo secondo caso ci si riferisce a una **grande quantità**:

  *Dopo **qualche** giorno la pioggia cessò.*
  *Rifiuti sempre **qualsiasi** proposta.*

*Conosco **ogni** albero del parco.*
*Ho invitato **tutti** gli amici.*
*Con **tutti** questi rifiuti la città è impraticabile.*

- ***nessuno*** (varia nel genere, ma non nel numero: *nessuno/a*), ***alcuno*** (solo al singolare nelle frasi negative) indica l'**assenza** di un certo elemento:
  ***Nessuna** studentessa si è presentata in aula.*
  *Non ho **alcun** problema a dirti la verità.*

HAI CAPITO?

Stabilisci a che cosa si riferisce precisamente l'aggettivo indefinito (insieme, singolo elemento ecc.) nelle seguenti frasi:

a. Mi servirebbe **qualche** parola di incoraggiamento.
b. Ho ricevuto un campione gratuito per **ogni** prodotto.
c. Raccogli dal pavimento **tutti** questi vestiti!

• Particolarità L'aggettivo ***altro*** può indicare:

- una quantità imprecisata aggiunta (*Mi dia **altri** pomodori*);
- l'equivalente di "diverso" (*Frequento un'**altra** classe*);
- l'equivalente di "nuovo" (*Ho comprato un **altro** vestito*);
- l'equivalente di "precedente" (*L'**altra** settimana ti ho aspettato*) e "seguente" (*Ci ritroveremo quest'**altro** mese*).

Certo è un aggettivo indefinito solo se anteposto al nome (***Certe** sere sono malinconico*). Se lo segue significa "sicuro" (*La sua promozione è ormai un fatto **certo***).

3.4 Gli aggettivi interrogativi ed esclamativi

***Quante** risate!*

***Che** vento!*
***Quale** regalo vuoi?*
*Dimmi **quale** regalo vuoi.*

Gli aggettivi ***che***, ***quale***, ***quanto*** hanno due diverse funzioni: sono **interrogativi** quando introducono una domanda, **esclamativi** quando introducono un'esclamazione. Stanno sempre davanti al nome e non sono mai preceduti dall'articolo. Queste le loro funzioni.

- ***che***, ***quale***: introducono una **domanda** diretta (***Quale** regalo vuoi?*) o indiretta (*Dimmi **quale** regalo vuoi*) per conoscere l' **identità** o la **qualità** del nome che accompagnano. I due aggettivi si equivalgono (***Che** / **Quale** libro mi dai?*), anche se nel parlato si usa più facilmente ***che***.
  Introducono un'**esclamazione**, mettendo in forte rilievo la **qualità** del nome cui si riferiscono: ***Che** / **Quale** sorpresa!*
- ***quanto***: introduce una **domanda**, diretta o indiretta, sulla quantità del nome cui si riferisce: ***Quante** persone verranno alla festa?*
  Introduce un'**esclamazione** sulla **quantità**: ***Quante** risate!*

3.5 Gli aggettivi numerali

La solitudine dei numeri ***primi***
(film, 2010)

Gli **aggettivi numerali** indicano la **quantità precisa**, espressa **numericamente**, riferita al nome che accompagnano, precedendolo. Spesso vengono sostantivati (*Il* ***sette*** *è il mio numero preferito*). Possono svolgere la funzione di **pronome** quando, anziché accompagnare il nome, lo sostituiscono (▸ B4; > *Mi hanno regalato un cesto di mele: me ne mangio subito* ***una*** *o* ***due***.) Si suddividono in tre gruppi:

- **numerali cardinali**: indicano con assoluta precisione la **quantità** (***uno***, ***due***... ***dieci***... ***venti***...). Sono il "cardine" della numerazione, cioè la sua forma base (da ***venti*** deriva ***vent-esimo*** ecc.). Sono **invariabili** tranne il numero ***uno***, che ha il femminile ***una*** (***un*** *gatto* / ***una*** *gatta* / ***un'*** *oca*), e ***mille*** con plurale in ***-mila*** (***mille*** *cose* / ***ventimila*** *casi*). I numeri ***milione/i***, ***bilione/i***, ***miliardo/i*** ecc. e ***zero/i*** appartengono alla categoria dei **sostantivi**: *Osserva* ***gli zeri*** *su questo assegno!*
- **numerali ordinali**: indicano la **posizione** che il nome occupa in una **serie** (***primo***, ***secondo***...***decimo***... ...***ventesimo***...). Sono tutti **variabili per genere e numero**: *I* ***primi*** *passi nelle nuove materie sono i più difficili. Sarà almeno la* ***decima*** *raccomandazione che mi fai! Ti sei piazzato al* ***secondo*** *posto.* Possono avere **funzione pronominale** (> *I due figli dei Martini sono bravissimi: il* ***primo***, *a scuola, ha un'ottima media, il* ***secondo*** *è nella nazionale di Basket*)
- **numerali moltiplicativi**: indicano **quante volte** un certa quantità è maggiore di un'altra (***doppio***, ***triplo***, ***quadruplo***...). Sono tutti **variabili**: *Si è garantita un* ***doppio*** *stipendio. Cerco un appartamento con* ***tripli*** *servizi.*

HAI CAPITO?

Completa il seguente breve testo con gli aggettivi determinativi elencati in ordine sparso:

.... ragazze usano .... trucco. .... giorno, o almeno .... le sere, abbelliscono il .... viso con .... accorgimenti e si divertono a ricoprire le palpebre con .... colori; forse .... colori! Però .... allegria! È la moda, lanciata anche da .... siti web di successo che offrono .... e allettanti consigli.

ogni ~ certe ~ proprio ~ mille ~ che ~ svariati ~ tutte ~ vari ~ troppi ~ molto ~ parecchi

ADESSO TOCCA A TE

▸ Capitoli 3.3, 3.4, 3.5

INDIVIDUA

Livello 1 **1** ●○○

Sottolinea i 10 aggettivi indefiniti presenti nelle frasi seguenti.

a. Nessun allievo rinuncerà alla gita scolastica.
b. Qualche giorno fa Achim mi ha esposto certe sue idee sull'amicizia.
c. Trascorrerò le vacanze di Natale a casa perché ho vari impegni di lavoro e pochi soldi.
d. È pronto il pranzo? Ho tanta sete e altrettanta fame!
e. Parecchio tempo fa Simone sognava di diventare aviatore, adesso accetterebbe un lavoro qualsiasi.
f. Non sopporto più i troppi ritardi del mio collega d'ufficio!

2 ●○○ **Nelle frasi seguenti sottolinea una volta gli aggettivi interrogativi (4), due volte gli esclamativi (2).**

a. Quanto spreco di acqua in questa casa!
b. Che gioco da tavolo state facendo? Non lo conosco.
c. Gino si sposa: mi chiedo che donna possa sopportarlo.
d. Che noia trascorrere tutta la domenica in casa!
e. Sarei curioso di sapere quanti soldi spende Arturo in videogiochi.
f. Mi domando quale pianeta lasceremo ai nostri figli.

3 ●○○ **Nelle frasi seguenti sottolinea gli 11 aggettivi numerali.**

a. L'Impero Romano d'Oriente cadde nell'anno 1453.
b. Vittorio Emanuele II fu il primo re d'Italia.
c. Importanti scoperte scientifiche hanno caratterizzato il XX secolo.
d. Gianni è il solito ingordo: ha preso doppia porzione di primo e due gelati!
e. L'appuntamento con la dentista è fissato per il giorno 20 alle ore 17.00.
f. La Prima guerra mondiale scoppiò nel giugno 1914 e durò quattro anni.

Livello 2

4 ●●○ **Inserisci nelle frasi seguenti gli adeguati aggettivi indefiniti, scelti fra quelli elencati.**

alcuni ~ molti ~ ogni ~ pochi ~ varie ~ qualsiasi ~ tutti quanti

a. .... persona te lo potrebbe confermare: non consumo alcolici.
b. Il corso di arrampicata è frequentato da .... allievi.
c. Con Cristina ci siamo frequentate per .... anni al tempo delle scuole medie.
d. .... anno mia nonna va in Toscana per fare .... cure termali.
e. .... i concorrenti al torneo di scacchi dovranno presentarsi puntualmente.

5 ●●○ **Quale testo contiene il maggior numero di aggettivi interrogativi ed esclamativi? Indicalo con una crocetta.**

A Lisa ha avuto un bambino: che bella notizia! Sai quanti chili pesa e quale nome hanno scelto?
B Che insegnante strano è Bianchi: assegna pochissimi compiti e mai che alzi la voce!
C Che caos! Troppo disordine e tanta polvere! Quante volte devo ripeterti di tenere pulita la tua camera?

6 ●●○ **Sottolinea una volta i 4 aggettivi numerali cardinali, due volte i 5 ordinali presenti nelle frasi seguenti.**

a. La squadra classificata prima al torneo di pallavolo ha ricevuto in premio una bella coppa e una medaglia a testa per i sei giocatori.
b. Il nostro capocannoniere ha segnato al quarantesimo minuto.
c. Il centimetro corrisponde alla centesima parte del metro.
d. Il 10 maggio Carla e Paolo festeggeranno il venticinquesimo anniversario di matrimonio.
e. Per la seconda volta in pochi mesi Lucia si è assentata dall'ufficio per otto giorni.
f. Domani mia nonna compirà sessanta anni: le regalerò cinque orchidee.

7 ●●○ **Indica con una crocetta quali due frasi NON contengono aggettivi numerali.**

A A teatro abbiamo prenotato le poltrone 18 e 20.
B Per la costruzione della superstrada sono stati stanziati milioni di euro.
C I miei genitori sono nati a metà degli anni Settanta.
D Te l'ho detto un miliardo di volte: prima studia la teoria, poi svolgi gli esercizi.

Livello 3 **8** ●●●

Nelle 4 frasi seguenti colloca la parola evidenziata in modo che abbia funzione di aggettivo indefinito, quindi motiva la tua scelta spiegando il diverso significato che assume a seconda della posizione.

a. Lo zoo ospita diversi ☐ animali ☐ diversi. Molti / di diversa specie
b. Un certo ☐ indizio certo ☐ mise l'investigatore sulla strada giusta.
c. Nel villaggio vacanze ogni sera organizzavano vari ☐ intrattenimenti vari ☐.
d. Riguardo a Luigi, ho ricevuto notizie diverse ☐ notizie diverse ☐.
e. Mi ha parlato di un tale ☐ amico ☐ tale che gli confida ogni segreto.

9 ●●●

Indica a quale categoria grammaticale appartengono le parole evidenziate nelle seguenti coppie di frasi: aggettivo numerale [A] o nome [N].

a. 1) Questo lampadario di cristallo è costato cinquecento euro. ☒ N
2) Antonia ha comprato una fiammante Cinquecento rossa. A N
b. 1) Abbiamo speso tutta la tredicesima in regali. A N
2) In molti alberghi non esiste la tredicesima camera. A N
c. 1) L'undici azzurro affronterà l'Argentina in semifinale. A N
2) Una squadra di calcio è formata da undici giocatori. A N
d. 1) Per lunedì leggete il quinto capitolo del romanzo. A N
2) Ad Anna spetta un quinto dell'eredità della nonna. A N
e. 1) Per arrivare a Praga ho guidato per settecento chilometri. A N
2) Il Settecento è il secolo dei Lumi. A N

LAVORA CON LE PAROLE

Livello 1 **10** ●○○

Completa le frasi seguenti con i nomi elencati, tutti affini ai numerali per significato e derivazione. Se non ne conosci il significato, consulta il dizionario.

settebello ~ quartetto ~ bicentenario ~ trimestri ~ terzino ~ quinquennio ~ quarantena

a. Da parecchi anni ormai, e specialmente nell'ultimo ...., la produzione industriale è drasticamente calata.
b. L'anno scolastico è suddiviso in ....
c. Per evitare il diffondersi dell'epidemia, il bestiame è stato posto in ...., cioè in isolamento.
d. Speriamo che nella prossima partita il nostro .... sinistro sia all'altezza del gioco.
e. Marcello suona in un .... d'archi: due violini, una viola, un violoncello.
f. Giuseppe Verdi nacque nel 1813, perciò nel 2013 si è celebrato il suo ....
g. La nazionale italiana maschile di pallanuoto è chiamata ....

Livello 2 **11** ●●○

A COPPIE Per ogni aggettivo numerale elencato scrivete una frase in cui sia usato come nome. Se avete dubbi, consultate il dizionario.

duecento ~ seicento ~ tre ~ trenta ~ uno ~ venti

Livello 3 **12** ●●●

A COPPIE I numerali sono usati in parecchie espressioni e modi dire: *sudare sette camicie, la paura fa novanta, portare il cappello sulle ventitré, dammi il cinque*... Indicatene altre e usatele in frasi in cui siano adeguatamente contestualizzate. Potete aiutarvi con il dizionario. Confrontate la vostra produzione con quella dei compagni.

FACCIAMO IL PUNTO

definire + riassumere + classificare + memorizzare

LOSAI? RIPASSA CON LO SMARTPHONE

L'aggettivo è una parola che **si aggiunge al nome**, con il quale concorda in genere e numero, per **arricchirne il significato** e **precisarlo** meglio. Gli attribuisce così una **qualità** o ne **determina** alcuni aspetti.

Gli aggettivi

- *possono avere funzione*
  - **ATTRIBUTIVA** (accompagnano il nome) *Che **bella** giornata!*
  - **PREDICATIVA** (seguono il verbo) *Il tempo sembra **bello**.*
- *si dividono in due classi*
  - **QUALIFICATIVI** (arricchiscono il nome) *Cerco una casa **grande**.*
    - *possono essere*
      - **PRIMITIVI**: *Amo i fiori **gialli**.*
      - **DERIVATI**: *Fai un gesto **amichevole**!*
      - **ALTERATI**: *I narcisi hanno un colore **giallino**.*
      - **COMPOSTI**: *Gioca con la maglia **bianconera**.*
    - *esprimono grado*
      - **POSITIVO**: *Siamo tutti **bravi**.*
      - **COMPARATIVO**: *Tu sei **più** / **meno brava** di me; brava **come** me.*
      - **SUPERLATIVO**: *Sei **la più brava** / **bravissima**.*
  - **DETERMINATIVI** (specificano certi aspetti del nome) *Mi va bene **qualunque** tipo di casa.*
    - *si classificano in*
      - **POSSESSIVI**: *È sempre attaccato al **suo** cellulare.*
      - **DIMOSTRATIVI**: *Osserva **quel** dipinto.*
      - **INDEFINITI**: *Prestami **qualche** libro.*
      - **INTERROGATIVI / ESCAMATIVI**: ***Quanta** fame hai? **Quanta** fame!*
      - **NUMERALI**: *Devo dirti **due** o **tre** cose.*

CONOSCENZE

1 **Indica se le seguenti affermazioni sono vere [V] o false [F].**

a. L'aggettivo affianca il nome o si collega ad esso tramite il verbo *essere* (*sembrare*, *diventare*...). V F
b. L'aggettivo qualificativo non è mai indispensabile per dare senso alla frase. V F
c. Tutti gli aggettivi qualificativi variano desinenza secondo il genere e il numero. V F
d. Alcuni aggettivi non hanno né comparativo né superlativo. V F
e. Gli aggettivi determinativi specificano alcuni aspetti del nome. V F
f. Al posto di "suo" si può sempre usare "proprio". V F
g. Gli aggettivi indefiniti forniscono informazioni generiche e imprecise. V F
h. Gli aggettivi numerali costituiscono un gruppo di parole limitato. V F

ABILITÀ

2 **Leggi con attenzione la seguente frase: *Regnava una fitta oscurità, ma la notte era benevola, tiepida, immobile e silenziosa*. Quale aggettivo ha funzione attributiva?**

3 **Nella frase *La Valle d'Aosta è la meno estesa delle regioni italiane*, quale grado ha l'aggettivo *meno estesa*?**

A Positivo.
B Comparativo di minoranza.
C Superlativo assoluto.
D Superlativo relativo.

4 **Nel seguente elenco di aggettivi derivati ci sono <u>due</u> intrusi. Dopo averli individuati, trascrivili nella riga sottostante.**

ecologico ~ energico ~ eroico ~ falloso ~ favoloso ~ fedele ~ spavaldo ~ smanioso ~ sportivo ~ vallivo

....

5 **Leggi con attenzione le frasi riportate nella tabella: in tutte e tre compare l'aggettivo qualificativo *caro*. Quale adeguato sinonimo puoi usare in ognuna? Scrivilo nella riga corrispondente dell'apposita colonna.**

Frase	Sinonimo
a. Il mio *caro* figlio è molto affettuoso.	
b. Quel viaggio è troppo *caro* per me.	
c. Questo orologio è un *caro* ricordo del nonno.	

6 **Quanti aggettivi determinativi contiene la frase *Tutti i pomeriggi una gatta si siede sulla mia stessa panchina, i primi giorni mi guardava con un certo sospetto, adesso le piace ricevere qualche carezza*?**

A Tre.
B Cinque.
C Quattro.
D Sei.

COMPETENZE

7 **Leggi con attenzione i due brani seguenti, quindi svolgi le attività proposte.**

Nascite

Testo A

Nacqui un venerdì a mezzanotte. Qualcuno, anzi, notò che l'orologio cominciò a battere e io a strillare, contemporaneamente. Proprio in considerazione del giorno e dell'ora della mia nascita la levatrice e alcune comari dichiararono che non avrei avuto fortuna nella vita. Spetterà alla mia storia dimostrare quanto questa previsione si sia avverata.

(C. Dickens, *David Copperfield*, trad. di E. Missaglia, Marietti, Genova, 1987)

Testo B

Sono nata in uno dei giorni con meno luce dell'anno, nel cuore più profondo della notte.
Soffiava una bora fortissima.
Bora scura, con neve e ghiaccio. Soffiava ancora quando uscii dal sanatorio.
La ripida salita che ci avrebbe condotto a casa era assolutamente impraticabile, così arrivai a destinazione affidata al precario equilibrio dei miei genitori.
Il vento li aggrediva alle spalle, sospingendoli in avanti con quelle raffiche improvvise e feroci che solo la bora sa dare mentre il ghiaccio rendeva ogni loro passo un miracolo di abilità.
I miei tre chili e un po' di essere umano, avvolti come un cannolo da una coperta bianca, rosa e azzurra fatta da mia madre, alla fine furono messi in salvo.

(S. Tamaro, *Ogni angelo è tremendo*, Bompiani, Milano, 2013)

COMPRENDI

Livello 1
1. ●○○ Quale testo è più ricco di aggettivi? ....

Livello 2
2. ●●○ Con l'aiuto del dizionario definisci le caratteristiche della *bora* di cui si parla nel testo B.

Livello 3
3. ●●● Nel testo B sottolinea le parti più intensamente descrittive evidenziando gli aggettivi qualificativi.

ANALIZZA

Livello 1
4. ●○○ Nel testo B, qual è il grado di *fortissima*? ....
5. ●○○ *Impraticabile* (testo B) è un aggettivo primitivo o derivato? ....
6. ●○○ Nel testo B, quale possessore indica l'aggettivo *loro*? ....

Livello 2
7. ●●○ Nel testo B, quale aggettivo con funzione predicativa compare? ....
8. ●●○ *Precario* e *umano* (testo B): tra i due, quale ha funzione distintiva? ....
9. ●●○ Quale aggettivo qualificativo invariabile è presente nel testo B? ....

Livello 3
10. ●●● Quali aggettivi dimostrativi, possessivi e indefiniti contiene il testo A? ....
11. ●●● Quali aggettivi dimostrativi, indefiniti e numerali contiene il testo B? ....; ....; ....

PRODUCI

Livello 1 **12.** ●○○ Riscrivi il testo A arricchendolo con opportuni aggettivi qualificativi.

Livello 2 **13.** ●●○ Riscrivi la prima parte del testo B (fino a "miei genitori") rovesciando la prospettiva: "Sono nata in uno dei giorni con più luce dell'anno ...". Fai attenzione a scegliere aggettivi adatti al nuovo contesto.

Livello 3 **14.** ●●● Preparati a raccontare in un breve testo orale il giorno della tua nascita o di quella di un tuo famigliare. Nell'esposizione dovrai utilizzare aggettivi attributivi e predicativi, determinativi e qualificativi, anche di diverso grado. Puoi arricchire il tuo lavoro con fotografie.

CHE LINGUA PARLIAMO?

RIFLETTI E PRODUCI

Livello 1 **8** ●○○ **A COPPIE** Le cronache sportive, televisive e della carta stampata, abbondano di aggettivi enfatici, uniti al sostantivo in modo da dargli una forte carica emotiva: per esempio, *azione esaltante, incontro inebriante, tiro inesorabile, sforzo sovrumano, serata magica*... Scrivete almeno quattro frasi in cui siano presenti altrettanti esempi di espressioni simili. Confrontate quindi il vostro lavoro con quello dei compagni.

Livello 2 **9** ●●○ Leggi con attenzione le 4 frasi seguenti: in quali sono stati usati troppi aggettivi qualificativi? In quale troppo pochi? In quale mancano addirittura quelli indispensabili? Riscrivi le frasi apportando le correzioni che ti sembrano necessarie.

a. All'improvviso cominciò a soffiare un vento freddo e poi arrivò la neve, cadeva al suolo in fiocchi che coprirono rapidamente le strade.

b. Tutti quanti apprezzano il bel carattere di Guido, sempre spensierato, allegro, brillante, ma anche altruista, generoso e comprensivo con qualsiasi persona.

c. La mia amica Lisa ha occhi azzurri azzurri, vivaci, curiosi, intelligenti ed espressivi; i suoi lineamenti sono fini, delicati e regolari; i suoi capelli sono biondi, ricci, morbidi, folti e ribelli.

d. La stella di Natale è una pianta con fiori contornati da foglie.

10 ●●○ **A COPPIE** Nella lingua corrente si usa fare il superlativo anche di sostantivi, per esempio *Paperissima, campionissimo, offertissima*... Provate a individuarne altri, quindi confrontate il vostro elenco con quello dei compagni.

Livello 3 **11** ●●● **A COPPIE** Tipiche del linguaggio giornalistico sono le espressioni "fast food", cioè aggettivi e locuzioni stereotipate, ricorrenti soprattutto negli articoli di cronaca nera: *notte brava, brillante operazione, futili motivi, corpo contundente, stringente interrogatorio, rigoroso riserbo*... Cercate un articolo di giornale in cui siano presenti altri esempi, quindi provate a riscriverlo sostituendo gli aggettivi con sinonimi altrettanto efficaci ma meno convenzionali.

12 ●●● Considera la frase *Questa borsa è un prodotto italianissimo*. L'aggettivo di nazionalità, che di per sé non possiede il grado superlativo, viene a volte utilizzato nella lingua corrente. In questo caso che cosa intende sottolineare? Prova a fare degli esempi utilizzando altri aggettivi di nazionalità.

ARRICCHIAMO IL LESSICO

a. Con gli amici avete deciso di trascorrere il pomeriggio in un parco di divertimenti: *scivoli*, *toboga*, *piscina* o *onde*... A piccoli gruppi (2-3) organizzate un percorso da seguire, scegliendo tra le varie tappe possibili. Quindi, scrivete una breve cronaca della vostra esperienza da leggere ai compagni. Il testo dovrà contenere almeno **5** tra gli aggettivi qualificativi elencati. Se non ne conoscete il significato, consultate il dizionario.

> agitato ~ burrascoso ~ distensivo ~ eccitante ~ emozionante ~ faticoso ~ impavido ~ impetuoso ~ oscillante ~ piacevole ~ placido ~ prevedibile ~ mozzafiato ~ soporifero ~ spassionato ~ suggestivo ~ turbinoso ~ vacillante

b. Il pomeriggio si presenta davvero *spassoso*. Tra amici, quale sinonimi di *spassoso* usate?

c. Nel parco sono presenti il Fiume Rapido e il Fiume Lento: dopo avere sperimentato il primo, fra curve e discese a bordo di piccoli gommoni, vi dirigete verso il Fiume Lento, che evoca paesaggi e atmosfere di un atollo tropicale. Fate un elenco delle parole ed espressioni che vi fa venire in mente, per esempio *acque cristalline*, *animali esotici*...

d. Siete nei pressi di un'area di ristoro, decidete di sorseggiare una bevanda e concedervi stuzzichini e leccornie. Che cosa è di preciso una *leccornia?* Si pronuncia *leccornìa* o *leccòrnia*? Rispondi dopo avere consultato il dizionario.

4 Il pronome

IN QUESTA UNITÀ

- Che **funzione** hanno i pronomi? Sostituiscono solo il **nome** o anche **altre parti del discorso**?
- Quale **funzione** e quali **forme** hanno i **pronomi personali**?
- Come possiamo distinguere i pronomi **possessivi**, **dimostrativi**, **indefiniti**, **interrogativi** ed **esclamativi** dagli **aggettivi** che hanno lo stesso nome?
- In che cosa consiste la **doppia funzione** dei pronomi **relativi**?
- Qual è la funzione dei pronomi **doppi** o **misti**?
- **ARRICCHIAMO IL LESSICO** Riflettiamo sull'uso dei pronomi ed entriamo nel mondo delle **assemblee di classe**

PARTIAMO DAL TESTO

Leggi il brano seguente e rispondi alle domande.

È stato Devil a far**mi** fuori il dito. Passavamo il pomeriggio sotto il ponte, insieme ai soliti. La metà del dito medio della mano sinistra. C'è **niente** di peggio che perdere proprio il dito degli insulti? Per **uno** come **me**, poi. E adesso come faccio a dire la **mia**? Ci saranno un milione di nomi sotto al ponte. Il **mio** è uno di **quelli** nuovi. Giocavamo a "Lama": apri la mano sullo skateboard di **qualcuno** e il tuo compagno pianta il coltello fra **ognuna** delle tue dita. Le ragazze avevano strizza e dicevano, tipo, «Basta, **qualcuno** si farà male». Le ragazze sono così. E più fanno così, più **noi** continuiamo. Il coltello **mi** volteggia in mezzo alle dita. «Basta, adesso», dice Lexie. «Siete dei bambini.» Ma è troppo tardi. Connor perde la testa e lo skateboard schizza via sul muro. Sento come un pizzicotto: dal mio dito medio è sparita l'ultima falange.

(adattamento da A. Kennen, *Cercami*)

1. Le parole evidenziate sono **pronomi** di vario tipo. Individua quelli con cui il protagonista, Chas Parsons, si riferisce a se stesso e al proprio gruppo, in prima persona.
2. Alcuni pronomi hanno la **stessa forma** e lo **stesso nome degli aggettivi**. Individuali e stabiliscine la tipologia, rifacendoti all'analoga classificazione degli aggettivi.

3. Rintraccia i pronomi che non si riferiscono a qualche persona o cosa in particolare e che, perciò, hanno un significato **generico**.
4. *Ci saranno un milione di nomi sotto al ponte. Il* ***mio*** *è uno di* ***quelli*** *nuovi*. Di quale **nome** prendono il posto i pronomi evidenziati?

1 Che cos'è il pronome e come funziona

Il **pronome**, come suggerisce il termine (dal lat. *pronomen*, "al posto di un nome"), è una parola che **sostituisce un nome** per evitare la sua ripetizione, assumendone, quando è variabile, **genere** e **numero**. Può, però, **prendere il posto anche di altre parti del discorso**, o di un'**intera frase** – come si vede di seguito –, per questo è detto più propriamente anche **sostituente**.

= pronome

= parte sostituita

La scelta *di Paolo coincide con la* ***nostra***.
sostituisce il nome

Ti ho vista ***correre***, ***lo*** *fai spesso?*
sostituisce il verbo

Amo i cibi ***biologici*** *e questo non* ***lo*** *è proprio.*
sostituisce l'aggettivo

Si è allagata la cucina. ***Lo*** *vedo!*
sostituisce la frase

• **La posizione**

Il pronome può **seguire** il termine o la frase che sostituisce (funzione **anaforica**):

Federico è un po' intimidito perciò ***lo*** *prendo per mano e* ***lo*** *rassicuro.*

Ma può anche **precederlo**, **anticipandolo** (funzione **cataforica**):

Lo *prendo per mano e* ***lo*** *rassicuro perché Federico è un po' intimidito.*

HAI CAPITO?

Riscrivi e completa il seguente testo evitando le **ripetizioni** e usando i **pronomi** indicati di seguito in ordine sparso.

vostro ~ che ~ lo ~ quelli ~ tutti

È ora di abbandonare le sfumature di grigio, le sfumature di grigio hanno ormai stancato .... La moda finalmente si ripensa a "colori", anche nei colori più vivaci. Il mio guardaroba è ridotto a un mortorio e il .... com'è? Tuffatevi nei gialli, nei verdi, nell'arancione. Se .... farete, vi sentirete più allegri.

• **Le tipologie**

I pronomi possono essere:

- **personali** (***Io*** *ti aspetterò*);
- **relativi** (*Il pasto* ***che*** *hai cucinato è ottimo*);
- **doppi o misti** (*Ascolterò* ***chiunque*** *abbia proposte*).

Abbiamo inoltre i pronomi che corrispondono agli aggettivi determinativi:

- **possessivi** (*Ti presento* ***i miei***);
- **dimostrativi** (*Il piumino che indossi è* ***quello*** *dell'anno scorso?*);
- **indefiniti** (*Le fragole sono ottime, anche se* ***molte*** *sono guaste*);
- **interrogativi** ed **esclamativi** (***Che*** *mi dici?* / ***Chi*** *si vede!*).

2 I pronomi personali

N. Ammaniti, ***Io** e **te***

A. Desarthe, *Ma **io** non **ti** amo*

D. Grossman, *Che **tu** sia per **me** il coltello*

Le persone coinvolte nella comunicazione

I **pronomi personali** si chiamano così perché hanno la funzione di introdurre nel discorso le **persone protagoniste della comunicazione**. I titoli proposti come esempio suscitano un effetto di colloquialità e immediatezza proprio perché ci proiettano in un **dialogo** immaginario che sintetizza il tema dei romanzi: nel primo **suggeriscono** la centralità di un rapporto a due (*Io e te*), nel secondo formulano un **messaggio esplicito** (*Ma io non ti amo*), nel terzo formulano un'**esortazione** (*Che tu sia per me il coltello*).

Lo schema comunicativo dei pronomi personali si può così rappresentare:

io, noi	**tu, voi**	**egli/ella, esso/a/i/e, lui, lei, loro**
1ª persona: chi parla o scrive	2ª persona: con cui si parla o che legge	3ª persona: di cui si parla o si scrive

2.1 Le forme

La tabella alla pagina seguente mostra tutte le forme dei **pronomi personali**: essi si dividono in due **grandi gruppi**, riconoscibili per la **funzione** che ricoprono rispetto al **verbo** (▸ p. 81):

- i **pronomi soggetto**, che ci informano su chi compie l'azione o vive un'esperienza ecc. (***Noi** stiamo insieme da molto tempo*);
- i **pronomi complemento**, che completano e/o arricchiscono il significato del verbo (*Io amo solo **te**; **Mi*** [= a me] *piacerebbe lavorare **con voi***) e di cui analizzeremo la forma **tonica** e **atona**.

Di ciascuna persona si può notare, in colore, la forma **riflessiva**, che si riferisce al **soggetto** quando questi compie un'azione rivolta a **se stesso**:

***Ti** consideri molto spiritoso?* ⟷ (Tu) *consideri **te stesso** molto spiritoso?*

		Pronomi soggetto	Pronomi complemento	
			Forma tonica	Forma atona
1ª persona singolare		io	me	mi
	riflessivo		me (stesso)	mi
2ª persona singolare		tu	te	ti
	riflessivo		te (stesso)	ti
3ª persona singolare	maschile	lui (egli), esso	lui, esso	lo, gli, ne
	femminile	lei (ella), essa	lei, essa	la, le
	riflessivo		sé (stesso/a)	si
1ª persona plurale		noi	noi	ci
	riflessivo		noi (stessi)	ci
2ª persona plurale		voi	voi	vi
	riflessivo		voi (stessi)	vi
3ª persona plurale	maschile	essi (loro)	loro (essi)	li, (gli), ne
	femminile	esse (loro)	loro (esse)	le, (gli), ne
	riflessivo		sé (stessi/e)	si
forma di cortesia		lei	lei (Lei)	la, le

• Usi particolari

- Davanti a ***lo***, ***la***, ***li***, ***le*** e ***ne*** la ***i*** di ***mi***, ***ti***, ***ci***, ***si***, ***vi*** si trasforma in ***e***:
  Me lo dici o no? Te lo dico dopo.
  Maria se l'aspettava.
  Sì, ce ne siamo andati prima, ma che ve ne importa?.
- ***Gli*** si può unire ai pronomi ***lo***, ***la***, ***le***, ***li*** e ***ne***, diventando ***glie*** e formando con essi un'unica parola: ***glielo***, ***gliela***...:
  *Hanno cercato Giulia, di**glielo** per favore.*
  La forma ***gliene*** è invariabile:
  *Appena vedo la signora / il signore **gliene** parlo.*

2.2 I pronomi personali soggetto

I **pronomi personali soggetto** si differenziano a seconda del **tipo di soggetto** cui si riferiscono. ***Io***, ***tu***, ***egli***, ***ella*** indicano – tradizionalmente – **persone**, mentre ***esso/a*** si riferisce ad **animali** o **cose**.

Quali usiamo realmente? L'uso corrente si discosta dalla norma: ***ella*** è totalmente scomparso, soppiantato da ***essa***, perlomeno nello scritto formale; la tendenza attuale privilegia però ***lei*** per ogni tipo di scrittura e al plurale si predilige ormai ***loro***. In sostanza, l'uso di ***esso*** è confinato alle **cose**, poiché, anche per gli animali, si tende a preferire ***lui***/***lei*** o ***loro*** (*Possiedo un gatto comunicativo: quando gli parlo, **lui** risponde a tono*).

Le forme ***lui***, ***lei***, ***loro*** si **devono** usare:

- quando si vuole evidenziarne l'importanza: *Non è stato costretto, ha chiesto **lui** di uscire*;
- quando seguono ***anche***, ***pure***, ***proprio***, ***né***, ***neanche***, ***nemmeno***, ***neppure***: *I miei genitori sono molti attenti, eppure **neanche loro** si sono accorti dei segnali di pericolo.*

Pronomi sottintesi

Solitamente, i pronomi personali **soggetto non sono espressi**, perché sono segnalati dalla **desinenza verbale**: *Parli a vanvera* [**tu**: soggetto sottinteso]. Vengono però **esplicitati**:

- quando esiste una successione di frasi con soggetti diversi: ***Io*** *studio abbastanza,* ***tu*** *fingi di studiare,* ***lei*** *è l'unica che studia sul serio*;
- quando la forma del verbo è la stessa per più persone: *Teme che* ***io/tu/egli*** *(****lui****) fumi troppo?*
- quando si intende sottolineare, con forza, la persona che compie o subisce l'azione: ***Noi*** *abbiamo ideato il progetto, non* ***voi***.

HAI CAPITO?

Nel testo seguente individua i pronomi personali **soggetto** e spiega perché sono **esplicitati**.

In vacanza, cerca di non pensare a quella ragazza per un po'. Avrai capito ormai che lei ti sta proprio facendo soffrire. Noi siamo preoccupati per te; per di più io ho troppo lavoro. Promettimi che, almeno tu, cercherai di divertirti. Mandaci qualche e-mail e SMS, per favore. Ci rivedremo appena possibile.

2.3 I pronomi personali complemento

Come abbiamo visto in tabella (▸ p. 206), i pronomi personali **complemento** si dividono in due gruppi a seconda della loro forma:

- hanno **forma tonica** quando, nel **pronunciarli**, li **accentiamo**:
  Il prof ha detto che di ***nói*** *non si fida, ma secondo* ***mé****, sbaglia.*
  - Se sono preceduti da preposizioni si usano per esprimere i vari **complementi indiretti** (▸ p. 342):
    Verrò ***da té*** *alle nove.* ***Con vói*** *parlerò dopo.* ***A lùi*** *piace il rap.*
  - Da soli danno particolare rilievo al complemento **diretto** o **oggetto**:
    Cercavo proprio ***té****.*
- hanno **forma atona** quando sono **privi di accento** e sono detti anche **particelle pronominali**. Nella pronuncia l'accento può cadere:
  - sul **verbo** che le **precede** e a cui sono unite (enclitiche):
    *Se Leo telefona, dì****gli*** *che torno subito.*
  - sul **verbo** che le **segue** (proclitiche):
    Mi *dirài se il film* ***ti*** *è piaciùto.*

Servono per esprimere il complemento **diretto** o **oggetto** (***Ti*** *aiuterò sempre*) e di **termine** (***Ci*** *pare giusto impegnarsi di più*). In questo secondo caso ***mi***, ***ti***, ***gli***, ***le***, ***si***, ***ci***, ***vi***, ***loro*** corrispondono alle forme toniche ***a me***, ***a te***, ***a lei***, ***a sé***, ***a noi***, ***a voi***.

HAI CAPITO?

Nel seguente testo individua i **pronomi personali complemento**, distinguendo tra le forme **toniche** e **atone** e tra **enclitiche** e **proclitiche** e indica **a chi si riferiscono**.

«Ehi, signore» esclamò una voce familiare. Victor lo ignorò, ma il giovane sdentato gli si accostò, le braccia luccicanti di orologi. «Compri un altro orologio, signore? Per la tua signora. Anche a lei piace orologi, sì?» Victor scosse il capo e cercò di schivarlo. Il giovane non lo lasciò passare. «Faccio un prezzo buono» «No» rispose Victor. «Non ho moglie. Non voglio orologi. Spostati.»

(rid. da T. Wood, *Il gioco*, trad. A. Biasci, Fanucci Editore, Roma, 2015)

PER SAPERNE DI PIÙ

Formale o informale?

Imparate le regole – e non sono poche –, come dobbiamo considerare certi usi che se ne discostano? Sostanzialmente distinguendo tra il **registro formale** e gli **usi consentiti** nel linguaggio più comune. Si tratta quindi di conoscere le due differenti modalità espressive e di saperle variare a seconda dei contesti. Le seguenti frasi sono un esempio di ciò che è **accettabile** nell'**uso informale**, ferma restando la consapevolezza delle **norme vere e proprie**.

__Io__ e __te__ litighiamo troppo, qualcuno ci deve mettere d'accordo.

Prima di tutto qui è ignorata la forma di cortesia. ***Io***, infatti, dovrebbe **seguire** le altre persone (*Pina, Matteo, tutti voi ed io...*). Inoltre ***te*** è forma complemento, mentre nella frase i pronomi hanno funzione di soggetto. Correttamente dovremmo dire: ***Tu** ed **io** litighiamo troppo...*

Ho parlato con i/le compagni/e di classe e __gli__ ho chiesto se sono d'accordo.

Gli è pronome complemento, singolare e maschile; in questo caso sostituisce un nome plurale, nella forma maschile ma anche femminile, perciò si dovrebbe dire: *ho chiesto **loro***. Se, in questo caso, ***gli*** è consentito, non lo è affatto quando è usato in sostituzione di ***le*** (*Ho visto Clara e ~~gli~~ **le** ho dato le chiavi di casa mia*).

Ma __a te ti__ servono proprio tutte queste felpe?

Usare contemporaneamente *a te* e *ti* è **eccessivo** (pleonastico): uno dei due va eliminato. Correttamente si dice: *Ma **a te*** (oppure: *Ma **ti***) *servono proprio tutte queste felpe?*

• Usi particolari

Si usano sempre forme complemento:

- nelle **esclamazioni**, vicino a un aggettivo: *Beati **voi**!*;
- come **parte nominale** del predicato, quando cambia il soggetto: *Se tu fossi **me**, non so cosa faresti*;
- nei **comparativi di uguaglianza** introdotti da ***quanto*** e ***come***: *Luigi è sportivo **quanto** / **come me***;
- il pronome ***la*** si usa con un valore generico in **espressioni d'uso corrente** come: *farce**la**, prenderse**la**, cavarse**la**, smetter**la***: *Ma quando **la** smetterai? Vedi di farce**la** senza il mio aiuto.*

Non si usa la forma complemento per indicare l'**appartenenza**, bensì l'**aggettivo possessivo**:

*La **nostra** casa* e non *La casa di noi.*

Le forme **atone** dei **pronomi** personali **complemento**, che solitamente **precedono** il verbo (***Mi** aiuti per favore?*), con i modi **imperativo**, **infinito** e **gerundio** lo **seguono**, formando con esso un'unica parola; da proclitiche, si trasformano cioè in enclitiche: *Aiuta**mi**!, Non voglio conoscer**lo**. Ascoltando**ti** con la mente aperta, capisco le tue ragioni*.

Entrambe le posizioni sono ammesse in caso di imperativo negativo: *Non seguite**mi** dappertutto! Non **mi** seguite dappertutto!*

La **particella pronominale *ne*** può sostituire:

- ***di lui*, *di lei*, *di/da esso/a*, *di/da loro*, *di/da essi/e***:
  Vorrei incontrare tuo fratello, me ***ne*** (di lui) *parli continuamente.*
  Ci avete fornito ottime prestazioni? ***Ne*** (di esse) *siamo soddisfatti;*
- ***di questo/a*, *di questi/e*; *da questo/a*, *da questi/e*** (in tal caso assume valore dimostrativo):
  Abbiamo attraversato un periodo critico; per fortuna ***ne*** (da questo) *siamo usciti;*
- ***di ciò*** riferito a un'intera frase (anche in questo caso assume valore dimostrativo):
  Ho fatto un acquisto importante, ma te ***ne*** *parlerò* (di ciò = del fatto di aver fatto un acquisto)*;*
- un **avverbio** di **luogo** (come ***ci***, ***vi***):
  Non farmi tornare in quel negozio, ***ne*** (da dove) *sono appena uscita, se vuoi ti accompagno in un altro.*

ADESSO TOCCA A TE

▶ Capitoli 1, 2

INDIVIDUA

Livello 1

1 ●○○ **In ognuna delle frasi seguenti sottolinea il pronome che sostituisce le parole evidenziate.**

a. La data della battaglia di Waterloo? Non la ricordo.
b. Ho notato Paolo e Luigi e li ho invitati al nostro tavolo.
c. "Sono preoccupato per il futuro". "Non ci pensare".
d. L'abito di Angela è quello più elegante.
e. La musica che stai ascoltando è assordante.

2 ●○○ **Sottolinea i pronomi personali, di forma tonica e atona, presenti nelle frasi seguenti.**

a. Guido scrisse ad Anna che l'amava.
b. Ama Romeo, per lei gli altri non esistono.
c. Appena vista Ilaria, Alberto se ne è invaghito.
d. Ti dispiace se non ti accompagno in centro?
e. Su Facebook Matteo fa bella mostra di sé in costume da bagno.
f. Per quanto mi riguarda, io sarò anche timida, ma loro sono troppo sfacciate.

3 ●○○ **Nella frasi seguenti distingui la funzione di *lo*, *la*, *le*, *gli*: articolo [A] o pronome [P].**

a. Non trovo più il ☐ libro di inglese, dove posso averlo ☐ messo?
b. Conosci le ☐ mie amiche? Te le ☐ presento.
c. Per lui gli ☐ ultimi mesi sono stati difficili, non gli ☐ riusciva di trovare un lavoro.
d. La ☐ schermitrice diede la ☐ stoccata, ma l'avversaria la ☐ parò.
e. Mi piace lo ☐ scherzo, ma se è di cattivo gusto non lo ☐ trovo divertente.
f. Gli ☐ ho detto che non tollero gli ☐ atteggiamenti da superuomo.

Livello 2

4 ●●○ **Collega il pronome evidenziato con le parole o le frasi che richiama o sostituisce.**

a. I genitori di Claudia <u>sono benestanti</u>, i miei non lo sono.
b. Lo dicevo io, che la verifica sarebbe stata difficile.
c. Tutti credono Luca e Lucia una coppia affiatata, invece non lo sono.

d. Il tempo migliorerà? Ne dubito, visto il cielo plumbeo.
e. Barbara dice che non ha copiato il compito, ma non ci credo.
f. Lui la tradiva, ma lei non lo sapeva.
g. Io ne sono felice, invece i miei genitori disapprovano la mia scelta.
h. Se lo sai prendere per il verso giusto, Alex è un tesoro.

5 ●●○ **Indica la funzione dei pronomi personali evidenziati nelle frasi seguenti: soggetto [S] o complemento [C].**

a. Noi, con voi, siamo sempre a nostro agio. ☐ ☐
b. Io, quando sono stressata, mi faccio un bel massaggio. ☐ ☐
c. Devi decidere tu, se continuare a vederlo o lasciarlo. ☐ ☐ ☐
d. Carissimi, non vedevo l'ora di incontrarvi! ☐
e. A Lea il film non è piaciuto, le è sembrato noioso, io invece l'ho trovato interessante. ☐ ☐ ☐

6 ●●○ **In ognuna delle frasi seguenti esplicita il significato di *ci* e *vi*.**

a. Ludovico ha parlato male di me? Non ci credo > a ciò.
b. La settimana prossima vi interrogherò sui pronomi. ....
c. Marzia ha tagliato i capelli? Non vi ho fatto caso. ....
d. Lasciamoci da buoni amici! ....
e. Potete darci un suggerimento? ....
f. Uscire con Simone? Non ci penso proprio. ....

Livello 3 **7** ●●● **Leggi il seguente breve testo, quindi rispondi a queste domande: attorno a quali pronomi personali è costruito? Tra essi, quali hanno funzione di complemento?**

Fra te e me c'è un "io sono" che mi tormenta. Ah! Che il tuo "io sono" si porti via il mio "io sono". Lontano da noi due!

(Mansur al-Halladj)

8 ●●● **In ognuna delle frasi seguenti esplicita il significato di *ne*, anche riferito a un'intera frase.**

a. Ryan? Non lo conosco, ma ne ho sentito parlare > di lui
b. Dove andare in vacanza? Ne parleremo più avanti. ....
c. Il dottor Bianchi è molto bravo, tutti i pazienti ne parlano bene. ....
d. Fabio ha lasciato Betta, ma ne è già pentito. ....
e. Le lasagne? Ne avrei mangiata un'altra porzione... ....
f. Vuoi una sedia più comoda? Vado a prendertene una. ....
g. Sulla rapina al furgone portavalori si è scritto molto, ma se ne sa poco. ....

CORREGGI E TRASFORMA

Livello 1 **9** ●○○ **In quale frase sarebbe necessario esplicitare un opportuno pronome personale? Motiva la tua risposta.**

[A] Andrea ha salutato la fidanzata mentre saliva sul traghetto.
[B] Lucia è un'impiegata efficiente: sbriga ogni pratica ed è un asso dell'informatica.
[C] Vedo spesso Marco e Renzo insieme, credo che siano molto amici.

10 ●○○

Riformula le frasi seguenti correggendo gli errori nell'uso dei pronomi personali.

a. Queste scarpe in vetrina mi sembrano fuori moda, te che ne pensi?
b. Il mio tablet? A lei non glielo presto!
c. Farò come dici te, quando la vedrò gli chiederò scusa.
d. Il nuovo collega? Tutti di lui ne parlano bene.
e. L'ho visto, ma non ci ho parlato.
f. Te e io ci siamo già conosciuti?
g. Io e Alberto abbiamo litigato e ci ho detto che tra noi è finita.
h. Le amiche mi avevano avvertita, ma non gli avevo creduto.

Livello 2 **11** ●●○

Leggi il brano seguente, quindi segui il suggerimento dell'autore: riscrivi la parte di testo indicata nell'esempio collegando le frasi mediante opportuni pronomi.

"Ai pronomi è stato dato un ruolo molto importante: prendere, in certi casi, il posto dei nomi. Per esempio, anziché dire 'Giovanna e Tommaso hanno fatto naufragio, il mare ha portato Giovanna e Tommaso su un'isola dove a Giovanna e Tommaso viene insegnato a parlare di nuovo'... anziché ripetere all'infinito Giovanna e Tommaso, è meglio usare i pronomi".

(E. Orsenna, *La grammatica è una canzone dolce*, trad. di F. Bruno, Signorelli, 2008)

12 ●●○

Riscrivi le frasi seguenti collegandole con l'opportuno pronome *ci* o *lo* in modo da evitare ripetizioni.

a. Non so che lavorò troverò. Ora non penso ancora al lavoro che troverò.
b. Sara mi ha raccontato tutto. Ma non credo a quanto mi ha raccontato Sara.
c. Le grandi città sono eccitanti. Io però non abiterei mai in una grande città.
d. Luigi è stanco. Si vede che è stanco.
e. Quella gonna era troppo stretta. Peccato, avrei comprato volentieri quella gonna.
f. Anna si è laureata. Quando le amiche hanno saputo che Anna si è laureata le hanno comprato un bel regalo.

13 ●●○

Riscrivi le frasi seguenti collegandole con l'opportuno pronome *glielo*, *gliela*, *glieli*, *gliele*, *gliene*, in modo da evitare ripetizioni.

a. Hai preso in prestito dieci euro da Mario, devi restituire a lui i dieci euro. > Hai preso in prestito dieci euro da Mario, glieli devi restituire.
b. Edoardo è senza dizionario, presta tu il dizionario a Edoardo.
c. Questi orecchini erano di mia madre, a mia madre li avevo regalati io.
d. Monica ha chiesto la tua e-mail, dai tu la tua e-mail a Monica?
e. Vorrei che il babbo mi aumentasse la paghetta, proverò a parlare a lui di ciò
f. Le fatture? Le manderò a lei domani stesso.

Livello 3 **14** ●●●

Riscrivi il seguente messaggio immaginando di rivolgerti a una persona con cui non hai confidenza. Usa un registro formale e cambia in modo adeguato i pronomi di cortesia.

Cara Giulia,
non so dirti quanto sono dispiaciuta, ma non potrò essere presente all'inaugurazione del tuo nuovo centro benessere. Purtroppo, quel giorno sarò fuori Milano per impegni di lavoro. Ti ringrazio comunque per l'invito e non mancherò di farti visita alla prima occasione.

Un abbraccio
Laura

3 I pronomi che coincidono con gli aggettivi

Alcuni pronomi coincidono per **forma, classificazione** e **significato** con gli aggettivi omonimi. Come si fa a distinguerli? La sovrapposizione, infatti, potrebbe confondere. È sufficiente riflettere sulla **diversa funzione** di aggettivo e pronome rispetto al **nome**: il primo lo **accompagna**; il secondo lo **sostituisce**. È importante dunque considerare, prima di tutto, la presenza (o l'assenza) del **nome**. Se si tratta di un aggettivo, lo troveremo al suo fianco; se invece è un pronome, ne prende il posto, evitandone la ripetizione, o comunque facendovi riferimento. Quando il pronome sostituisce altre parti del discorso o la frase è facile capire che il **nome, se è presente, non vi si relaziona in modo diretto**, come nell'esempio seguente:

*Spero che aiuterai tuo **fratello**! – **Questo** è ovvio, ma non mi posso sostituire a **lui**.*

Risulta subito chiaro che il pronome ***questo***, al contrario di ***lui***, non si riferisce certo al ***fratello***, ma al contenuto dell'intera frase.

Per approfondire **forme** e **significato** di questi pronomi rimandiamo allo stesso gruppo di aggettivi (▸ pp. 188-194).

3.1 I pronomi possessivi

*Vi presento i **nostri***
(film, 2010)

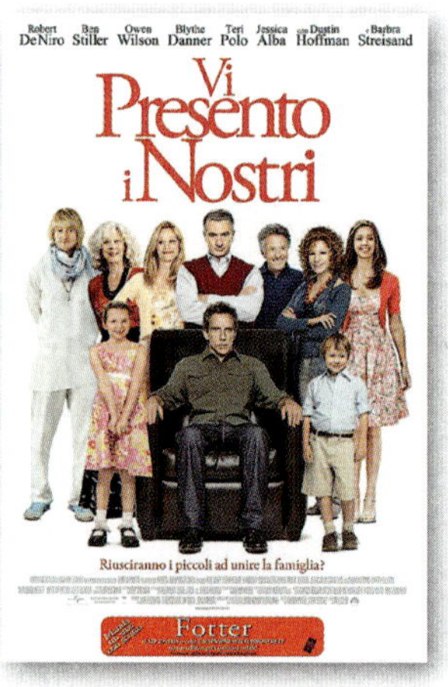

Il titolo del film contiene un **pronome possessivo**, ***i nostri***. Il nome sostituito è assente, ma non è necessario per la comprensione: tutti sappiamo che il riferimento è ai genitori e, infatti, usiamo abitualmente espressioni analoghe.

I pronomi possessivi precisano a chi appartiene ciò di cui si parla, mentre ne sottintendono il nome. Nel caso delle persone, più che di appartenenza parliamo piuttosto di **legame**, lo stesso vale per i concetti astratti (*Nostro **figlio** studia ancora, e il **vostro**? / La **libertà** è un bene intoccabile: io non rinuncio alla **mia**, per nessun motivo*).

Le forme di questi pronomi coincidono con quelle degli aggettivi possessivi ***mio***, ***tuo***, ***suo***, ***nostro***, ***vostro***, ***loro***, ***proprio***, ***altrui*** (▸ p. 188). È sufficiente premettervi l'articolo **determinativo**, sempre **necessario**. Variano a seconda della **persona** che possiede, e si accordano in **genere** e **numero** con il **nome** sostituito (tranne *proprio* e *altrui*):

*Il **mio** cellulare è scarico, mi presti il **tuo**?*

mio ↓ aggettivo — **tuo** ↓ pronome

= aggettivo possessivo
= pronome possessivo

Come accade per il titolo del film, anche in altre espressioni con **significato fisso** i pronomi possessivi lasciano **implicito** il nome che, con tutta evidenza, sostituiscono:

I suoi (genitori) *non lo lasciano uscire alla sera.*
Deve sempre dire la sua (opinione)*!*
Sarai dei nostri (del gruppo)*?*
Alla vostra (salute)*!*

3.2 I pronomi dimostrativi

Si respira una dolce aria [...]
che regga molte bianche ali sospese...
sì, gli aquiloni!
È **questa** una mattina
che non c'è scuola.

(G. Pascoli, *L'aquilone*)

Nei versi pascoliani, tra una mattina e l'altra di scuola, proprio in ***questa*** mattina particolare (vicina nel tempo) gli alunni sono liberi: fuori all'aria a far volare gli *aquiloni*.

I pronomi **dimostrativi** precisano, rispetto a chi parla e a chi ascolta, l'**identità** e la **posizione** – nel tempo, nello spazio e nel discorso – della **persona** o della **cosa** a cui si riferiscono.

Tempo → ***Quell'*** *estate di due anni fa fu molto divertente,* ***questa*** *è decisamente noiosa.*

Spazio → ***Questa*** *stanza è davvero spaziosa e soleggiata,* ***quella*** *oltre il corridoio è più buia.*

Discorso → *Per* ***quel*** *viaggio, scartato il Canada, proporrei l'India, anche se* ***questo*** *è più disagevole.*

aggettivi — pronomi

= aggettivo dimostrativo
= pronome dimostrativo

I pronomi ***questo***, ***codesto*** e ***quello*** coincidono con gli aggettivi dimostrativi (▸ p. 189), come anche ***stesso*** e ***medesimo*** che hanno valore **identificativo** e sono sempre preceduti dall'**articolo**:

La casa che vedi ora non è più la ***stessa*** *di un tempo.*
Hai visto il nuovo sito della scuola? In sostanza cambia poco: la grafica è di certo più graziosa, ma i contenuti restano i ***medesimi***.

Esistono però forme unicamente **pronominali**:

- ***Costui***, ***costei***, ***costoro***, ***colui***, ***colei***, ***coloro*** per indicare persone:
  Costui *mi sta infastidendo con le sue chiacchiere, ora mi allontano.*
  Molti compagni non sono soddisfatti delle iniziative extrascolastiche. ***Costoro*** *dovrebbero, però, proporre delle alternative.*
- ***Ciò***, invariabile, per indicare **una** o **più cose**. Nel parlato è sostituito spesso da *questo* / *quello* –; si possono usare, in funzione di **complemento**, le particelle pronominali ***ci***/***vi*** ("a ciò"), ***lo*** ("ciò") ***ne*** ("di ciò").
  A ***ciò*** *penseremo noi /* ***Ci*** *penseremo noi.*
  Non mi hanno creduto, ***l'****ho capito dai loro sguardi.*
  Sta per nevicare, ***lo*** *sento dalla qualità dell'aria.*
  Di ***ciò*** *parleremo dopo /* ***Ne*** *parleremo dopo.*

PER SAPERNE DI PIÙ

Il pronome ha sempre una funzione sostitutiva?

I pronomi ***quelle*** e ***le*** – che compaiono nella prima frase – sostituiscono una parola presente nel testo, cioè nella trascrizione del pensiero formulato davanti alla vetrina? Evidentemente no. **Indicano**, invece, le calzature che compaiono nel **contesto**. Noi possiamo capirlo esattamente solo grazie all'immagine che mostra l'oggetto in questione. In altre parole, solo elementi come l'immagine, la presenza nella situazione, o informazioni altrimenti note consentono di sapere a cosa si riferiscano questi due pronomi. La loro funzione è dunque **diversa**: non più **sostitutiva** ma **indicativa** o **deittica** (dal gr. *deixis*, "indicazione"). Torna invece ad essere **sostitutiva** la funzione del pronome ***le***, quando è usato – in seguito – altre due volte, perché in tal caso prende chiaramente il posto del **nome** *scarpe*.

I **pronomi** possono dunque avere una **funzione deittica**, quando servono a **indicare** ciò che è presente nella situazione comunicativa o è comunque noto agli interlocutori.

Osserva ora il dialogo:

Io ( *Antonio) me ne vado e* ***tu*** ( *Emma)?*

No, ***io*** ( *) rimango.* ***Tu*** ( *) vai pure.*

A chi corrispondono ***io*** e ***tu***? Certo non a una persona fisica determinata, ma solo alla persona che sta comunicando. Chi comunica, infatti, usa **alternativamente** – come abbiamo visto – l'*io* e il *tu*. Ne consegue che i **pronomi personali** di **1ª** persona, sing. e plur., non sostituiscono nomi, ma si limitano a **indicare**, di volta in volta, chi parla e chi ascolta; pertanto **sono sempre deittici**.

I pronomi di **terza persona**, invece, hanno entrambe le funzioni:

- **deittica**: *Anna, perché chiedi spiegazioni a me? Rivolgiti piuttosto a* ***lui****!*
- **sostitutiva**: *Se vedi* ***<u>Paolo</u>****, rivolgiti a* ***lui*** *per informazioni.*

HAI CAPITO?

Distingui i pronomi con funzione deittica da quelli con funzione sostitutiva nel seguente testo:

La nostra stanza fa paura! Come hai fatto a ridurla così? Sistemi tu o devo farlo io? Un caos come questo mi fa infuriare! Noi due dobbiamo fare un patto serio, altrimenti parlo con la mamma e poi vedi... con lei non si scherza!

3.3 I pronomi indefiniti

***Qualcuno** con cui correre*
(film, 2006)

Usando l'**indefinito** *qualcuno*, non ci si riferisce a una persona in particolare. Questo pronome non sostituisce, quindi, un nome preciso, come succede ad altri pronomi indefiniti (> *Cerchi **qualcosa**?*).

I **pronomi indefiniti** indicano **qualcuno** o **qualcosa** in modo generico e impreciso.

Gli indefiniti ***molto***, ***poco***, ***troppo***, ***tutto***, ***tanto***, ***quanto***, ***parecchio***, ***altrettanto***, ***alcuno*** (usato di solito al plurale), ***certo***, ***diverso***, ***vario***, ***taluno***, ***nessuno***, ***ciascuno***, ***altro***, ***tale*** coincidono nelle forma e nel significato con gli aggettivi che hanno lo stesso nome (▸ p. 193).

= aggettivo indefinito
= pronome indefinito

*Ho vissuto **molte** avventure, ma ben **poche** meritano di essere ricordate.*
molte ↓ aggettivo — poche ↓ pronome

I seguenti hanno una funzione esclusivamente **pronominale**:

ciascuno/a, ognuno/a	Persona imprecisata che possiede le caratteristiche di un gruppo di cui fa parte: ***Ciascuno** di noi sa come comportarsi.* ***Ognuno** potrà intervenire quando sarà chiamato.*
qualcuno/a	Individuo non identificabile o che appartiene a una quantità indeterminata di persone: *È entrato **qualcuno**?* ***Qualcuna** di voi mi ha chiamato?*
uno/a	Persona di cui non si specifica l'identità, di solito in riferimento a una certa situazione: *Se lo fa **uno**, lo fanno tutti.*
chiunque	Persona imprecisata e generica al massimo: *Con le informazione giuste **chiunque** sarebbe capace.*
altro, altri (letterario)	Significano "qualcun altro", persona diversa rispetto a un riferimento preciso: *Un **altro** avrebbe saputo cosa dire.*
niente, nulla	Significano "neppure una cosa" e si usano nelle frasi negative: *Non so ancora **niente/nulla**.*
qualcosa	Cosa generica, si concorda al maschile: *È stato riferito **qualcosa** di quanto ho detto?*

HAI CAPITO?

Inserisci gli opportuni **pronomi indefiniti e dimostrativi** nel seguente testo:

Quasi .... vogliono mantenersi sempre giovani. .... della sfida all'età è oggi un settore redditizio perché in .... si sottopongono a trattamenti continui. I trattamenti migliori sono .... di cui non si accorge ....

3.4 I pronomi interrogativi ed esclamativi

Sono passati millenni ma gli uomini non sono mai riusciti a capire l'amore. **Quanto** dipende dal corpo e **quanto** dalla mente? **Quanto** dal caso e **quanto** dal destino?

(S. Meyer, *L'ospite*)

Scena dal film *The host*, 2013.

I **pronomi interrogativi** introducono una **domanda**, **diretta** o **indiretta**, per avere indicazioni sulla **identità**, **qualità**, **quantità** di ciò a cui si riferiscono. Con la stessa forma degli interrogativi, i **pronomi esclamativi** introducono invece un'**esclamazione**:

__Quanti__ amici ha invitato? Almeno una ventina, ma sai __quanti__ gli hanno chiesto di venire?

aggettivo (Quanti) — pronome (quanti)

= aggettivo interrogativo

= pronome interrogativo

Pronomi	Forma e funzione	Esempio
chi	**invariabile**, ha funzione **esclusivamente pronominale** e si riferisce a persone	*Indovina **chi** ho visto al bar. Guarda **chi** si fa vivo, finalmente!*
che	**invariabile**, si riferisce a cose	***Che** fai? Ma **che** dici!*
qual(e) / i	**invariabile** nel **genere**	*Tra queste mete di viaggio, **quali** scegliereste? Ma **quale** hai scelto!*
quanto/a/i/e	**variabile**	***Quanto** dista da qui casa tua? **Quanti** vorrebbero essere al tuo posto!*

HAI CAPITO? A coppie enumerate le esclamazioni e le frasi interrogative – introdotte da questi pronomi – più frequenti nel vostro uso (attenzione agli aggettivi omonimi).

ADESSO TOCCA A TE

► Capitolo 3

INDIVIDUA E COMPLETA

Livello 1 — **1** ●○○

Nelle frasi seguenti sono presenti 5 pronomi possessivi e 5 aggettivi possessivi. Evidenziali con due diversi colori. Una strategia efficace è controllare la presenza (o l'assenza) del nome accanto ad essi.

a. Vorrei che mia sorella usasse i suoi vestiti, non i miei!
b. Mi pare che i vostri amici litighino spesso tra loro.
c. Il loro medico di base è anche il nostro.
d. Lui non può rinunciare alla sua libertà, lei alla sua.
e. La mia casa è più modesta sia della tua sia della loro.

2 ●○○ **Completa le frasi seguenti con il pronome possessivo corretto, scelto tra i due proposti.**

a. Occupatevi dei fatti propri / vostri!

b. Noi abbiamo già consegnato la nostra ricerca, ma altri non hanno ancora finito la sua / loro.

c. Tutti dovrebbero pensare all'interesse comune, invece molti pensano soltanto al proprio / suo.

d. Secondo lui, i miei amici sono sciocchi, per me i suoi / propri sono presuntuosi.

e. I difetti degli altri si vedono meglio dei suoi / propri.

3 ●○○ **Nelle frasi seguenti sono evidenziati con due diversi colori i pronomi e gli aggettivi dimostrativi. A quale colore corrispondono rispettivamente?**

Rosa ....; Azzurro ....

a. Metti questa felpa bianca, quella rossa è sporca.

b. "Carneade? Chi era costui?" ruminava tra sé don Abbondio (A. Manzoni).

c. Questo vecchio quartiere non è più lo stesso.

d. "Codesto abito non mi piace, quello è vecchio..." "Sei incontentabile!"

e. Quell'incomprensione ha raffreddato la nostra amicizia e ciò mi addolora.

4 ●○○ **Sottolinea i pronomi esclamativi/interrogativi presenti nelle frasi seguenti.**

a. Quanto chiede per questa cornice d'epoca?

b. Che vedo! Lucia e Sergio mano nella mano!

c. Chissà quanti saremo alla festa!

d. Quante arie si dà Enrico! Ma chi crede di essere?

e. Se vuoi che ti presti dei cd, dimmi quali preferisci.

Livello 2 **5** ●●○ **Nelle coppie di frasi distingui la funzione della parola evidenziata: pronome [P] o aggettivo [A].**

a. 1) Parecchi ☐ miei amici hanno già la patente. 2) Tra i miei amici, parecchi ☐ hanno già la patente.

b. 1) D'accordo, comprerò le pesche, dimmi quante ☐. 2) Dimmi quante ☐ pesche devo comprare.

c. 1) Certi ☐ compagni mi ritengono scontrosa. 2) Certi ☐ mi ritengono scontrosa, altri socievole.

d. 1) Non so quale ☐ traccia svolgere. 2) Tu, quale ☐ hai scelto?

e. 1) Marco beve alquanto ☐. 2) Alla cena Marco ha bevuto alquanto ☐ vino.

6 ●●○ **In ognuna delle frasi seguenti indica la funzione di *uno/una*: pronome [P] oppure articolo [A].**

a. Prima ha telefonato una per te. P A

b. C'è una lettera raccomandata per la signora Bianchi. P A

c. Uno non si aspetterebbe di essere interrogato per due giorni di seguito. P A

d. Per cortesia, dammi una mano a preparare la valigia. P A

e. Uno che lo conosce bene dice che Gianni ha il vizio del gioco. P A

7 ●●○

In ognuna delle frasi seguenti inserisci il pronome indefinito opportuno, scelto tra quelli elencati.

troppe ~ chiunque ~ pochi ~ alcuni ~ qualcosa ~ altri ~ altrettanto ~ altro ~ molti

a. C'è .... che posso fare per voi?
b. Tu sei molto disponibile, non posso dire .... di Michela.
c. .... mi danno ragione, ... mi danno torto.
d. Non comprare altre scarpe, ne hai fin ....
e. .... al tuo posto avrebbe reagito in modo meno pacato.
f. .... lo sa: .... sognano il successo, ... lo raggiungono.

Livello 3 **8** ●●●

Nelle frasi seguenti sottolinea e distingui i pronomi possessivi [P], dimostrativi [D] e indefiniti [I].

a. Delle mie tre sorelle, quella più giovane studia, una lavora, un'altra fa la mamma. ☐ ☐ ☐
b. Adoro il cinema perché è un mondo diverso da quello che mi circonda. ☐
c. Tra noi tutto è finito, non abbiamo più niente da dirci. ☐ ☐
d. Nelle case italiane entrano pochi quotidiani, in molte, addirittura, il giornale non entra mai. ☐
e. Anna ha capelli bellissimi, lunghi, folti e lucenti; guardo i miei, e mi fanno pena. ☐
f. In classe sono sempre gli stessi che disturbano! ☐
g. Se uno lo contraddice, Guido si indispettisce. ☐

9 ●●●

Completa le frasi seguenti con opportuni pronomi indefiniti.

a. Si gettarono .... tra le braccia dell'.............................. .
b. Buone queste ciliegie, ne vorrei ....
c. Non c'è .... con cui possa confidarmi.
d. .... sarà valutato in base al proprio impegno.
e. Non devi aprire la porta a ....!
f. Chi è amico di .... non è amico di ....

LAVORA CON LE PAROLE

Livello 1 **10** ●○○

In base al contesto, modifica le frasi seguenti, in modo da usare la parola sottintesa dai pronomi possessivi evidenziati, usati come sostantivi. Puoi aiutarti con il dizionario.

a. In alto i calici! Alla nostra! > salute
b. Beato Paolo, quando ne fa una delle sue i suoi lo perdonano comunque.
c. Accidenti, abbiamo forato! Meno male che stanno arrivando i nostri!
d. Ecco il piano di lavoro. Dimmi la tua.
e. Nell'ora di scienze, Marco ne ha detta una delle sue.
f. Non ho ben capito se Verena sta o no dalla nostra.
g. Nella società con Luigi, ci ho rimesso del mio.
h. La nuova collega sta un po' sulle sue.

Livello 2 **11** ●●○

A COPPIE In base al contesto, modificate le frasi seguenti in modo da usare la parola sottintesa dal pronome interrogativo/esclamativo *quanti/quante*. Potete aiutarvi con il dizionario.

a. Quanti ne abbiamo oggi? > che giorno è del mese? ....
b. La mia famiglia ed io, quante ne abbiamo passate!
c. Stefano, quante ne racconta!
d. Luisa si è arrabbiata con Marco, sapessi quante gliene ha dette!
e. Quante ne ha combinate da giovane, mio fratello!
f. Quanto manca all'arrivo del treno?
g. Quanto chiedi per il tuo vecchio tablet?

Livello 3 **12** ●●●

In base al contesto, chiarisci il significato di *nulla/niente* nelle seguenti frasi. Fai attenzione: in alcuni casi ha funzione di pronome indefinito, in altri di nome.

a. Sara è troppo emotiva, si agita per nulla.
b. Avete bisogno di niente?
c. Il padre di Teresa è venuto su dal nulla a forza di sacrifici.
d. Questa borsa l'ho comprata in uno spaccio per un niente.
e. In confronto al primo della classe mi sento un nulla.

PRODUCI

Livello 1 **13** ●○○

A COPPIE Provate a scrivere uno scambio di battute fra le tre ragazze, utilizzando almeno tre pronomi.

....
....
....
....

Livello 2 **14** ●●○

Prova a immaginare il colloquio tra un tuo insegnante e un tuo genitore: scrivi un breve dialogo in cui siano presenti almeno cinque pronomi di diverso tipo.

Livello 3 **15** ●●●

A COPPIE Osservate l'immagine, quindi per ogni personaggio scrivete una frase, in cui sia presente un pronome, che spieghi e/o descriva la sua solitudine.

....
....
....
....
....
....
....
....
....
....

F. Casorati, *Mattino* (*Colazione*), 1920. Collezione privata.

GRAMMATICA E SCRITTURA

Il pronome: ritmo e coesione

Usare in modo sapiente i pronomi è fondamentale per chi scrive. Grazie alla loro funzione **sostitutiva**, evitano le **ripetizioni** inutili e conferiscono al discorso il giusto ritmo, creando una **rete di rimandi** essenziale per la **comprensione**. Ne consegue che i pronomi hanno un ruolo primario nel "tenere legato il testo" facendone **un tutto ben organizzato, chiaro e scorrevole**; sono cioè determinanti per la sua **coesione**.

Queste loro prerogative acquistano un risalto particolare se, con i pronomi "si gioca", usandoli in modo insolito e volutamente fuori norma. È ciò che accade nel testo seguente dove, **anziché evitare le ripetizioni, le incrementano**, essendo essi stessi ripetuti con insistenza.

C'era una volta io, ma non andava bene. Mi capitava di incontrare gente per strada e di scambiarci due parole, e per un po' la conversazione era simpatica e calorosa, ma arrivava sempre il momento in cui mi si chiedeva "Chi sei?" e io rispondevo "Sono io", e non andava bene. Era vero, perché io sono io, è la cosa che sono di più e se devo dire chi sono non riesco a pensare a niente di meglio. Eppure non andava bene lo stesso: l'altro faceva uno sguardo imbarazzato e si allontanava il più presto possibile. Oppure chiamavo qualcuno al telefono e gli dicevo "Sono io", ed era vero, e non c'era un modo migliore, più completo, più giusto di dirgli chi ero, ma l'altro imprecava o si metteva a ridere e poi riagganciava.

Così mi sono dovuto adattare. Prima di tutto mi sono dato un nome, e se adesso mi si chiede chi sono rispondo: "Giovanni Spadoni". Non è un granché, come risposta: se mi si chiedesse chi è Giovanni Spadoni probabilmente direi che sono io. Ma, chissà perché, dire che sono Giovanni Spadoni funziona meglio. Funziona tanto bene che nessuno mai mi chiede chi è Giovanni Spadoni: si comportano tutti come se lo sapessero.

(E. Bencivenga, *La filosofia in trentadue favole*, Mondadori, Milano, 1997)

1. Rintraccia, nello scherzoso raccontino, il pronome *io* ogni volta che compare, anche unito al verbo *essere* (*sono io*...).

2. Quale scopo si prefigge, in generale, la ripetizione di queste espressioni? Scegli una o più risposte.

- A Trattare il tema dell'"io" in modo comico e paradossale.
- B Creare un ritmo narrativo insolito.
- C Esprimere un punto di vista infantile.
- D Sottolineare la difficile costruzione di un'identità personale nella relazione con se stessi e gli altri.
- E Esprimere l'incapacità di comunicare in modo autentico.

3. Perché chiamarsi semplicemente *io* agli interlocutori *non andava bene*? Spiegalo dal punto di vista grammaticale, riferendoti a un'altra funzione di questo pronome (▸ Per saperne di più, *Il pronome ha sempre una funzione sostitutiva?*, p. 214).

4. Rintraccia l'altro pronome ripetuto nel testo. Di che tipo è? In che modo proprio la sua tipologia incide sul significato?

4 I pronomi relativi

= pronome relativo

= antecedente

... è un' ***anima*** *forte* ***che*** *non ha paura quando ti cerca...*

(Elisa, *L'anima vola*)

I pronomi relativi sostituiscono un nome che li precede, l'**antecedente** (nell'esempio: *anima*). Così facendo, mettono **in relazione due frasi** e le uniscono in modo che quella da essi introdotta – la **relativa** (▸ p. 399) – sia **subordinata** alla **reggente**. Possono svolgere la funzione di **soggetto** o di **complemento**:

1. Reggente: *Mi affaccerò alla* ***finestra*** (nome antecedente)

2. Subordinata: ***che*** *guarda il giardino.* (pronome relativo)

Il ***che*** unisce:
1. *Mi affaccerò alla* ***finestra***
2. *La* ***finestra*** *guarda il giardino*

I pronomi relativi sono:

- ***che***: è il **pronome relativo** più frequente; è **invariabile**, si colloca subito dopo il nome e svolge solo la funzione di **soggetto** o di **complemento diretto**:

  Detesto gli ospiti ***che*** [sogg.] *arrivano in ritardo.*
  Gli ospiti ***che*** [c. diretto o oggetto] *attendo arriveranno in ritardo.*

- ***il quale***: è **variabile** e concorda con la parola che sostituisce. Svolge la funzione di **soggetto** e, se preceduto da **preposizioni** (> *del/della quale, ai/alle quali* ecc.), di **complemento indiretto**:

  Mi sono accordata con Manuela, ***la quale*** / *che* [sogg.] *mi darà un passaggio fino al luogo* ***verso il quale*** [c. indiretto] *è diretta.*

- **cui**: è **invariabile** e, preceduto da preposizioni, esprime i vari **complementi indiretti**:

  Le app da smartphone ***con cui*** *mi diverto di più, per fortuna, costano poco.*

  In funzione di complemento di termine può fare a meno della preposizione:

  Tutte le persone ***cui/a cui*** *ho chiesto informazioni me le hanno negate.*

  Quando esprime un complemento di specificazione sta tra l'articolo determinativo e il nome:

  Mangio molta frutta *le* ***cui*** *proprietà* (*le proprietà della quale*, cioè *della frutta*) *sono benefiche.*

HAI CAPITO?

Inserisci i pronomi relativi nel seguente testo:

Il nostro pianeta è protetto dal suo campo magnetico .... fa da scudo al sole. Ma nei punti .... questa protezione è sottile, le "perturbazioni" solari interferiscono sui rilevamenti satellitari (GPS). Ciò .... abbiamo bisogno, perciò, è un "meteo spaziale" affidabile, grazie .... prevedere gli effetti dannosi contro .... non ci sono finora rimedi.

5 I pronomi doppi o misti

*Signori, **chi** ha qualcosa da dire si faccia avanti, e taccia.*
(Karl Kraus, scrittore satirico)

I pronomi **doppi** o misti ***chi***, ***chiunque***, ***quanti/quante***, ***quanto*** equivalgono a due differenti pronomi: un **dimostrativo** o **indefinito** e un **relativo** (in ***chi** ha qualcosa...* "chi" = colui/quello che).
Possono avere funzione di **soggetto** o di **complemento**.

Chiunque voglia iscriversi a un social, consulti prima quanti ne sono rimasti delusi.

Chiunque → colui + che: soggetto
quanti → tutti quelli + che: compl. oggetto

Hanno funzione di **pronomi misti** anche gli avverbi ***dovunque*** e ***ovunque*** usati con il significato di "**ogni luogo in cui**"; lo stesso avviene con l'**avverbio *dove***, quando significa "**nel luogo in cui**":

Dovunque *ti trovi* [in qualunque luogo + in cui] *telefonami ogni sera.*
*Ti seguirò **ovunque*** [in ogni luogo + in cui] *tu decida di stabilirti.*
*Andremo solo **dove*** [in un posto nel quale] *nessuno ci possa riconoscere.*

ADESSO TOCCA A TE

► Capitoli 4, 5

INDIVIDUA E USA

Livello 1

1 ●○○ **Sottolinea i pronomi relativi presenti in 5 frasi.**

a. Capisco quando sei arrabbiata dal modo in cui mi guardi.
b. Prima dell'inverno bisogna liberare i fossati dai detriti che vi si accumulano.
c. Il mare era così agitato che la nave non salpò.
d. Mia nonna, che è una ragazza degli anni Sessanta, adora ballare.
e. Ora che siamo a Roma ci sembra di essere in Paradiso!
f. Il lavoro di ricerca, al quale si dedica con tanta passione, gli dà grandi soddisfazioni.

2 ●○○ **Nelle frasi seguenti inserisci il pronome relativo opportuno, eventualmente preceduto dalla preposizione del caso.**

a. Renzo e Filippo sono gli amici con cui / con i quali vado in vacanza.
b. Sono felice di avere accanto le persone .... amo.
c. Non mi ha detto il motivo .... non verrà alla cena di classe.
d. Questo è il preventivo dell'impresa di pulizie .... ci siamo rivolti.
e. Il commercialista .... ti ho parlato ha l'ufficio in piazza Verdi.

3 ●○○ **Nelle frasi seguenti il pronome relativo è usato in modo scorretto: individua l'errore e scrivi la correzione a lato.**

a. La persona che ti parlavo non la conosci. ....
b. La scuola che provengo era un istituto privato. ....
c. Il motivo che Lucia mi ha chiamato era una sciocchezza. ....
d. Queste sono le foto del viaggio che ti ho parlato. ....
e. Il giorno che ho dato l'esame di guida ero emozionatissima. ....
f. Il paese che proviene la mia famiglia è in Puglia. ....

Livello 2

4 ●●○

In ognuna delle frasi seguenti stabilisci se il pronome *che* ha funzione di soggetto [S] o di complemento diretto/oggetto [CO]. Segui questa strategia: controlla se la frase ha un soggetto, esplicito o sottinteso: se non ce l'ha, *che* è soggetto, se ce l'ha è complemento oggetto. Per un ulteriore controllo, puoi provare a sostituire *che* con la parola che fa da antecedente.

a. La ragazza che arriva è mia sorella. S , la ragazza arriva.
b. L'approfondimento che hai presentato è ampio e bene organizzato. .... , ...
c. L'anno che verrà sarà bellissimo! .... , ...
d. Non c'è nessuno che si offre volontario in chimica? .... , ...
e. Il vassoio che si è rotto era un regalo di Nora. .... , ...
f. Il gatto, che nostro figlio amava tantissimo, è scomparso da due giorni. .... , ...
g. Chiara indossa solo vestiti grigi e neri, che non le stanno bene. .... , ...
h. A mio parere, il trucco che usa Giulia è troppo pesante. .... , ...
i. È vietato stendere la biancheria nei balconi che si affacciano sulla strada. .... , ...

5 ●●○

Riscrivi le frasi seguenti collegandole tramite un opportuno pronome relativo. Se necessario, puoi invertire l'ordine delle frasi.

a. Ti ho mostrato la foto. La foto ritraeva mio nonno da giovane. > La foto che ti ho mostrato ritraeva mio nonno da giovane.
b. Lea ha avuto nei miei confronti una gentilezza. La gentilezza mi ha commossa.
c. L'ultimo giallo di Ken Follett tiene il lettore col fiato sospeso. Ho letto l'ultimo giallo di Ken Follett.
d. Consideravo Andrea un individualista. Andrea si è rivelato un buon compagno di squadra.
e. Le ore si accorciano. In inverno le ore mi rendono malinconica.
f. Mi sono rivolta al commesso. Il commesso mi ha risposto con scortesia.
g. Il rapporto con i genitori è un argomento delicato. Dell'argomento delicato Carla non parla volentieri.

6 ●●○

Sottolinea i pronomi doppi presenti in 5 frasi.

a. Entrano solo quanti hanno l'appuntamento.
b. Diffida sempre di chi ti promette facili guadagni.
c. Non prestare il cellulare a chiunque te lo chieda!
d. Quanto ti ho raccontato, resti tra noi.
e. Chi si unisce a me per una pizza?
f. Questo è il quartiere dove ho trascorso l'infanzia.

Livello 3

7 ●●●

Nelle frasi seguenti distingui la funzione di *che*, pronome [P] o aggettivo [A], quindi indicane la tipologia: relativo [1], interrogativo [2], esclamativo [3].

a. Gli occhiali da sole che indossa Cecilia sono davvero originali. ☐ ☐
b. Che ho trovato! La foto dei nonni il giorno delle nozze! ☐ ☐
c. Propongo di cenare in pizzeria. Che ne dici? ☐ ☐
d. Con Irene che intenzioni hai? ☐ ☐
e. Che bella questa nuova app! ☐ ☐
f. L'acquarello che ho comprato da un artista di strada è molto bello. ☐ ☐

8 ●●●

Quale frase contiene <u>due</u> pronomi relativi con funzione di complemento indiretto?

A Lo specialista cui mi sono rivolta mi ha prescritto dei farmaci la cui efficacia è stata immediata.

B I farmaci che mi ha prescritto lo specialista cui mi sono rivolta hanno avuto un'efficacia immediata.

9 ●●●

In ognuna delle frasi seguenti scomponi il pronome doppio nei due pronomi corrispondenti, quindi indica se i due pronomi ottenuti sono soggetto, complemento diretto/oggetto, oppure complemento indiretto.

a. Ho scoperto chi mi ha mandato i fiori. colui > complemento diretto/oggetto
che > soggetto mi ha mandato i fiori.

b. Saranno ammessi al corso quanti supereranno sia la prova scritta sia quella orale.

c. Sarò per sempre riconoscente a chi mi ha sostenuto in questo difficile momento.

d. Per strada Luigi ha riconosciuto chi lo aveva derubato sull'autobus.

e. A chiunque glielo chieda, risponda che sono fuori ufficio.

LAVORA CON LE PAROLE

Livello 1 **10** ●○○

A COPPIE Con l'aiuto del dizionario, sostituite i nomi evidenziati con una frase, introdotta da un pronome relativo, che ne espliciti il significato.

a. Sul registro di classe sono annotati gli assenti > coloro che non sono presenti alla lezione

b. In vigore nuove sanzioni per gli assenteisti.

c. Detesto gli ingrati.

d. Alle ultime elezioni aumento degli astenuti.

e. La legge prevede un aggravio di pena per i recidivi.

f. Luca vive come un misantropo.

g. I nullatenenti sono esenti dal pagamento dei ticket sanitari.

h. Ammiro le persone intraprendenti.

Livello 2 **11** ●●○

A COPPIE Con l'aiuto del dizionario, in ognuna delle frasi seguenti sostituite l'espressione evidenziata con un nome o aggettivo appropriato.

a. I Romani avevano il culto di coloro che avevano vissuto prima di loro. > degli antenati

b. Coloro che vivranno dopo di noi ci giudicheranno.

c. Molte associazioni di volontariato aiutano chi è escluso dalla società.

d. Nella nostra scuola sono previste attività che non sono obbligatorie.

e. Le attività del circolo sono riservate a quanti hanno la tessera.

f. La ditta non ha rispettato la scadenza che era stata stabilita di comune accordo.

Livello 3 **12** ●●●

Con l'aiuto del dizionario, spiega il diverso significato del pronome *chi* nelle frasi seguenti.

a. Mi rivolgerò a <u>chi</u> di dovere. > alla persona preposta a capo di un ufficio, che svolge una data funzione

b. Chi non lo sapesse, oggi è il mio compleanno.

c. Alla festa può venire chi vuole.

d. Chi volesse un'altra fetta di dolce, lo dica.

e. C'è chi condivide la mia proposta?

f. Per la sua pratica, deve rivolgersi al dirigente o chi per lui.

g. Chi arriva ultimo, paga pegno!

FACCIAMO IL PUNTO

definire + riassumere + classificare + memorizzare

LOSAI? RIPASSA CON LO SMARTPHONE

Il pronome è la parola che prende il posto del **nome**, evitandone la ripetizione. In realtà sostituisce anche **altre parti del discorso** o **un'intera frase**, perciò è meglio definirlo come **sostituente.** Serve inoltre a **indicare** persone o cose che non compaiono nel discorso, ma la cui identità è chiarita dal contesto comunicativo.

I pronomi → si dividono in

- **PERSONALI**
  Indicano le persone coinvolte nella comunicazione → *possono essere*
  - **SOGGETTO** (forma tonica): ***Io*** *ho fatto il mio dovere, ma* ***tu*** *non hai studiato.* ***Lui*** *è sempre arrabbiato.*
  - **COMPLEMENTO**:
    - forma tonica: *Il prof ha scelto* ***me****, non* ***lei*** *o* ***voi****.*
    - forma atona: *Prendi il micio e portame****lo*** *qui.* ***Gli*** *ho chiesto aiuto.* ***Le*** *sarò sembrato scortese?*
  - **RIFLESSIVI**: *Non* ***si*** *è ancora convinto / Non ha ancora convinto* ***se stesso****.* *Mi approvo in pieno / Approvo in pieno* ***me stessa****.* *Coprite****vi*** *di più!*
- **POSSESSIVI**
  Precisano a quale persona appartiene ciò cui si fa riferimento: *La vostra macchina è troppo piccola, prendiamo la* ***nostra****.*
- **DIMOSTRATIVI**
  Precisano l'identità e la posizione di cose e persone cui si fa riferimento: *Quel vestito non ti dona, prova* ***questo****.*
- **INDEFINITI**
  Indicano qualcuno o qualcosa in modo generico e impreciso: ***Tutti*** *ti mandano i saluti.* ***Qualcuno*** *ci accompagnerà a casa. Ti mi nascondi* ***qualcosa****.*
- **INTERROGATIVI ED ESCLAMATIVI**
  Introducono una domanda o un'esclamazione: *Ecco i dolci:* ***quali*** *vuoi? Ma* ***chi*** *si crede di essere?*
- **RELATIVI**
  Sostituiscono un pronome e mettono in relazione due frasi, introducendo una subordinata relativa: *Il libro* ***che*** *sto leggendo è sul comodino.*
- **DOPPI O MISTI**
  Equivalgono a un pronome dimostrativo o indefinito + un relativo: ***Chi*** *ha sonno, vada a dormire.*

RELATIVI e DOPPI O MISTI → *possono essere*

- Relativi:
  - **SOGGETTO**: *Ho visto un film* ***che*** *mi ha entusiasmato.*
  - **COMPLEMENTO**: *Le cose* ***che*** *ti ho detto sono vere. Ricordati dei valori* ***per i quali*** *ci siamo battuti.*
- Doppi o misti:
  - **SOGGETTO**: ***Chi*** *è interessato al corso di ballo mi segua.*
  - **COMPLEMENTO**: *Lo dirò a* ***chiunque*** *voglia saperlo.*

FACCIAMO IL PUNTO

FACCIAMO IL PUNTO

CONOSCENZE

1 **Indica se le seguenti affermazioni sono vere [V] o false [F].**

a. Il pronome può sostituire soltanto nomi. V F
b. I pronomi personali vanno sempre espressi. V F
c. Per "particelle pronominali" si intendono i pronomi personali complemento di forma atona. V F
d. Il pronome relativo *che* svolge sempre funzione di soggetto. V F
e. Il pronome relativo *cui* svolge funzione di complemento diretto. V F
f. Il pronome interrogativo *che* è usato anche come aggettivo. V F
g. *Chiunque* è un pronome misto. V F

ABILITÀ

2 **Leggi la seguente frase:**

Io studio per imparare, tu per i voti.

Per quale motivo i pronomi *io* e *tu* sono esplicitati?

....

3 **Nella frase *Luigi mi ama, ne sono certa*, il pronome *ne* sostituisce**

A Luigi.
B la parola sottintesa "amore".
C Luigi mi ama.

4 **Leggi la seguente frase:**

Vedi le due ragazze laggiù? Sono queste che ti dicevo.

A tuo parere, l'uso dei pronomi *queste* e *che* è corretto? Motiva la tua risposta.

....

5 **In quale frase *che* non ha funzione di pronome?**

A Ma che guaio! Hai rovesciato il caffè sulla tastiera!
B Basta con i capricci, sciocco che non sei altro!
C L'arrosto che ha cucinato mia sorella era immangiabile.

6 **Considera le parole evidenziate nelle frasi seguenti, quindi abbina a ciascuna la classificazione corrispondente.**

a. Questa tua proposta mi sembra interessante, ci penserò. ☐
b. Non sopporto quanti, come voi, giudicano gli altri dall'aspetto. ☐

1. aggettivo dimostrativo, pronome personale, pronome personale.
2. pronome relativo, pronome personale, pronome indefinito.

7 **Leggi le frasi seguenti, quindi indica la funzione del pronome relativo evidenziato: soggetto [S], complemento diretto [CD], complemento indiretto [CI].**

a. Luca, cui non piace camminare, viene a scuola in moto. S CD CI
b. Per venire a scuola, Luca, che è pigro, si fa prestare la moto dal padre. S CD CI
c. La moto che guida Luca appartiene a suo padre. S CD CI

COMPETENZE

8 **Leggi con attenzione i due testi, quindi svolgi le attività proposte.**

Testo A

I ragazzi che si amano si baciano
In piedi contro le porte della notte
I passanti che passano se li segnano a dito
Ma i ragazzi che si amano
Non ci sono per nessuno
E se qualcosa trema nella notte
Non sono loro ma la loro ombra
...

(J. Prévert, *Poesie*, trad. di G. Raboni e M. Mucchi, Guanda, Parma, 1980)

Testo B

I ragazzi che si amano
davanti allo specchio
si stanno facendo belli
e che i ragazzi si amano
lo puoi capire anche ascoltando
i programmi a dedica a richiesta sulle radio private
I ragazzi che si amano
non hanno tempo
e non ci sono per nessuno
...

(L. Carboni, *I ragazzi che si amano*)

COMPRENDI

Livello 1
1. ●○○ La canzone di Carboni si ispira alla poesia di Prévert; nella poesia, però, il fatto di "amarsi" è reso in modo più immediato e diretto. Perché?

Livello 2
2. ●●○ Sia Carboni sia Prévert usano un linguaggio discorsivo, tuttavia non mancano le differenze. Individua, nel primo, le espressioni più comuni e, nel secondo, quelle che ti sembrano più poetiche.

Livello 3
3. ●●● La canzone di Carboni ricalca, nella sua struttura, quella della poesia, per esempio nell'uso dei pronomi. Riporta almeno un esempio a sostegno di questa affermazione.

ANALIZZA

Livello 1
4. ●○○ Quali pronomi relativi sono presenti nei due testi?

Livello 2
5. ●●○ Quali pronomi indefiniti compaiono nei due testi?
6. ●●○ Nella poesia, quali funzioni ha la parola *loro*?

Livello 3
7. ●●● In ciascuno dei due testi, quali pronomi personali (anche riflessivi) sono presenti? Che cosa sostituiscono?

PRODUCI

Livello 1
8. ●○○ Prova riscrivere la parte centrale della canzone di Carboni (*davanti allo specchio... radio private*) adattando il testo alle situazioni dei giovani d'oggi. Al termine della stesura verifica se anche tu hai usato pronomi.

Livello 2 **9.** ●●○ Prova a modificare la poesia di Prévert adattandola alle situazioni e al linguaggio attuali. Al termine della stesura verifica se anche tu hai usato pronomi.

Livello 3 **10.** ●●● Sulla falsariga della canzone di Carboni, prova a scrivere un breve testo dal titolo "I ragazzi che cercano l'amore". Al termine della stesura verifica quanti e quali pronomi hai usato.

CHE LINGUA PARLIAMO?

INDIVIDUA

Livello 1 **9** ●○○

Nell'italiano parlato non sempre sono rispettate le regole tradizionali sull'uso dei pronomi personali; tuttavia, queste espressioni sono ammissibili soltanto in un contesto informale. Tra le frasi seguenti, quale non è accettabile neppure nella lingua colloquiale?

A Se qualcuno ti chiede un consiglio, cosa fai? Tu glielo dai.

B Prof, posso farti vedere la mia tesina?

C Signora Bianchi, la vedo ringiovanita!

Livello 2 **10** ●●○

A COPPIE Tra le frasi seguenti, diffuse nell'italiano parlato, alcune sono accettabili, altre decisamente scorrette: distinguetele tra loro.

a. L'ha trovato Marzia, il tuo portafoglio.
b. L'ho incontrato al mare il tuo amico, era in dolce compagnia.
c. L'hai studiata storia?
d. Io, chissà che mi succederà.
e. A me non mi piace il formaggio con le pere.
f. In vacanza con voi non ci vengo!
g. In vacanza a Miami? Di questo ne abbiamo già parlato.

11 ●●○

A COPPIE Nell'uso corrente ricorrono espressioni in cui il pronome *la* si riferisce a un'intera frase del tutto sottintesa. Leggete i seguenti esempi e spiegate a che cosa può riferirsi il pronome *la*.

a. Coraggio, non te la prendere.
b. I marinai di quel peschereccio se la sono vista brutta.
c. Non ce la faccio, sono troppo stanco!
d. L'insegnante se l'è presa con tutta la classe.
e. Per i turni di lavoro, me la vedo io.

Livello 3 **12** ●●●

Tra le frasi seguenti, piuttosto diffuse nell'italiano parlato, soltanto una è ammissibile nella lingua formale. Qual è? Se hai dubbi, consulta il dizionario (vai a *che* pronome relativo).

A Ti presento mia sorella che le ho parlato tanto di te.

B Il giorno che lo incontrai fu il più bello della mia vita.

C Questo è il cd che ci ho messo tutte le mie canzoni preferite.

ARRICCHIAMO IL LESSICO

a. Assemblea di classe: all'ordine del giorno eventuali attività pomeridiane autogestite. Dividetevi in piccoli gruppi di lavoro, ognuno dei quali formulerà una proposta (per esempio, gruppo musicale, teatro, laboratorio fotografico...) e procederà alla stesura del proprio progetto. La scheda di progetto dovrà essere chiara, precisa e sintetica: indicate tempi, criteri di partecipazione e modalità dell'attività, utilizzate un lessico preciso, evitate le ripetizioni e usate in modo corretto i pronomi, in particolare quelli dimostrativi.

b. Successivamente ogni gruppo esporrà alla classe l'attività che vorrebbe organizzare; il referente di ogni gruppo risponderà ad eventuali domande di chiarimento.

c. Seguirà quindi una breve discussione: nei vostri interventi, adeguatevi allo sviluppo della discussione senza perdere il filo del discorso e senza ripetere quanto già detto da altri. Potete usate espressioni tipiche della lingua parlata, ma comunque corrette.

d. A conclusione della discussione, la classe sceglierà, tramite voto palese, un progetto da presentare, allegato a una lettera di trasmissione, al dirigente scolastico e ai docenti. Nella stesura della lettera attenetevi a un registro formale, usate le opportune formule di apertura / congedo e non dimenticate gli appropriati pronomi di cortesia.

UNITÀ

5 Le parti invariabili

IN QUESTA UNITÀ

- A che cosa servono gli **avverbi**? Si riferiscono sempre ai verbi?
- Come si classificano gli avverbi? Alcuni di essi possono essere **alterati**? Possono avere un **grado**?
- Che cosa sono le **congiunzioni** e quali diverse **funzioni** assumono? Che **forme** hanno?
- Che cosa sono le **preposizioni**? In che cosa assomigliano alle congiunzioni e in che cosa si **differenziano**? Che **forme** hanno?
- Che cosa esprimono le **interiezioni o esclamazioni** e che **forme** assumono?
- **ARRICCHIAMO IL LESSICO** Lavoriamo tenendo conto della riflessione su avverbi e interiezioni e ci soffermiamo poi sull'esperienza di un **concerto**

PARTIAMO DAL TESTO

Leggi il testo, poi rispondi alle domande.

Poi ci sono io, Margherita Dolcevita. Ho **quasi** quindici anni, sono bionda con dei capelli ricci **un po'** strani, diciamo **che** sembrano una piantagione **di** fusilli. Ho occhi maliardi[1] **e** blu, **ma** sono **un po'** sovrappeso. **A volte** penso **che** dovrei mettermi **a** dieta, **poi** penso **che se** dimagrissi sarei **sempre** tesa **per** la paura **di** ingrassare, **invece così** sono tranquilla. **A** scuola vado **abbastanza bene**, e **da** grande vorrei fare la poetessa. [...]

Prima di dormire leggo **sempre un po'**. **Ma** quella notte **non** ci riuscivo. Sono andata **a** esplorare il prato munita **di** pila **e** lente **di** ingrandimento.

Ahimè! Era **come alle** Termopili[2]. Li ho visti cadere tutti, i cadaveri. La cavalletta, il grillo, il grillotalpa, il maggiolino. Tutti morti **e neanche** una zanzara. Succede **sempre così**: **per** ammazzarne uno cattivo, ne fai fuori mille che **non** c'entrano.

(adattamento da S. Benni, *Margherita Dolcevita*)

1. **maliardi**: che affascinano.
2. **Termopili**: località greca famosa per la battaglia (480 a.C.) in cui gli Spartani furono sterminati dai Persiani.

1. Nel testo sono presenti degli **avverbi**, parole invariabili che si aggiungono al verbo (o ad altre parti del discorso) fornendo delle informazioni. Scegli, per ciascun gruppo di avverbi, il tipo di indicazioni che danno.
   a. *quasi, un po', abbastanza* ☐ di tempo ☐ di dubbio ☐ di quantità
   b. *poi, a volte, sempre* ☐ di tempo ☐ di modo ☐ di quantità
   c. *così, bene* ☐ di valutazione ☐ di modo ☐ di quantità
   d. *non* ☐ di tempo ☐ di negazione ☐ di quantità
2. Che cosa **esclama** Margherita, quando vede la strage di insetti? Quale emozione esprime in questo modo?
3. Tra le **congiunzioni** *e, ma, che, invece, e neanche*, distingui quelle che uniscono due parole da quelle che collegano due frasi (anche separate da un punto fermo, o con il verbo sottinteso).
4. Le restanti parole evidenziate sono **preposizioni**: rintracciale e distingui, tra di esse, quelle **semplici** dall'**articolata** e dalla **locuzione prepositiva**, tenendo presente che in maggioranza sono semplici, una è articolata, una è una locuzione.

1 L'avverbio

• Che cos'è e come funziona l'avverbio

L'avverbio è una parte **invariabile** del discorso che **modifica** il **significato** di una parola o di una frase cui **si affianca**, completandolo con **precisazioni** e **sfumature** di vario tipo. Può riferirsi a:

un **verbo** (è il caso più frequente)	→ *Correva **affannosamente**; ma **dove** stava andando?*
un altro **avverbio**	→ *Ti aiuterò **molto** volentieri.*
un **nome**	→ *Sono diventati **quasi** amici.*
un **aggettivo**	→ *Sei **troppo** simpatico!*
una **frase**	→ ***Forse** ti raggiungerò al bar / Ti raggiungerò al bar, **forse** / Ti raggiungerò, **forse**, al bar.*

HAI CAPITO?

Dagli esempi della mappa puoi dedurre la posizione che l'avverbio occupa nei diversi casi. Completa quindi le spiegazioni seguenti.

a. Rispetto al verbo: solitamente, lo ...., ma lo precede quando introduce una domanda o un'esclamazione.
b. Rispetto all'aggettivo, a un altro avverbio e al nome: lo ....
c. Rispetto alla frase: ....

• Le diverse forme

In base alla loro **formazione** gli avverbi si possono distinguere in:

Semplici o primitivi	• Non derivano da altre parole: *abbastanza, così, bene, male...* • A questo gruppo appartengono anche gli **aggettivi qualificativi** usati, al singolare maschile, come avverbi: *certo, forte, piano, dritto, chiaro...*
Composti	Risultano dalla fusione di due parole: *soprattutto* (sopra+tutto), *infine* (in+fine), *dappertutto* (da+per+tutto)...
Derivati	Hanno origine da un'altra parola con l'aggiunta di **suffissi**. In particolare derivano da: • un **aggettivo**: *felice-**mente**, distratta-**mente**, certa-**mente**;* • da un **nome**: *ginocchi-**oni**;* • da un **verbo**: *penzol-**oni**, balzell-**oni**...*
Locuzioni avverbiali	Sono formate da due o più parole legate in forma fissa: *di fretta, all'incirca, senza dubbio, quasi quasi, in un batter d'occhio...*

HAI CAPITO?

Rintraccia e classifica, secondo la formazione, gli avverbi contenuti nella frase seguente.

Taglia corto con le domande e seguimi silenziosamente. Fidati di me, almeno questa volta, di sicuro non te ne pentirai.

1.1 Tipi di avverbi

Dal punto di vista del **significato**, gli avverbi si classificano in: **qualificativi**, di **tempo**, di **luogo**, di **quantità**, di **valutazione**, **affermazione**, di **negazione** e **dubbio**, **interrogativi** ed **esclamativi**.

• Gli avverbi qualificativi o di modo

Quando il lupo sbucò dagli alberi, le mucche che pascolavano all'estremità superiore del prato alzarono il capo **all'unisono**. [...] Da parte sua il lupo le degnò **a malapena** di un'occhiata.

(N. Evans, ***Insieme** con i lupi*)

Come reagiscono, incontrandosi, prede e predatore? Le due **locuzioni avverbiali di modo**, esprimono le differenti **modalità** di comportamento: le mucche, allarmate, si muovono ***all'unisono***; il lupo, indifferente per ora, le nota ***a malapena***. Un altro avverbio di **modo**, ***insieme***, compare nel titolo del libro.

Gli avverbi **qualificativi** o di **modo** chiariscono le **modalità** secondo cui un'azione viene compiuta o precisano il **modo** e l'**intensità** di ciò che è espresso da un aggettivo ecc. Alla categoria dei **qualificativi** appartengono i seguenti gruppi:

- gli avverbi in ***-mente***: *Parla **chiaramente**!*
- gli avverbi derivati in ***-oni***: *Procedeva **tentoni** nel buio, cercando di evitare gli ostacoli.*
- gli aggettivi usati come avverbi: *Scappa via **veloce** e non voltarti!*
- avverbi non derivati: ***così***, ***quasi***, ***bene***, ***male***...: *Mauro si è comportato **male** con lei.*
- locuzioni avverbiali di modo: ***in fretta***, ***di corsa***, ***di solito***, ***così così***, ***passo passo***...

Gli avverbi di tempo

Nella vignetta, i due avverbi ***mai*** e ***sempre*** circoscrivono il **tempo** nel quale l'atto del pensare si rivolge al futuro.

Gli avverbi di **tempo** specificano i **momenti** e le **circostanze temporali** in cui si realizzano azioni ed esperienze. Rispondono alle domande "**quando?**", "**in che momento?**":

Oggi *piove, ma* ***domani*** *tornerà il sole.*

Questi i più comuni: ***ora***, ***adesso***, ***subito***, ***oggi***, ***domani***, ***ieri***, ***prima***, ***dopo***, ***sempre***, ***mai***, ***ancora***, ***talvolta***, ***finora***, ***presto***, ***frequentemente***, ***precedentemente***, ***successivamente***, ***già***...

Locuzioni: ***di quando in quando***, ***in tempo***, ***una volta***, ***or ora***, ***per sempre***, ***fra poco*** ecc.

Gli avverbi di luogo

Ho visto occhi lacrimare...
Non sapendo più guardare
Si sono chiusi tra la confusione
Per non sentire il peso delle cose
Forse sognando di volare
Via in silenzio un po' più **in là**
Lontano da **qui**, da **qui**, da **qui**, da **qui**

(Elisa, *Lontano da qui*)

Gli **avverbi** (***via***, ***lontano***) e la locuzione di **luogo** (***in là***) evocano spazi diversi da quello di chi sta parlando (***qui***), ripetuto per sottolineare un desiderio di fuga.

Gli avverbi di **luogo** precisano **dove** si verifica un'azione o la **posizione** di qualcuno o qualcosa. Rispondono alla domanda "**dove?**".

I seguenti sono tra i più usati: ***là***, ***laggiù***, ***qui***, ***qua***, ***quassù***, ***quaggiù***, ***accanto***, ***vicino***, ***lontano***, ***dove***, ***dovunque***, ***ovunque***, ***dentro***, ***fuori***, ***davanti***, ***dietro***, ***intorno***, ***sopra***, ***sotto***, ***altrove***, ***via***...

Locuzioni: ***di sopra***, ***di sotto***, ***per di qua***, ***di là***, ***in su***, ***in giù***, ***nei dintorni***, ***da vicino*** ecc.

Anche le particelle ***ci***, ***vi***, ***ne*** hanno funzione di avverbi di luogo (▸ p. 205):

È un quartiere vivace: ***ci (vi)*** *abitano persone di tutti i tipi.*
*Quel locale è esclusivo: per entrar**vi** serve la tessera.*
Sta studiando per gli esami, ma ***ne*** *uscirà vivo.*

HAI CAPITO?

Individua nel testo seguente gli avverbi (o locuzioni) di tempo, di luogo e di modo.

Ieri sono passata da casa tua per salutarti, ma tu eri ancora fuori. Ripasserò domani, ma sarò di fretta e ci saluteremo rapidamente perché la mia giornata sarà molto piena. Cerca di esserci, ci terrei parecchio: è passato troppo tempo dall'ultima volta che ci siamo visti.

Gli avverbi di quantità

***Quasi** amici*
(film, 2011)

Questo tipo di avverbi fornisce indicazioni sulla **quantità** di ciò cui si riferiscono. Indicano una misura non precisata e rispondono alla domanda "**quanto**?"

Nel titolo del film, l'avverbio ***quasi***, che modifica il nome, attenua la pienezza del legame tra i due protagonisti; si può infatti essere ***più*** o ***meno*** amici.

Gli avverbi di **quantità** più frequenti sono: ***parecchio***, ***poco***, ***tanto***, ***talmente***, ***alquanto***, ***troppo***, ***assai***, ***abbastanza***, ***almeno***, ***quasi***, ***affatto***...

*Viola mangia **molto**, tuttavia è **alquanto** magra.*

Locuzioni: *all'incirca, pressappoco, fin troppo, di più, di meno, un po', per niente...*

Gli avverbi di valutazione, affermazione, negazione e dubbio

*Molto forte, **incredibilmente** vicino*

L'avverbio di **valutazione** *incredibilmente* allude a una "vicinanza" la cui intensità ha dell'"incredibile". Il titolo, piuttosto enigmatico, gioca proprio anche su questo avverbio per incuriosire e farci immaginare qualcosa di straordinario.

Nel seguente elenco gli avverbi di **valutazione** esprimono un **giudizio**, mirato perlopiù a rafforzare o sminuire. Gli altri **affermano**, **negano** o **mettono in dubbio**.

Avverbi di valutazione	*Fortunatamente, sfortunatamente, purtroppo, stranamente, giustamente, disgraziatamente, esclusivamente, puramente, malauguratamente, solo, soltanto, pure, perfino* ecc.
Avverbi di affermazione o certezza	*Sì, certo, certamente, sicuramente, assolutamente, già, davvero, veramente, sicuro, proprio, appunto, senz'altro* ecc.
Avverbi di negazione	*Non, no, neanche, neppure, nemmeno, mica, né, giammai* ecc.
Avverbi di dubbio	*Forse, circa, quasi, magari, chissà, eventualmente, probabilmente, facilmente, difficilmente* ecc.

Locuzioni: *per fortuna, di certo, di sicuro, per davvero, quasi quasi, neanche per sogno ecc*

Particolarità

- ***Sì, no, già*** spesso sostituiscono un'intera frase:
  *Mi aspetti? **Sì** / **No*** (= ti aspetto / non ti aspetto).
  *Forse stiamo uscendo dalla crisi. **Già*** (= [concordo] la crisi forse è finita).
- ***Non*** precede sempre il verbo (***Non** scherzare con me!*); può accompagnare un aggettivo o un avverbio, trasformandoli nel loro contrario:
  *È una casa lussuosa, ma **non accogliente**.*
  ***Non sempre** mi va di uscire la sera.*

- Certi avverbi si possono classificare in modi diversi. Per esempio ***giustamente*** può essere di **valutazione**, ma anche di **modo**:

  Giustamente *anche lui ha diritto al riposo* (= si valuta che il fatto sia giusto) / *Punendo i responsabili, ha agito* ***giustamente*** (= in **modo** giusto).

- Nel parlato sono molto frequenti gli avverbi di **enunciazione,** che commentano le varie affermazioni:

  Sinceramente / ***francamente*** / ***onestamente*** *non si meritava quel premio.*
  Brevemente: *l'affare si è concluso secondo le aspettative.*

HAI CAPITO?

Inserisci nelle frasi seguenti gli avverbi di affermazione e negazione che corrispondono a un loro uso particolare e molto comune.

a. .... è mica vero che tutto va bene: questa è proprio una giornata ....

b. Non rispondermi subito e ricorda che non accetto il ...., ma mi aspetto un bel ....

• Gli avverbi interrogativi ed esclamativi

Da ***dove*** *veniamo? Chi siamo?* ***Dove*** *andiamo?*
(quadro di P. Gauguin (1897). Boston, Museum of Fine Arts)

L'**avverbio interrogativo** ***dove*** è il fulcro principale delle domande a cui il famoso pittore Paul Gauguin cerca di rispondere raffigurando il corso della vita umana nell'arco delle stagioni. Gli avverbi interrogativi introducono **domande** o **esclamazioni** circa il **tempo** (*quando*), il **luogo** (*dove*), il **modo** (*come*), le **cause** (*perché*), la **quantità** (*quanto*).

Quando *tornerai?*
Da ***dove*** *veniamo?* ***Dove*** *andiamo?*
Ma ***come*** *ti sei conciato!*
Perché *fai tante domande?*
Quanto *abbiamo lavorato!*

• L'avverbio *ecco*

L'**avverbio *ecco*** non rientra in alcuna classificazione. Ha la funzione di **presentare** e introdurre persone, fatti, oggetti:

Ecco *a voi la nuova star del rap italiano!*
Ecco *gli occhiali che avevo perso.*

Può essere anche un'esclamazione:

Ecco! *Il lavoro è perfettamente riuscito.*

1.2 Gradi e alterazioni dell'avverbio

Il grado

*È nevicato **tantissimo**!*

Nell'esempio, l'avverbio *tanto* ha cambiato forma, "passando di grado" per esprimere il massimo della sua intensità. Molti avverbi – in particolare i **qualificativi** – possono avere, come gli aggettivi (▸ p. 182), il grado **comparativo** e **superlativo**:

*velocemente → **più** o **meno** velocemente, **il più** velocemente, **velocissimamente***

L'alterazione

*Quanto ai risultati delle verifiche, stiamo **maluccio**!*

Come sono andate le verifiche? Piuttosto male e, per attenuare il colpo, succede che si **alteri** l'avverbio con il suo più accettabile **diminutivo / vezzeggiativo**.

Alcuni avverbi si possono alterare con i **suffissi** dell'accrescitivo (*-**one***), del peggiorativo (*-**accio***), del diminutivo (*-**ino***), del vezzeggiativo (*-**etto***, *-**uccio***). Alcuni esempi:

*male → mal**accio**, mal**ino**, mal**uccio***
*bene → ben**one**, ben**ino***
*poco→ poch**ino**, poch**etto***
*presto → prest**ino***
*lontano → lontan**ino**, lontan**uccio***

DUE PASSI NEL DIZIONARIO

E *allora*?

Allora è una parola comunissima, ma ha sempre la stessa **funzione**? È cioè sempre un **avverbio**? Vediamolo in questi esempi:

[1] *Ero giovanissimo **allora**.* [2] ***Allora** ti muovi?* [3] ***Allora**... fammi pensare.*

A avv.

• in quell'istante, in quel momento: *Allor temett'io più che mai la morte* (DANTE *Inf.* XXXI, 109) | ***era uscito allora allora***, proprio in quel momento | ***allora come allora***, sul momento, in quella circostanza: *allora come allora, non avrei saputo cosa rispondere* | (*est.*) in quel tempo: *allora c'erano i tram a cavalli*; *fu allora che lo conobbi* | ***da allora in poi***, ***d'allora in poi***, da quel momento in poi | ***fino allora, fino ad allora***, fino a quel momento, fino a quel tempo: *non ne avevo mai sentito parlare fino allora*

B in funzione di cong.

1 in questo caso, in tale caso, con valore conclusivo: *se mi dici così, allora vengo senz'altro*; *se vuoi venire, allora preparati*

2 ebbene, dunque, usato per sollecitare qlcu. o per esprimere dubbio, curiosità, aoorensione, speranza (introduce una prop. interr. diretta o un'espressione esclamativa): *ma dillo allora!*; *allora decidiamoci!*; *e allora? che si fa?*; *e allora? cosa ti ha detto?*; *allora non c'è speranza?* | (*colloq.*) usato anche all'inizio di frase, con valore discorsivo: *'Raccontami com'è andata' 'Allora, eravamo seduti a tavola ...'*

3 (*colloq.*) usato all'inizio di frase con valore discorsivo e il sign. di 'precisiamo, mettiamo in chiaro che': *allora: è vero che te l'avevo promesso, ma la situazione è cambiata* | †***allora che***, V. *allorché*

Osserviamo: Il significato **A** classifica la nostra parola come **avverbio**, ed è proprio il caso dell'esempio **n. 1**, dove *allora* sta per "in quel tempo". Il dizionario esemplifica poi anche alcune locuzione derivate.

Il significato **B** classifica *allora* come **congiunzione** (▸ 2, p. 241) ed è il caso dell'esempio **n. 2**, dove introduce una frase interrogativa. L'esempio **n. 3** non rientra, invece, nelle definizioni riportate. Ha sì un valore discorsivo, ma con un significato leggermente diverso: si usa non tanto per "mettere in chiaro", quanto piuttosto per "prendere tempo". Con questa funzione serve a molti come "intercalare" (simile a *cioè*, *dunque* ecc.), come formula fissa per riempire i vuoti tra il pensiero e la formulazione delle frasi.

HAI CAPITO? Scopri sul dizionario **significato** e **funzioni** della parola *dove*.

ADESSO TOCCA A TE

▶ Capitolo 1

INDIVIDUA E COMPLETA

Livello 1

1 ●○○ **In ognuna delle frasi seguenti indica se l'avverbio evidenziato modifica il significato di un aggettivo [A] o di un altro avverbio [AV].**

a. Ho letto un articolo molto interessante sulle nuove frontiere della genetica. [A] [AV]
b. Mi sono svegliata troppo presto, era l'alba. [A] [AV]
c. Sono profondamente offesa per lo sgarbo di Elisa. [A] [AV]
d. Questo nuovo aspirapolvere è poco pratico. [A] [AV]
e. Molto probabilmente non rientrerò per cena. [A] [AV]
f. Questa salsa ha un sapore strano, quasi dolciastro. [A] [AV]

2 ●○○ **In ognuna delle frasi seguenti indica se l'avverbio evidenziato modifica il significato di un verbo [V] o di un'intera frase [F].**

a. Vi ospiterò volentieri nella mia casa al mare. [V] [F]
b. Guido si è impegnato tenacemente nel lavoro. [V] [F]
c. Probabilmente, dopo il diploma cercherò un lavoro. [V] [F]
d. Eventualmente, potrei chiedere un passaggio a Silvia. [V] [F]
e. Quanto ti amo! [V] [F]
f. Cinzia ha quasi finito di pagare il mutuo. [V] [F]

3 ●○○ **Completa ognuna delle frasi seguenti con un avverbio della forma indicata tra parentesi, scelto tra quelli elencati (fai attenzione: non tutti vanno usati).**

senz'altro ~ bene ~ soprattutto ~ specialmente ~ oramai ~ beatamente ~ prontamente ~ di fretta ~ subito

a. Come stai? .... (semplice).
b. Vado pazza per la cioccolata, ... (composto) quella fondente.
c. Quando è suonata la sveglia, dormivo .... (derivato).
d. Non ho tempo di chiacchierare, vado .... (locuzione avverbiale).
e. Diana ha risposto .... (derivato) a tutte le domande.
f. .... (composto) sono rassegnato, non si può rimediare.
g. Ti chiamerò .... (locuzione avverbiale).

4 ●○○ **Indica la tipologia dei seguenti gruppi di avverbi: di modo [1] di tempo, luogo e quantità [2] e valutativi [3].**

a. a un tratto, là, eccessivamente, dappertutto, un po'. [1] [2] [3]
b. volentieri, male, a stento, per caso, utilmente. [1] [2] [3]
c. appunto, senza dubbio, quasi quasi, sì, certo. [1] [2] [3]

5 ●○○ **Sottolinea gli avverbi interrogativi ed esclamativi presenti in 4 frasi.**

a. Dove e quando ci siamo già visti?
b. Quanto è imprevedibile la vita!
c. Come sei riuscito a incontrare la ragazza dei tuoi sogni?
d. Perché ti ostini a non farti visitare dal medico?
e. Ho saltato l'allenamento a causa di uno strappo muscolare.

Livello 2

6 ●●○ **Indica la tipologia delle locuzioni avverbiali e degli avverbi evidenziati nelle frasi seguenti: modo [M], tempo [T] o luogo [L].**

a. L'auto è sbucata all'improvviso ☐ da quel vicolo laggiù ☐.
b. Hai vinto meritatamente ☐ la borsa di studio.
c. Qui ☐ in campagna ci si alza di buon'ora ☐.
d. Il tuo compito è copiato pari pari ☐ dal suo.
e. La crisi è finita, adesso ☐ gli affari vanno di bene in meglio ☐.
f. Scusami, avevo la testa altrove ☐.

7 ●●○ **Nelle frasi seguenti evidenzia con due diversi colori gli avverbi di quantità (5) e di valutazione (6).**

a. Sarò di ritorno abbastanza presto, circa alle otto.
b. Purtroppo, abitiamo in città diverse, chissà se ci rivedremo...
c. Nonostante le due ore di palestra, non sono minimamente stanco!
d. Forse ho esagerato con gli acquisti, sono quasi al verde.
e. Fortunatamente, sto alquanto meglio, il peggio è passato.

8 ●●○ **Completa le frasi seguenti con un avverbio adatto a precisare quanto indicato tra parentesi.**

a. (tempo) Stasera mi guardo un film in TV, non ci sono per nessuno.
b. (tempo) .... inizierà la vendemmia.
c. Sei andato in farmacia? (luogo) .... arrivo adesso.
d. Una carezza gli sfiorò (modo) .... il viso.
e. Enrico parla inglese .... (modo).
f. Alla lezione di hip hop mi sono divertita .... (quantità).
g. .... (valutazione) Stefania non verrà.

9 ●●○ **Stabilisci se l'elemento evidenziato nelle coppie di frasi è un avverbio [A], anche usato in senso figurato, o un aggettivo [AG].**

a. 1) Volevo giusto ringraziarti per il suggerimento. A AG
   2) Ti ringrazio per il giusto suggerimento. A AG
b. 1) A pranzo ho fatto un leggero spuntino. A AG
   2) La sera è meglio cenare leggero. A AG
c. 1) In moto Oscar va a forte velocità. A AG
   2) In moto Oscar corre forte. A AG
d. 1) Questo affare non è chiaro. A AG
   2) In questo affare non ci vedo chiaro. A AG
e. 1) Perché mi guardi storto? A AG
   2) Oggi è un giorno storto. A AG
f. 1) Taglia corto! A AG
   2) Per cucire, non usare un filo corto. A AG
g. 1) Gina veste giovane. A AG
   2) Gina non è giovane, ma vuole sembrarlo. A AG

10 ●●○ **Completa le frasi seguenti con opportuni avverbi al grado comparativo o superlativo, scelti tra quelli elencati sotto al grado positivo.**

lentamente ~ tanto ~ male ~ correttamente ~ rapidamente ~ bene ~ facilmente

a. Ho preso una brutta influenza, ma ora sto ....
b. L'ambulanza arriverà ....
c. Se fossi più cordiale, faresti amicizia ....
d. Il concerto di ieri sera mi è piaciuto ....
e. Ti sento ...., parla ....
f. Rispetto alle altre allieve, Nina in italiano si esprime ....

Livello 3 **11** ●●● **In ognuna delle frasi seguenti stabilisci se *ci vi* e *ne* sono avverbi di luogo [A] o pronomi [P].**

a. Non conosco Trieste, non ci ☐ sono mai stata, vi ☐ andrò appena possibile.
b. So che vi ☐ hanno visto al cinema insieme...
c. Se accetterete il nostro invito, ci ☐ farete cosa gradita.
d. L'ufficio anagrafe era chiuso, ci ☐ tornerò domani.
e. Vi ☐ pensiamo sempre con affetto.
f. Mara frequenta un corso di cucina e ne ☐ è entusiasta.
g. La festa era noiosa e ce ne ☐ siamo venuti via quasi subito.

12 ●●● **In ognuna delle frasi seguenti stabilisci se *ne* e *dovunque* sono avverbi di luogo [A] o pronomi [P].**

a. Cambiare il divano? Non ne vedo la necessità. A P
b. Se non sono gradito, me ne vado subito. A P
c. Franco se ne è uscito con una battuta di pessimo gusto. A P
d. Falsi prodotti italiani se ne trovano dappertutto all'estero. A P
e. A Capodanno dovunque si festeggia con brindisi e balli. A P
f. Dovunque ti troverai, ricordami nei tuoi pensieri. A P

13 ●●● **Stabilisci se la parola evidenziata nelle coppie di frasi è avverbio di quantità [AV], aggettivo [AG] o pronome [P]. Usa questa strategia: verifica se concorda col nome (aggettivo), se accompagna un verbo (avverbio) o se sostituisce un altro elemento della frase (pronome).**

a. 1) Ho parecchio da fare. AV AG P
2) Ti ho atteso parecchio. AV AG P
b. 1) Ti amo tanto! AV AG P
2) Lo guarda con tanto amore. AV AG P
c. 1) Lucia beve poco. AV AG P
2) Lucia beve poco vino. AV AG P
d. 1) Giulia spende troppo. AV AG P
2) Giulia è a corto di denaro, ne spende troppo. AV AG P
e. 1) Luigi ha molti fratelli. AV AG P
2) Quanti fratelli ha Luigi? Di preciso non so, ma molti. AV AG P

14 ●●●
Oralmente spiega il diverso significato dell'avverbio evidenziato nelle coppie di frasi a seconda della sua collocazione.

a. 1) Francamente, Luca non parla > "se devo parlare in modo franco, ti dico che..."
2) Luca non parla francamente > "con schiettezza"

b. 1) Praticamente, Mirko ha appreso l'inglese lavorando.
2) Mirko ha appreso l'inglese praticamente.

c. 1) Andrea, veramente, dice di amare Sonia.
2) Andrea dice di amare Sonia veramente.

d. 1) Chiaramente, ognuno ha espresso il suo parere.
2) Ognuno ha espresso il suo parere chiaramente.

e. 1) Onestamente, dubito che Fabio lavori.
2) Dubito che Fabio lavori onestamente.

f. 1) Facilmente, Alex vincerà la gara.
2) Alex vincerà la gara facilmente.

LAVORA CON LE PAROLE

Livello 1 **15** ●○○
Con l'aiuto del dizionario, scrivi un verbo cui può accompagnarsi l'avverbio o locuzione avverbiale di modo.

cordialmente ~ inavvertitamente ~ favorevolmente ~ fiduciosamente ~ a crepapelle ~ sinteticamente ~ inesorabilmente ~ alacremente ~ irreparabilmente ~ smodatamente

Livello 2 **16** ●●○
A COPPIE Per ogni locuzione o espressione avverbiale scrivete un avverbio equivalente, anche al grado superlativo. Potete aiutarvi con il dizionario.

una volta al mese > mensilmente

in un batter d'occhio ~ in men che non si dica ~ di gran carriera ~ tutt'a un tratto ~ in anticipo ~ a poco a poco ~ a mano a mano ~ di tanto in tanto ~ una volta all'anno ~ due giorni or sono ~ a forza

17 ●●○
Controlla sul dizionario il significato degli avverbi elencati, quindi per ognuno scrivi una frase in cui sia usato in modo opportuno.

carponi ~ gattoni ~ tentoni ~ bocconi ~ ginocchioni ~ penzoloni

Livello 3 **18** ●●●
A COPPIE Con l'aiuto del dizionario, stabilite il significato delle locuzioni avverbiali elencate, quindi sceglietene quattro e per ognuna scrivete una frase in cui sia contestualizzata in modo adeguato.

alla carlona ~ a vanvera ~ a bizzeffe ~ di sottecchi ~ alla rinfusa ~ in ghingheri ~ alla grande ~ in tralice ~ all'impazzata ~ far fino ~ a tutta birra ~ allo sbando

19 ●●●
Ricerca sul dizionario il significato degli avverbi elencati (in quasi tutti i casi la forma avverbiale è riportata in fondo alla voce dell'aggettivo o del participio passato da cui deriva l'avverbio), quindi scegline quattro e per ognuno scrivi una frase in cui sia contestualizzato in modo adeguato.

equamente ~ simultaneamente ~ subitaneamente ~ repentinamente ~ sinistramente ~ strenuamente ~ tempestivamente ~ fortunosamente

2 La congiunzione

*Dolce **e** chiara è la notte **e** senza vento,*
***e** queta sovra i tetti **e** in mezzo agli orti*
posa la luna...
(G. Leopardi, *La sera del dì di festa*)

Che cos'è e a cosa serve la congiunzione

Nei notissimi versi di Leopardi, la congiunzione ***e*** si ripete con effetti musicali, **legando** tra loro:

- due aggettivi (*Dolce **e** chiara*), ai quali aggiunge poi il gruppo di parole che, come gli aggettivi, ha la funzione di "qualificare" la notte (***e** senza vento*);
- le due frasi (*Dolce...vento, / **e** queta...luna...*);
- l'espressione *sovra i tetti* con quella, analoga, ***e** in mezzo agli orti* (entrambe precisano il luogo).

La **congiunzione** unisce **parole** – o **gruppi** di parole – all'interno di una **stessa frase** e lega tra loro **frasi** intere, stabilendo un preciso ordine logico-semantico tra gli elementi collegati.

*Una volta, **quando** si stava per mangiare, si pregava, **invece** oggi si scatta una foto **o** si commenta l'aspetto del piatto **e** il suo aroma.*

HAI CAPITO? Stabilisci quali elementi collegano le **congiunzioni** evidenziate nell'esempio qui sopra.

La funzione delle congiunzioni

In base alla funzione, le **congiunzioni** si distinguono in:

- **coordinanti**, quando collegano elementi che stanno **sullo stesso piano logico-sintattico**, sia all'interno di un'unica frase – come avviene sempre –, sia tra più frasi. In questo secondo caso le due frasi sono reciprocamente autonome:

  *Porteremo **fiori*** ← *e* → ***cioccolatini**.*
  nome — nome

  Oggi tutti mi cercano, ← *ma* → ***non ci sono per nessuno**.*
  frase 1 — frase 2

- **subordinanti**, quando collegano due frasi in modo che quella (dipendente) introdotta dalla congiunzione risulti **subordinata** all'altra (reggente), senza la quale non avrebbe ragione di esistere:

  (per quale motivo?)
  Siamo stati chiusi in casa *perché* ***è nevicato troppo**.*
  reggente — subordinata

  (in che momento?)
  Quando ***sorridi,*** ***sei dolcissimo**.*
  subordinata — reggente

HAI CAPITO? A coppie, riformulate quattro esempi analoghi a quelli schematizzati.

• Forma e tipologie

Le congiunzioni, in base alla **forma**, si classificano in:

- **semplici**, quando sono formate da un'**unica parola** come ***e***, ***ma***, ***o***, ***cioè***;
- **composte**, quando derivano dalla **fusione di due** o **più parole**, come ***poiché*** (poi+che), ***sebbene*** (se+bene), ***oppure*** (o+pure), ***neanche*** (né+anche), ***affinché*** (al+fine+che);
- **locuzioni congiuntive**, quando sono costituite da **gruppi di parole separate**, come ***anche se***, ***prima che***, ***dal momento che***, ***di modo che***, ***ogni volta che***, ***visto che***, ***cosicché***, ***non appena***.

Le seguenti tabelle elencano le congiunzioni **coordinanti** e **subordinanti**. Come si può vedere anche dalle definizioni, la loro **denominazione** è dovuta al tipo di legame che esse creano. Analizzeremo più avanti la funzione specifica di queste congiunzioni studiando la sintassi della frase complessa o periodo (▸ p. 361).

Congiunzioni coordinanti	
Copulative	Uniscono due elementi, semplicemente accostandoli, anche quando introducono una **negazione**: ***e***, ***anche***, ***pure***, ***neanche***, ***né***, ***neppure***, ***nemmeno*** ecc. *Prendi guanti* ***e*** *sciarpa.* *Non lo incontro da un po'* ***né*** *lo vedo su Facebook.*
Avversative	Collegano elementi che tra loro si oppongono, talvolta anche parzialmente: ***ma***, ***però***, ***anzi***, ***tuttavia***, ***bensì***, ***invece***, ***piuttosto*** ecc. *Quel lavoro è interessante* ***però*** *impegnativo.* *Salgo un attimo da te,* ***ma*** *scappo subito.*
Dichiarative o esplicative	Collegano spiegando: ***cioè***, ***infatti***, ***ossia***, ***vale a dire***, ***per esempio*** ecc. *Ci sentiamo domenica prossima,* ***cioè*** *tra una settimana.*
Disgiuntive	Uniscono introducendo un'alternativa: ***o***, ***oppure***, ***altrimenti***, ***ovvero***, ***ossia*** ecc. *Ti offro un tè* ***o*** *un caffè?* *Sbrigati* ***oppure*** *perderai l'aereo.*
Conclusive	Introducono una conseguenza o una conclusione: ***dunque***, ***allora***, ***quindi***, ***perciò***, ***pertanto*** ecc. *Devo fare del movimento* ***quindi*** *verrò a piedi.*
Correlative	Uniscono, mettendole in corrispondenza, parole o frasi. Si usano in coppia: ***e... e***, ***né... né***, ***sia... sia***, ***o... o***, ***così... come*** ecc. *Non ci metti* ***né*** *impegno* ***né*** *passione.* *Mi piace molto* ***sia*** *sciare* ***sia*** *pattinare.*

HAI CAPITO?

La congiunzione *ma* può avere funzione esclusiva (un fatto esclude totalmente l'altro) o modificante (un secondo fatto modifica in parte il precedente):

Non corro per vincere, ***ma*** *per testimoniare il mio impegno* (= esclusiva).
La giornata era grigia e piovosa, ***ma*** *la trascorremmo in allegria* (= modificante).

Distingui le diverse funzioni nelle frasi seguenti.

a. Farò il possibile per aiutarti, ma tutto dipende dal tuo impegno.
b. Non mi servono i tuoi consigli, ma un aiuto materiale!
c. Non ha eseguito lui il lavoro, ma il suo assistente.
d. È tempo di primavera, ma la fioritura è in ritardo.

Congiunzioni subordinanti	
Dichiarative	Spiegano, chiariscono ciò che è espresso nella reggente: ***che***, ***come***. *Abbiamo visto in diretta* ***che*** *la nave stava affondando.*
Temporali	Indicano il tempo in cui si svolge l'azione: ***quando***, ***mentre***, ***come***, ***appena***, ***finché***, ***prima / dopo che***, ***nel momento in cui*** ecc. *Potrai uscire* ***non appena*** *avrai messo in ordine la tua stanza.*
Finali	Indicano il fine, lo scopo: ***affinché***, ***perché***, ***in modo che*** ecc. *E se ci impegnassimo di più* ***perché*** *il mondo diventi un posto migliore?*
Causali	Indicano la causa, il motivo: ***perché***, ***poiché***, ***siccome***, ***dal momento che***, ***in quanto***, ***per il fatto che*** ecc. *È uscita da tutti i social* ***perché*** *non sopporta più critiche e commenti maligni.*
Consecutive	Introducono una conseguenza o una conclusione: ***così... che***, ***tanto... che***, ***a tal punto che*** ecc. *È* ***così*** *carico di energia* ***che*** *potrebbe stare in piedi tre giorni.*
Concessive	Indicano una circostanza che, pur essendo di ostacolo, non impedisce il fatto enunciato nella reggente: ***anche se***, ***sebbene***, ***benché***, ***per quanto***, ***malgrado***, ***nonostante***, ***quantunque*** ecc. ***Nonostante*** *la stanchezza, ha lavorato senza sosta tutto il giorno.*
Modali	Indicano il modo di svolgimento dei fatti: ***come***, ***come se***, ***quasi***, ***siccome*** ecc. *Ho cucinato quel piatto* ***come*** *mi hai suggerito tu, ma è venuto male.*
Condizionali	Indicano la condizione che consente il verificarsi di un fatto: ***a condizione che***, ***purché***, ***se***, ***qualora***, ***a patto che***, ***nel caso che*** ecc. *Ti passo il compito,* ***a patto che*** *tu mi presenti tua cugina.*
Interrogative e dubitative indirette	Indicano una domanda o un dubbio: ***se***, ***come***, ***che***, ***quando***, ***perché*** ecc. *Vorrei tanto sapere* ***quando*** *la smetterai di lamentarti*
Avversative	Indicano un fatto contrario rispetto a quello espresso nella reggente: ***mentre***, ***laddove***, ***quando***, ***anziché*** ecc. *Per i genitori la vacanza è stata favolosa,* ***mentre*** *lui si è annoiato tantissimo.*
Comparative	Indicano un paragone, un confronto: ***così... come***, ***più/meno... che***, ***meglio / peggio di come / quanto*** ecc. *La serata è andata* ***meglio di quanto*** *avessimo sperato.*
Eccettuative / Limitative	Indicano, rispetto alla reggente, l'esclusione di qualcosa o un suo limite: ***fuorché***, ***a meno che***, ***senza***, ***senza che***, ***per quanto*** ecc. *Non va mai al cinema,* ***a meno che*** *non si tratti di un film premiato.*

HAI CAPITO?

Osservando la tabella puoi notare che la congiunzione *perché* ha diverse funzioni: può introdurre una causa, un fine, una conseguenza. Riconoscile nelle seguenti frasi.

a. I miei brontolano perché esca dallo stato di "connessione" continua con internet, chat, i social ecc.
b. I miei brontolano perché sono sempre in "connessione".
c. È un argomento troppo difficile perché tu possa affrontarlo.
d. Ti ho risposto male perché ero irritata.
e. Ci organizzeremo perché tutto funzioni al meglio.

ADESSO TOCCA A TE ▶ Capitolo 2

INDIVIDUA E COMPLETA

Livello 1

1 ●○○ **In ognuna delle frasi seguenti sottolinea le congiunzioni, quindi abbinale alla forme corrispondenti.**

a. Siamo andati in spiaggia sebbene il cielo fosse coperto e facesse freddo. ☐
b. Siamo andati in spiaggia, ma il cielo era coperto e faceva freddo. ☐
c. Siamo andati in spiaggia, anche se il cielo era coperto e faceva freddo. ☐

1. Semplice, semplice **2.** Composta, semplice **3.** Locuzione congiuntiva, semplice

2 ●○○ **Completa ogni frase seguente con una congiunzione opportuna, scelta tra le due proposte.**

a. Quest'anno rinuncerò alle vacanze, **cioè** / **perché** non me lo posso permettere.
b. Luca e Sandra amano il ballo, **infatti** / **così che** frequentano una scuola di danza.
c. **Sia** / **né** allievi **sia** / **né** insegnanti hanno partecipato all'open day della scuola.
d. Preferisce le mèches **invece** / **oppure** leggeri riflessi?
e. Verrò con te, **a patto che** / **per quanto** si rientri entro mezzanotte.

Livello 2

3 ●●○ **In ognuna delle coppie di frasi seguenti stabilisci se la congiunzione evidenziata è coordinante [C] o subordinante [S].**

a. 1) Mi sento riposata, infatti ☐ ho dormito bene. 2) Mi sento riposata perché ☐ ho dormito bene.
b. 1) Ho l'influenza, tuttavia ☐ lavoro. 2) Lavoro sebbene ☐ abbia l'influenza.
c. 1) Siccome ☐ amo la natura, vivo in campagna. 2) Amo la natura e ☐ vivo in campagna.
d. 1) L'autobus non passa, pertanto ☐ andrò a piedi. 2) Poiché ☐ l'autobus non passa, andrò a piedi.
e. 1) Uscirei, se ☐ non dovessi studiare. 2) Uscirei, invece ☐ devo studiare.

4 ●●○ **Completa ogni frase seguente con un'opportuna congiunzione coordinante del tipo indicato tra parentesi.**

a. Lasciatemi in pace, ... mi arrabbio! (disgiuntiva)
b. Domani ci sarà la verifica, ... facciamo un bel ripasso. (conclusiva)
c. Mi riposerò quando andrò in pensione, ... tra due anni. (dichiarativa)
d. Non posso mangiare .... carboidrati .... zuccheri. (correlative)
e. Lucia va dicendo di essere vegana, ... ha un piumino di penne d'oca! (avversativa)
f. A colazione sempre latte .... biscotti! (copulativa)

5 ●●○ **Completa ognuna delle frasi seguenti con un'opportuna congiunzione.**

a. Ho montato l'armadio ...come... dicevano le istruzioni.
b. Manca ancora un'ora .... il babbo rientri dall'ufficio.
c. Ho scritto una lettera di protesta al sindaco .... le strade sono piene di buche.
d. Gli parlerò .... tra noi non ci siano malintesi.
e. Ti confesso .... Giacomo mi ha deluso.
f. Non capisco .... ridete di me.
g. Pietro è generoso, ... non sia ricco.

6 ●●○

In quale frase *che* è congiunzione?

[A] In famiglia non c'è nessuno che si interessi a quello che faccio.
[B] La direzione ha comunicato che ridurrà il personale.
[C] Ma che ti frulla in testa in questi giorni?

Livello 3 **7** ●●●

In ogni coppia di frasi stabilisci se la parola evidenziata è usata come avverbio [A] o come congiunzione [C]. Usa questa strategia: controlla se modifica un elemento della frase [A] o se la collega a un'altra [C].

a. 1) Vorrei fare un viaggio, quindi ☐ sto mettendo da parte il denaro necessario.
2) Rosolate la carne a fuoco lento, quindi ☐ aggiungete le verdure tagliate a pezzetti.

b. 1) Luca ha di nuovo perso le chiavi, allora ☐ mi sono arrabbiata.
2) Allora ☐ non esistevano i cd, si ascoltavano i dischi in vinile.

c. 1) Quando ☐ tornerà la corrente elettrica?
2) Vorrei sapere quando ☐ tornerà la corrente elettrica.

d. 1) Come ☐ si permette tanta confidenza?
2) Mi chiedo come ☐ si permetta tanta confidenza.

8 ●●●

Completa ogni frase seguente prima con una congiunzione coordinante, poi con una subordinante, in modo che assuma due significati diversi.

a. Voglio essere promosso, perciò .... / perché .... studio con impegno.
b. Ho mangiato troppi dolci, ... / .... se non dovrei.
c. Parla lentamente, ... / .... ti capiamo.
d. Lucia era disperata, ... / .... che piangeva.
e. Erano già le otto, ... / .... mi sono alzata.
f. Mario arrivò in ritardo, ... / .... perse l'aereo.

USA E PRODUCI

Livello 1 **9** ●○○

A COPPIE Per ogni congiunzione coordinante elencata scrivete una frase riguardante il mondo dello sport o dello spettacolo.

cioè ~ neppure ~ pertanto ~ tuttavia

Livello 2 **10** ●●○

Riscrivi le frasi seguenti unendole mediante opportune congiunzioni coordinanti.

a. Rocco è un giovane responsabile. I suoi genitori sono orgogliosi di lui.
b. La tangenziale è intasata. Prenderemo un'altra strada.
c. Sono andata a trovare Carla. Lei era uscita.
d. Gradite un antipasto? Preferite passare al primo? Volete semplicemente un'insalata mista?
e. Questo talk show è interessante. È ora di andare a letto. Spegni il televisore.
f. Il solito ristorante era chiuso. Siamo andati in pizzeria.

Livello 3 **11** ●●●

Per ogni congiunzione subordinante elencata scrivi una frase riguardante il mondo della moda o della musica.

poiché ~ purché ~ quando ~ affinché

3 La preposizione

*Muoio **dalla** voglia **di** conoscerti*

• Che cos'è e a cosa serve la preposizione

La prima **preposizione** del titolo del libro – ***dalla*** – è **articolata** (preposizione semplice **da** + articolo **la**). La sua funzione è introdurre **l'argomento indiretto** che precisa il significato metaforico del verbo *muoio*. La seconda – ***di*** – collega le due frasi. A questo punto è semplice comprendere come le preposizioni abbiano il ruolo di "connettore".

La **preposizione** è una parte invariabile del discorso che **connette** e **raccorda** sia le parole all'interno di una frase, sia le frasi tra loro.

La preposizione ha una funzione simile a quella della congiunzione: **collegare parole e frasi** in modo da creare relazioni da cui nasce un preciso significato. A differenza della congiunzione, la preposizione ha sempre funzione **subordinante**.

Se unisce elementi all'interno della frase, introduce **argomenti** o **complementi indiretti** (▸ p. 328 e seguenti), cioè parole che completano variamente le espressioni precedenti, dalle quali dipendono. Quando collega le frasi, introduce sempre delle **subordinate**:

(di quale argomento?)
Parlano solo ***di*** ***calcio.***
complemento indiretto

(per quale fine?)
È stato assunto ***per*** ***servire ai tavoli.***
reggente — subordinata finale

• Forme e tipologie

Le preposizioni si classificano in:

- **proprie**, a loro volta suddivise in:
  - **semplici**: ***di***, ***a***, ***da***, ***in***, ***con***, ***su***, ***per***, ***tra***, ***fra***:
    *Il vento soffiava **tra** i rami.*
    *Mandami un SMS **per** farmi sapere quando arrivi;*
  - **articolate**: nascono dalla fusione di **preposizioni semplici** e **articoli** perciò variano in **genere** e **numero**:
    *Mi piacciono tutti i generi di narrativa: **dal** rosa, **al** giallo, **all'** horror.*

La tabella seguente illustra le forme delle preposizioni articolate.

+	il	lo	l'	la, l'	i	gli	le
di	del	dello	dell'	della, dell'	dei	degli	delle
a	al	allo	all'	alla, all'	ai	agli	alle
da	dal	dallo	dall'	dalla, dall'	dai	dagli	dalle
in	nel	nello	nell'	nella, nell'	nei	negli	nelle
su	sul	sullo	sull'	sulla, sull'	sui	sugli	sulle

- **improprie**: si tratta di **avverbi**, **aggettivi**, **participi** usati in funzione di preposizione. Ne elenchiamo alcune: ***davanti***, ***fuori***, ***dopo***; ***lontano***, ***vicino***, ***lungo***; ***durante***, ***mediante***, ***stante***, ***escluso***, ***eccetto***, ***dato***; ***sopra***, ***sotto***, ***verso***; ***malgrado***, ***nonostante***, ***secondo***, ***salvo***:

  *Allo stadio, **durante** la partita, tutti gridavano scompostamente: sia **vicino** a me, sia soprattutto **lungo** le curve.*

- **locuzioni prepositive**: sono espressioni costituite da più parole, in cui compare comunque una preposizione semplice, come ***in mezzo a***, ***per mezzo di***, ***a favore di***, ***a causa di***, ***per opera di***, ***verso di***, ***conformemente a***, ***a prescindere da***, ***al di là di***, ***all'infuori di***, ***a proposito di***, ***in quanto a***:

  *Si è fermato **in mezzo alla** strada e si è girato **verso di** me, gesticolando per un ultimo saluto.*

PER SAPERNE DI PIÙ

Parole uguali, funzioni diverse

Aver compreso che cosa sono, e come funzionano, le varie parti del discorso non significa automaticamente saperle distinguere con sicurezza. Alcune parole **identiche nella forma**, infatti, possono svolgere **funzioni diverse**, a seconda del contesto. Può accadere, quindi, di confondere tra loro, avverbi, congiunzioni, preposizioni e aggettivi. Come evitare questo rischio? Riflettendo ogni volta sulle caratteristiche essenziali che **distinguono** ciascuna parte del discorso dalle altre di uguale forma.
Le seguenti mappe propongono un modello per puntualizzare tali aspetti **distintivi**, esemplificando dei casi di possibile dubbio tra **preposizione** / **aggettivo** e tra **avverbio** / **preposizione**. Segue un elenco che si propone, invece, come guida pratica nei casi più comunemente controversi.

Preposizione o aggettivo?

__Secondo__ Laura, avremo i risultati entro la __seconda__ settimana di giugno.

preposizione (Secondo):
- È invariabile;
- **non** ha un **significato** proprio, ma mette in **relazione** Laura con un'opinione (la data dell'esposizione dei risultati).

aggettivo (seconda):
- È variabile: concorda con il **femminile** di settimana;
- ha il **significato** di "cio che segue il primo".

Preposizione o avverbio?

preposizione: *L'ho letto __su__ una rivista.*
- **Non** ha un **significato** proprio;
- si riferisce al nome "rivista", mettendolo **in relazione** con quanto è stato letto.

avverbio: *Guarda __su__ e lo vedrai.*
- **Precisa** ciò che dice il verbo;
- ha il **significato** di indicare il **luogo** verso cui deve essere diretto "l'atto di guardare".

Certo, chiaro, molto, tanto, poco, parecchio, solo, troppo	**Avverbi**	Quando affiancano un verbo, un aggettivo, un altro avverbio e sono invariabili: *Parli **molto** e ascolti **poco**.* *Ti ho chiesto **solo** di rispondermi con cortesia.*
	Aggettivi	Quando accompagnano un nome e con esso concordano in numero e genere: *Abbiamo chiarito **molti** dubbi; rimangono perciò **poche** questioni ancora irrisolte.*
Come, perché, dove, quanto, quando	**Avverbi**	• Quando introducono una domanda diretta o un'esclamazione: ***Come** hai fatto? / **Quanto** mi piace!* • ***Come*** e ***quanto*** sono *avverbi* anche quando introducono il secondo termine di paragone: *Sono brava **come** / **quanto** te.* • ***Come*** è avverbio anche vicino a un'apposizione (= nome che precisa un altro nome) o a un complemento predicativo: ***Come** fratello, Mauro non è un granché / Lo vedrei **come** attore.*
	Congiunzioni subordinanti	• Quando creano un legame tra la proposizione reggente e la subordinata: *Ti ho cercato* (reggente) ***perché** mi serve il tuo aiuto* (subordinata). *Fai tutto di corsa* (reggente), ***quando** dovresti muoverti con calma* (subordinata). • ***Quanto*** può fungere anche da **preposizione** quando introduce un complemento: ***Quanto** a pignoleria è imbattibile.*
Vicino, lontano, davanti, dietro, dentro, fuori, sotto, sopra	**Avverbi**	Quando, stando vicino al verbo, non introducono altri termini: *Vai **lontano**?* *Fidati e vienimi **dietro**.*
	Aggettivi	Quando si riferiscono a un nome e concordano con esso: *Ho nostalgia degli amici **lontani**.*
	Preposizioni	Quando introducono e reggono nomi, pronomi e parti sostantivate (a loro volta preceduti da articoli, preposizioni semplici e articolate): ***Vicino** a scuola c'è un bellissimo parco.* ***Lontano** da te soffro di nostalgia.* ***Sopra** la scrivania troverai il libro.* ***Dietro** alla casa c'è un ulivo.* ***Davanti** al male, mi ritraggo.*

ADESSO TOCCA A TE

▶ Capitolo 3

INDIVIDUA E COMPLETA

Livello 1

1 ●○○ **Sottolinea tutte le preposizioni semplici e articolate contenute nelle frasi seguenti.**

a. Al parco i bambini si rotolano tra l'erba.
b. Sulle strade ci sono ancora cumuli di neve.
c. Esco a comprare il giornale all'edicola vicina.
d. Ecco un bella borsa da regalare a Marzia!
e. Il traffico in autostrada è rallentato dalla nebbia.

2 ●○○ **Completa le frasi seguenti con le opportune preposizioni semplici o articolate, scelte tra quelle elencate.**

da ~ dei ~ a ~ con ~ sulla ~ per ~ alla ~ di ~ delle

a. Userò questa vernice .... tinteggiare la camera .... ragazzi.
b. Caspita, quante email .... leggere!
c. Parlerò .... Luca .... mie perplessità .... sua proposta.
d. Mi è difficile resistere .... vista .... un buon dolce.
e. Completa la ricerca .... dati statistici.

3 ●○○ **Stabilisci se le preposizioni evidenziate nelle frasi seguenti collegano parole [P] o frasi [F].**

a. Sandra è andata a ☐ nuotare al lago.
b. Anna e Paolo sono lieti di ☐ annunciare il loro matrimonio.
c. Per ☐ preparare una buon pesto ci vuole l'olio di oliva.
d. Mi piace stare in ☐ compagnia con ☐ voi.
e. Questo scialle di ☐ lana è stato fatto all' ☐ uncinetto da ☐ mia zia.
f. Passa a ☐ prendermi alle ☐ otto.

Livello 2

4 ●●○ **Stabilisci se le parole evidenziate nelle coppie di frasi sono preposizioni articolate [P] o articoli partitivi [A].**

a. 1) Vorrei dei peperoni rossi. P A
2) Il prezzo dei peperoni è aumentato. P A
b. 1) Andrea si fida soltanto degli amici. P A
2) Andrea ha degli amici fidati. P A
c. 1) A volte ascolto delle vecchie canzoni. P A
2) Trovo insignificanti i testi delle vecchie canzoni. P A
d. 1) Racconti sempre delle storie inverosimili. P A
2) Sono stanco delle tue storie inverosimili! P A

5 ●●○ **Sottolinea le preposizioni improprie presenti in 5 delle frasi seguenti.**

a. Che cosa c'è di così pesante dentro la borsa?
b. Il cielo è azzurro sopra Berlino. Italia campione del mondo!
c. *Il buio oltre la siepe* è un bel romanzo sulla discriminazione razziale.
d. Studiare? Lo farò dopo.
e. Studierò dopo la partita in tv.
f. Passa oltre, non li guardare.
g. Oltre quelle montagne c'è la Svizzera.

6 ●●○ **Stabilisci se le parole evidenziate sono preposizioni improprie [P] o aggettivi [A].**

a. Secondo me, dovresti essere più tollerante. P A
b. Al torneo di tennis mi sono piazzato al secondo posto. P A
c. Questo romanzo è bello, ma troppo lungo. P A
d. Lungo gli argini del fiume si sono accumulati molti detriti. P A
e. Questo albergo è distante dalla spiaggia. P A
f. Sara vive distante da casa da molti anni. P A

7 ●●○ **Completa le frasi seguenti con le locuzioni prepositive adatte, scelte tra quelle elencate.**

a forza di ~ rispetto a ~ in base a ~ al di là di ~ per conto di ~ nell'interesse di

a. Gli affari vanno bene, ... ogni mia aspettativa.
b. La collaborazione reciproca è .... tutti.
c. Vorrei fare una precisazione .... quanto detto.
d. .... urlare sono rimasto senza voce.
e. .... una recente indagine il divario tra ricchi e poveri è aumentato.
f. Ti restituisco questo libro .... Mario.

Livello 3 **8** ●●● **Con gli elementi dati forma frasi di senso compiuto utilizzando opportuni articoli e preposizioni, semplici e articolate.**

a. oggi / vado / medico / visita / controllo.
b. afose / sere / agosto / niente / è meglio / buon gelato.
c. abitanti / metropoli / devono fare / conti / alti tassi / inquinamento.
d. corso / anni / Leo / ha cambiato / diversi posti / lavoro / campo pubblicitario.
e. raggiungere / nostri obiettivi / dobbiamo impegnarci / costanza.
f. dire / e / fare / c'è / mezzo / mare.

9 ●●● **Stabilisci se gli elementi evidenziati nelle frasi seguenti sono locuzioni prepositive [LP] o avverbiali [LA].**

a. Di solito la sera non esco, preferisco chattare. LP LA
b. Sofia abita di fronte allo stadio olimpico. LP LA
c. Elisa studia troppo a memoria. LP LA
d. Quando mi sveglio, prima di tutto accendo il cellulare. LP LA
e. Nina ha fatto una scenata in mezzo alla strada. LP LA
f. Parliamone faccia a faccia. LP LA
g. Aspettami, faccio in un baleno! LP LA
h. Siamo al freddo a causa di un guasto alla caldaia. LP LA
i. A proposito di Lucia, è molto che non la vedo. LP LA

10 ●●● **Stabilisci la funzione di *lontano* e *vicino* nelle frasi seguenti: aggettivo [AG], avverbio [AV] o preposizione [PR].**

a. Sono affascinato dal lontano Oriente. AG AV PR
b. Se potessi, fuggirei lontano. AG AV PR
c. Cerca di stare lontano dai guai. AG AV PR
d. L'esame è vicino, sono già in ansia. AG AV PR
e. I miei zii abitano vicino a Firenze. AG AV PR

4 L'interiezione e l'onomatopea

● L'interiezione o esclamazione

Gipi, *Una storia*, 2013.

Con l'**interiezione *Ah*** (la cui intensità è resa graficamente con più "a") l'uomo raffigurato nel fumetto esprime il terrore di morire. Così facendo attira però l'attenzione degli inseguitori per cui il compagno cerca di zittirlo esclamando ***Sh*** (o ***sst***)..., **interiezione** che serve a intimare il silenzio.

L'**interiezione** è considerata una parte del discorso, anche se, come tale è piuttosto atipica. Equivale, infatti, a una **frase vera e propria**, autonoma rispetto al discorso. La sua **funzione** sta nel saper condensare significati anche complessi, trasmettendo, con sintetica immediatezza, **emozioni**, **stati d'animo**, **sensazioni** e **informazioni**:

Ehi [Stai in guardia...], *attento a quello che dici!*
Mah! [Sono perplesso, non ho un'opinione precisa...] *Cosa vuoi che ti dica?*
È venuto l'idraulico? ***Macchè!*** [Non è venuto, figurarsi se mantiene la parola...]

HAI CAPITO? Interpreta il significato dell'interiezione pronunciata dal personaggio della vignetta.

Nella **gamma espressiva** delle interiezioni trovano posto molte **manifestazioni interiori**, come sofferenza (*ahi!*), sorpresa e stupore (*ah / oh!*), entusiasmo (*fantastico! bene!)*, incertezza (*mah!*). Le interiezioni trasmettono anche contenuti informativi. Comunicano, per esempio, che non si è compreso il messaggio (*eh?*), che non lo si ritiene credibile (*ma va!*), che non si sa o non si è capito nulla (*boh!*) ecc. Le esclamazioni sono preziose anche per esprimere incitamenti (*dai! forza! coraggio!*), saluti (*salve!*), richiami (*ehi!*), ordini e avvertimenti (*alt!*).

Le interiezioni si dividono in:

- **proprie**: si tratta di monosillabi usati solo come interiezioni. Sono prive di significato lessicale, e il loro senso risulta per lo più dal tono e dal contesto: *ah! ehi! ohi! ehm! mah! boh! uffa! ahimè!* ecc.
- **improprie**: sono parole di ogni tipo a cui viene attribuita questa funzione perché, grazie al loro significato, rendono in modo chiaro e immediato le sfumature degli stati emotivi: *coraggio! pazzesco! forza! stupendo! accidenti!* ecc.
- **locuzioni interiettive o esclamative**: sono gruppi di parole che hanno valore esclamativo: *non mi dire! ma per amor del cielo! poveri noi!* ecc.

• L'onomatopea

Simili alle interiezioni sono le **onomatopee**, espressioni che riproducono, con i suoni della lingua, suoni e rumori della realtà: *toc-toc*, *tic-tac*, *behee*, *miao*, *brrr*, *crac* ecc. Le onomatopee (molto frequenti nei fumetti, ma anche in alcuni testi poetici) non vanno **confuse** con le **parole onomatopeiche**, verbi e nomi dal valore imitativo, come *ticchettare*, *belare*, *miagolio*, *fruscio*, *rimbombo*.

Da *10 anni di Calvin And Hobbes*, 2016.

HAI CAPITO?

Nel parlato, allo stesso modo delle interiezioni, sono frequenti gli **intercalari** o **segnali discorsivi**, parolette o locuzioni quasi "vuote", inserite nel discorso per stabilire un contatto, stimolare, sottolineare, enfatizzare, partecipare, riempire le pause. Eccone alcuni: *allora, come dire, cioè, non so se mi spiego, e così via, diciamo, Ok, assolutamente...* Continua tu l'elenco, facendo attenzione anche al tuo proprio linguaggio e a quello dei compagni, con i quali poi ti confronterai.

ADESSO TOCCA A TE

▶ Capitolo 4

INDIVIDUA E CLASSIFICA

Livello 1

1 ●○○ **Individua l'esclamazione e l'onomatopea presenti nella battuta della vignetta.**

2 ●○○ **A ogni gruppo di interiezioni abbina la classificazione corretta.**

a. Ohi, ih, uh, beh ☐
b. Santo cielo!, Poveri noi! Al fuoco!, Dio mio! ☐
c. Salve!, Certo!, Peccato!, guai! ☐

1. proprie **2.** improprie **3.** locuzioni interiettive o esclamative

Livello 2

3 ●●○ **Nelle frasi seguenti sottolinea e distingui tra interiezioni improprie [I] e locuzioni interiettive [LI].**

a. Calma, non agitatevi per così poco! I LI
b. Per amor del cielo, non fare una tragedia! I LI
c. Un momento! Non lasciatemi indietro! I LI
d. Forza! A tutto c'è rimedio. I LI
e. Silvia è ripartita? Peccato, l'avrei incontrata con piacere. I LI
f. Ma cosa diavolo vai dicendo? I LI

Livello 3 **4** ●●●

Nelle frasi seguenti sottolinea e distingui tra interiezioni proprie [P], improprie [I] e locuzioni interiettive [L].

a. Un nuovo gioco di ruolo! Che forte! P I L
b. Che noia, la lezione di grammatica! P I L
c. Scusa, non l'ho fatto apposta! P I L
d. Avanti, non avere paura! P I L
e. Ih, quante storie per un prelievo di sangue! P I L
f. Uh! Quanti bei vestiti! P I L
g. Ancora lamentele? Ma fammi il piacere! P I L

LAVORA CON LE PAROLE

Livello 1 **5** ●○○

Nelle frasi seguenti inserisci un'interiezione/una locuzione interiettiva adatta al contesto, scelta tra quelle elencate (non tutte vanno usate).

evviva ~ abbasso ~ che pizza ~ cavolo ~ mamma mia ~ uffa ~ bravo ~ accidenti

a. ...., che spavento!
b. ...., piove anche oggi!
c. .... l'Inter!
d. ...., otto in matematica!
e. Gol! ....!
f. ...., questo documentario di storia!
g. Falla finita, ...!

6 ●○○

A COPPIE Utilizzando un'interiezione opportuna, scelta tra quelle elencate, scrivete una frase per ognuno dei seguenti stati emotivi: disgusto, incredulità, rimpianto, dolore, sorpresa, dubbio.

puah ~ oh ~ mmh ~ bum ~ ah ~ ahimè

7 ●○○

Abbina a ciascuna frase il corrispondente significato dell'interiezione eh.

a. Eh, ho mangiato io tutto il cioccolato! ☐
b. Attento, eh, che ti tengo d'occhio! ☐
c. Eh, così va la vita... ☐

1. rassegnazione **2.** minaccia **3.** rincrescimento

8 ●○○

Abbina a ogni suono l'onomatopea che lo riproduce.

a. tremore ☐	1. ecciù
b. russare ☐	2. drin drin
c. esplosione ☐	3. clic
d. campanello ☐	4. ron ron
e. crollo ☐	5. brr
f. interruttore ☐	6. patatrac
g. colpo, taglio secco ☐	7. zac
h. starnuto ☐	8. bum

Livello 2

9 ●●○

Con l'aiuto del dizionario, individua i diversi significati dell'interiezione *fiiiuuu* nelle frasi seguenti.

a. Fiiiuuu, vieni qua! ....

b. Fiiiuuu, che brodaglia questa minestra! ....

c. Che software preistorico! Fiiiuuu... ....

d. Fiiiuuu, la prof non ha fatto in tempo a interrogarmi! ....

10 ●●○

Oralmente spiega il significato delle parole onomatopeiche elencate, quindi scegline tre e per ognuna scrivi una frase in cui sia usata in modo opportuno. Se hai dubbi, puoi aiutarti con il dizionario.

bubbolio ~ cliccare ~ ticchettio ~ sciabordare ~ schioccare ~ gracidio ~ gracchiare ~ sibilare ~ ringhiare ~ grugnire

Livello 3

11 ●●●

In ogni coppia di frasi prova a sostituire l'interiezione/locuzione esclamativa evidenziata con una frase che ne spieghi il significato. Puoi aiutarti con il dizionario.

a. 1) Comprare un'auto nuova? Bah! > Non sono convinto ....
2) Mi affido alla fortuna, bah... > vada come vada ....

b. 1) Ho montato le scansie! Poh! ....
2) Poh, ho rotto il vaso! ....

c. 1) Per carità, non voglio più uscire con te! ....
2) Per carità, non intendo disturbarla. ....

d. 1) Pollo arrosto, mmh! ....
2) Mmh! Vince sempre lui! ....

12 ●●●

Per almeno quattro esclamazioni elencate, scrivi una frase in cui siano usate in modo opportuno. Se non ne conosci il significato, consulta il dizionario.

Capperi! ~ Diamine! ~ Perbacco! ~ Perdinci! ~ Perdindirindina! ~ Perdiana! ~ Per Giove!

FACCIAMO IL PUNTO

definire + riassumere + classificare + memorizzare

LOSAI? RIPASSA CON LO SMARTPHONE

Le parti invariabili

- *sono* → parole prive di desinenze che cambiano a seconda di genere, numero ecc.
- *si dividono in*:
  - **AVVERBI**
    - *possono avere*:
      - **GRADI**: *Corri **più** forte.*
      - **ALTERAZIONI**: *Sta ben**ino**.*
    - *si classificano in avverbi di*:
      - **MODO**: *Hai agito **correttamente**.*
      - **TEMPO**: ***Domani** pioverà.*
      - **LUOGO**: *Raggiungimi **quassù**.*
      - **QUANTITÀ**: *Hai mangiato **troppo**?*
      - **VALUTAZIONE**: ***Purtroppo** nevica.*
      - **AFFERMAZIONE**: *Verrà **certamente**.*
      - **NEGAZIONE**: ***Non** ridere!*
      - **DUBBIO**: ***Forse** uscirà.*
      - **INTERROGATIVI**: ***Dove** vai?*
      - **ESCLAMATIVI**: ***Quanto** mangi!*
  - **CONGIUNZIONI**
    - *in base alla funzione si dividono in*:
      - **COORDINANTI**: *Scrivi **o** telefona.*
      - **SUBORDINANTI**: *Dorme ancora **perché** ieri ha fatto tardi.*
  - **PREPOSIZIONI**
    - *si classificano in*:
      - **SEMPLICI**: *Andiamo **a** casa.*
      - **ARTICOLATE**: *È un regalo **della** nonna.*
      - **IMPROPRIE**: *Mettilo **sopra** il tavolo.*
      - **LOCUZIONI PREPOSITIVE**: *La casa sta **in mezzo ai** campi.*
  - **INTERIEZIONI**
    - *si dividono in*:
      - **PROPRIE**: ***Mah!** Si è comportato in modo strano.*
      - **IMPROPRIE**: ***Accidenti!** Oggi non funziona nulla.*
      - **LOCUZIONI INTERIETTIVE**: ***Non mi dire!** È ancora sbagliato?*

CONOSCENZE

1 **Indica se le seguenti affermazioni sono vere [V] o false [F].**

a. L'avverbio arricchisce il significato di una frase, ma non può modificarlo. V F
b. Le locuzioni avverbiali sono formate da due o più parole legate in forma fissa. V F
c. Le congiunzioni coordinanti collegano solo elementi all'interno di un'unica frase. V F
d. Le congiunzioni subordinanti introducono frasi che hanno significato anche da sole, senza la reggente. V F
e. La preposizione ha sempre una funzione subordinante. V F
f. Le preposizioni improprie sono avverbi, aggettivi, participi usati in funzione di preposizione. V F
g. L'interiezione equivale a una frase vera e propria ed è autonoma rispetto al resto del discorso. V F

ABILITÀ

2 **In ognuna delle frasi seguenti indica la tipologia dell'avverbio/locuzione avverbiale evidenziato: modo [M], tempo [T], quantità [Q].**

a. Questo abito è troppo costoso per me. M T Q
b. Una volta pochi frequentavano le scuole superiori. M T Q
c. Paolo guida a tutto gas. M T Q
d. Luca e Marco sono arrivati al traguardo testa a testa. M T Q
e. Sofia è molto intelligente e altrettanto simpatica. M T Q

3 **In quale frase è presente un avverbio che modifica un altro avverbio?**

A Questo potevi dirmelo subito.
B Prima Beppe abitava a Salerno.
C In questo periodo dormo troppo poco.

4 **Nella frase *Gli ho parlato per convincerlo a cambiare idea*, al posto di *per* quale congiunzione potresti usare?**

A Finché (si convincesse).
B Perché (si convincesse).
C Purché (si convincesse).

5 **In *Sono contento di avere incontrato delle persone come voi*, la preposizione *di* collega parole o frasi?** ....

6 **In quale frase *lontano* è usato in funzione di preposizione?**

A Cerca di stare lontano dai guai!
B Vorrei fuggire lontano!
C Sono ben lontano dal crederti.

7 **Sottolinea le interiezioni/esclamazioni e le onomatopee presenti nelle due frasi.**

a. Accidenti, che mi venga un colpo! Il portiere ha fatto autogol!
b. Uffa, sono stanco di questo continuo bla bla...!

COMPETENZE

8 **Leggi con attenzione il brano, quindi svolgi le attività proposte.**

Una balena vede gli uomini

Sempre così affannati, e con lunghi arti che spesso agitano. E come sono poco rotondi, senza la maestosità delle forme compiute e sufficienti, ma con una piccola testa mobile nella quale pare si concentri tutta la loro strana vita. Arrivano scivolando sul mare, ma non nuotando, quasi fossero uccelli, e danno la morte con fragilità e graziosa ferocia. Stanno a lungo in silenzio, ma poi tra loro gridano con furia improvvisa, con un groviglio di suoni che quasi non varia e ai quali manca la perfezione dei nostri suoni essenziali: richiamo, amore, pianto di lutto. [...]
Non amano l'acqua, e la temono, e non si capisce perché la frequentino. Anche loro vanno a branchi: ma non portano femmine, e si indovina che esse stanno altrove, ma sono sempre invisibili. A volte cantano, ma solo per sé, e il loro canto non è un richiamo ma una forma di struggente lamento. Si stancano presto, e quando cala la sera si distendono sulle piccole isole che li conducono e forse si addormentano o guardano la luna. Scivolano via in silenzio e si capisce che sono tristi.

(A. Tabucchi, *Donna di Porto Pin*, Sellerio, Palermo, 1989)

COMPRENDI

Livello 1
1. ●○○ Nella frase *Anche loro vanno a branchi*, che cosa sottintende la congiunzione "anche"?

Livello 2
2. ●●○ Nella parte finale del brano, che cosa evidenzia la congiunzione "ma"?

Livello 3
3. ●●● Le preposizioni presenti nel brano collegano parole o frasi? ....

ANALIZZA

Livello 1
4. ●○○ Quali avverbi di tempo e di luogo sono presenti nel brano?
5. ●○○ Quali congiunzioni coordinanti sono presenti nel brano?
6. ●○○ Nel racconto, la parola *senza* è avverbio o preposizione impropria?

Livello 2
7. ●●○ In *quasi non varia* quale parte del discorso modifica l'avverbio "quasi"?
8. ●●○ Che tipo di locuzione è *in silenzio*?
9. ●●○ Che cosa esprime l'avverbio di valutazione *forse*?

Livello 3
10. ●●● Nella prima frase, quale altro avverbio potrebbe sostituire *così*?
11. ●●● Quali congiunzioni subordinanti sono presenti nel racconto?
12. ●●● Nella frase *E come sono poco rotondi*, l'avverbio "come"
    - [A] precisa una descrizione.
    - [B] rafforza un'affermazione.
    - [C] esprime stupore.

FACCIAMO IL PUNTO

PRODUCI

Livello 1 **13.** ●○○ Prova a individuare interiezioni e/o onomatopee adatte a esprimere i suoni del richiamo, dell'amore e del pianto di lutto, rispettivamente, delle balene e degli uomini.

Livello 2 **14.** ●●○ Riscrivi il testo dal punto di vista di un altro animale, per esempio una farfalla, un'aquila, uno scoiattolo... Considera gli aspetti umani più opportuni. Non dimenticare di utilizzare gli avverbi, le congiunzioni e le preposizioni necessarie.

Livello 3 **15.** ●●● Prova a riscrivere il racconto dal punto di vista di uno degli uomini, considerando tutti gli aspetti osservati dalla balena. Cerca di mantenere lo stesso stile dell'autore. Non dimenticare di utilizzare avverbi, congiunzioni e preposizioni opportune.

CHE LINGUA PARLIAMO?

INDIVIDUA E CORREGGI

Livello 1 **9** ●○○

Nell'italiano parlato spesso vengono usate preposizioni sbagliate. Nelle frasi seguenti sottolinea la preposizione che ti sembra opportuna, quindi controlla sul dizionario se hai scelto quella corretta. Fai attenzione: in due casi sono accettate entrambe le forme.

a. Parlami **di** / **su** questo romanzo.
b. Come **al** / **il** solito, Giorgio è in ritardo.
c. Senza **di te** / **te** non posso vivere.
d. Con l'autostop si viaggia **a gratis** / **gratis**.
e. Il mosaico è composto **da** / **di** tessere.
f. Te lo farò sapere **a mezzo di** / **per** Gino.
g. In classe con te c'è una ragazza **a** / **di** nome Marta?
h. Teresa è figlia **a** / **di** mio zio.

Livello 2 **10** ●●○

Nell'italiano parlato è a volte usata come avverbio la parola *tipo*. Indica quale avverbio o locuzione avverbiale sostituisce nelle due frasi seguenti. Cerca l'aiuto del dizionario: vai alla voce *tipo* e leggi gli esempi sull'uso colloquiale della parola.

a. Incontriamoci tipo giovedì alle otto. ....
b. Luigi vorrebbe comprare un'utilitaria tipo la Panda. ....
c. E allora tu le dici tipo che è bella. ....
d. Gioca a calcio tipo Totti. ....

11 ●●○

Riscrivi le frasi seguenti sostituendo gli avverbi sostantivati evidenziati con un'espressione o un avverbio che ne spieghi il significato, anche figurato. Per un aiuto, consulta il dizionario (vai alla voce relativa all'avverbio, quindi ricerca i significati che ha quando è usato come sostantivo).

a. Le cose vanno per il meglio > nel verso giusto, nel modo migliore
b. Spero che questo affare non si risolva per il peggio.
c. Forse verrò promosso con qualche debito, alla peggio sarò bocciato.
d. L'elettricista ha fatto del suo meglio, tuttavia non è riuscito a riparare il guasto.
e. Adesso completa gli studi, non preoccuparti del dopo.
f. Spiegami il che e il come della discussione.
g. A dar retta a te, questa casa sarebbe pulita il giorno del poi.

12 ●●○

A COPPIE **La pubblicità e la cronaca sportiva ricorrono spesso agli avverbi, anche in modo insolito: per esempio, accostando un avverbio qualificativo a un nome (*Trentino-Alto Adige intensamente vacanza*, *Favolosamente campioni*). Provate a formulare voi stessi delle frasi ad effetto per pubblicizzare prodotti o eventi.**

13 ●●○

Capita di essere incerti su quale preposizione reggono alcuni verbi. Per esercitarti, completa le frasi scegliendo la preposizione che ritieni opportuna tra le due proposte; quindi, controlla sul dizionario se hai scelto quella corretta. Fai attenzione: in alcuni casi sono corrette entrambe, in altri dipende dal significato del verbo (esempio: interessarsi > avere interesse, occuparsi: *si interessa di fotografia* / prendersela a cuore: *si interessò molto alla nostra vicenda*).

a. Ho provato di /a studiare il cinese, ma poi ho lasciato perdere.
b. Sofia pensa di / a iscriversi a una scuola di ballo.
c. Perché insisti nel /a giocare a calcio, se non prendi mai una palla?
d. Cerca di / a essere promosso!
e. Finisco di / a studiare, poi esco.
f. Ho persuaso Luigi di / a partire con me.
g. Quel venditore porta a porta ha finito col / di convincermi di / a comprare un aspirapolvere.

Livello 3 **14** ●●●

Le frasi seguenti presentano un uso scorretto degli avverbi *assolutamente*, *mica*, *affatto*, purtroppo frequente nell'italiano parlato e colloquiale. Con l'aiuto del dizionario, prova a spiegare in che cosa consiste l'errore in ciascun caso.

a. Se sono d'accordo? Assolutamente no.
b. Ti sarai mica offeso?
c. Dario è affatto antipatico, anzi odioso.

15 ●●●

Nell'italiano parlato la congiunzione *cioè* è usata spesso in modo inappropriato come intercalare (parola non necessaria che punteggia il discorso). Con l'aiuto del dizionario, spiega quale funzione e significato ha nelle tre frasi seguenti (vai alla voce *cioè* e leggi gli esempi riportati).

a. Manuel studia geologia, cioè la scienza che studia la formazione e la composizione della Terra.
b. Lasagne anche per me, cioè no, preferisco le tagliatelle.
c. "Hai dimenticato qualcosa". "Cioè?"

ARRICCHIAMO IL LESSICO

a. **Vai con amici al concerto del tuo gruppo/cantante preferito. Lo spettacolo ha inizio: oralmente descrivi l'ambiente e l'atmosfera che ti circonda. Non dimenticare di usare avverbi e locuzioni avverbiali opportune; qualche suggerimento:**

> calorosamente ~ meravigliosamente ~ finalmente ~ decisamente ~ eccezionalmente ~ straordinariamente ~ all'improvviso ~ alla grande ~ a fatica ~ in giro ~ insolitamente ~ in un lampo ~ tutt'a un tratto

b. **La rivista musicale *Rolling Stone USA* ha stilato una lista dei 10 più fastidiosi comportamenti del pubblico dei concerti: scattare fotografie per tutta la durata del concerto o filmarlo per intero, chiacchierare incessantemente ad alta voce, ubriacarsi... Tu quale comportamento consideri particolarmente sgradevole? Motiva la tua scelta con un breve testo scritto sulla falsariga di quello riportato da *Onstage* sulla cattiva abitudine di controllare e-mail, Facebook e Twitter ogni due minuti:**

A meno che tu non sia un chirurgo o un pompiere, tutto può attendere. Vivi il momento, goditi lo show. Hai speso dei soldi per esserci. Puoi scrivere e-mail ai tuoi amici anche dopo. E poi il tuo cellulare emette suoni e luci davvero fastidiose per quelli che ti stanno attorno. Per l'amor di Dio, spegni quel dannato coso!

(www.onstageweb.com)

Completata la stesura, controlla se hai usato in maniera adeguata avverbi e preposizioni (proprie e improprie).

c. **La musica crea aggregazione: nel momento culminante della serata vi muovete tutti insieme, intonate canzoni, gridate a pieni polmoni il vostro entusiasmo. Descrivi questo momento esaltante in quattro righe utilizzando soltanto interiezioni, esclamazioni e onomatopee.**

d. **Elenca 10 buoni motivi per andare a un concerto rock, hip hop o di qualsiasi altro genere musicale. Utilizza adeguate congiunzioni e preposizioni.**

PERCORSO B
PAROLE E FORME: LE PARTI DEL DISCORSO

UNITÀ 3 L'aggettivo
UNITÀ 4 Il pronome
UNITÀ 5 Le parti invariabili

Sei pronto per la verifica?

METTITI ALLA PROVA

1 **Sottolinea gli aggettivi presenti nelle frasi seguenti.**

a. Lanceremo il nuovo prodotto con una pubblicità capillare.
b. Le nostre vacanze sono state brevi ma piacevolissime.
c. L'ultima festa a casa di Alice si è conclusa con musiche assordanti e balli sfrenati.
d. Il mistero esercita un certo fascino: ecco spiegato il successo di film e romanzi gialli.

PUNTI ..... /10

2 **Leggi le frasi seguenti e sottolinea una volta i pronomi personali, due volte i determinativi.**

a. Frequento alcuni di quei ragazzi, altri li conosco appena.
b. Io scendo alla fermata di Piazza Verdi, tu a quale?
c. Quanti di voi sono d'accordo con me?
d. Molte persone entravano nei negozi, poche facevano acquisti.

PUNTI ..... /10

3 **Nella frase "Ho incontrato una persona davvero speciale, ma te ne parlerò domani", il pronome *ne* che cosa sostituisce?**

[A] Di lei (la persona davvero speciale)
[B] Di ciò (del fatto di avere incontrato una persona davvero speciale)

PUNTI ..... /2

4 **In quale frase è presente un pronome relativo con funzione di soggetto?**

[A] Al megaconcerto cui andremo sabato verrà anche Lisa.
[B] Verrà anche Lisa al megaconcerto che si terrà sabato?
[C] So che verrà anche Lisa al megaconcerto di sabato.

PUNTI ..... /2

5 **VERSO L'INVALSI** **Indica se la parola sottolineata ha la funzione di aggettivo [AG] o di avverbio [AV]. Metti una crocetta per ogni riga.**

a. Non devi stare <u>troppo</u> davanti al computer. [AG] [AV]
b. Forse hai bevuto <u>troppo</u> vino. [AG] [AV]
c. Ho lavorato <u>troppo</u> e sono molto stanca. [AG] [AV]
d. Hai pagato <u>caro</u> il tuo errore. [AG] [AV]
e. Gianni è un <u>caro</u> amico di Luca. [AG] [AV]
f. Questo negozio è ben fornito ma è <u>caro</u>. [AG] [AV]

PUNTI ..... /12

6 **Completa le frasi seguenti con opportune congiunzioni coordinanti e/o subordinanti.**

a. Maria è timida, ... arrossisce .... la si guarda.
b. Secondo Matteo ci siamo ritrovati nel posto sbagliato .... il navigatore era impazzito, ... è lui a non saperlo usare.

PUNTI ..... /4

ZTE ONLINE
Mettiti alla prova con gli esercizi interattivi

Se il tuo punteggio è inferiore a 24/40, puoi svolgere gli esercizi interattivi di recupero e di consolidamento.

TOTALE PUNTI ..... /40
Le soluzioni sono a p. 626

METTITI ALLA PROVA SUL TESTO

Leggi il brano seguente, quindi rispondi alle domande.

Penny Hardwick era una brava ragazza, e oggi come oggi sono decisamente favorevole alle brave ragazze, allora però non ne ero tanto sicuro. Penny aveva una brava mamma e un bravo papà, e un taglio di capelli da brava ragazza (era bionda, e portava i capelli né lunghi né corti, una pettinatura perbenino, da capoclasse acqua e sapone), e gli occhi belli, sorridenti, e una brava sorellina minore, che sorrideva educatamente quando suonavo alla loro porta e stava fuori dei piedi quando così volevamo. Era molto beneducata – mia madre l'adorava – e a scuola aveva sempre buone pagelle. Era molto carina, e i suoi primi cinque cantanti preferiti erano Carly Simon, Carole King, James Taylor, Cat Stevens ed Elton John [...] Posso immaginare facilmente che tipo di persona sia diventata Penny Hardwick: una brava persona. So che andò a studiare all'università, si laureò bene, e trovò un buon posto come cronista radiofonica, alla BBC. Giurerei che è una donna brillante, e seria, forse anche troppo, a volte, e ambiziosa, ma non in quel modo che ti fa vomitare; Penny era già un po' ognuna di queste cose al tempo in cui uscivamo insieme, e in un'altra fase della vita avrei trovato attraenti tutte queste virtù.

(adattamento da N. Hornby, *Alta fedeltà*, trad. di L. Noulian, Guanda, Milano, 1996)

1 **Indica la funzione dei seguenti aggettivi presenti nel brano: attributiva [A] o predicativa [P].**

a. favorevole A P
b. bionda A P
c. belli A P
d. buone A P
e. bravo (papà) A P

PUNTI ...... /5

2 **Indica se l'affermazione seguente è vera [V] o falsa [F], quindi motiva la tua risposta.**

In *Giurerei che è una donna brillante, e seria*, gli aggettivi "brillante" e "seria" <u>non</u> sono indispensabili. V F

....

PUNTI ...... /2

3 **Indica la tipologia di ogni aggettivo elencato.**

a. loro (porta) ....
b. quel (modo) ....
c. che (tipo) ....
d. cinque (cantanti) ....
e. tanto (sicuro) ....
f. ambiziosa (donna) ....

PUNTI ...... /6

4 Qual è il grado dell'aggettivo *minore*?

....

PUNTI ...... /2

5 Quale aggettivo qualificativo alterato è presente nel brano?

A carina   B perbenino   C beneducata

PUNTI ...... /1

6 Nella frase *mia madre l'adorava*, il pronome "la" che cosa sostituisce?

....

PUNTI ...... /2

7 Indica se l'affermazione seguente è vera o falsa, quindi motiva la tua risposta.

Nella seconda riga del brano, la particella pronominale "ne" si riferisce a un'intera frase. V F

....

PUNTI ...... /2

8 In *Penny era già un po' ognuna di queste cose al tempo in cui uscivamo insieme*, quali pronomi sono presenti?

....; ....

PUNTI ...... /2

9 Indica la tipologia di ogni avverbio / locuzione avverbiale elencati.

a. un po' ....
b. decisamente ....
c. forse ....
d. non ....
e. oggi come oggi ....
f. bene ....

PUNTI ...... /6

10 Indica la funzione di ognuna delle seguenti congiunzioni presenti nel brano: coordinante [C] o subordinante [S].

a. quando C S
b. però C S
c. né/né C S
d. che (è una donna) C S

PUNTI ...... /4

11 In *Fuori dei piedi*, quale parte del discorso è "fuori"?

....

PUNTI ...... /2

12 Trascrivi negli spazi corrispondenti le due preposizioni presenti in *So che andò a studiare all'università*.

...............................: collega parole
...............................: collega due frasi

PUNTI ...... /2

ZTE ONLINE
Mettiti alla prova con gli esercizi interattivi

Se il tuo punteggio è inferiore a 21/36, puoi svolgere gli esercizi interattivi di recupero e di consolidamento.

TOTALE PUNTI ...... /36

Le soluzioni sono a p. 626

METTITI ALLA PROVA SUL LESSICO

Controlla se conosci e/o sai usare le parole su cui hai già lavorato nelle attività lessicali.

1 **Completa le frasi seguenti con una parola o un'espressione che spieghi il significato dell'aggettivo evidenziato.**

a. Quella famiglia è indigente, infatti ....
b. Finora ho trovato soltanto lavori precari, cioè ....
c. Mi sento emarginato dai compagni perché ....
d. Quello tra me e Giacomo è stato un amore effimero, difatti ....
e. Rispondete alle domande in modo esauriente, cioè ....

PUNTI ....../5

2 **Leggi le due frasi seguenti, quindi spiega con una frase o un'espressione adeguata il significato dell'aggettivo evidenziato.**

a. Rossella è un astro emergente nel mondo della danza. ....
b. In barca, fai attenzione allo scoglio emergente: si nota appena. ....

PUNTI ....../4

3 **Considera le due frasi seguenti, poi indica se l'affermazione è vera [V] o falsa [F] e motiva la tua risposta.**

a. Michele sta molto sulle sue.
b. Andrea ha un atteggiamento sostenuto e altezzoso.

Sia Michele sia Andrea trattano gli altri con distacco e superbia. [V] [F]

....
....

PUNTI ....../1

4 **Abbina a ogni avverbio/locuzione avverbiale almeno un verbo adatto.**

a. tempestivamente ....
b. smodatamente ....
c. alacremente ....
d. a vanvera ....
e. di sottecchi ....

PUNTI ....../5

5 **Nella frase "Diamine, ma che state combinando?", con quale altra interiezione puoi sostituire *diamine*?**

[A] Oh [B] Diavolo [C] Toh

PUNTI ....../1

6 **Prova a completare con parole tue le seguenti voci del dizionario inserendo negli appositi spazi parole che definiscono e/o esempi opportuni.**

a. **afflitto part. pass.** di *affliggere*; anche **agg. 1** ....: *è a. da una bronchite* **2** rattristato, ...: *è a. per la morte dell'amico* / che rivela tristezza, ...: *volto a., voce a.*

b. **intraprendente part. pres.** di *intraprendere*; anche **agg. 1** che ha un notevole .... di iniziativa: *un ragazzo i.* / che dimostra .... nei rapporti amorosi: un .... *troppo i.*

PUNTI ....../8

ZTE ONLINE
Mettiti alla prova con gli esercizi interattivi

Se il tuo punteggio è inferiore a 15/24, puoi svolgere gli esercizi interattivi di recupero e di consolidamento.

TOTALE PUNTI ....../24
Le soluzioni sono a p. 626

PERCORSO C
PAROLE IN RELAZIONE: IL VERBO E LA FRASE

UNITÀ

1 La frase semplice

IN QUESTA UNITÀ

- Che cos'è precisamente una **frase**? E che **ruolo** svolge il **verbo** al suo interno?
- I verbi danno informazioni, cioè "predicano" tutti allo stesso modo? Qual è la differenza tra i **verbi predicativi** e quelli **copulativi**?
- Il significato dei verbi **predicativi** è sempre completo? Cosa sono gli **argomenti** che un verbo spesso richiede perché la frase abbia un senso compiuto?
- Che caratteristiche ha il **soggetto**, sia dal punto di vista grammaticale sia da quello del significato?
- Cos'è la **valenza** del verbo?
- **ARRICCHIAMO IL LESSICO** Lavoriamo sul significato dei verbi copulativi e predicativi e sulle valenze e ci addentriamo nel mondo degli **articoli sportivi**

PARTIAMO DAL TESTO

Leggi l'*incipit* di *Zanna Bianca* e rispondi alle domande.

PARTE PRIMA

1

IL SENTIERO DELLA CARNE

Cupe foreste di abeti rossi s'affacciavano arcigne sulle due rive del fiume gelato. Un vento recente aveva strappato dai rami il bianco mantello di ghiaccio e nella luce dell'imbrunire gli alberi si appoggiavano l'uno all'altro, neri e minacciosi. Un vasto silenzio avvolgeva il paesaggio.

(J. London, *Zanna Bianca*)

1. Individua i **verbi** presenti nel testo (Attenzione! Ce n'è uno che ha funzione di nome).
2. Considera le **parole** che si dispongono **intorno a ciascun verbo** e numera questi raggruppamenti. Quanti sono?
3. Che cosa separa ogni gruppo dagli altri?

4. I raggruppamenti che hai individuato sono **frasi**. Esprimi molto sinteticamente, con parole tue, il messaggio comunicato da ciascuna di esse.
5. Le frasi si caratterizzano come tali anche perché le parole contenute si legano tra loro sul piano della forma: per esempio, il verbo *affacciavano* richiede un soggetto plurale, *foreste*; *cupe* e *arcigne*, in quanto aggettivi riferiti a *foreste* concordano al femminile plurale. Individua esempi di analoghi accordi formali nelle altre frasi.

1 Che cos'è la frase

Un insieme di parole, per comunicare un messaggio, deve organizzarsi come **frase**.

Definiamo la **frase** un'espressione costruita secondo le regole della lingua, dotata di senso compiuto, **organizzata intorno a un verbo** e racchiusa da pause significative del discorso (punteggiatura, congiunzioni, preposizioni, pronomi relativi ecc.).

Le vacanze sono finite!
~~*Chissà quando le prossime*~~
Ormai ci vedremo a Natale.

HAI CAPITO?

Con le seguenti parole in ordine sparso è possibile costruire un'**unica frase**. Che cosa manca alle parole rimanenti per formarne una a loro volta? Sistemale e integrale a modo tuo al fine di costruire un'**altra frase**.

andrò ~ piscina ~ fratelli ~ in ~ domani ~ sportivi ~ miei

● La centralità del verbo

Il **verbo** è la parola in grado, grazie al suo **significato lessicale** e alle sue **forme**, di trasmettere il maggior numero di **informazioni**. Infatti indica:

- il tipo di **esperienza** di cui un **soggetto** è protagonista;
- il **modo**, il **tempo** in cui tale esperienza – considerata in se stessa e in relazione ad altre – si svolge;
- la **persona** e il **numero** (▸ p. 82).

Tale caratteristica ne fa il **centro dinamico** e **organizzatore** della frase, l'elemento centrale che ne "apre" il significato – cioè che lo rende pienamente comprensibile. Ciò avviene perché tutti gli altri componenti della frase assumono una posizione e un valore precisi proprio **a partire dal verbo**.

Per chiarire meglio, vediamo come si procede per "costruire" una frase che comunichi a chi ascolta una situazione come quella illustrata nell'immagine:

Il parrucchiere taglia i capelli

- Si parte **prima di tutto dall'informazione principale** che la frase deve trasmettere, e cioè dal fatto che **si sta svolgendo un taglio**, azione espressa dal **verbo** "tagliare";
- il verbo implica che si precisi quali elementi vengono coinvolti nell'azione: in questo caso sono **due**;
- si nomina il primo, *il parrucchiere*, colui che **agisce** e **determina** la **persona** del verbo (3ª singolare) *taglia*;
- segue il secondo elemento, *i capelli*, su cui il parrucchiere esercita un'azione, di carattere fisico: trasformare la loro lunghezza per renderli più corti.

2 La frase semplice e la frase complessa

Il testo introduttivo (► p. 266) si apre e si conclude con due **frasi semplici** delimitate da punti fermi. La punteggiatura segnala che sono **indipendenti** e **autonome** nel loro significato. Le frasi centrali, invece – racchiuse da due punti fermi e tra loro collegate dalla congiunzione ***e*** –, trasmettono un significato che viene meglio definito dal loro insieme. Formano dunque un'unità più grande, la **frase complessa**, comprensiva di due **frasi semplici**.

Possiamo così riassumere e definire:

- quando consideriamo le parole che si organizzano intorno a un'unica **forma verbale** abbiamo una **frase semplice**; può essere indipendente o il segmento di una frase complessa;
- quando un gruppo di parole si organizza intorno a **più forme verbali** abbiamo una **frase complessa** che nasce dall'accostamento di più **frasi semplici**.

	Frasi semplici		
	*Cupe foreste di abeti rossi **s'affacciavano** arcigne sulle due rive del fiume gelato.*		
Frase complessa	*Un vento recente **aveva strappato** dai rami il bianco mantello di ghiaccio*	*e*	*nella luce dell'imbrunire gli alberi si **appoggiavano** l'uno all'altro, neri e minacciosi.*
	*Un vasto silenzio **avvolgeva** il paesaggio.*		

HAI CAPITO?

Distingui, nel testo seguente, le frasi semplici indipendenti dalle frasi complesse. Individua poi le frasi semplici che compongono quelle complesse.

L'uomo primitivo non conosceva il bar. Quando la mattina si alzava, nella sua caverna, egli avvertiva subito un forte desiderio di caffè. Ma il caffè non era ancora stato inventato e l'uomo primitivo aggrottava la fronte, assumendo la caratteristica espressione scimmiesca. Non c'erano neanche bar.

(S. Benni, *Bar Sport*, Feltrinelli, Milano, 2008)

ADESSO TOCCA A TE

▶ Capitoli 1, 2

INDIVIDUA

Livello 1

1 ●○○ **Tra i seguenti gruppi di parole, quali formano una frase? Prima di rispondere, verifica che tra le parole di ogni gruppo vi sia un verbo.**

A Kabir ~ è arrivato ~ recentemente ~ dall'Egitto.
B Il mormorio ~ delle onde ~ mi ~ dolcemente.
C La squadra ~ di pallanuoto ~ si allena ~ in piscina.
D La fiera ~ del libro ~ aprirà ~ i battenti ~ sabato.
E L'autista ~ dell'autobus ~ prudentemente ~ nel traffico.

2 ●○○ **Indica se le frasi seguenti sono semplici [S] o complesse [C]. Prima di rispondere, verifica il numero di verbi presenti in ognuna.**

a. Un peschereccio gremito di profughi è stato tratto in salvo dalla Marina militare. S C
b. Al bazar di Istanbul sono stata avvolta da mille odori, aromatici e speziati. S C
c. Durante la lezione di grammatica Andrea sbadigliava per la noia. S C
d. Quella foto è stata scattata da Franco mentre era in montagna. S C
e. Carlo chiese a Sara di sposarlo e le regalò un anello. S C
f. Guido, per ora, continua a vivere a Londra. S C

Livello 2

3 ●●○ **In ognuna delle frasi seguenti sottolinea il verbo, quindi indica l'informazione che trasmette e gli elementi coinvolti nell'azione.**

a. Lucia cucina la pasta. La cottura / Lucia / la pasta. ....
b. Il meccanico ripara l'auto di Luigi.
c. Il gatto fa le fusa alla padrona.
d. Il medico somministra il vaccino ai pazienti.
e. L'insegnante non ha corretto le verifiche.
f. Milena prepara la cena.

4 ●●○ **Nei due testi seguenti separa con una barretta le frasi ed evidenzia il verbo di ciascuna.**

a. Il 6 giugno 1944 gli Alleati sbarcano in Normandia; nelle settimane seguenti le operazioni militari continueranno con la campagna terrestre, fino alla liberazione di Parigi il 25 agosto.
b. Il 6 agosto 1945 gli americani sganciano la bomba atomica su Hiroshima, il 9 su Nagasaki; il Giappone firma la resa un mese dopo, il 9 settembre.

Livello 3

5 ●●● **Nel brano seguente evidenzia in rosso le frasi semplici, in verde quelle complesse; quindi indica il numero dei predicati di ciascuna negli appositi riquadri.**

Ma cos'è il Santo Graal?
È una coppa magica, una sorta di calice nel quale l'ostia della comunione si trasforma realmente nel corpo di Dio. ☐ La leggenda di re Artù così ha conquistato nel Medioevo – e non soltanto nel Medioevo – l'immaginazione degli uomini e, altrettanto se non di più, quella delle donne. ☐ Va ricordato infatti che le attività e le prodezze dei cavalieri della Tavola Rotonda" sono unicamente opera degli uomini. ☐ Gli eroi sono tutti maschi perché la società dei cavalieri è innanzitutto una società maschile, dominata dagli uomini. ☐

(J. Le Goff, *Il Medioevo spiegato ai ragazzi*, trad. di R. Riccardi, Laterza, Roma, 2007)

TRASFORMA

Livello 1 **6** ●○○

Espandi le seguenti frasi semplici accostando a ciascuna un'altra frase semplice, in modo da ottenere una frase complessa. Usa la punteggiatura (virgola o due punti) e opportune congiunzioni.

a. Sara ha sedici anni > , perciò non ha votato.
b. Stanotte ho dormito poco.
c. Claudia ha un nuovo taglio di capelli.
d. Messaggiare con le amiche è il massimo.
e. Oggi metterò ordine in camera mia.
f. Detesto l'adolescenza.
g. Il continuo abbaiare di quel cane mi fa saltare i nervi.

Livello 2 **7** ●●○

A COPPIE Ricostruite e riformulate la ricetta della pasta con aglio, peperoncino e tonno: dapprima mettete nel giusto ordine le frasi semplici elencate, quindi, utilizzando le opportune congiunzioni, scrivete un testo formato da quattro frasi complesse.

Fatelo insaporire. Scolate al dente la pasta (spaghetti, spaghettini o tortiglioni). Mettete il peperoncino. Fate imbiondire nell'olio gli spicchi d'aglio tagliato a fettine. Conditela col sugo di tonno. Sbriciolate il tonno grossolanamente.

8 ●●○

Riscrivi le coppie di frasi semplici, unendole in modo da ottenere frasi complesse. Utilizza pronomi e congiunzioni opportuni.

a. Gino appende il quadro. Ha comperato il quadro a un'asta > Gino appende il quadro che ha comperato a un'asta.
b. Il bambino di Gianni è malato. Gianni ha chiesto un permesso.
c. Sandra ha perso la calma. Litigava con Mauro.
d. Ho rinviato l'appuntamento. Avevo un impegno.
e. Sta venendo il caldo. Comprerò un condizionatore.
f. Abbiamo venduto la credenza. La zia ci ha lasciato la credenza.

Livello 3 **9** ●●●

Riscrivi il brano seguente, in modo che risulti formato soltanto da frasi complesse. Puoi unire tra loro le frasi semplici racchiuse tra due punti fermi o unire una frase semplice a un'altra complessa. Utilizza congiunzioni e segni di punteggiatura opportuni. Infine, rispondi alle domande.

Notte stellata

Improvvisamente, alla sera, il vento cominciò a perdere di intensità. Poi cessò del tutto.
Era uscito sul balcone. Di giorno, riusciva a intravedere il mare tra una casa e l'altra. Ma ora era circondato dal buio. [...] Il cielo era stellato.
È già autunno, pensò. Forse questa notte gelerà. Anche se sarebbe troppo presto qui in Scania.
Un'auto passò in lontananza. Fu colto da un brivido e tornò all'interno. La porta del balcone si chiudeva con difficoltà.

(H. Mankell, *Muro di fuoco*, trad. di G. Puleo, Marsilio, Venezia, 2005)

a. Confronta le due versioni: quale ti sembra più efficace?
b. Quale diverso effetto producono sul lettore?

3 I verbi predicativi e i verbi copulativi

= verbi predicativi
= verbi copulativi

... tu per me **sei** l'unica
vieni da me, lo **prometto** questa volta **è** l'ultima..
(Emis Killa, *Soli (Assieme)*)

Una volta compreso il ruolo essenziale del verbo nella costruzione della frase, dobbiamo fare una prima distinzione tra verbi **predicativi** e **copulativi**.

I verbi predicativi

I verbi **predicativi** sono quelli capaci di "predicare", cioè di trasmettere autonomamente un **significato proprio, specifico**. Possono esprimere

- **azioni**: ... ***vieni*** *da me...*; *I gatti* ***miagolano***;
- **pensieri** e **intenzioni**: *lo* ***prometto***; ***Rifletti*** *sul tuo futuro*;
- **sensazioni**, **stati d'animo**: ***Sento*** *freddo*; ***Rimpiango*** *il passato*;
- **eventi**: ***È nata*** *una bambina*; *La pace* ***è stata firmata***.

I verbi copulativi

I verbi **copulativi** hanno un significato **generico** che si precisa quando **si uniscono** a un **nome** o a un **aggettivo**. Solo tramite tale **unione** diventano perciò capaci di "predicare". Come sottolinea il loro nome (dal lat. *copula*, "legame"), la loro funzione consiste nel "dire qualcosa" di un soggetto **collegandolo**, appunto, a un nome o a un aggettivo che gli attribuisca un certo **stato** o **qualità**. I principali sono *essere*, *apparire*, *sembrare*, *diventare*, *parere*: ... *tu per me* ***sei*** *l'unica*; *Le tue avventure* ***sembrano*** *incredibili*; *Luisa* ***diventerà*** *ingegnere*.

Il predicato verbale e nominale

Nell'analizzare la frase si usa solitamente il termine "**predicato**". Nel caso di verbi predicativi si parla di **predicato verbale**, perché il **verbo** è il termine **unico** o **principale** del predicato. Si parla invece di **predicato nominale** nel caso dei **copulativi**, perché il termine **principale** del predicato è un **nome** o un **aggettivo**.

- **Predicato verbale** — *Marco* ***ha gareggiato***.
  verbo predicativo
  Il termine principale (unico) del predicato è il **verbo** che **predica** grazie al suo **significato specifico**: "gareggiare, partecipare alle gare".

- **Predicato nominale** — *Marco* ***è*** / ***è diventato*** *un campione*.
  verbo copulativo
  Il termine principale del predicato è il **nome**. I verbi *essere* e *diventare* **hanno un significato generico** (*essere e diventare...* cosa?). **Predicano insieme al nome**, facendogli dire qualcosa del soggetto. In questo caso gli attribuiscono la "condizione di campione".

I verbi con doppia funzione

Non ogni verbo appartiene in modo esclusivo alla categoria dei **predicativi** o dei **copulativi**. Alcuni possono ricoprire **entrambi i ruoli**, a seconda del significato che assumono nel contesto. Questa doppia funzione è svolta principalmente dai verbi che esprimono un **modo d'essere**, una **situazione** o una **condizione esistenziale**, come *nascere*, *crescere*, *morire, rimanere* ecc. Anche il verbo copulativo per eccellenza, ***essere***, diventa predicativo quando significa "esistere", "trovarsi". La seguente tabella mostra alcuni esempi.

Verbi	Funzione predicativa	Funzione copulativa
nascere	*Quando **nascerà** tuo cugino?*	***È nato** ricco, già carico di eredità.*
crescere	*Non **crescerete** mai!*	*La pianta **è cresciuta** storta.*
rimanere	*Oggi **rimango** a casa.*	***Siamo rimasti** sbalorditi.*
essere	*L'ago **è** nella scatola.*	*Dopo la partita **eravamo** stanchissime.*

HAI CAPITO? **Distingui, nel seguente testo, i verbi predicativi da quelli copulativi.**

Vivo solo, ma non mi lamento. Sono ordinato e amo l'igiene. Ogni stanza brilla e sembra sterile. Tutto rimane dove l'ho messo io. Mi sento felice: nessuna ansia da convivenza, niente litigi. Soprattutto, qui non c'è nessuna ragazza che magari mi spezzi il cuore come è già accaduto.

4 La frase nominale

IL TUO CERVELLO SEMPRE NUOVO

Se lo alleni non invecchia mai!

Il nostro cervello riceve ogni giorno gli stimoli sensoriali che, 500 anni fa, riceveva forse in un mese: un tempo le cose mutavano poco, non c'era molto da imparare, lo scorrere degli eventi era lento e ci si poteva adattare all'esistenza con maggior facilità. Oggi no. Il mondo cambia sempre più velocemente e noi dobbiamo "filtrare" ogni giorno miriadi di situazioni. Così diventiamo sempre più nevrotici e il cervello ci "scoppia" perché vorremmo far transitare questo fiume in piena di stimoli nuovi attraverso canali di interpretazione stretti e obsoleti e per di più tradurli in risposte standard e anche un po' superate.

Il cervello è un organo "saggio": attraverso la sua chimica in ogni istante ci ricrea nel modo migliore. Coordina il corpo senza che nemmeno ne siamo consapevoli. Ci fa essere come siamo, con le nostre gioie e i nostri dolori, le qualità e i "difetti", dosa perfettamente bontà e cattiveria, acutezza e semplicità, le cose belle e meno belle. Accettarci significa acquisire quello sguardo profondo, proprio della saggezza di ogni tempo. Vediamo tutti i vantaggi di un cervello libero di agire come sa.

Il cervello è guidato da un nucleo arcaico di forze vitali: eros, passione, rabbia, tristezza e così via. Se queste forze "sacre", perenni e fuori dal tempo, possono affacciarsi in noi, senza che le giudichiamo, riempiono di senso e di sapore l'esistenza. Chi segue la propria natura, realizza se stesso con spontaneità, senza inutili deviazioni.
Il cervello, quando non è frenato dalle nostre resistenze, sa farci incontrare ciò di cui abbiamo veramente bisogno, le soluzioni giuste e gli incontri che contano.
È ciò che le Tradizioni indicavano col termine "miracolo": abbandonarsi alla vita può produrre risultati sorprendenti.
Nel profondo del cervello il passato e il futuro vivono in un "eterno presente".

L'esclamazione dell'alpinista e il titolo a grossi caratteri della rivista sono privi di verbo, tuttavia comunicano un **messaggio** perfettamente comprensibile, a suo modo **compiuto**. Si tratta di **frasi nominali**: le si usa abitualmente perché proprio l'**assenza del verbo** e la **concisione** che ne deriva le rendono **efficaci**. Del resto il predicato è solo sottinteso e facilmente intuibile grazie al contesto:

– *Che emozione* [suscita / causa / smuove ecc.] *questo panorama!* In questo caso il possibile predicato si ricostruisce immediatamente. Appare chiaro, infatti, come la bellezza del paesaggio provochi le emozioni vissute da chi la contempla.
– *Il tuo cervello* [è / sarà / rimarrà] *sempre nuovo.* Il senso di questa frase si affida al contesto verbale, che infatti la chiarisce tramite il sottotitolo.

Le frasi nominali appartengono alla nostra comunicazione quotidiana (> *Carino il tuo nuovo taglio di capelli*) e sono usuali nella scrittura giornalistica (*Via al 730 precompilato. Esami di maturità: nuove materie e commissione esterna*) (▸ *Alla ricerca del verbo* qui di seguito).

HAI CAPITO? **Trasforma i due seguenti brevi testi in frasi nominali (una o più).**

a. Mi raccomando, cerca di essere puntuale, non fare come al solito.
b. I ladri sono entrati, stanotte, nel museo archeologico e la polizia ha già iniziato a indagare. [titolo di giornale].

GRAMMATICA E SCRITTURA

Alla ricerca del verbo

Secondo la grammatica, frase e verbo sono inscindibili: non c'è l'una senza l'altro che è il suo **centro dinamico**. Le frasi **nominali** rappresentano un'eccezione circoscritta a casi particolari e dunque, per la scrittura in prosa la **norma** prevede un succedersi di frasi complete di verbo. In realtà, è invece "normale" che la produzione letteraria e giornalistica eluda qualche regola per creare "effetti speciali". Proponiamo come esempio di ciò due testi di autori contemporanei. Nel primo, lo scrittore descrive un aspetto di Torino, la città che considera "casa sua" e di cui la stazione ferroviaria rappresenta l'"ingresso"; nel secondo, l'autore riflette proprio sul suo stile di scrittura.

a. L'ingresso, per me che sono figlio di un siciliano arrivato a Torino in treno nell'ormai lontano 1946, corrisponde alla stazione di Porta Nuova. [...] Ai torinesi però Porta Nuova non piace granché. È piena di brutta gente, come tutte le stazioni. E poi da Porta Nuova sono arrivati in troppi. Prima tutti quei siciliani. Poi tutti quei calabresi. Poi tutti quei napoletani. Poi tutti quei pugliesi. Poi tutti quei marocchini. Poi tutti quei tunisini. Poi tutti quegli algerini. Poi tutti quei senegalesi. Poi tutti quei nigeriani. Poi tutti quei cinesi. Poi tutti quegli albanesi. Poi tutti quei rumeni. Il bello però è che nel corso del tempo, seppure a fatica, anche i nuovi arrivati hanno cominciato a sentirsi un po' torinesi.

(G. Culicchia, *Torino è casa mia*, Laterza, Roma, 2008)

b. Non ho mai risolto fino in fondo i miei problemi con me stesso quando scrivo sui giornali. Anche – e non da ultimo – riguardo allo stile. Al mio modo di scrivere, lontano da quello che adotto nei testi rivolti a un pubblico scientifico. Sui giornali, invece, faccio uso di una scrittura paratattica, che affida alla parola e alla punteggiatura, quindi al ritmo e alla suggestione, il compito di rendere comprensibili – ma anche leggibili – i concetti e gli argomenti. Cercando di non banalizzarne la complessità. Il mio stile. Ha suscitato, per molto tempo, reazioni indignate e sconcertate tra i lettori. (Ma qualcuno osservava che si poteva recitare come un rap.) Le proteste però col tempo si sono ridotte fino quasi a scomparire. Per rassegnazione oppure per assuefazione.

(I. Diamanti, *Sillabario dei tempi tristi*, Feltrinelli, Milano, 2011)

HAI CAPITO?

1. In entrambi i testi evidenzia tutte le frasi prive di verbo.
2. Non si tratta propriamente di frasi nominali, quanto di una **frantumazione** del discorso, ottenuta con un uso spregiudicato della **punteggiatura**. Per "normalizzare" le frasi basterebbe cambiarla, poiché il verbo non è sottinteso. Riscrivi tu il testo con questi cambiamenti.
3. Nel secondo brano è lo stesso autore che spiega le ragioni del suo stile. Riformula il senso delle sue parole, scegliendo la definizione corretta tra le due proposte:
   - [A] L'importante è "fare colpo" sul lettore; solo così riuscirà a capire facilmente il messaggio.
   - [B] Quanto più numerosi sono i lettori, tanto più è necessario rendere "digeribili" i concetti complessi con una prosa semplificata, dal ritmo moderno e accattivante.
4. A parte gli effetti sul ritmo, perché le parole isolate dai punti fermi, a gruppi o singole, incidono sulla comprensione del discorso?
5. Rifletti sul tuo stile di scrittura. Qualche volta "dimentichi" il verbo o **scegli volutamente** di tralasciarlo?

ADESSO TOCCA A TE ▶ Capitoli 3, 4

INDIVIDUA E TRASFORMA

Livello 1

1 ●○○ **In ognuna delle frasi seguenti indica se il verbo ha funzione predicativa [P] o copulativa [C].**

a. Questo sciroppo è efficace per la tosse. P C
b. Al cinema proiettano un nuovo film di Tarantino. P C
c. Le forze dell'ordine proteggono i cittadini. P C
d. Tutti gli uomini di buona volontà desiderano la pace. P C
e. La verifica di grammatica pareva facile. P C
f. Con l'età, Carlo è diventato più tollerante. P C

2 ●○○ **Tra le seguenti frasi, qual è nominale?**

A Proteggi la tua pelle: crema idratante e rigenerante.
B Crema per il corpo agli estratti d'alghe: una sensazione di profondo relax.
C Olio tonificante: combatte stress e stanchezza.

3 ●○○ **A COPPIE Riscrivete le seguenti frasi nominali trasformandole in frasi complete di verbo.**

a. Autostrade: Ferragosto da bollino rosso.
b. Estate calda sui mercati: imminente vertice a Bruxelles.
c. Rossella Flamingo, una regina azzurra sul trono di spade.
d. "I grandi della pittura": in edicola il primo fascicolo a 4,99 Euro.
e. Tasse e fatture digitali, fisco più semplice.
f. Torre del Lago: grande successo di "Turandot".
g. Contro le macchie insistenti "Biancoplus".

Livello 2

4 ●●○ **Indica la funzione del verbo *essere* nelle seguenti frasi: predicativa [P] o copulativa [C].**

a. Alberto è in ansia per l'esame. P C
b. In questo periodo sono irritabile. P C
c. Purtroppo, la fine della scuola è lontana. P C
d. Grazie al cielo da sabato sarò in vacanza. P C
e. Sei troppo giovane per la discoteca. P C
f. Domani ci sarà pioggia. P C
g. "Solo due cose sono infinite: l'universo e la stupidità umana P C
e non sono sicuro della prima". (A. Einstein) P C

5 ●●○ **Sottolinea i 7 verbi predicativi presenti nelle seguenti frasi.**

a. Arturo è intelligente, però studia poco.
b. Quando sono a Genova preferisco le trattorie del porto vecchio.
c. Sono felice che tu sia qui.
d. Mi sono vergognata perché ti ho deriso.
e. Finalmente Angela uscirà con me.

6 ●●○ **Tra i proverbi italiani elencati, sottolinea gli 8 costituiti da frasi nominali.**

A mali estremi estremi rimedi ~ Anno nuovo, vita nuova ~ Aria d'importanza, diploma di ignoranza ~ Lontano dagli occhi, lontano dal cuore ~ Meglio tardi che mai ~ Cielo a pecorelle, acqua a catinelle ~ Ogni promessa è debito ~ Patti chiari, amicizia lunga ~ Uomo avvisato, mezzo salvato ~ A casa sua ognuno è re ~ Cuor contento il ciel l'aiuta.

Livello 3 **7** ●●●

Stabilisci se i verbi evidenziati nelle seguenti coppie di frasi sono predicativi [P] o copulativi [C].

a. 1) Di fronte ai dipinti di Renoir il pubblico rimane incantato. P C
2) Il pubblico si incanta davanti ai dipinti di Renoir. P C

b. 1) La staffetta tricolore arrivò seconda. P C
2) La staffetta tricolore arrivò sul podio. P C

c. 1) A casa dei nonni torno bambino. P C
2) Torno volentieri alla casa dei nonni. P C

d. 1) Mario si è laureato in ingegneria. P C
2) Mario è diventato ingegnere. P C

e. 1) Crebbe felice in una famiglia serena. P C
2) Per sua fortuna, crebbe in una famiglia serena. P C

8 ●●●

Individua le frasi nominali presenti nella poesia, quindi prova a riscriverle esplicitando il verbo. Quali differenze noti tra le due versioni?

Ho provato a parlare.
Forse, ignoro la lingua.
Tutte frasi sbagliate.
Le risposte: sassate.

(G. Caproni, *Sassate,* in *Poesie (1932-1986)*, Garzanti, Milano, 1986)

LAVORA CON LE PAROLE

Livello 1 **9** ●○○

In ognuna delle frasi seguenti sostituisci *essere* con uno dei verbi elencati, coniugato in modo adeguato. Quando necessario, opera le opportune modifiche morfologiche.

risultare ~ trovarsi ~ partire ~ vivere ~ fare

a. Le tue lamentele sono fastidiose. ....
b. In salotto è in bella mostra la foto del nonno. ....
c. Nella staffetta mista di nuoto Giacomo è secondo. ....
d. La signora Raggi era sola. ....
e. Mi dispiace, Dino non è in casa. ....

Livello 2 **10** ●●○

In ognuna delle frasi seguenti sostituisci il verbo predicativo *vivere* con un altro adeguato al contesto; quando serve, attua le opportune modifiche. Puoi aiutarti col dizionario.

a. Bianca vive a Dublino da tre anni. ....
b. Mio nonno vive della pensione. ....
c. I miei vicini vivono nella paura dei ladri. ....
d. Il ricordo del passato vive in noi. ....
e. Sofia vive la musica con passione. ....
f. Da bambino ho vissuto anni felici in campagna. ....

11 ●●○

In ognuna delle frasi seguenti sostituisci il verbo copulativo *essere* con un verbo predicativo di significato adeguato o affine. Se necessario, effettua le opportune modifiche morfologiche. Puoi aiutarti col dizionario.

a. Laura è amante della musica classica. Laura ama la musica classica.
b. Mio padre è nemico del fumo. ....
c. Lisa è interessata all'astrologia. ....
d. Gli studenti sono responsabili del materiale scolastico. ....
e. Interrogato, Daniele era esitante nelle risposte. ....

Livello 3 **12** ●●●

Oralmente spiega il diverso significato dei verbi presenti nelle seguenti coppie di frasi a seconda della loro funzione: predicativa o copulativa.

a. 1) Paolo riesce simpatico a tutti.	2) Paolo riesce bene nello sport.
b. 1) Torno sempre stanco dall'allenamento.	2) I conti non tornano.
c. 1) Fabio uscirà dall'ufficio alle sette.	2) Fabio uscirà rovinato da quell'affare.
d. 1) Questa verifica risulta difficile.	2) Una cena tra colleghi? Non mi risulta.
e. 1) I medici mi hanno ritenuto idoneo al lavoro.	2) Sullo stipendio mi hanno ritenuto il 40% di tasse.
f. 1) Garibaldi rimase per molti anni in Sud America.	2) Garibaldi rimase povero per tutta la vita.

PRODUCI

Livello 1 **13** ●○○

Descrivi l'immagine attraverso quattro frasi: una complessa e tre semplici, indipendenti, delimitate da punti fermi; costruisci una delle frasi semplici con un verbo impersonale.

■ C. Monet, *Impressione. Levar del sole*, 1872. Parigi, Musée Marmottan Monet.

Livello 2 **14** ●●○

Descrivi l'immagine attraverso quattro frasi: una nominale, due semplici, indipendenti, delimitate da punti fermi e una complessa; usa almeno un predicato verbale e uno nominale.

■ G. Seurat, *Port-en Bessin, les grues et la percée*, 1888. Washington, National Gallery of Art.

Livello 3 **15** ●●●

Descrivi l'immagine utilizzando almeno cinque frasi: una nominale, due semplici, delimitate da punti fermi, e due complesse; usa predicati sia verbali sia nominali.

■ F. de Pisis, *Marina con conchiglie*, 1916. Collezione privata.

5 Gli argomenti del verbo e la frase minima

• I verbi predicativi e il loro significato

Parlando dei **verbi predicativi** abbiamo visto che – a differenza dei copulativi – possono "predicare" in modo autonomo, avendo un **significato proprio**. Non sempre però tale significato è di per sé esauriente, ma **necessita** anzi di essere "completato" con altri elementi **per trasmettere un'informazione completa**. Chiamiamo tali elementi **argomenti**.

Per esemplificare, proviamo a formulare due frasi, tra loro slegate, con verbi che appartengono allo stessa area **semantica**: *piangere* e *consolare*.

La ragazza ***piange.***
Il ragazzo ***consola...?***

È evidente che, nel primo caso, la frase ha senso compiuto poiché il verbo non ha bisogno di altri elementi – a parte il **soggetto** – per esprimere interamente il suo significato. Nel secondo, al contrario, il verbo **esige** un altro **argomento** perché lascia la frase in **sospeso**, suscita infatti una domanda la cui risposta è necessaria per formulare una frase correttamente strutturata. Diremo perciò:

Il ragazzo ***consola...*** [chi?] ***la ragazza.***

Oppure, unendo le due frasi: *La ragazza* ***piange*** *e il ragazzo* ***la consola.***

Gli **argomenti** si possono dunque definire come gli elementi che un verbo **richiede necessariamente** per costruire frasi di **senso compiuto**.

• Collegamento diretto e indiretto

Osserva ora la frase seguente e confrontala con la precedente:

Quel palazzo ***appartiene*** [a chi?] ***al comune.***

Come puoi notare, in *Il ragazzo* ***consola la ragazza*** l'argomento si lega al verbo in modo **diretto**, senza la mediazione di una preposizione, perciò lo si considera **oggetto diretto** o **complemento diretto / oggetto**. In questo secondo esempio, invece, tale legame è **indiretto**, cioè avviene tramite **preposizione**. Parleremo dunque di **oggetto / complemento indiretto**.

HAI CAPITO?

Completa a modo tuo le seguenti frasi con gli **argomenti necessari**.

a. Abbiamo comprato ....
b. .... ha morso Barbara.
c. Enzo chatta con ....
d. Mariella sta sfogliando ....

• La frase minima o nucleare

La principale caratteristica delle frasi che abbiamo esaminato finora è l'**estrema essenzialità** di ciò che comunicano. Sono costituite cioè **solo** dagli elementi necessari per rendere compiuto il loro senso: il **soggetto**, il **verbo** e gli eventuali **argomenti** da esso **imposti**. Parliamo in questo caso di **frase minima**, detta anche **nucleare** perché rappresenta la parte sostanziale – il nocciolo irrinunciabile – di ogni frase, anche più ampia. Al di là di questo nucleo le frasi possono infatti ampliarsi per includere ulteriori elementi che, pur non essendo fondamentali per la completezza della sua struttura, tuttavia perfezionano e arricchiscono il discorso (▸ unità C3, p. 325), come si può notare nella rappresentazione grafica seguente.

1. | *La ragazza* ***piange.*** |
↑ frase minima

2. | *La ragazza* ***piange*** | *con le mani sul viso.* |
↑ frase minima

3. | *La ragazza* ***piange*** | *con le mani sul viso* | *e il ragazzo la* ***consola.*** |
↑ frase minima ... ↑ frase minima

4. | *La ragazza* ***piange*** | *con le mani sul viso* | *e il ragazzo* | *, con grande tenerezza,* | *la* ***consola.*** |
↑ frase minima ... ↑ —— frase minima —— ↑

● Frase minima o frase semplice?

La raffigurazione grafica, evidenziando ogni frase minima, sottolinea anche la differenza tra di essa e la frase semplice. La **frase semplice**, infatti, **si caratterizza** per la presenza di **un unico predicato, ma non è necessariamente essenziale**: può anzi svilupparsi senza limiti precisi. Come puoi vedere, infatti, **frase minima** e **frase semplice coincidono** solo **nell'esempio n. 1**; in tutti gli altri, una o più frasi semplici si estendono oltre il nucleo della frase minima.

HAI CAPITO?

Nelle seguenti frasi complesse, distingui le frasi semplici e poi, al loro interno, individua la frase minima.

a. Nel cielo limpido, finalmente il sole risplende, così possiamo uscire tranquilli, senza il solito ombrello.
b. Per favore, cura i tuoi disturbi senza indugio e in modo costante; ricorri magari, senza pregiudizi, ai rimedi omeopatici.
c. Per la sua grande golosità Carlo mangia molti dolci, ma, per sua fortuna, non ingrassa di un solo grammo.

PER SAPERNE DI PIÙ

Un "predicato" più ampio

Considerando le frasi degli esempi, possiamo dire che, quando un verbo ha necessità di completare il suo significato con altri argomenti oltre al soggetto, **la nozione di "predicato" si allarga.** Del soggetto il "ragazzo", per esempio, non "si predica" tanto il solo fatto che "consola" – comunicazione di per sé incompleta e dunque non del tutto sensata –, ma piuttosto il fatto che "**consola la ragazza / la [lei]**". Così come del palazzo "si predica" che "appartiene al comune". Lo stesso vale, ovviamente anche quando, per rendere pienamente il senso di un verbo, serve, come vedremo poi, un ulteriore argomento:

Francesca ha chiesto un favore alla madre.

6 La valenza del verbo

Ogni verbo predicativo può essere preso in considerazione a partire dagli **argomenti necessari per completare il suo significato**. Questa caratteristica è chiamata anche **valenza** e consiste nella capacità del verbo di legare a sé un certo numero di **argomenti**. Il termine, ripreso dalla chimica, assimila la proprietà che il verbo possiede all'analoga capacità di ogni atomo di combinarsi con un numero determinato (da 0 a 4) di altri atomi. Secondo la loro **valenza** classificheremo dunque i verbi nel modo seguente:

- **zerovalenti**: sono i verbi che **non richiedono alcun argomento, neppure il soggetto**, sono infatti **impersonali**. Si tratta di verbi riferiti a fenomeni atmosferici o di espressioni comunque legate al tempo, atmosferico e cronologico (▸ p. 305)

  Piove.
  Tuona.
  Fa freddo.
  È tardi.

- **monovalenti**: necessitano, per comporre una frase di senso compiuto, di un solo argomento, il **soggetto**.

  L'oro (1° argomento (soggetto)) ***luccica.***

  Piero (1° argomento (soggetto)) ***dorme e*** *Lena* (1° argomento (soggetto)) ***sbadiglia.***

- **bivalenti**: questi verbi richiedono, oltre al **soggetto**, un altro argomento che può legarsi al verbo in modo **diretto** o **indiretto**.

  Molti turisti (1° argomento (soggetto)) ***visitano*** ...... che cosa? ...... ***la nostra città.*** (2° argomento (diretto))

  Tutti (1° argomento (soggetto)) ***hanno aderito*** ...... a che cosa? ...... ***all'invito.*** (2° argomento (indiretto))

- **trivalenti**: oltre al **soggetto** e a un **secondo** argomento – di solito **diretto** – i verbi trivalenti prevedono un **terzo** argomento, **indiretto**. Ma possono anche essere seguiti da due argomenti **indiretti**.

  La direzione (1° argomento (soggetto)) ***ha comunicato*** ...... che cosa? ...... ***i nuovi compiti.*** (2° argomento (diretto))
  ...... a chi? ...... ***agli interessati.*** (3° argomento (indiretto))

- **tetravalenti**: oltre al **soggetto** e a un **secondo** argomento, **diretto**, richiedono un **terzo** e un **quarto** argomento, **indiretti**.

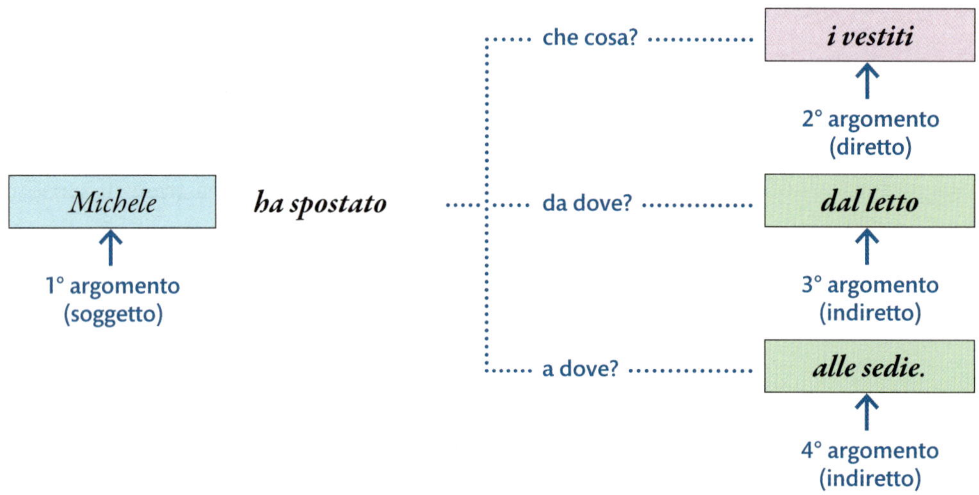

ADESSO TOCCA A TE

▶ Capitoli 5, 6

INDIVIDUA E COMPLETA

Livello 1

1 ●○○ In quale frase seguente il verbo ha bisogno di un altro argomento, oltre al soggetto, per esprimere un significato completo?

- A Lo studente è stato promosso.
- B Lucia accende.
- C I ragazzi chiacchieravano.

2 ●○○ Completa le frasi seguenti con un secondo argomento in modo da dare significato compiuto al verbo.

a. L'elettricista ha riparato ....

b. Il regista ha girato ....

c. Gli studenti coniugano ....

d. L'insegnante corresse ....

e. L'impiegato ha compilato ....

f. La Rai ha interrotto ....

3 ●○○ **Tra gli elementi evidenziati in ogni frase distingui quelli necessari a dare senso al messaggio [1] da quelli che invece lo arricchiscono [2].**

a. Il denaro ☐ non compra l'educazione ☐.
b. Per l'acquisto della casa ☐ ho acceso un mutuo ☐ della durata di vent'anni ☐.
c. Maria ☐, la mia migliore amica ☐, patisce il caldo ☐.
d. Carla ☐ risolve velocemente ☐ rebus, cruciverba, sudoku ☐.

4 ●○○ **Completa l'affermazione seguente con l'opzione corretta.**

Anna si vergogna è una frase minima perché

A è costruita con poche parole.
B è formata da soggetto e predicato.
C è dotata di significato.
D è formata solo con gli elementi necessari per renderne compiuto il senso.

5 ●○○ **Leggi la barzelletta seguente, quindi sofferma l'attenzione sul verbo *ridere* e rispondi alla domanda.**

– Sai in quale fila del cinema bisogna sedersi per vedere un bel film comico? – dice un ragazzo all'amico.
– No... quale?
– Nell'ultima. Perché ride bene chi ride ultimo....

("Cruciverba senza schema", a. X, n. 55, 2014)

***Ridere* è un verbo monovalente o bivalente? Prima di rispondere, formula mentalmente qualche frase semplice in cui sia presente ed elimina gli argomenti non indispensabili per comprenderne il significato.**

Livello 2

6 ●●○ **Nelle frasi seguenti alcuni verbi, per avere un significato completo, necessitano di un altro elemento oltre al soggetto. Dopo averli individuati, aggiungi tu l'argomento necessario.**

a. Gli agenti hanno arrestato. ....
b. Quell'azienda produce. ....
c. Prego, entri. ....
d. Le valigie sono rimaste. ....
e. Abbiamo deciso. ....
f. Giuseppe Verdi ha composto. ....
g. Mio marito russa. ....

7 ●●○ **In ognuna delle frasi seguenti indica il legame tra l'argomento evidenziato e il predicato: diretto [D] o indiretto [I].**

a. Questa spilla apparteneva a mia nonna. D I
b. La ruta aromatizza la grappa. D I
c. Il moto giova alla salute. D I
d. Luca sta arrivando di corsa. D I
e. Un furgone ha tamponato la mia utilitaria. D I
f. Le ragazze si confidano con le amiche. D I

8 ●●○ **Tra le frasi seguenti, qual è minima (nucleare)?**

A Il barman serve gli aperitivi ai clienti.
B Renato offre un aperitivo agli amici.

C Il barman del Roxi bar serve degli ottimi aperitivi.
D Stasera Renato offre un aperitivo agli amici.

9 ●●○
Tra le frasi seguenti, quali contengono un verbo a due argomenti?

A Fiocco rosa in casa Mattei: è nata Lucia.
B Il cielo nuvoloso minaccia tempesta.
C Fausto racconta a tutti le sue disavventure amorose.
D Per motivi economici ho rinunciato alle vacanze al mare.

Livello 3 **10** ●●●
Completa le frasi seguenti con due argomenti opportuni, in modo da dare significato compiuto al verbo.

a. Antonio ha domandato ....
b. L'arbitro ha assegnato ....
c. Fabio invia ....
d. Il cuoco aggiunge ....
e. L'arredatore ha collocato ....
f. Il Ministro ha annunciato ....

11 ●●●
Per ogni frase delle seguenti coppie indica il legame tra argomento e predicato: diretto [D] o indiretto [I].

a. 1) Luigi prende il treno. D I
2) Luigi viaggia in treno. D I
b. 1) Valeria recita a teatro. D I
2) Valeria recita un monologo. D I
c. 1) Angelo studia informatica. D I
2) Angelo studia all'università. D I
d. 1) Il vaccino difende contro l'influenza. D I
2) Dario difende le proprie ragioni. D I

12 ●●●
In ogni frase seguente sottolinea il verbo ed evidenzia gli argomenti necessari a dare completezza al suo significato.

a. Da anziano il pittore Monet non distingueva alcuni colori a causa della cataratta.
b. Nelle sere autunnali sulla pianura cala la nebbia.
c. L'alcol è vietato ai minori.
d. Il pubblico giovanile segue con interesse i reality.
e. Sofia, studentessa di un istituto per la moda, frequenterà uno stage presso una nota azienda di abbigliamento.

13 ●●●
Per ognuna delle frasi seguenti indica negli appositi spazi il numero di argomenti richiesti dal verbo (0, 1, 2, 3). Prima di procedere, nella frase cancella gli elementi che <u>non</u> sono indispensabili per dare al verbo un significato compiuto.

a. Il leone in gabbia ruggiva per la mancanza di libertà. ☐
b. Per il raffreddore Sonia starnutiva di continuo. ☐
c. La mattina presto fa davvero freddo. ☐
d. Dopo pranzo schiaccio sempre un pisolino. ☐
e. Metti la biancheria stirata nel cassetto. ☐
f. La giuria ha assolto l'imputato con formula piena. ☐

COMPLETA E TRASFORMA

Livello 1 **14** ●○○

Nelle frasi seguenti i verbi, per avere un significato completo, necessitano di un altro elemento oltre al soggetto. Aggiungilo tu, in modo che tra predicato e argomento si stabilisca un legame del tipo indicato tra parentesi: diretto [D] o indiretto [I].

a. Roberta telefona [I] alla madre.
b. Le famiglie assistono [D] ....
c. Gli spettatori assistono [I] ....
d. Hai disubbidito [I] ....
e. I viaggiatori pagano [D] ....
f. I comici ridicolizzano [D] ....
g. Mi sono addormentato [I] ....

Livello 2 **15** ●●○

Riordina le parole di ogni gruppo seguente in modo da formare una frase di senso compiuto; collega il predicato e gli argomenti in modo diretto o con opportune preposizioni.

a. Presa, spina, è inserita. La presa è inserita nella spina.
b. Salperà, Genova, nave. ....
c. Genitori, figli, sono educati. ....
d. Vostra assenza, mi rammarico. ....
e. Ha rovinato, pioggia, nostre vacanze. ....
f. Lunga attesa, persone, rumoreggiavano. ....

Livello 3 **16** ●●●

In ogni coppia di frasi il secondo verbo, per esprimere in modo compiuto il suo significato, necessita di un altro argomento; aggiungilo tu, quindi riscrivi ciascuna coppia unendo le due frasi semplici in modo da ottenere una frase complessa. Usa opportune congiunzioni e pronomi.

a. 1) Luigi si è arrabbiato. 2) La moglie ha calmato.
La moglie ha calmato Luigi > Luigi si è arrabbiato, ma la moglie lo ha calmato.
b. 1) Stava annegando. 2) Alcuni pescatori hanno salvato.
c. 1) La modella posa. 2) Il pittore ritrae.
d. 1) L'insegnante spiega. 2) Gli studenti ascoltano.
e. 1) Lisa si lamenta. 2) L'amica incoraggia.

PRODUCI

Livello 1 **17** ●○○

Scrivi una frase per ognuno dei seguenti verbi bivalenti: *proclamare*, *difendere*, *assumere*, *evitare*. In ogni frase esplicita il soggetto ed evidenzia il secondo argomento.

Livello 2 **18** ●●○

Per ogni verbo elencato scrivi una frase in cui sia accompagnato dal numero di argomenti indicato.

emettere (2) > La giuria emise il verdetto.

Un argomento: tramontare, brillare; **due argomenti**: detestare, manovrare; **tre argomenti**: invitare, dedicare.

Livello 3 **19** ●●●

Scrivi una frase per ognuno dei seguenti verbi tetravalenti: *spostare*, *trasferire*, *scaraventare*, *trasportare*.

7 Il soggetto

Un **cane** corre per strada, inseguito da un ragazzo. Una lunga **corda** li unisce, si impiglia nelle gambe dei passanti **che** brontolano, si infuriano, il **ragazzo** [...] urla al cane: "Fermati! Stop!" ma **quello** prosegue la sua corsa. Vola in avanti, attraversa strade piene di traffico, ignora i semafori rossi. Il **mantello** dorato sparisce e riappare agli occhi del ragazzo, tra le gambe della gente, come un segnale misterioso.

(D. Grossman, *Qualcuno con cui correre*)

Se consideriamo ogni predicato della citazione, ci accorgiamo che "parla", **in particolare** e **necessariamente**, di qualcuno o qualcosa: il **soggetto**. Per esempio: *corre* e *inseguito*, **deve riferirsi a qualcuno che compia** o **subisca tali azioni**, in questo caso *un cane*; lo stesso vale per tutti gli altri verbi, come puoi vedere dagli elementi evidenziati (fanno eccezione *Fermati*, dove il soggetto – tu – è sottinteso, *vola*, *attraversa* e *ignora* il cui soggetto sottinteso è esso).

L'argomento richiesto da tutti i verbi (tranne quelli impersonali), e dunque immancabile in ogni frase (che sia o meno esplicito), è il **soggetto**, che possiamo perciò definire **l'elemento principale cui si riferisce il predicato, il suo primo argomento.**

Il soggetto è solitamente un **nome** o un **pronome** (che sia o meno esplicitato), ma **ogni parte del discorso** – quando è **sostantivata** – può assumere questa funzione. Lo stesso vale per un'**intera frase** che, in tal caso, si chiama **soggettiva** (▸ p. 387).

*La **luna** rischiara la notte.* ↑ nome

***Qualcuno** ha bussato alla porta.* ↑ pronome

*Il **blu** rilassa.* ↑ aggettivo

*Il **meglio** deve ancora venire.* ↑ avverbio

*Quel tuo **ridere** di ogni cosa mi indispettisce.* ↑ verbo

*È preferibile **andare a letto presto**.* ↑ frase

*I **"ma"** e i **"però"** sono troppo frequenti nelle tue risposte.* ↑ ↑ congiunzioni

• **Il soggetto partitivo**

Il soggetto non è **mai preceduto da preposizione**, ma può essere introdotto dall'**articolo partitivo *del*, *della*, *dei*** ecc. che indica una **quantità indeterminata**. In tal caso si chiama **soggetto partitivo**:

***Degli oggetti** d'argento, disposti in bell'ordine, occupavano un'intera mensola.*

7.1 Le proprietà grammaticali del soggetto

• L'accordo tra soggetto e predicato

Dal punto di vista **grammaticale** il soggetto è riconoscibile, prima di tutto, perché **determina** la **forma del verbo** nella **persona**, nel **numero** e talora nel **genere**. Per individuarlo con sicurezza ci si affida dunque anche all'esame di questi aspetti della morfologia verbale, come nell'esempio:

La squadra azzurra (ha vinto) il campionato.

ha vinto: 3ª persona **singolare** si accorda con il soggetto, il **nome** al **singolare** *squadra*.

Le atlete si (sono messe) in posa per la foto.

si sono messe: 3ª persona **plurale**, genere **femminile**, si accorda con il soggetto, il **nome** *atlete* [al **plurale**, di genere **femminile**]

I loro volti (saranno ricordati) nella gioia del trionfo.

saranno ricordati: 3ª persona **plurale**, genere **maschile**, si accorda con il soggetto, il **nome** *volti* [al **plurale**, di genere **maschile**]

• Il soggetto sottinteso

Nella nostra lingua il **soggetto** può essere **sottinteso** poiché è sufficiente la forma verbale a indicarlo. Ciò accade in particolare con i **pronomi personali**, di 1ª e 2ª persona, cioè ai soggetti protagonisti dello scambio comunicativo:

Arriviamo [noi] *subito. Sono* [io] *affamata!*

In altri casi, al contrario, è **espresso volutamente** per evidenziare l'importanza del suo ruolo:

***Io** ho fatto tutta la fatica, **tu** ti sei limitato a guardare.*

Si può sottintendere anche il **soggetto** di 3ª persona nel caso emerga con chiarezza dal contesto.

*Naturalmente ho aspettato **Anna** per almeno mezzora: come sempre* [lei] *era in ritardo.*
*In quel luogo deserto le **case** avevano un'aria desolata. Sembravano* [le case] *disabitate.*

• **Concordanze diverse**

Come ci regoliamo quando i soggetti sono più di uno? Se osservi gli esempi seguenti, puoi notare che – in ogni frase – compaiono a uno a uno, in forma singolare, ma poi il verbo li "riunisce", concordando come fossero **un unico soggetto plurale**. Per individuarli tutti con sicurezza si guarda dunque al **verbo.**

E per concordare nel modo giusto? Queste le regole che distinguono tra i soggetti-nome (e altre parti del discorso) e i pronomi personali (anche sommati a nomi):

- *Il **bar**, i **negozi** e il **supermercato** resteranno aperti fino a mezzanotte.*
  *Il **rosso** e il **giallo** sono colori caldi.*
  Sia che si tratti di più nomi al **plurale** o al **singolare**, la regola è semplice: il verbo assume la **3ª persona plurale**.
- ***Tu** e **io** andiamo d'accordo.*
  ***Noi** e **voi** ci incontreremo per discutere il problema.*
  ***Tu**, mio **fratello** ed **io** partiremo per primi.*
  Se tra i pronomi sono presenti ***io*** e/o ***noi***, il verbo assume la **1ª persona plurale**.
- ***Tu**, mia **sorella**, **voi** e i vostri **amici** ci raggiungerete più tardi.*
  Se, in assenza della prima persona, sono presenti ***tu*** e/o ***voi*** prevale la **2ª persona plurale.**

Come concordano i **nomi collettivi**? Di norma richiedono il verbo al **singolare**, ma nel linguaggio informale è ammesso anche il cosiddetto "accordo a senso", specialmente quando sono seguiti da un sostantivo plurale che specifica la natura del "gruppo":

*La **comitiva** si avviò verso il Colosseo.*
*La **folla** spingeva agli ingressi dello stadio; una **cinquantina** di tifosi cercò / cercarono addirittura di sfondare il cordone di poliziotti.*
*Uno **sciame** di api mi circondò / circondarono.*
*Una **ventina** di ospiti è partita / sono partiti ieri.*

HAI CAPITO?

Nelle seguenti frasi coniuga il verbo tra parentesi in modo che si accordi correttamente con il/i soggetto/i.

a. Voi e io (sentirsi) più tardi.
b. Io e i miei cugini (essere) come fratelli.
c. Voi e il resto del gruppo (seguire) la guida, io e la mamma (visitare) la città da sole.
d. Un gran numero di ragazzi (occupare) la piazza in attesa del concerto.
e. Il gregge (riposare) all'ombra.

• **La posizione del soggetto**

Solitamente il soggetto **precede** il verbo, essendo il suo principale argomento, quello che ne **determina la forma**:

*Le **vitamine** sono necessarie per le funzioni vitali.*
***Arianna** sta canticchiando un brano rap.*

Tuttavia la sua **posizione** non è fissa e ci sono casi in cui **segue** il verbo. Ciò accade:

- nelle frasi **interrogative** ed **esclamative**:
  *A che ora inizia **la partita**? Che caos hanno lasciato **gli ospiti**!*
- quando si vuole dare al soggetto un'**evidenza particolare**:
  *Baderà mio **fratello** al tuo cane, questo fine settimana. Ho sparecchiato **io** i piatti, ma farete **voi** il resto dei lavori, come d'accordo;*
- con alcuni verbi che esprimono un **evento indipendente dalla volontà del soggetto**:
  *Mi è salita **la febbre**. È successo **un pandemonio**. È nato mio **nipote**. Scende **la pioggia**.*

7.2 Il soggetto grammaticale e il soggetto reale

- **Il doppio ruolo del soggetto**

Che "parte" interpretano, nel mondo reale, le persone e le cose che riconosciamo come **soggetto grammaticale** di una frase? Finora è chiaro che il soggetto è l'argomento principale del predicato, rispetto al quale ha una certa posizione e con il quale concorda. Queste caratteristiche determinano il suo ruolo rispetto alla frase.

Esiste però un altro aspetto da considerare: il **ruolo** che il **soggetto** ricopre nella **realtà** rappresentata. Lo possiamo definire **semantico** perché è legato al **significato** di ciò che effettivamente gli accade. Da questo punto di vista, viene spontaneo associare il soggetto al concetto di **azione**, perciò si tende a individuarlo in chi la **compie** o la **subisce**. Di conseguenza si distinguono unicamente due ruoli – uno **attivo** e l'altro **passivo** –, quando invece sono ben più numerosi. Per limitarci ai principali, diremo che il soggetto può essere:

- chi **agisce**, cioè chi compie un'azione o provoca un effetto:
  Il ***cavallo*** *ha saltato l'ostacolo.*
  *L'****aereo*** *decolla.*
  *L'****acqua*** *rende porosa la roccia;*
- chi **patisce**, soffre o subisce un danno / un'azione:
  Sandro *si colpevolizza / è stato emarginato dal gruppo.*
  La ***città*** *ha subito un bombardamento.*
  Quel ***cane*** *ha preso un calcio dal padrone;*
- chi **fa un'esperienza** provando una sensazione, un sentimento ecc. o **chi provoca** involontariamente sensazioni ecc.:
  Marco *gioisce al pensiero delle vacanze.*
  Valeria *si sente benissimo.*
  Irene *piace a tutti.*
- chi **ha una certa qualità**:
  Le ***mosche*** *sono fastidiose.*
  Il ***tempo*** *è mutevole.*
- chi **possiede** qualcosa:
  Mara *possiede molti gioielli.*
  Il mio ***gatto*** *ha un bellissimo pelo.*
  Il ***condominio*** *usufruisce di un bel giardino.*

HAI CAPITO?

Stabilisci il **ruolo semantico** del soggetto nelle seguenti frasi (> *Il mio cane si rallegra quando rientro a casa* = fa un'esperienza).

a. Mia sorella acquista troppi oggetti sui siti internet.
b. Certi "gadget" sono irresistibili, io ne ho decine.
c. Finalmente anche mio fratello collabora in casa.
d. La madre venne sommersa dalle lamentale del figlio.
e. Al pensiero del tuo prossimo arrivo, mi riempio di felicità.
f. Anna è fornita di scarpe e borse in grande quantità.

ADESSO TOCCA A TE ▶ Capitolo 7

INDIVIDUA E PRODUCI

Livello 1

1 ●○○ **In ogni coppia di frasi sottolinea il soggetto (ricordati che può avere anche forma partitiva).**

a. 1) Arturo è stato assunto in uno studio medico.
2) Uno studio medico ha assunto Arturo.

b. 1) Degli scienziati italiani hanno scoperto un vaccino antiepatite.
2) In Italia è stato scoperto un vaccino antiepatite.

c. 1) Il giardinaggio è la passione di Sandra.
2) Sandra ha la passione del giardinaggio.

d. 1) Dei ricchi collezionisti possiedono auto d'epoca.
2) Queste auto d'epoca appartengono a dei ricchi collezionisti.

e. 1) Strasburgo è la sede del Parlamento europeo.
2) La sede del Parlamento europeo è a Strasburgo.

2 ●○○ **In quale frase il soggetto è sottinteso?**

A Sbagliare è umano.
B Vi considerate timidi o estroversi?
C Sta grandinando!

3 ●○○ **A COPPIE Per ogni soggetto elencato scrivete una frase in cui compia o patisca un'azione.**

il pedone ~ un gufo ~ il concorrente ~ il pugile ~ il dizionario ~ la medicina

Livello 2

4 ●●○ **In ognuna delle frasi seguenti sottolinea il soggetto grammaticale, in alcuni casi plurimo.**

a. Marco, il fidanzato di mia sorella, non piace ai nostri genitori.
b. Una combinazione apre la cassaforte.
c. La cassaforte si apre con una combinazione.
d. Nella vita servono pazienza e fiducia.
e. Sabato sono previsti freddo e pioggia a catinelle.
f. Alla festa c'era qualcuno di tua conoscenza?

5 ●●○ **Indica il pronome personale che costituisce il soggetto sottinteso di 5 delle frasi seguenti.**

a. Vieni a vivere con me! Tu ....
b. Si sta facendo tardi. ....
c. Allora ci vediamo domani. ....
d. Nevica su tutto il nord Europa. ....
e. Non mi credete? ....
f. Potrebbe cambiarmi una banconota da cento euro? ....
g. Sulla A14 troverete molto traffico. ....

6 ●●○ **Indica la frase in cui è presente un soggetto partitivo.**

A Delle alte e innevate montagne si stagliavano contro il freddo cielo invernale.
B Il crinale delle alte e innevate montagne si stagliava contro il freddo cielo invernale.

7 ●●○

Nelle frasi seguenti sottolinea il soggetto e indica di quale parte del discorso si tratta: nome [N], aggettivo [AGG], pronome [PR], avverbio [AVV], verbo [V].

a. La tua agitazione per un nonnulla mi innervosisce. [.......]
b. Coraggio, il peggio è passato. [.......]
c. Il giallo è un colore complementare del blu. [.......]
d. Chi ha il cellulare acceso? [.......]
e. Gli adulti spesso non ascoltano gli adolescenti. [.......]
f. Pagare le tasse è un dovere di ogni cittadino. [.......]
g. Il "no" dei sindacati ai licenziamenti è stato forte e deciso. [.......]

8 ●●○

Quale delle seguenti affermazioni ha per soggetto una frase?

A Oggigiorno è indispensabile avere competenze digitali.
B Praticare sport fa bene alla mente e alla salute.
C Questo vostro mormorare di continuo mi infastidisce.

9 ●●○

A COPPIE Per ogni soggetto elencato scrivete una frase in cui compia un'esperienza provando una sensazione, un sentimento, un'emozione oppure li provochi involontariamente.

gli innamorati ~ i poeti ~ le canzoni ~ il comico ~ il tifoso ~ gli insetti ~ i ferraristi

Livello 3 **10** ●●●

Scomponi le seguenti frasi complesse in due semplici. In due casi entrambe le frasi semplici hanno lo stesso soggetto e lo stesso predicato. Quali sono?

A A Natale Martino decise di baciare Stella sotto il vischio.
B A Natale successe che Martino baciò Stella sotto il vischio.
C Martino decise che a Natale avrebbe baciato Stella sotto il vischio.

11 ●●●

Nelle frasi seguenti sottolinea il soggetto grammaticale, quindi indica a lato il suo ruolo: agisce o provoca un effetto [1], soffre o patisce un danno [2], fa un'esperienza o provoca sensazioni o sentimenti [3], ha una qualità [4], possiede qualcosa [5].

a. L'afa rende insopportabile il caldo. ☐
b. Con le sue battute Filippo suscita sempre ilarità. ☐
c. Guido è stato multato dalla polizia stradale per guida senza casco. ☐
d. La cucina casalinga è semplice e genuina. ☐
e. Mio nonno gode di una buona pensione. ☐
f. I capelli sono scompigliati dal vento. ☐

12 ●●●

A COPPIE Con l'aiuto del dizionario, per ogni predicato scrivete una frase con un soggetto esplicito e diverso da un pronome personale e con un secondo argomento opportuno. In alcuni casi la scelta di soggetto e argomento dipende dal significato attribuito al verbo: *Il melo produsse molti frutti / Il Rinascimento produsse capolavori d'arte*. Confrontate il vostro lavoro con quello dei compagni.

hanno disinnescato ~ cura ~ selezionò ~ disputano ~ innesta ~ emerse

13 ●●●

A GRUPPI L'*open day* del vostro istituto si avvicina: preparate un manifesto o un volantino in cui mettete in risalto cinque caratteristiche della vostra scuola attraverso altrettante frasi semplici. I soggetti delle frasi dovranno appartenere a parti del discorso diverse: un aggettivo, un pronome, un avverbio, un verbo, una frase.

8 La valenza e il significato

Piovono ***polpette***.
(film, 2009)

La classificazione dei verbi in base alla **valenza** tiene conto del loro significato principale che, però, quasi mai è l'unico. Può accadere perciò che un verbo, **cambiando significato**, **cambi anche la valenza**, che richieda cioè un numero minore o maggiore di argomenti. Vediamo alcuni esempi.

- I verbi **zerovalenti**, che, di norma, fanno a meno di qualsiasi argomento, possono **aggiungerne solo** quando li si usa in senso **metaforico**. Forzando il loro significato letterale, che li vuole impersonali, si ottengono sfumature espressive di grande effetto: comicamente assurde, per esempio, come nel titolo del film citato. Frasi analoghe, con connotazioni di vario genere, sono frequenti anche nel nostro linguaggio quotidiano:

  Fioccavano *critiche da tutte le parti.*
  Quando è arrabbiato, mio padre, non parla, ***tuona****.*

- Molti verbi **aumentano** o **diminuiscono** la valenza sia considerando il loro **significato proprio**, denotativo, sia quello **connotativo-metaforico**:

lavorare	monovalente	*Michela* ***lavora*** [finalmente]!: "ha un'occupazione"
	bivalente	• *Michela* ***lavora*** *in banca / a un nuovo progetto*: "svolge un'attività lavorativa di un certo tipo" • *Quell'artigiano* ***lavora*** *il marmo*: "sa maneggiare un materiale per trasformarlo" • *Questo integratore* ***lavora*** *sul fegato*: **metaforicamente** "provoca certi effetti" • *Se Gianni* ***si lavora*** *suo padre, riuscirà ad avere il nuovo smartphone*: ancora **metaforicamente** "sa ottenere con astuzia quanto desidera"
crescere	monovalente	*I figli* ***crescono****:* "diventano grandi"
	bivalente	*I genitori* ***crescono*** *i figli*: "allevano, si prendono cura"
	trivalente	*Maturando, Paolo* ***è cresciuto*** *nella stima di tutti*: **metaforicamente** "è aumentato di grado, di valore"
studiare	monovalente	*Mia sorella* ***studia***: "come occupazione, svolge un'attività di studio"
	bivalente	*Mia sorella* ***studia*** *il tedesco*: "si applica per apprendere una precisa disciplina"

HAI CAPITO? Formula tre frasi (anche complesse) in cui *leggere* significhi, rispettivamente: "stare leggendo / amare la lettura", "leggere qualcosa", "leggere a voce alta qualcosa a qualcuno". Stabilisci poi, per ciascuna di esse la valenza del verbo.

Gli argomenti e i verbi transitivi / intransitivi

= verbi transitivi

= verbi intransitivi

Tradizionalmente i verbi si distinguono in **transitivi e intransitivi.** Ce ne occuperemo nella prossima unità (► p. 311), tuttavia è questo il punto in cui appare più chiaramente la ragione sostanziale di tale distinzione, e cioè la loro relazione con l'**argomento diretto** o **oggetto**. Da questo punto di vista consideriamo:

- **transitivi** i verbi seguiti dall'argomento diretto:
  La grandine ha distrutto il raccolto.
  Talvolta i giornalisti hanno scritto notizie false.
- **intransitivi** i verbi che non sono seguiti dall'argomento diretto:
  La grandine è caduta sul raccolto.
  Molti giornalisti hanno scritto della mia avventura.

ADESSO TOCCA A TE

► Capitolo 8

LAVORA CON LE PAROLE

Livello 1 **1** ●○○

I verbi presenti nelle frasi seguenti sono mono o bivalenti. Con l'aiuto del dizionario, per ognuno scrivi una frase in cui, eventualmente usato in senso metaforico, aumenti la valenza di base; quindi spiega oralmente il diverso significato che assume.

a. La foresta brucia (*si distrugge per l'azione del fuoco*) > Lucio brucia le proprie energie nello sport (esaurisce).

b. Il campanello suona. ....

c. Il giorno declina. ....

d. La brezza rinfresca l'aria. ....

e. Quell'orafo lavora. ....

f. Mia figlia piccola già legge. ....

Livello 2 **2** ●●○

I verbi elencati sono zero o monovalenti. Con l'aiuto del dizionario, per ognuno scrivi una frase in cui, eventualmente usato in senso metaforico, aumenti la valenza di base.

fioccare > Fischi sonori fioccarono sull'arbitro.

grandinare ~ gelare ~ miagolare ~ lampeggiare ~ seccarsi ~ tuonare

Livello 3 **3** ●●●

Alcuni verbi possono aumentare le valenze di base, assumendo però significato diverso, a volte metaforico. Per ogni verbo delle seguenti coppie di frasi individua e scrivi nell'apposito spazio il numero di valenze; quindi, spiega oralmente il suo significato, anche con l'aiuto del dizionario.

a. 1) Il tempo stringe. ☐ 2) Mauro stringe con forza le tenaglie. ☐

b. 1) Circolano poche auto. ☐ 2) Circolano molte voci sul tuo conto. ☐

c. 1) Ahimè, la giovinezza passa! ☐ 2) L'autobus passa ogni dieci minuti. ☐

d. 1) L'esercito avanzava. ☐ 2) Mario avanza pretese su tutto. ☐

e. 1) La temperatura è scesa. ☐ 2) Scendi dalla mia moto! ☐

f. 1) Sabato darò una festa. ☐ 2) Presto ti darò una risposta. ☐

4 ●●●

Con l'aiuto del dizionario, per ognuno dei verbi elencati scrivi due frasi in cui, cambiando il numero delle valenze, assuma un significato diverso.

rinfrescare ~ andare ~ lampeggiare ~ fare ~ pensare ~ scoppiare

FACCIAMO IL PUNTO

definire + riassumere + classificare + memorizzare

LOSAI? RIPASSA CON LO SMARTPHONE

La **frase** è una sequenza di parole dotata di **senso compiuto** e racchiusa da **pause significative del discorso**. La sua costruzione segue le regole della lingua e si organizza a partire dal **verbo**.

La frase semplice

contiene un →

SOGGETTO
1. *Il* ***portiere*** *ha fatto autogoal.*
2. *Il* ***portiere*** *ha preso un goal.*

→ *se ne considerano gli aspetti*

→ **GRAMMATICALI**
Il ***portiere*** è un nome sing., concorda con il verbo di 3ª pers. sing. *ha fatto*.

→ **SEMANTICI**
Il ***portiere*** in **1.** è colui che **agisce**, compie l'azione; in **2.** è colui che **patisce/subisce** un'azione.

se è ***priva di verbo*** *diventa una* → **FRASE NOMINALE**
Per oggi, tutti a casa!

se è composta solo ***dal verbo e dagli argomenti necessari*** *è una* → **FRASE MINIMA O NUCLEARE**
[Ieri] ***Sara ha regalato un CD a Gianni*** *[per il suo compleanno].*

si struttura intorno al →

VERBO
centro dinamico e organizzatore

→ *i verbi si dividono in*

→ **COPULATIVI**
La vita ***è*** *bella.*

→ **PREDICATIVI**
Leo ***dorme***.

→ *molti devono completare il loro significato con*

→ **GLI ARGOMENTI DEL VERBO**
Mara *osserva...* ***un dipinto***.

← *il numero degli argomenti che un verbo esige si chiama*

← **VALENZA DEL VERBO**

← *secondo la loro valenza i verbi si classificano in*

← **MONOVALENTI**
Il bambino *piangeva.*
BIVALENTI
La pioggia *bagna* ***la terra***.
TRIVALENTI
Gianni *ha prestato* ***la macchina alla sorella***.
TETRAVALENTI
Gaia *ha trapiantato* ***i fiori dal prato alle aiuole***.

CONOSCENZE

1 **Indica se le seguenti affermazioni sono vere [V] o false [F].**

a. La frase semplice è organizzata intorno a un solo verbo. V F
b. Non esistono frasi senza verbo. V F
c. La frase nucleare è formata dal soggetto, dal verbo e dagli argomenti da esso richiesti. V F
d. Esistono frasi prive di soggetto. V F
e. Il soggetto può svolgere diversi ruoli. V F
f. Soltanto nomi e pronomi svolgono funzione di soggetto. V F
g. Soggetto grammaticale e soggetto semantico coincidono sempre. V F
h. I verbi non possono cambiare valenza. V F

ABILITÀ

2 **Quale testo è formato soltanto da frasi semplici?**

A I trapezi sono quadrilateri che hanno una particolare proprietà, due lati paralleli. Quindi, l'insieme dei trapezi è un sottoinsieme dell'insieme dei quadrilateri.
B In un rombo il perimetro è lungo 180 cm. Una diagonale lo divide in due triangoli equilateri. Calcola l'area del rombo.

3 **In quale frase il verbo *essere* è copulativo?**

A Franco ha copiato la verifica e ora è nei guai.
B Marta è arrivata in ufficio all'ultimo momento.
C Mario è un calciatore di belle speranze.

4 **Quali frasi sono nucleari, cioè costituite solo dagli elementi necessari per rendere compiuto il loro senso?**

A Diluvia!
B Serena sorride allegramente.
C Luisa indossava una gonna.
D Cesare ha comprato un'auto a rate.
E Secondo uno studio norvegese, l'arte migliora l'umore e il benessere.

5 **Riporta nell'apposita colonna il numero di argomenti richiesti dal verbo contenuto in ciascuna frase.**

a. Piove a dirotto. 1
b. Hai tradito la mia fiducia. 2
c. Stefania nuota in piscina. 2
d. Fausto aggira sempre gli ostacoli con uno stratagemma. 3
e. Ti ho aggiornato sulle ultime novità? 2
f. Perché sospiri? 1

6 **Leggi la frase seguente: *Cantare una canzone riscalda il cuore.* Qual è il suo soggetto?**

A Il cuore. B Una canzone. C Cantare una canzone. D Cantare.

FACCIAMO IL PUNTO

COMPETENZE

7 **Leggi con attenzione il brano, quindi svolgi le attività proposte.**

L'aura dei libri

Credo che i libri possiedano un'aura[1], come ogni opera d'arte. Un libro non è un insieme di fogli, così come un quadro non è una tela: entrambi sono creazione allo stato puro, energia creativa, e pertanto hanno l'aura. Sono certa che se potessi rimanere in una vecchia biblioteca dopo l'orario di chiusura, da sola e al buio, vedrei brillare gli scaffali come il fuoco di sant'Elmo[2] sugli alberi di un veliero e riuscirei a captare l'aura dei libri. E ne sentirei la voce: un brusio di pagine e sussurri d'inchiostro. Sono sicura che i libri parlano e respirano, e più sono vecchi e più hanno riposato nell'amore del tempo, più facilmente se ne percepiscono i parametri vitali.

(C. Montero, *L'astrologo*, trad. di E. Rolla, Mondadori, Milano, 2013)

1. **aura:** un'emanazione percepibile dalle persone.
2. **fuoco di sant'Elmo:** fenomeno dovuto all'elettricità atmosferica, per il quale, di notte, si scorgono bagliori sugli alberi delle navi in navigazione.

COMPRENDI

Livello 1
1. ●○○ Quale soggetto sottinteso narra la storia?

Livello 2
2. ●●○ Quale parte del brano è più ricca di verbi?

Livello 3
3. ●●● La parte finale è costituita da una frase semplice o complessa? Secondo te, c'è una ragione precisa? Prova a spiegarla, riflettendo su quanto la voce narrante ha precedentemente affermato.

ANALIZZA

Livello 1
4. ●○○ Quante frasi compongono il brano?
5. ●○○ Quali verbi copulativi compaiono nel brano?
6. ●○○ Qual è il soggetto di *sono creazione*? Quale parte del discorso è?
7. ●○○ Quale argomento dà significato compiuto a *hanno*? In che modo si lega al verbo?

Livello 2
8. ●●○ Nel brano prevalgono le frasi semplici o complesse?
9. ●●○ Qual è il soggetto di *possiedano*? Qual è il suo ruolo semantico?
10. ●●○ Qual è il soggetto di *brillare*?
11. ●●○ Quali argomenti danno significato compiuto a *sentirei*?
12. ●●○ Quante valenze di base ha *riposare*?

Livello 3
13. ●●● Quali frasi formano il periodo conclusivo del brano?
14. ●●● Che valenza ha *percepire*?
15. ●●● Nel testo *parlare* è monovalente: spiega il suo significato. Se lo usassimo come bivalente, il significato rimarrebbe lo stesso?

PRODUCI

Livello 1
16. ●○○ Qual è il tuo rapporto con i libri? Si è modificato nel tempo? Frequenti una biblioteca, anche occasionalmente? Per necessità scolastiche o per interessi personali? Racconta la tua esperienza in un breve testo (max 8 righe). Al termine della stesura, rispondi alle seguenti domande: quante frasi semplici sono presenti nel testo che hai elaborato? Quante quelle complesse?

Livello 2

17. ●●○ Ricordi qualche libro della tua infanzia? Ne conservi qualcuno? Quali sensazioni suscita in te il contatto diretto con i libri del tuo "passato"? Descrivi le tue emozioni in un breve testo (max 10 righe). Al termine della stesura, rispondi alle seguenti domande: quante frasi semplici sono presenti nel testo che hai elaborato? Quante quelle complesse? In quale parte del testo sono prevalentemente collocate le frasi complesse? Hai usato frasi nominali?

Livello 3

18. ●●● Quali sono, secondo te, i vantaggi della lettura digitale? E quali i limiti? Personalmente, ti affidi completamente alle biblioteche virtuali e ai nuovi dispositivi di lettura (e-book, tablet) oppure non rinunci del tutto alla vecchia biblioteca e al cartaceo? Quali aspetti apprezzi in particolare dell'uno e dell'altro tipo di contatto con i libri? Esponi le tue idee in un testo (max 12 righe). In fase di revisione, prova a eliminare eventuali frasi semplici in modo da ottenere un testo formato esclusivamente da frasi complesse.

CHE LINGUA PARLIAMO?

INDIVIDUA E CORREGGI

Livello 1 **8** ●○○

Non sempre il soggetto si accorda morfologicamente con il verbo: per esempio, quando è un nome collettivo la concordanza può essere fatta "a senso", cioè con il verbo al plurale. In tutte le frasi seguenti è stata effettuata appunto una concordanza a senso, ma solo in due casi è accettabile. Individua le concordanze errate e prova a riformularle correttamente con l'aiuto degli elementi evidenziati. Se hai dubbi, rileggi il capitolo 7.1 a p. 285.

a. Una gran parte dei cittadini si lamentano dei trasporti pubblici.
b. Io con Giacomo andiamo spesso nella piscina comunale.
c. Una decina di turisti svedesi in cerca di sole sono rimasti in spiaggia tutto il giorno.
d. Io sono un tipo che non mi lascio scoraggiare facilmente.

Livello 2 **9** ●●○

Spiega oralmente il ruolo grammaticale e semantico svolto dagli elementi evidenziati nelle frasi delle seguenti coppie.

a. 1) L'incendio è stato appiccato da un piromane.
2) Un piromane ha appiccato un incendio.
b. 1) Il paziente è stato guarito dal medico.
2) Il medico ha guarito il paziente.
c. 1) Grazia è stata baciata da Stefano.
2) Stefano ha baciato Grazia.

Livello 3 **10** ●●●

In alcune situazioni comunicative tralasciamo volutamente un argomento o più argomenti del verbo, sia per ragioni di brevità, come nel caso dei messaggini, sia per rendere più incisive le parole. Leggi le frasi seguenti ed esplicita l'argomento sottinteso in ognuna.

a. Luca ha forato. Tardiamo.
b. Paolo ha bevuto. Torniamo in taxi.
c. Il portiere si lancia, ma non para.
d. È tardi, chiudo. Ci sentiamo domani.
e. Rossi, questa tesina è scaricata.

ARRICCHIAMO IL LESSICO

a. Pomeriggio libero dalle attività di studio: vai al "Mondo dello sport" per vedere le ultime novità in fatto di abbigliamento e accessori sportivi. All'interno trovi un vasto assortimento di *scarpe* (*da corsa*, *da tennis*...), *t-shirt*, *jeans*, *tute* e *felpe*, *giacche* e *piumini*, *zaini*... A quale capo non sai resistere? Descrivilo oralmente senza definirlo con la sua esatta dicitura, i compagni dovranno riconoscerlo in base alle informazioni che fornirai. Presenta sia il suo aspetto generale sia le sue caratteristiche significative (forma, misura o taglia, materiali, colori, sensazioni tattili, funzioni principali, quando si indossa). Usa un lessico preciso e una sintassi lineare.

b. Passi al reparto dedicato ai vari sport: *calcio*, *sport acquatici*, *danza*, *arti marziali*, *ciclismo*, *sci*, *tennis*, *scherma*, *arrampicata*... Verso quale ti indirizzi? Spiega oralmente le caratteristiche dello sport che pratichi o che ti piacerebbe praticare, la sua origine, gli attrezzi e gli accessori richiesti. Nell'esposizione non usare il verbo *fare*, scegli invece alcuni dei verbi elencati:

> allenarsi ~ gareggiare ~ disputare ~ competere ~ correre ~ pedalare ~ praticare ~ alzare ~ scivolare ~ colpire ~ mantenere ~ giocare ~ rafforzare ~ controllare ~ marcare ~ sacrificarsi ~ vincere ~ perdere ~ tifare ~ eliminare ~ squalificare

c. A proposito, conosci l'origine della parola *sport*? Ricercala in un dizionario che riporti l'etimo dei vocaboli. Ti sembra che il termine conservi il significato originario o ne abbia acquisiti altri? Quali?

d. Uscendo dal negozio, ti viene in mente la tua prima *bicicletta*, il tuo primo *pallone*, la tua prima *racchetta* o il tuo primo *paio di pattini*... Quali emozioni, quali stati d'animo suscita in te il suo ricordo? Parlane in un breve testo scritto (max 8 righe), in cui siano presenti almeno quattro tra i seguenti verbi:

> ricordare ~ rievocare ~ percepire ~ sentire ~ avvertire ~ intenerirsi ~ commuoversi ~ emozionarsi ~ distinguere ~ toccare ~ sfiorare ~ accarezzare ~ odorare ~ profumare ~ emanare ~ impugnare ~ frenare ~ accelerare ~ desiderare ~ scivolare

UNITÀ

2 Il verbo: tipologie, costruzioni e forme

IN QUESTA UNITÀ

- Come regolarsi quando il predicato è composto da più parole? Come possiamo distinguere la tipologia e la funzione dei verbi che accompagnano altri verbi: gli **ausiliari**, i **servili**, gli **aspettuali**, i **causativi**?
- Quali modifiche, nella **costruzione** della frase, comporta il passaggio da una forma **attiva** a una **passiva** del verbo?
- Come funzionano i **verbi transitivi** e quelli **intransitivi**?
- Come distinguere - anche grazie al dizionario - la forma **riflessiva** da quella **pronominale**?
- **ARRICCHIAMO IL LESSICO** Lavoriamo utilizzando gli spunti forniti dalla riflessione su tutte le tipologie di verbi e sulle varie costruzioni ed esploriamo le parole del **cinema**

PARTIAMO DAL TESTO

Leggi il brano giornalistico e rispondi alle domande.

E se qualcuno inventasse un asocial network?

Per sottrarsi allo sguardo sempre più invadente delle rete c'è chi dà le dimissioni dai social. L'*Economist* aveva lanciato la questione con un servizio intitolato "Facebook nuoce alla salute. Fatevi una vita". Un titolo che parla da solo. Evidentemente sono sempre di più gli utenti che soffrono di crisi di rigetto da Internet. Per disintossicarci dall'overdose di info, foto, post, avvisi cui siamo sempre più sottoposti, sono nate addirittura delle app che servono a far perdere le proprie tracce. La disattivazione di whatsapp, skype, facetime evidentemente viene avvertita dagli utenti come l'unico modo per riconquistare uno spazio di libertà.

(adattamento da M. Niola, "il venerdì – la Repubblica", 13 febbraio 2015)

1. Sottolinea tutti i **predicati verbali** e distingui, prima di tutto, i **tempi semplici** da quelli **composti**.
2. Individua il **soggetto** di ogni verbo coniugato nei tempi composti.
   a. Quale, tra questi, compie un'azione e ha un ruolo, quindi, di "**agente**"?
   b. Quale ha invece un ruolo di "**paziente**", nel senso che l'azione viene esercitata su di lui da parte di altri o di nessuno in particolare?

3. Rintraccia tutti i verbi che sono seguiti dall'**argomento diretto** e che perciò, come già sai, sono **transitivi** (▸ p. 291).
4. *Sottrarsi* e *disintossicarsi* sono verbi transitivi, ma il loro argomento **diretto / oggetto** è un po' particolare: come si definisce grammaticalmente?
5. Se vogliono, gli utenti possono scomparire totalmente dalla rete. Qual è il soggetto che permette questa azione, cioè che consente loro di ***far*** *perdere le proprie tracce*?

1 I verbi che "accompagnano"

Osserva gli esempi:

Perché non ***ridi*** *alle mie battute?*
Durante il film ***ho riso*** *molto.*
Dovresti ridere *di più.*
Perché ***stai ridendo****?*
Non ***farmi ridere****!*

Qual è la differenza visibile tra il verbo della prima frase e quelli delle altre quattro? È chiaro che in ognuna di esse *ridere* ha lo stesso significato – "manifestare una reazione di allegria" – cambia però la forma verbale: nel primo caso è costituita da una **voce unica**, negli altri tre è un'espressione composta, un'**unità verbale**.

Il verbo mantiene dunque le sue caratteristiche di fondo, sia come parola singola sia come espressione composta da più forme verbali. Di queste, solo una esprime il **significato di base**, mentre l'altra lo **accompagna** con le funzioni che vedremo.

1.1 I verbi ausiliari

Pace. Quel ch'è stato, è stato.
Ora il conto è saldato.
Ma – certo – se non fosse morto
(se io non fossi morto)
– certo – lo avrei perdonato.

(G. Caproni, *Coda alla confessione*)

Nelle **unità verbali** evidenziate, il significato specifico dei verbi *essere* (in funzione predicativa: "accadere"), *saldare, morire* e *perdonare* è espresso dal loro **participio passato**. I verbi sottolineati servono solo per **aiutare** quello **principale** a formare i vari tempi composti. ***Essere*** e ***avere*** sono perciò detti **ausiliari** (dal lat. *auxĭlium*, "aiuto") e hanno una funzione **puramente grammaticale**. La tabella seguente indica quali tipi di verbo richiedono l'uno o l'altro ausiliare, e quali ammettono entrambi.

essere	• **Molti verbi intransitivi**: *Ti **sei** seduta nel posto migliore.* • **Verbi riflessivi**: *Ma ti **sei** guardato allo specchio?* • **Forme passive di tutti verbi transitivi**: *I miei libri **sono stati** spostati.*
avere	• **Tutti verbi transitivi attivi**: ***Abbiamo** perso la strada.* • **Alcuni verbi intransitivi**: ***Hai** dormito stanotte?*
essere o *avere*	• **Verbi che esprimono fenomeni atmosferici**: ***È** nevicato / **Ha** nevicato.* • **Alcuni verbi intransitivi**: ***Abbiamo** vissuto a Parigi / **Siamo** vissuti a Parigi.*

1.2 I verbi servili o modali

Il mondo aveva i denti e in qualsiasi momento ti **poteva** morsicare.
(S. King, *La bambina che amava Tom Gordon*)

Nella citazione, *poteva* **serve** a *morsicare* perché il verbo assuma un'ottica diversa, quella della **possibilità**, mettendo a fuoco ciò che **potrebbe accadere** dato un mondo ostile (*aveva i denti*); la possibilità, in questo caso, incombe come una minaccia.

I **verbi servili**, o **modali**, aggiungono una **sfumatura di significato** al verbo – coniugato all'infinito – cui si uniscono senza preposizioni. Segnalano, infatti, la **modalità** secondo la quale si compie il fatto.

I principali sono ***dovere***, ***potere***, ***volere*** che, rispettivamente, valutano:

- la **possibilità**, la **capacità** o la **probabilità**: *Insieme, **possiamo superare** ogni difficoltà*;
- la **necessità**, l'**obbligo**: ***Devi lavarti** ogni mattina, anche se non ne hai voglia*;
- la **volontà** o il **desiderio**: *Non **voglio ascoltare** i cattivi consigli.*

Possono svolgere la funzione di servili anche altri verbi, tra cui ***sapere*** (nel significato di "essere in grado di"), ***osare***, ***preferire***:

__Sa__ esprimersi con grande proprietà.
*Non **ho osato** disturbarvi.*
***Preferisco** studiare la sera.*

HAI CAPITO?

1. *Dopo il trasloco **avremo** da sistemare un bel po' di cose. Le abitudini **vanno** apprese da giovani.* Negli esempi, anche i verbi ***avere*+*da*+infinito** e ***andare*+participio** hanno valore modale: esprimono infatti una **necessità**. Formula almeno una frase per ciascuno dei due verbi usandoli in modo analogo.
2. I verbi servili hanno anche un significato autonomo: fai un esempio con *volere*.

- Nei **tempi composti** i verbi servili usano di preferenza l'**ausiliare** del verbo cui si uniscono:
  Abbiamo *lavorato tanto.* → ***Abbiamo dovuto*** *lavorare tanto.*
  Siamo *partiti presto.* → ***Siamo dovuti*** *partire presto.*
  Ha *invitato tutti.* → ***Ha voluto*** *invitare tutti.*
- Quando sono seguiti dal verbo ***essere*** o da un **infinito passivo** usano l'ausiliare ***avere***:
  Ha voluto essere *l'ultimo. Non* ***abbiamo potuto essere*** *ascoltati.*
- Quando si accompagnano a un verbo **riflessivo**, usano ***essere*** se la particella pronominale anticipa il verbo, se invece lo segue, usano ***avere***:
  Ti sei *dovuto lavare di nuovo?* ***Abbiamo*** *voluto allontanar**ci**.*
- In presenza di **particelle pronominali**, queste possono seguire l'infinito del verbo principale oppure precedere il verbo ausiliare:
  *Devo aspettar**lo** / **Lo** devo aspettare.*
  *Puoi telefonar**mi**? / **Mi** puoi telefonare?*

1.3 I verbi fraseologici o aspettuali

Da *10 anni di Calvin And Hobbes*, 2016.

L'esclamazione seccata ***Sto lavorando*** del padre di Calvin indica un'azione in corso, in svolgimento. I verbi **fraseologici** hanno la funzione di accompagnare un altro verbo, coniugato all'**infinito** o al **gerundio**, per definire un particolare **aspetto** dell'evento espresso. Chiariscono cioè in quale **punto del suo sviluppo temporale** si colloca (▸ p. 121). In particolare precisano:

- **l'imminenza:** *stare per, accingersi a, essere sul punto di* ecc. + infinito:
  Ti avviso: ***sto per*** *arrabbiarmi.* ***Era sul punto di*** *esplodere.*
- **l'inizio:** *iniziare a, cominciare a, mettersi a, prendere* a ecc. + infinito:
  Mi metterò a *pulire il giardino.* ***Comincia*** *tu* ***a*** *sparecchiare.*
- **lo svolgimento:** *stare, andare, venire* + gerundio:
  Zitti, ***sto*** *telefonando! Si* ***va*** *facendo notte.*
- **la durata:** *continuare a, persistere a* (nel), *insistere a* (nel) ecc. + infinito:
  Continua a *nevicare. Perché* ***insisti a*** *chiedere?*
- **la conclusione:** *smettere di, finire di, cessare di* ecc. + infinito:
  Hai ***smesso di*** *fumare? Ho appena* ***finito di*** *scrivere.*

Si considerano fraseologiche anche alcune **locuzioni** come *cercare di, sforzarsi di, provare a, essere soliti, avere l'abitudine di* (+ infinito); *vedersi, trovarsi, sentirsi* (+ infinito o participio passato): ***Cerca di*** *impegnarti di più.* ***Si sono trovati*** *nel bel mezzo di un'emergenza.*

1.4 I verbi causativi

Fammi ridere di stelle e di avventura...
(Gianna Nannini, *5 minuti*)

Nel verso della canzone, chi parla chiede a un'altra persona (*tu*) – tramite il verbo **causativo** ***fare*** – di essere "sollecitata" a ridere. L'azione vera e propria sarà dunque compiuta da qualcuno (*mi* → io) che non è il soggetto della frase come chiarisce anche il seguente esempio:

Il governo	*farà votare*	*al parlamento*	*i provvedimenti.*
↑	↑	↑	↑
arg. soggetto	predicato	arg. indiretto sarà il **soggetto** reale di ***votare***	arg. diretto/ oggetto

La frase equivale a → *Il* ***parlamento****,* ***sollecitato*** *dal governo,* ***voterà*** *i provvedimenti*

I verbi ***fare*** e ***lasciare*** (*consentire*, *permettere* ecc.) sono definiti **causativi** quando precisano che il soggetto, anziché compiere direttamente un'azione, spinge altri a eseguirla: possiamo dire che **la provocano, facendola accadere**, oppure che **non la impediscono** (*Certi genitori* ***lasciano sperimentare*** *qualunque cosa ai loro figli*: i genitori si limitano a "consentire" le esperienze che vengono in realtà effettuate di figli).

HAI CAPITO?

Riformula le seguenti frasi in modo da inserire opportunamente un verbo causativo (> *Stando ai miei, la sera io non esco mai > I miei non mi lasciano mai uscire la sera*).

a. Silvia non accetta l'aiuto di nessuno.
b. Attenzione che lui piange se gli parli con durezza.
c. Ti sembra giusto che io ti aspetti a ogni appuntamento?

PER SAPERNE DI PIÙ

Verbi che sostengono nomi

Mi sono addormentato molto tardi / Ho preso sonno molto tardi: c'è differenza di significato tra le due frasi? Evidentemente no. Cambia la formulazione: al posto di un **unico verbo** si usa un'**espressione equivalente** composta da **verbo + nome**.
Molte azioni possono dunque essere rese anche dai verbi ***avere***, ***fare***, ***prendere***, ***dare*** usati come **sostegno** a nomi con cui formano **un unico insieme**. Ecco alcuni esempi:

- ***avere***: *Desidero un gelato* → ***Ho voglia*** */* ***il desiderio*** *di un gelato*;
- ***fare***: *Che cosa regali a Giulia?* → *Che* ***regalo fai*** *a Giulia?*;
- ***prendere***: *Non si è ancora deciso* → *Non ha ancora* ***preso una decisione***;
- ***dare***: *Quando ti lamenti, mi infastidisci* → *Quando ti lamenti, mi* ***dai fastidio***.

HAI CAPITO?

Formula delle frasi in cui i seguenti verbi siano resi con un'espressione equivalente, sull'esempio di quelle esemplificate.

festeggiare ~ favorire ~ impressionare ~ dimettersi ~ aiutare ~ ascoltare

ADESSO TOCCA A TE ▶ Capitolo 1

INDIVIDUA E COMPLETA

Livello 1

1 ●○○ **Accanto a ogni verbo seguente scrivi l'ausiliare corretto: *essere* o *avere*. Fai attenzione: in alcuni casi si usano entrambi.**

a. balzare ....
b. andare ....
c. correre ....
d. piovere ....
e. ritornare ....
f. cominciare ....

2 ●○○ **Completa le frasi seguenti con l'ausiliare corretto, scelto tra i due proposti. Fai attenzione: in un caso si usano entrambi.**

a. Il vento aveva / era soffiato forte per tutta la notte.
b. Il mercantile è / ha affondato in poche ore.
c. Nell'ultimo mese il prezzo della benzina è / ha calato.
d. Andrea è / ha sceso in fretta dal treno, così è / ha scivolato.
e. Mario è / ha vissuto a lungo all'estero.
f. Come sempre, Luca ha / è dovuto essere l'ultimo ad arrivare.

3 ●○○ **Stabilisci se i verbi evidenziati nelle seguenti coppie di frasi sono usati come servili [S] o hanno significato autonomo [A].**

a. 1) Sara vuole ☐ sempre giocare da sola. 2) Sara vuole ☐ sempre la mamma.
b. 1) Tutto può ☐ accadere! 2) L'amore può ☐ tutto.
c. 1) Alex è un vero amico, gli devo ☐ molto. 2) Devi ☐ essere riconoscente nei confronti di Alex.
d. 1) Oggi voglio ☐ riposarmi. 2) Quanto vorrei ☐ un po' di riposo!

4 ●○○ **Sottolinea i verbi e le locuzioni aspettuali presenti nelle frasi seguenti.**

a. Per la fame, mi sentivo svenire.
b. Cerca di non rovesciare il caffè!
c. Appena sono entrata, Lucia e Teresa hanno preso a parlare sottovoce.
d. Abbassa il volume della tv, sto per andare a letto!
e. Finalmente sta per smettere di piovere, usciamo.

5 ●○○ **In quale frase è presente un verbo causativo?**

A Filippo è depresso perché la moglie lo ha lasciato.
B Nel parco lascio correre il cane liberamente.
C Giovanna ha lasciato il lavoro per occuparsi della famiglia.

Livello 2

6 ●●○ **Indica se nelle frasi seguenti *essere* e *avere* sono usati come ausiliari [A] o nel loro significato specifico [SP].**

a. Sabato Giulia era al mare con la famiglia. A SP
b. Sono andato a ballare con gli amici. A SP
c. Ho avuto questa bicicletta a buon prezzo. A SP
d. Elena e Guido hanno avuto da poco due gemelli. A SP
e. Nel museo è stato rubato un quadro impressionista. A SP
f. Mio nonno era impiegato in posta. A SP

7 ●●○

Oralmente indica che cosa segnalano i verbi servili evidenziati nelle frasi seguenti: capacità, possibilità, volontà, permesso, obbligo.

a. Con la forza di volontà puoi superare le avversità.
b. Anna vuole conoscere nuovi amici su Facebook.
c. La visita è finita, può rivestirsi.
d. Luisa sa cucire e ricamare.
e. Quando vai in moto devi indossare il casco!
f. Se hai finito i compiti, puoi uscire.

8 ●●○

Completa le frasi seguenti con un verbo aspettuale adatto a precisare la modalità di svolgimento dell'evento indicata tra parentesi.

a. Da due anni Marta .... (durata) a fare la dieta, ma con scarso successo.
b. Quando .... (conclusione) di dire sciocchezze?
c. Promesso, dopo cena .... (inizio) a studiare.
d. Sono entrato in classe proprio quando il professore .... (imminenza) di interrogare.
e. Cessate le forti piogge, il livello delle acque .... (svolgimento) calando.

9 ●●○

Sottolinea i verbi causativi presenti nelle frasi seguenti. A lato indica chi "causa" l'azione e chi la compie effettivamente.

a. Le lacrime di Ines hanno fatto commuovere tutti. Le lacrime / tutti
b. Sabato i miei genitori mi lasceranno uscire. .... / ....
c. Troppi compiti fanno odiare la scuola agli studenti. .... / ....
d. Che brutta tosse! Fatti visitare dal medico. .... / ....
e. Cesare permette al figlio di dormire fuori casa. .... / ....
f. Aurora consente alla sorella di usare i suoi vestiti. .... / ....

Livello 3 **10** ●●●

In ognuna delle frasi seguenti sottolinea i verbi servili, quindi stabilisci che cosa segnalano: competenza/capacità, necessità, probabilità, cortesia.

a. Enrico sa esprimersi in modo semplice e chiaro. ....
b. A quest'ora Fausto dovrebbe essere sulla via di casa. ....
c. Non trovo gli occhiali, devo averli dimenticati in ufficio. ....
d. Per pagare il mutuo dobbiamo ridurre le spese famigliari. ....
e. Vorrei parlare con il direttore. ....

11 ●●●

In ognuna delle frasi seguenti distingui i verbi evidenziati: servili [S], aspettuali [A], causativi [C].

a. Oggi mia madre non mi lascia ☐ uscire perché devo ☐ aiutarla in casa.
b. Smettete ☐ di fare tutto questo rumore, non mi permette ☐ di dormire!
c. L'influenza sta ☐ passando, vado ☐ migliorando di giorno in giorno, lunedì potrei ☐ tornare a scuola.
d. "Nonostante tutto, continuo ☐ a credere nell'intima bontà dell'uomo": questa frase di Anne Frank deve ☐ farvi ☐ riflettere.
e. Per ripararmi dal freddo ho dovuto ☐ mettere sciarpa e berretto.

LAVORA CON LE PAROLE

Livello 1 **12** ●○○

A COPPIE Con l'aiuto del dizionario, in ogni frase seguente sostituite *essere*, usato con significato specifico, con un verbo o un'espressione verbale di significato equivalente.

a. Gianni è stato a Parigi. è andato
b. Stefano è in ospedale da una settimana. È ANDATO
c. Al Museo di Capodimonte ci sono opere di squisita fattura. POSSIEDE
d. Fra un'ora siamo a casa vostra. ANDIAMO
e. Mi dispiace, non sono della vostra opinione. NON MI AVVALGO
f. Non ci sono persone senza difetti. ESISTONO
g. Oggi c'è l'inaugurazione del nuovo centro sportivo. FANNO

Livello 2 **13** ●●○

A COPPIE Con l'aiuto del dizionario, in ogni frase seguente sostituite *avere*, usato con significato specifico, con un verbo di significato equivalente.

a. Rodolfo ha una villa con piscina. possiede
b. La nostra collega Marina ha sempre abiti all'ultima moda. POSSIEDE
c. Giorgio ha avuto un'eredità da uno zio d'America. RICEVE
d. Per il lavoro svolto ho avuto gli elogi del direttore. HO RICEVUTO
e. Mia madre ha le foto di nozze in un album. POSSIEDE
f. Ho compassione di coloro che non hanno né casa né lavoro. ......

Livello 3 **14** ●●●

In ognuna delle frasi seguenti sostituisci il verbo servile con un'espressione verbale di significato equivalente. Se necessario, riformula le frasi.

a. Dopo tutti gli allenamenti fatti, dovrei classificarmi tra i primi cinque
è probabile che mi classifichi...
b. Nonostante un anno di scuola guida, Adele non sa ancora guidare l'auto.
c. Per volere dei genitori, Marco deve frequentare una scuola che non gli piace.
d. Luigi potrebbe essere già atterrato a Malpensa.
e. A Sara deve essere già arrivato il nostro regalo.
f. Questa sera vorrei mangiare una pizza.
g. Tutti i cittadini devono pagare le tasse.
h. Ogni sera sono solito bere una tisana.

PRODUCI

Livello 1 **15** ●○○

Osserva l'immagine. Quali azioni/eventi ti suggerisce? Spiegalo in due frasi in cui siano presenti un verbo servile e uno aspettuale.

Livello 2 **16** ●●○

Quali etichette vorresti incollare sulla tua valigia? Immagina un itinerario di viaggio e descrivilo in tre frasi, in cui siano presenti un verbo servile, uno aspettuale e uno causativo.

....

....

....

Livello 3 **17** ●●●

In un ipotetico viaggio intorno al mondo che cosa vorresti assolutamente vedere? Scrivi un breve testo (max 12 righe) sull'argomento, usando verbi di vario tipo (ausiliari, servili, aspettuali, causativi).

2 I verbi impersonali

Nevica: l'aria brulica di bianco;
la terra è bianca; neve sopra neve...
(G. Pascoli, *Nevicata*)

Ci sono verbi a cui **non si può attribuire alcun soggetto** e per questo sono detti **impersonali**. Per convenzione assumono solo la **terza persona singolare**, che non è però esplicitabile. In genere esprimono eventi atmosferici: ***nevica***, ***piove***, ***grandina***, ***albeggia***, ***lampeggia***, ***imbrunisce***, ***tuona***; possono assumere anche la forma di locuzioni come ***fa caldo***, ***fa freddo***, ***fa notte***.

In forma impersonale si usano spesso anche verbi e locuzioni verbali come *accadere*, *succedere*, *capitare*, *convenire*, *essere necessario*, *essere opportuno*, *occorrere*, *sembrare*, *parere*, *essere chiaro*, *essere meglio* ecc.

È meglio *riflettere prima di agire.*
È chiaro *che è sincera.*

Fu necessario *intervenire subito.*
A volte ***capita*** *di non sapersi esprimere.*

- **Uso impersonale**
  Succede *a tutti di sbagliare.*
  Mi ***sembra*** *che il caldo diminuisca.*

- **Uso con soggetto**
  Nulla ***succede*** *per caso.*
  La città ***sembrava*** *deserta.*

La costruzione **impersonale** è possibile per ogni verbo quando, in assenza di soggetto, gli si premette la particella pronominale ***si*** e lo si usa alla **terza persona singolare**:

Non ***si parla*** *mentre* ***si sta masticando****!*

HAI CAPITO?

Distingui, nelle seguenti coppie di frasi, l'uso **impersonale** e l'uso con **soggetto** della stessa forma verbale.

a. La tua impazienza è ormai più che evidente.
b. Che tu sia impaziente di uscire è proprio evidente.
c. A volte capita che una sorpresa sia troppo emozionante.
d. La sorpresa capita quando magari non te la aspetti più.
e. Fu davvero piacevole per tutti rivedersi.
f. L'incontro fu piacevolissimo per tutti.

ADESSO TOCCA A TE

▶ Capitolo 2

INDIVIDUA E PRODUCI

Livello 1

1 ●○○ **Sottolinea i 6 verbi impersonali presenti nelle frasi seguenti. Fai attenzione: non in tutte!**

a. Nevica! Che bel Natale sarà!
b. Piove a dirotto, aspetta ad uscire.
c. In estate si consumano molti gelati.
d. È probabile che rientri tardi.
e. Sembra che Lucio abbia trovato un lavoro.
f. Al mercato capita di trovare qualche buona occasione.
g. È chiaro che Omar si è invaghito di Leila.

2 ●○○ **Utilizzando due diversi verbi impersonali, scrivi due frasi che descrivano la situazione rappresentata nell'immagine umoristica.**

....
....
....
....
....

Livello 2

3 ●●○ **Indica con una crocetta la frase in cui sono presenti tre verbi impersonali.**

[A] Se splende il sole e il mare è calmo, si nuota volentieri.
[B] Appena tornerà il bel tempo, si parte e si va al mare.
[C] È naturale che tra amici si rida e si scherzi.
[D] Mia nonna si ricorda che negli anni Sessanta arrivò il rock e si ballava il twist.

4 ●●○ **Per ogni verbo elencato scrivi una frase in cui sia usato in forma impersonale (dormire > *In questo letto si dorme male*).**

brindare ~ decidere ~ litigare ~ passeggiare ~ perdere ~ scioperare

Livello 3

5 ●●● **Nelle frasi seguenti stabilisci se il verbo evidenziato è usato in forma personale [P] o impersonale [I].**

a. Non conviene scaricare quella app, è completamente inutile. [P] [I]
b. In questo incrocio capitano parecchi incidenti. [P] [I]
c. Durante le guerre accade che molti bambini restano orfani. [P] [I]
d. Spesso mi succede di perdere l'autobus. [P] [I]
e. Per la marmellata mi occorrono mele e prugne. [P] [I]
f. Avvenga quel che vuole, ho deciso di andarmene in Australia. [P] [I]
g. L'impianto elettrico necessita di riparazioni. [P] [I]
h. Si informa che il treno proveniente da Ancona subirà un ritardo di 30 minuti. [P] [I]

6 ●●● **A COPPIE Per ogni verbo impersonale elencato scrivete sul quaderno una frase in cui sia usato in forma personale con significato metaforico. Esempio: tempestare > *Igor mi tempesta di sms*. Potete aiutarvi col dizionario.**

tuonare ~ lampeggiare ~ fioccare ~ piovere ~ tramontare ~ grandinare

3 La costruzione passiva

Regola n° 12

Falli da espulsione: il pallone **è calciato** da un attaccante ed il portiere lo ferma con le mani, fuori dalla sua area di rigore. Il portiere **deve essere espulso** per aver impedito alla squadra avversaria la possibilità di segnare una rete.

(www.dirittocalcistico.it)

I verbi *è calciato* e *deve essere espulso* ci segnalano, con la loro **forma passiva**, che il *pallone* e il *portiere* – **soggetti grammaticali** delle frasi – **subiscono** un'azione: nel primo caso ad opera di un calciatore con ruolo di *attaccante*; nel secondo, non si precisa chi agisce per punire, ma non è necessario perché già sappiamo che si tratta dell'arbitro.

Abbiamo visto che il **soggetto grammaticale**, nella realtà, svolge diversi ruoli (► p. 287); in particolare può trattarsi di chi **agisce** (***Claudio*** *sta correndo* / ***Claudio*** *mangia un panino*) e di chi, invece, **patisce** se l'azione viene esercitata da altri nei suoi confronti. (***Claudio*** *si tormenta* / ***Claudio*** *è stato bocciato* / *promosso*). Questo secondo ruolo è reso soprattutto con la **costruzione passiva**, che ora esaminiamo, mettendola a confronto con quella attiva in due frasi che raccontano lo stesso fatto.

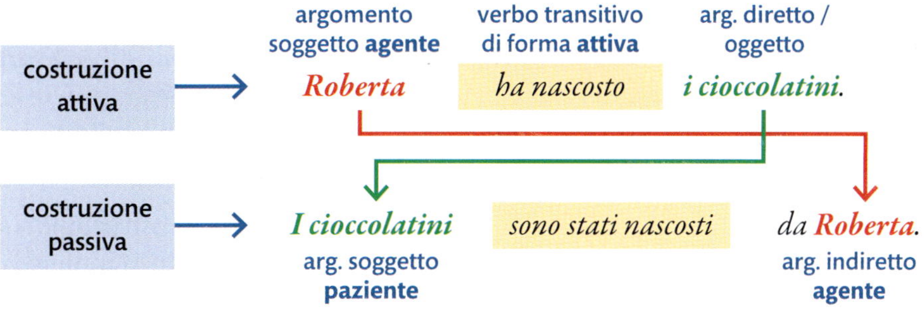

Che cosa cambia nelle due costruzioni?

- Cambiano il **soggetto grammaticale** e la **forma del verbo**.
- Cambia l'**orientamento dell'azione**, che si è potuto **invertire** perché il verbo è **transitivo**.
  Grazie all'inversione, quello che prima era l'**oggetto diventa soggetto**. Il **soggetto si trasforma** in **argomento indiretto**, pur mantenendo il ruolo di **agente** e, per questo, è detto **complemento d'agente** (o di **causa efficiente**, se si tratta di un essere inanimato: *La terra è bagnata* ***dalla pioggia***).
- Cambia il **punto di vista** con cui la medesima realtà viene registrata:
  – Nella **costruzione attiva** si colloca in primo piano **l'agente**, il **protagonista attivo** che, infatti, è visto nella suo "mettere in atto" qualcosa (**Roberta**: che cos'ha combinato?).
  – In quella **passiva** è il **paziente** che acquista più rilievo, la **persona** o la **cosa** coinvolta come **protagonista passivo** di una certa situazione (i **cioccolatini**: che fine hanno fatto?); l'**agente**, al contrario, scivola ai margini, tanto che, in molti casi non è necessario (*Il portiere* ***deve essere espulso****...* / *Per ragioni di sicurezza, l'ingresso* ***è stato vietato***).

L'esempio riguarda un verbo **bivalente**, ma la stessa costruzione si può fare anche con verbi trivalenti:

Questo quadro ***è stato donato*** *alla pinacoteca* *da un cittadino generoso.*

Questo quadro → arg. soggetto; *alla pinacoteca* → arg. indiretto; *da un cittadino generoso* → arg. indiretto: agente

HAI CAPITO?

Individua, nel seguente testo, le frasi con la costruzione passiva.

Per la grande festa, gli invitati furono accolti dal personale di servizio e accompagnati nel salone. I tavoli del rinfresco erano stati apparecchiati un po' ovunque ed erano carichi di squisitezze. Alcuni ospiti si avventarono sui cibi senza ritegno, ma la maggior parte, trattenuta dalla buona educazione, si mise a conversare e attese di essere servita dai camerieri.

• La coniugazione passiva

Il passivo si forma, di solito, unendo al **participio passato** del verbo l'ausiliare ***essere***, coniugato nel modo e tempo richiesti. La forma verbale ottenuta concorda nella **persona**, nel **numero** e nel **genere** con il **soggetto** grammaticale:

Gli ospiti, per disattenzione, ***frantumarono*** *il prezioso vaso.* → *Il prezioso vaso* ***fu frantumato****, per disattenzione, dagli ospiti.*

Nei tempi semplici, il passivo si può formare con il verbo *venire* al posto di *essere*: *Gli antichi dipinti* ***vengono restaurati*** *dagli esperti.* (Alle pp. 129-131 trovi le tavole delle tre coniugazioni passive.)

• Il *si* passivante

Nella **3ª persona**, singolare e plurale, si ottiene il passivo anche con l'uso della particella ***si***, detta per questo **passivante**. Osserva gli esempi in cui le costruzioni con il *si* sono affiancate dall'equivalente costruzione passiva normale:

(Legenda: = soggetto; = costruzione passiva)

D'ora in poi ***si applicheranno*** *le regole.*	*D'ora in poi le regole* ***saranno applicate****.*
Domani ***si vedrà*** *l'eclissi solare.*	*Domani l'eclissi solare* ***verrà vista****.*
Si è *già* ***prevista*** *ogni possibilità?*	***È*** *già* ***stata prevista*** *ogni possibilità?*
Qui ***si serve*** *pesce fresco.*	*Qui* ***viene servito*** *il pesce fresco.*

Che cosa accade con il ***si*** e quando si usa? Con questa costruzione si verifica che:

- il **verbo** è, ovviamente, **transitivo** e, nei tempi composti, si coniuga con l'ausiliare *essere*;
- il **soggetto** – che occorre individuare con attenzione proprio perché, abitualmente, sta dopo il verbo – è per lo più un essere inanimato;
- quasi sempre l'**agente** è sottinteso perché generalmente noto o comunque intuibile.

Questa costruzione è tipica soprattutto del linguaggio quotidiano, perché è semplice e mette a fuoco ciò che più interessa: il fatto in sé (> l'**applicazione** delle regole), più importante del soggetto – che infatti è posposto – e dell'agente che non compare.

• Il *si* impersonale

Osserva le frasi e confrontale con gli esempi appena esaminati:

Si entra *dal retro.*
Quando ***si mangia****?*

Queste frasi assomigliano alle precedenti di valore passivo, ma sono, invece **impersonali**. Infatti, come già sai la particella ***si*** serve anche per rendere impersonali i verbi alla **3ª persona singolare** (► p. 305). Perché il *si* abbia **valore impersonale** si devono verificare queste condizioni:

- **manca** il **soggetto**, perché, appunto, non è importante precisare **a chi ci si riferisce**;
- il verbo è **intransitivo** (*... sembra che non* ***si arrivi*** *mai*);
- il verbo è **transitivo**, ma **l'oggetto non è espresso** perché non è rilevante (*Quando* ***si mangia****?* importa solo il "quando", non il "cosa" mangeremo).

ADESSO TOCCA A TE

▶ Capitolo 3

INDIVIDUA E TRASFORMA

Livello 1

1 ●○○ **Indica la costruzione delle frasi seguenti: attiva [A] o passiva [P].**

a. Il livello della pioggia ha raggiunto livelli preoccupanti. A P
b. L'archivio digitale conserva i fascicoli di tutti gli studenti. A P
c. La forza è spesso sconfitta dall'intelligenza. A P
d. In pochi minuti la serratura fu forzata dai ladri. A P
e. Il cane agitò la coda per la felicità. A P
f. La libertà di espressione è sancita dalla Costituzione. A P

2 ●○○ **Nelle frasi seguenti con costruzione attiva sono evidenziati in rosa il soggetto, in verde l'argomento diretto e gli eventuali altri elementi che lo precisano. Completa la trasformazione alla forma passiva di ogni frase (il verbo è già scritto). Fai attenzione ai colori.**

a. Il meccanico ha riparato il guasto ai freni.
Il guasto ai freni è stato riparato dal meccanico.

b. Uno scienziato italiano vinse il premio Nobel per la fisica.
.... fu vinto ....

c. La pioggia rovinò la gita scolastica.
.... fu rovinata ....

d. Francesca ha molto amato Paolo.
.... è stato molto amato ....

e. Piero innaffia le piante del giardino.
.... sono innaffiate ....

Livello 2

3 ●●○ **Quale frase non può essere trasformata alla forma passiva? Per quale motivo?**

A La pioggia batteva sui vetri delle finestre.
B Un'atleta italiana ha battuto il record di salto in alto.

4 ●●○ **Riscrivi alla forma passiva le frasi seguenti, modificando in modo opportuno anche il tempo del verbo. Fai attenzione: in tre casi la trasformazione non è possibile.**

a. La ditta produttrice garantisce la conformità della merce alle norme europee.
b. La commessa esponeva le ultime novità in vetrina.
c. Le patatine fritte piacciono molto ai ragazzi.
d. A primavera il giardiniere travasò le piante.
e. L'aereo decollerà in lieve ritardo.
f. I camerieri servono con pazienza gli ospiti dell'albergo.
g. Lisa ha esagerato con il trucco.

5 ●●○ **Riscrivi ognuna delle frasi seguenti volgendole dalla costruzione passiva a quella attiva. Fai attenzione a trasformare correttamente anche il tempo del verbo.**

a. Presto saranno lanciati sul mercato nuovi modelli di smartphone.
b. Alcuni anni fa fu promossa dall'Unicef una campagna per l'alfabetizzazione delle bambine africane.

c. Negli ultimi decenni molti tesori artistici sono stati distrutti dalle guerre.
d. In questa scuola gli studenti maleducati non sono tollerati.
e. Le linee guida della riforma fiscale erano già state tracciate dal precedente governo.

6 ●●○ **Riformula ognuna delle frasi seguenti sostituendo la normale costruzione passiva con il *si* passivante.**

a. Entro l'anno verrà bandito un concorso per insegnanti.
b. Con l'arrivo della primavera potrà essere spento il riscaldamento.
c. Come arma biologica contro le cavallette vengono usati i fagiani.
d. Alla Camera verrà discussa la legge sulla tutela del patrimonio artistico.
e. Su Internet vendono di tutto.
f. Elena può essere considerata l'allieva migliore.

7 ●●○ **Quale frase non ha costruzione passiva?**

A "Si accettano miracoli" è un film molto divertente.
B Da quassù si gode un bel panorama.
C Non si parla durante le lezioni!
D Si invitano i passeggeri ad allacciare le cinture di sicurezza.

Livello 3 **8** ●●● **Riscrivi le frasi seguenti volgendole dalla forma attiva a quella passiva, e viceversa.**

a. Wikipedia viene costantemente aggiornata dagli utenti del web.
b. In pochi giorni la polizia individuò gli autori dei furti di motorini.
c. Molti tifosi seguono in trasferta la squadra del cuore.
d. L'importo dovuto è stato versato in ritardo dall'utente.
e. Chi ha dimenticato gli occhiali sul banco?
f. Le mie foto sono state messe in rete da qualcuno di voi?

9 ●●● **In ognuna delle frasi seguenti distingui tra *si* passivante [P] e *si* impersonale [I]. Prima di rispondere, controlla se la frase ha o meno un soggetto.**

a. Con questo rumore si impazzisce! ☐
b. Qui si mangia bene e si spende poco. ☐; ☐
c. Si confezionano abiti su misura. ☐
d. Sabato si inaugurerà una nuova discoteca. ☐
e. Si vedono molti giovani con piercing e tatuaggi. ☐
f. Purtroppo, indietro non si torna. ☐
g. *Si sta come / d'autunno / sugli alberi / le foglie* (G. Ungaretti, *Soldati*) ☐

10 ●●● **Riscrivi ognuna delle seguenti frasi di costruzione attiva usando il *si* passivante. Fai attenzione: l'"agente" va sottinteso.**

a. Il cassiere apre lo sportello alle nove > Lo sportello si apre alle nove.
b. La sera i giovani animano il quartiere universitario.
c. Non vendiamo alcolici ai minori.
d. Accettiamo carte di credito.
e. Chiudiamo il locale alle 12.
f. In questo negozio non facciamo credito.
g. In Italia consumiamo molta frutta e verdura.

4 Verbi transitivi e intransitivi

= verbo transitivo

= verbo intransitivo

Voi che **vivete** sicuri
nelle vostre tiepide **case**
Voi che **trovate** tornando a sera
il cibo caldo e **visi** amici [...]
(P. Levi, *Se questo è un uomo*)

Nel primo verso della celebre poesia di Primo Levi, il verbo *vivete* (con il significato di "abitare") regge un **argomento indiretto** (*nelle... case*) e, per questo lo definiamo **intransitivo**; il verbo *trovate* regge due **argomenti diretti** (*il cibo e visi*) e questo fatto lo caratterizza come **transitivo**.

Abbiamo già anticipato la più semplice e rilevante differenza tra verbi **transitivi** e **intransitivi**, chiarendo che, in un dato contesto, i primi sono seguiti dall'**argomento diretto**, i secondi **non** lo sono (▸ p. 291).

Questa distinzione tra gli uni e gli altri viene però tradizionalmente specificata – quale caratteristica generale – anche al di fuori di un preciso contesto; la troviamo, per esempio, nel dizionario come prima indicazione (> accusàre v. tr. / córrere v. intr.) e ci serve per comprendere alcune **caratteristiche d'uso del verbo**. Vediamo quali:

- I verbi **transitivi ammettono** la **possibilità** di completare il loro significato con un **argomento diretto**, che si unisce cioè al verbo direttamente, senza l'intervento di una preposizione: *Venezia **attira** i turisti.*
  Se un verbo è classificato come transitivo, sapremo di conseguenza che:
  – può essere volto al **passivo**;
  – nei tempi **composti**, vuole l'ausiliare ***avere***;
  – può essere **riflessivo** (▸ § seguente).

- I verbi **intransitivi non ammettono** un **argomento diretto**, ma si collegano a eventuali argomenti con l'aiuto di **preposizioni**: *Filippo **è arrivato** a scuola in ritardo.*
  Quindi un verbo intransitivo:
  – **non** ha la forma passiva;
  – forma i tempi **composti** con ***essere*** o con ***avere***;
  – può essere **pronominale** (▸ § seguente).

HAI CAPITO?

Un metodo semplice per capire se un verbo è, di norma, **transitivo** o **intransitivo**, consiste nel verificare se si può rendere al passivo. Fai la prova con i seguenti verbi:

fiorire ~ miagolare ~ solleticare ~ porgere ~ concludere ~ passeggiare ~ lavare ~ raccogliere ~ volare ~ mandare

• La costruzione transitiva e intransitiva

Nello stabilire se un verbo è transitivo o intransitivo, dobbiamo tener conto del fatto che la differenza tra le due caratteristiche non dipende dal tipo di azione o esperienza espressa. Si riferisce piuttosto alla **costruzione** che il verbo **richiede**, o al tipo di **funzionamento**. Verbi che hanno **significato simile**, per esempio, possono richiedere costruzioni opposte;

altri, invece, oscillano dall'una all'altra **a seconda del significato**, e da **transitivi** diventano **intransitivi** o viceversa. La mappa illustra queste diverse possibilità:

Verbi diversi con significato simile →	*I nuotatori* (arg. **soggetto**)	*temono* (transitivo)	*il mare grosso.* (arg. diretto / oggetto)	→ "provare una sensazione di timore" = **fiutano il pericolo**
		diffidano (intransitivo)	*del mare grosso.* (arg. indiretto)	→ "non avere fiducia, dubitare" = **fiutano il pericolo**
Lo stesso verbo con significati diversi →	*Marta* (arg. **soggetto**)	*ha assistito* (transitivo)	*la sorella malata.* (arg. diretto / oggetto)	→ "aiutare, curare, confortare"
		ha assistito (intransitivo)	*alla gara sportiva.* (arg. indiretto)	→ "partecipare come spettatrice"

Altri verbi ancora **funzionano sempre intransitivamente.** Alcuni di essi esprimono un atteggiamento, un modo d'essere come *impallidire, arrossire, risplendere*; altri indicano un'azione, come *nascere, vivere, morire, tramontare, ridere, piangere, viaggiare, correre.*

Tra gli **intransitivi**, distinguiamo quelli che, per avere senso compiuto, **non necessitano di argomenti** oltre al soggetto, o – limitatamente agli impersonali – neppure di quello; e altri che **devono completare il loro significato con un argomento indiretto.** Gli esempi mostrano queste tre tipologie:

Verbi sempre intransitivi → *Diluvia.* (verbo **zerovalente**) — *Fabio* *ha pianto.* (verbo **monovalente**) — *Il tempo* *influisce* (verbo **bivalente**) *sull'umore.* (arg. **indiretto**)

HAI CAPITO?

Spiega i diversi significati che lo stesso verbo assume nelle seguenti frasi, a seconda che sia usato **transitivamente** o **intransitivamente**:

a. La mamma non ha ceduto ai miei capricci.
b. Marta ha ceduto la sua automobile alla sorella.
c. Cerca di non aspirare lo smog.
d. Non ho mai aspirato a quella carica.

ADESSO TOCCA A TE

▶ Capitolo 4

INDIVIDUA E COMPLETA

Livello 1

1 ●○○ **Individua e cancella l'intruso presente in ogni gruppo di verbi intransitivi.**

a. Arrivare, partire, camminare, sorvolare.
b. Digiunare, fischiettare, collaborare, galleggiare.
c. Scrosciare, crossare, esitare, depositare.

2 ●○○ **Indica il funzionamento del verbo evidenziato nelle seguenti coppie di frasi: transitivo [T] o intransitivo [I]. Prima di rispondere, controlla se completa il suo significato con un argomento diretto o indiretto.**

a. 1) Il pilota corre [I] sulla pista. — 2) Il pilota corre [ ] un rischio.
b. 1) La Terra gira [ ] attorno al Sole. — 2) Eccoli, gira [ ] lo sguardo!
c. 1) In viaggio Luisa scattò [ ] molte foto. — 2) Gli atleti scattarono [ ] al via.
d. 1) La ballerina danza [ ] sulle punte. — 2) Giorgio e Laura danzano [ ] un tango.
e. 1) Marco guida [ ] un'auto sportiva. — 2) Marco guida [ ] con prudenza.

3 ●○○

Completa le frasi seguenti con un argomento diretto, in modo che il verbo evidenziato funzioni in modo transitivo.

a. Il bambino attraversò in fretta la strada

b. Cari amici, festeggiamo con un brindisi …

c. Tocca a te decidere …

d. Ogni domenica mattina Renata stira …

e. Martino beve …

f. In estate il mare attira …

g. Da sempre le storie d'amore appassionano …

Livello 2 **4** ●●○

In quale frase entrambi i verbi funzionano in modo intransitivo?

A Diffida di chi ti promette facili guadagni.

B Mentre il sole tramontava, il vento increspava il mare.

☒ C Appena calò il sipario, in sala scrosciarono gli applausi.

5 ●●○

I verbi delle frasi seguenti hanno funzionamento intransitivo. Sul quaderno completa il loro significato con un opportuno argomento indiretto.

a. Matteo russa.

b. L'Impero Romano decadde.

c. Le acque defluirono.

d. Maria è svenuta.

e. Gli studenti hanno solidarizzato.

f. Roberto è intervenuto.

6 ●●○

Completa le frasi di ogni coppia coniugando il verbo indicato al passato prossimo indicativo. Fai attenzione a usare l'ausiliare corretto, a seconda del funzionamento del verbo.

a. Aumentare: 1) Il padrone di casa … l'affitto.
2) Gli affitti …

b. Finire: 1) Anna non … gli studi.
2) L'incontro … con un pareggio.

c. Sprizzare: 1) L'acqua … dalla fontanella.
2) Alla bella notizia, Paolo … gioia da tutti pori.

d. Mancare: 1) Ieri … l'acqua.
2) La banda … il colpo per poco.

e. Bruciare: 1) Il bosco … in poche ore.
2) Un incendio … il bosco.

Livello 3 **7** ●●●

Completa le frasi seguenti usando il verbo in modo prima transitivo, poi intransitivo.

a. Simone mangia > la pasta / con ingordigia

b. Fausto dipinge sempre … / …

c. La madre di Lucia cucina … / …

d. Il dottor Carli riceve … / …

e. San Francesco predicava … / …

f. Garibaldi combatteva … / …

g. Adele insegna … / …

LAVORA CON LE PAROLE

Livello 1 **8** ●○○

Leggi la barzelletta seguente, quindi spiega il diverso significato del verbo *deporre* a seconda che sia usato con funzionamento transitivo o intransitivo.

In tribunale il cancelliere dice al giudice:
– Vostro onore, qui fuori c'è una gallina...
– E che cosa ci fa?
– Credo che sia venuta a deporre!

("Telesette", 30/7/2013)

Livello 2 **9** ●●○

Spiega il diverso significato del verbo evidenziato nelle frasi di ciascuna coppia a seconda del suo funzionamento: transitivo o intransitivo.

a. 1) In inverno il sole declina presto. 2) Giorgio ha declinato l'invito a cena.
b. 1) Alina mi secca con continue telefonate. 2) Dopo alcuni giorni i fiori seccano.
c. 1) Mi serve un nuovo dizionario. 2) I negozianti servono i clienti.
d. 1) Lo specchio rifletteva la luce del sole. 2) Paola rifletteva sul da farsi.
e. 1) L'edificio rovinò per il terremoto. 2) Il maltempo rovinò il raccolto.

Livello 3 **10** ●●●

In ognuna delle frasi seguenti sostituisci il verbo intransitivo, e gli eventuali argomenti ad esso collegati, con un verbo transitivo di significato equivalente accompagnato da un opportuno argomento diretto. Puoi aiutarti col dizionario: vai alla voce del verbo intransitivo, quindi usa un sinonimo, magari riportato nella definizione o ricavato dagli esempi.

a. Luca riesce bene nello sport. > Luca ha successo nello sport.
b. Scusa, sono incorso in un errore.
c. La ferita sanguinava.
d. Il mio passaporto è scaduto.
e. Negli anni Trenta molti antifascisti scamparono all'estero.
f. Stasera telefonerò a Cristina.

PRODUCI

Livello 1 **11** ●○○

Le frasi seguenti contengono tutte un verbo con funzionamento intransitivo. Per ognuno scrivi una frase in cui abbia funzionamento transitivo. Se hai dubbi consulta il dizionario.

a. Il pubblico applaudì a scena aperta > Il pubblico applaudì il cantante.
b. Romeo soffre per amore.
c. Il tuo ragionamento fila.
d. Greta chiede di te.
e. Alla distanza quel calciatore non tiene.
f. Renato balbetta.

Livello 2 **12** ●●○

Le frasi seguenti contengono tutte un verbo con funzionamento transitivo. Per ognuno scrivi una frase in cui sia usato con funzionamento intransitivo. Puoi aiutarti col dizionario.

a. Miriam ha cambiato opinione. > Il tempo cambiò all'improvviso.
b. I marinai calarono le scialuppe in mare.
c. Mara ha risposto di sì al nostro invito.
d. Gianni ha ammesso il suo errore.
e. Ti confido un segreto.
f. Lo scacchista mosse il cavallo.

Livello 3 **13** ●●●

Con l'aiuto del dizionario, stabilisci il significato dei verbi elencati a seconda del loro funzionamento, transitivo o intransitivo; quindi, scrivi per ognuno due frasi esemplificative. Esempio: *evadere* > *transitivo* > *Troppi evadono le tasse* (*non pagano*); *intransitivo* > *Due detenuti sono evasi* (*fuggiti, scappati*).

fuggire ~ saltare ~ buttare ~ spiccare ~ scaricare

5 I verbi uniti ai pronomi

Sono moltissimi i verbi – per esempio *lavarsi*, *sedersi*, *trasferirsi*, *spaventarsi*, *annoiarsi* – che si accompagnano ai **pronomi personali** atoni. Come vedremo, alcuni di questi richiedono il pronome solo quando l'azione espressa ha un valore **riflessivo**; altri, invece, con un particolare significato, dal pronome non si separano mai e, per questo, si chiamano **pronominali**.

5.1 La costruzione riflessiva

Aveva uno specchio magico, e quando **si specchiava** diceva: "Specchietto, parla: nel regno chi è la più bella?"

(adattamento da J. e W. Grimm, *Fiabe*)

La crudele regina della nota favola (soggetto non espresso) **si riflette** in uno specchio, dove cerca **se stessa** e la conferma della propria bellezza: il verbo **riflessivo *specchiarsi*** esprime questo tipo di azione che ritorna sul soggetto stesso che la compie.
Osserva ora la frase

*Daniela **si veste** e poi **veste** suo figlio.*

Che differenza c'è tra i due modi di usare lo stesso verbo? Nel primo caso, il verbo, unendosi alla particella pronominale *si*, indica che Daniela – il soggetto – **agisce su di sé**; nel secondo l'oggetto della sua azione è, invece, un'altra persona.

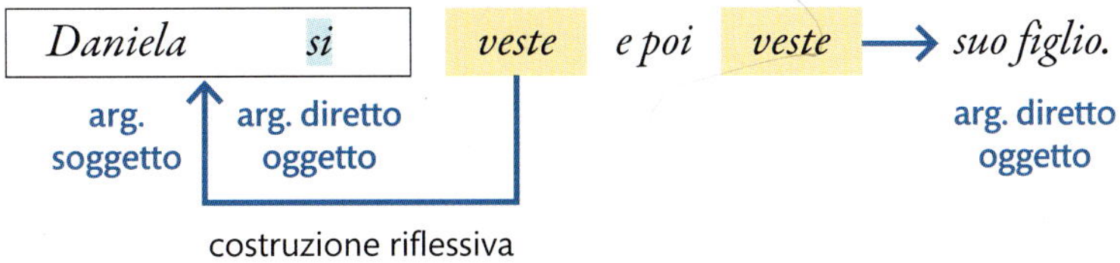

Consideriamo la forma **riflessiva** una costruzione in cui l'azione compiuta dal **soggetto è rivolta al soggetto stesso, si "riflette" cioè su di esso** – con un atto paragonabile allo "specchiarsi" – attraverso un **pronome personale atono**. Tale costruzione è possibile solo con i verbi **transitivi** e avviene secondo tre modalità:

- **diretta** (o **propria**), quando l'azione si riflette direttamente dal soggetto su se stesso, perciò **soggetto** e **oggetto coincidono**, essendo lo stesso individuo: *Mario **si lava*** (Mario lava **chi? se stesso**: ***si*** = argomento diretto / oggetto). I pronomi – ***mi***, ***ti***, ***si***, ***ci***, ***vi*** – svolgono dunque la funzione di **argomento diretto / oggetto**;
- **indiretta** (o **apparente**), quando l'azione si riflette su ciò che fa parte del soggetto. In questo caso il soggetto coincide con un **complemento indiretto** espresso dal pronome: *Sandro, **ti sei lavato** le mani*? (**a chi** dovrebbe aver lavato le mani Sandro? **a se stesso**: ***ti*** = **argomento indiretto**);
- **reciproca**, quando un soggetto plurale o più soggetti si scambiano reciprocamente un'azione: *Noi amici di vecchia data, dopo tanti anni, **ci siamo riconosciuti** a stento* (ci siamo identificati a vicenda, ciascuno ha riconosciuto l'altro; ***ci*** = **l'un l'altro**).

Gli esempi riportati si riferiscono a verbi **bivalenti**, ma la costruzione riflessiva riguarda anche i verbi **trivalenti**:

Mara [arg. soggetto] ***si*** [arg. indiretto] ***è concessa** una vacanza* [arg. diretto/oggetto].

5.2 La forma pronominale

... un anno è già passato
vietato non **innamorarsi** ancora...
(Jovanotti, *L'estate addosso*)

Innamorarsi è forse un'azione che qualcuno compie di proposito, agendo su se stesso? No, si tratta piuttosto di un'**esperienza interiore** che insorge spontaneamente. Il fatto che sia resa con un verbo **pronominale**, cioè unito al pronome personale, rende più evidente come il soggetto sia fortemente coinvolto e "preso" da ciò che gli accade, a volte anche suo malgrado.

Sono verbi **pronominali** quelli che, riferiti alla propria esperienza, si coniugano sempre con ***mi***, ***ti***, ***si***, ***ci***, ***vi***. I pronomi personali, in questo caso, non hanno alcun valore riflessivo; per verificarlo, basta provare a sostituirli con *me stesso*, *a me stessa*, *l'un l'altro* ecc. e si constaterà che non è possibile. Si tratta di verbi sempre **intransitivi** che, a differenza dei riflessivi, non esprimono una **volontà** del soggetto di rivolgere l'azione verso di sè, ma indicano ciò che, nel **vissuto soggettivo**, accade senza una precisa **intenzione**. Fanno parte di questa categoria verbi che esprimono esperienze come *vergognarsi*, *accorgersi*, *abbattersi*, *pentirsi*, *spaventarsi*, *agitarsi*: *Ancora non **ti sei pentito**? **Mi dispiace**, ma non **mi vergogno** di ciò che ho fatto. Non **mi ero accorto** di quanto la cosa potesse ferirti.*

HAI CAPITO? ***Ci guardiamo** un filmetto insieme?* Il verbo – transitivo – non è veramente pronominale, tuttavia lo usiamo in questa forma per indicare come il soggetto si senta coinvolto sul piano emotivo. A coppie trovate esempi analoghi.

DUE PASSI NEL DIZIONARIO

Verbo transitivo, attivo, riflessivo, pronominale?

Non è sempre facile distinguere tra un verbo transitivo, attivo, riflessivo e pronominale e soprattutto le due ultime forme sono spesso insidiose.
Vediamo come orientarci a partire dal verbo dell'esempio:

*Come **si trova** Manuela nella nuova classe?*

> **♦trovàre** **A** **v. tr.** **1** riuscire a vedere, scoprire, la cosa o la persona che si cercava: *trovare i guanti, gli occhiali*; ***non trovo più la borsetta***; *trovare un amico*; **2** ottenere ciò che si desidera: *trovare un po' di pace*; ***in famiglia speravo di trovare affetto e comprensione***; **4** scoprire: ***hanno trovato il ladro, il colpevole***;
> **B** **trovàrsi** **v. tr. pron.** (**aus.** *essere*) **1** riuscire a trovare (con valore intens.): ***si è trovata un buon lavoro***; ***si è trovato due locali in centro***; ***dovresti trovarti un bravo dentista***
> **C** **trovàrsi** **v. rifl. recipr.** • incontrarsi: ***quando ci troviamo?***; ***di solito si trovano in piazza***;
> **D** **trovàrsi** **v. intr. pron.** **1** essere, stare: sentirsi, essere in una determinata condizione: *trovarsi bene, male*; ***mi trovo bene con lui***

Osserviamo: Come puoi constatare, il verbo presenta tutta la gamma delle possibilità o **qualifiche**, alle quali corrispondono significati diversi.

- **A**: è la più facile da comprendere. Infatti l'**argomento diretto** che testimonia la **transitività** è ben identificabile in ogni **esempio** (nei significati **1** e **2**, **4**: *la borsetta; affetto e comprensione; il ladro, il colpevole*).
- **B**: l'indicazione in parentesi (con "valore intensivo") corrisponde a ciò che abbiamo chiamato "coinvolgimento emotivo" del soggetto in un'azione o esperienza espressa da un verbo che non è riflessivo, ma **pronominale**, pur essendo **di per sé transitivo**.
- **C**: chiarisce la possibilità di un **uso riflessivo reciproco**.
- **D**: finalmente troviamo il significato che interessa a noi. Sia la definizione, sia l'esempio non lasciano dubbi: nella nostra frase, il verbo è **pronominale**.

HAI CAPITO?

*Manuela, di pomeriggio, non **si muove** dalla sua stanza.*
*Il vento è cessato e ora non **si muove** foglia.*
Cerca sul dizionario il verbo *muovere* e individua a quali **qualifiche** e **significati** corrispondono le due identiche forme verbali usate nelle frasi. Fai attenzione agli **esempi**: la classificazione cambia a seconda che il soggetto sia una **persona** o un **essere inanimato**.

ADESSO TOCCA A TE

▶ Capitolo 5

INDIVIDUA E TRASFORMA

Livello 1 **1** ●○○

Nelle frasi seguenti i verbi riflessivi e pronominali sono evidenziati con due diversi colori. Assegna a ogni tipo di verbo il colore corrispondente.

a. Incontriamoci domani al campo sportivo.
b. Sara si vergogna a parlare in pubblico perché è timida.
c. Per rilassarmi prenderò qualche giorno di ferie.
d. Mi sono pentito di essermi trasferito in città.
e. Carlo si dedica al giardinaggio.

Riflessivi rosa.................. **Pronominali** blu..................

2 ●○○

Riscrivi le frasi seguenti trasformando la costruzione riflessiva da diretta in indiretta. Segui questa strategia: inserisci, in posizione opportuna, un altro elemento in modo che l'azione si rifletta su qualcosa che fa parte del soggetto.

a. Marcella si lava in continuazione > Marcella si lava le mani in continuazione.
b. Per il fango Giulio si è sporcato.
c. In vacanza ogni sera mi cambio per la cena.
d. Fatto il bagno, Luisa si asciuga al sole.
e. La sera mi riposo sul divano.
f. Chiara si trucca con prodotti naturali.

3 ●○○

Quale frase non contiene un verbo pronominale?

A Mariam si lamenta per il mal di denti.
B Nell'incidente si lamentano trenta vittime.

Livello 2 **4** ●●○

Sottolinea i verbi riflessivi presenti nelle frasi seguenti e distingui la loro costruzione: diretta [D], indiretta [I], reciproca [R].

a. Luigi si è giustificato per il ritardo. D I R
b. Ho notato che Mirko e Giorgio si evitano. D I R
c. Perché ti sei fasciato la mano? D I R
d. Mi raccomando, non esporti troppo al sole. D I R
e. Giocando a carte, Lino e Davide si scambiavano cenni d'intesa. D I R
f. Gli Indios si tingevano il corpo con colori ottenuti dalle piante. D I R

5 ●●○

Nelle seguenti coppie di frasi sottolinea i verbi con costruzione pronominale. Prima di rispondere, verifica se il verbo esprime o meno un atto volontario del soggetto.

a. 1) Laura si mantiene col suo lavoro. 2) Il prezzo della benzina si mantiene alto.
b. 1) La tua salute mi preoccupa. 2) Mi preoccupo per la tua salute.
c. 1) Si è rotta la lavatrice. 2) Alex mi ha rotto il cellulare!
d. 1) Sorrento si affaccia sul mare. 2) La ragazza si affacciò al balcone.
e. 1) Con un bel film mi libero la mente dai cattivi pensieri. 2) Si è liberato l'appartamento al terzo piano.

6 ●●○

Riscrivi le frasi seguenti trasformando il verbo transitivo in pronominale. Fai attenzione a cambiare anche gli altri elementi della frase.

a. L'umidità genera la muffa. > La muffa si genera dall'umidità.
b. La lunga attesa stancò l'anziano signore.
c. La forte scossa di terremoto spaventò tutti.
d. La cerimonia di nozze ha commosso gli invitati.
e. L'eclissi ha oscurato il sole.

Livello 3 **7** ●●●

Indica la forma dei verbi presenti nelle frasi seguenti: riflessiva [R] o pronominale [P]. Se hai dubbi, consulta il dizionario (leggi con attenzione gli esempi riportati per le varie forme del verbo e leggi, prima, *Due passi nel dizionario*, p. 317).

a. Giacomo si impegna molto nello sport, non altrettanto nello studio. R P
b. Filippo si culla nell'illusione di essere irresistibile. R P
c. Gli indumenti di lino si stropicciano facilmente. R P
d. Mio fratello si è dato alla politica. R P

e. Allarme Ebola: il contagio si è diffuso in vaste aree dell'Africa occidentale. R ~~P~~
f. A causa del vizio del gioco, Carlo si è fortemente indebitato. ~~R~~ P
g. Enrico si è fratturato una spalla cadendo da una scala. R ~~P~~

8 ●●●
Riscrivi ogni frase sostituendo il verbo pronominale con un verbo transitivo. Fai attenzione a cambiare anche gli altri elementi della frase.

a. Nora si è preoccupata per l'esame > L'esame ha preoccupato Nora.
b. Le cantine si sono allagate per la pioggia.
c. La classe si diverte alle battute di Mahbub.
d. Ci meravigliamo tutti del successo di Gianni.
e. Il paraurti dell'auto si è ammaccato per il tamponamento.
f. Mi sono svegliato per il suono della sirena.

LAVORA CON LE PAROLE

Livello 1 **9** ●○○
Con l'aiuto del dizionario, spiega il significato dei verbi riflessivi e pronominali usati in senso figurato nelle frasi seguenti.

a. Con i ragazzi Elisa si è già scottata.
b. La squadra si è sbilanciata e ha subito due gol.
c. Guido è un tipo che non si sbottona.
d. Poco prima di pagare il conto, Enzo se l'è svignata.
e. Con questa pagella dovrò sorbirmi una bella predica da mio padre.

Livello 2 **10** ●●○
A COPPIE Con l'aiuto del dizionario, spiegate il significato dei modi di dire e dei proverbi elencati, tutti costruiti con verbi riflessivi o pronominali.

Chi si scusa si accusa ~ chi si loda si imbroda ~ chi si assomiglia si piglia ~ fidarsi è bene, non fidarsi è meglio ~ salvarsi in corner ~ perdersi in un bicchier d'acqua

11 ●●○
A COPPIE Con l'aiuto del dizionario spiegate il diverso significato del verbo di forma pronominale presente nelle frasi di ciascuna coppia.

a. 1) Io mi scarico sempre musica da Internet.
   2) Il temporale si è scaricato in mare.
b. 1) Coraggio, non perderti d'animo!
   2) Purtroppo, molti mestieri artigianali si stanno perdendo.
c. 1) Vincenzo non si cura delle conseguenze delle sue azioni.
   2) Vincenzo si cura dei nipotini.
d. 1) In estate mi godo il fresco in giardino.
   2) Alla festa ce la siamo goduta un mondo.

Livello 3 **12** ●●●
In ognuna delle frasi seguenti sostituisci il verbo pronominale, usato in senso figurato, con un altro verbo, anche non pronominale, o un'espressione di significato equivalente. Puoi aiutarti col dizionario.

a. Durante la discussione, Ettore si è scalmanato troppo > si è accalorato nel parlare.
b. La zia si è fissata con la pittura, ma dipinge croste.
c. A quello spettacolo c'è da sganasciarsi dalle risate.
d. Linda si è seppellita in casa e non vuole parlare con nessuno.
e. Cesare e Antonio se le sono date di santa ragione.
f. Giulia se l'è presa male, non mi saluta più.
g. Dario si piange sempre addosso.

FACCIAMO IL PUNTO

definire + riassumere + classificare + memorizzare

LOSAI? RIPASSA CON LO SMARTPHONE

FACCIAMO IL PUNTO

I verbi

- *se privi di soggetto sono* →
  - **IMPERSONALI**: ***Piove*** *forte ed* ***è buio****. Preferisco dormire ancora.*
- *quando "accompagnano" altri verbi si dividono in* →
  - **AUSILIARI**
    Aiutano a formare i tempi composti:
    - *avere*: ***Abbiamo*** *agito per il meglio.* ***Ho*** *preparato un dolce.*
    - *essere*: ***Sei*** *arrivato tardi. I testimoni* ***sono stati*** *ascoltati.*
  - **SERVILI**
    Indicano la modalità di un'azione:
    Posso *aiutarti?* ***Dobbiamo*** *impegnarci al massimo. Non* ***voglio*** *disturbare.*
  - **FRASEOLOGICI**
    Precisano a che punto sta l'azione considerato il suo arco temporale:
    Lucia ***sta per*** *partire.* ***Comincia a*** *muoverti! Si* ***va*** *facendo sera.*
    La pioggia ***continua a*** *cadere. Hai* ***finito di*** *urlare?*
  - **CAUSATIVI**
    Il loro soggetto spinge altri a compiere un'azione:
    Le tue parole mi ***hanno fatto*** *riflettere.* ***Lascia*** *parlare anche gli altri!*
- *hanno costruzione* →
  - **ATTIVA**
    Il soggetto grammaticale compie l'azione:
    Il mare (sogg. agente) *ha sommerso la spiaggia.*
  - **PASSIVA**
    Il soggetto grammaticale non coincide con chi agisce:
    La spiaggia (sogg. patisce l'azione) *è stata sommersa* ***dal mare*** (arg. indiretto agente).
  - **RIFLESSIVA**
    L'azione si riflette sul soggetto:
    - *Sofia* ***si lava*** (rifless. diretto)
    - *Sofia* ***si lava i capelli*** (rifless. indiretto)
    - *Sofia e Mauro* ***si sono abbracciati****.* (rifless. reciproco)
  - **PRONOMINALE**
    Si coniugano sempre con i pronomi personali atoni:
    Mi sono pentita *dei miei acquisti.*
- *possono funzionare in modo* →
  - **TRANSITIVO**
    Ammettono l'argomento **diretto** / **oggetto**:
    Metti ***il pane*** *in tavola.*
  - **INTRANSITIVO**
    Non ammettono l'argomento **diretto** / **oggetto**:
    Io cammino volentieri.

CONOSCENZE

1 **Indica se le seguenti affermazioni sono vere [V] o false [F].**

a. I verbi servili segnalano la modalità secondo cui si compie l'evento espresso. V F
b. I verbi aspettuali si usano soltanto per indicare inizio, durata e conclusione dell'evento espresso. V F
c. I verbi causativi precisano che il soggetto patisce l'azione. V F
d. La costruzione passiva è possibile con tutti i verbi. V F
e. I verbi intransitivi non ammettono un argomento diretto. V F
f. La costruzione riflessiva è possibile con tutti i verbi. V F
g. I verbi pronominali si coniugano con i pronomi atoni *mi*, *ti*, *si*, *ci*, *vi*. V F

ABILITÀ

2 **Nelle frasi seguenti sottolinea *essere* e *avere* usati come ausiliari.**

a. Abbiamo pagato subito il conto perché avevamo fretta.
b. Finalmente sono arrivate le vacanze, era ora!

3 **Sottolinea i verbi servili e causativi presenti nella frase seguente:**

Peccato che dobbiate lasciare Genova così presto, mi avrebbe fatto piacere farvi conoscere meglio la mia città e avremmo potuto organizzare una bella gita a Portofino.

4 **In ognuna delle frasi seguenti è presente un verbo fraseologico. Abbina a ciascuno l'aspetto che precisa.**

a. Stanno per arrivare gli ospiti! ☐
b. Dopo cena mi metterò a fare la lista della spesa. ☐
c. Daria sta partecipando a un talk show. ☐
d. Giulio insiste nel tentare la fortuna al gioco. ☐
e. Finiscila di dare fastidio a tuo fratello! ☐

1. Imminenza **2.** Conclusione **3.** Svolgimento **4.** Durata **5.** Inizio.

5 **In quale frase non è presente un verbo impersonale?**

A Occorre innaffiare le piante.
B Romeo e Giulietta si giurarono amore eterno.
C Grandina! Che rovina per il mio giardino!

6 **Tra le seguenti frasi attive, quale non può avere una costruzione passiva?**

A La libertà trionfa sempre.
B Vendiamo abiti usati.
C In autunno potiamo gli alberi.

7 **In quale frase di ogni coppia il verbo ha funzionamento transitivo?**

a. 1) La guida conta sempre i passeggeri saliti sul pullman. ☐
2) Per me la tua amicizia conta moltissimo. ☐
b. 1) A Risiko vince sempre Fabio. ☐
2) Fabio ha vinto il primo premio della lotteria. ☐
c. 1) Questa colla non attacca. ☐
2) L'esercito attaccò il nemico di sorpresa. ☐

8 **Quale frase di ogni coppia contiene un verbo di forma riflessiva o pronominale?**

a. 1) Bisogna difendersi dalle ingiustizie. ☐
2) La verità si difende con fermezza. ☐

b. 1) Valerio si è licenziato dall'azienda. ☐
2) Per la crisi si licenziano operai e impiegati. ☐

c. 1) La profondità delle acque si misura con il batimetro. ☐
2) Mi sono misurata l'abito e mi va stretto. ☐

COMPETENZE

9 **Leggi con attenzione il testo, quindi svolgi le attività proposte.**

Chanel, Gabrielle, detta Coco. – Creatrice di moda francese (Saumur 1883-Parigi 1971). Divenuta celebre in virtù del suo stile semplice ed essenziale, Ch. può essere considerata una delle protagoniste della storia della moda moderna. Si devono a lei alcuni "classici" della moda del 20° sec. come il "piccolo abito nero", il tailleur senza collo profilato in passamaneria[1], i bottoni gioiello, le scarpe bicolori che lasciano il calcagno scoperto, le borse di nappa trapuntata con tracolla a catena. Nel 1910 aprì una modisteria a Parigi; il successo conseguito le permise di inaugurare succursali a Deauville (1913) e a Biarritz (1916). Risalgono al 1916 i primi capi di abbigliamento firmati Ch. che si distinsero sin dall'inizio per praticità e rigore. Nel 1921, il suo atelier parigino si ingrandì e Ch. lanciò il suo primo profumo: Chanel n° 5. Allo scoppio della seconda guerra mondiale Ch. smise di lavorare, chiuse la *maison*[2] per riaprirla nel 1954, quando propose, in un'epoca in cui era in grande voga il *new look* (cioè la linea a corolla che era stata lanciata nel 1947 da Christian Dior), tailleur dalla linea smilza che furono immediatamente adottati da tutto il *jet set*[3] internazionale. Alla sua morte la *maison* venne mandata avanti dai suoi collaboratori, finché nel 1983 non subentrò, come direttore artistico della griffe, lo stilista tedesco K. Lagerfeld. Quest'ultimo ha continuato a proporre lo stile di Ch., pur apportando continue innovazioni.

(adattamento da S. Gnoli, www.treccani.it)

1. **passamaneria:** guarnizioni.
2. ***maison*:** azienda, casa di moda.
3. **jet set:** ambiente internazionale formato da persone particolarmente ricche e famose.

COMPRENDI

Livello 1 — 1. ●○○ Per quale motivo nel testo ci sono pochi verbi ausiliari?
Livello 2 — 2. ●●○ Secondo te, per quale motivo nel testo prevalgono i verbi transitivi?
Livello 3 — 3. ●●● Secondo te, per quale motivo nel testo prevale la costruzione attiva?

ANALIZZA

Livello 1 — 4. ●○○ Quali verbi con funzionamento intransitivo sono presenti nel testo?
5. ●○○ Nel testo il verbo *dovere* (*Si devono...*) è usato come servile o ha significato autonomo?
Livello 2 — 6. ●●○ Quali verbi aspettuali sono presenti nel testo? Che cosa precisano?

7. ●●○ Quali verbi di forma riflessiva e pronominale contiene il testo?

Livello 3

8. ●●● Nel testo sono presenti verbi causativi?
9. ●●● Individua le frasi di costruzione passiva presenti nel testo, quindi trasformale in attive.

PRODUCI

Livello 1

10. ●○○ Su una rivista di moda o in Internet, scegli due modelli di abiti o accessori che trovi originali e simpatici, quindi formula una o due frasi di presentazione per ciascuno. Quali tipi di verbi hai usato? Hai utilizzato parole straniere? Di quale origine?

Livello 2

11. ●●○ Scegli uno stilista italiano la cui linea ti piace particolarmente, quindi spiega in un testo di dieci righe i motivi della tua preferenza. Rileggi quanto hai scritto e verifica quali tipi di verbi hai usato.

Livello 3

12. ●●● Utilizza Internet per fare una ricerca sulla storia di un accessorio a tua scelta, per esempio la borsa, le scarpe o il cappello. Arricchisci il tuo lavoro con immagini, quindi presentalo alla classe. Prepara oralmente la tua esposizione, facendo attenzione a usare gli appropriati tipi di verbo.

CHE LINGUA PARLIAMO?

INDIVIDUA

Livello 1 **10** ●○○

A COPPIE Con l'aiuto del dizionario, spiegate il significato figurato del verbo usato con la costruzione transitiva in ogni frase; quindi, provate a sostituirlo con un'espressione o un altro verbo di significato equivalente.

a. Guido ha salvato la porta > ha parato un gol. ....
b. Dopo la rapina, i banditi hanno seminato la polizia.
c. Per farla corta, Giorgio ha perso anche l'ultimo impiego.
d. Il nuovo cuoco è molto bravo a saltare la carne.
e. Nonostante la buona volontà, Gianni fatica a sbarcare il lunario.
f. Davanti alla pagella, mio padre ha sbrodolato la solita predica.
g. Alberto, beato lui, corre la cavallina.

Livello 2 **11** ●●○

Nell'italiano parlato sono frequenti espressioni con verbi di forma pronominale accompagnati da un argomento diretto, per esempio, *Stasera mi mangio una pizza e mi vedo un bel film horror*. Ciò avviene per esprimere l'intensità dell'azione o il forte coinvolgimento del soggetto. Tra le frasi seguenti individua le tre che presentano verbi di questo tipo.

- [A] A primavera mi farò una bella crociera.
- [B] Alla festa Paolo ha scolato parecchi bicchieri.
- [C] Cesare se l'è data a gambe per la paura.
- [D] Prima di dormire mi leggo qualche pagina di un romanzo d'amore.

Livello 3 **12** ●●●

A COPPIE Nell'italiano parlato, per esempio nel linguaggio giornalistico, sta diffondendosi l'uso di *essere* e *andare* al posto dei verbi aspettuali: "siamo a discutere del fisco" anziché "stiamo discutendo", "andiamo a collegarci con il nostro inviato" anziché "stiamo per collegarci" ecc. Riflettete su questo tipo di costruzione: secondo voi, il messaggio rimane lo stesso oppure viene a mancare qualche informazione indispensabile trasmessa dal verbo? Motivate la vostra risposta.

ARRICCHIAMO IL LESSICO

Al cinema

a. **Una serata al cinema.** Quale film decidi di andare a vedere? Hai un *genere*, un *regista* o degli *attori* preferiti? Per la scelta del film, ti sei affidato ai *trailer* o al passaparola tra amici? Rispondi alle domande usando opportuni verbi con funzionamento sia transitivo sia intransitivo.

b. In poche frasi descrivi le sensazioni che provi guardando il film. Puoi utilizzare alcuni dei seguenti verbi o unità verbali:

> divertirsi ~ emozionarsi ~ immedesimarsi ~ riconoscersi ~ annoiarsi ~ desiderare ~ commuoversi ~ stupirsi ~ arrabbiarsi ~ sbellicarsi ~ spaventarsi ~ far riflettere/ridere ~ essere sul punto di/stare per piangere ~ volere ~ sapere ~ potere

c. Con l'aiuto del dizionario spiega il significato dei seguenti verbi "cinematografici":

> dirigere ~ riprendere ~ inquadrare ~ zoomare ~ doppiare ~ montare ~ impallare ~ sonorizzare ~ sincronizzare

d. All'uscita del cinema incontri degli amici che ti chiedono il tuo parere sul film. Tu gli riassumi brevemente la trama, facendo attenzione a non svelare il finale, ed esprimi la tua valutazione. Usa un linguaggio semplice e chiaro (ti consigliamo di usare prevalentemente la costruzione attiva).

e. Secondo te, quali differenze ci sono tra vedere un film al cinema, in dvd o in tv? Ti suggeriamo alcuni spunti di riflessione: ambiente, elementi di disturbo (luci, rumori, pubblicità...), efficacia degli effetti speciali ad alta tecnologia... Esponi oralmente le tue considerazioni. Puoi utilizzare alcuni tra i seguenti verbi:

> concentrarsi ~ distrarsi ~ guardare ~ assistere ~ godere ~ ascoltare ~ rilassarsi ~ apprezzare ~ commentare ~ interrompersi

UNITÀ

3 La frase nucleare e le espansioni

IN QUESTA UNITÀ

- In che modo si può ampliare una frase **minima**, **nucleare**?
- In una frase più ampia e ricca, quali **precisazioni** e **informazioni** sono strettamente **legate al nucleo** e quali, invece, vi si aggiungono più **liberamente**?
- Tra le **precisazioni legate agli argomenti**, quali sono **necessarie** per completare il loro significato e quali li **arricchiscono**?
- Che cosa sono i **complementi** e come si classificano?
- Come distinguiamo i complementi **diretti** e **nucleari**: il complemento **oggetto**, il complemento **predicativo** del **soggetto** e quello dell'**oggetto**?
- Che ruolo hanno, nell'analisi della frase, gli **aggettivi** e i **nomi** che si uniscono ad altri nomi?
- Quali sono i principali **complementi indiretti**?
- **ARRICCHIAMO IL LESSICO** Partiamo dalla riflessione sui complementi diretti e le espansioni del nome ed esploriamo, in particolare, le parole legate all'esperienza dei **musei**

PARTIAMO DAL TESTO

Leggi il testo, poi rispondi alle domande.

Pensò **alla corrente** che lo aveva depositato **su quella spiaggia** dopo un lungo viaggio nella burrasca; fu allora che entrò **in acqua**. Erano belle onde, pensò remando **con le mani ai lati della tavola**. Almeno un metro e mezzo, forse anche qualcosa di più. Si lasciò scivolare **sulla prima**. Si lasciò scivolare anche **sulla seconda** e poi vide che se ne stava formando una più grande, alta più di due metri. Quella **per cui** era arrivato **fin lì**. Irrigidì le braccia e i pettorali **sulla parte anteriore della tavole**, spinse **sulla parte posteriore** la punta **delle dita dei piedi** e rimase così, fermo. Come se tutto fosse diventato immobile ed eterno. **Poi** l'eternità finì. Distese le braccia, contrasse gli addominali, fece scattare le gambe. Si alzò **in piedi** e la tavola partì. Se avesse **già** letto allora i libri che avrebbe letto **poi**, Roberto avrebbe saputo descrivere la sensazione che provò, correndo **di nuovo sull'onda**, come se non avesse **mai** smesso, nemmeno un solo giorno.

(adattamento da G. Carofiglio, *Il silenzio dell'onda*)

1. Per ogni frase individua l'**argomento soggetto**, che è quasi sempre lo stesso ma sottinteso; fai attenzione ai tre pronomi che ricoprono questo ruolo (un relativo e due indefiniti).
2. Distingui i verbi **predicativi** dai **copulativi** (*essere*, *rimanere*).

3. Individua ora, quando è presente, l'**argomento diretto / oggetto** che segue i **predicati verbali**; fai attenzione: due sono pronomi personali, di cui uno riflessivo; due sono pronomi relativi.
4. Osserva le espressioni evidenziate. Sono tutte **informazioni indispensabili** in questo contesto? Perché?
5. Rintraccia, ora, le altre sei **informazioni che completano la narrazione.** Si potrebbero eliminare? Con quali conseguenze sull'insieme del discorso?

1 Dentro e intorno al nucleo

• Dalla frase minima alle espansioni

Sappiamo che il discorso si struttura in **frasi semplici e complesse, più o meno ampie**, secondo una grande varietà di combinazioni. Per esempio, il nostro breve testo inizia con una frase semplice indipendente che contiene solo il verbo a **zero argomenti** (*Piove*). Tra le due frasi seguenti – che ne formano una complessa –, la prima è ancora **solo nucleare** e si limita perciò all'argomento strettamente necessario (*il tempo*); la seconda è un po' meno scarna perché si **espande** oltre il nucleo, aggiungendo all'**argomento soggetto** (*Sonia*) un **ulteriore elemento** (*per la noia*).

• Il processo di espansione

Osserviamo ora, raffigurato nella mappa, il processo di espansione della seguente **frase nucleare**:

Il temporale ha distrutto la fioritura.

Come è evidente, la frase trasmette solo le **informazioni necessarie alla sua compiutezza.** Si tratta però di informazioni inadeguate a soddisfare alcuni degli **interrogativi** che, se intendiamo farci un'idea più precisa della situazione, nascono spontanei; per esempio: Quando è accaduto il fatto? In che modo? Quale fioritura?

Le **risposte** richiedono un ampliamento della frase, tramite alcune **espansioni**, che la trasformano da messaggio **essenziale** a uno ben più **preciso** e **circostanziato**, come:

***Durante la notte**, il temporale ha distrutto **con violenza** la **prima** fioritura **della stagione**.*

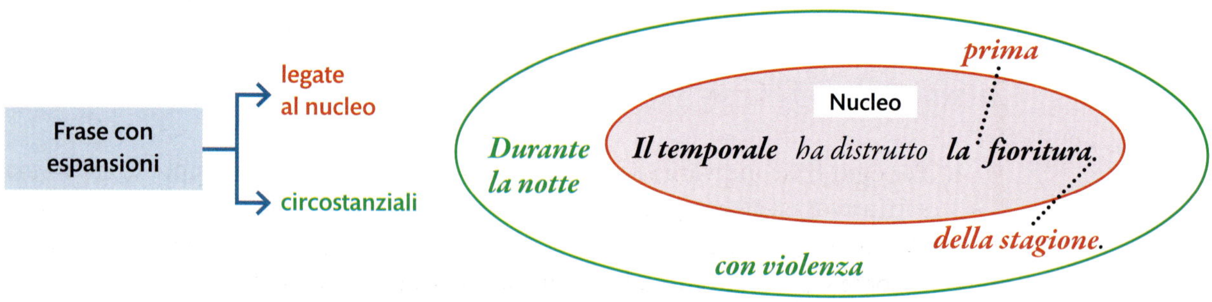

• Le espansioni più vicine al nucleo

Come puoi vedere alcune di queste **espansioni si legano strettamente al nucleo,** perché si aggiungono all'**argomento oggetto** come un'integrazione **non** propriamente **necessaria**, ma certo utile per **chiarire meglio** di che cosa si sta parlando (non solo di una generica "fioritura", ma della "**prima** fioritura", la più attesa "della stagione").

• Le espansioni circostanziali

Altre espansioni, invece, sono più **svincolate dal nucleo del messaggio** e servono per determinare le **circostanze** che accompagnano i fatti, in questo caso di **tempo** (*durante la notte*) e di **modo** (*con violenza*). Potremmo pertanto definirle **circostanziali** per distinguerle dagli **argomenti**, che sono invece **essenziali** e perciò **nucleari**.

La seguente mappa illustra la struttura di una frase – con un'espansione **circostanziale** – il cui nucleo comprende anche un **argomento indiretto** un po' particolare. Quando lo richiedono certi verbi **trivalenti**, fa sempre parte, infatti, della frase nucleare, in coppia con l'argomento **oggetto**: ***Nonostante il divieto, Gloria*** *ha dato* ***al cane un*** *piccolo* ***pasticcino.***

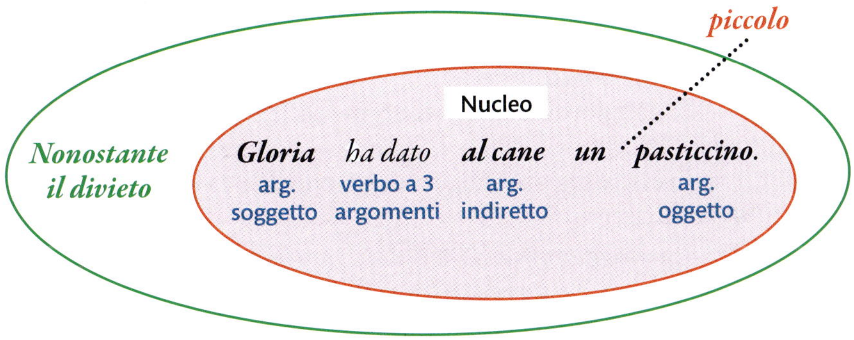

HAI CAPITO?

Nella seguente frase, individua gli **argomenti** e distingui le **espansioni legate al nucleo** da quelle **circostanziali**.

Quest'anno, per il suo compleanno, i genitori hanno regalato a Sara un pregiato orologio subacqueo con il profondimetro.

• Precisazioni necessarie

= argomento

= precisazione necessaria

Osserva la frase:

La furia *del temporale ha danneggiato* ***la copertura*** *delle serre.*

Si possono eliminare le espressioni *del temporale* e *delle serre*? No, perché sono **precisazioni** necessarie per rendere pieno il significato degli argomenti *furia* e *copertura*, altrimenti vaghi e sospesi (*la furia* del vento, della grandine...? *la copertura* di una veranda, dei vigneti...?).

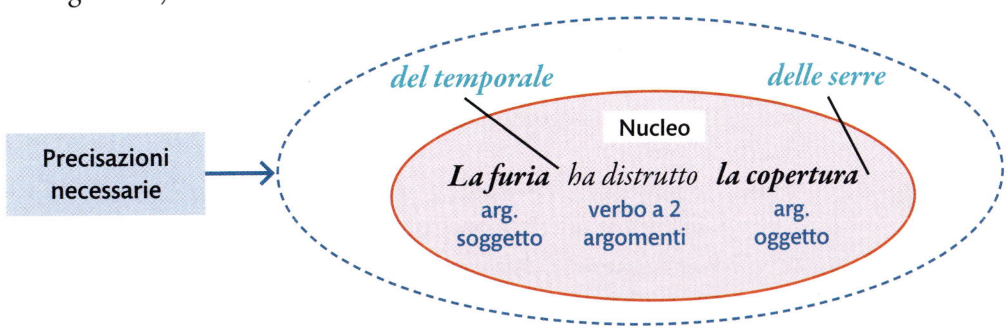

Spesso gli argomenti **devono** essere completati, perché si tratta di nomi che, per loro natura o nel contesto, **reggono** a loro volta un nome, quasi un **argomento di secondo grado**. In questo caso, la **precisazione necessaria** sarà legata al nucleo ancora più strettamente come segnala, nella mappa, la linea di collegamento più marcata.

Esempi analoghi sono:
Al mattino mi sveglio ***con il canto*** *degli uccellini.*
Per sicurezza, portati ***il vestito*** *da cerimonia.*
Ha una decisa ***propensione*** *per l'arte.*

HAI CAPITO?

Nelle seguenti frasi ci sono le precisazioni, ma manca l'**argomento principale**: inseriscilo tu.

a. A scuola, dopo un'assenza, c'è .... della giustificazione.
b. .... del voto lo rende insicuro.
c. Ogni tanto mi prende .... di cioccolato.
d. Ti hanno concesso .... di uscita?

● **Gli argomenti "più grandi"**

Sono da considerare parte **integrante degli argomenti**, e quindi **appartenenti al nucleo**, le **unità lessicali** come *carta di credito, carta d'identità, stanza da letto, ferro da stiro, occhiali da sole* ecc. (▸ p. 61). Pur essendo composte da più parole servono infatti per **nominare** una cosa precisa, un oggetto o un'idea, e svolgono quindi la funzione di un **nome unico**.

Si comportano nello stesso modo le espressioni come *la maggioranza di..., la metà di..., un terzo di..., un centinaio di...* ecc. che, riferendosi "**a una parte di qualcosa**", devono essere seguite dalla preposizione ***di*** e da un **nome** che definisca a quale **insieme** ci si riferisce:

La maggioranza *degli elettori non ha votato.*
Ti sei mangiato ***metà*** *della torta.*
Un terzo *dei miei guadagni se ne va per la casa.*

2 I complementi

Tradizionalmente, **argomenti** ed **espansioni** si chiamano **complementi**, nome che li riunisce considerando la comune funzione di **completare**, sia pure in modo diverso, il significato della frase, del verbo o di altri suoi elementi. Va da sé che una precisazione può fungere sia da **argomento sia da espansione** a seconda del **contesto** e/o del **significato** del predicato:

- *Giulia sta proprio per tornare* ***dal mercato****, aspetta prima di fare anche tu la spesa.* [argomento: la precisazione sul **luogo** è necessaria];
- *Giulia è uscita per la spesa già da un po', è tornata dal mercato?* [espansione: la precisazione sul **luogo** non è necessaria];
- *Finite le ferie, oggi ho lavorato con fatica.* [espansione: la precisazione sul **modo** non è necessaria; qui il verbo "lavorare" ha il significato generale di "svolgere / riprendere la propria occupazione"];
- *Mi chiedi come ho lavorato oggi? L'ho fatto* ***con fatica****.* [argomento: la precisazione sul **modo** è necessaria, perché, in questo caso, risponde a una domanda precisa].

= argomento
= espansione

Tipi di complemento

Per orientarci nel grande insieme dei complementi, possiamo dividerli in tre gruppi, considerando il **modo** in cui **si collegano** all'elemento della frase che completano e cioè **con** o **senza l'aiuto della preposizione**:

- il **complemento diretto**, o **complemento oggetto** che finora abbiamo chiamato **argomento diretto/oggetto** (*Porti tu **lo zaino**?*) e i **complementi predicativi** che sono indissolubilmente legati – senza preposizioni – all'**argomento soggetto** o all'**argomento diretto/oggetto** e sono indispensabili per attribuire un significato specifico a un verbo dal significato generico (*Sei / ti considero **un mito**!*);
- i **complementi indiretti**, che si uniscono al termine reggente tramite **preposizioni** o **locuzioni** come *di, a, da, a causa di* ecc. (*Ci vediamo **a scuola***); finora li abbiamo chiamati **argomenti indiretti**;
- i **complementi avverbiali** che sono, appunto, espressi da **avverbi** o **locuzioni avverbiali**. Tra questi, alcuni modificano il significato del verbo e quindi sono strettamente legati al nucleo, come quelli di **modo** (*Ti ho ascoltato **attentamente*** [= con attenzione]). Altri, come quelli di **tempo** e di **luogo**, se non sono argomenti, modificano l'intera frase e sono quindi **circostanziali** (***Di solito**, preferisco il lavoro di gruppo*).
  Tieni presente che i complementi avverbiali escludono l'avverbio ***non***. Questo è infatti parte costitutiva del verbo cui è riferito, perché crea il suo contrario: una sorta di nuovo verbo con significato opposto, al negativo: *Domani **pioverà** → Domani **non pioverà***.

Tra tutti i complementi, esamineremo ora in modo approfondito solo quelli che appartengono al primo gruppo, perché **sono parte costitutiva del nucleo**.

ADESSO TOCCA A TE

▶ Capitoli 1, 2

INDIVIDUA E COMPLETA

Livello 1

1 ●○○ **In ognuna delle frasi seguenti evidenzia con due diversi colori il nucleo e i suoi ampliamenti.**

a. Gigi gioca a calcio.
b. Piove a dirotto!
c. Festeggerò il Natale con la famiglia.
d. La memoria conserva i ricordi del passato.
e. Luca si è pentito del suo gesto.
f. Con la mia migliore amica non posso arrabbiarmi.

2 ●○○ **In ognuna delle frasi seguenti aggiungi un argomento appropriato, in modo da darle significato compiuto.**

a. Questo romanzo tratta dei rapporti familiari.
b. Denis appare ....
c. Lo spettacolo teatrale è durato ....
d. Il nuovo modello di smartphone costa ....
e. La nostra solidarietà va ....
f. Dall'incidente Sabrina è uscita ....
g. Ho fatto la pace ....
h. Carlo ha avviato ....

3 ●○○

Nelle due frasi seguenti sono evidenziati con colori diversi i complementi diretti, indiretti e avverbiali. Abbina ciascun colore al tipo di complemento corrispondente.

a. Oscar apre puntualmente il negozio alle sette.

b. Trascorro sempre l'estate dagli zii in Sicilia.

Rosa .... Verde .... Azzurro ....

Livello 2 **4** ●●○

Completa la mappa di ogni frase secondo il modello di analisi n. 1 a p. 438, collocando negli spazi opportuni le informazioni trasmesse da ciascuna frase. La prima è parzialmente completata.

a. Durante la notte la neve fresca ha imbiancato i tetti delle case e i rami degli alberi.
b. Per la stanchezza ieri sera Laura non ha stirato la camicia bianca del figlio.
c. Stasera Giulia preparerà la pizza alla napoletana per tutta la famiglia.

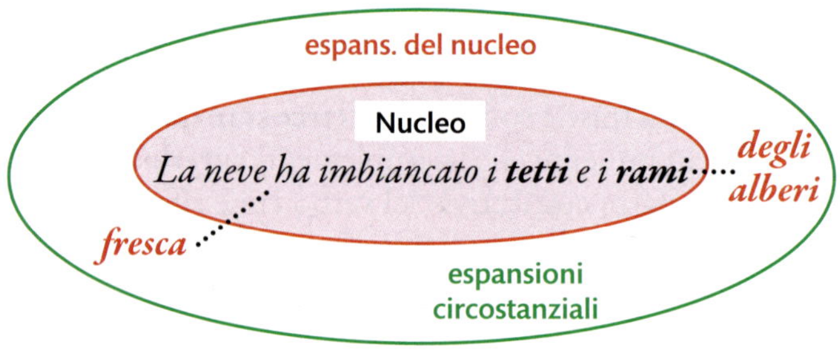

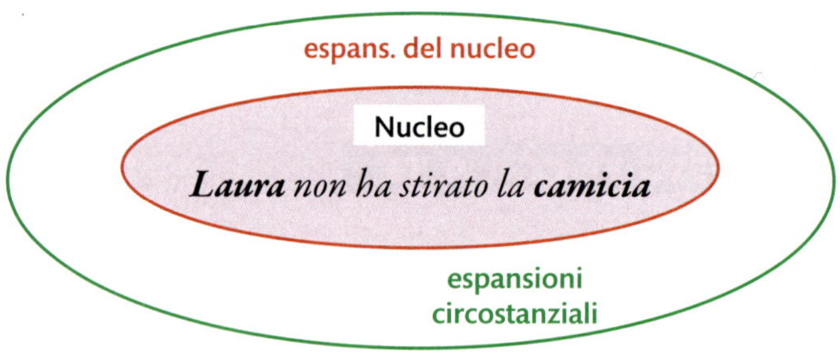

5 ●●○

Tra le espansioni evidenziate nelle frasi seguenti distingui quelle legate al nucleo [N] dalle circostanziali [C].

a. Spesso ☐ Giacomo fa complimenti alle belle ragazze ☐.
b. Ogni mattina ☐ Lorenzo fa una colazione abbondante ☐ a base di latte e biscotti ☐.
c. Nonostante la dieta ☐, assaggerei una tartina al salmone ☐.
d. Dal parrucchiere ☐ le clienti leggono con interesse ☐ riviste di moda ☐.
e. Nel pomeriggio ☐ basse ☐ nuvole grigie ☐ annunciavano l'arrivo di un temporale ☐.

6 ●●○

In ognuna delle frasi seguenti cancella con un tratto di penna le informazioni non necessarie alla sua compiutezza.

a. Da qualche anno Luisa porta i capelli corti.
b. Aldo, il nuovo bidello, pulisce le aule della scuola.
c. Le compagne di classe hanno regalato a Paola un braccialetto di corallo.
d. Di tanto in tanto Franco si incontra con gli amici per un'allegra serata in pizzeria.
e. Gli studenti delle classi prime hanno visitato Verona, città ricca di monumenti, con una guida molto esperta.

7 ●●○

In ognuna delle frasi seguenti indica se il complemento avverbiale evidenziato si riferisce al verbo, quindi è legato al nucleo [N], oppure all'intera frase, pertanto è un'espansione circostanziale [C].

a. Lea si allena regolarmente [N] per la corsa campestre.
b. "Spesso [ ] il male di vivere ho incontrato..." (E. Montale)
c. Di mattina presto [ ] le auto in circolazione sono poche.
d. Alla vista del cane il postino è scappato a precipizio [ ].
e. Raramente [ ] mio padre prepara la cena.
f. All'improvviso [ ] si è messo a piovere a dirotto [ ].
g. Di tanto in tanto [ ] vado volentieri [ ] a pesca con mio padre.

Livello 3 **8** ●●●

In ognuna delle frasi seguenti sottolinea l'argomento che è parte integrante del nucleo o completa il significato di un altro argomento.

a. Mia sorella Lucia nutre una vera passione per la musica.
b. Romina indossava un costume da Carnevale molto originale.
c. I vigili del fuoco soccorsero gli alluvionati.
d. Un'invasione di prodotti elettronici ha cambiato le nostre abitudini.
e. I miei genitori sono cresciuti con le canzoni di Vasco Rossi.
f. Quella povera donna ha vissuto una vita di stenti.
g. La stragrande maggioranza degli insegnanti ha scioperato.

9 ●●●

In ogni frase seguente aggiungi, nelle posizioni indicate, espansioni appropriate, in modo da rendere il messaggio più preciso e circostanziato.

a. Mattia ha preso un bel voto in matematica.
b. .... il giardino è diventato un pantano.
c. Dopo la lezione .... vado a casa ....
d. Luigi frequenta la palestra ....
e. Al pub la rissa scoppiò ....
f. L'aria fresca .... mette voglia di uscire.
g. Viola lavora alla cassa ....

10 ●●●

Per ognuna delle frasi seguenti costruisci una mappa come quelle proposte nell'esercizio 4, quindi aggiungi in ognuna almeno un'informazione legata al nucleo e un'espansione circostanziale.

a. I ladri hanno svaligiato l'appartamento.
b. La nave lasciò il porto.
c. Un incidente ha bloccato la circolazione.
d. Sto consultando un sito.

3 Il complemento oggetto

La notte porta via **il dolore**
mi accompagna questa musica…
(Emma, *Amami*)

La *notte* è il soggetto che agisce e *porta via…* **che cosa**? *il dolore*. È questo **secondo argomento**, necessario per completare il significato del verbo, che viene chiamato anche **complemento oggetto**. La stessa funzione, come puoi vedere, è svolta anche dal pronome personale atono *mi*: la musica *accompagna* **chi?** "me", ovvero la persona che, in questa canzone, parla delle proprie esperienze e desideri.

Il **complemento oggetto** è dunque il **secondo argomento** dei verbi **transitivi**, bivalenti o trivalenti, a cui si collega direttamente, senza preposizioni.

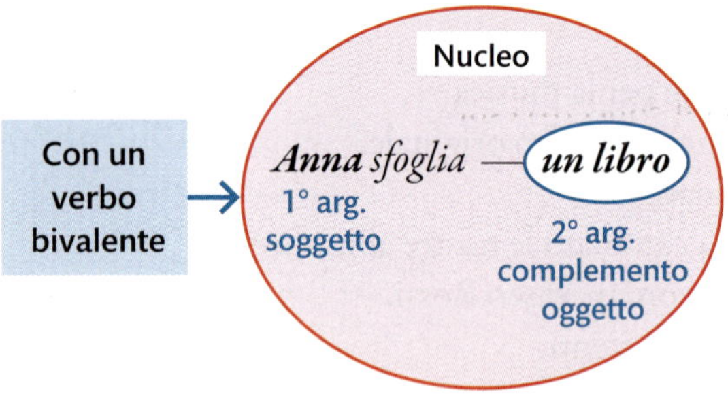

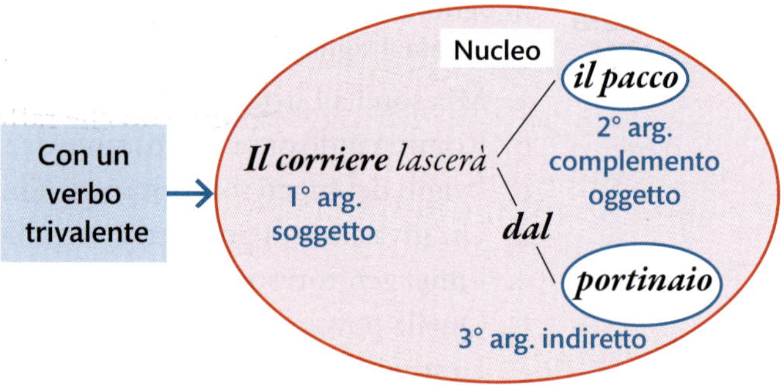

Il ruolo semantico del complemento oggetto

Considerandone il significato – o ruolo **semantico** – il **complemento oggetto** si può definire, in linea generale, come l'elemento che **riceve direttamente** un contenuto trasmesso dal verbo. Nello specifico, in certi casi può trattarsi di **chi** "sperimenta" situazioni, sensazioni ecc. espresse dal verbo e messe in atto dal soggetto: *La tua scenata ha sconvolto* ***Paolo****. …* ***mi*** *accompagna questa musica. Ama****mi****.*

Il complemento oggetto è solitamente un **nome** o un **pronome**, ma la sua funzione può essere svolta da qualunque parte del discorso:

Il sole riscalda la ***terra****.* ↑ nome

Perché non aspettate anche ***lui****?* ↑ pronome

Michele ama il ***rosso****.* ↑ aggettivo

Cerca sempre il ***meglio****.* ↑ avverbio

Lascia perdere il ***bere****.* ↑ verbo

Non mi parli e non so il ***perché****.* ↑ congiunzione

Ho saputo ***che sei stato promosso****.* ↑ frase

• Il complemento oggetto partitivo

Dei bei giorni è complemento oggetto anche se è introdotto da una preposizione? Lo è, e si chiama **complemento oggetto partitivo**, perché la preposizione ha appunto funzione di **articolo partitivo**. Il suo uso attribuisce al nome una sfumatura indefinita e generica: è infatti traducibile con un aggettivo indefinito (**qualche** bel giorno). Altri esempi sono:

Ti ho portato ***delle*** [alcune] ***fragole*** *del mio giardino.*

In frigo troverai ***del*** [un po' di] ***burro***.

Per riconoscerlo con sicurezza, ricorda che l'**oggetto partitivo** dipende sempre da un **verbo**, mentre i complementi indiretti introdotti dalla preposizione articolata *di* + ... seguono quasi sempre un **nome** o un **pronome** (*Prendi* ***del latte*** [ogg. partitivo], *ma non quello* ***del frigo*** [compl. indiretto]).

• Il complemento dell'oggetto interno

Tuttavia, per diversi giorni **visse la sua vita** normale, solo permettendosi di quando in quando qualche pensiero clandestino.

(A. Baricco, *Mr Gwyn*)

Vivere è un verbo **intransitivo**, ma in certi casi ammette il **complemento oggetto**, come nella citazione qui sopra. Si tratta di un **oggetto interno** che rafforza il concetto espresso dal predicato e ne condivide anche la radice. In altri casi la parentela è solo semantica: ***Dormi*** *pure* ***sonni*** *tranquilli*.

HAI CAPITO? Formula cinque frasi in cui il complemento oggetto sia, rispettivamente, un nome, un pronome, un aggettivo, partitivo e interno.

4 Il complemento predicativo del soggetto

Gli esami **sono vicini** e tu **sei** troppo **lontana** dalla mia stanza,
tuo padre <u>sembra</u> **Dante** e tuo fratello Ariosto,
stasera al solito posto, la luna <u>sembra</u> **strana**...

(A. Venditti, *Notte prima degli esami*)

Nei versi di questa canzone tutti i verbi sono **copulativi**. Che cosa significa rispetto ai complementi?

Come abbiamo già visto (► p. 271) i verbi **copulativi** – il principale dei quali è *essere* – **possono predicare qualcosa di un soggetto** solo unendosi a un **nome** o a un **aggettivo** che fornisca le informazioni necessarie per formulare una frase dotata di senso compiuto. Quando analizziamo il loro ruolo nella frase, **nome** e **aggettivo**, li chiamiamo perciò **complementi predicativi del soggetto**. Esaminiamoli ora più da vicino.

• Il complemento predicativo e predicato nominale

Consideriamo i primi versi della canzone: *Gli esami **sono**... e tu **sei** ...* È evidente che il verbo *essere* non dice nulla autonomamente, serve solo a creare un collegamento – fa quindi da **copula** o legame – tra i soggetti (*esami*, *tu*) e gli aggettivi, *vicini* e *lontana*, con i quali **si accoppia** formando il **predicato nominale**. Questa unione dà vita una sorta di verbo nuovo, *essere vicini / lontani*.

Il **predicato nominale** è dunque un insieme costituito dal verbo ***essere*** e da un **aggettivo** (*Tu **sei lontana** / Tu, per me, **sei unica***) o un **nome** (*Tu, per me, **sei un'amica***).

La **parte verbale** di questo insieme si chiama **copula** e la **parte nominale** si chiama, tradizionalmente, **nome del predicato**. Tuttavia, visto che il **nome del predicato** svolge la funzione di **completare** il verbo, consentendogli di **predicare un significato**, si può meglio definire **complemento predicativo del soggetto**.

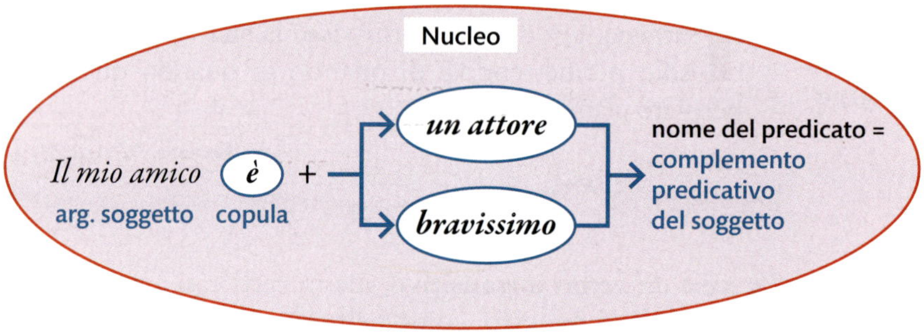

• Il complemento predicativo con gli altri verbi copulativi

*Tuo padre **sembra** Dante..., la luna **sembra** strana*: allo stesso modo del verbo *essere*, anche gli altri verbi copulativi – come *sembrare, apparire, diventare, rimanere, risultare, riuscire, nascere, vivere, morire* – svolgono la funzione di collegamento tra soggetto e **parte nominale** che, anche in questo caso, diventa **complemento predicativo del soggetto**.

A differenza di *essere*, però, questi verbi hanno un significato proprio anche se incompiuto; inoltre, anziché esprimere uno "stato" (*Viola **è** ingegnere*: è un dato di fatto), descrivono piuttosto un processo (*Viola **è diventata** ingegnere*: la sua qualifica si è costruita nel tempo, attraverso un processo) o una percezione (*Giulio **sembra** un attore*: forse lo è, forse no, ma ne ha le caratteristiche).

• Il complemento predicativo e gli argomenti

L'unità **verbo + complemento predicativo** può essere considerata **monovalente**, perché richiede come unico argomento il soggetto: *La vita **è una sfida***.

Se, però, il complemento predicativo richiede a sua volta di essere completato, avremo un **secondo argomento** – indiretto –, sempre **nucleare** al quale si può magari aggiungere un **terzo argomento**. In questi casi l'unità **verbo + complemento** equivale a un verbo **bivalente**: *La vita **è piena** di sorprese*; o **trivalente**: *Luisa ci **sembra favorevole** alla mediazione*.

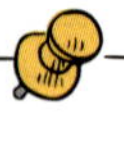

= argomento soggetto

= argomenti indiretti

HAI CAPITO?

Stabilisci la valenza del verbo nelle seguenti frasi.

a. Ti sembra adeguato alla situazione il tuo abbigliamento?
b. Sarà un'esperienza ricca di opportunità.
c. Mario Bianchi a noi risulta assente.
d. Vi pare allineato agli altri questo quadro?

5 Il complemento predicativo dell'oggetto

Io ti ho nominato **regina.** [...]
Ve n'è di più belle di te, di più belle.
Ma tu sei la regina.

(P. Neruda, *La regina*)

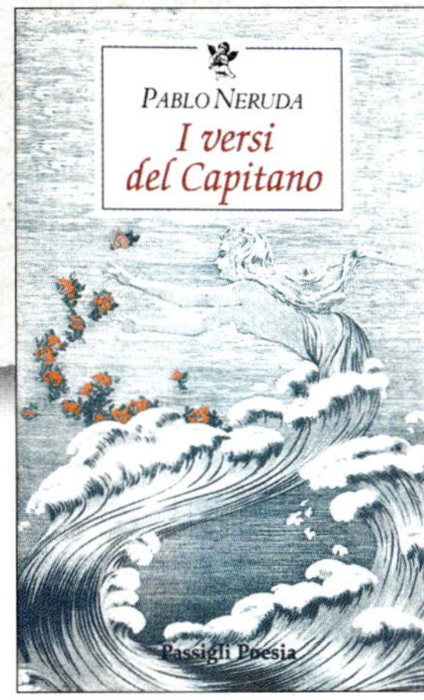

L'"io" lirico dei versi citati è il soggetto che "nomina" qualcuno (*ti* = una donna, complemento oggetto), conferendo un ruolo, quella di "regina". Così facendo, in un certo senso, "predica" qualcosa circa il **complemento oggetto**.

Il **complemento predicativo dell'oggetto** è dunque un **aggettivo** o un **nome** che, riferito al **complemento oggetto**, gli si aggiunge per completare con un significato più specifico i verbi che appartengono ai seguenti gruppi:

- **appellativi**: *nominare, dire, soprannominare, chiamare, definire* ecc.;
- **effettivi**: *rendere, fare, creare* ecc.;
- **estimativi**: *giudicare, ritenere, stimare, credere, considerare, reputare* ecc.;
- **elettivi**: *eleggere, nominare, proclamare, dichiarare* ecc.

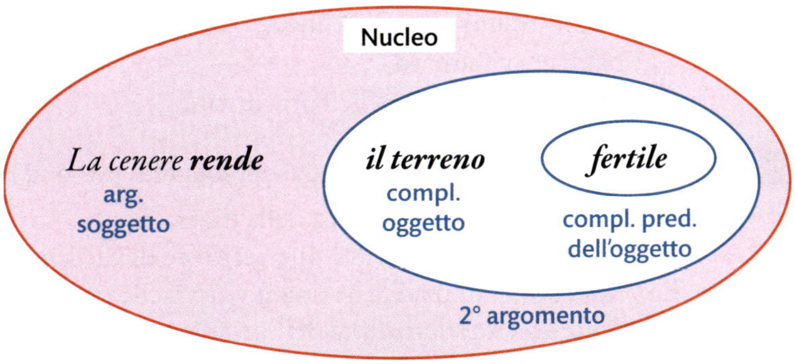

• Complementi predicativi diversi

I verbi appartenenti alle quattro tipologie sopra elencate sono seguiti dal complemento **predicativo del soggetto** quando hanno **forma passiva**:

*Tu consideri **sciocchi** i miei amici* (predicativo dell'oggetto). → *Da te, i miei amici sono considerati **sciocchi*** (predicativo del soggetto).

Talvolta i **complementi predicativi** possono seguire anche altri tipi di verbi ed essere introdotti da **preposizioni**, **avverbi** o **locuzioni preposizionali** come *a, da, in, come, per, in qualità di, in quanto*:

*Mi hanno assunta **in qualità di dirigente.***
*I prof interrogano sempre Matteo **per primo.***

ADESSO TOCCA A TE

▶ Capitoli 3, 4, 5

INDIVIDUA E COMPLETA

Livello 1

1 ●○○ **Sottolinea i complementi oggetto presenti in 4 delle seguenti frasi.**

a. Luca fa volontariato in un ente di protezione degli animali.
b. Per prima cosa, ogni mattina ascolto il notiziario.
c. Rispetta sempre gli altri e te stesso.
d. A chi piace il cioccolato fondente?
e. Ho acquistato sei bottiglie di olio in offerta speciale.

2 ●○○ **In quali frasi non è possibile aggiungere un complemento oggetto? Per quale motivo?**

A Ti va di cenare insieme?
C Copriti, sta venendo freddo.
B Nell'ora di ginnastica ci si diverte.

3 ●○○ **Sottolinea i complementi oggetto partitivi presenti in 5 delle frasi seguenti.**

a. Chiunque nella vita compie degli errori.
b. La direzione ha accolto la richiesta degli operai.
c. L'arbitro ha ammonito dei giocatori per comportamento scorretto.
d. Ho notato degli individui strani aggirarsi nel parcheggio.
e. Al ristorante ho ordinato dell'insalata di pollo.
f. Molti trovano sgradevole l'odore dell'aglio.
g. Bisogna porre dei limiti ai capricci dei bambini.

4 ●○○ **Nelle frasi seguenti aggiungi un nome o un aggettivo adatti a completare il significato del verbo.**

a. In compagnia le ore trascorrono liete. ....
b. La pratica sportiva ha reso Rodolfo ....
c. Grazia è stata eletta ....
d. I vicini giudicano il signor Gino ....
e. Garibaldi era chiamato ....
f. Per sfuggire ai cacciatori, le lepri corrono ....

5 ●○○ **Sottolinea i complementi predicativi del soggetto presenti nelle frasi seguenti.**

a. Sonia è diventata una fanatica della dieta.
b. Valerio Massimo Manfredi è uno scrittore di successo.
c. La verifica di grammatica è risultata più facile del previsto.
d. La cliente rimase soddisfatta dell'acquisto.
e. Col suo brio Monica riesce simpatica a tutti.
f. L'industriale Henry Ford (1863-1947) era nato poverissimo.

Livello 2

6 ●●○ **Nelle frasi seguenti sottolinea i complementi oggetto, anche partitivi e dell'oggetto interno.**

a. Per san Valentino, Mario mi ha regalato dei cioccolatini.
b. Nel cassetto troverai dei calzini puliti.
c. Se fossi in lui, non dormirei sonni tranquilli.
d. Non voglio vivere una vita monotona!
e. Lia apprezza la cucina francese, io preferisco quella italiana.
f. Non tollero questo vociare in ufficio!
g. Franco ha sempre delle idee strampalate!

7 ●●○ **Nelle frasi seguenti sottolinea i pronomi e le particelle pronominali con funzione di complemento oggetto.**

a. Lucia è una donna straordinaria, io la ammiro molto.
b. Mi dispiace averti offeso, ti prego, perdonami!
c. Come mi sei mancata, amore mio!
d. La madre abbracciò il figlio e lo tempestò di baci.
e. Mi avete convinto: verrò in vacanza con voi.

8 ●●○ **Completa le due frasi con un appropriato complemento predicativo del soggetto, quindi rispondi alle domande.**

a. In amore Piero è ....
b. In amore Piero sembra ....

1. **In quale frase il verbo copulativo non ha un significato autonomo?**
2. **Nella frase b., il complemento predicativo descrive uno "stato" o una percezione?**

9 ●●○ **In ognuna delle frasi seguenti indica a chi si riferisce il complemento predicativo evidenziato: al soggetto [S] o all'oggetto [O].**

a. Tutti gli insegnanti ti giudicano un ragazzo intelligente. S O
b. Il *David* di Michelangelo è considerato la statua più bella del mondo. S O
c. Mi consideravo invitata alla festa, invece sono stata esclusa. S O
d. Filippo si dava delle arie perché gli amici lo chiamavano il Bello. S O
e. Patrizia è stata scelta come portavoce degli studenti pendolari. S O

10 ●●○ **Completa le frasi seguenti con un verbo opportuno, del tipo indicato tra parentesi.**

a. Papa Francesco .... nel 2013. (elettivo)
b. Amici e parenti mi .... Ciccio. (appellativo)
c. Gli insegnanti .... il tuo rendimento scolastico soddisfacente. (estimativo).
d. L'amore lo .... felice. (effettivo)
e. I nutrizionisti .... eccellente l'olio di nostra produzione. (estimativo).

Livello 3 **11** ●●● **Nelle seguenti frasi sottolinea i complementi oggetto, quindi indica la loro categoria grammaticale: nome [N], verbo [V], pronome [PR], congiunzione [C], avverbio [AVV].**

a. Apprezzo il vivere in armonia con la natura. [.......]
b. Spiegami il perché di tanta fretta. [.......]
c. L'abuso di alcol rovina la salute. [.......]
d. Leo vuole sempre sapere il come e il quando di tutto. [.......]
e. Perché mi guardi con quel sorrisetto? [.......]

12 ●●● **Nelle frasi seguenti sottolinea e distingui i complementi predicativi del soggetto [PS] e dell'oggetto [PO]. Fai attenzione: alcuni sono introdotti da una preposizione, un avverbio o una locuzione preposizionale.**

a. Dopo un lungo processo, l'imputato fu proclamato innocente. [.......]
b. Si può vivere sereni anche con poco. [.......]
c. Il vostro arrivo ci ha fatto felici. [.......]
d. La ricchezza rende molti superbi. [.......]
e. Un'azienda ha assunto Fulvio in qualità di progettista. [.......]
f. I miei figli considerano la casa come un albergo. [.......]

13 ●●●

Le frasi seguenti sono tutte costruite attorno a un verbo bivalente. Completale aggiungendo al complemento predicativo del soggetto un secondo argomento indiretto.

a. La vita è piena di sorprese. ....
b. Mio padre è contrario ....
c. Il candidato sembrava sicuro ....
d. Anna e Stefano sono beneficiari ....
e. Simone è amante ....
f. Vincenzo appare pratico ....

LAVORA CON LE PAROLE

Livello 1 **14** ●○○

Riformula le frasi seguenti sostituendo la parte evidenziata con un complemento oggetto di significato equivalente.

a. Desidero che tu sia felice > la tua felicità. ....
b. Il pilota annunciò che stavano per atterrare > ....
c. Nicola ha dichiarato che aderirà allo sciopero > ....
d. Gianni lamenta che non lo comprendiamo > ....
e. Mi auguro che siate promossi a giugno > ....

15 ●○○

A COPPIE Per ogni verbo elencato formulate delle frasi nucleari costituite da soggetto, verbo, complemento oggetto. Potete aiutarvi con il dizionario.

desiderare ~ risparmiare ~ rovinare ~ illuminare ~ rallentare ~ distinguere

Livello 2 **16** ●●○

In ognuna delle frasi seguenti individua il complemento oggetto interno, quindi sostituiscilo con due avverbi, tra loro sinonimi, di significato equivalente.

a. Voglio vivere una vita serena > serenamente / tranquillamente ....
b. Questa notte ho dormito un sonno profondo. ....
c. Quei ragazzi stanno giocando un gioco pericoloso. ....
d. A causa del mal di denti ho sofferto un dolore atroce. ....
e. Per la disperazione Diego ha pianto lacrime amare. ....

17 ●●○

A COPPIE Per ogni coppia nome/verbo elencata scrivete una frase in cui il nome sia usato come complemento predicativo.

marito/prendere ~ sindaco/intervenire ~ consulente/presentarsi ~ portabandiera/scegliere ~ legale/parlare ~ guida turistica/assumere ~ aiutante/suggerire

Livello 3 **18** ●●●

In ognuna delle frasi seguenti individua il complemento predicativo del soggetto, quindi sostituiscilo con una frase di significato equivalente. Cerca di variare i verbi, evitando la ripetizione dello stesso verbo.

a. Gina, da ragazza, ogni sabato sera andava a ballare.
b. Luca, in qualità di segretario, redigerà il verbale dell'assemblea.
c. Ciro, come cuoco, è un vero disastro.
d. Il lavori della conferenza sono stati aperti dal professor Bianchi, in qualità di capo del comitato scientifico.
e. Da liceale preferivo le materie scientifiche.

19 ●●●

Osserva il dipinto riprodotto, quindi scrivi un breve testo di 8 righe, formato da frasi semplici, in cui dai voce al soggetto ritratto: immagina il suo carattere, gli interessi e le passioni, le aspettative e le delusioni della vita. Rileggi quanto hai scritto, quindi verifica quali complementi diretti hai utilizzato (oggetto, oggetto interno, predicativi).

■ U. Boccioni, *Ritratto dell'avvocato C. M. (Carlo Manna)*, 1907. Verona, Galleria d'Arte Moderna Achille Forti.

6 Le espansioni del nome: l'attributo e l'apposizione

● **L'attributo**

Prima ci fu la casa, **grigia**, **perfetta** dentro il sole
assi **sconnesse**, **vecchi** chiodi, una sedia,
poi quel fischio **misto** a voci...

(A. Anedda, *Il catalogo della gioia*)

■ A. Sisley, *Casa abbandonata*, ca 1886. Collezione privata.

Le parole evidenziate sono chiaramente **aggettivi** che precisano **qualità** e **caratteristiche** dei nomi cui si accompagnano. Quando ci occupiamo del ruolo che le parole hanno nella frase, gli **aggettivi** prendono il nome di **attributi**. La loro **funzione** è la stessa del nome da cui dipendono, come si può vedere dagli esempi. Tale funzione può essere svolta anche da alcuni **avverbi** quando modificano il significato del nome (*Arriveremo un giorno **prima***).

*Le nuvole **grigie** coprirono il sole.* → [Le nuvole grigie] soggetto

*So cucinare in modo **rapido** piatti **gustosi**.* → [in modo rapido] complemento indiretto; [piatti gustosi] complemento oggetto

*Giulio è / pare un tipo **disponibile**.* → [un tipo disponibile] compl. predicativo del soggetto

*Tutti lo considerano un **grande** esempio.* → [un grande esempio] compl. predicativo dell'oggetto

HAI CAPITO? Nei versi di Antonella Anedda citati, precisa la funzione sintattica dei nomi e degli **attributi** che li accompagnano.

• **L'apposizione**

Il mio ***vicino*** *Totoro*
(film, 1988)

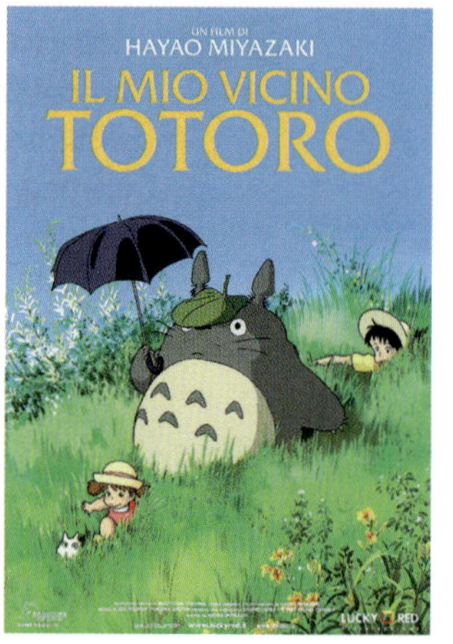

Il titolo del film – nominale – contiene un **nome proprio**, *Totoro*, accompagnato da un altro **nome** (a sua volta unito a un aggettivo possessivo, *mio*) che lo definisce, chiarendo che si tratta di un *vicino*.

Il **nome** che si unisce a un altro nome, per meglio precisarlo e definirlo, si chiama **apposizione**.

Come l'attributo, l'**apposizione** si può riferire al **soggetto** e ai vari **complementi**. Può essere:

- **semplice**, se è formata da un solo **nome**: *Il* ***poeta*** *Giacomo Leopardi è molto apprezzato anche negli Stati Uniti.*
- **composta** se è formata da **nome** + **aggettivo**: *Il* ***mio vicino*** *Totoro*; ***L'immenso oceano*** *Pacifico occupa circa un terzo della superficie terrestre*;
- da **aggettivo** + **nome** + **precisazione che specifica**: *Angela Merkel,* ***importante Cancelliera della Germania****, ha un ruolo chiave nella UE.*

Può precedere o seguire il nome cui si riferisce: ***Il presidente del consiglio di amministrazione*** *Ferrari... / Ferrari,* ***presidente del consiglio di amministrazione...***

Può essere preceduta da preposizioni o locuzioni: *Martina,* ***da autentica campionessa****, vince ogni gara.*

ADESSO TOCCA A TE

▶ Capitolo 6

INDIVIDUA E ANALIZZA

Livello 1

1 ●○○ **Sottolinea gli attributi presenti nel testo seguente.**

Il basilico è una pianta erbacea annuale originaria dell'India. Per via del marcato profumo delle sue foglie è utilizzato come pianta aromatica nelle cucine italiana e asiatiche. Viene inoltre impiegato tradizionalmente in alcune medicine popolari: le foglie e le sommità fiorite servono a preparare infusi ad azione sedativa e contro l'indigestione.

2 ●○○ **Nelle frasi seguenti sottolinea le apposizioni, distinguendo tra semplici [S] o composte [C].**

a. Quel simpaticone di Luca ha divertito tutti con le sue battute. S C
b. Il film "Jurassic world" piace molto al pubblico giovanile. S C
c. L'orchestra eseguirà "Rapsodia in blu" del compositore americano George Gershwin. S C
d. La dalia, un bel fiore delle Composite, è chiamata anche "giorgina". S C
e. Nel 1912 l'esploratore norvegese Roald Amundsen raggiunse per primo il Polo Sud. S C
f. Il commissario Montalbano è un personaggio noto a tutti. S C
g. L'ambiente, in quanto patrimonio comune, va protetto. S C

3 ●○○ **Fai l'analisi delle frasi seguenti secondo uno dei due modelli di pp. 438-439.**

a. Rigogliosi campi verdi punteggiano la campagna inglese.
b. Un cupo cielo grigio minacciava pioggia.
c. Mio fratello maggiore Enzo frequenta il liceo scientifico.
d. Sara è una bambina attenta e curiosa, ma un po' fastidiosa.
e. I Greci chiamano il caldo vento estivo *meltemi*.

Livello 2 **4** ●●○

Nelle frasi seguenti sottolinea gli attributi e indica la funzione sintattica dei nomi cui si accompagnano: soggetto [S], complemento diretto [CD], complemento indiretto [CI].

a. La cascata più alta del mondo è il Salto Angel, in Venezuela. [.....]
b. Il porro è un ortaggio particolarmente ricco di acqua. [.....]
c. I miei nonni si trasferirono a Milano nella tarda primavera del 1980. [.....]
d. Sabato ho visitato una bella mostra di abiti di famosi stilisti italiani. [.....]; [.....]
e. Nelle serate estive spira un vento leggero che rende l'afa più sopportabile. [.....]; [.....]; [.....]

5 ●●○

Fai l'analisi delle frasi seguenti secondo il modello di analisi n. 2 a p. 439.

a. Mi attirano i luoghi esotici.
b. L'architetto Fabbri arreda appartamenti signorili e ville lussuose.
c. La giornalista Gaia Tortora indossa abiti semplici ed eleganti.
d. Dante Ferretti è considerato un eccellente scenografo.
e. Parecchi adulti reputano i giovani inesperti e spavaldi.

Livello 3 **6** ●●●

Fai l'analisi della seguente presentazione del film *Il fascino indiscreto dell'amore*. Segui il modello di analisi n. 2 a p. 439: individua gli elementi finora studiati e indica genericamente gli altri (complemento indiretto o avverbiale).

Il film è la trasposizione sul grande schermo del romanzo *Né di Eva né di Adamo* della scrittrice Amélie Nothomb. Amélie è nata in Giappone ma è cresciuta in Belgio. Vent'anni dopo torna a Tokyo perché vuole diventare una vera giapponese. Lì dà lezioni di francese a Rinri, suo unico e giovane allievo. Tra i due inizia presto una relazione sentimentale. Rinri la introduce a un Giappone diverso dal Paese idealizzato della sua infanzia. Grazie a lui Amélie riconsidererà in modo diverso la propria vita e i propri sentimenti. Il regista Stefan Liberski mescola con garbo equivoci e fascinazioni, luoghi comuni e luoghi insoliti. L'attrice belga Pauline Étienne presta volto e grazia alla protagonista.

LAVORA CON LE PAROLE

Livello 1 **7** ●○○

In ogni frase sostituisci l'espressione evidenziata con un attributo di significato equivalente. Puoi aiutarti con il dizionario.

a. L'alluvione ha arrecato alle coltivazioni danni che non si possono calcolare. > incalcolabili.
b. Questa collezione d'arte ha un valore che non si può stimare. ....
c. Non tutte le notizie sul web sono degne di fede. ....
d. La zona che sta intorno è in via di riqualificazione. ....
e. Mimmo è una persona che si irrita con facilità. ....
f. A causa dello smog oggi c'è un'aria che non si può respirare. ....
g. Il tuo è un atteggiamento che è privo di reverenza e rispetto. ....
h. Sai consigliarmi una crema corpo che mi renda più snella? ....

Livello 2 **8** ●●○

Con l'eventuale aiuto del dizionario, in ognuna delle frasi seguenti sostituisci il complemento indiretto evidenziato con un attributo di significato equivalente.

a. Fausto dimostra una volontà di ferro.
b. I soffitti dei palazzi rinascimentali erano decorati con intarsi di legno.
c. Una massa di alberi copriva la foresta.
d. Al catasto stanno trasferendo i documenti di carta su file.
e. La Banca d'Italia custodisce le riserve d'oro del Paese.
f. A Como c'è un antica tradizione di produzione di seta.

Livello 3 **9** ●●●

Riscrivi le frasi seguenti arricchendole con attributi e apposizioni adatte.

a. L'Arena di Verona era un anfiteatro.
b. Francesco Renga è molto apprezzato dal pubblico.
c. "Arrivare" ha funzionamento intransitivo.
d. Lewis Hamilton corre per la Mercedes.
e. Jenny vorrebbe assomigliare a Kate Moss.

7 I complementi indiretti

● **Un'analisi essenziale**

In questo percorso abbiamo analizzato la frase per coglierne le caratteristiche più significative: la **centralità del verbo** e la sua capacità di "**predicare**"; gli **argomenti** che il verbo "esige" e la sua **valenza**; il ruolo del **soggetto**; il processo di ampliamento **dalla frase nucleare alla frase con espansioni**; la differenza tra le **espansioni legate agli argomenti** e quelle **circostanziali**; i **complementi diretti interni al nucleo**. Saper distinguere, nelle frasi e quindi nei testi, tali elementi risponde agli obiettivi principali di questa unità (▸ modello n. 1 analisi della frase, p. 438).

● **Una difficile classificazione**

Hai un anello (d'oro?) = complemento di materia

Vengo (con te) = complemento di compagnia

L'esperto parlerà (di finanza) = compl. di argomento

Resta ora da considerare la molteplicità dei **complementi indiretti**, la cui **classificazione**, in base al **significato** – determinato dalle **preposizioni introduttive** in un determinato **contesto** (▸ *Dalle preposizioni ai complementi indiretti*, p. 350) – può essere utile per la comprensione e l'analisi delle frasi.

Si tratta però anche di un compito complesso e non sempre attuabile, perché molte espressioni si prestano a differenti interpretazioni o sono difficilmente inquadrabili nei modelli descritti.

Nella frase *Con la pazienza si arriva dappertutto*, per esempio, l'espressione ***con la pazienza*** può riferirsi sia al **mezzo** o **strumento** di cui ci si serve, sia al **modo** o tipo di procedimento adottato. Per chiarire meglio, rimandiamo all'unità D2 (▸ p. 383), dove i **complementi più significativi** saranno considerati nella loro **equivalenza con intere frasi di significato analogo**.

• **La lista dei complementi**

A questo punto del percorso, ci limitiamo a fornire – con le tabelle a pp. 344-346 – un elenco abbastanza esauriente di complementi (in ordine alfabetico) al quale si rifarà il secondo modello di analisi (▸ modello 2 analisi della frase, p. 439). La prima parte contiene i complementi più frequenti e/o importanti, la seconda riporta anche quelli un po' meno usati e/o rilevanti.

Ricorda che sia i **pronomi** sia gli **avverbi** svolgono la funzione di complementi (*Questo pasticcio è stato combinato* ***da voi****?* [compl. di agente] *Amo* ***tutti*** [compl. oggetto]. ***Stanotte*** [compl. di tempo] *ho dormito* ***benissimo*** [compl. di modo]).

Fai inoltre attenzione al fatto che **alcuni complementi**, pur essendo di solito collegati ai verbi con **preposizioni**, possono anche esserne **privi** (*Leggo solo* <u>*nelle*</u> ***serate piovose*** / *Leggo* ***tutte le sere*** = complementi di tempo).

PER SAPERNE DI PIÙ

L'analisi logica

Occuparsi dei **rapporti** che intercorrono tra le parole significa indagare il **significato** che scaturisce proprio dal loro "**essere in relazione**". A una comprensione globale che abbracci la frase – o le frasi – nel loro insieme, deve seguire cioè un esame più capillare, **analitico**, per individuare la **tipologia dei legami** e il loro **significato specifico**. Il che equivale a chiedersi, attraverso il procedimento della **sintassi** (dal gr. "ordinamento", "sistema"), in che modo si organizzano le parole per creare un **sistema ordinato di pensiero**.
Ci poniamo dunque interrogativi come: Qual è il **soggetto** e che **ruolo** ricopre nella realtà? Questo **predicato** è seguito da un **argomento** o da una precisazione liberamente aggiunta, **circostanziale**? Quale **differente valore** hanno, nel contesto, espressioni come ***di notte, di Napoli, di carta*** ecc.? Questo esame dettagliato e ragionato è tradizionalmente chiamato **analisi logica**, così definita perché riguarda il discorso (in gr. *lògos*), nel quale tutto si deve "tenere insieme" senza contraddizioni e discordanze.
Ovviamente per capire le frasi pronunciate o scritte si può benissimo fare a meno dell'analisi logica. Il loro significato è, di solito, ben chiaro a chiunque le produce e, per lo più, anche a chi le riceve. L'analisi si fa per **riflettere su come funzionano certe strutture della lingua** e per **trasferire** la conoscenza che ne deriva nella **realtà della comunicazione**. Se si comprendono, cioè, i meccanismi che regolano i significati – nella nostra lingua, ma anche nelle lingue straniere – si può via via migliorare la nostra produzione, rendendola più **consapevole** ed **efficace**. In altri termini, l'analisi logica **rafforza la nostra competenza linguistica**.

HAI CAPITO?

Sviluppare le abilità logiche rispetto al linguaggio serve anche a cogliere il senso dei paradossi, cioè delle contraddizioni apparenti, ma in realtà portatrici di significato. Prova a spiegare e/o commentare il paradosso contenuto nelle seguenti battute:

– Alice: Per quanto tempo è per sempre?
– Bianconiglio: A volte, solo un secondo.

(L. Carrol, *Alice nel paese delle meraviglie*, trad. di A. Busi, Feltrinelli, Milano, 1993)

I principali complementi			
Complemento di	**Indica**	**È introdotto da**	**Esempi**
agente	**chi** – persona o animale – **compie l'azione** nelle frasi con verbo al passivo di cui costituisce un **argomento**.	***da***	*Il piatto è stato rotto da Leo.* *L'osso è morso dal cane.* È espresso anche dalla particella pronominale ***ne***: *Ho conosciuto Gianni e ne* [da Gianni] *sono rimasto colpita.*
argomento	ciò di cui **si parla** o **si scrive**.	***di, su, a proposito di***	*Parlami della frase minima.* *Hai letto l'articolo sulle nuove diete?*
causa	la **causa** o ragione in seguito alla quale si verifica o meno un evento.	***per, di, da, a, con, a causa di, in seguito a, in conseguenza di***	*La apprezzo per la sua gentilezza.* *Con questo freddo non mi va di uscire.*
causa efficiente	l'**oggetto**, concreto o astratto, **che** – come il compl. **d'agente** – **compie l'azione** nelle frasi con verbo al passivo.	***da***	*I miei maglioni sono stati rovinati da un detersivo sbagliato.* *Mi sono fatto prendere dallo sconforto.*
compagnia o unione	l'essere animato (**compagnia**) o inanimato (**unione**) **insieme a cui** si compie o si subisce un'azione, o ci si trova in una certa situazione.	***con, insieme a, in compagnia di*** ecc.	*Andrò in discoteca con Matteo.* *Qualche volta sono a disagio in compagnia dei tuoi amici.* *Questo abito va abbinato con la borsa adatta.*
concessivo	l'avvenimento, la cosa o la persona che sono **avversi** a un determinato fatto e potrebbero impedirlo, **ma che in realtà non lo impediscono.**	***con, contro, nonostante, malgrado, a dispetto di*** ecc.	*Studierò fino a tardi nonostante la stanchezza.* *Malgrado il mio impegno la verifica è andata maluccio.*
fine o scopo	la **finalità** dell'azione o la funzione di qualcuno o qualcosa.	***di, da, per, a, in, allo scopo di, in vista di*** ecc.	*Sta cucinando per il cenone.* *Non è un cane da guardia.* *Lavoro in vista dei risultati.*
mezzo	lo **strumento** tramite il quale si compie un'azione.	***con, a, per, di, in, mediante; per opera / mezzo di, grazie a*** ecc.	*Mi sposto sempre con la bicicletta.* *Giada ama scrivere a penna.* *Grazie alle tue indicazioni ho trovato subito la strada.*
modo	il **modo** in cui si verifica un'azione o una circostanza.	***con, di, a, per, in, senza, secondo; al modo di*** ecc.	*Meglio muoversi con lentezza.* *Scegli secondo le tue intuizioni.*
moto a luogo	il **luogo verso il quale** è diretta un'azione, o verso cui ci si muove.	***a, in, da, verso, per; in direzione di*** ecc.	*Andiamo al cinema?* *Prosegui verso il Municipio.*

moto da luogo	il **luogo da cui parte**, ha origine un'azione di movimento o dal quale qualcuno o qualcosa proviene.	***da, di, fuori da, via da*** ecc.	*Questo treno arriva da Napoli.* *Esci dall'acqua, stai tremando!* È espresso anche dalla particella ***ne***: *Ne uscirò pazzo.*
moto per luogo	il **luogo attraverso cui** si attua il movimento: informa sul percorso dello spostamento.	***da, di, per, attraverso***; ***da qui, da lassù*** ecc.	*Non entrare attraverso l'atrio condominiale, ma passa dalla scala antincendio.*
paragone	il **secondo termine** di un confronto riferito a un rapporto di **uguaglianza**, di **maggioranza** o di **minoranza**.	***quanto, come*** per il compl. di uguaglianza; ***di, che*** per il compl. di maggioranza e di minoranza (sempre ***che*** se il raffronto è tra due aggettivi)	*Per risolvere i problemi, l'intuizione vale quanto la razionalità.* *Sei meno impulsivo di tua sorella, ma anche più inconcludente di lei.* *Questo lampada è più elegante che luminosa.*
specificazione	una **precisazione** rispetto al termine cui si riferisce. **Specifica** principalmente un **nome**, ma anche **aggettivi** e, raramente, **verbi**.	***di***	*Condivido tutte le musiche della tua playlist.* *Hai letto tutti i libri di Calvino?!* *Siamo <u>felici</u> del tuo successo.* *Nessuno <u>ride</u> del suo abbigliamento.*
stato in luogo	il **luogo dove si trova** qualcuno o qualcosa, o dove si verificano un'azione o una situazione.	***in, a, su, per, tra, sopra, sotto, fuori, dentro***; ***accanto*** / ***vicino a, presso***	*Ti aspetto al solito bar.* *Siamo in Piazza Maggiore.* È espresso anche da avverbi di luogo (*qui*, *lì* ecc.) e da ***ci***, ***vi***: *Lì c'è di tutto: ci trovi anche cose bellissime in saldo.*
tempo determinato	il **momento**, di carattere statico, in cui si attua l'azione espressa dal predicato.	***a, di, in, su, per, fra, dopo, prima*** ecc. (può anche non essere introdotto)	*A mezzanotte si spensero le luci.* *Fra un mese andremo in vacanza.* *Ti raggiungo per le otto.* *L'estate prossima viaggerò molto.*
tempo continuato	la **durata**, nel **tempo**, di un'azione o una situazione.	***per, durante, in, fino a, nel corso di*** (può anche non essere introdotto)	*Ho lavorato per ore.* *Ci siamo visti due o tre volte nel corso di quest'anno.* *Sei stato al telefono tutta la sera.*
termine	la **persona** o l'**entità** a cui l'azione è rivolta o su cui si esaurisce, "termina", indirettamente. Fa sempre parte del **nucleo**, funziona, infatti, solo come **argomento**. Spesso completa certi verbi **transitivi trivalenti** in coppia con il **complemento oggetto**. Per questo è detto anche **oggetto indiretto** (▸ mappa p. 327)	***a***	*Sorridi all'obbiettivo!* *Darò una ripulita al pavimento.* Spesso è espresso dai **pronomi personali** atoni o da un **pronome interrogativo**: *Rispondigli come si merita.* *Dammi dei soldi.* *A chi hai prestato il mio tablet?*

Altri complementi			
Complemento di	**Indica**	**È introdotto da**	**Esempi**
abbondanza e privazione	ciò di cui si ha **abbondanza** o di cui si è **privi**.	***di, senza, pieno di, ricco/privo di***	*Il tuo armadio trabocca di vestiti.* *Questa stanza è piena di fumo.* *Ha una casa priva di comodità.*
allontanamento o separazione	la persona, l'oggetto o il luogo **da cui ci si allontana** o ci si separa, anche in senso figurato.	***da, di, lontano da***	*Non si separa mai dal cellulare.* *Devo stare lontano da te.*
denominazione	il **nome specifico**, di solito un nome **proprio**, relativo a un nome generico.	***di***	*Ci vedremo, come al solito, all'isola d'Elba nel mese di agosto.*
esclusione	**ciò che viene escluso**.	***senza, salvo, tranne, fuorché***	*Hanno inviato tutti tranne te.* *Cucino leggero, senza grassi.*
età	l'**età** di qualcuno o di qualcosa; l'età in cui si è attuato un certo fatto.	***di, su, a, intorno a, all'età di*** (anche privo di preposizione)	*Si è diplomato all'età di sedici anni.* *Gianna ha compiuto vent'anni.*
limitazione	la **portata** di ciò che viene affermato e i **limiti** entro cui ha valore.	***a, di, per, quanto a***	*A nostro parere, la protagonista ha recitato benissimo.* *Quanto a coraggio è insuperabile.*
materia	la **materia** di cui è composto un oggetto.	***di, in***	*Quel vaso è di cristallo.* *Amo i gioielli in bronzo.*
origine o provenienza	il **luogo**, reale o figurato, la persona, la famiglia, il gruppo **da cui ha origine, discende** un certo soggetto.	***da, di***	*Molte usi provengono dalla tradizione.* *La sua famiglia è originaria del Cile.*
partitivo	l'elemento o l'insieme **da cui viene isolato** qualcuno o qualcosa.	***di, tra***	*Il posto tocca al primo dei non eletti.*
peso e misura	qualsiasi **quantità misurabile** in termini di peso, estensione e distanza di cose, persone e animali.	***da, per*** (anche privo di preposizione)	*Il deserto dei Gobi si estende per 1.250.000 Km².* *È alta un metro e settanta e pesa cinquantacinque chili.*
prezzo / stima	il **prezzo** pagato o richiesto per un oggetto; una **valutazione**, reale o figurata.	***a, di, da, per, su*** (anche privo di preposizione)	*Ho preso lo smartphone per cento euro, ma ne vale trecento.* *I suoi giudizi sono di scarso peso.*
qualità	le **caratteristiche** di qualcuno o di qualcosa.	***a, di***	*Voglio una camicia a righe.* *È una ragazza di aspetto fragile.*
relazione o simmetrico	la **seconda entità** coinvolta nell'azione e una **relazione di reciprocità**.	***con, tra, nei confronti di***	*Non mi confondere con mio fratello!* *Tra me e Alessio va tutto bene.*
vantaggio / svantaggio	chi o che cosa ottiene un **vantaggio** o uno **svantaggio** da una circostanza.	***per, a (s)favore, a (s)vantaggio***	*L'istruzione è un investimento per il futuro.* *Questa proposta è a sfavore di tutti.*

ADESSO TOCCA A TE

▶ Capitolo 7

I complementi di termine, agente, causa efficiente, luogo, tempo, specificazione

INDIVIDUA E ANALIZZA

Livello 1

1 ●○○ **Sottolinea i 6 complementi di termine presenti nelle frasi seguenti. Ricorda che il complemento di termine fa sempre parte del nucleo.**

a. A qualunque età praticare sport giova alla salute.
b. Questo abito veste alla perfezione.
c. L'alcool fa male al fisico e alla mente.
d. A mio fratello piace molto la matematica.
e. Per conoscere il futuro mi sono rivolta a una cartomante.
f. Non voltare le spalle alla fortuna.

2 ●○○ **In quale frase non è presente un complemento d'agente o di causa efficiente? Ricorda che non sempre in una frase passiva è esplicitato chi o che cosa compie l'azione.**

A I cancelli dello stadio saranno aperti dagli addetti alle 13.
B L'auto di Giulio è stata revisionata dal meccanico.
C Mosè fu salvato dalle acque.

3 ●○○ **Sottolinea i 9 complementi di luogo presenti nelle frasi seguenti.**

a. Per questa strada è vietato il transito ai veicoli pesanti.
b. Dal binario otto è in partenza il treno per Rimini.
c. Ho appuntamento con Ciro in piazza sotto la statua del Nettuno.
d. Porta quel cane fuori di casa!
e. I ladri sono entrati nell'appartamento attraverso il terrazzo che si affaccia sul giardino.

4 ●○○ **Sottolinea i 6 complementi di tempo presenti nelle frasi seguenti, distinguendo tra tempo determinato [D] e continuato [C].**

a. A Carnevale ogni scherzo vale! ☐
b. Francesco Totti è nato a Roma nel 1976. ☐
c. Quest'anno Lia resterà al mare fino al mese di agosto. ☐; ☐
d. La rata del mutuo va saldata entro giugno. ☐
e. Per molti anni Alba ha goduto del sostegno economico della famiglia. ☐

5 ●○○ **Individua l'analisi corretta della seguente frase.**

La signora Lina affida al portiere le chiavi di casa.

A soggetto – denominazione – predicato – termine – oggetto – specificazione
B apposizione – soggetto – predicato – termine – oggetto – luogo
C apposizione – soggetto – predicato – termine – oggetto – specificazione

Livello 2

6 ●●○ **Sottolinea i complementi di termine presenti nelle frasi seguenti. Fai attenzione a quelli costituiti da pronomi.**

a. Il relatore espose i risultati della ricerca ai congressisti.
b. Come è andato l'appuntamento al buio? Raccontami!
c. Mi dica, come si sente dopo il massaggio?
d. Ringrazierò Alberto inviandogli alcune bottiglie di vino pregiato.

e. Oggi vi suggerisco tacchino ripieno e verdure alla griglia.
f. Questo dipinto è attribuito a Guido Reni.

7 ●●○ **Secondo te, nella frase "Spero di riposarmi in vacanza", il complemento di tempo evidenziato è determinato o continuato? Motiva la tua risposta.**

8 ●●○ **Indica che tipo di complementi sono gli elementi evidenziati nelle frasi seguenti.**

a. In estate (...............) il bel tempo predispone tutti all'allegria (...............).
b. Il nuovo lavoro mi (...............) sembra faticoso (...............).
c. Chi (...............) mi (...............) dà un passaggio per il centro (...............)?
d. Il centro è stato invaso dagli studenti in sciopero.
e. La prossima estate (...............) intraprenderemo un giro in Normandia lungo le spiagge (...............) dello sbarco (...............) del 1944 (...............).
f. I progetti di Leo (...............) sono stati facilitati da circostanze favorevoli (...............).

Livello 3 **9** ●●● **Sul quaderno fai l'analisi logica delle frasi seguenti secondo il modello di analisi n. 2 a p. 439. Aiutati con la lista dei complementi di p. 344.**

a. Dopo la cerimonia in chiesa ad amici e parenti degli sposi verrà offerto un rinfresco.
b. Il signor Bianchi mi ha rivolto una frase molto sgarbata.
c. Questa foto mi è stata scattata al mare da un'amica.
d. La Costituzione della Repubblica italiana garantisce a tutti uguali diritti.
e. Entro il mese il Comune consegnerà gli alloggi popolari agli assegnatari.
f. Fin dalla nascita la ricchezza della famiglia ha permesso a Lapo una vita agiata.

I complementi di causa, fine, mezzo, modo, compagnia/unione, paragone e concessivo. Altri complementi

INDIVIDUA E ANALIZZA

Livello 1 **10** ●○○ **Nelle frasi seguenti indica la tipologia del complemento evidenziato: causa [C] o fine [F].**

a. Gli Argonauti partirono alla ricerca del vello d'oro. C F
b. Con la crisi ho dovuto rivedere il mio tenore di vita. C F
c. So per certo che Giacomo si è sposato per interesse. C F
d. Grazie, sono frastornata dai vostri complimenti! C F
e. Mi guardi ancora storto per quella battuta? C F
f. In vista della prova costume mi sono messa a dieta. C F

11 ●○○ **Nelle frasi seguenti indica la tipologia del complemento evidenziato: mezzo [M] o modo [MO].**

a. Oggi mi dipingerò le unghie con uno smalto brillante. M MO
b. L'influenza non si cura con gli antibiotici. M MO
c. Eseguite le operazioni velocemente. M MO
d. A causa dell'artrosi Gino cammina con lentezza. M MO
e. Mi piace viaggiare con il camper. M MO
f. A scuola Paolo risponde sempre con prontezza. M MO

12 ●○○

In ognuna delle frasi seguenti indica la tipologia del complemento evidenziato, scegliendo tra le due proposte.

a. Amo Violetta alla follia, per lei farei qualsiasi cosa. — fine / vantaggio
b. I ladri mi hanno rubato oggetti di grande valore affettivo. — stima / prezzo
c. Questo sacchetto di plastica è riciclabile. — specificazione / materia
d. A parole molti dimostrano grande coraggio. — limitazione / mezzo
e. Lea segue una dieta mediterranea, senza carne rossa. — privazione / esclusione
f. Tra noi non ci sono segreti. — relazione / luogo
g. Il parco della Favorita di Palermo si estende per 400 ettari. — luogo / misura
h. Sto volentieri con le persone che hanno i miei stessi interessi. — compagnia / mezzo
i. Il romanzo "Il bambino con il pigiama a righe" è molto commovente. — compagnia / unione

Livello 2 **13** ●●○

Fai l'analisi logica delle frasi seguenti secondo il modello di analisi n. 2 a p. 439. Aiutati con la lista dei complementi di p. 344.

a. L'imputato è stato scagionato da un alibi di ferro.
b. Da ore aspettavo con ansia il tuo ritorno.
c. I soccorritori arrivarono di corsa.
d. Ho acquistato questo appartamento grazie a un mutuo.
e. Ho abbandonato il calcio per via degli impegni scolastici.
f. Malgrado la stanchezza, dopo cena esco col cane.

14 ●●○

Nelle frasi seguenti indica la tipologia dei complementi evidenziati.

a. La gran parte dei miei amici provengono da famiglie operaie.
b. Molte aziende investono per il rinnovamento tecnologico.
c. Lo sfidante del campione in carica è un peso massimo di 93 chili.
d. Sono sprovvisto di contante, cerco un bancomat.
e. Ivo ci ha offerto una bottiglia di Cognac di venti anni.
f. Non mi piacciono i film che trattano di guerra.
g. L'analisi logica è troppo difficile per me.
h. C'è qualcosa di vero in quello che si dice di te e Igor?
i. Mio nonno era una persona di grande levatura morale.
j. La città di Las Vegas è la capitale mondiale del gioco d'azzardo.
k. Passo l'estate a lottare contro le zanzare!
l. Lucia si è separata dal marito.

Livello 3 **15** ●●●

Fai l'analisi logica delle frasi seguenti secondo il modello di analisi n. 2 a p. 439. Aiutati con la lista dei complementi di p. 344.

a. I turisti stranieri amano l'Italia per le sue bellezze artistiche.
b. Con i miei risparmi comprerò una bicicletta da corsa.
c. La nave ha attraccato in porto nonostante le condizioni avverse del mare.
d. Dei malviventi mi hanno estorto del denaro con un raggiro.
e. Giudico il tuo amico Raul più bello che simpatico.

PER SAPERNE DI PIÙ

Dalle preposizioni ai complementi indiretti

Significati e classificazione

Il riconoscimento dei complementi nasce dalla comprensione dei **significati che si organizzano dentro la frase** e rappresenta la risposta alle **domande** che ci poniamo. Per esempio: "Questa espressione / precisazione quale significato completa o aggiunge?"

Il ruolo delle preposizioni

Le preposizioni che introducono i **complementi indiretti** non hanno, da sole, un significato autonomo, ma lo assumono quando svolgono la loro funzione di collegamento. La preposizione ***con***, per esempio, esprime "aggiunta", "partecipazione" (*Ricordati che sono sempre* ***con te***). Per riconoscere i complementi indiretti con sicurezza è importante dunque risalire a tutti i possibili significati dischiusi dalle preposizioni, come suggerisce la tabella seguente.

di	
• abbondanza: *La folla era piena* ***di eccitazione.*** • argomento: *Parliamo un po'* ***di vacanze.*** • causa: *Gli succede sempre: piange* ***di gioia.*** • denominazione: *Nel mese* ***di luglio*** *lavoro.* • età: *Ha adottato un bimbo* ***di tre mesi.*** • fine: *Voglio esserti* ***di sostegno.*** • limitazione: *È una ragazza* ***di fisico robusto.*** • materia: *Preferisco i pavimenti* ***di marmo.*** • mezzo: *Mi servirò* ***della metropolitana.*** • modo: *Bisogna lavorare* ***di buona lena.*** • moto a luogo: *Prego, accomodiamoci* ***di là.***	• moto da luogo: *È già uscito* ***di casa.*** • moto per luogo: *Prendo* ***di qua*** *per raggiungere il parco?* • origine e provenienza: *I miei sono* ***di Bari.*** • paragone: *Sono più golosa* ***di te.*** • partitivo: *Uno* ***di noi*** *deve intervenire.* • privazione: *Le sue scelte mancano* ***di coraggio.*** • qualità: *È un orologio* ***di grande precisione.*** • specificazione: *Non trovo i libri* ***di scuola.*** • stato in luogo: *Non ti muovere* ***di qui!*** • tempo determinato: ***D'estate*** *vive al mare.*

a	
• causa: ***Al suo gesto*** *rabbioso impallidì.* • età: *Si è sposato* ***a ventiquattro anni.*** • fine: *Le nuove entrate fiscali sono destinate* ***alla crescita*** *economica.* • limitazione: ***A suo giudizio*** *va tutto bene.* • mezzo: *Farò il disegno* ***a matita.*** • modo: *Cantavamo* ***a gola spiegata.***	• moto a luogo: *Devo tornare* ***a casa.*** • prezzo e misura: *L'ho avuto* ***a metà prezzo.*** • qualità: *Le gonne* ***a pieghe*** *ti stanno bene.* • stato in luogo: *Studia* ***a Londra.*** • tempo determinato: *Ti vedrò* ***a settembre.*** • termine: ***Agli uccelli*** *piacciono i semi.* • vantaggio e svantaggio: *Lo sport giova* ***alla linea.***

da	
• agente e causa efficiente: *La tavola è stata apparecchiata* ***da mio fratello.*** • causa: *Batteva i denti* ***dal freddo.*** • fine: *Ha rotto tutto il servizio* ***da tè.*** • limitazione: *È sordo* ***da un orecchio.*** • mezzo: ***Dall'espressione*** *si intuisce lo stato d'animo.* • modo: *Per favore, non comportarti più* ***da sciocco!*** • moto a luogo: *Andiamo* ***da Mauro****?*	• moto da luogo: *Esci* ***dalla stanza!*** • moto per luogo: *Passa* ***dall'ingresso posteriore.*** • origine e provenienza: *Il sale rosa proviene* ***dall'Himalaya.*** • qualità: *È una bimbo* ***dalla vivacità incontrollabile.*** • stato in luogo: *Si ferma a studiare* ***da me.*** • stima: *La casa* ***da un milione di euro*** *è ancora invenduta.* • tempo continuato: *Ti aspetto* ***da un'ora.***

in	
• fine: *Chiedi e ti verrò* ***in aiuto****.* • limitazione: *Carlo è bravo* ***in tedesco****.* • materia: *Le decorazioni sono* ***in oro****.* • mezzo: *Viaggio spesso* ***in treno****.* • moto a luogo: *Scendo* ***in strada****.* • moto per luogo: *Passa* ***in galleria Cavour****.*	• stato in luogo: *Ti aspetto* ***in piazza****.* • tempo continuato: *Faremo il lavoro* ***in tre settimane****.* • tempo determinato: ***In primavera*** *tutto si risveglia.*
con	
• causa: ***Con questa neve*** *non esco.* • compagnia e unione: *Vado a sciare* ***con Leo*** / *Partiamo* ***con gli zaini****.* • concessivo: ***Con tutto il nostro impegno*** *non si è ancora concluso nulla.*	• mezzo: *Spezza il pane* ***con le mani****.* • modo: *Cerca di muoverti* ***con grazia****!* • qualità: *Vorrei dei jeans* ***con tante tasche****.* • relazione o simmetrico: *Si è messa* ***con Ivan****.* • tempo: ***Con l'anno nuovo*** *cambio lavoro.*
su	
• argomento: *Ho partecipato a una conferenza* ***sulle energie rinnovabili****.* • età: *Mi sembrava che fosse* ***sui trent'anni****.* • modo: *Si produce solo* ***su ordinazione****.*	• moto a luogo: *Siamo saliti* ***sul palco****.* • stato in luogo: *Il vaso è* ***sul tavolo****.* • stima: *L'abbiamo pagato* ***sui trecento euro****.* • tempo determinato: *Partiamo* ***sul presto****.*
per	
• causa: *Si mangia le unghie* ***per nervosismo****.* • fine: *Ti chiamo* ***per un consiglio****.* • limitazione: ***Per la tua quota*** *è tutto ok.* • mezzo: *Mandamelo* ***per e-mail****.* • modo: *Parla sempre* ***per enigmi****.* • moto a luogo: *Partiamo* ***per la Birmania****.* • moto per luogo: *I traslocatori hanno fatto passare i mobili* ***per la finestra****.* • predicativo: *Lo danno* ***per ultimo****.*	• prezzo, stima, misura: *Me l'ha venduto* ***per cinque euro****.* / *Procedi* ***per cinquanta metri****.* / *Il parco si estende* ***per tre ettari****.* • stato in luogo: *Gioca* ***per terra****.* • tempo continuato: ***Per dieci anni*** *abbiamo fatto sempre le stesse vacanze.* • vantaggio e svantaggio: *Si prodiga* ***per l'accoglienza*** *di chiunque.*
tra / fra	
• causa (molteplici): ***Fra la scuola e lo sport*** *non ho tempo per gli svaghi.* • compagnia: *È solo una serata* ***tra parenti****.* • modo: *Mi ha chiesto aiuto* ***fra le lacrime****.* • moto a luogo: *Paolo fa trekking* ***tra i monti****.* • moto per luogo: *Camminiamo* ***fra gli ulivi****.*	• partitivo: *Scarta,* ***fra tutti gli abiti****, quelli che non usi mai.* • relazione o simmetrico: *Che cosa c'è* ***tra voi?*** • stato in luogo: *Prendiamo il sole* ***tra le dune****.* • tempo determinato: ***Tra due giorni*** *mi scade l'abbonamento.*
compl. senza preposizioni	
• oggetto: *Prepari tu* ***il pranzo****?* • peso e misura: *È alto* ***un metro e novanta****.* • predicativo del soggetto: *Diventerai* ***il migliore****.* • predicativo dell'oggetto: *Mi rendi* ***felice****.*	• prezzo: *Le ciliegie costano* ***tre euro*** *al chilo.* • tempo continuato: *Ho dormito* ***tutta la notte****.* • tempo determinato: *Ci troviamo* ***sabato****, da Adele.*

FACCIAMO IL PUNTO

definire + riassumere + classificare + memorizzare

LOSAI? RIPASSA CON LO SMARTPHONE

La frase semplice

- *può essere* → **MINIMA** O **NUCLEARE** → *contiene solo* → **PREDICATO** E **ARGOMENTI** — *Lara ha spento la luce.*
- *può essere arricchita da* → **ESPANSIONI**
  - *comprendono anche*
    - **ATTRIBUTO** — *Hai preso un **bel** voto.*
    - **APPOSIZIONE** — *Il **signor** Bianchi ti saluta.*
  - *si distinguono in*
    - **ESPANSIONI CIRCOSTANZIALI** — ***Ieri notte** Lara non ha spento la luce.*
    - **ESPANSIONI LEGATE AL NUCLEO** — *Lara non ha spento la luce **del portico**.*
      - *possono essere*
        - **PRECISAZIONI NECESSARIE DEGLI ARGOMENTI** — *Non ho scarpe **da tennis**.*
        - **PRECISAZIONI UTILI E ARRICCHIMENTI** — *Non trovo il mio **nuovo**, **bellissimo** tablet.*
- ***argomenti** ed **espansioni** si chiamano anche* → **COMPLEMENTI**
  - *si suddividono in*
    - **COMPLEMENTI AVVERBIALI** — *Arriviamo **domani**.*
    - **COMPLEMENTI INDIRETTI** — ***Mi** strinse **con forza** le mani.*
      - *i principali sono*
        - **TERMINE**
        - **AGENTE** E **CAUSA EFFICIENTE**
        - **LUOGO**
        - **TEMPO**
        - **SPECIFICAZIONE**
        - **CAUSA** E **FINE**
        - **MODO, MEZZO**
        - **COMPAGNIA** E **UNIONE**
        - **DENOMINAZIONE**
        - **PARAGONE**
        - **CONCESSIVO**
    - **COMPLEMENTI DIRETTI**
      - *si dividono in*
        - **COMPLEMENTO DIRETTO** O **OGGETTO** — *Cerco **lavoro**.*
        - **COMPLEMENTO PREDICATIVO** DEL **SOGGETTO** — *Franca sembra **una modella**.*
        - **COMPLEMENTO PREDICATIVO** DELL'**OGGETTO** — *La consideriamo **bravissima**.*

CONOSCENZE

1 **Indica se le seguenti affermazioni sono vere [V] o false [F].**

a. La frase nucleare è formata dal verbo e dagli argomenti da esso richiesti. V F
b. Le espansioni nucleari aggiungono all'argomento oggetto informazioni necessarie. V F
c. Alcuni argomenti devono essere completati da un secondo argomento. V F
d. Soltanto i nomi possono svolgere la funzione di complemento oggetto. V F
e. I complementi predicativi modificano il significato specifico di un verbo. V F
f. Attributi e apposizioni sono espansioni del nome. V F
g. Soltanto le espansioni sono considerate complementi. V F
h. Tutti i complementi sono legati ai verbi con preposizioni. V F
i. Il complemento di termine fa sempre parte del nucleo. V F

ABILITÀ

2 **Tra le frasi seguenti, quale è costituita soltanto dal nucleo e dai suoi argomenti?**

A Tutte le sere Valeria scrive una pagina di diario.
B Le piante aiutano l'umore.
C Francesca legge una e-mail di Piero sullo smartphone.

3 **Sottolinea le espansioni presenti nelle due frasi.**

a. In autunno la superficie del lago è increspata da improvvise folate di vento.
b. Nonostante la leggera ma insistente pioggerella, Anna è uscita di casa senza ombrello.

4 **In quale frase, la precisazione *in palestra* funge da argomento?**

A Ogni pomeriggio Marco si allena in palestra.
B Finiti i compiti, Marco si è recato in palestra.

5 **In quale frase è presente un complemento predicativo dell'oggetto?**

A Per i miei gusti la vita in campagna è troppo monotona.
B Non mi piace la musica classica, la considero noiosa.
C L'ispettore Lojacono è ritenuto un vero segugio.

6 **Leggi la frase seguente: *Milano è la capitale finanziaria dell'Italia.* Ai fini della comprensione del messaggio, l'attributo *finanziaria* è una precisazione**

A utile. B necessaria.

7 **Indica il tipo di complemento evidenziato nelle frasi seguenti.**

a. Omar mi ha ringraziato con un bel sorriso. ....
b. I tifosi esultarono per la vittoria della nazionale italiana. ....
c. Ho dimenticato la password di accesso al sito della scuola. ....
d. Luca si è pentito del suo gesto ed è tormentato dal rimorso. ....
e. Vi raggiungerò al parco con il mio motorino. ....
f. Rinuncerò al viaggio per motivi di famiglia. ....
g. Di chi è questo portatile? ....

FACCIAMO IL PUNTO

COMPETENZE

8 **Leggi con attenzione il brano seguente, quindi svolgi le attività proposte.**

Un miracolo capita a tutti. Io la vedo così. Tipo, non sarò mai colpito da un fulmine, non vincerò un premio Nobel, non diventerò il dittatore di un piccolo Stato delle Isole del Pacifico, non mi verrà un tumore maligno a un orecchio, non morirò per combustione spontanea. Se però proviamo a vederle tutte insieme, queste cose altamente improbabili, salta fuori che a ognuno di noi prima o poi ne capita almeno una. Quasi di sicuro. Io potrei aver visto piovere rane. Potrei aver messo piede su Marte. Potrei essere stato inghiottito da una balena. Potrei aver sposato la regina d'Inghilterra o essere sopravvissuto per mesi in mare. Ma il mio miracolo è stato un altro. Il mio miracolo è stato questo: tra tutte le case di tutti i quartieri di tutta la Florida, mi sono ritrovato a vivere nella porta accanto a quella di Margo Roth Spiegelman.

(J. Green, *Città di carta*, trad. di S. di Mella, Rizzoli, Milano, 2009)

COMPRENDI

Livello 1

1. ●○○ Il brano si apre con frasi brevi, costituite dal nucleo e dalle sue espansioni. Come giudichi questa scelta dell'autore?
   - A Efficace, perché introduce la situazione iniziale in modo graduale.
   - B Non efficace perché le frasi non forniscono informazioni essenziali.

Livello 2

2. ●●○ Nel contesto del brano l'espressione *per combustione spontanea* indica una causa: prova a formulare una frase in cui abbia valore di complemento di mezzo.

Livello 3

3. ●●● Considera la parte centrale del brano: le frasi forniscono informazioni complete oppure potremmo aggiungerne altre mediante espansioni circostanziali? Fornisci qualche esempio a sostegno della tua risposta.

ANALIZZA

Livello 1

4. ●○○ Quali sono gli argomenti presenti nella prima frase del brano?
5. ●○○ Quale apposizione è presente nel brano?
6. ●○○ Individua i complementi di specificazione e di termine presenti nel brano.
7. ●○○ Fai l'analisi logica della frase *Ma il mio miracolo è stato un altro.*

Livello 2

8. ●●○ Quale complemento predicativo è presente nel brano? Si riferisce al soggetto o all'oggetto?
9. ●●○ Individua e distingui tra loro i complementi di causa, agente e causa efficiente luogo e tempo presenti nel brano.
10. ●●○ Fai l'analisi logica delle frasi *Potrei aver sposato la regina d'Inghilterra o essere sopravvissuto per mesi in mare.*

Livello 3

11. ●●● È corretto affermare che la frase *Potrei aver messo piede su Marte* è nucleare? Motiva la tua risposta.
12. ●●● Individua i complementi partitivi presenti nel brano.
13. ●●● Fai l'analisi logica della frase *a ognuno di noi prima o poi ne capita almeno una.*

PRODUCI

Livello 1 **14.** ●○○ Prova ad arricchire il brano con attributi e apposizioni adatte ai nomi cui si accompagnano e al registro linguistico adottato dall'autore.

Livello 2 **15.** ●●○ Continua tu il racconto: che tipo è Margo Roth Spiegelman? Perché la sua vicinanza costituisce un miracolo? In che modo influenza la vita del protagonista? Scrivi un testo di 10-12 righe, facendo attenzione a formulare frasi semplici complete delle informazioni e delle precisazioni necessarie.

Livello 3 **16.** ●●● Riscrivi il testo dal punto di vista di Margo Roth Spiegelman, ribaltando la prospettiva della narrazione (per esempio, *Una disgrazia capita a tutti...*). Cerca di mantenere lo stile e il registro linguistico della versione originale.

CHE LINGUA PARLIAMO?

INDIVIDUA E PRODUCI

Livello 1 **9** ●○○

A COPPIE Nella lingua parlata sono frequenti espressioni costruite con complementi di luogo figurato. Con l'aiuto del dizionario, chiarite il significato di quelle elencate, quindi scrivete per ognuna una frase in cui sia usata in modo opportuno.

uscire di senno ~ avere dei grilli per la testa ~ essere sulla bocca di tutti ~ cadere dalle nuvole ~ arrampicarsi sugli specchi ~ andare a Canossa ~ mettere il bastone tra le ruote

Livello 2 **10** ●●○

Come hai visto le preposizioni esprimono diverse possibilità semantiche. Per rendertene direttamente conto, nelle frasi seguenti sostituisci la preposizione evidenziata con un'altra, in modo da comunicare un messaggio diverso. Stabilisci, quindi quale complemento introduce ogni preposizione.

a. Ho letto un libro *di storia* (argomento) / *di Daniel Pennac* (specificazione).
b. È arrivata una lettera per /………… Serena. ……………………………
c. L'aereo decollerà da /………… Roma tra un'ora. ……………………………
d. Nella mia famiglia si discute sempre di /………… denaro. ……………………………
e. Giorgio ha litigato per /………… suo fratello. ……………………………
f. Un gallerista ha venduto un quadro a /………… Giovanni. ……………………………

Livello 3 **11** ●●●

Nella lingua parlata, come in quella scritta, capita che la non corretta disposizione degli elementi della frase, in particolare degli argomenti del nucleo e dei loro circostanti, renda il messaggio poco chiaro o generi equivoci. Leggi il passo seguente, quindi svolgi le attività proposte.

Una volta, mentre stavamo rientrando, Joe gridò: «C'è il postino». [...]
La lettera veniva dallo zio Abe. Ma non aveva niente a che fare con noi. Lo zio Abe parlava di sé. Si era appena sposato. «Sì, mi sono sposato» scriveva. «Sto lavorando e mi sto facendo un gruzzoletto, ho una bellissima casa e una moglie con la luce elettrica e la vasca da bagno.»
Mia madre, perlomeno, si mise a ridere.

(H. Bernstein, *Il muro invisibile*, trad. di C. Lenzi, Piemme, Milano, 2009)

a. **Per quale motivo la madre trova divertente quanto scritto nella lettera di Abe?**
b. **Rappresenta la terza frase di zio Abe in una mappa secondo il modello 1 di p. 438. Quali elementi risultano fuori posto?**
c. **Riformula correttamente la frase, quindi inseriscila in una nuova mappa da sovrapporre alla precedente.**

FACCIAMO IL PUNTO

ARRICCHIAMO IL LESSICO

Visita a un museo... speciale

a. Anche la visita a un museo può essere divertente: per esempio, a un museo della scienza e della tecnica (Milano) o della musica (Bologna), del cinema (Torino) o della moda oppure del costume (Firenze, Brescia, Palermo) o a un museo tattile (Ancona, Bologna, Varese, Catania, Milano). Su Internet consultate i siti dei musei suggeriti o di altri che vi incuriosiscono. Quale vi attrae di più? Per quali motivi? Rispondete con frasi scritte in cui siano presenti tutti gli argomenti necessari a dare compiutezza al discorso.

b. A piccoli gruppi presentate oralmente alla classe il museo che proponete di visitare: descrivetelo dal punto di vista generale, quindi soffermatevi su oggetti, caratteristiche o iniziative che vi sembrano particolarmente interessanti. Tenete conto che all'interno degli *spazi espositivi* è possibile partecipare a *laboratori interattivi*, compiere esperienze pratiche o assistere ad eventi speciali. Presentate il "vostro museo" con la Lim e in Power point: usate frasi semplici, in cui siano presenti i complementi necessari a dare compiutezza al verbo, arricchite i nomi con attributi opportuni, infine corredate il testo con immagini esplicative. Vi suggeriamo alcuni nomi e verbi che potete utilizzare, altri cercateli voi stessi sul dizionario:

vedere ~ riprodurre ~ proiettare ~ ascoltare ~ toccare ~ percepire ~ sperimentare ~ esplorare ~ provare ~ scoprire ~ conoscere ~ coinvolgere ~ collezione ~ raccolta ~ sale espositive ~ percorsi guidati ~ patrimonio culturale ~ fenomeni ~ attrezzature ~ strumenti ~ tecnologia ~ costume ~ accessorio

PERCORSO C
PAROLE IN RELAZIONE: IL VERBO E LA FRASE

Sei pronto per la verifica?

METTITI ALLA PROVA

1 **Quale delle due frasi seguenti è complessa?**

A Marta si è distratta e ha lasciato bruciare l'arrosto.

B L'alpinismo è uno sport affascinante ed emozionante, ma in alta quota sempre più pericoloso per il rischio valanghe a causa del surriscaldamento del pianeta.

PUNTI ....../1

2 **Tra i verbi elencati, quale è trivalente?**

A Esaudire B Custodire C Consegnare

PUNTI ....../1

3 **Leggi la frase seguente, quindi completa l'affermazione:**

"In montagna la ricerca delle difficoltà è una libera scelta: le montagne possono farci crescere, o farci soccombere se osiamo troppo" (R. Messner)

In essa è presente il verbo causativo ....

PUNTI ....../1

4 **VERSO L'INVALSI** **In quale di queste frasi il *si* ha valore passivante?**

A La nonna si preoccupa molto per te.

B Qui si producono ottimi vini da tavola.

C In questa trattoria si mangia benissimo.

D La ragazza si vide nello specchio.

PUNTI ....../2

5 **Tra le due frasi seguenti, individua quella che può essere volta alla forma passiva, quindi effettua la trasformazione e sottolinea l'agente o la causa efficiente.**

A Nel Rio delle Amazzoni confluiscono molti fiumi.

B Un tempo l'ambiente famigliare condizionava le scelte professionali di molti giovani.

....

PUNTI ....../1

6 **Nella seguente frase separa gli argomenti dalle espansioni nucleari e circostanziali.**

Negli ultimi tempi, grazie alla vincita a una lotteria, Max, il bidello, ha una grande disponibilità di denaro.

argomenti: ....;
espansioni nucleari: ....;
espansioni circostanziali: ....

PUNTI ....../8

7 **Indica la funzione sintattica degli elementi in cui sono suddivise le due frasi seguenti.**

a. Con il freddo (.................), a Luigi (.................) si arrossa (.................) facilmente (.................) il naso (.................).

b. Per il viaggio (.................) a Parigi (.................) abbiamo prenotato (.................) il volo (.................) fin da gennaio (.................).

PUNTI ..../10

ZTE ONLINE Mettiti alla prova con gli esercizi interattivi

Se il tuo punteggio è inferiore a 15/24, puoi svolgere gli esercizi interattivi di recupero e di consolidamento.

TOTALE PUNTI ....../24

Le soluzioni sono a p. 626

METTITI ALLA PROVA SUL TESTO

Leggi l'articolo seguente, quindi rispondi alle domande.

Università di Bologna, la rivoluzione rosa parte dal linguaggio

BOLOGNA - Professoressa, direttrice di dipartimento, ricercatrice, dottoressa. La rivoluzione rosa in Ateneo parte dal linguaggio. Le accademiche di Bologna non hanno dubbi: usate, per chiamarci, le forme femminili che sono, ricorda la prorettrice[1] Chiara Elefante, "grammaticalmente, e non solo politicamente, corrette". La svolta, ci dice la linguista, arriverà già da domani. Nel portale, nella rubrica d'Ateneo, in tutti i documenti saranno inseriti i nomi di ruoli e cariche al femminile. [...] Un passo che appare insignificante, eppure l'uso della lingua fa parte della costruzione identitaria di una comunità. E il maschile in accademia la fa da padrone, nei fatti. Solo nel 2015 le professoresse ordinarie erano 142 contro 514 colleghi maschi. La parità di genere è raggiunta tra gli studenti e ai livelli iniziali della carriera docente: 460 ricercatrici contro 498 ricercatori. D'altra parte la "segregazione verticale" è storia di tutte le università e non solo. "Una forbice che più si va verso i vertici più si allarga in modo allarmante", osserva Chiara Elefante. "Il maschile singolare per ruoli, cariche di autorità o prestigio non ha fondamento linguistico, ma solo culturale e sociale".

Non mancheranno le resistenze. "Suona male", "occupatevi di cose serie". La prorettrice se l'aspetta: "Vogliamo contrastare il conservatorismo nella lingua per demolire stereotipi inconsci[2] spesso introiettati dalle stesse donne". Il rettore Francesco Ubertini si è già adattato nei suoi discorsi pubblici. E magari un giorno si arriverà alla prima "rettrice" dell'Alma Mater[3]. In quel caso la rivoluzione al femminile sarà compiuta, e non solo a parole. Ma bisognerà modificare lo statuto, perché "rettore" è un termine che indica un organo di governo. Al maschile, ovviamente.

(adattamento da I. Venturi, bologna.repubblica.it, 29 giugno 2016)

1. **prorettrice:** chi fa le veci del rettore che dirige l'Università (al maschile prorettore).
2. **stereotipi inconsci:** espressioni e parole su persone o gruppi sociali che manifestano pregiudizi, di cui non si è consapevoli.
3. **Alma Mater (Studiorum):** motto latino dell'università di Bologna che significa "madre nutrice degli studi".

1 La frase *In quel caso la rivoluzione al femminile sarà compiuta, e non solo a parole* è

A semplice. B complessa.

PUNTI ....../1

2 Per ogni predicato elencato indica se è verbale [V] o nominale [N].

a. appare (insignificante) V N
b. fa (parte) V N
c. suona (male) V N
d. è (un termine) V N

PUNTI ....../4

3 Quale frase nominale compare nell'ultima parte dell'articolo?

....

PUNTI ....../2

4 Indica il numero di argomenti che richiedono i verbi predicativi elencati.

a. partire ☐
b. indicare ☐
c. dire ☐
d. modificare ☐

PUNTI ....../8

5 **Trascrivi negli appositi spazi gli argomenti presenti nelle frasi *Le accademiche di Bologna non hanno dubbi* e *ci dice la linguista*.**

a. Argomenti soggetto ....
b. Argomento oggetto diretto ....
c. Argomento oggetto indiretto ....

PUNTI ....../4

6 **Considera l'ultima parte dell'articolo (*Non mancheranno... ovviamente*). Quale verbo servile è in essa presente?**

....

PUNTI ....../2

7 **Quale costruzione hanno, rispettivamente, i verbi *saranno inseriti* e *si va*?**

....

PUNTI ....../4

8 **Indica se l'affermazione seguente è vera [V] o falsa [F], quindi motiva la tua risposta.**

La frase *La rivoluzione rosa in Ateneo parte dal linguaggio* <u>non</u> può essere volta alla forma passiva. [V] [F]

....

PUNTI ....../2

9 **Sottolinea l'espansione circostanziale presente nella frase *Il rettore si è già adattato nei suoi discorsi pubblici*.**

PUNTI ....../2

10 **Nella frase *che indica un organo di governo*, quale parte del discorso svolge la funzione di soggetto?**

....

PUNTI ....../2

11 **A quale elemento della frase si riferiscono gli attributi *linguistico*, *culturale* e *sociale*?**

[A] Al soggetto.
[B] Al complemento oggetto.
[C] A un complemento indiretto.

PUNTI ....../1

12 **Indica se l'affermazione seguente è vera [V] o falsa [F], quindi motiva la tua risposta.**

Prorettrice e rettore sono attributi di Chiara Elefante e Francesco Ubertini. [V] [F]

....

PUNTI ....../2

13 **Indica a quali complementi corrispondono le seguenti espressioni.**

a. Nel portale ....
b. Da domani ....
c. Della lingua ....
d. a parole ....
e. Dalle (stesse) donne ....
f. Il conservatorismo ....

PUNTI ..../12

14 **Indica il tipo di complemento evidenziato nelle frasi seguenti.**

a. Le docenti universitarie sono poche per via della discriminazione di genere ....
b. La parità di genere si raggiunge anche con l'uso corretto della lingua ....
c. Le linguiste si impegnano per la parità di genere ....

PUNTI ....../6

ZTE ONLINE
Mettiti alla prova con gli esercizi interattivi

Se il tuo punteggio è inferiore a 32/52, puoi svolgere gli esercizi interattivi di recupero e di consolidamento.

TOTALE PUNTI ....../52
Le soluzioni sono a p. 626

METTITI ALLA PROVA SUL LESSICO

Controlla se conosci e/o sai usare le parole su cui hai già lavorato nelle attività lessicali.

1 **Nelle frasi seguenti sostituisci il verbo con un altro di significato analogo.**

a. Molti non pagano le tasse. ....

b. Gianni risulta gradito a tutti. ....

c. La vittima ha testimoniato al processo. ....

d. Per fortuna, ho evitato l'interrogazione! ....

e. Mi sono seccato dei tuoi ritardi! ....

PUNTI ...... /5

2 **Indica il significato del verbo *fissare* in ognuna delle frasi seguenti.**

a. Lea e Nico non hanno ancora fissato la data delle nozze. ....

b. Chissà perché quei due tizi ci fissano? ....

c. Quando si fissa su un'idea, Giorgio è irremovibile. ....

d. Dopo vari trasferimenti, Silvia si è fissata a Roma. ....

PUNTI ...... /4

3 **Considera le tre frasi seguenti:**

a. I pescatori calano le reti in mare.

b. Il prezzo dei generi alimentari è calato.

c. Gli speleologi si calarono nella grotta.

Indica se la seguente affermazione è vera [V] o falsa [F] e motiva la tua risposta.

Il verbo *calare* ha sempre lo stesso significato, indipendentemente dal suo funzionamento e dalla sua forma. [V] [F]

....

PUNTI ...... /3

4 **A ogni attributo elencato abbina due nomi opportuni.**

a. ferrea: ....; ....

b. serica: ....; ....

c. inestimabile: ....; ....

d. attendibile: ....; ....

PUNTI ...... /4

5 **Nella frase "Nicole Kidman concede poche interviste" quale espressione (apposizione) può precisare il nome "Nicole Kidman"?**

[A] da vera star [B] che è una star [C] notoriamente

PUNTI ...... /1

6 **Completa la seguente voce del dizionario inserendo negli appositi spazi parole che definiscono ed esempi opportuni. Dove è presente un'alternativa, cancella la parola non adeguata.**

declinare A. v. intr. 1 abbassarsi gradatamente / bruscamente: *il letto del fiume declina leggermente*; **2** (*fig.*) volgere alla fine: *il giorno ormai declina* / diminuire di importanza / intensità, potenza, valore: *certe mode declinano presto* **B v. tr. 1** (*lett.*) abbassare, piegare in giù: *d.* gli occhi / il capo; **2** ...., evitare, eludere: *d. un onore*, ..., *una responsabilità* **3** (*burocr.*) dichiarare, rendere noto: *d. il proprio nome*, ... **4** (*gramm.*) flettere un sostantivo, un aggettivo, un pronome / verbo nelle forme proprie della declinazione.

PUNTI ...... /7

ZTE ONLINE
Mettiti alla prova con gli esercizi interattivi

Se il tuo punteggio è inferiore a 15/24, puoi svolgere gli esercizi interattivi di recupero e di consolidamento.

TOTALE PUNTI ...... /24

Le soluzioni sono a p. 627

PERCORSO D
PAROLE IN RELAZIONE: LA FRASE COMPLESSA

1 I rapporti tra le frasi

IN QUESTA UNITÀ

- Come **si organizzano** le frasi all'interno del **discorso**? Come si distinguono le **frasi semplici indipendenti** e le **frasi complesse**?
- Che tipo di rapporti si instaurano tra le **frasi semplici** dentro le **frasi complesse**?
- Qual è la differenza tra legami **coordinanti** e **subordinanti**?
- Quali sono i **meccanismi** della **coordinazione** e della **subordinazione**?
- Quali sono le caratteristiche della **principale** e come si individua?
- In che modo, nelle frasi complesse, **si intrecciano** e **si relazionano** le frasi **coordinate** e **subordinate** rispetto alle varie **reggenti** e al **grado di dipendenza**?
- **ARRICCHIAMO IL LESSICO** Partiamo dalla riflessione sui rapporti tra le frasi e la forma delle proposizioni dipendenti, ed esploriamo, in particolare, le parole legate all'esperienza del **campeggio**

PARTIAMO DAL TESTO

= verbi
= congiunzioni e pronomi
○ = punteggiatura

Leggi il brano e rispondi alle domande seguenti.

La corsa campestre **sembra** fatta apposta per me. **Sono** minuta e tenace all'inverosimile. Qualsiasi idiota **può correre** velocemente su una bella pista con tanto di corsie e blocchi di partenza. Ma **trovatemi** una ragazza **che sa schizzare** alla velocità della luce sul nevischio, con indosso un paio di scarpe infangate e un berretto di lana **che gocciola** acqua giù per la nuca, **ditemi** allora – **chi è** il vero atleta? **Esito** un secondo, congelata sulla linea di partenza. Mi **scivolano** di nuovo gli occhiali. **Si saranno allentate** le viti, **ma** non **posso preoccuparmene** adesso. Li **tolgo**, li **lancio** al coach **e inizio a correre**. **Trovo** il giusto ritmo dopo circa un chilometro, **quando ho** le giunture ben lubrificate. Piccole perle di sudore mi **spuntano** fra le scapole, sotto il seno e sulla pancia. **Tieni** gli occhi fissi sulla pista, Kate, **non prendere** una storta. Il tendine d'Achille sinistro mi **fa male**. **Corro** più veloce.

(adattamento da L.H. Anderson, *Le emozioni difettose*)

1. Individua, nel testo, i gruppi di parole delimitati da una **punteggiatura forte**: punto fermo e punto di domanda. Quanti sono? Quanti, di questi, formano frasi **semplici indipendenti**?

2. Considera i gruppi di parole costituiti di più frasi semplici, cioè le **frasi complesse**.
   a. A partire dalla individuazione dei predicati (evidenziati), suddividile (/) nelle frasi semplici di cui sono composte.
   b. Tra gli elementi che collegano tra loro le frasi semplici, distingui i **segni grafici** (punteggiatura) da quelli **grammaticali** e, tra questi ultimi distingui tra **congiunzioni** (▸ p. 241) e **pronomi** (▸ p. 204).
3. Individua le frasi che si collegano tramite **congiunzioni coordinanti** e stabilisci il significato di quest'ultime.
4. Svolgi la stessa operazione con le frasi che si collegano tramite **congiunzioni subordinanti**.

1 L'organizzazione del discorso

Quando parliamo, le nostre frasi – o enunciati (▸ Per saperne di più, sotto) – si dispongono seguendo la logica dei pensieri che le ispirano. Per renderle comprensibili, non siamo però costretti a formularle in modo perfettamente organizzato. Possiamo, per esempio – oltre che affidarci al linguaggio del corpo –, lasciarne qualcuna in sospeso, in modo che le pause e i relativi sottintesi ne completino il senso, come avviene nella seguente trascrizione di una battuta di dialogo:

Voleva chiedermi... beh lo sai... mi chiede sempre di tutto... Allora... questa volta voleva chiedermi il mio motorino nuovo... ma... non voglio sembrare... insomma... anche tu saresti seccata no?

Nel discorso **scritto**, al contrario – per realizzare le proprie **intenzioni comunicative** – il discorso deve essere strutturato con la precisione necessaria alla sua **chiarezza** e **comprensibilità**. Ciò avviene attraverso la corretta **sintassi** e la relativa punteggiatura, in modo che le frasi si sviluppino secondo un **ordine logico** e con i giusti **collegamenti**.

PER SAPERNE DI PIÙ

Questione di "termini": frase, enunciato, proposizione, periodo

Frase / enunciato

I termini **frase** o enunciato si equivalgono, ma va precisato che si parla più propriamente di **enunciato** quando si tratta di **porzioni di testo**, scritto o orale, considerato come **atto comunicativo** che si articola in un discorso completo. L'**enunciato** è un frammento di questo discorso, una **sequenza di parole** racchiuse tra due pause e dotata di significato, comprensibile grazie al contesto. Diciamo, invece, **frase** quando esaminiamo un enunciato dal punto di vista **grammaticale** e **sintattico**, considerandolo come una struttura **completa** ed **esemplare**, anche al di fuori di un contesto.

Frase semplice o proposizione / frase complessa o periodo

Anche queste due coppie di espressioni si equivalgono. Con frase **semplice/complessa** si sottolinea la differenza di struttura tra i due tipi di frase. I termini **proposizione/periodo** si usano quando si **analizza** nello specifico la **tipologia** delle frasi semplici – dette in tal caso **proposizioni** – all'interno della frase complessa o **periodo.**

HAI CAPITO? Rielabora, in modo adeguato alla forma scritta, l'esempio di trascrizione del discorso orale proposto alla pagina precedente. Verifica, poi, il numero di frasi – racchiuse da punti – di cui si compone il tuo testo.

• Le frasi indipendenti

Un testo si può sviluppare in modo che alcune **frasi**, o **proposizioni**, siano **semplici**, cioè incentrate su di un **solo predicato** e racchiuse da punteggiatura forte, perciò **indipendenti** dalle altre:

Il tendine d'Achille sinistro mi ***fa male***. // ***Corro*** *più veloce*.

Con questa modalità, un pensiero singolo, essendo fortemente circoscritto, assume maggior risalto e conferisce al discorso un ritmo più rapido.

• Le frasi complesse

Per esprimere la varietà e la complessità del discorso, il testo scritto si compone normalmente anche di **frasi complesse** o **periodi**, cioè di raggruppamenti di più frasi semplici.

Li ***tolgo***, / *li* ***lancio*** *al coach* / ***e*** ***inizio a correre***. // ***Trovo*** *il giusto ritmo dopo circa un chilometro*, / ***quando*** ***ho*** *le giunture ben lubrificate*.

= verbi
= congiunzioni
○ = punteggiatura

Questo tipo di struttura sottolinea la ramificazione dei pensieri, che si **accostano** o si **intrecciano** formando **unità più grandi**. Il ritmo del discorso rallenta per abbracciare concetti più ampi e articolati.

• Due diversi tipi di legame

In una frase complessa le frasi semplici si possono legare in due modi diversi: tramite **coordinazione** o **subordinazione**. Osserva la mappa seguente in cui frasi di significato analogo si strutturano secondo le due diverse modalità:

= principale
= coordinata
= subordinata

COORDINAZIONE

A = principale
B = coordinata

Mara ha corso troppo (A) ← (e / perciò /,)? ... → ***ed*** *è stanca.* (B)

SUBORDINAZIONE

A = principale e reggente
B = subordinata

Mara è stanca (A) ... perché? ... → ***perché*** *ha corso troppo.* (B)

Poiché *ha corso troppo,* (B) ← perché? ... ***Mara è stanca.*** (A)

Che cosa cambia tra le diverse versioni? Consideriamole una per volta:

- *Mara ha corso troppo* ***ed*** *è stanca* (oppure *Mara ha corso troppo* ***perciò*** *è stanca*). Le frasi **A** e **B** sono unite da una congiunzione che le **coordina**, cioè le allinea in modo da **non creare tra loro un legame di dipendenza.**

La frase **A** è detta **principale** per la posizione che occupa: la **prima**. Tale posizione non le conferisce però una natura diversa dalla frase **B**, sua **coordinata**. Rispecchia solo la sequenza temporale dei due fatti enunciati: **prima** "Mara corre", **poi** "si sente stanca". Il rapporto di causa-effetto tra la "corsa" e la "stanchezza" rimane sottinteso, affidato all'interpretazione.

- *Mara è stanca **perché** ha corso troppo.*
  Il rapporto tra le frasi **A** e **B** cambia decisamente. La congiunzione ***perché*** è infatti **subordinante**, visto che introduce uno sviluppo della **principale**, **esplicitando** la **causa** o ragione per cui *Mara è stanca*. La frase che **spiega** tale ragione – la **subordinata** – è dunque vincolata alla principale da un legame di **dipendenza**. In altri termini discende ed è **retta dalla principale**, senza la quale non avrebbe senso.
- ***Poiché** ha corso troppo, Mara è stanca.*
  Significato e **rapporto** sintattico di **subordinazione** sono identici rispetto alla precedente. Cambia, oltre alla **forma** della congiunzione, l'**ordine** delle frasi (**B** + **A**) e quindi ciò che si vuole sottolineare. Dal momento che la posizione "**forte**" spetta quasi sempre alla frase che **segue**, in questo esempio si dà più importanza alla "**stanchezza di Mara**"; nel caso precedente (**A** + **B**) si mette in rilievo la **causa** della stanchezza, cioè "**il troppo correre**".

HAI CAPITO?

Trasforma le seguenti frasi coordinate in altre costruite secondo subordinazione, esplicitando il rapporto di significato implicito e indicato in parentesi.

a. Il sole bruciava troppo e ci siamo sdraiati all'ombra dei pini. (causa-effetto)
b. Come al solito, Carla parla al cellulare e guida. (contemporaneità)
c. Sono stanca, ma esco ugualmente di casa. (superamento di un ostacolo)
d. Ti ascolto attentamente: voglio capire le tue vere intenzioni. (raggiungimento di un obiettivo)

2 La coordinazione

Finita è la notte **e** la luna
si scioglie lenta nel sereno,
tramonta nei canali.

(S. Quasimodo, *Ora che sale il giorno*)

Nei primi versi della poesia, le tre frasi fluiscono senza legami di dipendenza, tra loro **coordinate**. Per scandirne la successione, il poeta ha usato la congiunzione *e*, che ha il compito di "**accostare**" le frasi, e la virgola che ne segna semplicemente lo **stacco**.

La **coordinazione** (o **paratassi**) è un forma di costruzione che stabilisce tra le frasi un rapporto di reciproca autonomia, rendendole equivalenti. Può avvenire tramite:

- **congiunzioni coordinanti** (*e*, *o*, *cioè*, *ovvero*, *dunque* ecc.):
  *In questo locale, ogni sera, si suona **e** si balla, **però** si chiude a mezzanotte.*
  *Tento di esprimermi con chiarezza, **ma** spesso non ci riesco.*

*Ti ho vista diversa dal solito, **cioè** mi parevi più serena e rilassata.*
*In casa c'è tutto ciò che serve per la cena, **dunque** non serve fare la spesa.*

Quando si ripetono le medesime congiunzioni si ha **polisindeto** (dal gr. *polysýndeton*, "legato insieme più volte"):

Nel Medioevo tutto era stupendo. [...] **E** c'erano i miracoli, **e** le cose non erano semplicemente cose, **e** l'acqua non era acqua solamente, **e** il cielo era un po' più del cielo.

(A. Nove, *Tutta la luce del mondo*, Bompiani, Milano, 2014)

- **pronomi** e **avverbi correlativi** (*questo... quello*, *ora... ora* ecc.):

__Chi__ arriva, __chi__ parte.
Mariella è difficile con il cibo: __questo__ non le piace, __quello__ fa ingrassare.
__A volte__ chiacchiera senza sosta, __a volte__ si chiude nel mutismo.
__Ora__ andiamo d'amore e d'accordo, __ora__ litighiamo.

- **asindeto** (dal gr. *asýndeton*, "slegato") o **giustapposizione** quando le frasi sono unite solo dalla punteggiatura:

Il primo giorno di scuola è una specie di doccia o troppo fredda o troppo calda, non riesci a capirci niente, siamo tutti tirati.

(P. Mastrocola, *La gallina volante*, Guanda, Parma, 2005)

Che differenza c'è tra le diverse modalità di coordinazione? Quando colleghiamo le frasi per **asindeto**, cioè tralasciando le congiunzioni, scegliamo una forma di comunicazione più rapida e affidata all'intuizione del destinatario, che può così ricostruire autonomamente i collegamenti più significativi. Non a caso ciò avviene soprattutto nel parlato e nei testi scritti che lo riproducono. Usiamo invece le **congiunzioni** quando ci sta a cuore **chiarire** o sottolineare i **nessi espliciti** del discorso. Il **polisindeto**, infine, crea un effetto di "accumulo", **amplifica** cioè il significato di ciò che viene detto tramite la successione di coordinate.

• La coordinazione tra subordinate

Viola cammina sempre veloce non __perché__ ha fretta, __ma perché__ è sua abitudine. Come puoi vedere dal tipo di congiunzioni presenti nell'esempio, il legame di **coordinazione** si instaura, ovviamente, non solo tra la principale e le sue pari grado, ma anche **tra frasi subordinate**.

• La tipologia delle coordinate

Le **proposizioni coordinate** introdotte da **congiunzioni** assumono il nome con il quale sono classificate le corrispondenti **congiunzioni coordinanti** (▸ p. 242), come riepiloga la seguente tabella:

Tipi di coordinate	Congiunzioni	Esempi
COPULATIVE uniscono le frasi	*e, né, neppure, anche, nemmeno, inoltre* ecc.	*Non mi saluta più, __inoltre__ sui social parla male di me.*
AVVERSATIVE differenziano / contrappongono	*ma, bensì, però, tuttavia, anzi, eppure* ecc.	*Il film non mi è piaciuto __tuttavia__ riconosco il suo valore.*
DISGIUNTIVE uniscono creando un'alternativa	*o, oppure, ovvero, altrimenti* ecc.	*Avvisi tu Noemi __oppure__ devo pensarci io?*

CONCLUSIVE concludono o introducono una conseguenza	*allora, pertanto, perciò, dunque, quindi, così* ecc.	*Ti sei impegnato per tutto l'anno scolastico* ***perciò*** *ti meriti una bella vacanza.*
DICHIARATIVE O ESPLICATIVE spiegano o chiariscono	*infatti, cioè, vale a dire* ecc.	*Sono un tipo incostante,* ***cioè*** *di rado mantengo i miei propositi.*
CORRELATIVE mettono in relazione	*e... e, né... né, o... o, così... come, sia... sia, non solo... ma anche* ecc.	*Stasera,* ***o*** *la nostra squadra vince* ***o*** *retrocede in serie B.*

HAI CAPITO? Componi quattro coppie di frasi in cui la coordinata alla principale sia introdotta da tre diversi tipi di **congiunzioni** e da un **pronome**.

ADESSO TOCCA A TE

▶ Capitoli 1, 2

INDIVIDUA E COMPLETA

Livello 1

1 ●○○ **Tra le frasi seguenti, indica quella complessa.**

[A] Solitamente dedico la domenica alla famiglia e al riposo.
[B] Nonostante la leggera ma insistente pioggerella, Bice è uscita senza ombrello.
[C] Benché questo sia un discount, i prezzi non sono convenienti.

2 ●○○ **Sottolinea le coordinate presenti nelle frasi seguenti.**

a. Accendiamo la luce o lavoriamo con la luce naturale?
b. Il mio cane è in là con gli anni, infatti fatica a camminare.
c. Eva parcheggia spesso in divieto di sosta, perciò prende parecchie multe.
d. Mangi troppi dolci, inoltre non fai abbastanza moto!
e. Ciro non solo ha perso il lavoro, ma si è anche ammalato.
f. E studia, e pratica sport, e si impegna nel volontariato, che ragazzo d'oro!

3 ●○○ **Nelle frasi seguenti inserisci l'opportuna congiunzione coordinante, scelta tra le due proposte.**

a. Sei una persona onesta e leale, **dunque** / **infatti** ti stimo molto.
b. Non mi piace il nuovo compagno di banco, **ma** / **ossia** lo accetto.
c. L'autista del bus ha frenato bruscamente, **così** / **tuttavia** sono caduto.
d. Stiamo cercando casa, **pertanto** / **vale a dire che** stiamo facendo il giro delle agenzia immobiliari.
e. Il campanello suonò per la terza volta, **allora** / **e** Tina aprì la porta.

Livello 2

4 ●●○ **Nel brano seguente distingui le frasi indipendenti [I] da quelle complesse [C]; quindi sottolinea i predicati delle frasi complesse e separa le proposizioni tramite barrette [/].**

In Costa Rica c'è un buon numero di vulcani, alcuni spenti, altri attivi, per esempio l'Arenal. Quando erutta, è un fenomeno spettacolare, soprattutto di notte. I fiumi di magma s'infilano nella fessura della montagna, racchiudendola come i tentacoli di una piovra. E il fumo ha il colore cupo del basalto.

(adattamento da C. & R. Börjlind, *La marea nasconde ogni cosa*, trad. di A. Storti, Editrice Nord, Milano, 2013)

5 ●●○ **Nelle frasi seguenti sottolinea le coordinate, quindi indica se il legame tra le frasi avviene tramite congiunzione [C] o per asindeto [A].**

a. Andrò al cinema, quindi mi ritroverò al pub con gli amici. C A
b. Non ne posso più: alzarsi presto, correre a scuola, studiare, ancora studiare. C A
c. Mirco è un cinefilo, ossia è un appassionato di cinema. C A
d. Sei stato in gamba, dunque meriti un premio. C A
e. Metti in forno la teglia, regola la temperatura sui 180 gradi, fai cuocere per un'ora. C A
f. Spalmare la pomata sulla cute, massaggiare delicatamente, coprire con una garza. C A

6 ●●○ **Nelle frasi seguenti indica se la coordinazione avviene per polisindeto [P] o tramite avverbi e pronomi correlativi [CR].**

a. Talvolta ho ragione, talvolta sbaglio. P CR
b. In aeroporto chi parlava al cellulare, chi faceva selfie, chi controllava il bagaglio a mano. P CR
c. E uno critica, e l'altro sgrida, e nessuno che mi rispetti! P CR
d. O ti lamenti per il freddo, o sbuffi per il caldo, o non sopporti l'umidità, non sei mai tranquillo! P CR
e. O la smettete di chiacchierare, o proseguite la conversazione fuori dall'aula. P CR

7 ●●○ **Nelle frasi seguenti sottolinea le coordinate e indicane la tipologia.**

a. Sbrigati, altrimenti resti a casa! ....
b. Hai causato tu l'incidente, quindi risarcirai i danni. ....
c. Elsa è celiaca, cioè è intollerante al glutine. ....
d. Non solo sono stato promosso, ma ho anche ottenuto buoni voti. ....
e. L'ho avvisato e nemmeno mi ha ascoltato. ....
f. Scarichi il film o lo guardi in streaming? ....

8 ●●○ **In ognuna delle frasi seguenti inserisci un'opportuna congiunzione coordinante oppure un avverbio o un pronome correlativo.**

a. O rifletti .... non riuscirai a risolvere questo quesito di matematica.
b. Mi assenterò per due giorni, ... ci vedremo giovedì.
c. .... desidero compagnia, ... preferisco la solitudine.
d. Gli ho parlato in modo chiaro, ... non mi ha capito.
e. .... preferiscono i cibi salati, ... quelli dolci.
f. .... ama viaggiare con l'aereo, ... preferisce il treno.

9 ●●○ **Coordina ogni seguente coppia di frasi in due modi: prima con una congiunzione adatta al contesto, poi con un opportuno segno di punteggiatura.**

a. Ivo è un ragazzo altruista infatti/: aiuta tutti.
b. Questo cappotto è logoro .... dovrò comprarne uno nuovo.
c. Mi lasci il numero del suo cellulare .... la richiamo.
d. Non devi arrabbiarti .... stavo solo scherzando.
e. Nel giardino c'è molto da fare .... è pieno di erbacce .... gli alberi non sono potati da anni .... gran parte delle piante sono secche.

Livello 3 **10** ●●●

Completa ogni frase seguente con una coordinata del tipo indicato tra parentesi.

a. Prima andiamo in spiaggia .... (per asindeto)
b. Smetti di bere tanti caffè .... (disgiuntiva)
c. Mi sono ripromesso di pensare alla mia salute, ... (esplicativa)
d. Amalgamate bene gli ingredienti, ... (conclusiva)
e. Talvolta mi alzo all'alba, ... (avverbio correlativo)
f. Qualcuno ha contestato la decisione del Sindaco, ... (pronome correlativo)
g. Da una parte vorrei fare nuove esperienze, ... (locuzione avverbiale correlativa)

3 La subordinazione

= principale
= coordinata
= subordinata

Lo so ***che ci sei***
(Mistaman)

Nel titolo della canzone, la principale (*Lo so*) è seguita da una subordinata (*che ci sei*) che precisa il contenuto del verbo *sapere*, il suo **oggetto**: che cosa so? "il tuo esserci [per me]".

Con la **subordinazione** (o **ipotassi**) il periodo si organizza seguendo un principio **gerarchico** per cui ci sono frasi **reggenti** e frasi che da queste sono **rette**, poiché ne dipendono: le **subordinate** o **dipendenti**.

Il ruolo di **reggente** non spetta esclusivamente alla **principale**, ma, quando le frasi sono più di due, può essere svolto anche da proposizioni **coordinate** e **subordinate**, come vedremo meglio esaminando i vari gradi di subordinazione (▸ paragrafo seguente) e come mostra la seguente mappa.

Stanotte c'è stato un forte temporale ← ma → *non me ne sono accorto*

principale (reggente) — coordinata della principale e reggente

↓ anche se ↓

ho il sonno leggero.

subordinata della coordinata

● Le caratteristiche della principale

Come si riconosce la principale? **La principale** è la frase **reggente** su cui si impernia tutto il periodo; la si individua, prima di tutto, chiedendosi quale sia il **punto focale del discorso**, la frase senza la quale tutte le altre sarebbero assurde (ciò risulta chiaro se si riformula il periodo omettendola). Dal punto di vista **formale** ha i seguenti requisiti:

- è sempre **sintatticamente indipendente**, non è cioè introdotta da **congiunzioni subordinanti** o da **pronomi relativi**;
- talora è indipendente anche sul piano del significato e sarebbe perciò in grado di trasmettere da sola un messaggio completo: ***Finalmente la temperatura è scesa***, *anche se fa ancora troppo caldo*; in altri casi il suo significato è invece sospeso e va completato: ***Mi dicono*** *che pioverà*;
- ha il verbo di modo **finito**;
- **non occupa necessariamente il primo posto**, ma può essere **preceduta** da una o più **subordinate**: *Quando* ***esci*** *di casa e se* ***ti ricordi***, ***chiudi la porta a chiave***.

Talora è spezzata dalla subordinata che è quindi **incassata** al suo interno: ***Al mattino***, *se mi alzo abbastanza presto*, ***faccio qualche esercizio di ginnastica***.

HAI CAPITO?

Nelle seguenti frasi sottolinea due volte la principale e una le altre proposizioni che reggono una subordinata.

a. Ha telefonato per dire che stasera non può venire da noi.
b. Ho preso troppo sole e mi sono scottata perché non ho messo la crema di protezione.
c. Quando sarai arrivato a Parigi, anche se è molto tardi, manda subito un SMS.

• La forma delle subordinate

Osserva i seguenti esempi, facendo attenzione a ciò che differenzia il **predicato** delle **subordinate** in ogni coppia di frasi.

a. *Quando Piero* ***fischietta***, *manifesta il suo buon umore.*

b. *Piero manifesta il suo buon umore* ***fischiettando***.

a. *Ti parlo chiaramente* ***in modo che si elimini ogni malinteso***.

b. *Ti parlo chiaramente* ***per eliminare ogni malinteso***.

Come puoi notare le subordinate esprimono un significato quasi identico e usano lo stesso verbo. Che cosa cambia dunque? Cambia il **modo** in cui è il verbo coniugato:

- le subordinate **a.** hanno i verbi – *fischietta, si elimini* – di modo **finito** che, in quanto tale, indica la persona e, per questo, sono **esplicite**;
- le frasi **b.** hanno i verbi – *fischiettando, eliminare* – di modo **indefinito** che, al contrario, non chiarisce la persona, e quindi sono **implicite**.

Si definiscono **esplicite** le subordinate che hanno il verbo al **modo finito** (indicativo, congiuntivo, condizionale, imperativo) e sono introdotte da **congiunzioni** o **locuzioni subordinanti**; **pronomi relativi** e **misti**; **aggettivi**, **pronomi** e **avverbi interrogativi**.

Spero ***che*** *la mia squadra vinca.*
Non riferire a nessuno le cose ***di cui*** *ti ho parlato ieri.*
Dimmi ***quanto*** *hai speso per i nuovi jeans.*

Sono invece dette **implicite** le subordinate con il verbo di **modo indefinito** (infinito, participio, gerundio). Si collegano direttamente alla reggente, oppure sono introdotte da **preposizioni + l'infinito** o da **congiunzioni** che precedono il gerundio.

Amo fantasticare.
Chiuse le valige, possiamo partire.
Lo convincerò ***a*** *non rimandare il suo viaggio.*
Pur *facendo pianissimo, ti ho svegliato.*

3.1 I gradi di subordinazione

Non permettere mai a nessuno **di dirti che non sai fare qualcosa.**

(dal film *La ricerca della felicità*, 2006)

Nella frase del film, dopo la **principale** (*Non permettere mai*...[ricorda che l'infinito sta per l'**imperativo negativo**]), ci sono due **subordinate**: la prima **dipende** – ed è **quindi retta** – dalla principale, ma è a sua volta la **reggente** della seconda (...*che non sai fare*...). In questo caso dunque la gerarchia prevede due livelli o **gradi** di dipendenza come mostra la mappa.

Non permettere mai a nessuno — principale regge la subordinata
↓
di dirti — regge la subordinata
↓
che non sai fare qualcosa.

Alcuni periodi si sviluppano con una costruzione **gerarchica** che procede secondo successivi gradi di subordinazione. Le **subordinate** (e le loro coordinate) si strutturano, cioè, occupando una posizione diversa, **rispetto alla principale**, a seconda che dipendano **direttamente da questa** (subordinate di 1° grado) o da **altre subordinate**. Il collegamento logico che ne deriva rispecchia così i diversi livelli o **gradi di subordinazione** (2°, 3° ecc.), a partire dal livello o **grado zero**, quello della principale. Rappresentiamo tale ramificazione con una mappa che visualizza la seguente frase complessa.

Mi sono procurato gli ingredienti perfetti e ora seguirò scrupolosamente la ricetta per preparare un piatto speciale che susciti ammirazione e piaccia ai miei invitati, anche se temo che alcuni di loro siano di gusti difficili.

0 *Mi sono procurato gli ingredienti perfetti* ← ... e ...? → *e ora seguirò scrupolosamente la ricetta*

con quale scopo?

1 *per preparare un piatto speciale* — con che caratteristiche?

2 *che susciti ammirazione* ← ... e ...? → *e piaccia ai miei invitati,* — nonostante quale timore?

3 *anche se temo* — che cosa?

4 *che alcuni di loro siano di gusti difficili.*

Come puoi notare, la subordinata di 1° grado dipende sia dalla principale sia dalla sua coordinata, a dimostrazione del fatto che i rapporti di dipendenza sono vari e non sempre lineari.

HAI CAPITO?

Sul modello dell'esempio alla pagina precedente, disegna la mappa che illustri la struttura della seguente frase:

Sono scesa alla spiaggia per fare un bagno, ma sono subito tornata indietro perché l'acqua era fredda, dal momento che il giorno prima era piovuto tanto da abbassare sensibilmente la temperatura.

4 La frase indipendente e i tipi di enunciato

Quattro: *Ciao a tutti, io mi chiamo Quattro.*
Cristina: *Quattro come il numero?*
Quattro: *Sì, come il numero! C'è qualche problema!?*
Cristina: *Quattro.*

(dal film *Divergent*, 2014)

Questo brevissimo dialogo rispecchia alcune delle tipiche modalità di **comunicazione**: il ragazzo si presenta al gruppo **dichiarando** il proprio nome senza particolari intonazioni. La singolarità di tale nome suscita una **domanda** abbastanza ovvia. La risposta è perciò un'**esclamazione** un po' seccata, cui segue una **domanda** che, a sua volta, suona come un'**esclamazione** per il suo tono perentorio. Lo scambio si chiude con una battuta apparentemente neutra, ma che in realtà gioca argutamente sull'ambiguità del nome *Quattro*.

L'alternarsi di queste modalità acquista più risalto se le consideriamo applicate alla stessa espressione, formulata evidentemente in contesti diversi:

Piove (enuncio semplicemente il fatto), *Piove?* (pongo la domanda) *Piove!* (lo dico con stupore/rammarico ecc.).

HAI CAPITO?

Metti la punteggiatura corretta al seguente dialogo e, per ogni battuta, stabilisci se si tratta di: una semplice dichiarazione, un'esclamazione, una domanda (o entrambe).

– E ora guardami negli occhi, finalmente ...
– Perché dovrei farlo ...
– Voglio capire le tue intenzioni ...
– Io non ho particolari intenzioni o desideri ...
– Sicchè, proprio a te andrebbe bene tutto ...
– Eh no, non fraintendere, come al solito ...

• **La funzione espressiva della frasi indipendenti**

Considerate all'interno di una **determinata situazione comunicativa**, le frasi in grado di trasmettere da sole un messaggio compiuto sono meglio definite come **enunciati**. In quanto tali, appaiono cioè come **segmenti autonomi di un discorso** variamente modulato a seconda di ciò che si intende esprimere. Può trattarsi di frasi **semplici** e **indipendenti** o, se parte di una frase complessa, di frasi **svincolate** dalle altre sul piano sintattico e del significato (alcune principali). Il loro **valore espressivo** dipende sia dal **contenuto** sia dal **tono** cui sono improntate e contraddistingue i vari **tipi di enunciato** che possiamo così descrivere e classificare:

Scopo	Tipo di enunciato	Esempi
Rappresentare la realtà in modo "neutro"	**DICHIARATIVO** Quando **non intendiamo sottolineare** in modo particolare il messaggio, formuliamo un enunciato di tipo **dichiarativo**. Privo di enfasi o intonazioni marcate, svolge la funzione di informare; afferma, nega, manifesta un giudizio, una constatazione; riporta una situazione vissuta o immaginata, una certezza, una possibilità, una probabilità. Solitamente, nello scritto, si conclude con il **punto fermo**.	*... mi chiamo Quattro.* *Quest'anno si prevede un luglio caldissimo.* *Tutti, in famiglia, preferiamo la montagna al mare.*
Chiedere	**INTERROGATIVO** Usiamo questo tipo di enunciato per porre una domanda o fare una richiesta. Oralmente è pronunciato con un tono **ascendente**, che si traduce, nello scritto, con il **punto interrogativo**. Quando la domanda propone un'alternativa, abbiamo un'**interrogativa disgiunta**. Parliamo di **interrogativi retorici** quando chi formula la domanda conosce già la risposta, come l'interlocutore. In realtà, chi la pone vuole solo sottolinearne il contenuto, per i motivi più vari.	*Quattro come il numero?* *Come mai non ti fai più sentire?* *Ci facciamo un caffè?* *Ceniamo in casa* ***o*** *andiamo al ristorante?* *Pensi che non lo sappia?* *Posso sedermi?* *Ma ti pare che i tuoi dimentichino il tuo compleanno?*
Esprimere emozioni e desideri	**ESCLAMATIVO, DESIDERATIVO** • Sono di tipo **esclamativo** gli enunciati in cui intendiamo manifestare **forti convinzioni**, meraviglia, incredulità, compiacimento, tristezza e altre **emozioni**. • Sono di tipo **desiderativo** quando esprimiamo il **desiderio**, la speranza che si realizzi qualcosa. Il verbo è al **congiuntivo** e al **condizionale**. Entrambi i tipi di enunciato si pronunciano con intonazione **discendente** (in qualche caso, prima, è ascendente) e, nello scritto, sono resi dal **punto esclamativo**, che si può associare, se è il caso, anche al punto interrogativo.	*Come sei stata brava!* *Mi hai proprio deluso!* *Mi sento un po' giù!* *Che tu possa realizzare i tuoi sogni!* *Mi servirebbe il tuo ottimismo!* *Come vorrei che voi foste qui!* *C'è qualche problema!?*
Esprimere con forza la propria volontà	**VOLITIVO** Per trasmettere un **ordine**, un'**istruzione**, una **richiesta**, un'**esortazione** o un **consiglio**, formuliamo un enunciato di tipo **volitivo**. Il tono varia a seconda del contesto e del tipo di relazione tra l'emittente e il destinatario: può essere secco e imperioso, ma anche incoraggiante, intenso e supplichevole. Il modo è l'**imperativo**. Nello scritto è reso con il **punto esclamativo**, ma non necessariamente.	*State zitti!* *Esci immediatamente!* *Scrivete il vostro nome in alto a destra.* *Cerca di riposarti.* *Soppesa con calma i pro e i contro di questa tua scelta.*

ADESSO TOCCA A TE ▶ Capitoli 3, 4

INDIVIDUA E TRASFORMA

Livello 1

1 ●○○ **Sottolinea le subordinate presenti in 5 delle frasi seguenti.**

a. Piero è uscito per raccogliere le fragole nell'orto.
b. Dato che ti piace la musica ti regalerò una chitarra.
c. Sono sempre stanco perché dormo poco e male.
d. Lo credevo in vacanza, invece era a Berlino per lavoro.
e. I felini imparano esplorando il territorio.
f. L'ho urtato senza volerlo.

2 ●○○ **Riscrivi le seguenti frasi semplici aggiungendo ad ognuna, nella posizione più opportuna, una subordinata adatta al contesto, in modo da ottenere una frase complessa.**

a. Poiché è alta ...., Lisa non indossa scarpe con il tacco.
b. Noemi ha regalato al fidanzato una cravatta di seta.
c. Mara ha protestato con il capoufficio.
d. Il nuovo gestore del negozio di telefonia pratica prezzi scontatissimi.
e. I sistemi di archiviazione dati ormai sono tutti informatizzati.
f. Il cuoco di questo ristorante compare spesso in tv.

3 ●○○ **Con una crocetta indica la forma delle subordinate evidenziate nelle seguenti frasi complesse: esplicita [E] o implicita [I].**

a. Correndo, sono riuscito a prendere l'autobus al volo. E I
b. Ci hanno offerto aiuto senza che lo chiedessimo. E I
c. Vista la situazione, dobbiamo trovare al più presto una soluzione. E I
d. Dopo essere stato in vacanza, mi sento pronto per la scuola. E I
e. I ladri sono entrati in casa mentre la famiglia dormiva. E I
f. Telefona, quando arrivi, se non è notte fonda. E I

4 ●○○ **Indica il valore espressivo delle seguenti frasi indipendenti: informare [1], domandare [2], esprimere un'emozione/un desiderio [3] o una volontà [4].**

a. Non vi muovete! ☐
b. Come sono felice! ☐
c. Per domani le previsioni danno cielo coperto e piogge diffuse. ☐
d. Potrebbe farmi credito? ☐
e. Vorrei proprio vedere il contrario! ☐
f. Spostati, questo posto è mio! ☐
g. Il Sole è una stella di media grandezza. ☐

Livello 2

5 ●●○ **Tra le frasi seguenti, quali contengono due subordinate tra loro coordinate?**

A Linda è arrivata quando stavo per fare la doccia e andare a letto.
B Quando sarà maggiorenne e sarà cittadino italiano, anche Alì avrà diritto di voto.
C Per ripararmi dalla pioggia, sono entrato in un centro commerciale e ho fatto il giro dei negozi.
D Quando fu fermato dai vigili, Ivo esibì la patente e si sottopose alla prova dell'etilometro.
E Preferirei uscire o guardare la partita in tv, ma devo studiare.

6 ●●○ **Riscrivi le seguenti frasi semplici aggiungendo ad ognuna due subordinate, in modo da ottenere una frase complessa.**

a. Enzo porta a passeggio i bambini.
b. Il maestro di ballo mostra agli allievi un nuovo passo.
c. Si è messo a piovere.
d. Abbiamo comprato i biglietti dello spettacolo.

7 ●●○ **Indica il valore espressivo dei seguenti enunciati esclamativi: manifestare un desiderio [1], trasmettere un ordine, un augurio, un invito [2].**

a. Possiate essere felici! ☐
b. Che tutto proceda per il meglio! ☐
c. Bussa, prima entrare! ☐
d. Prego, si accomodi. ☐
e. Che vinca il migliore! ☐

8 ●●○ **Indica il valore espressivo dei seguenti enunciati esclamativi: comunicare meraviglia [1], compiacimento [2], dolore/ tristezza [3], forte convinzione [4].**

a. Sono soddisfatto! ☐
b. Toh, come sei diventato alto! ☐
c. Che mal di testa ho! ☐
d. Ne sono certo! ☐
e. Che delusione la vita! ☐
f. Che bel cielo stellato c'è stasera! ☐

Livello 3 **9** ●●● **In quale frase è presente una subordinata reggente di un'altra subordinata?**

[A] Se avessi fame, in frigo ho lasciato un piatto pronto che puoi scaldare col microonde.
[B] Mi hanno detto che la discussione si è animata quando è arrivata Agnese.
[C] Per quanto ne capisco, programmando il termostato, la caldaia si avvia automaticamente.

10 ●●● **Riscrivi le frasi seguenti aggiungendo ad ognuna una subordinata dipendente dalla coordinata.**

a. Ho assaggiato la torta al cioccolato, ma non mi è piaciuta.
b. Abbiamo saputo delle tue difficoltà, perciò ti aiuteremo.
c. Quando verrà l'estate, mi riposerò e andrò qualche giorno dai nonni in Puglia.
d. Per l'albergo ci siamo affidati a un'agenzia, ma il biglietto aereo l'abbiamo acquistato online.
e. Se guardi con attenzione, noterai che Vera ha cambiato trucco e ha fatto qualche ritocco alle labbra.

11 ●●● **Riscrivi i seguenti enunciati esclamativi e interrogativi trasformandoli in frasi complesse di analogo significato.**

a. Quale ragazza uscirebbe con un tipo così noioso?
b. Che l'amore vi unisca per sempre!
c. Aisha è già partita per la Tunisia?
d. Non rispondermi con quel tono!
e. Guarisca presto!
f. Per cortesia, abbassi la voce!

ANALIZZA

Livello 1 **12** ●○○

Analizza la struttura delle seguenti frasi complesse.

a. Siccome a metà pomeriggio avevo fame, ho mangiato un bel gelato = subordinata + principale
b. Dato che il rubinetto del bagno perde, ho chiamato l'idraulico perché lo ripari.
c. Avvicinandosi le vacanze, gli studenti hanno pensato di organizzare una cena all'aperto per festeggiare la fine dell'anno scolastico.
d. Alzandomi presto, riesco a sbrigare tutte le faccende e ad avere il pomeriggio libero.

Livello 2 **13** ●●○

Analizza la struttura delle seguenti frasi complesse, specificando forma e grado delle subordinate.

a. Passerò in tintoria per ritirare i capi invernali. Principale + subordinata implicita di 1° grado
b. Essendo impulsiva, Flora agisce senza riflettere.
c. Volendo seguire a tutti i costi la moda, e sebbene abbia qualche problema di linea, Mara a volte si rende ridicola.
d. Ho impiegato un'ora per installare un nuovo antivirus sul pc, ma ne valeva la pena perché gli hacker sono un pericolo costante.
e. Sono stato a Parigi per migliorare il mio francese, ma frequentando soltanto italiani non ho imparato nulla.
f. Farò le valigie e le caricherò in auto dopo che avremo finito di fare colazione e avremo riordinato la cucina.
g. Molti pensano che Rita sia troppo esuberante, ma io la trovo piena di vita, mi dà allegria.

Livello 3 **14** ●●●

Analizza la struttura delle frasi contenute nel testo seguente secondo l'esempio dell'esercizio n. 13. Prima di procedere separa le proposizioni con una barretta [/].

Sommiamo l'area del quadrato ipotetico, costruito sulla distanza tra la lunetta e la base del canestro, con il quadrato che potrei costruire prendendo come lato l'altezza del canestro da terra. Poi ne estraiamo la radice quadrata, dovremmo allora ottenere il tragitto minimo che può fare il pallone, durante un tiro libero, per andare a canestro. Dico minimo perché di solito è più lungo, per via della parabola che bisogna dargli. Ma in linea di massima prof, questa che ho disegnato alla lavagna potrebbero essere un'applicazione del Teorema di Pitagora. [da *Un tentativo di applicare la geometria al basket* di Tecno]

(adattamento da L. Cognolato, *Partita fuori schema*, Einaudi, Torino, 2013)

LAVORA CON LE PAROLE

Livello 1 **15** ●○○

In ogni frase trasforma in esplicita la subordinata implicita evidenziata.

a. A ben guardare, questa borsa è contraffatta. > Se guardi bene
b. Parcheggiando ho graffiato la carrozzeria dell'auto.
c. Essendo a letto con l'influenza, Mario non si è presentato al lavoro.
d. Vado in spiaggia a prendere un po' di sole.
e. Tagliata l'erba, ho innaffiato il prato.

16 ●○○

In ogni frase trasforma in implicita la subordinata esplicita evidenziata.

a. Ho chiesto alla ditta che consegni la merce ordinata entro un mese. > di consegnare
b. Mi sono iscritto in palestra perché voglio mantenermi in forma.
c. Uscirai dopo che avrai aiutato tuo fratello nei compiti.

d. Se ci penso bene, la vostra è una buona idea.
e. Poiché ero in anticipo, andai a prendere un caffè al bar.
f. Gigi è così ingenuo che crede a tutto.
g. Dopo che arrivò Leo, la festa ebbe inizio.

Livello 2 **17** ●●○ **Collega ogni coppia delle frasi seguenti nel modo che ritieni più opportuno, quindi indica se hai usato un legame coordinante o subordinante.**

a. Luca è mio amico. Mi aiuta sempre.
b. A Nunzia comprerò un bel regalo. Sarà contenta.
c. Avevo la febbre alta. Ho chiamato il medico.

18 ●●○ **Riscrivi le frasi seguenti trasformando le coordinate in subordinate e viceversa. Se necessario, modifica in modo opportuno le forme verbali.**

a. Ho parlato a Tiziana e ci siamo chiarite. > per chiarirci
b. Delia decise di fare la spesa perché il frigo era vuoto.
c. Ho risparmiato per tutto l'inverno, mettendo da parte un bel gruzzolo.
d. Non ho perso un chilo, e faccio la dieta da un mese!
e. Devi migliorare il tuo inglese, in modo da trovare più facilmente un impiego.

Livello 3 **19** ●●● **Riscrivi ogni gruppo di frasi semplici trasformandolo, mediante legami opportuni, in una frase complessa. Se necessario, puoi invertire l'ordine delle proposizioni.**

a. Hanno riaperto gli stabilimenti balneari. Finalmente è arrivato il caldo.
b. Ho aperto il frigorifero. Era vuoto. Ho ordinato una pizza.
c. Lino ha sempre dei debiti. Spende troppo.
d. C'è stato un grave incidente. Il traffico è andato in tilt. Sono tornato a casa a piedi.
e. Ieri mi sono annoiata. Ho trascorso la giornata in casa. Ho guardato vecchi film alla tv.
f. Tea si è slogata una caviglia. È scivolata. Camminava sul marciapiede ghiacciato.

PRODUCI

Livello 1 **20** ●○○ **La foto si riferisce a una gara di atletica disputata alle Paraolimpiadi. Su Internet documentati su questo evento sportivo, quindi scrivi un breve testo di commento (max 12 righe). Al termine della stesura verifica di avere utilizzato frasi sia indipendenti sia complesse.**

Livello 2 **21** ●●○ **Fai una breve ricerca sulla storia della bicicletta, quindi organizza le notizie in un breve testo scritto (max 15 righe). Al termine della stesura verifica di avere utilizzato anche frasi complesse, costruite con opportuni legami di coordinazione e subordinazione.**

Livello 3 **22** ●●● **La foto ritrae Alfonsina Strada (1891-1959): unica ciclista a competere al Giro d'Italia e al Tour de France, è considerata tra le pioniere della parificazione tra sport maschile e femminile. Documentati su Internet, quindi scrivi una sua breve biografia (max 18 righe). Al termine della stesura verifica di avere usato frasi complesse costruite con subordinate di diversa forma, esplicita e implicita.**

FACCIAMO IL PUNTO

definire + riassumere + classificare + memorizzare

LOSAI? RIPASSA CON LO SMARTPHONE

Il discorso si articola alternando **frasi semplici** indipendenti ad altre variamente **complesse** secondo le intenzioni comunicative e gli stili individuali. La sintassi della frase complessa studia i diversi modi in cui le frasi semplici (o **proposizioni**) si strutturano in frasi complesse (o **periodi**).

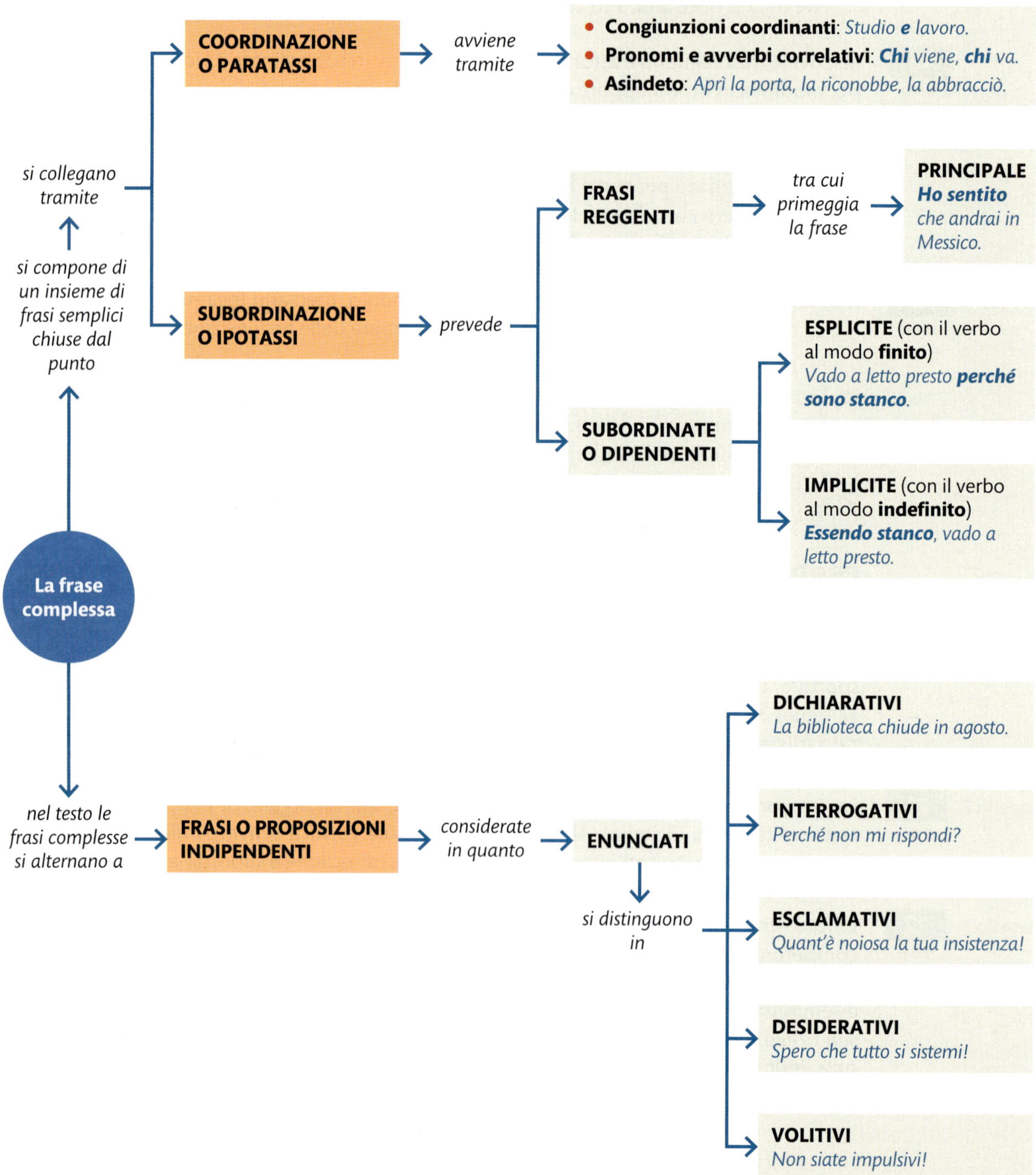

CONOSCENZE

1 **Indica se le seguenti affermazioni sono vere [V] o false [F].**

a. Una frase complessa raggruppa più frasi semplici. V F
b. Le frasi coordinate sono reciprocamente autonome. V F
c. La coordinazione tramite punteggiatura si dice polisindeto. V F
d. Una frase subordinata dipende sempre dalla principale. V F
e. La frase principale si riconosce perché sta all'inizio. V F
f. Le subordinate implicite hanno il verbo di modo indefinito. V F
g. Il valore espressivo degli enunciati è determinato soltanto dal loro contenuto. V F

ABILITÀ

2 **Nelle frasi seguenti sostituisci la congiunzione evidenziata con un'altra di analogo significato.**

a. Mi ha offeso senza ragione, così .... mi sono infuriato.
b. Avevi detto che Gaia non era il tuo tipo, eppure .... esci con lei.
c. Devo finire un progetto, quindi .... niente riposo anche per questo fine settimana.
d. Carlo ed io siamo in crisi, vale a dire che .... ci stiamo lasciando.

3 **Leggi il testo seguente, quindi completa l'analisi, scegliendo l'alternativa corretta tra le due proposte.**

Il sole si oscurò, il giorno divenne notte e un furioso temporale squassò il cielo e fece tremare la terra. Una pioggia torrenziale invase le strade, i torrenti straripararono allagando i campi coltivati. Poi, a poco a poco, la furia cessò e quando tornò il sereno apparve l'arcobaleno.

Il testo è formato da tre frasi complesse: la prima è costruita con frasi coordinate tramite **asindeto e polisindeto / congiunzioni**; la seconda contiene una subordinata dipendente **dalla principale / da una coordinata**; la terza presenta una coordinata collegata **alla principale / a una subordinata**.

4 **Fai l'analisi della seguente frase complessa, indicando grado e forma delle eventuali subordinate.**

Gli storici concordano sul fatto (..) che la lavatrice sia stata un elemento molto importante nella storia dell'emancipazione femminile (..), dal momento che, prima della sua diffusione, il lavaggio degli indumenti assorbiva una grande quantità del tempo e dell'energia delle donne (..), e che abbia influenzato la vita familiare (..) modificando i rapporti tra i generi (..).

5 **Tra i seguenti enunciati interrogativi, quale esprime una domanda di cui si conosce già la risposta?**

A Credi che non mi sia accorto di niente?
B Pensi che tra noi le cose possano migliorare?
C Per Ferragosto organizziamo un pranzo di condominio?

COMPETENZE

6 **Leggi con attenzione il brano, quindi svolgi le attività proposte.**

Io credo che la grammatica sia una via d'accesso alla bellezza. Quando parliamo, quando leggiamo o quando scriviamo, ci rendiamo conto se abbiamo scritto o stiamo leggendo una bella frase. Siamo capaci di riconoscere una bella espressione o uno stile elegante. Ma quando si fa grammatica, si accede a un'altra dimensione della bellezza della lingua. Fare grammatica serve a sezionarla, guardare com'è fatta, vederla nuda, in un certo senso. Ed è una cosa meravigliosa, perché pensiamo: "Ma guarda un po' che roba, guarda un po' com'è fatta bene!", "Quanto è solida, ingegnosa, acuta!". Solo il fatto di sapere che esistono diversi tipi di parole e che bisogna conoscerli per definirne l'utilizzo e i possibili abbinamenti è una cosa esaltante. Penso che non ci sia niente di più bello, per esempio, del concetto base della lingua, e cioè che esistono i sostantivi e i verbi. Con questi avete in mano il cuore di qualunque enunciato.

(M. Barbery, *L'eleganza del riccio*, trad. di E. Caillat e C. Poli, edizioni e/o, Roma, 2010)

COMPRENDI

Livello 1

1. ●○○ Sei d'accordo con l'affermazione dell'autrice che i sostantivi e i verbi sono *il cuore di ogni enunciato*? Motiva la tua risposta.

Livello 2

2. ●●○ Per l'autrice è sempre possibile riconoscere una bella frase. Secondo te, le frasi di questo brano possono dirsi *belle*? Rispondi, scegliendo l'alternativa che ritieni corretta.
   - A Sì, perché **sono formulate in ordine logico e ben collegato** / **sono ricche di subordinate**.
   - B No, perché **non sono chiare** / **sono troppo complesse**.

Livello 3

3. ●●● Sei d'accordo con l'autrice che fare grammatica equivale a sezionare la lingua? Motiva la tua risposta.

ANALIZZA

Livello 1

4. ●○○ Individua la frase semplice presente nel brano.
5. ●○○ Individua le frasi complesse formate da una principale e una subordinata.
6. ●○○ Individua la frase indipendente presente nel brano e indicane la tipologia.

Livello 2

7. ●●○ Individua almeno tre subordinate di forma esplicita e tre di forma implicita.
8. ●●○ Individua la frase complessa, presente nel brano, formata da una principale, una coordinata e una subordinata.
9. ●●○ Analizza l'ultimo periodo del brano indicando forma e grado delle subordinate.

Livello 3

10. ●●● Analizza il secondo periodo del brano indicando forma e grado delle subordinate.

PRODUCI

Livello 1 **11.** ●○○ Riscrivi la seconda parte del brano trasformando le frasi indipendenti in subordinate. Quale effetto hai ottenuto?

Livello 2 **12.** ●●○ Riscrivi il brano spezzando il maggior numero di periodi in frasi semplici. Quale effetto hai ottenuto? Motiva la tua risposta.

Livello 3 **13.** ●●● L'autrice pensa che la grammatica sia una via d'accesso alla bellezza. In ambito scolastico, potremmo, secondo te, parlare della "bellezza" nella geografia oppure nelle scienze, naturali o astronomiche? Esprimi liberamente le tue idee in un breve testo (max 8 righe). Al termine della stesura verifica quale stile hai adottato: hai usato prevalentemente frasi semplici o complesse, coordinate o subordinate?

CHE LINGUA PARLIAMO?

TRASFORMA E RIFLETTI

Livello 1 **7** ●○○

A COPPIE Nella scrittura contemporanea è diffusa la tendenza a spezzare le frasi in segmenti, anche molto brevi, riducendo al minimo la punteggiatura. Riscrivete il brano seguente collegando le frasi tra loro e inserendo i predicati e i segni di punteggiatura che ritenete necessari. Secondo voi, quale versione rende più facile la lettura? Motivate la vostra risposta.

Da piccola pensavo che le enciclopedie avessero un odore buonissimo. A casa ne avevamo un mucchio. Ce n'era una che si chiamava *Il libro della famiglia*. Un'opera composta di svariati volumi che contenevano articoli sulle cose più strane. Amavo sfogliare quei volumi. Per via di tutto quello che c'era scritto, ma forse anche perché erano belli al tatto. Sulle dita. Tra le mani. E avevano un profumo, sì. Mi piacevano. Tanto.

(A. Holt, *Quale verità*, trad. di M. Podestà Heir, Einaudi, Torino, 2014)

Livello 2 **8** ●●○

A COPPIE Il brano seguente è un esempio di stile veloce: una serie di frasi semplici separate dalla punteggiatura. Provate a riscriverlo collegando le frasi tramite congiunzioni opportune, in modo da ottenere un unico periodo. Secondo voi, quale versione risulta più efficace? Motivate la vostra risposta.

Maynard fece di nuovo quel sogno. Tre cavalieri in armatura, lanciati al galoppo in una carica furiosa. Non avevano l'aspetto di comuni mortali. Le loro teste erano completamente avvolte da aureole fiammeggianti, ognuna di un diverso colore. La prima bianca, la seconda rossa, la terza dorata. Attraversavano le tenebre stringendo in pugno dei misteriosi trofei, mentre le loro chiome danzavano nel vento come scie di comete.

(M. Simoni, *L'abbazia dei cento peccati. Codice Millenarius saga*, Newton Compton Editori, Roma, 2014)

Livello 3 **9** ●●●

A COPPIE Accademia della Crusca e Università di Pisa hanno collaborato per rendere più chiaro il linguaggio della matematica. Per esempio, in *dati due punti...* l'espressione *dati* è equivoca, meglio usare *Se noi abbiamo due punti*.
Ora suggerite voi una possibile semplificazione della frase seguente, quindi confrontatela con quella formulata dagli esperti, che vi leggerà l'insegnante:

Dati due poligoni qualsiasi possiamo affermare che sono congruenti quando hanno tutti i lati e tutti gli angoli ordinatamente congruenti.

("Il Corriere della Sera", 18 luglio 2012)

FACCIAMO IL PUNTO

ARRICCHIAMO IL LESSICO

In campeggio in montagna

a. Con alcuni amici hai in programma un'escursione in montagna con campeggio libero all'aria aperta. Per non incorrere in sanzioni, monterete le tende dopo il crepuscolo e le smonterete all'alba, e naturalmente... niente fuochi! Prima di partire controlli di avere preso il necessario: *tenda*, *sacco a pelo*, *borraccia*, *borsa termica*, *torcia*... Completa tu l'elenco degli oggetti di cui non puoi fare a meno, spiegando il loro uso per mezzo di brevi frasi complesse (per esempio, *porterei il cellulare per comunicare con il resto del mondo*...).

b. Il verbo "campeggiare", oltre ad "attendarsi all'aperto", quale altro significato ha? Se non lo conosci, cercalo sul dizionario.

c. L'escursione è stata faticosa, ma ne valeva la pena. Attingendo alla tua esperienza o documentandoti in vario modo, descrivi oralmente il percorso seguito, anche nei suoi aspetti naturalistici, e racconta episodi avventurosi o divertenti eventualmente capitati. Articola il tuo discorso in frasi sia semplici sia complesse.
Qualche suggerimento lessicale:

ambiente ~ paesaggio ~ territorio ~ sentiero ~ inoltrarsi ~ procedere ~ vegetazione ~ flora ~ piante ~ albero ~ animali ~ fauna ~ varietà ~ bosco ~ rocce ~ sassi ~ arrampicarsi ~ inerpicarsi ~ terreno ~ monte ~ cima ~ altitudine ~ grotta ~ esplorare ~ lago ~ fiume ~ torrente ~ guadare ~ orizzonte ~ orientarsi ~ pascolo ~ accidentato ~ impervio ~ imprevisto ~ tappa

d. All'alba esci dalla tenda e respiri a fondo. Vivere nella natura è un'esperienza unica: la luce, la quiete e il silenzio intensificano le sensazioni, liberano i pensieri. Esprimi le tue emozioni (stupore, sorpresa, turbamento, pace, gioia...) in un breve testo scritto (max 10 righe) costruito soltanto con frasi indipendenti (dichiarative, interrogative, esclamative).

UNITÀ

2 Le subordinate

IN QUESTA UNITÀ

- Che **funzione** svolgono le **subordinate**?
- In quali **tipologie** si raggruppano?
- Quali concetti esprimono le principali subordinate, **in parallelo** ai complementi corrispondenti?
- Quali sono le subordinate **più importanti**?
- Quali sono le caratteristiche del **discorso diretto** e **indiretto**? Com'è possibile passare dall'uno all'altro?
- **ARRICCHIAMO IL LESSICO** Lavoriamo sulla trasformazione dei **complementi** in **subordinate** e ci soffermiamo, in particolare, sull'**esperienza dello stadio**

PARTIAMO DAL TESTO

Leggi il brano e rispondi alle domande seguenti.

Nevicava di nuovo. Alla luce dorata dei lampioni i fiocchi di neve luccicavano come gemme: zaffiri giganti, diamanti, rubini e perle che qualcuno andava spargendo per terra, noncurante. Stavolta i fiocchi erano così grossi e numerosi che fui certa che avrebbero fatto presa. Per associazione mentale pensai alla caduta dei fiori di ciliegio in primavera. A bocca chiusa, per non disturbare Ryu, cominciai a canticchiare una canzona famosa quand'ero ragazzina, che parla di due innamorati che si ritrovano mentre intorno a loro cadono i fiori di ciliegio. [...] La neve dava a tutto quanto un senso di calma. E dava un senso al freddo, che non fosse una pura e semplice punizione celeste. Dentro di me, dove tutto era rimasto in silenzio così a lungo, si mosse qualcosa. Nulla più di un batter d'ali, come quello di un uccellino che si è risvegliato all'improvviso dopo un lunghissimo inverno.

(Rdhika Jha, *Confessioni di una vittima dello shopping*)

1. Individua le frasi **complesse** e, al loro interno, le frasi **semplici**.
2. Riconosci la **principale** in ogni frase complessa. Fai attenzione: due di esse sono "spezzate" dalla subordinata che vi è "incassata" (► p. 369).
3. Esamina le subordinate e stabilisci se sono tutte **esplicite** o se ne esistono anche di **implicite**.
4. Individua i **legami** che introducono le subordinate e, tra questi, distingui tra **congiunzioni**, **pronomi relativi e avverbi**, di cui uno con valore relativo.

1 La funzione e la tipologia delle subordinate

Dopo il lavoro, la corsa è salutare per il recupero psico-fisico.
→ Dopo aver lavorato, correre è salutare per recuperare la forma psico-fisica.

Qual è la differenza tra le due formulazioni? È evidente che si tratta dello stesso messaggio, solo che, in prima battuta, è espresso con una **frase semplice**. Questa, per rendere più ricco e articolato il discorso, viene poi ampliata in modo da crearne una **complessa**, le cui frasi **subordinate rispecchiano il ruolo** che **argomento** ed **espansioni** hanno all'interno di quella semplice.

L'esempio – più sotto illustrato dalle mappe – ci serve per comprendere come le **subordinate** assumano, nella frase complessa, una **funzione analoga** a quella che **soggetto** e **complementi**, interni al **nucleo** o **circostanziali**, svolgono nella **frase semplice**. Le subordinate dunque **completano** e definiscono meglio **le informazioni trasmesse dalla proposizione principale**, allo stesso modo in cui i **complementi perfezionano** e accrescono **il significato del verbo**.

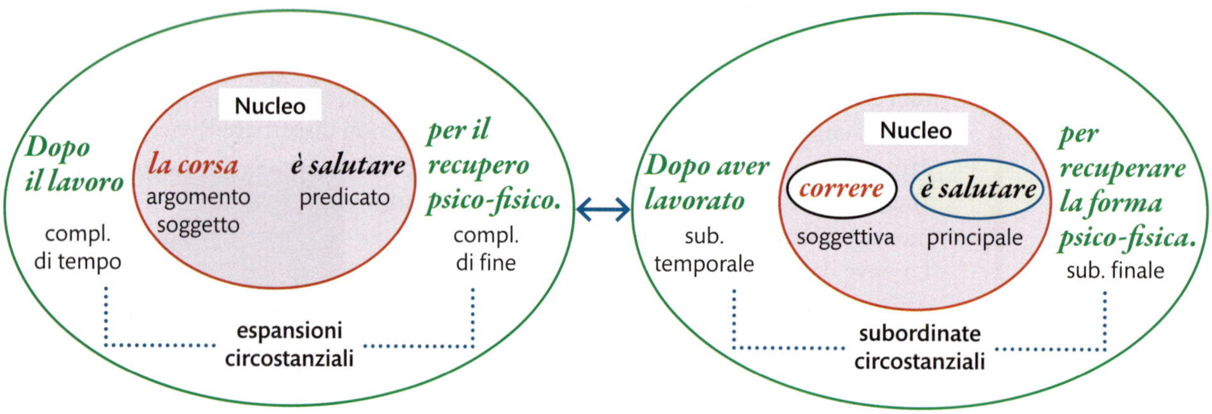

FRASE SEMPLICE FRASE COMPLESSA

A seconda della loro **funzione logica**, distinguiamo tra i seguenti **tipi di subordinate**:

- **completive**: svolgono la stessa funzione degli **argomenti** di cui rappresentano la trasformazione **interna al nucleo**. Il loro nome è dovuto al fatto che sono **essenziali** per **completare il significato della loro reggente** che, in questo caso, **non è autonoma** sul piano del significato. (> *È salutare...*? ovviamente questa frase principale non avrebbe senso se privata della completiva *correre*). A loro volta si classificano in:
  - **soggettive**: *A Giulia piace moltissimo* ***nuotare*** → *nuotare* svolge il ruolo di soggetto del verbo della reggente *piace*;
  - **oggettive**: *Desideriamo solo* ***che tu sia felice*** → *che tu sia felice* è l'**oggetto diretto** del verbo della reggente *desideriamo*; *Si pente* ***di essere stata impulsiva*** → *di essere stata impulsiva* è l'**oggetto indiretto** del verbo *si pente*;

  - **interrogative indirette**: *Ti chiedo* ***se è il caso di fare nuovi acquisti*** → *se è il caso...* rappresenta il contenuto della **domanda** in dipendenza dalla reggente *ti chiedo*;
  - **dichiarative**: *Molti hanno la convinzione* ***che siamo responsabili del nostro destino*** → *che siamo...* **chiarisce** il tipo di *convinzione*. Diversamente dalle altre completive, dipendono da un **nome** o da un **aggettivo**.
- **relative**: sono collegate a un nome e la loro funzione è simile a quella dell'**attributo** e dell'**apposizione**:
  Mi piacciono le storie (quali? di che tipo?) ***che appassionano.***
  Piero (chi? cosa fa?), ***che collabora con la coordinatrice,*** *ti introdurrà nel gruppo di lavoro*;
- **circostanziali**: esprimono le varie **circostanze** che **precisano** e **arricchiscono** le informazioni contenute nella principale o nella reggente. Come le **relative**, rappresentano una trasformazione **esterna** al nucleo che, rispetto alla frase subordinata, diventa il nucleo **centrale**. Corrispondono, come vedremo, ai principali **complementi indiretti / circostanziali**:
  Dopo aver lavorato... (quando? sub. **temporale**: precisa circostanze di tempo);
  ...per recuperare la forma psico-fisica (per quale scopo? sub. **finale**: indica l'obiettivo da raggiungere).

1.1 La concordanza di modi e tempi nelle subordinate

Per ogni subordinata indicheremo i **modi** e – dove lo richiedono i casi particolari – anche l'intreccio tra **modi** e **tempi**.

Le seguenti mappe servono per una consultazione rapida. Gli esempi forniscono un modello che, pur basandosi sulle **oggettive** (▸ p. 388), si può per lo più trasferire anche sulle altre subordinate. Per maggiori dettagli e in caso di dubbi si può consultare l'unità B1 (▸ pp. 96-117).

MODO INDICATIVO

MODO CONGIUNTIVO

Spero presente	**Anteriorità** *che tu **sia stata** bene / che tu **stessi** bene.*	→	Passato / imperfetto
	Contemporaneità *che tu **stia** bene.*	→	Presente
	Posteriorità *che tu, un domani, **stia** bene. (che **starai** bene.)*	→	Presente (indicativo futuro semplice)

Speravo / ho sperato / sperai / avevo sperato passato	**Anteriorità** *che tu **fossi stata** bene.*	→	Trapassato
	Contemporaneità *che **stessi** bene.*	→	Imperfetto
	Posteriorità *che **saresti stata** bene.*	→	Condizionale passato (futuro nel passato)

CONGIUNTIVO QUANDO LA REGGENTE È AL CONDIZIONALE

Preferirei presente	**Anteriorità** *che tu non mi **avessi cercato**.*	→	Trapassato
	Contemporaneità *che tu non mi **cercassi**.*	→	Imperfetto
	Posteriorità *che tu, d'ora in poi, non mi **cercassi**.*	→	Imperfetto

Avrei preferito passato	**Anteriorità** *che tu non mi **avessi cercato**.*	→	Trapassato
	Contemporaneità *che tu non mi **cercassi**.*	→	Imperfetto
	Posteriorità *che tu, il giorno dopo, non mi **cercassi**.*	→	Imperfetto

2 Le subordinate completive

2.1 Trasformare il primo argomento: la subordinata soggettiva

Forse è bello **avere una grande intelligenza** ma è più importante **scoprire un grande cuore**...

(adattamento dal film *A beautiful mind*, 2001)

Qual è il **soggetto** del predicato *è bello* che, insieme all'avverbio *forse* costituisce la principale? Non è un nome o un'altra parte del discorso, ma un'**intera frase**: la **subordinata soggettiva** *avere una grande intelligenza*. Dello stesso tipo è la frase *scoprire un grande cuore*, soggetto della coordinata *ma è più importante*.

La subordinata **soggettiva** svolge la funzione di **soggetto** del predicato della proposizione reggente se questo ne è privo. Ciò avviene quando è usato in **forma impersonale** per esprimere **giudizi**, **sensazioni** e **stati d'animo** o per riferire dei **fatti**.

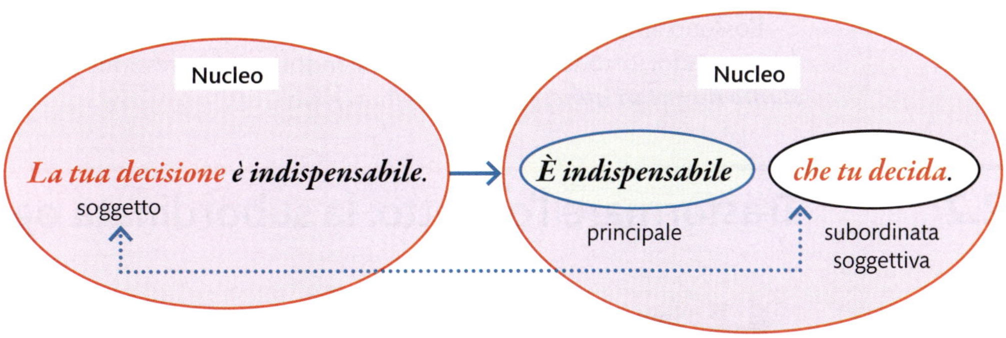

FRASE SEMPLICE

FRASE COMPLESSA

La **subordinata soggettiva** è retta **da verbi impersonali** o **usati impersonalmente** come:

- *sembra, pare, risulta, appare* seguiti o meno da un aggettivo in funzione predicativa: *Non mi pare vero* ***che siate qui con me***. *Ti risulta* ***che il nostro volo sia stato cancellato***?;
- *credere, pensare, raccontare, giudicare, temere, sperare, sapere, capire ecc.* usati con il ***si* impersonale**: *Si teme* ***che il clima del nostro pianeta sia sconvolto irrimediabilmente***;
- verbi in forma passiva usata impersonalmente alla 3ª persona singolare: *Ci è stato raccomandato* ***di evitare le autostrade affollate***;
- dal verbo ***essere*** alla 3ª persona singolare + un **nome**, un **aggettivo**, un **avverbio** (*è opportuno, è giusto, è il caso, è necessario, è bene, è bello, è ora* ecc.): *È bello* ***che tu sia così disponibile al confronto***. *Non è forse il caso* ***di chiudere le finestre con questa pioggia***?;

- *accade, avviene, succede, capita, bisogna, occorre, rincresce, spiace, stupisce*: *Capita* ***di sentirsi inadeguati****. Spiace* ***che tra noi ci siano ancora malintesi****.*

Nella forma esplicita la **soggettiva** è introdotta dalla congiunzione ***che*** (ma non sempre: *Pare* ***stia per piovere***) con il verbo al modo:

- **indicativo**, se il predicato della reggente esprime certezza: *È chiaro* ***che non mi approva***;
- **congiuntivo**, quando il predicato della reggente esprime possibilità, dubbio, timore, speranza: *È improbabile* ***che ci paghino gli straordinari***.
  Il congiuntivo si usa anche quando la reggente è **negativa** (***Non*** *mi sembra proprio* ***che tu mi stia ascoltando!***) e in dipendenza di **locuzioni** e **verbi** come *è normale, è giusto, è importante, è necessario, stupisce*: *È importante* ***che ciascuno cerchi il proprio benessere***;
- **condizionale**, quando ciò che viene espresso dipende da una condizione, esplicita o meno: *È ovvio* ***che viaggerei volentieri****, se solo me lo potessi permettere*; quando esprime posteriorità rispetto al tempo passato della reggente: *Si sapeva* ***che la partita sarebbe stata annullata*** (▸ p. 109).

Nella forma implicita ha il verbo all'**infinito**, introdotto o meno dalla preposizione ***di***:

Non ti sembra ***di esagerare?***
È meglio ***affrontare i problemi uno alla volta****.*

La posizione rispetto alla principale

Solitamente le **soggettive seguono** la **principale**; questo accade in presenza di verbi come *basta, piace, dispiace, bisogna, succede* ecc. o di espressioni copulative come *è giusto, pare corretto* ecc. (*Bisogna* ***aiutare gli altri****; È giusto* ***che tu mi aiuti***).

Possono anche **anticiparla**, quando hanno il verbo all'infinito (***Lamentarsi*** *è inutile*) o quando, introdotte dal ***che***, sottintendono un'espressione più ampia ([*Il fatto*] ***Che siamo diventati amici*** *significa molto per me*).

2.2 Trasformare l'oggetto: la subordinata oggettiva

Ho imparato **che si deve fare appello a un certo grado di umiltà e indulgenza** quando si giudicano i meccanismi del cuore di un'altra persona.
(K. Hosseini, *E l'eco rispose*)

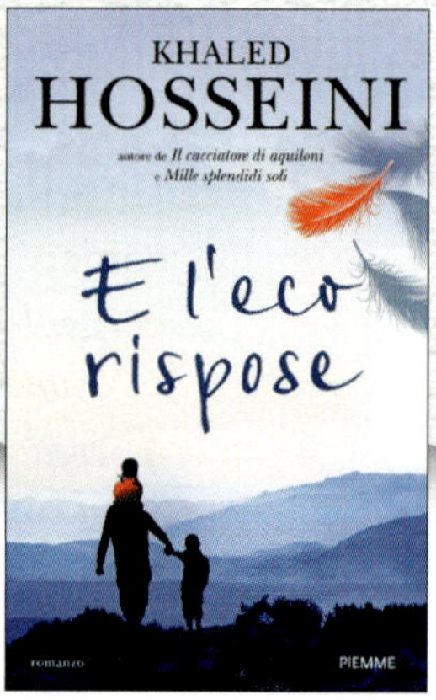

Che cosa ha imparato il protagonista? L'**oggetto diretto** del suo apprendimento (*umiltà e indulgenza*) è espresso con una **subordinata oggettiva** *che si deve fare appello...*

La **subordinata oggettiva diretta** svolge la funzione di **complemento oggetto** rispetto al **predicato** della proposizione reggente.

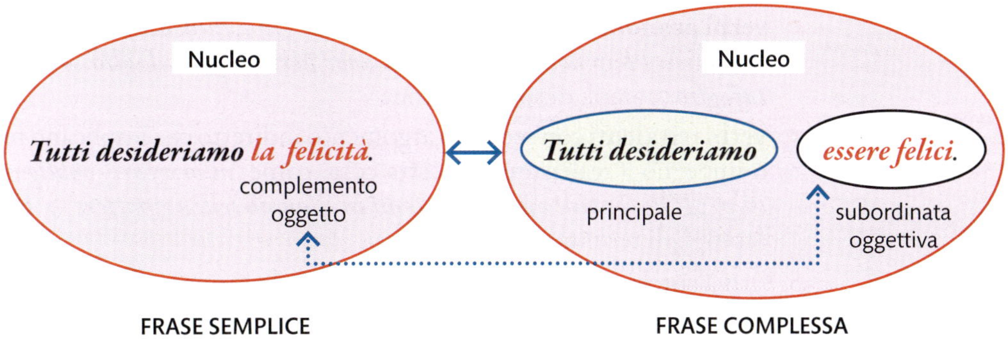

Dipende da verbi **transitivi** che:

- **affermano** o **dichiarano** (*affermare, negare, dire, dichiarare, comunicare, raccontare, sapere, scrivere, telefonare, annunciare, informare, riferire* ecc.): *Ti comunico* ***che mi cancellerò da facebook***;
- esprimono **giudizio**, **opinione**, **dubbio** (*credere, pensare, essere certi, rendersi conto, dubitare, supporre, immaginare, sospettare* ecc.): *Sono certa* ***che imparerai in fretta***;
- riguardano la **percezione** o il **ricordo** (*sentire, avvertire, percepire, vedere, avere la sensazione, accorgersi, ricordare, dimenticare* ecc.): *Sento* ***che qualcosa ti turba***;
- esprimono **volontà**, **desiderio**, **timore**, **speranza**, **ordine**, **divieto**, **stati d'animo** (*volere, desiderare, sperare, temere, vietare, impedire, concedere, promettere, compiacersi, rallegrarsi, dispiacersi, essere felice / lieto / dispiaciuto* ecc.): *Spero* ***che tu mi raggiunga al mare.***

Nella forma esplicita la subordinata oggettiva è solitamente introdotta dalla congiunzione ***che*** e ha il verbo al modo:

- **indicativo**, se il predicato della reggente esprime certezza: *Capisco* ***che ho sbagliato***;
- **congiuntivo**, quando il predicato della reggente esprime possibilità, dubbio, timore, speranza: *Speriamo* ***che il livello di occupazione aumenti***;
- **condizionale**, quando ciò che viene espresso ha un valore di ipotesi: *Mi ha suggerito* ***che potrei fare un abbonamento teatrale scontato***; o quando il fatto è collocato in un tempo futuro rispetto al passato della principale (▸ p. 109): *Mi resi conto* ***che quella scalata sarebbe stata troppo impegnativa.***

Nella forma implicita è introdotta dalla preposizione ***di*** o ***a*** con il verbo all'**infinito**: *Sospetto* ***di aver sbagliato strada.***

Solitamente, la forma implicita si usa solo quando il soggetto dell'oggettiva coincide con quello della reggente. Se i soggetti sono diversi, è comunque possibile in dipendenza da:

- **verbi** di **volontà** come *comandare, concedere, proibire*: *Ti proibisco* ***di rispondermi sgarbatamente***;
- **verbi** che esprimono **percezione**, come *udire, sentire, guardare, vedere*, che però **non richiedono** la preposizione ***di***: *Sento* ***arrivare il temporale***.

• La subordinata oggettiva indiretta

La **subordinata oggettiva indiretta** completa il significato della reggente allo stesso modo della proposizione **oggettiva**, ma **non corrisponde** a un **complemento oggetto**. Dipende infatti da forme verbali che funzionano sempre, o anche, **intransitivamente**, come le seguenti:

- **verbi bivalenti** con secondo argomento **indiretto**, come *mirare, propendere, rinunciare, aspirare, giovare*: *Gloria aspira* ***a ottenere il massimo dei voti*** → ***al massimo dei voti*** (compl. di fine);

- **verbi pronominali bivalenti**, come *accorgersi, dimenticarsi, ricordarsi, abituarsi, preoccuparsi*: *Piero non si è accorto* ***di aver perso il portafoglio*** → ***della perdita del portafoglio*** (compl. di specificazione);
- **verbi trivalenti** con secondo argomento indiretto che implicano una sorta di obbligo o impegno a realizzare una certa cosa, come *autorizzare, obbligare, costringere, abituare*: *L'ho convinta* ***ad ascoltarmi in silenzio*** *senza ribattere* → ***all'ascolto silenzioso*** (compl. di termine).

Si forma con le preposizioni ***di, a*** + **infinito**; la forma esplicita è meno frequente: *Mi sono dimenticata* ***che oggi è il tuo compleanno.***

HAI CAPITO?

Nelle seguenti frasi complesse, distingui le subordinate **oggettive dirette** dalle **indirette**.

a. Sergio si è pentito di aver scelto la Cina come meta di viaggio.
b. Devi abituarti a fare una prima colazione abbondante.
c. Desideriamo che tu ti senta come a casa tua.
d. Preferisco che tu non esca con questa tempaccio.
e. Mi sono preoccupato di non riuscire a raggiungerti in tempo.

ADESSO TOCCA A TE

▶ Capitoli 1, 2.1, 2.2

INDIVIDUA

Livello 1

1 ●○○ **In ognuna delle frasi seguenti indica se la subordinata evidenziata ha funzione di argomento [A] oppure esprime una circostanza [C].**

a. Per evitare il traffico è indispensabile partire di buon mattino. A C
b. Mentre io preparo il caffè, tu finisci di vestirti. A C
c. Trovo stimolante conoscere usanze e costumi diversi. A C
d. Ho dimenticato il cellulare perché andavo di fretta. A C
e. Oggi giorno non è facile trovare casa in affitto. A C
f. Mi alzerò un po' prima per ripassare la lezione. A C

2 ●○○ **Quali tra le seguenti frasi contengono una subordinata soggettiva?**

A Mi capita di sognare di volare nello spazio.
B Tutti vorremmo che la vita fosse semplice.
C A chiunque succede di sbagliare.

3 ●○○ **Sottolinea le subordinate oggettive presenti in 5 delle frasi seguenti.**

a. A volte dico a Oscar di fare la spesa, ma se ne dimentica.
b. Nell'*Odissea* si narra il ritorno di Ulisse dalla guerra di Troia.
c. Quando ci siamo salutati, ha promesso di richiamarmi.
d. Vedo con piacere che tutto si è risolto per il meglio.
e. Non aspettarti che ti chieda scusa.
f. Ritengo che in italiano siate ben preparati.

Livello 2

4 ●●○ **Nelle frasi seguenti sottolinea le subordinate oggettive e soggettive, quindi indicane la forma: esplicita [E] o implicita [I].**

a. È necessario mettere un freno alle spese. E I
b. Ho appreso che ci sarà una partita di beneficenza. E I

c. Abbiamo deciso di trascorrere il Ferragosto in città. E I
d. Che aria tiepida, si sente arrivare la primavera. E I
e. È giusto che i ragazzi frequentino i coetanei. E I
f. Molti pensano che conti più l'apparenza della sostanza. E I
g. È dimostrato che il gioco crea dipendenza psicologica. E I

Livello 3 **5** ●●●

Nelle frasi seguenti sottolinea e distingui oggettive dirette [1] e indirette [2].

a. Ci siamo pentiti di avere acquistato un'auto usata. 1 2
b. Greta è convinta che supererà i quarti di finale. 1 2
c. Ogni tuffatore spera di fare uno splendido buco nell'acqua. 1 2
d. Mi sono accorta troppo tardi di essere stata truffata. 1 2
e. Ormai dispero di ritrovare l'anello perso in piscina. 1 2
f. Elio afferma di non sapere nulla degli sms che ricevo. 1 2

LAVORA CON LE PAROLE

Livello 1 **6** ●○○

A COPPIE In ognuna delle frasi seguenti trasformate la soggettiva evidenziata in un argomento soggetto.

a. Tra compagni ci si augura che tu sia promosso. > la tua promozione.
b. Alla riunione sarebbe utile che fossero tutti presenti.
c. Che tu pianga rivela il tuo dolore.
d. Sarebbe bello che aprissero una multisala.
e. Scendere lungo una parete rocciosa non è da tutti.
f. In autunno è consigliabile potare gli alberi.

7 ●○○

A COPPIE In ognuna delle frasi seguenti trasformate l'oggettiva evidenziata in un complemento oggetto.

a. Gaia ci ha annunciato che si è fidanzata.
b. Aspettando che arrivassi, ho mangiato un gelato.
c. L'imputato proclamò di essere innocente.
d. Alle auto è vietato transitare nel centro storico.
e. Abbiamo deciso di suddividere la spesa in parti uguali.
f. I cittadini temono che aumentino le tasse locali.
g. Gli archeologi hanno deciso di proseguire gli scavi a Ostia antica.

Livello 2 **8** ●●○

A COPPIE In ognuna delle frasi seguenti trasformate la parte evidenziata in una subordinata soggettiva.

a. Era noto l'interesse di Lucio per la musica.
b. È auspicabile un calo delle tariffe telefoniche.
c. È comprensibile il vostro desiderio di indipendenza.
d. Era evidente la felicità dell'allenatore per il risultato della partita.
e. È probabile il rinvio dei lavori previsti.
f. A volte la visione di un film comico scaccia i pensieri tristi.

9 ●●○

A COPPIE In ognuna delle frasi seguenti trasformate la parte evidenziata in una subordinata oggettiva.

a. Tutti hanno notato la tristezza di Rosa.
b. Non ricordo l'intervento del Sindaco all'assemblea di quartiere.

c. Gianni promise la restituzione del prestito entro breve tempo.
d. Anita dichiarò la sua disponibilità a fare un'offerta.
e. Vari deputati decisero l'astensione dal voto.
f. Sul vostro progetto, confesso la mia perplessità.

10 ●●○ **Nelle frasi seguenti trasforma, quando possibile, le subordinate oggettive da esplicite in implicite.**

a. Mi dispiace che tu non mi abbia trovato in casa.
b. La vittima sostenne che era stata minacciata dai rapinatori.
c. La cassiera non si è accorta che ha sbagliato il resto.
d. Vorrei che il professore fosse meno severo.
e. Non trovo la chiave dell'auto, eppure ricordo che l'ho messa in tasca.
f. Pensavo che mi sarei divertito, invece il concerto è stato deludente.

Livello 3 **11** ●●● **Completa le seguenti mappe che illustrano la trasformazione delle frasi semplici in complesse.**

a. Dopo i pasti una passeggiata aiuta la digestione.

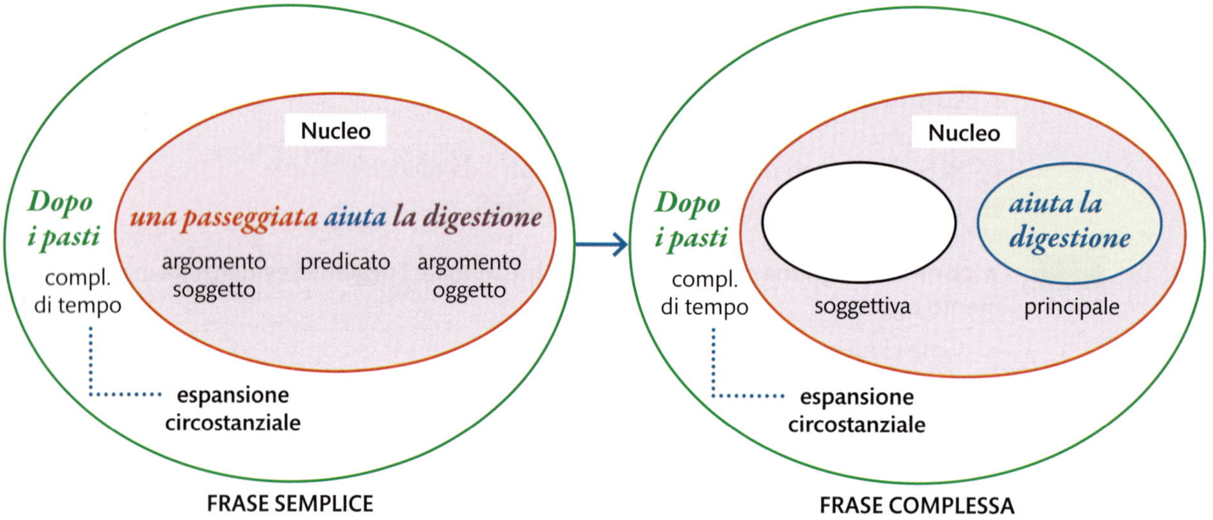

b. A volte fa piacere un confronto con persone diverse.

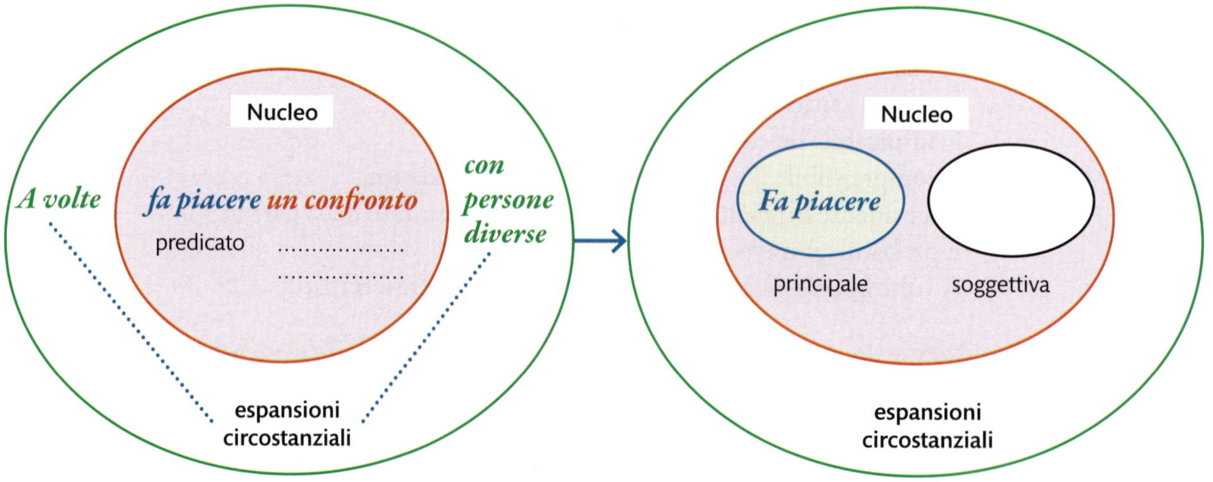

c. Dispiace la tua assenza da scuola per malattia.

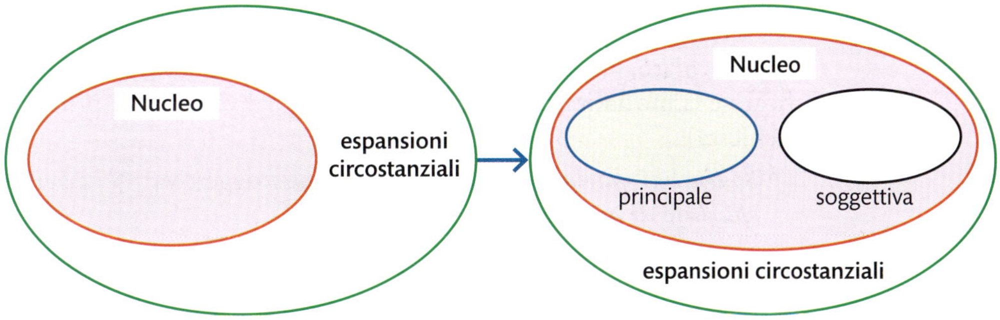

12 ●●● **Riscrivi le frasi seguenti trasformando le soggettive e le oggettive implicite in esplicite (fai attenzione ai modi e tempi verbali).**

a. Agli operai fu ordinato di terminare il lavoro entro sera.
b. Il bidello non ha permesso a Bianca di entrare perché era in ritardo.
c. È urgente riparare questa perdita d'acqua.
d. Dario dichiarò di aderire allo sciopero.
e. Il cielo si è rannuvolato, sembra piovere.

2.3 Formulare una domanda in modo indiretto: la subordinata interrogativa indiretta

«Mi domando» disse «**se le stelle sono illuminate** perché ognuno possa un giorno trovare la sua».

(A. de Saint-Exupéry, *Il piccolo principe*)

Il protagonista del famoso libro si pone una domanda (*se le stelle sono illuminate*) e la formula **indirettamente**, facendola **dipendere** da un verbo che introduce appunto un **interrogativo**: *Mi domando...* (principale).

La subordinata **interrogativa indiretta** pone una **domanda** o un **dubbio** in forma **indiretta, completando** così il significato della reggente che la introduce.

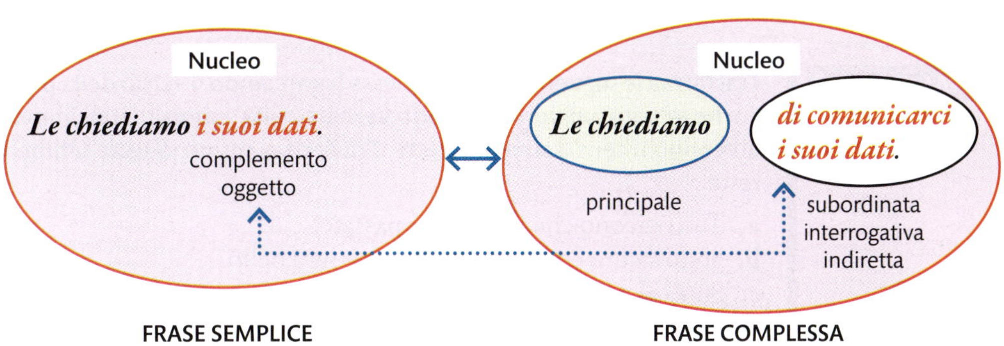

Corrisponde, nel discorso **riportato**, a un'analoga domanda **diretta**: ***Ci fornisce, per favore, i suoi dati?***

Si tratta di una subordinata **completiva** che può essere assimilata all'**oggettiva**, e ciò appare chiaro, per esempio, nelle seguenti formulazioni, dove ciò che cambia è il significato e la **modalità comunicativa** espressa dal verbo della principale (enunciazione o richiesta):

So ***che hai sparlato di me***. (enunciazione / oggettiva) → *Vorrei sapere* ***se hai sparlato di me***. (richiesta / int. indiretta)

L'interrogativa indiretta dipende da **verbi** o **locuzioni** che esprimono:

- una **domanda**, come *chiedere, domandare, voler sapere, informarsi*;
- **dubbio** o **incertezza**, come *dubitare, ignorare, non sapere, avere il dubbio, essere in dubbio / incerto / perplesso*;
- **affermazioni** o **dichiarazioni**, come *dire, spiegare, raccontare, essere curioso, far sapere, non voler sapere*.

È introdotta:

- da **pronomi** o **aggettivi interrogativi** (*chi, che cosa, quale* ecc.):
  Ignoriamo ***a chi dobbiamo rivolgerci***.
- da **avverbi** e **locuzioni avverbiali interrogative** (*come, quanto, dove, perché* ecc.):
  Mi sono sempre chiesta ***come mi giudicavi***.
- dalla **congiunzione *se***:
  Sappimi dire ***se domani cenerai da noi***.

Nella forma esplicita ha il verbo al modo:

- **indicativo**, quando si richiede semplicemente un'informazione:
  Spiegatemi ***come avete potuto dimenticarvi del nostro impegno***.
- **congiuntivo**, quando il verbo della reggente esprime dubbio o è in forma negativa:
  Ignoravamo ***quale fosse la sua vera intenzione***. *Non so* ***se tu abbia davvero fiducia in me***.
- **condizionale**, quando il fatto è condizionato al verificarsi di altri, anche non esplicitati: *Mi chiedo* ***se sapresti cavartela senza di me*** [ma manca la verifica]; o quando l'azione è posteriore rispetto al verbo al passato della reggente (▸ p. 109): *Non potevamo sapere* ***chi di noi avresti preferito***.

Nella forma implicita ha il verbo all'**infinito**; si usa questa forma solo se il soggetto è lo stesso della reggente: *Mi chiedevo* ***quale direzione prendere***.

Le interrogative indirette possono formulare **richieste alternative**, come avviene nelle interrogative **dirette disgiunte** (▸ p. 373): *Vorremmo sapere* ***se mangerete a casa*** *o* ***se andrete al ristorante***.

HAI CAPITO?

Trasforma le seguenti frasi complesse (cambiando il verbo della principale e, se occorre, anche le congiunzioni e il modo verbale della subordinata), in modo che le oggettive diventino interrogative indirette. Trasforma, infine, queste ultime in interrogative dirette.

a. Tutti dicono che il peggio è passato.
b. Sono sicuro che domani il tempo sarà bello.
c. Sono al corrente di ciò che farai.
d. Immagino che cosa pensi di me.

2.4 Completare e chiarire un elemento nominale: la subordinata dichiarativa

... non ho la <u>convinzione</u> **che alla fine delle mie mani debba comunque cominciare una musica...**
(Max Gazzè, *La cosa più importante*)

Che tipo di *<u>convinzione</u>* esprime il cantante? Per saperlo è necessario dare un **contenuto** chiarificatore a questo nome, altrimenti di significato incompleto, tramite una **subordinata dichiarativa**: *che alla fine... debba comunque cominciare una musica...*

La **subordinata dichiarativa** è una frase **completiva** che chiarisce il significato di **elementi nominali** presenti nella reggente.

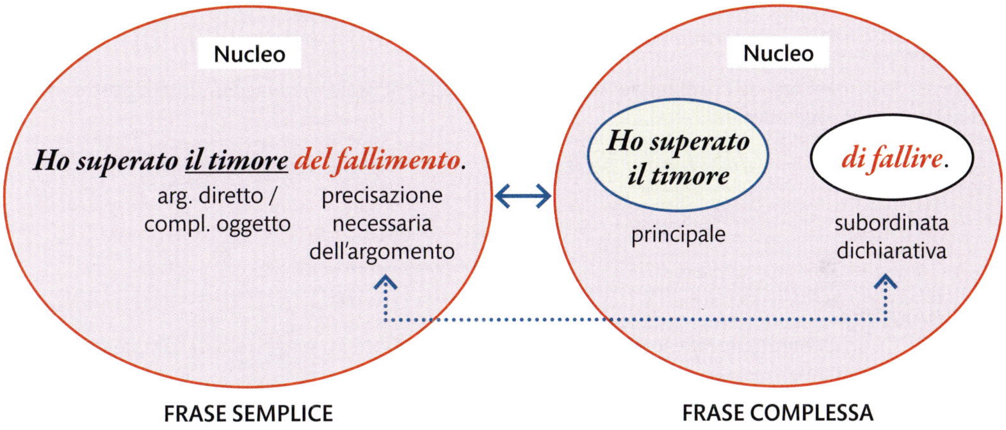

Gli elementi da cui dipende, chiarendone il contenuto, sono **nomi** o **aggettivi** che esprimono una **consapevolezza**, una **condizione**, una **disposizione d'animo**, quali *convinzione, pensiero, fatto, consenso, fortuna, desiderio, timore, speranza*; *convinto, desideroso, timoroso, speranzoso, certo, sicuro*:

Mi rassicura il <u>pensiero</u> ***che nessuno è mai del tutto solo.***
Il <u>fatto</u> ***di aver abitato all'estero*** *ci ha resi molto più aperti.*
Sara ha la <u>fortuna</u> ***di abitare vicino a un grande parco.***
Il <u>timore</u> ***di offendere qualcuno*** *mi toglie spontaneità.*
Siamo <u>desiderosi</u> ***di ospitarti.***

La dichiarativa può dipendere anche da un **pronome dimostrativo** che viene anticipato:

<u>Questo</u> [fatto] *mi infastidisce di te:* ***che non rispondi alle e-mail e ai messaggi.***

Nella forma esplicita è introdotta dalla congiunzione ***che*** e ha il verbo al modo:

- **indicativo** se, nella reggente, il fatto è presentato come certo, reale:
  Ho la <u>certezza</u> ***che saprai cavartela in ogni situazione;***

- **congiuntivo**, se ciò che viene espresso è incerto:
  Lo infastidiva il dubbio ***che gli avessero mentito.***
- **condizionale**, se quanto affermato esprime un desiderio:
  Abbiamo l'impressione ***che si fermerebbe volentieri da noi almeno un mese.***

Nella forma implicita è introdotta dalla preposizione ***di*** (anche se non sempre) con il verbo all'**infinito**:

Ho la sensazione ***di averti già vista.***

PER SAPERNE DI PIÙ

Soggettiva, oggettiva o dichiarativa?

Distinguere con sicurezza tra le varie **completive** non è sempre facile. Lasciando da parte **l'interrogativa indiretta** che è più chiaramente riconoscibile perché implica qualche tipo di **domanda** o di **dubbio** (ed è trasformabile in un'interrogativa diretta), puntualizziamo, nella mappa, gli aspetti distintivi delle altre tre.

SOGGETTIVA

Dipende sempre dal verbo **impersonale** di una reggente, svolge dunque il ruolo di **soggetto** che, infatti, è assente:

Per molti è giusto ***che l'Europa sia più unita.***

Impersonale

OGGETTIVA

Il **verbo** della reggente, da cui dipende, **ha il soggetto**; svolge il ruolo di **complemento oggetto** (o di un complemento indiretto se è un'oggettiva indiretta):

Molti ***leader*** *politici auspicano* ***che l'Europa sia più unita.***

soggetto

= *una maggiore unità dell'Europa*

complemento oggetto

DICHIARATIVA

Dipende da un elemento nominale della reggente che ha funzione di soggetto o di complemento oggetto; chiarisce il contenuto di tale elemento:

Abbiamo tutti la convinzione ***che l'Europa debba essere più unita.***

nome / compl. oggetto

precisa di quale convinzione si tratta; sviluppa il compl. **oggetto** della reggente

La convinzione ***che l'Europa debba essere più unita*** *è molto condivisa.*

nome/soggetto

il contenuto della convinzione sviluppa l'argomento **soggetto**

HAI CAPITO?

Trasforma l'espressione nominale evidenziata nelle **subordinate corrispondenti** e classificale.

a. La speranza **della promozione** mi fa studiare con impegno.
b. Giulia si è pentita **della sua risposta impulsiva.**
c. Ci si aspetta **la tua partecipazione all'evento.**
d. Gradirei **un ringraziamento da parte di Claudio.**

ADESSO TOCCA A TE

▶ Capitoli 2.3, 2.4

INDIVIDUA E ANALIZZA

Livello 1

1 ●○○ **Sottolinea le interrogative indirette presenti in 5 delle frasi seguenti.**

a. Mia madre chiede sempre con chi esco.
b. Vorrei sapere da dove proviene questo rumore.
c. Un turista domandò all'autista quale fosse la fermata del Colosseo.
d. Raccontami di quando sei stato in Svezia.
e. Ditemi se preferite vino rosso o bianco.
f. Non so se gli UFO esistono, molti lo credono.

2 ●○○ **Tra le subordinate evidenziate nelle frasi seguenti, quale dipende da un nome?**

A Dante ha una grande fortuna: che ha un buon impiego.
B È una fortuna che Dante abbia un buon impiego.
C Penso che avere un buon impiego sia una fortuna.

3 ●○○ **Analizza i periodi seguenti, in cui sono presenti tutti i tipi di completive, secondo il modello di p. 438.**

a. Nei momenti difficili avrei desiderato averti accanto.
b. Sono sicuro che ogni persona ha pregi e difetti.
c. Basta che tu non ripeta lo stesso errore.
d. Mi domando quanti di voi siano interessati alle mie lezioni.
e. Pretendo che in classe tutti siano collaborativi.

Livello 2

4 ●●○ **Nelle frasi seguenti sottolinea le subordinate dichiarative.**

a. Promettimi almeno questo: non prendere decisioni senza riflettere.
b. Ti dico che ho un presentimento: presto incontrerò l'anima gemella.
c. Il fatto che nessuno di voi ami il calcio è strano.
d. A Maia è rimasta l'amarezza di avere perso un'amica.
e. Mi sconvolge il pensiero che milioni di persone siano vittime di guerre.

5 ●●○ **Analizza i periodi seguenti, in cui sono presenti tutti i tipi di completive, secondo il modello di p. 438.**

a. Acquistare prodotti e servizi online è vantaggioso.
b. Non sono certo di avere fatto la scelta giusta.
c. Si sa che è proibito fumare nei luoghi pubblici.
d. Scusate, ma ho il dubbio che la vostra fiducia sia mal riposta.
e. Non capisco perché tu sia così impaziente.

Livello 3

6 ●●● **Nelle frasi seguenti sottolinea e distingui le completive: soggettiva [S], oggettiva [O], interrogativa indiretta [I], dichiarativa [D].**

a. Capita di dimenticare a casa i compiti. ☐
b. Domanda a quel vigile se può indicarci un parcheggio. ☐
c. Il fatto nuovo è che mi sono innamorato. ☐
d. Vedemmo arrivare Mirco sudato e trafelato. ☐
e. Si ipotizza che la causa dell'incidente sia stata la velocità elevata. ☐
f. Non so come documentarmi per la ricerca di scienze. ☐

7 ●●● **Analizza i periodi seguenti, in cui sono presenti tutti i tipi di completive, secondo il modello di p. 438.**

a. Gira questa voce, che cambierai scuola.
b. Il ladro tentò di fuggire, ma fu bloccato dalle forze dell'ordine.
c. Sono di questo parere: che la solidarietà sia un dovere sociale.
d. "Giuro di essere fedele alla Repubblica italiana e di osservare la Costituzione e le leggi dello Stato".
e. Capita di avere la sensazione che stia per succedere qualcosa.
f. Da bambino contava solo il presente, non mi chiedevo come sarebbe stato il futuro.
g. Pensavo che mi sarei divertito, invece la gita scolastica è stata noiosissima.
h. Non mi è ben chiaro che cosa tu voglia da me.

LAVORA CON LE PAROLE

Livello 1 **8** ●○○ **In ogni frase seguente trasforma l'espressione evidenziata in una subordinata interrogativa indiretta.**

a. Non è elegante chiedere l'età a una signora.
b. Il paziente domandò al medico i risultati degli esami clinici.
c. Dimmi la ragione del tuo imbarazzo.
d. Vorrei sapere il costo di un volo per Sidney.
e. Dubito circa l'efficacia di questo sciroppo per la tosse.
f. Ricordati di domandare la scadenza del bando di concorso.
g. Devo informarmi sugli orari di apertura della piscina.

Livello 2 **9** ●●○ **Riscrivi le frasi seguenti trasformando l'espressione evidenziata in una subordinata dichiarativa. Se occorre, aggiungi nomi, aggettivi o pronomi opportuni.**

a. Con coraggio Guido ha superato la paura del volo.
b. In te mi infastidisce la superficialità.
c. Considero intollerabile la mancanza di rispetto verso le donne.
d. Ho dei dubbi sull'opportunità di una nomina di Fabio a dirigente.
e. L'elemento negativo di questa spiaggia è l'assenza di strutture per bambini.
f. Nutriamo tutti la speranza della promozione a giugno.
g. Mi ha messo in grande difficoltà il trasferimento da Roma a Milano.

Livello 3 **10** ●●● **Riscrivi le seguenti frasi complesse trasformando le subordinate dichiarative in elementi nominali, in modo da ottenere frasi semplici.**

a. L'idea è questa: allestire una mostra mercato con oggetti creati dagli studenti.
b. Sono felice di questo fatto: che vi siate riconciliati.
c. Di questo sono persuaso: che la violenza è inutile.
d. È apprezzabile il fatto che ti impegni in modo costante.
e. Non mi aspettavo davvero questo: che ti ritirassi dal torneo di scacchi.
f. Mi fa piacere il fatto che tu sia sincero nei miei confronti.
g. Non mi sarei mai aspettato questo: che la mia squadra fosse sconfitta ai rigori.

3 Aggiungere informazioni: la subordinata relativa

Avevo conosciuto la rivoluzione, **che mi aveva fatto perdere una parte della mia famiglia.** Ero sopravvissuta a una guerra **che mi aveva allontanata dal mio paese e dai miei genitori**... e fu una banale storia d'amore a farmi quasi morire

(M. Satrapi, *Persepolis*)

A quali termini – presenti nelle rispettive reggenti – si riferiscono le **proposizioni relative** evidenziate? A due **nomi**: *rivoluzione* e *guerra* a cui si collegano tramite il **pronome relativo** ***che***, nomi di cui **precisano** le **caratteristiche**.

La **subordinata relativa** mette in **relazione** due frasi, riprendendo un elemento **nominale** della reggente, detto **antecedente**, per **determinare** o **arricchire** il suo **significato**. Nella frase complessa, svolge una funzione analoga a quella dell'**attributo** o dell'**apposizione** che, nella frase semplice, sono espansioni **legate al nucleo**.

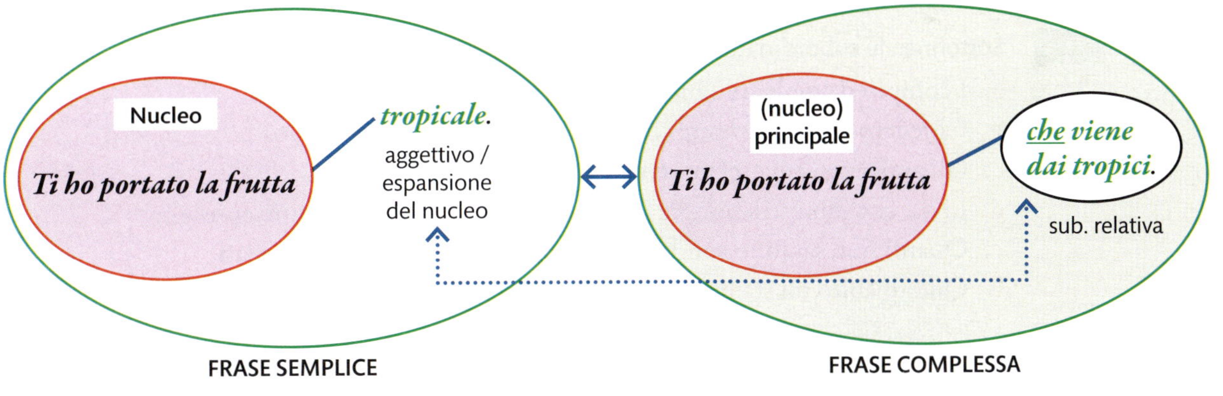

• I due tipi di relativa: restrittiva e appositiva

A *I luoghi* ***che abbiamo visitato insieme da giovani*** *mi sono rimasti nel cuore.*

B *I luoghi della nostra giovinezza,* ***che ricordo con nostalgia,*** *saranno la meta del mio viaggio.*

C'è qualche differenza tra le due relative?

La relativa **A** è **necessaria** per il cogliere il significato dell'antecedente, infatti lo **identifica** tra i tanti possibili *luoghi* di cui "restringe il campo"; per questo si chiama **restrittiva.**

La relativa **B** si limita ad **aggiungere informazioni**, che sono comunque importanti per la compiutezza del messaggio, ed è detta **appositiva.** In questo secondo caso, al contrario del primo, va isolata dalla virgola che ne sottolinea la funzione di "aggiunta".

La subordinata relativa è introdotta da **pronomi relativi** e **misti** riferiti all'**antecedente**, come ***che***, ***il quale***, ***cui***, ***chi***, ***chiunque***, o da **avverbi** quali ***dove***, ***ovunque***, ***dovunque***:

Ho finalmente visto il film ***che è stato premiato a Cannes.***
Sto cercando ***chi mi può sistemare il computer.***
I boschi ***dove si trovano i funghi*** *sono troppo lontani.*

Nella forma esplicita ha il verbo al modo:

- **indicativo**, se si esprime un fatto sentito come reale:
  Salirò sull'aereo ***che parte alle dodici.***
- **congiuntivo** e **condizionale** se il fatto è visto come eventuale, desiderato, temuto:
  Vorrei parlare con qualcuno ***che mi capisca.***
  Ho conosciuto un ragazzo ***che potrebbe piacermi.***

Nella forma implicita ha il verbo al **participio**, **presente** e **passato**, o all'**infinito** introdotto dalle preposizioni ***da***, ***a***, o dal **pronome relativo** usato come complemento indiretto:

Il volo ***proveniente*** (che proviene) *da Madrid è stato cancellato.*
I soci ***coinvolti*** (che sono coinvolti) *nell'affare non hanno guadagnato nulla.*
Un obiettivo ***da realizzare*** (che deve essere realizzato) *è la tolleranza reciproca.*
È stato il primo ***a essere interrogato.***
Ci sono comportamenti ***da cui è meglio non prendere esempio.***

ADESSO TOCCA A TE

▶ Capitolo 3

INDIVIDUA

Livello 1

1 ●○○ **Sottolinea le subordinate relative presenti in 5 delle frasi seguenti.**

a. I compiti da svolgere sono sempre troppi.
b. Chiederò al parrucchiere che mi faccia un taglio come il tuo.
c. Gli amici con cui esci mi sembrano ragazzi responsabili.
d. Livia, che dimostra sempre buon senso, mi ha dato un ottimo consiglio.
e. Quanti non saranno soddisfatti del prodotto, saranno rimborsati.
f. Questo abito mi sta bene, ma ne preferirei uno che fosse più elegante.

Livello 2

2 ●●○ **In ogni frase seguente sottolinea la subordinata relativa e indicane la forma: esplicita [E] oppure implicita [I].**

a. Si assumono giovani che programmino software. [E] [I]
b. I testi da consultare per la ricerca di scienze sono parecchi. [E] [I]
c. L'impiegata assunta di recente è piuttosto efficiente. [E] [I]
d. Mio padre è nato l'anno che l'Italia vinse i mondiali di calcio. [E] [I]
e. Il primo Stato ad abolire la pena di morte fu il Granducato di Toscana. [E] [I]

3 ●●○ **In ogni coppia di frasi indica quella in cui la subordinata relativa ha funzione restrittiva.**

a. 1) Loris, che è un appassionato di montagna, è in vacanza sulle Alpi svizzere.
2) Loris cerca amici con cui condividere la passione per la montagna.

b. 1) Sto cercando chi si occupi del gatto durante la mia assenza.
2) La signora Mara, che si occuperà del gatto durante la mia assenza, è molto cortese.

c. 1) Lucia legge solo romanzi che raccontano storie d'amore.
2) Lucia, che legge solo romanzi d'amore, è un tipo romantico.

d. 1) Queste scarpe, che ho comprato in saldo, mi vanno strette.
2) Le scarpe che ho comprato in saldo mi vanno strette.

Livello 3 **4** ●●●

In ogni frase seguente sottolinea la subordinata relativa, quindi indicane la funzione: restrittiva [R] oppure appositiva [A].

a. Vorrei una crema che illumini la pelle. R A
b. Lo zenzero, ricavato da una pianta asiatica, è un ottimo digestivo. R A
c. Chi mi riportasse il cane, riceverebbe una mancia competente. R A
d. Quel turista cerca un albergo che sia in centro. R A
e. Fosca, che è molto graziosa, si lamenta del suo aspetto. R A
f. Chi mi ama mi segua! R A
g. Il musical, messo in scena dagli studenti, è stato un successo. R A

LAVORA CON LE PAROLE

Livello 1 **5** ●○○

Nelle frasi seguenti trasforma gli attributi e le apposizioni evidenziate in subordinate relative.

a. Ambra, studentessa di veterinaria, ama molto gli animali.
b. Pino, aspirante calciatore, si allena tutti i giorni.
c. Gli studenti partecipanti alle Olimpiadi di matematica si presentino alle 9.00.
d. Molti figli di italiani emigrati negli Stati Uniti sono diventati persone famose.
e. L'avvocato Fabbri, assente per malattia, è sostituito dal praticante.
f. Rodolfo, figlio di un ricco industriale, ha scelto di calcare il palcoscenico.

Livello 2 **6** ●●○

In ogni frase seguente trasforma la relativa implicita in esplicita.

a. Emma è quella ragazza vestita sempre con felpa e jeans.
b. L'esercizio da svolgere per domani è piuttosto lungo.
c. L'ultimo ad arrivare pagherà l'aperitivo a tutti.
d. Vorrei uno stipendio adeguato alle mie competenze.
e. Dobbiamo far riparare il tetto lesionato dal terremoto.
f. In paese la mia famiglia è stata tra le prime a installare i pannelli solari.
g. Il consumo di alcolici in età giovanile comporta dei rischi da non sottovalutare.

Livello 3 **7** ●●●

Riscrivi le frasi seguenti volgendole al passato. Fai attenzione al verbo della subordinata relativa.

a. Vorrei un fratello che mi aiutasse nei compiti.
b. Leo cerca amici di penna che abbiano i suoi stessi interessi.
c. In classe non c'è nessuno che sia preparato in biologia.
d. Vivo bene nella mia città, da cui non vorrei allontanarmi.
e. Il cassiere, che si è reso conto dell'errore, chiede subito scusa al cliente.
f. Al concerto trovano posto soltanto le persone che arrivano in notevole anticipo.

4 Le subordinate circostanziali

4.1 Esprimere la causa: la subordinata causale

All'amore non si resiste
perché le mani
vogliono possedere la bellezza
[...].
Perché l'amore
è vivere duemila sogni
fino al bacio sublime.
(A. Merini, *Terra d'amore*)

Perché non è possibile resistere all'amore? L'io lirico spiega i due **motivi** della "resa" al sentimento attraverso le subordinate **causali**: *perché le mani vogliono possedere la bellezza* e *Perché l'amore è vivere duemila sogni fino al bacio sublime.*

La **causa** o **motivo** in seguito alla quale si verifica o meno un evento si esprime, nella frase semplice con il **complemento di causa**, nella frase complessa con la **subordinata causale**.

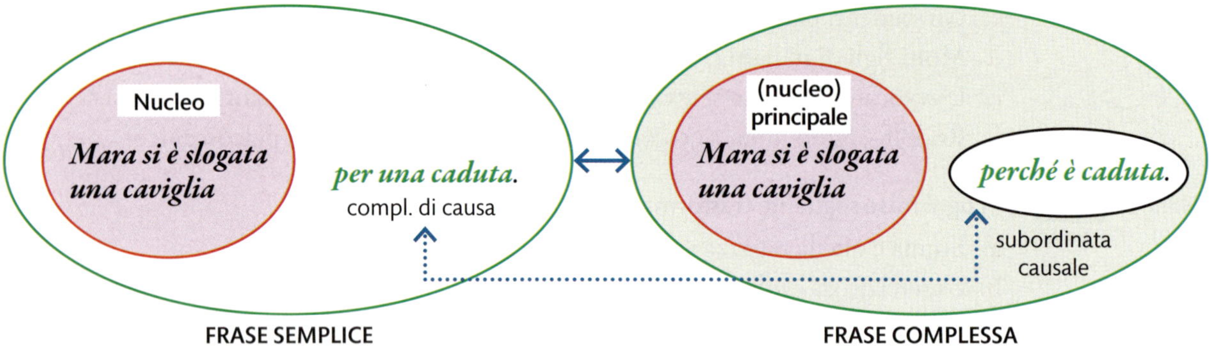

• Il complemento di causa

Risponde alle domande: **perché? per quale causa?**

È introdotto dalle preposizioni ***per***, ***di***, ***da***, ***a***, ***con*** o dalle locuzioni ***a causa di***, ***in seguito a***, ***in conseguenza di*** ecc.

La luce si è oscurata ***per l'eclissi.***
A quelle parole così dure *reagii con rabbia.*
In seguito alla ripresa, *la disoccupazione è quasi scomparsa.*

• La subordinata causale

Nella forma esplicita è introdotta dalle congiunzioni ***perché***, ***poiché***, ***giacché***, ***siccome***, ***ché*** e dalle locuzioni ***dal momento che***, ***per il fatto che***, ***visto che***, ***per il motivo che***, con il verbo al modo:

- **indicativo** (che è il più frequente): *Non ti rispondo* ***perché sei stato scortese***;
- **congiuntivo**, quando si esprime una causa **possibile**, ma non **effettiva**: *Mangia poco non* ***perché desideri dimagrire, ma perché ha poco appetito***;

- **condizionale** dei verbi **servili** per attenuare la portata dell'affermazione o per indicare un'eventualità:

  Lo aspetteremo ancora un po' ***perché dovrebbe arrivare da un momento all'altro.***

Nella forma implicita è introdotta dalla **preposizione** ***per***, oppure ***di***, ***a*** seguite dall'**infinito**; è espressa anche dal **gerundio** o dal **participio passato**:

Mi ringraziò ***per averla ascoltata con simpatia e partecipazione.***
Avendo bevuto un po' troppo, *non si metterà alla guida.*
Spinte dal vento, *le foglie cadute hanno intasato le grondaie.*

4.2 Esprimere il fine: la subordinata finale

Sally si rivolge con astio alla scuola, come se questa fosse una persona impaziente di aprire i battenti per raggiungere uno **scopo preciso**. Tale scopo è espresso dalla **subordinata finale** *per poter torturare un gruppo di bambini innocenti*, la cui reggente è *che sia domani*.

Il **fine**, o **scopo**, è il risultato che si intende raggiungere con le proprie azioni. Lo si esprime con il **complemento di fine** nella frase semplice, con la **subordinata finale** nella frase complessa.

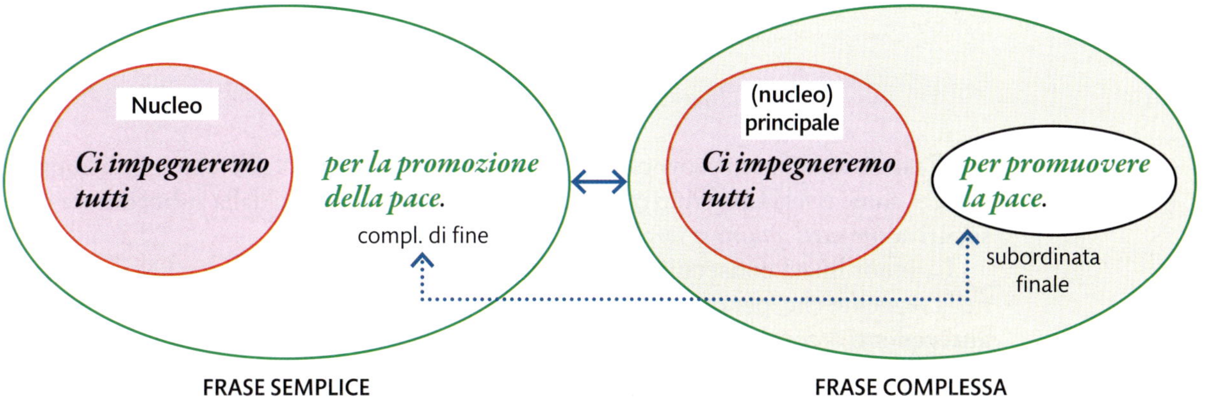

• Il complemento di fine

Risponde alle domande: **per quale fine? a quale scopo?**

È introdotto dalle preposizioni ***da***, ***di***, ***per***, ***a***, ***in*** e dalle locuzioni ***allo scopo di***, ***in vista di*** ecc.

I levrieri sono cani ***da corsa.***
Alla sera, ***per un buon sonno,*** *bevo qualche tipo di infuso.*
Impegnati almeno ***in vista dell'esame finale.***

La subordinata finale

Nella forma esplicita è introdotta da congiunzioni o locuzioni come ***perché***, ***affinché***, ***in modo che***, ***per far sì che*** e ha il verbo **sempre al congiuntivo**, con i seguenti tempi:

Se la reggente è al **presente** (o al **futuro**) →	CONGIUNTIVO PRESENTE *Devi* (dovrai) *fare* ***in modo che tutto sia in ordine.***
Se la reggente è al **passato** →	CONGIUNTIVO IMPERFETTO *Mise il piatto pronto in forno* ***perché si mantenesse caldo.***
Se l'azione è sentita come prossima →	CONGIUNTIVO PRESENTE *Le ho mandato subito un'e-mail* ***perché la legga domattina presto.***

Nella forma implicita è introdotta dalle preposizioni ***a***, ***da***, ***per*** e dalle locuzioni ***allo scopo di***, ***al fine di***, ***in modo da***, ***pur di*** con il verbo all'**infinito** ed è **obbligatoria** quando il soggetto della reggente è lo stesso della finale.

Mi hai lasciato tutti i panni ***da stendere.***
Ma ti sforzi almeno un po' ***di ascoltarmi?***
Pur di non ammettere i suoi errori *si arrampica sui vetri.*

4.3 Esprimere una conseguenza: la subordinata consecutiva

Avrei portato i capelli scalati con le ali laterali oppure raccolti in uno chignon [...] ma soprattutto sarei stata così simpatica **che tutti quanti si sarebbero sentiti in colpa** per non adorarmi.

(A. Sebold, *Amabili resti*)

Dal film *Amabili resti*, 2009.

Certi fatti o condizioni provocano **conseguenze inevitabili**. Nell'esempio la "simpatia" è tale – come rivela l'avverbio *così* – da avere un effetto espresso dalla **subordinata consecutiva** *che tutti quanti si sarebbero sentiti in colpa...*

La subordinata **consecutiva** indica la **conseguenza**, l'**effetto** di quanto viene detto nella reggente che, per questo motivo, solitamente contiene elementi anticipatori – gli **antecedenti** – come ***così***, ***tanto***, ***talmente***, ***tale***, ***simile***, ***a tal punto che***, ***in modo tale***.

Il mare era ***a tal punto*** *agitato* ***che le onde avevano sommerso tutta la spiaggia.***
È caduta ***talmente*** *tanta neve* ***che interi quartieri sono rimasti isolati.***

Nella forma esplicita è introdotta dalla **congiunzione *che***, la quale può unirsi agli antecedenti formando congiunzioni o locuzioni come ***sicché***, ***cosicché***, ***di modo che***, ***dal momento che***, ***in modo tale che***, ***al punto che***.

Ha il verbo al modo:

- **indicativo**, quando si esprime una conseguenza certa:
  Rimase al sole tanto a lungo ***che si ustionò***;

- **congiuntivo**, quando la conseguenza rappresenta una possibilità da realizzare: *Provvederò a tutto* ***in modo che tu ti senta tranquilla***;
- **condizionale**, quando dipende da una condizione per lo più sottintesa: *Era così arrabbiato* ***che avrebbe urlato contro chiunque.***

Nella forma implicita è introdotta dalle preposizione ***da***, ***per*** o da locuzioni come ***atto a***, ***degno / indegno di*** e ha il verbo all'**infinito**: *Abbiamo faticato tanto* ***da sentirci a pezzi.*** *I suoi articoli sono* ***degni di essere citati tra i migliori esempi di giornalismo di inchiesta.***

La forma implicita è possibile quando il soggetto è lo stesso di quello della reggente o quando è **il complemento oggetto** della reggente: *Ha fatto una proposta così allettante* ***da convincere tutti.***

ADESSO TOCCA A TE

▶ Capitoli 4.1, 4.2, 4.3

INDIVIDUA E COMPLETA

Livello 1

1 ●○○ **In ognuna delle frasi seguenti indica il tipo di subordinata evidenziata: causale [C] o finale [F].**

a. I gemelli Pietro e Paolo fanno a gara per confondere le persone. C F
b. Ugo spende i soldi del padre per divertirsi con gli amici. C F
c. Dato che costa troppo, ho rinunciato all'abbonamento allo stadio. C F
d. Visto che sei qui, dammi una mano per le pulizie. C F
e. La tua arroganza serve solo a renderti sgradevole. C F
f. Essendo influenzato, preferirei non andare in ufficio, ma restare a letto. C F

2 ●○○ **Tra le frasi seguenti, quale contiene una consecutiva?**

A Mi colpirono i suoi occhi, che brillavano dalla gioia.
B Era talmente felice che le brillavano gli occhi.
C Era chiaro che gli occhi le brillavano per la gioia.

3 ●○○ **Completa ogni frase seguente con una subordinata del tipo indicato tra parentesi.**

a. Claudia compra solo cibi pronti (causale)
b. Farò del mio meglio (finale)
c. La salsa era troppo piccante (consecutiva)
d. Costringerò Vito (finale)
e. La amava alla follia (consecutiva)
f. Ti apprezzo molto (causale)

Livello 2

4 ●●○ **Indica che cosa esprimono le subordinate evidenziate nelle seguenti coppie di frasi: una causa [C] o un effetto [E].**

a. 1) Tutti lo lodarono perché si era impegnato così tanto. ☐
2) Si era impegnato così tanto che tutti lo lodarono. ☐
b. 1) Il pubblico si divertiva talmente che non smetteva di ridere. ☐
2) Il pubblico non smetteva di ridere perché si divertiva tantissimo. ☐
c. 1) Dato che ero assetata, ho bevuto due aranciate. ☐
2) Ero così assetata da bere due aranciate. ☐

5 ●●○ **Nelle frasi seguenti sottolinea e distingui le subordinate causali [1], finali [2] e consecutive [3].**

a. Studio lingue per diventare interprete. ☐
b. Non sono riuscito a tacere, tanto ero adirato. ☐
c. Isa mi ha portato la sua bicicletta perché vorrebbe che gliela riparassi. ☐
d. Ho problemi ad accedere alla posta elettronica. ☐
e. Quel giocatore non è adatto a fare l'attaccante. ☐
f. Ieri ero così felice per avere evitato l'interrogazione! ☐

6 ●●○ **Nelle frasi seguenti coniuga il verbo indicato tra parentesi in modo da ottenere subordinate finali di forma esplicita.**

a. Vado in bicicletta per far sì che i muscoli delle gambe (rinforzarsi) ....
b. Il professore fece qualche esempio pratico affinché gli studenti (capire) .... bene.
c. Ho sollecitato Elena perché mi (restituire) .... i guanti.
d. Ho incoraggiato Mario perché non (avvilirsi) ....
e. La nonna si rivolse al nipote perché la (accompagnare) .... dal medico.

Livello 3 **7** ●●● **Indica la tipologia delle subordinate evidenziate nel testo seguente.**

Quando il bikini fece la sua comparsa, nel 1946, suscitò talmente scalpore che gli fu dato il nome di un atollo delle isole Marshall, sede di test nucleari (..........................). Luis Réard, il sarto francese che lo aveva inventato (..........................), non trovando una modella (..........................) che accettasse (..........................) di indossarlo (..........................), per pubblicizzarlo (..........................) si rivolse a una spogliarellista. Ci vollero quindici anni perché il bikini avesse successo negli Stati Uniti (..........................); a renderlo popolare (..........................) furono il cinema e le canzoni degli anni Sessanta.

8 ●●● **In ognuna delle frasi seguenti coniuga il verbo indicato tra parentesi al modo e al tempo richiesto dalle subordinate finali, causali e consecutive in esse presenti.**

a. Era talmente felice che .... (toccare) il cielo con un dito.
b. Avevano predisposto tutto in modo che (sentirsi) .... a nostro agio.
c. Studio non perché (dovere) ...., ma perché mi piace.
d. Avrei dovuto mandargli un sms affinché (ricordarsi).......................... dell'impegno.
e. In auto Lea non smetteva un attimo di esortarmi perché (rallentare) ....
f. Spolvera con delicatezza quel soprammobile perché (potere) .... rompersi.

LAVORA CON LE PAROLE

Livello 1 **9** ●○○ **A COPPIE Riformulate le frasi seguenti trasformando i complementi di fine in subordinate finali.**

a. Mi servono delle scarpe da trekking.
b. Prima della verifica ci troviamo per un ripasso degli ultimi argomenti.
c. Per la ristrutturazione della casa abbiamo speso parecchio.
d. In caso di guasto dell'ascensore, per l'allarme premere il pulsante rosso.
e. Per la segnalazione di disservizi, contattare il numero verde 800800800.
f. Vado in officina per la revisione dell'auto.
g. Per lo smaltimento dei rifiuti costruiranno un nuovo inceneritore.

10 ●○○ **In ognuna delle frasi seguenti trasforma le subordinate causali evidenziate da implicite in esplicite.**

a. Essendosi slogato una caviglia, Ezio non scenderà in campo.
b. Non essendo stato presente al fatto, non conosco la verità.
c. Per essere arrivato in ritardo, sono stato rimproverato dal direttore.
d. È finito nei guai per essere stato sorpreso a passare la verifica a un compagno.
e. Sentendomi un po' triste, ho mangiato una tavoletta di cioccolata.

Livello 2 **11** ●●○ **A COPPIE Trasformate i complementi di causa e di fine presenti nelle frasi seguenti rispettivamente in subordinate causali e finali.**

a. Mi manca il respiro per l'afa.
b. Le cantine si sono allagate per la forte pioggia.
c. Sandro si lamenta per il mal di gola.
d. A causa dell'assenza Luigi dovrà recuperare la verifica.
e. La strada è stata chiusa per pericolo di frane.
f. Per l'emozione, mi tremavano le gambe.

12 ●●○ **Trasforma le subordinate causali presenti nelle frasi seguenti da esplicite in implicite.**

a. Poiché sei maggiorenne, puoi andare dove vuoi.
b. Siccome Mara era in ansia per l'esame, l'ho incoraggiata.
c. Dal momento che Piero non aveva soldi, gli ho offerto la pizza.
d. Non sono al corrente delle novità perché manco dal paese da tempo.
e. Ho mentito perché non volevo ferire i tuoi sentimenti.

Livello 3 **13** ●●● **Trasforma le subordinate consecutive presenti nelle frasi seguenti da implicite in esplicite (fai attenzione a modi e tempi verbali).**

a. Ho rinunciato allo sport, in modo da dedicarmi più allo studio.
b. Mio nipote è talmente capriccioso da far disperare anche la persona più paziente.
c. Offrigli il tuo aiuto con parole tali da non offenderlo.
d. Speravo che tu fossi così comprensiva da perdonarmi.
e. Avvicinandosi l'esame, temevo che l'ansia sarebbe stata tale da non farmi ricordare nulla.

14 ●●● **Completa ogni frase seguente con un complemento del tipo indicato tra parentesi, quindi trasformalo nella subordinata corrispondente.**

a. Alì si sta allenando (fine)
b. In pianura la visibilità era ridotta (causa)
c. Avrei bisogno di dormire dieci ore (fine)
d. Ho sprecato la mattinata (causa)
e. Giulio ha fatto un'indigestione (causa)
f. L'ambiente va rispettato (fine)

15 ●●● **Collega le seguenti coppie di frasi semplici trasformandole in frasi complesse in cui sia presente una subordinata consecutiva.**

a. Domenica mi facevano male i piedi / sabato sera ho ballato tanto.
b. La salita era molto faticosa / alcuni hanno rinunciato.
c. Il riverbero del sole era molto forte / ero abbagliata.
d. Parli troppo veloce / a volte non ti capisco.
e. In montagna c'era un silenzio tanto profondo / risultava assordante.
f. Marina è molto nervosa / scatta per un nonnulla.

4.4 Esprimere il superamento di un ostacolo: la subordinata concessiva

I padri e le madri sono tipi strani: **anche se il figlio è il più orribile moccioso** che si possa immaginare, sono convinti che si tratti di un bambino stupendo.

(R. Dahl, *Matilde*)

Nella citazione, il fatto che il figlio sia un *orribile moccioso* non ostacola – come si potrebbe pensare – l'amore dei genitori che, anzi, "si concedono" (*anche se... moccioso*) di vederlo *stupendo*.

La **circostanza** che potrebbe – o avrebbe potuto – impedire il realizzarsi di un fatto, **ma che in realtà non lo impedisce**, si esprime con il **complemento concessivo** nella frase semplice, con la **subordinata concessiva** nella frase complessa.

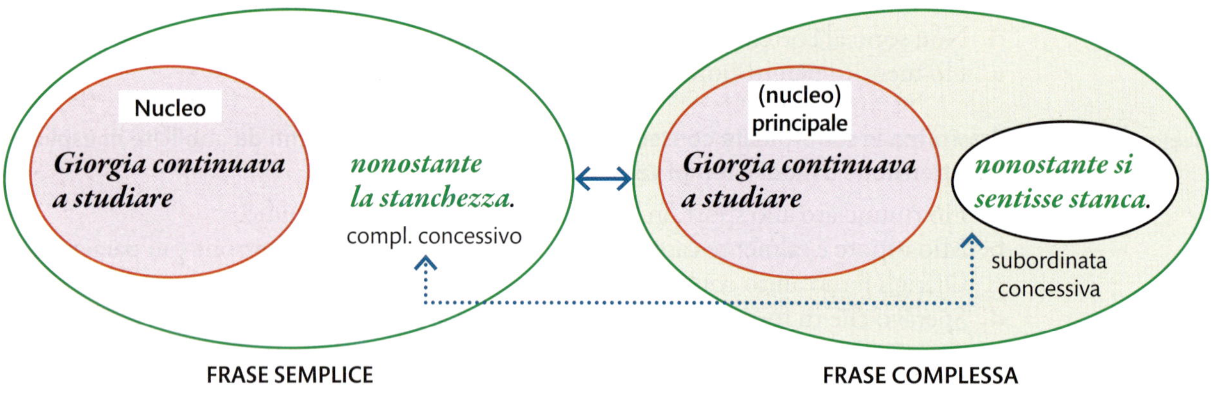

• Il complemento concessivo

Risponde alle domande: **nonostante, malgrado chi?, nonostante, malgrado che cosa?**
È introdotto dalle preposizioni e locuzioni ***con***, ***contro***, ***nonostante***, ***malgrado***, ***a dispetto di*** ecc.

Contro ogni aspettativa *la serata è stata piacevole.*
Malgrado la disapprovazione dei suoi *ha scelto la carriera sportiva.*
A dispetto delle previsioni pessimistiche *il tempo era splendido.*

• La subordinata concessiva

Nella forma esplicita è introdotta da congiunzioni e locuzioni come ***benché***, ***nonostante*** (***che***), ***sebbene***, ***anche se***, ***malgrado*** (***che***), ***per quanto*** con il verbo al **congiuntivo** e da ***anche se*** con l'**indicativo**:

Sebbene fosse in ritardo*, non tentò neppure di scusarsi.*
Anche se ho sbagliato*, non mi sento in colpa.*

Nella forma implicita, possibile quando il soggetto della reggente e quello della subordinata coincidono, è introdotta da ***pure, anche*** con il **gerundio**; da ***per*** con l'**infinito**; da ***pure***, ***sebbene***, ***quantunque***, ***benché*** con il **participio passato**:

Pur avendo dormito a lungo*, mi sento ancora stanco.*

4.5 Indicare le circostanze legate al tempo: la subordinata temporale

Un altro sole, **quando viene sera**
sta colorando l'anima mia...
(Zucchero, *Così celeste*)

La **subordinata** *quando viene sera* indica il **momento** in cui si verifica il fatto **contemporaneo** – nel caso di questa citazione – all'esperienza interiore di cui parla la reggente.

Le circostanze che indicano **il momento in cui avviene un fatto** si esprimono, nella frase semplice, con il **complemento di tempo**; nella frase complessa, con la **subordinata temporale**.

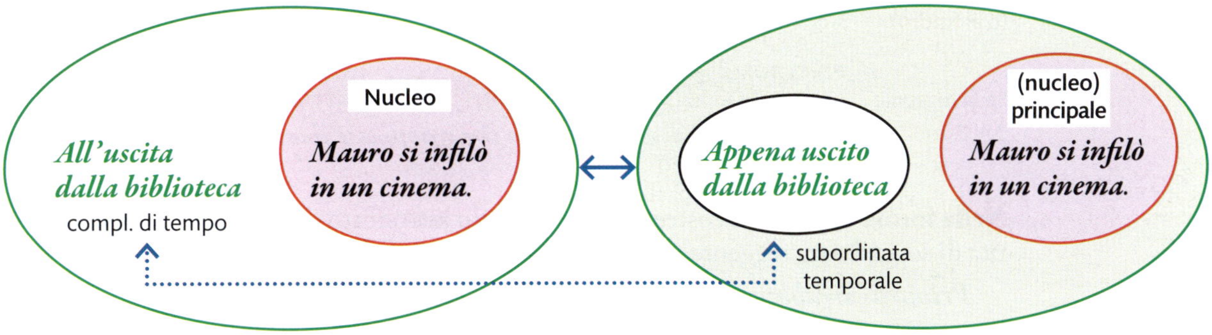

• Il complemento di tempo determinato

Risponde alle domande: **quando? in quale momento / tempo?**

Specifica il **momento** in cui avviene l'azione. È introdotto da preposizioni come ***di***, ***a***, ***in***, ***su***, ***per***, ***fra***, ***durante***, ***dopo*** (ma può esserne anche privo o essere seguito, per il passato, da ***fa***) e da locuzioni come ***all'epoca di***, ***prima / dopo di*** ecc.

Al mattino, *Diego beve solo un caffè.*
Dopo una lunga esitazione, *Gaia rispose al messaggio.*
Alcuni giorni fa *siamo andati a un concerto.*

• Il complemento di tempo continuato

Risponde alle domande: **per quanto tempo? da / in / entro / ogni / quanto tempo? fino a quando?**

Indica la **durata** dell'azione o di una situazione.
È introdotto dalle preposizioni / locuzioni (ma possono anche mancare) ***per***, ***durante***, ***in***, ***fino a***, ***nel corso di***.

Ha piovuto ***per tre giorni.***
Abbiamo lavorato anche ***tutto il mese di agosto.***
Nel corso delle vacanze *ho riposato, ma anche studiato.*

• La subordinata temporale

Questa subordinata si differenzia a seconda della **relazione temporale** che la unisce alla reggente, che può essere di tre tipi: **contemporaneità**, **anteriorità**, **posteriorità**.

Contemporaneità

Gli eventi espressi nella reggente e nella subordinata accadono **nello stesso tempo**.

Nella forma esplicita è introdotta dalle congiunzioni e locuzioni ***quando***, ***allorché***, ***mentre***, ***come***, ***nel momento*** / ***al tempo in cui*** ecc. e ha il verbo all'**indicativo**:

Mentre ti aspetto leggo il giornale.
Quando guarda la tv, sgranocchia sempre qualcosa.

Nella forma implicita è costruita con il **gerundio presente** o con l'**infinito** introdotto da ***in*** (o preposizioni articolate) e talvolta da ***a***, ***su***:

Osservandoti *attentamente intuisco ciò che pensi.*
Nello scaricare la lavastoviglie *ho rotto due bicchieri.*

Anteriorità

L'azione della reggente si verifica **prima** di quella espressa nella subordinata.

Nella forma esplicita è introdotta da ***prima che*** e ha il verbo al **congiuntivo** con i seguenti tempi:

Se la reggente è al presente (o al futuro) → CONGIUNTIVO PRESENTE
Usciamo (usciremo) ***prima che il tempo peggiori.***

Se la reggente è al passato → CONGIUNTIVO IMPERFETTO
Corsi al riparo ***prima che scoppiasse il temporale.***

Nella forma implicita è costruita con l'**infinito** introdotto da ***prima di*** e richiede identità di soggetto tra reggente e subordinata:

Prima di arrabbiarti, *ascolta i motivi della mia scelta.*

Posteriorità

L'azione espressa dalla reggente si verifica **dopo** quella della subordinata.

Nella forma esplicita è introdotta da ***dopo che***, ***non appena***, ***quando***, ***una volta che*** e ha il verbo all'**indicativo**, con un **tempo anteriore** a quello della reggente, secondo le seguenti modalità:

Se la reggente è al presente → PASSATO PROSSIMO
Rispondi solo ***dopo che hai capito bene la domanda.***

Se la reggente è all'imperfetto / passato prossimo → TRAPASSATO PROSSIMO
Parlava / ha parlato solo ***dopo che era sceso il silenzio.***

Se la reggente è al passato remoto → TRAPASSATO REMOTO
Quando si fu accomodato *raccontò tutto.*

Se la reggente è al futuro semplice → FUTURO ANTERIORE
Potrai fare la patente ***non appena sarai maggiorenne.***

Si usa il **congiuntivo** per esprimere un'ipotesi o una possibilità:

Ti avrei telefonato ***non appena fossi stata libera.***

Nella forma implicita è costruita con l'**infinito passato** introdotto da ***dopo*** e richiede identità di soggetto tra reggente e subordinata:

Dopo aver guidato a lungo *ho bisogno di fare esercizio fisico.*

Quando il soggetto della reggente non coincide con quello della subordinata, si usa il **participio passato**: ***Trascorsa circa un'ora,*** *potrai sfornare il pane.*

HAI CAPITO?

Stabilisci se le seguenti subordinate temporali sono basate sulla relazione di **contemporaneità**, **anteriorità** o **posteriorità** e coniuga correttamente il verbo all'infinito:

a. *Tornare* prima che faccia buio.
b. *Uscire* per ultima, quando tutti gli altri se ne saranno andati.
c. *Guardare* la TV appena avrai finito di sparecchiare.
d. Non appena *cessare* i rumori, ci avvolse un silenzio perfetto.

4.6 Esprimere il modo: la subordinata modale

= subordinata modale
= complemento di modo

La pioggia tropicale cadeva **in grandi scrosci torrenziali**, **martellando il tetto di lamiera** [...], **rombando lungo le grondaie di metallo** per ruscellare poi sul terreno.

(M. Crichton, *Jurassic Park*)

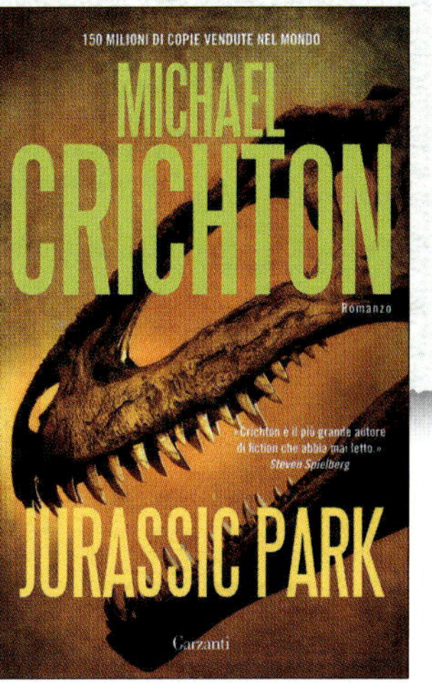

In quanti modi può cadere la pioggia? Se è *tropicale* – come nella citazione – il suo andamento violento è reso, nella principale, con un **complemento di modo**: *in grandi scrosci torrenziali*; poi con due **subordinate modali** *martellando* e *rombando*.

Il **modo** in cui si compie un evento o un'azione è espresso, nella frase semplice, con il **complemento di modo** e, nella frase complessa, con la **subordinata modale**.

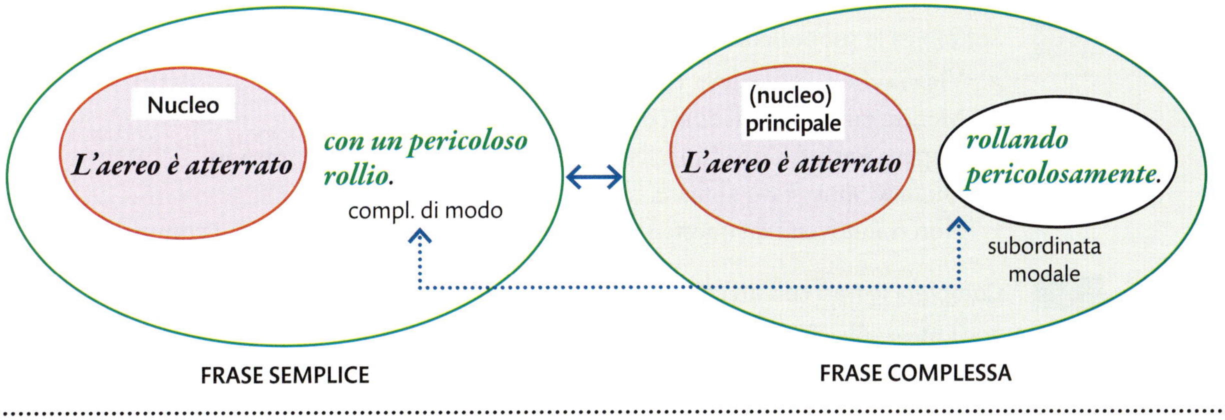

• Il complemento di modo

Risponde alle domande: **come? in che modo?**

È introdotto dalle preposizioni ***con***, ***di***, ***a***, ***per***, ***in***, ***senza***, ***secondo*** e dalle locuzioni ***al modo di***, ***alla maniera di*** ecc.

Parla sempre ***con irruenza.***
Rimani ***in silenzio!***
Mi comporterò ***secondo i miei principi.***

È di frequente espresso da un avverbio, da solo o come modificatore di un nome: *Guida* ***prudentemente****; comportati* ***più da adulto****!*

• La subordinata modale

Nella forma esplicita è introdotta dalla congiunzione ***come*** e dalle locuzioni ***come se***, ***nel modo che*** (***in cui***), ***quasi*** (***che***), ***secondo che***, e ha il verbo al modo:

- **indicativo**, quando esprime un fatto certo, reale:
  Ho aggiornato i miei software ***come mi ha suggerito la prof. di informatica***;
- **congiuntivo** o **condizionale** quando esprime un fatto incerto o ipotetico:
  Si comporta ***quasi fosse il padrone.***

Nella forma implicita è costruita con il **gerundio presente** o con l'**infinito** preceduto da ***a***, ***come***, ***quasi***:

Si allontanò ***correndo.***
Abbiamo trascorso la serata ***a parlare un po' di tutto.***

ADESSO TOCCA A TE

▶ Capitoli 4.4, 4.5, 4.6

INDIVIDUA E COMPLETA

Livello 1

1 ●○○ **Sottolinea le subordinate concessive presenti in 5 delle frasi seguenti.**

a. Per quanto ci si fidi del prossimo, è bene essere prudenti.
b. Pur giocando con dieci uomini, la squadra avversaria ci ha sconfitti.
c. Nonostante l'aspetto bonario, il signor Rossi è poco affabile.
d. Anche se è freddo, non rinuncio alla mia passeggiata.
e. Per essere un'adolescente, Maia è molto matura e responsabile.

2 ●○○ **In quale frase non è presente una subordinata modale?**

a. Analizzate le frasi come vi ho insegnato.
b. Raggiungemmo il faro camminando lungo la spiaggia.
c. Parlando di sport si finisce spesso col litigare.
d. Viola e Andrea hanno passato la serata a scambiarsi tenerezze.

3 ●○○ **Sottolinea le subordinate temporali presenti nelle frasi seguenti.**

a. Via via che si procedeva verso nord, la nebbia si infittiva.
b. Mentre guido, mi piace ascoltare musica.
c. Appena l'arbitro tirò fuori il cartellino giallo, i tifosi protestarono.
d. Quando sono stato al mare, ho preso il sole fino a scottarmi.
e. Non ti muoverai da questa stanza fino a quando non avrai finito i compiti.

4 ●○○ **Completa le frasi con un complemento del tipo indicato tra parentesi.**

a. Il mio collega parla al telefono (tempo continuato)
b. Lucio mi ha chiesto un appuntamento (concessivo)

c. Smetterò di fumare (tempo determinato)
d. Quando ho l'insonnia trascorro la notte (modale)
e. Ines è impegnata in uno stage (tempo continuato)
f. Studiare matematica mi piace (concessivo)

Livello 2 **5** ●●○ **Nelle seguenti frasi sottolinea e distingui le subordinate concessive [C], modali [M], temporali [T].**

a. Fatta la diagnosi, gli salvarono la vita curandolo un nuovo farmaco. [.....]; [.....]
b. Anche se faceva freddo, rimanemmo a parlare a lungo davanti al portone di casa. [.....]
c. Varcata la soglia, tutti mi hanno guardato come fossi un fantasma. [.....]; [.....]
d. Sceso a Roma, pur essendo in ritardo, sono riuscito a prendere la coincidenza per Chieti. [.....]; [.....]
e. Mentre il robot pulisce i pavimenti, mi rilasso risolvendo cruciverba. [.....]; [.....]
f. Sebbene abbia pochi soldi, vorrei comprare un motorino, a costo di lavorare in estate. [.....]; [.....]

6 ●●○ **In ognuna delle frasi seguenti coniuga al modo e al tempo opportuno il verbo della subordinata temporale indicato tra parentesi.**

a. Mi raccomando, avvisami appena (atterrare) .... a Malpensa.
b. Cambiò idea dopo che (ascoltare) .... le nostre ragioni.
c. (Andare) .... a funghi nel bosco mi sono perso.
d. Sapevo già tutto prima che tu me lo (dire) ....
e. Decise di pensare alla cena dopo che (riposarsi) ....
f. Dopo (spendere) .... tutta la paghetta settimanale, chiese aiuto al nonno.

Livello 3 **7** ●●● **Indica la tipologia delle subordinate evidenziate nel testo seguente.**

Il pepe nero è un arbusto rampicante con frutti dai quali si ricava una spezia (..............). Anche se non tutti lo sanno (..............), pepe bianco e nero sono ottenuti dalla stessa pianta: il pepe nero essiccando i frutti immaturi (..............), il pepe bianco privando i semi immaturi della parte del frutto (..............) che li circonda. A dargli un sapore piccante (..............) è la piperina, una sostanza contenuta sia nella polpa sia nel seme. Esposto alla luce (..............), il pepe perde sapore ed aroma perché la piperina si trasforma (..............). Per questo molte ricette di cucina consigliano di usarlo (..............) macinandolo al momento (..............).
Nell'antichità il pepe era una merce così pregiata da servire come moneta di scambio (..............), e fu per reperire anche il pepe nero (..............) che gli Europei cercarono una rotta per le Indie, intraprendendo i viaggi di esplorazione (..............).

8 ●●● **Completa le frasi con una subordinata del tipo indicato tra parentesi.**

a. Il mio tono muscolare è migliorato (temporale)
b. Scorgemmo un delfino (temporale)
c. Realizzerai i tuoi sogni (modale)
d. La cucina francese mi piace (concessiva)
e. Quando è arrabbiata, Iris parla (modale)
f. Non posso permettermi abiti firmati (concessiva)

LAVORA CON LE PAROLE

Livello 1 **9** ●○○

A COPPIE Riformulate le frasi seguenti sostituendo il complemento di tempo evidenziato con una subordinata temporale di significato equivalente.

a. Cuocere a 180° fino a completa cottura dell'arrosto > finché l'arrosto non sarà completamente cotto.
b. Al nostro arrivo in albergo, innanzi tutto faremo la doccia.
c. Per abitudine mia nonna si alza al sorgere del sole.
d. Nel giorno di mercato, è vietato parcheggiare in piazza.
e. Al suono dell'allarme, gli studenti si diressero verso i punti di raccolta.
f. Non so se riuscirò a svolgere tutti i compiti prima della ripresa delle lezioni.
g. Verso sera, con la bella stagione, faccio un lungo giro in bici.
h. Dopo la fine della partita, c'è stata un'invasione di campo.

10 ●○○

Nelle frasi seguenti trasforma i complementi di modo evidenziati in subordinate modali.

a. Grazia saluta sempre con un sorriso. > sorridendo.
b. La Notte della Taranta si è conclusa con canti e balli.
c. I deputati hanno votato secondo coscienza.
d. Quando indosso un abito nuovo, Mara mi guarda con invidia.
e. Le ho parlato come una sorella.
f. I tifosi hanno accolto la doppietta con urli di gioia.
g. Alba secca tutti con il racconto delle sue vacanze ai Caraibi.
h. In questa vecchia casa tutte le porte si chiudono con un cigolio.

Livello 2 **11** ●●○

Nelle frasi seguenti trasforma i complementi concessivi in subordinate concessive.

a. Nonostante la stanchezza, guarderò il film perché mi interessa.
b. Malgrado le proteste degli studenti, quest'anno la gita scolastica non si farà.
c. Nonostante la volontà, il nuovo assunto è ancora inesperto.
d. Malgrado il maltempo, l'aeroporto è rimasto operativo.
e. Nonostante il calo delle vendite, abbiamo chiuso l'anno in pareggio.
f. Malgrado lo svantaggio iniziale, il Bruco ha vinto il Palio di Siena.
g. Nonostante le provocazioni, Alessio non ha reagito.

Livello 3 **12** ●●●

Trasforma ogni gruppo di enunciati in una frase complessa formata da reggente, subordinata temporale, subordinata modale (non necessariamente in questo ordine).

a. Il pubblico ha urlato. Il portiere si è lanciato in area. Ha parato un tiro pericoloso.
b. Salimmo sul traghetto. Passammo la notte sul ponte. Ammirammo il cielo stellato.
c. Io sarò in vacanza. Tu cura le piante. Le innaffierai tutti i giorni.
d. È cessata la mareggiata. Siamo scesi in spiaggia. Abbiamo raccolto conchiglie sulla riva del mare.
e. Mio nonno è in pensione. Conduce una vita frenetica. Coltiva mille interessi, dai viaggi allo sport.
f. Ascolto musica. Lascio libero corso alle emozioni. Mi rilasso.
g. Il volo è stato sospeso. Abbiamo trascorso la notte in sala d'attesa. Abbiamo chiacchierato con gli altri sfortunati passeggeri.

4.7 Esprimere un'ipotesi: la subordinata condizionale e il periodo ipotetico

Se avessi potuto parlare con il mio splendido Rocco, come sarebbe stata diversa la mia vita!
(J. Fante, *A ovest di Roma*)

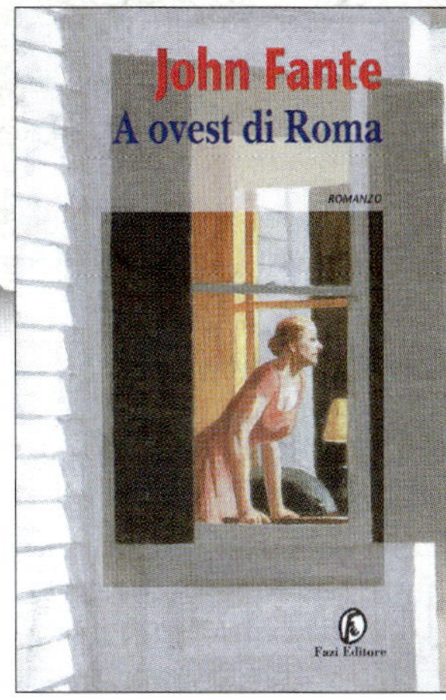

È evidente che il protagonista non ha parlato con Rocco. Lo si capisce dall'esclamazione piena di rimpianto e desiderio: *come sarebbe stata diversa la mia vita!* Quel cambiamento della sua vita non si è potuto realizzare perché subordinato a una **condizione** o **ipotesi** del tutto impossibile: Rocco è il suo cane. Tale ipotesi è resa dalla **subordinata condizionale** *Se avessi potuto parlare con il mio splendido Rocco*.

La subordinata **condizionale** o **ipotetica** descrive la **condizione necessaria** perché si verifichi, o meno, ciò che è affermato nella reggente:

Se il tempo si mantiene bello, *andremo in spiaggia.*

condizione / ipotesi — azione conseguente, condizionata

Nella forma esplicita è introdotta soprattutto da ***se*** con l'**indicativo** o il **congiuntivo**, ma anche da ***qualora***, ***purché***, ***ammesso che***, ***nel caso che***, ***a patto che*** con il **congiuntivo**:

Se ti impegni a fondo, *otterrai buoni risultati.*
Qualora mi chiedessero un parere, *direi loro solo la verità.*

Nella forma implicita è costruita con il **gerundio**, con il **participio passato** (introdotto talvolta da ***se***, ***purché***, ***qualora***, ***una volta***), con l'**infinito** preceduto dalla preposizione ***a***:

Acquistando il biglietto in anticipo *si paga un prezzo inferiore.*
Una volta fatta la scelta, *meglio non tornare indietro.*
A viverla tranquillamente, *qualunque situazione è affrontabile.*

• **Il periodo ipotetico**

La subordinata condizionale è detta anche **protasi** (dal gr. *prótasis*, "premessa"), la principale **apodosi** (dal gr. *apódosis*, "conseguenza"). Accoppiate, danno vita al **periodo ipotetico**, un insieme strettamente legato dal tipo di ragionamento sotteso e da un preciso intreccio di **modi** e **tempi verbali**. Lo schema seguente ne illustra la struttura.

PERIODO IPOTETICO
- protasi (subordinata condizionale) → *Se rifletti con calma* — condizione (che si deve realizzare per...)
- apodosi (reggente) → *troverai la soluzione.* — fatto conseguente (che si realizza se...)

Quando ragioniamo **per ipotesi**, è inevitabile chiedersi **come** e **se** si tradurranno nella realtà dei fatti, e cioè: **c'è una probabilità che si realizzino**? Se sì, **quanto è alta**? Oppure sono **ipotesi irrealizzabili**? Distinguiamo perciò tra:

- una **ragionevole sicurezza** o **alta probabilità** che la condizione si realizzi: ***Se mi invitano a cena,*** *accetto*;
- una **semplice possibilità**: ***Se tu mangiassi più verdure,*** *staresti meglio*;
- una **condizione irrealizzabile**, perché di per sé **impossibile** o perché ormai **inattuabile**: ***Se ti avessi dato retta,*** *ora non sarei nei pasticci.*

A queste diverse modalità corrispondono **tre tipi di periodo ipotetico** caratterizzati da precisi **modi** e **tempi verbali**, come evidenzia la tabella.

Tipologia	Modi e tempi verbali		
	Protasi		Apodosi
PERIODO IPOTETICO DELLA REALTÀ: l'ipotesi è sostenuta come **certa**, reale o **fortemente probabile**.	indicativo *Se **avete** dei problemi* → *Se vi **sentite** stanchi,* →		indicativo, imperativo ***telefonateci** subito.* ***concedetevi** una pausa.*
PERIODO IPOTETICO DELLA POSSIBILITÀ: l'ipotesi esprime solo una possibilità, una **probabilità bassa**.	congiuntivo imperfetto ***Se tutti** fossimo **più tolleranti,*** → *Nel caso ti **sentissi** solo,* →		condizionale presente, imperativo ***vivremmo** meglio.* ***fai** un salto da me.*
PERIODO IPOTETICO DELL'IRREALTÀ: l'ipotesi è impossibile o perché evidentemente **irrealizzabile** o perché, pur avendone la possibilità, **non si è mai verificata**.	contemp. nel presente	congiuntivo imperfetto *Se **fossi** una star* →	condizionale presente ***vivrei** nel lusso.*
	contemp. nel passato	congiuntivo trapassato *Se me lo **avesse chiesto*** →	condizionale passato ***gli avrei offerto** il mio aiuto.*
	anteriorità	congiuntivo trapassato *Se **avessi seguito** le mie vere inclinazioni* →	condizionale presente *ora **sarei** un musicista.*

HAI CAPITO?

Nei seguenti periodi ipotetici, coniuga correttamente il verbo, indicato all'infinito, della protasi o dell'apodosi:

a. Qualora tu andassi al mercato, (controllare), per favore, se il banco del pesce ha riaperto.
b. Nel caso (decidere) di andare al cinema, compri tu i biglietti su internet?
c. Se hai caldo, (indossare) abiti più leggeri.
d. Se io fossi stato un famoso calciatore, (battermi) per uno sport più pulito.

ADESSO TOCCA A TE

▶ Capitolo 4.7

INDIVIDUA E COMPLETA

Livello 1 **1** ●○○ **Nelle frasi seguenti sottolinea le subordinate condizionali.**

a. Se ascolti bene, questa canzone riprende un vecchio motivo di Ligabue.
b. Ammesso che tu ne abbia voglia, prepara l'insalata e affetta il pane.
c. Se non vado errato, abbiamo frequentato lo stesso liceo.
d. Avendo tempo e denaro, partirei per un bel viaggio nei Mari del Sud.
e. Qualora vincessi io la scommessa, mi offrirai una cena.

2 ●○○

Nei seguenti periodi ipotetici trasforma le condizionali esplicite in implicite. Cerca di variare i modi verbali (gerundio, participio, infinito).

a. Se avessi tempo libero, mi dedicherei al volontariato.
b. Se mi conoscessi meglio, avresti più fiducia in me.
c. Se smetterai di fumare, ti sentirai meglio.
d. Se si è ottimisti, la vita ci sorride.
e. Se si considera la situazione, questa mi sembra la soluzione migliore.
f. Se lo volessi, potresti iscriverti al corso di recitazione.

3 ●○○

Completa le frasi seguenti con una subordinata condizionale adeguata al contesto.

a. Sarò gentile con te.
b. Avrei vinto una forte somma.
c. Sergio e io non ci saremmo lasciati.
d. I croceristi si sarebbero salvati tutti.
e. Avremmo avuto uno forte sconto.

Livello 2 **4** ●●○

Distingui la tipologia dei seguenti periodi ipotetici: realtà [R], possibilità [P], irrealtà [I].

a. Se mi lasciassi in pace, riuscirei a finire il mio lavoro. R P I
b. Se sabato sarà bello, andrò al mare. R P I
c. Se dormi fino a tardi, non concludi nulla. R P I
d. Se mi avessi dato retta, non saresti nei guai. R P I
e. Se fossi in te, non darei ascolto alle chiacchiere. R P I
f. Se il televisore si rompesse, ne comprerei uno nuovo. R P I

5 ●●○

Nei seguenti periodi ipotetici coniuga in modo opportuno i verbi tra parentesi.

a. Se (andare) .... a letto prima, al mattino non (avere) .... sonno.
b. Se (potere) ...., fermerei il tempo.
c. Fossi nato in un circo, (fare) .... l'acrobata.
d. Ci fosse stato Rino, (risolvere) .... tutto.
e. Se l'affare (andare) .... a buon fine, avrei guadagnato parecchio.
f. Ci avessi pensato, (approfittare) .... dell'occasione.

Livello 3 **6** ●●●

Sottolinea i periodi ipotetici contenuti nelle seguenti frasi complesse.

a. Credo che se avessi sentito la mia mancanza, mi avresti chiamato.
b. Si è deciso che, se non ci saranno contrattempi, partiremo sabato.
c. Sono del parere che a essere tolleranti si vive meglio.
d. Quando ero bambino, pensavo che, volendo, tutti i sogni si realizzano.
e. Ero convinto che sforzandomi avrei vinto la mia timidezza.

7 ●●●

Completa le frasi con una subordinata condizionale, in modo da ottenere un periodo ipotetico del tipo indicato tra parentesi. Quando necessario, puoi invertire l'ordine delle frasi.

a. Il cane abbaierà tutta la notte (realtà).
b. Salverei il mondo (irrealtà).
c. Mi passerebbe la fame (possibilità).
d. Avremmo potuto visitare il Museo (irrealtà)
e. Avvisami (possibilità).

LAVORA CON LE PAROLE

Livello 1 **8** ●○○

Nei seguenti periodi ipotetici trasforma le condizionali implicite in esplicite.

a. Riflettendo bene, saresti d'accordo con me.
b. Rinunciando alle vacanze, potrei comprare un impianto stereo.
c. Ammettendo l'errore, sarai perdonato.
d. Prendendo le medicine, guariresti più in fretta.
e. A essere sincera, Arturo mi ha deluso.

Livello 2 **9** ●●○

Nei seguenti periodi ipotetici della realtà cambia modi e tempi verbali, in modo da trasformarli in ipotesi a bassa probabilità.

a. Se avete fame, potete andate in quel ristorante.
b. Se andrò a trovare i parenti, mi rovinerò la domenica.
c. Leila sarà più alla moda se taglierà i capelli.
d. Se farà caldo, potremo fare il bagno al lago.
e. I negozianti sono felici, se la clientela aumenta.
f. Accetto le critiche, se sono costruttive.

10 ●●○

Nelle frasi seguenti trasforma la parte evidenziata in una subordinata condizionale.

a. In caso di pioggia lo spettacolo sarà rinviato a data da destinarsi.
b. Senza lavoro, si vive male.
c. In caso di incendio, dirigersi verso le uscite di sicurezza.
d. Senza volontà, non si combina nulla.
e. In caso di mancato pagamento entro la scadenza, saranno addebitati gli interessi di mora.
f. In caso di assenza del titolare, rivolgersi al dottor Rossi.

Livello 3 **11** ●●●

Nei seguenti periodi ipotetici della realtà cambia modi e tempi verbali, in modo da trasformarli in ipotesi impossibili.

a. Se continui a dirmi bugie, ti lascerò.
b. Se guidi tu, ti consiglio di non bere.
c. Se il medico me lo consiglierà, farò le cure termali.
d. Carlo diventerà medico, se concluderà gli studi.
e. Se conosci le lingue, troverai più facilmente un impiego.
f. Rita lo annuncerà a tutti, se supererà il concorso.

4.8 Altre subordinate

I rapporti di subordinazione fin qui esaminati sono quelli che, all'interno della frase semplice e della frase complessa, esprimono i concetti più **essenziali** e **significativi**. Certamente non sono esaustivi: le possibilità sono numerose e, nella realtà del discorso, **non sempre chiaramente classificabili**. Ciò che più importa, per quanto riguarda il lavoro fin qui svolto, è l'aver acquisito un **metodo** di **comprensione** e **analisi** che sappia cogliere insieme **struttura** e **significato** (▸ modello p. 438). Qui ci limitiamo quindi a elencare poche altre subordinate di uso abbastanza frequente.

Subordinata	Esprime	È introdotta da	Esempi
Avversativa	atti o circostanze contrari a quelli espressi nella reggente.	***mentre***, ***quando***, ***invece***	*In montagna sembra ormai cominciato l'autunno,* ***mentre al mare l'estate continua.***
Comparativa	un confronto con quanto affermato nella reggente. Come l'equivalente **complemento di paragone** può essere di **maggioranza**, **uguaglianza**, **minoranza**.	- **Maggioranza**: ***di quanto***, ***di come***, ***di quello***; anticipata, nella reggente da ***più***, ***meglio***; - **Minoranza**: ***di quanto***, ***di come***, ***di quello***, anticipata da ***meno***, ***peggio***; - **Uguaglianza**: ***così... come***, ***tanto... quanto***, ***tale... quale***.	*Ha saputo fare meglio* ***di quanto immaginassi.*** *Il lavoro è stato pagato meno* ***di quanto ci avevano promesso.*** *Non è così furba* ***come vorrebbe far credere.***
Eccettuativa	una circostanza, o eccezione, che potrebbe impedire il verificarsi di ciò che è espresso nella reggente.	***eccetto che***, ***fuorché***, ***salvo che***	***Salvo che l'aereo faccia ritardo,*** *saremo a Catania alle undici.*
Esclusiva	un fatto che non si verifica e viene perciò escluso da quanto affermato nella reggente.	***senza*** (***che***)	*Non posso stare dieci minuti in pace* ***senza che tu mi assilli con le tue domande.***
Strumentale	azioni o circostanze per mezzo delle quali si realizza ciò che è espresso nella reggente.	***con***, ***a forza di*** + infinito **gerundio**	***A forza di tentare*** *riuscimmo a recuperare il file.* ***Usando la stilografica,*** *scrivo con maggior piacere.*

GRAMMATICA E SCRITTURA

L'inciso: un modo per "dire di più"

Il lago è coperto di ninfee. Quando si colgono – **ma è meglio non coglierle perché una volta colte appassiscono subito** – si sente un "plop" giù nell'acqua, e il fiore ti sale docilmente in mano.

(adattamento da M. Jarre, *I padri lontani*, Bollati Boringhieri, Torino, 1995)

Perché la frase (complessa) evidenziata è inserita dentro un'altra? Perché forma un piccolo **discorso autonomo**, vicino al resto del messaggio, ma non necessario alla sua comprensione e quindi svincolato anche sintatticamente.
La punteggiatura – **lineette**, **virgole** o **parentesi** – segnala l'"intrusione" all'interno di una frase, di una o più frasi **indipendenti** dette per questo **incisive** o **incisi**. L'**inciso** è utile quando si vuole accennare a un'idea in modo "sciolto", senza cioè dover **agganciare** la sua formulazione ad altre frasi, rendendo così il discorso **più articolato**.

HAI CAPITO?

Trasforma le seguente frasi in modo da creare un **inciso**.

a. Gli insegnanti affermano che la nostra è una classe delle migliori.
b. Credi davvero di poter trattare tutti così? Te lo dico per amicizia!
c. La loro è stata una "storia da vacanze" e al ritorno in città ognuno è andato per la propria strada. Ormai sappiamo come va a finire in questi casi.

Distinguere le subordinate esplicite a partire dalle congiunzioni

Che	
CONGIUNZIONE • soggettiva: *È meglio* ***che*** *ci incontriamo.* • oggettiva: *So* ***che*** *Tea ha trovato lavoro.* • dichiarativa: *Paolo ha la certezza* ***che*** *i suoi lo aiuteranno sempre.* • causale: *Esco subito* ***che*** *i negozi chiudono* (uso colloquiale). • consecutiva: *È talmente gentile* ***che*** *non si riesce a negargli nulla.* • comparativa: *Preferiamo spegnere la tv* ***che*** *non parlare tra di noi.*	PRONOME RELATIVO • relativa: *Le parole* ***che*** *mi hai detto mi hanno incoraggiata.* PRONOME INTERROGATIVO • interrogativa indiretta: *Mi domando* ***che*** *ci fai ancora in quello strano paese.*

Come	
• oggettiva: *Ci spiegarono* ***come*** *non fosse semplice cambiare le date del viaggio.* • interrogativa indiretta: *Non so* ***come*** *faccia a studiare di notte.* • temporale: ***Come*** *uscì di casa si sentì sollevata.*	• modale: *Comportati* ***come*** *ti ho raccomandato.* • comparativa: *Ci siamo accordati* ***come*** *non avremmo mai sperato.*

Mentre	
• temporale: ***Mentre*** *lui parla, io prendo appunti.*	• avversativa: *Ti avrei accompagnato volentieri* ***mentre*** *tu non ne hai voluto sapere.*

Perché	
• interrogativa indiretta: *Dimmi* ***perché*** *fai sempre di testa tua.* • causale: *Sono contenta* ***perché*** *ho rivisto un amico carissimo.* • finale: *L'ho aiutata nello studio* ***perché*** *superi al meglio l'esame.*	• consecutiva: *Era un film troppo bello* ***perché*** *non vincesse l'Oscar.*

Quando	
• interrogativa indiretta: *Vorremmo sapere di preciso* ***quando*** *arrivi.* • temporale: ***Quando*** *piove mi sento malinconico.*	• condizionale: ***Quando*** *volessi venirci a trovare, qualunque giorno va bene.* • avversativa: *Si arrabbia con me* ***quando*** *l'idea è stata sua.*

Se	
• interrogativa indiretta: *Dimmi* ***se*** *pensi di continuare a non fare nulla.*	• condizionale: ***Se*** *chiedi scusa, la questione sarà risolta per sempre.*

Distinguere le subordinate implicite a partire dalle preposizioni

A	• relativa: *È stato il primo **a** rispondere.* • causale: *Siamo stati fortunati **a** capire in tempo i rischi di quella scelta.* • finale: *Corsi **a** prendere l'ombrello.* • condizionale: ***A** sapere qual era il suo vero desiderio, avremmo potuto aiutarlo.*
Da	• relativa: *Passami le camicie **da** portare in lavanderia.* • consecutiva: *Era talmente stanco **da** addormentarsi vestito.*
Di	• soggettiva: *Si è deciso **di** rimandare la partenza.* • oggettiva: *Mi hanno chiesto **di** partecipare.* • dichiarativa: *Ho la certezza **di** aver fatto del mio meglio.* • causale: *Sono contento **di** averti dato fiducia.* • finale: *Ti raccomando **di** studiare di più.*
Per	• causale: *Sono spiacente **per** averti fatto aspettare.* • finale: *Facciamo di tutto **per** aiutarti.* • consecutiva: *Il tempo è troppo bello **per** non uscire.* • concessiva: ***Per** essere così giovane, ha un lavoro di grande responsabilità.*

Distinguere le subordinate implicite

Infinito (introdotto o meno da preposizioni)	
• soggettiva: *È piacevole **chiacchierare** tra amici.* • oggettiva: *Simona pensa di **tornare** a Milano.*	• dichiarativa: *Da sempre ho il sogno di **visitare** l'India.*

Participio passato	
• relativa: *Questi vestiti, **comprati** da poco, sono già rovinati.* • causale: ***Lasciati** gli amici, si sentì un po' solo.* • temporale: ***Passato** il periodo di prova, sarai assunta.*	• condizionale: ***Seguito** nello studio da qualcuno, migliorerà senz'altro.* • concessiva: ***Frenata** da un contrattempo riuscì comunque a prendere l'aereo.*

Gerundio	
• causale: *Non **sapendo** come giustificarsi, si scusò.* • temporale: ***Attraversando** la famosa piazza incrociò diversi gruppi di turisti.* • modale: *Ho passato la serata **studiando**.*	• condizionale: ***Mangiando** i cibi giusti, ti sentirai più in forma.* • esclusiva: *Non **dando retta** a chi lo scoraggiava, ha creato un'azienda di successo.* • strumentale: ***Incollando** i vari pezzi riuscirai ad aggiustare il giocattolo.*

5 Il discorso diretto e indiretto

Rustin: "Io mi considero una persona realista, ma in termini filosofici sono quello che definiresti un pessimista".
Hart: "Vabbé! Ok! Che cosa significa?"
Rustin: "Che non sono uno spasso alle feste!"
Hart: "Hmm, lascia che te lo dica: non lo sei neanche in altre situazioni!"

(da *True Detective*, Stagione 1, Episodio 1)

Il dialogo tra i due colleghi poliziotti è riprodotto nella sua forma **diretta**, così come si è effettivamente svolto nella *fiction*.

Potrebbe però essere "riportato" in un altro modo, cioè **indirettamente**:

Rustin disse che considerava se stesso una persona realista, ma che, in termini filosofici, era quello che Hart avrebbe definito un pessimista. Hart se se uscì con esclamazioni che esprimevano perplessità per poi chiedere che cosa significasse davvero l'affermazione appena sentita. Rustin, con una battuta autoironica, rispose che significava non essere uno spasso alle feste. Al che Hart, sempre perplesso, ribatté che il collega – se lo doveva lasciar dire – non era uno spasso neanche in altre situazioni.

La differenza tra le due versioni è notevole:

- il discorso **diretto** ripropone l'immediatezza dell'autentico atto comunicativo, eliminando qualsiasi filtro che, nella versione indiretta, è invece inevitabile;
- il discorso **indiretto** riporta parole e pensieri altrui attraverso un narratore che li riformula in **proposizioni subordinate** sempre introdotte da **verbi dichiarativi**, come *dire, chiedere, rispondere, annunciare, esclamare, pensare*. Si tratta, inevitabilmente, di un discorso più complesso che controbilancia la perdita di naturalezza con la possibilità di **contestualizzare** e **interpretare**, più o meno fedelmente, il messaggio. Nella versione indiretta del dialogo citato, le espressioni sottolineate sono un esempio di questa interpretazione, in parte necessaria per integrare ciò che non è deducibile dal contesto e dal linguaggio del corpo.

Per ridurre al minimo la sovrapposizione del punto di vista di chi riferisce – nella realtà come nella finzione narrativa – è importante introdurre solo i cambiamenti strettamente necessari, quelli che non alterano il contenuto del messaggio originale.

Dal discorso diretto a quello indiretto

Per dare forma **indiretta** ai discorsi **diretti** si devono introdurre cambiamenti di tipo **formale**, **sintattico**, **morfologico** e **lessicale** come mostra la tabella:

Cambiamenti	Discorso diretto	Discorso indiretto
• Scompare la **punteggiatura caratteristica** (i due punti, le virgolette, le lineette). • Le frasi autonome si trasformano in **reggente** e **subordinata/e**.	*Mia madre, arrabbiata, mi chiese: "Perché non hai ancora messo in ordine?"*	*Mia madre, arrabbiata, mi chiese perché non avessi ancora messo in ordine.*

La **persona** del verbo e i **pronomi personali** passano dalla **1ª** o **2ª** alla **3ª** persona.	*Giusi domandò a Sergio: "**Vuoi** fare (tu) un pezzo di strada insieme a **me**?".*	*Giusi domandò a Sergio **se voleva** (lui) fare un pezzo di strada insieme a **lei**.*
Cambiano i **pronomi** e gli **aggettivi possessivi** di **1ª** e **2ª** persona.	*Arianna mi ha chiesto: "Posso usare il **tuo** tablet? Il **mio** è scarico".*	*Arianna mi ha chiesto se poteva usare il **mio** tablet perché il **suo** era scarico.*
• Si modificano le espressioni di tempo e di luogo. • Il pronome dimostrativo *questo* si trasforma in *quello*. • Gli avverbi di luogo *qui* e *qua* diventano *lì* e *là*. • Gli avverbi di tempo *oggi*, *ieri*, *l'altro ieri*, *domani*, *dopodomani* si trasformano, rispettivamente, in: *quel giorno*, *il giorno prima / precedente*, *due giorni prima*, *il giorno dopo / seguente*, *tra due giorni*.	*Mi sussurrò: "**Questo** è il luogo che preferisco. È **qui** che ci siamo conosciuti, è **qui** che voglio tornare insieme a te."* *Mi disse: "**Ieri** è forse stato il giorno più bello della mia vita".*	*Mi sussurrò che **quello** era il posto che preferiva. Era **lì** che ci eravamo conosciuti, era **lì** che voleva tornare insieme a me.* *Mi disse che **il giorno prima** era forse stato il più bello della sua vita.*

Quando il verbo della **reggente** è al **passato**, **tempi** e **modi verbali** della subordinata si trasformano secondo il seguente schema:

INDICATIVO PRESENTE *Rispose: "**Capisco** perfettamente".*	→	INDICATIVO IMPERFETTO *Rispose che **capiva** perfettamente.*
INDICATIVO FUTURO *Mi assicurò: "Tutto **sarà** pronto".*	→	CONDIZIONALE PASSATO *Mi assicurò che tutto **sarebbe stato** pronto.*
TUTTI I TEMPI DEL PASSATO *Disse: "**Sono arrivato** / **arrivai** puntuale".*	→	INDICATIVO TRAPASSATO *Disse che **era arrivato** puntuale.*
IMPERATIVO *Gli ordinò: "**Allontanati** dal pericolo!"*	→	CONGIUNTIVO IMPERFETTO *Gli ordinò che **si allontanasse** dal pericolo.*

La subordinata assume spesso la più scorrevole forma **implicita**, resa dalla preposizione ***di*** seguita dall'**infinito presente** (contemporaneità) o **passato** (anteriorità). Ciò avviene soprattutto quando il suo soggetto coincide con quello della reggente:

*Le gridò **di andarsene**.*
*Mi giurò **di aver fatto** ogni cosa come d'accordo.*

HAI CAPITO?

Trasforma il seguente dialogo in discorso indiretto, integrando il testo dove è necessario.

[A dieci anni Mina scrive una storia sul padre; sua sorella più grande, Antonia, gliela batte a macchina, ma a un certo punto si interrompe e le parla:]
"Questa storia l'ho già sentita", dice. "Rubare non vale".
"Certo che l'hai già sentita. L'ha scritta Dio e le cose che ha fatto Dio possono usarle tutti".
"Credi di essere furba", dice Antonia. "E invece hai solo la lingua lunga".

(adattamento da P. Cognetti, *Una cosa piccola che sta per esplodere*, minimum fax, Roma, 2007)

ADESSO TOCCA A TE

▶ Capitoli 4.8, 5

INDIVIDUA E ANALIZZA

Livello 1

1 ●○○ **In ognuna delle frasi seguenti indica la tipologia della subordinata evidenziata, scegliendo tra le due proposte.**

a. Non mi piace che tu decida senza chiedere il mio parere. — esclusiva / eccettuativa
b. A sedici anni mio padre, invece di studiare, lavorava già. — comparativa / avversativa
c. A forza di insistere, ha ottenuto ciò che voleva. — modale / strumentale
d. L'intervento è stato meno doloroso di quanto avessi temuto. — comparativa / avversativa
e. Salvo che il treno ritardi, arriverò a Padova alle dieci. — esclusiva / eccettuativa

2 ●○○ **Indica la tipologia delle subordinate evidenziate nel brano seguente, scegliendo tra quelle elencate (fai attenzione: non tutte vanno usate).**

consecutiva ~ modale ~ finale ~ strumentale ~ soggettiva ~ oggettiva ~ relativa ~ causale ~ esclusiva ~ eccettuativa ~ condizionale

Com'è noto, nel primo concorso di bellezza della Storia, Venere si fa eleggere Miss Olimpo corrompendo facilmente il giudice unico Paride, principe troiano. (........................)
Se voterà a suo favore (........................), gli farà avere la donna ritenuta la più bella tra i mortali: Elena. (........................)
C'è però un piccolo problema da superare: essendo Elena sposata col re greco Menelao (........................), occorrerà rapirla (........................). Senza por tempo in mezzo (........................), Paride s'imbarca alla volta della reggia di Menelao per impadronirsi della bellissima (........................).

(adattamento da A. Camilleri, *La creatura del desiderio*, Skira, Ginevra – Milano, 2013)

Livello 2

3 ●●○ **Nelle seguenti coppie di frasi indica quella che contiene una subordinata del tipo indicato.**

a.	Modale	1) Camminando nel bosco, abbiamo visto molti animali.	2) Abbiamo trascorso un'ora camminando nel bosco.
b.	Avversativa	1) Non sei venuto in campagna, quando invece ti saresti divertito.	2) Quando verrai in campagna, ti divertirai.
c.	Comparativa	1) In Sicilia c'era un mare così bello come mi avevano detto.	2) In Sicilia il mare era così bello che non sarei più andata via.
d.	Avversativa	1) Tu, più che ascoltare, ti distrai.	2) Tu, anziché ascoltare, ti distrai.
e.	Comparativa	1) Il guasto è così grave che è difficile ripararlo.	2) Il guasto è più grave di quanto pensassimo.

4 ●●○ **Indica la tipologia delle subordinate evidenziate nel brano seguente.**

"Dedicarsi con tutta calma alla cucina (........................) rilassava Elínborg. Le permetteva di cambiare marcia (........................), di isolarsi dalla frenesia e dalle ansie della vita quotidiana, di sgombrare la mente dal lavoro per rivolgerla esclusivamente ai suoi cari (.........................). Svuotava il cervello da ogni altro pensiero che non fossero gli ingredienti (.........................) e il modo in cui usare l'intuito e la creatività per trasformare il caos in un tutto organico. In cucina dava sfogo al suo estro, manipolando gli ingredienti (.........................) fino a dare loro un'altra natura, un altro sapore, un'altra struttura e un altro aroma (.........................)."

(adattamento da A. Indriaðson, *Un doppio sospetto*, trad. di S. Cosimini, Guanda, Parma, 2011)

Livello 3 **5** ●●●

In ognuna delle frasi seguenti sottolinea e distingui le subordinate avversative [A], eccettuative [EC], esclusive [E], comparative [C] e strumentali [S].

a. Invece di chattare, apparecchia la tavola, e senza che te lo debba ripetere. [.....]; [.....]
b. Ci vediamo alla solita ora, a meno che mia madre, anziché farmi uscire, non mi costringa ad aiutarla. [.....]; [.....]
c. Ricorrendo al passaparola, la gelateria di Fulvio sta avendo più successo di quanto mi aspettassi. [.....]; [.....]
d. Lina è stata meno comprensiva di quanto sperassi, senza considerare le mie difficoltà. [.....]; [.....]

6 ●●●

Fai l'analisi del periodo del brano seguente.

Da lontano, l'uomo che arrancava su per il fronte bianco del ghiacciaio poteva somigliare a una formica che zampetta lentamente sul bordo di un piatto. Il vento aumentava via via che lui saliva, soffiandogli sbuffi polverosi di neve sul volto e ghiacciando gli umidi ricci neri. L'uomo non aveva paura di cadere, anche se non usava corde o ancoraggi, ma solo ramponi e un'unica piccozza. Il suo nome era Alastair Hunt ed era un mago. Modellava e plasmava la materia mentre saliva. Appigli per mani e piedi comparivano via via che procedeva con grande fatica.
Quando raggiunse la caverna, a metà del massiccio, era semiassiderato e sfinito: aveva impiegato tutta la propria forza di volontà per domare il peggiore degli elementi.

(riduzione da H. Block- C. Clare, *Magisterium L'anno di ferro*, trad. di B. Masini, A. Mondadori, Milano, 2014)

TRASFORMA E PRODUCI

Livello 1 **7** ●○○

Riscrivi le frasi seguenti trasformando i discorsi diretti in indiretti.

a. Paolo mi disse: "Ti aiuterò io".
b. Lui le domandò: "Mi amerai per tutta la vita?"
c. Il turista si informò: "A che ora aprirà il museo?"
d. Gli amici gli chiesero: "Verresti con noi?"
e. Al ristorante il cameriere rispose: "Mi dispiace, non posso servirvi pesce fresco, però consiglio la carne alla brace".

8 ●○○

A COPPIE Scegliete una delle coppie elencate, quindi scrivete un breve dialogo tra i due personaggi. Utilizzate il discorso diretto, formulando frasi complesse e alla fine della stesura verificate quali tipi di subordinate avete usato.

una ballerina e un ortopedico ~ un marinaio e un'astronauta ~ un dog sitter e un'animalista ~ un macellaio e una vegana

Livello 2 **9** ●●○

Riscrivi le due frasi seguenti trasformando i discorsi indiretti in diretti.

a. Ieri Luca mi ha avvisato che sarebbe venuto qui da noi oggi e che avrebbe portato con sé un amico.

b. L'anno scorso ricevetti da Luca una lettera in cui mi scriveva che era stato bello, ma stava per partire per gli Stati Uniti, non sapeva se e quando sarebbe tornato, perciò non lo aspettassi.

10 ●●○

A COPPIE Quale situazione vi suggerisce l'immagine? Dove stanno andando i due personaggi? Qual è il loro stato d'animo? Raccontatelo in un breve testo (max 10 righe). Scrivete frasi complesse e alla fine della stesura verificate quali tipi di subordinate avete usato.

....
....
....
....
....
....
....
....
....
....

Fotogramma finale del film *Tempi moderni*, 1936.

Livello 3 **11** ●●●

Riscrivi le seguenti barzellette trasformando i discorsi diretti in indiretti, quindi confronta le due versioni: quale ti sembra più efficace?

Visitando una mostra di pittura due ragazze vedono il ritratto di un uomo. Sotto il quadro compare, bene in vista, la scritta "Venduto". – Sai chi è? – domanda una all'altra. – Non ne ho idea. Però, a giudicare da quel cartello, sarei portata a pensare che è un arbitro di calcio ...".

("Enigmistica difficile", XVII, n. 106)

Università di Firenze, esame di chimica. Il professore chiede allo studente:
"Il carbonato di calcio è solubile in acqua?".
"Sì!" dice lo studente convinto della sua risposta.
"Bene! Allora torni pure quando avrà visto il Ponte Vecchio sciogliersi!".

(adattatamento da www.paginainizio.com/ barzellette/istruzione)

12 ●●●

Osserva con attenzione l'immagine, quindi descrivi che cosa raffigura e suggerisce in un breve testo (max 14 righe), usando vari tipi di subordinate, esplicite e implicite.

....
....
....
....
....
....
....
....
....
....
....
....
....
....

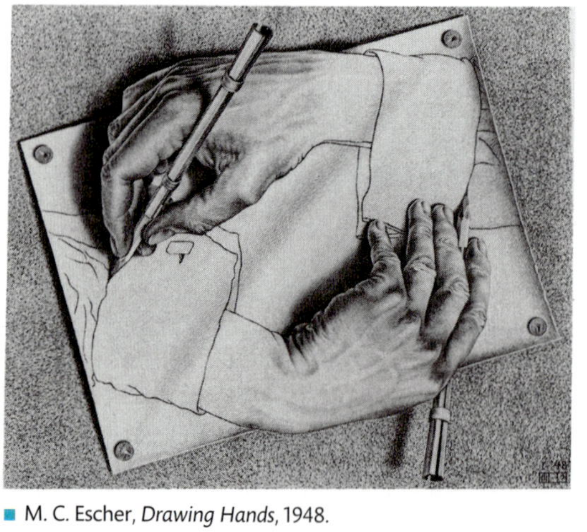

M. C. Escher, *Drawing Hands*, 1948.

FACCIAMO IL PUNTO

definire + riassumere + classificare + memorizzare

LOSAI? RIPASSA CON LO SMARTPHONE

Nelle frasi complesse le **subordinate** hanno una funzione simile a quella che **argomenti** ed **espansioni** svolgono nella frase semplice: **completano**, **precisano** e **arricchiscono** ciò che è espresso nella **reggente**.

Le subordinate → *si classificano come*

- **COMPLETIVE** → completano in modo **essenziale** il significato della reggente
  - **SOGGETTIVE** – *È necessario **rispettare il pianeta**.*
  - **OGGETTIVE** – *Leo ha detto **che stai bene**.*
  - **INTERROGATIVE INDIRETTE** – *Non so **che cosa vai cercando**.*
  - **DICHIARATIVE** – *Ho la certezza **che tutti i problemi si risolveranno**.*
- **RELATIVE** → corrispondono all'**attributo** e all'**apposizione** della **frase semplice**
  - *La casa **che abbiamo visitato ieri** è perfetta per noi.*
- **CIRCOSTANZIALI** → **precisano** e **arricchiscono** il significato della reggente
  - **CAUSALI** – *Non ci parliamo da un po' **perché abbiamo litigato**.*
  - **FINALI** – *Fa di tutto **per stare bene**.*
  - **CONSECUTIVE** – *Ho corso talmente tanto **da essere esausto**.*
  - **CONCESSIVE** – *È uscita in barca, **nonostante il mare sia grosso**.*
  - **TEMPORALI** – *Dovrai rientrare **prima che scocchi la mezzanotte**.*
  - **MODALI** – *Ha svolto il compito **sforzandosi al massimo**.*

↓

tipi diversi di subordinate

↓

*Il passaggio dal **discorso diretto** a quello **indiretto***

- crea frasi più complesse → *"Cosa fai?" / Mi chiese* (reggente) *che cosa stessi facendo* (oggettiva).
- richiede la trasformazione di →
  - pronomi personali
  - pronomi e aggettivi possessivi e dimostrativi
  - espressioni di tempo e luogo
  - modi e tempi verbali

FACCIAMO IL PUNTO

CONOSCENZE

1 **Indica se le seguenti affermazioni sono vere [V] o false [F].**

a. Le completive svolgono la stessa funzione degli argomenti nella frase semplice. V F
b. Le oggettive corrispondono sempre a un complemento oggetto. V F
c. Le dichiarative completano e chiariscono un elemento nominale. V F
d. Le relative forniscono sempre informazioni necessarie. V F
e. Le circostanziali corrispondono ai principali complementi indiretti. V F
f. Finale, causale e consecutiva esprimono in modi diversi il rapporto causa-effetto. V F
g. Il periodo ipotetico della possibilità indica un evento fortemente probabile. V F

ABILITÀ

2 **In ogni frase sottolinea e distingui la completiva in essa presente: soggettiva [S], oggettiva [O], dichiarativa [D], interrogativa indiretta [I].**

a. Si prevede che nel fine settimana il bel tempo si manterrà stabile. ☐
b. Le previsioni indicano che nel fine settimana il bel tempo si manterrà stabile. ☐
c. Mi domando se il bel tempo si manterrà stabile anche nel fine settimana. ☐
d. Le previsioni del tempo per il fine settimana sono queste: che si manterrà bel tempo stabile su tutta la penisola. ☐

3 **In ogni frase seguente indica il tipo di subordinata evidenziata: causale, finale, consecutiva, concessiva, temporale, modale.**

a. È lecito supporre che Luigi sarà promosso, malgrado abbia qualche incertezza in matematica. ....
b. Il progetto è stato realizzato pianificando con cura ogni fase dei lavori. ....
c. Prima di esprimere giudizi, rifletti bene. ....
d. Era così tormentato dalle preoccupazioni da non dormire di notte. ....
e. Accusato ingiustamente, pretendo le vostre scuse. ....
f. Andrea non perde occasione per creare scompiglio. ....

4 **Tra le frasi seguenti, quale contiene una subordinata condizionale?**

A A conoscerlo meglio, si capisce che Franco è un altruista.
B Conoscendolo meglio, ho capito che Franco è un altruista.
C Una volta conosciuto meglio, Franco si è rivelato un altruista.

5 **Fai l'analisi delle frasi seguenti secondo il modello di p. 438.**

a. Uscendo, Laura si voltò a salutare la madre, quindi scese le scale come se volasse.
b. Gianni, dicono i genitori, ha dimostrato di avere un talento naturale per costruire e riparare oggetti fin da quando era bambino.
c. "Barbaro non è chi non ha mai conosciuto la civiltà; ma chi, pur avendola conosciuta, ne dimentica e ne tradisce i valori" (M. Proust).
d. Insomma, a farla breve, sappi questo: fra pochi mesi diventerò zia.

6 **Riscrivi la seguente barzelletta trasformando i discorsi diretti in forma indiretta.**

Un tale va dal medico e dice: "Dottore, quando mi sveglio la testa mi gira fortissimo per mezz'ora, poi mi passa tutto e va bene. Cosa mi consiglia?"
Il medico: "Si svegli mezz'ora dopo!"

(A. Angela, *Viaggio nell'Impero di Roma seguendo una moneta*, RAI-ERI-A. Mondadori, Milano, 2010)

COMPETENZE

7 **Leggi con attenzione il brano, quindi svolgi le attività proposte.**

L'amico scomparso

Fawzi scompare per sei mesi, un anno o addirittura due, poi, un giorno, ricompare, magari per telefonare oppure scrivendo, sempre con la stessa foga. In principio uno rimane un po' sbalestrato. Non so mai bene che atteggiamento assumere nei suoi confronti. Una volta sparito, non risponde più ai richiami. Allora bisogna lasciargli attraversare il suo deserto: si sa che un giorno lo si ritroverà, sempre uguale, dinamico e fraterno.
Questo tipo di amici, ho capito che non bisogna confonderli, né insistere né fare loro dei rimproveri. L'amicizia, se riposa su solide basi, può permettersi di accettare parentesi di quel genere che non significano affatto l'oblio o il rifiuto perché esse sono di pertinenza esclusiva della persona che ne sente il bisogno.

(adattamento da Tahar Ben Jelloun, *L'amicizia*, trad. di E. Volterrani, Einaudi, Torino, 1995)

COMPRENDI

Livello 1
1. ●○○ La maggior parte delle subordinate presenti nel brano ha forma implicita. Secondo te, questo tipo di costruzione sintattica che effetto produce? Rispondi, scegliendo l'alternativa che ritieni corretta:
   - A rende più scorrevole il discorso.
   - B il discorso risulta meno comprensibile.

Livello 2
2. ●●○ L'ultimo periodo del brano è più complesso rispetto ai precedenti. Secondo te, per quale motivo? Rispondi, scegliendo l'alternativa che ritieni corretta:
   - A l'autore vuole concludere con uno stile elegante.
   - B perché costituisce l'argomentazione del pensiero dell'autore.

Livello 3
3. ●●● Nel brano, il concetto di amicizia è espresso mediante un periodo ipotetico della realtà. Secondo te, che cosa pensa l'autore riguardo la vera amicizia? Rispondi, scegliendo l'alternativa che ritieni corretta:
   - A ritiene probabile che esista.
   - B è sicuro che esiste.
   - C pensa che sia possibile, ma dipende dalle situazioni.

ANALIZZA

Livello 1
4. ●○○ Individua le subordinate completive presenti nella prima parte del brano.
5. ●○○ Individua le subordinate causali, finali, temporali e modali presenti nel brano.

Livello 2
6. ●●○ Fai l'analisi del penultimo periodo del brano.

Livello 3
7. ●●● Fai l'analisi dell'ultimo periodo del brano.

PRODUCI

Livello 1

8. ●○○ "Amicizia: istruzioni per l'uso". Scrivi un breve elenco dei comportamenti che non si devono tenere nei confronti di un amico, argomentando per ognuno il motivo per cui è da evitare. Alterna frasi semplici e complesse e al termine della stesura verifica quali tipi di subordinate hai usato.

Livello 2

9. ●●○ Prendi spunto dal brano letto per descrivere una particolare figura di amico, per esempio l'amico assillante, l'amico di passaggio, l'amico ritrovato... Al termine della stesura, verifica se hai usato frasi complesse e quali tipi di subordinate hai utilizzato.

Livello 3

10. ●●● Sei d'accordo con chi ritiene che Internet e i social network abbiano cambiato il modo di intendere e vivere l'amicizia? Rifletti, quindi scrivi un testo di media lunghezza (max 16 righe) in cui argomenti le tue opinioni al riguardo. Al termine della stesura verifica se hai usato discorsi diretti, frasi complesse e quali tipi di subordinate hai utilizzato.

CHE LINGUA PARLIAMO?

INDIVIDUA E TRASFORMA

Livello 1 **8** ●○○

A COPPIE Leggete i seguenti proverbi prestando particolare attenzione alle subordinate in essi presenti; quindi, con l'eventuale aiuto del dizionario, trasformateli in frasi complesse che ne spieghino il significato; es. non destare il can che dorme > *non stuzzicare persone o situazioni che al momento sono tranquille.*

Tanto va la gatta al lardo che ci lascia lo zampino ~ Chi troppo vuole nulla stringe ~ A caval donato non si guarda in bocca ~ Ride bene chi ride ultimo ~ Fatta la legge, trovato l'inganno ~ Quando il gatto non c'è, i topi ballano ~ Se Atene piange, Sparta non ride

Livello 2 **9** ●●○

Nell'uso corrente della lingua, ma anche nella scrittura, per esempio in ambito narrativo e giornalistico, è comunemente accettato l'uso dell'imperfetto indicativo per esprimere un'ipotesi che non si è realizzata (*Se me lo chiedevi, te lo prestavo*). Rimane invece scorretto lo scambio di condizionale e congiuntivo nella protasi (*Se me lo chiederesti, te lo presterei*). Tra le frasi elencate, distingui quelle accettabili [A] da quelle decisamente scorrette [S], quindi riscrivi correttamente queste ultime.

a. Se mi avvisavi prima, non ti aspettavo. ☐
b. Se mi presteresti 50 Euro, poi te li restituirei. ☐
c. Se aveva copiato la tesina, Carlo sarebbe stato scorretto. ☐
d. Se non volevi incontrarlo, dovevi evitare i soliti ritrovi. ☐
e. Se l'ufficio postale era aperto, avrei ritirato il pacco. ☐
f. Se non mi chiedeva scusa, non lo perdonavo. ☐
g. Se la mia squadra vinceva, avrei festeggiato fino all'alba. ☐

Livello 3 **10** ●●●

Nel parlato quotidiano accade di esprimersi attraverso discorsi indiretti "liberi", cioè privi di verbi dichiarativi. Leggi la frase seguente, quindi, in base alla tua esperienza, prova a formularne un'altra dello stesso tipo.

Durante la riunione c'è stato uno show a sorpresa di Giovanni. E non ne poteva più, e col cavolo che lo avremmo rivisto alle nostre riunioni, e allora lì Lia è scattata. Ah, era proprio un bel presuntuoso.

(E. Calaresu, *Testuali parole. La dimensione pragmatica e testuale del discorso riportato*, FrancoAngeli, Milano, 2002)

ARRICCHIAMO IL LESSICO

Allo stadio

a. Sei allo stadio a veder giocare la squadra del cuore oppure, anche se non sei appassionato di calcio, decidi di guardare una partita in tv (magari un incontro ai mondiali). Gli *spalti* sono gremiti, i *tifosi* fanno la *ola*, scandiscono *frasi di incitamento*, srotolano *striscioni*: quali ti sembrano più efficaci e originali?

b. L'atmosfera euforica non è dissimile da quella che si respirava durante i giochi nell'antica Roma: anche allora c'erano squadre, tifoserie e i guidatori di cocchio ("aurighi"), per popolarità e compensi, non avevano nulla da invidiare ai moderni calciatori. Ma qual è l'origine della parola "stadio"? Se non lo sai, aiutati col dizionario o con Internet.

c. Calcio d'inizio... Oralmente, fai un commento delle fasi salienti della partita: cerca di essere conciso e incisivo, formula frasi sia semplici sia complesse. Ispirati ai telecronisti. Puoi utilizzare alcune delle parole ed espressioni elencate e altre che conosci:

> traversone ~ smarcare ~ traversa ~ palo ~ carambolare ~ gollaccio ~ goleada ~ realizzare ~ battuta ~ calcio di rigore/d'angolo/di punizione ~ trasformare ~ verticalizzare ~ presidiare ~ palla inattiva ~ tiro a pallonetto ~ spizzare ~ spallonare ~ rinviare ~ centrocampista ~ panchina ~ portiere ~ difensore ~ attaccante ~ mezzapunta ~ terzino ~ riserva ~ titolare ~ arbitro ~ tiro ~ finalissima

d. Tra lingua comune e sport vi è un intenso scambio lessicale: dalla terminologia calcistica arrivano metafore come "passare la palla" e "scendere in campo"; viceversa, "portiere", "imbastire un'azione", "sganciarsi" sono passati dalla lingua comune a quella calcistica. A coppie trovate altri esempi, magari con l'aiuto del dizionario o attingendo da blog, chat e newsgroup, spesso espressione diretta del mondo delle tifoserie.

PERCORSO D
PAROLE IN RELAZIONE: LA FRASE COMPLESSA

Sei pronto per la verifica?

METTITI ALLA PROVA

1 **Nel testo seguente distingui le frasi principali [P], coordinate [C], subordinate [S].**

Il Parlamento europeo ha chiesto ai Paesi membri ☐ di inserire nelle scuole il gioco degli scacchi ☐. Questo gioco è considerato eccellente ☐ per sviluppare le capacità cognitive ☐. Inoltre è ideale ☐ per distogliere i giovani dalle dipendenze ☐, aiuta ☐ a superare le discriminazioni ☐ e favorisce l'inserimento di allievi ☐ provenienti da culture diverse ☐.

PUNTI ..... /10

2 **VERSO L'INVALSI** **Nel periodo che segue le singole frasi sono state separate e contraddistinte con una lettera. Riporta nello schema le lettere corrispondenti a ciascuna frase, una per ogni riquadro, tenendo conto dei rapporti di coordinazione e di subordinazione. Il riquadro in cui va inserita la frase principale è indicato in grigio.**

a. Se vogliamo arrivare alla stazione in tempo / **b.** in modo da prendere l'ultimo treno / **c.** e da arrivare a casa prima di notte / **d.** dobbiamo rinunciare alla gita / **e.** e fare subito le valigie.

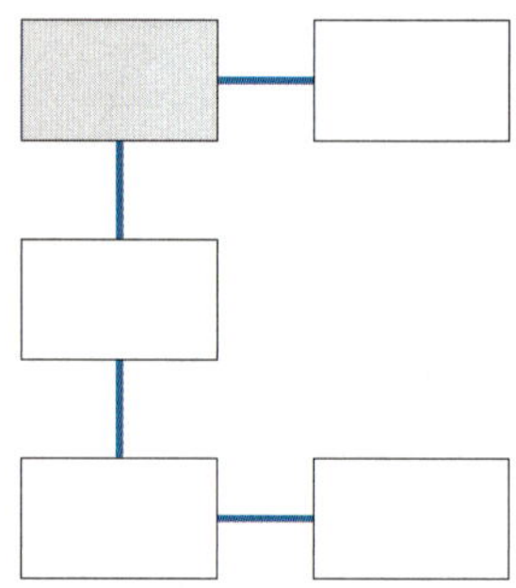

PUNTI ...... /4

3 **Indica la tipologia delle subordinate evidenziate nelle frasi seguenti: soggettiva [S], oggettiva [O], dichiarativa [D], interrogativa indiretta [I], relativa [R].**

a. Nella mia famiglia non c'è nessuno che sia timido. ☐
b. La sera esci sempre, mi chiedo dove tu vada. ☐
c. Trovo seccante il fatto di essere chiamato con un soprannome. ☐
d. Ho pensato di arricchire la ricerca con immagini. ☐
e. Oggi è insolito vedere famiglie numerose. ☐
f. Questo è sorprendente: che due italiane siano ai vertici del tennis mondiale. ☐

PUNTI ...... /6

4 **Leggi la frase seguente, quindi indica la tipologia delle tre subordinate che la completano.**

Il caldo era soffocante, così ho mangiato un gelato

a. perché volevo rinfrescarmi = ...
b. per rinfrescarmi = ...
c. di modo che mi sono rinfrescato = ...

PUNTI ...... /6

ZTE ONLINE
Mettiti alla prova con gli esercizi interattivi

Se il tuo punteggio è inferiore a 15/26, puoi svolgere gli esercizi interattivi di recupero e di consolidamento.

TOTALE PUNTI ...... /26
Le soluzioni sono a p. 627

METTITI ALLA PROVA SUL TESTO

Leggi il brano seguente, quindi rispondi alle domande.

Le gemelle Bibbiena

In laguna circolava la leggenda che le gemelle Bibbiena fossero nate con aghi da ricamo nelle mani. Si diceva che la madre, non riuscendo ad avere figli, si fosse recata da un'indovina che leggeva il futuro nel fondo delle tazzine del caffè. La madre delle gemelle trovò il caffè più amaro del mallo delle noci acerbe, fece uno sforzo per non sputarlo e lo bevve tutto d'un fiato. Per l'indovina, leggere il fondo lasciato nella tazzina quella volta fu facile. Disegnate come da mano umana c'erano due forme identiche, simili ad aghi da merletto. «Signora», predisse, «presto avrà delle creature che si guadagneranno da vivere usando gli aghi». Dopo nove mesi nacquero due bambine con faccine rotonde e vellutate come le prime pesche di stagione. La madre morì nel darle alla luce e le gemelle vennero tirate su dalla nonna. A otto anni, quando gli altri bambini giocavano al cerchio[1], Lucia e Fausta sfornavano il miglior merletto di Burano[2]. La nonna raccontava, vantandosene, che era stata lei a insegnar loro. Tutti annuivano per farle piacere, ma sapevano che un tale dono non poteva che essere innato. Era un dono di Dio.
Non ho mai creduto a questa storia, ma capivo che c'era una parte di verità: molti sono bravi a fare qualcosa, ma se qualcuno è il migliore di tutti, è perché Dio in persona l'ha graziato col Suo tocco.

(adattamento da S. Mazzola, *La miniaturista*, Fazi Editore, Roma, 2011)

1. **cerchio**: gioco del passato, che consisteva nel far rotolare un cerchio guidandolo con un bastone.
2. **merletto di Burano**: pizzo, fine ricamo per cui è famosa l'isola veneziana di Burano.

1 Quante frasi semplici indipendenti sono presenti nel brano?

.... PUNTI ....../2

2 Di quante frasi semplici è composta la seconda frase del brano?

.... PUNTI ....../2

3 Indica se le frasi elencate sono coordinate [C] o subordinate [S].

a. da vivere. C S
b. a fare qualcosa. C S
c. ma capivo C S
d. e le gemelle vennero tirate su dalla nonna. C S

PUNTI ....../4

4 Nella frase *Per l'indovina, leggere il fondo lasciato nella tazzina quella volta fu facile*, qual è la principale?

.... PUNTI ....../2

5 Nella terza frase, qual è la reggente della subordinata *per non sputarlo*?

.... PUNTI ....../2

6 La subordinata *che le gemelle Bibbiena fossero nate con aghi da ricamo nelle mani* è

A completiva. B relativa. C circostanziale.

PUNTI ....../1

METTITI ALLA PROVA SUL TESTO

7 **Indica la forma delle subordinate elencate: esplicita [E] o implicita [I].**

a. nel darle alla luce. E I
b. che si guadagneranno. E I
c. usando gli aghi. E I
d. perché Dio in persona l'ha graziato col Suo tocco. E I

PUNTI ....../4

8 **Trascrivi nella riga sottostante la subordinata soggettiva presente nella seconda frase.**

....

PUNTI ....../2

9 **La subordinata *lasciato nella tazzina***

A esprime una causa: "poiché il fondo era stato lasciato nella tazzina".
B circoscrive e precisa il nome "fondo": non un fondo qualunque, ma quello lasciato nella tazzina.

PUNTI ....../1

10 **Indica se le affermazioni sono vere [V] o false [F], quindi motiva le tue risposte.**

a. Il complemento *Dopo nove mesi* può essere trasformato in una subordinata di analogo significato. V F

....

b. Il complemento *da ricamo* <u>non</u> può essere trasformato in una subordinata di analogo significato. V F

....

c. La subordinata *usando (gli aghi)* può essere trasformata in un complemento di analogo significato. V F

....

PUNTI ....../6

11 **Indica la tipologia delle subordinate elencate.**

a. non riuscendo ad avere figli ....
b. per farle piacere ....
c. che c'era una parte di verità ....
d. che leggeva il futuro nel fondo delle tazzine del caffè ....
e. quando gli altri bambini giocavano al cerchio ....
f. se qualcuno è migliore di tutti ....

PUNTI ..../12

12 **Fai l'analisi della frase *La nonna raccontava, vantandosene, che era stata lei a insegnar loro*, indicando grado, forma e tipologia delle subordinate.**

a. ....
b. ....
c. ....
d. ....

PUNTI ....../8

13 **Trasforma il discorso diretto presente nel brano in indiretto.**

....

PUNTI ....../2

ZTE ONLINE
Mettiti alla prova con gli esercizi interattivi

Se il tuo punteggio è inferiore a 28/48, puoi svolgere gli esercizi interattivi di recupero e di consolidamento.

TOTALE PUNTI ....../48

Le soluzioni sono a p. 627

METTITI ALLA PROVA SUL LESSICO

1 **Nelle frasi seguenti trasforma la subordinata in un complemento di significato equivalente.**

a. Tutto è pronto perché il campionato prenda avvio. ....
b. È stato multato dai vigili perché guidava senza patente. ....
c. I fedeli si sono riuniti per pregare. ....
d. Alla mia obiezione ha reagito insultandomi. ....
e. Evadendo le tasse si danneggia la collettività. ....
f. Se si ha necessità, rivolgersi al custode. ....

PUNTI ....../6

2 **Considera la frase "Discutendo, si può superare la diversità di opinioni". Se trasformi "discutendo" in un elemento nominale ottieni:**

A A condizione di discutere, si può superare la diversità di opinioni.
B Per mezzo di una discussione si può superare la diversità di opinioni.
C Quando si discute, si può superare la diversità di opinioni.

PUNTI ....../2

3 **Nelle frasi seguenti sostituisci la parte evidenziata in una subordinata di significato equivalente.**

a. Si sa che il lancio con il paracadute è pericoloso. ....
b. Gianni mi ha ricordato l'appuntamento di domani con il notaio. ....
c. Non sono sicuro del tuo cambiamento. ....
d. All'avvicinarsi degli esami, gli studenti studiano sodo. ....
e. L'attore si emozionò per il caloroso applauso del pubblico. ....
f. Nonostante le indagini della polizia, il colpevole restò sconosciuto. ....

PUNTI ....../6

4 **Nelle frasi seguenti trasforma le subordinate esplicite in implicite.**

a. Per il fatto che è stato quasi sempre in panchina, il terzino è avvilito.
....
b. Spero che non sarò punito per una semplice mancanza.
....
c. Malgrado fossi stato avvisato delle conseguenze, hai fatto a modo tuo.
....
d. Se si è sinceri, non c'è mai da pentirsi.
....
e. Sergio non è abbastanza robusto perché possa giocare a rugby.
....
f. Come sempre, sono stato il primo che ha consegnato la verifica.
....

PUNTI ..../12

ZTE ONLINE
Mettiti alla prova con gli esercizi interattivi

Se il tuo punteggio è inferiore a 16/26, puoi svolgere gli esercizi interattivi di recupero e di consolidamento.

TOTALE PUNTI ....../26
Le soluzioni sono a p. 627

METTITI ALLA PROVA SUL LESSICO

PER ANALIZZARE PAROLE E FRASI
L'ANALISI GRAMMATICALE

NOME → *può essere*
- **proprio**: di persona, animale → maschile / femminile — singolare / plurale — alterato / composto
- **comune**: di persona, animale, cosa → maschile / femminile; primitivo / derivato — numerabile / non numerabile — concreto / astratto

ESEMPI

panetteria: nome comune, concreto, femminile, singolare, derivato (si può sottintendere)
apribottiglie: nome comune di cosa, maschile, singolare, composto (verbo + nome)
Rosetta: nome proprio di persona femminile, singolare, alterato
cagnacci: nome comune di animale, concreto, maschile, plurale, alterato peggiorativo

---

ARTICOLO → *può essere* → determinativo / indeterminativo — maschile / femminile — singolare / plurale

ESEMPI

la: articolo determinativo, femminile, singolare
un: articolo indeterminativo, maschile, singolare
delle: articolo partitivo, femminile, plurale, composto dalla preposizione ***di*** + ***le***.

AGGETTIVO → *può essere*
- **qualificativo** → primitivo, derivato, alterato, composto — di **grado**: positivo, comparativo (uguaglianza, maggioranza, minoranza), superlativo
- **determinativo** → possessivo — dimostrativo — interrogativo, esclamativo — numerale — indefinito
- maschile / femminile — singolare / plurale

ESEMPI

azzurro: aggettivo qualificativo, maschile, singolare, primitivo, di grado positivo;
più graziosa: aggettivo qualificativo, femminile, singolare, derivato, di grado comparativo, di maggioranza;
quello: aggettivo determinativo, dimostrativo, maschile, singolare;
vostre: aggettivo determinativo, possessivo, femminile, plurale.

PRONOME → se variabile:
- maschile / femminile
- singolare / plurale

PRONOME ↓ *può essere*
- personale → di 1ª, 2ª, 3ª persona, singolare o plurale → soggetto / complemento
- relativo
- doppio o misto
- possessivo
- dimostrativo
- indefinito
- interrogativo, esclamativo

ESEMPI

lui (*So tutto di* ***lui***): pronome personale, 3ª persona singolare, maschile, complemento
che (*Segui le indicazioni* ***che*** *ti ho dato*): pronome relativo
chi? (***Chi*** *interrogherà oggi?*): pronome interrogativo
niente (*In quel negozio non c'è più* ***niente***): pronome indefinito, invariabile

VERBO → *eventualmente può essere* → servile, fraseologico, causativo

VERBO → *può essere*:
- 1ª, 2ª, 3ª coniugazione
- **modo**: indicativo congiuntivo ecc.
- 1ª, 2ª, 3ª persona singolare / plurale
- predicativo / copulativo
- transitivo / intransitivo

ESEMPI

Pareva (*felice*): voce del verbo *parere*, 2ª coniugazione, modo indicativo, tempo imperfetto, 3ª persona singolare, intransitivo, attivo, copulativo
Spero che ***vada*** (*tutto bene!*): voce del verbo *andare*, 1ª coniugazione, modo congiuntivo, tempo presente, 3ª persona singolare, intransitivo, attivo, predicativo
Muovetevi! voce del verbo *muoversi*, 2ª coniugazione, modo imperativo, 2ª persona plurale, riflessivo

---

AVVERBIO → *può essere* → avverbio, locuzione avverbiale → di modo, di tempo, di luogo, di quantità, di valutazione, di affermazione, di negazione e dubbio, interrogativo /esclamativo → positivo /alterato (gradi alterazione)

ESEMPI

presto: avverbio di tempo, grado positivo
all'incirca: locuzione avverbiale di quantità
benino: avverbio di modo, diminutivo
tantissimo: avverbio di quantità, grado superlativo

INTERIEZIONE → *può essere* → propria / impropria → locuzione interiettiva

ESEMPI

Ahi! interiezione propria di dolore
mah! interiezione propria: comunica incertezza, sconcerto
Non mi dire! locuzione interiettiva di stupore

PREPOSIZIONE → *può essere* → semplice / articolata → impropria / locuzione prepositiva

ESEMPI

di: preposizione semplice
della: preposizione articolata (di + la)
sotto (il banco): preposizione impropria
all'infuori di: locuzione prepositiva

CONGIUNZIONE
- *può essere*: semplice; composta; locuzione congiuntiva
- *può essere*:
  - coordinante → copulativa, disgiuntiva ecc.
  - subordinante → dichiarativa, comparativa ecc.

ESEMPI

ma (*Il clima è freddo,* ***ma*** *secco*): congiunzione semplice coordinante, avversativa
anche se: locuzione congiuntiva
Andremo al concerto ***oppure*** *al cinema*: congiunzione composta, coordinante, disgiuntiva
quando (***Quando*** *c'è il sole, mi sento meglio*): congiunzione subordinante temporale

L'ANALISI LOGICA DELLA FRASE

Modello 1 Analisi logica valenziale

Focalizzazione su: **argomenti** e **valenza** del verbo; **espansioni degli argomenti**, necessarie o meno; **espansioni circostanziali.**

La mia amica Greta mi ha restituito, dopo una settimana e secondo gli accordi, un prezioso libro sull'arte giapponese.

1. Individua il **verbo**, valutando se è **predicativo** o **copulativo**. → ***ha restituito***: verbo **predicativo**.

2. Rintraccia il **primo argomento**, il **soggetto**, controllando la sua **concordanza** con il predicato; stabilisci qual è la sua funzione nella realtà. → ***Greta***: **concorda** con il verbo nella **persona** e nel **numero** (3ª pers. sing.). È colei che **agisce**.

3. Soffermati sul **significato** del verbo e chiediti se deve essere **completato**. Se sì, cerca gli altri argomenti. → "Restituire" è un verbo **transitivo trivalente** perciò è necessariamente seguito da
   - un **secondo argomento diretto / oggetto**: ***un libro***
   - un **terzo argomento indiretto**: ***mi*** (= a me)

4. Ora puoi individuare la frase **minima**, **nucleare**. → ***Greta mi ha restituito un libro***

Può essere di aiuto disegnare una mappa di cui, per ora, si riempie il **nucleo**:

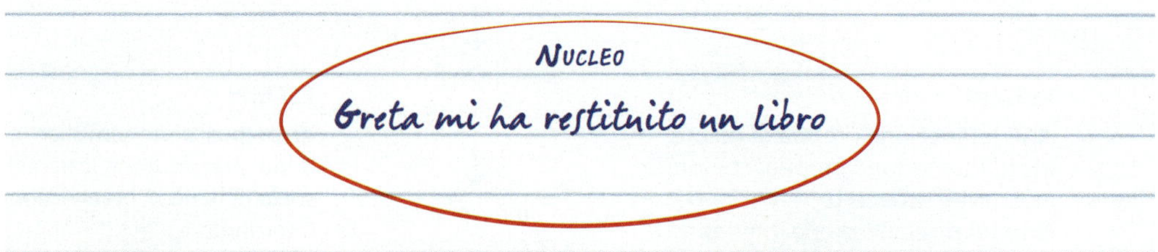

5. Sottrai alla frase gli elementi nucleari, così rimangono le **espansioni**. → ***La mia amica*** ~~Greta mi ha restituito,~~ ***dopo una settimana e secondo gli accordi,*** ~~un~~ ***prezioso*** ~~libro~~ ***sull'arte giapponese***.

6. Esamina prima le **espansioni legate agli argomenti**. → ***mia amica***: espansione dell'argomento **soggetto**
   prezioso, ***sull'arte giapponese***: espansioni dell'argomento **diretto / oggetto**

7. Distingui, in quest'ultime, le precisazioni **necessarie** da quelle **non necessarie**. →
   - **necessarie**: ***sull'arte giapponese***; la parola "libro" - nel contesto - regge un 2° argomento - ***sull'arte*** - (visto che si tratta di un libro prezioso, occorre sapere di che cosa tratta) che, a sua volta, necessita di un'ulteriore precisazione: ***giapponese***, **attributo**
   - **non necessarie**: ***la mia amica***, **apposizione composta** del soggetto; ***prezioso***, **attributo** dell'oggetto

8. Individua le **espansioni circostanziali** e stabilisci che tipo di **informazioni** aggiungono. →
   - ***dopo una settimana***: fornisce informazioni utili sul tempo
   - ***secondo gli accordi***: precisa il modo. La loro presenza, nel contesto, non è essenziale.

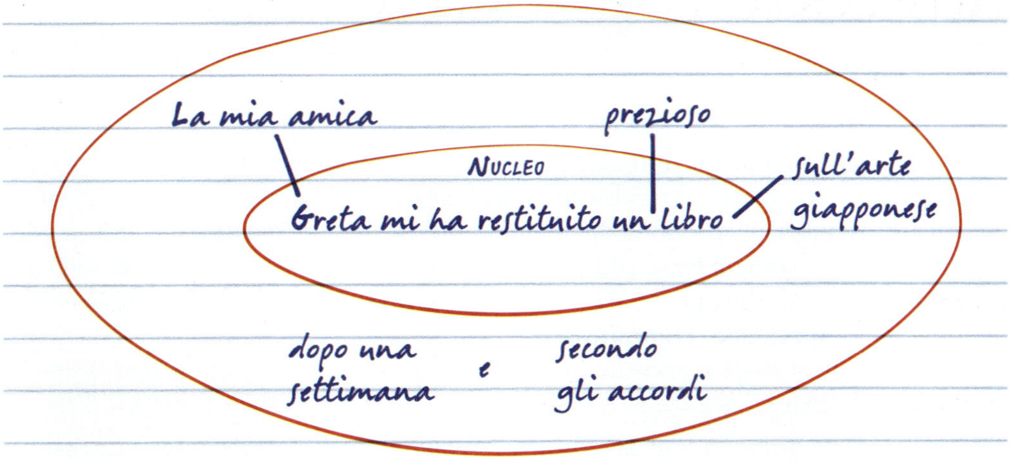

Modello 2 Analisi logica tradizionale

La stessa frase prima utilizzata per un'analisi di tipo **valenziale** (▸ modello 1) ci serve ora per condurre un'analisi secondo il **modello tradizionale**. Questo considera i **singoli elementi** della frase per riconoscerne la **funzione sintattica** e, nel contempo, li **classifica** a partire dal loro **significato specifico**. I seguenti passaggi forniscono indicazioni per procedere con la giusta gradualità.

1. Suddividi la frase nei suoi componenti.
   → ***La mia amica Greta* / *mi* / *ha restituito,* / *dopo una settimana* / *e secondo gli accordi,* / *un prezioso libro* / *sull'arte giapponese*.**

2. Dopo aver individuato il **predicato**, stabilisci se è **verbale** o **nominale**.
   → ***ha restituito***: **predicato verbale**

3. Individua il **soggetto**, facendo attenzione all'elemento che **concorda con il verbo** e chiedendoti chi **compie** un'azione, la **patisce** o è in una certa **condizione**.
   → ***Greta***: **concorda** con il verbo nella **persona** e nel **numero** (3ª pers. sing.). È colei che **agisce**.

4. Riconosci i **complementi**, chiedendoti qual è il significato delle precisazioni e degli arricchimenti che apportano, ed esaminando le **preposizioni** che li introducono.
   →
   - "Che cosa, quale oggetto ha restituito Greta?" ***un libro***: **complemento oggetto**
   - "A chi l'ha restituito?" ***mi*** (= a me): **complemento di termine**
   - "Quando l'ha fatto?" ***dopo una settimana***: **complemento di tempo determinato**
   - "Con quale modalità?" ***secondo gli accordi***: **complemento di modo**
   - "Di che argomento tratta il libro?" ***sull'arte giapponese***: **complemento di argomento**

5. Individua **attributi** e **apposizioni**, stabilendo la loro posizione sintattica.
   →
   - ***prezioso***: attributo del compl. oggetto ***libro***
   - ***giapponese***: attributo del compl. di argomento ***sull'arte***
   - ***mia amica***: apposizione composta del soggetto ***Greta***

L'ANALISI LOGICA DEL PERIODO

L'analisi logica del periodo serve a riconoscerne la **struttura**: possiamo così stabilire la **funzione** di tutte le **frasi** che lo costituiscono e le loro **gerarchie interne**. L'analisi logica della frase semplice si limita a considerare un segmento di testo incentrato su un unico predicato, mentre ignora il suo legame con analoghi segmenti che, insieme, formano un **frase complessa**. Ora, invece, l'attenzione si sposta sulla **interdipendenza di più frasi**. Scoprire di che tipo siano le loro **reciproche relazioni** rende il testo **più comprensibile** e **chiarisce** meglio le sue **intenzioni comunicative**.

Potrai utilizzare le indicazioni seguenti come modello, proposto anche in mappa (▸ anche p. 371). Questo il periodo analizzato:

Per vincere la paura, mi gettai tra le onde e, mentre sprofondavo nell'acqua alta mostrandomi spavaldo, sentii dietro di me le risatine degli amici che conoscono la mia difficoltà, ma se ne prendono gioco.

1. Suddividi il periodo in **proposizioni**, a partire dall'individuazione dei **predicati**. → ***Per vincere la paura / mi gettai tra le onde e, / mentre sprofondavo nell'acqua alta / mostrandomi spavaldo, / sentii dietro di me le risatine degli amici / che conoscono la mia difficoltà, / ma se ne prendono gioco.***

2. Distingui le proposizioni **implicite** dalle **esplicite**. → **Proposizioni implicite**: ***per vincere la paura, mostrandomi spavaldo***. Tutte le altre sono **esplicite**.

3. Individua la proposizione **principale**, chiedendoti quale frase, all'interno del periodo, sia sintatticamente autonoma. → ***mi gettai tra le onde***

4. Individua le proposizioni **coordinate** alla principale. → ***e... sentii dietro di me le risatine degli amici***

5. Individua e classifica le proposizioni **subordinate** e le loro eventuali **coordinate**, riconoscendone la **reggente** e il **grado di subordinazione**. →
   - **Finale**: ***per vincere la paura***, subordinata di 1° grado della principale
   - **Temporale** (contemporaneità): ***mentre sprofondavo nell'acqua alta***, subordinata di 1° grado della **coordinata alla principale**
   - **Modale**: ***mostrandomi spavaldo***, subordinata di 2° grado della **temporale**
   - **Relativa**: ***che conoscono la mia difficoltà***, subordinata di 1° grado della **coordinata alla principale**
   - **Coordinata alla relativa**: ***ma se ne prendono gioco***, subordinata di 1° grado della **coordinata alla principale**

0 *Mi gettai tra le onde* ←… e …?…→ *sentii dietro di me le risatine degli amici*

Perché? ↓ Quando? ↓ Che caratteristiche hanno gli amici? ↓

1 ***per*** *vincere la paura* — ***mentre*** *sprofondavo nell'acqua alta* — ***che*** *conoscono la mia difficoltà* ma? → *se ne prendono gioco*

Come? ↓

2 *mostrandomi spavaldo*

PERCORSO E
IL TESTO

1 Il testo e le sue caratteristiche

IN QUESTA UNITÀ

- Quali sono gli elementi fondamentali della **comunicazione**?
- Quali sono le principali **funzioni comunicative**?
- Cos'è il **contesto** comunicativo?
- Quali sono i principali **registri linguistici**?
- **Che cosa è un testo** e per quale **scopo** è prodotto?
- Quali **requisiti** deve avere un testo per essere efficace?
- **LAVORIAMO SULLA LINGUA** Scopriremo come cambia il significato di alcune parole legate al mondo della scuola quando vengono usate in un contesto diverso

1 Che cos'è la comunicazione

La **comunicazione** (dal lat. *comunicare*, "mettere in comune") è **il processo** che rende possibile lo **scambio di informazioni** tra individui.

Ogni **scambio comunicativo** presuppone sempre la presenza e l'interazione di **sei elementi** essenziali, che lo studioso russo Roman Jakobson ha identificato in: **emittente**, **ricevente** (o **destinatario**), **messaggio**, **referente**, **canale** e **codice**.

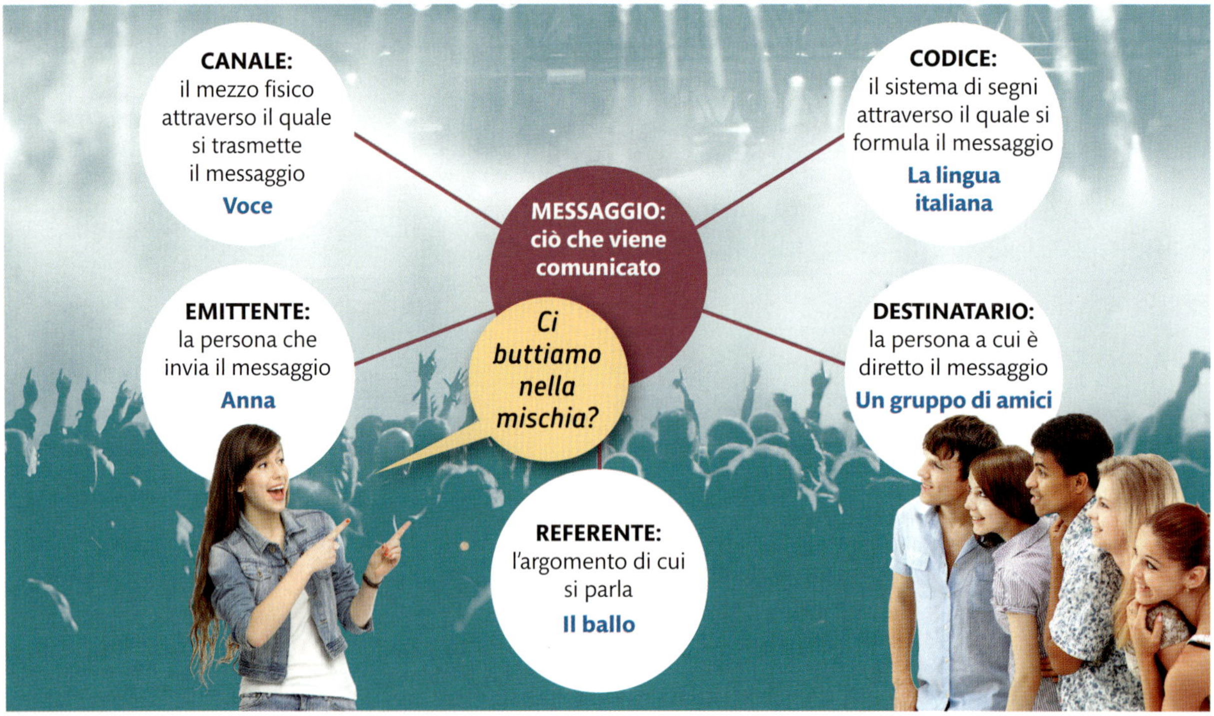

L'immagine permette di chiarire la situazione comunicativa:

- l'**emittente** è colui che **elabora** e **comunica il messaggio**;
- il **destinatario**, o **ricevente**, è colui che **riceve il messaggio**;
- il **messaggio** è il **contenuto** di ciò che si comunica, l'informazione trasmessa e strutturata secondo un **codice**. Esempi di messaggi particolarmente strutturati sono, come vedremo, i **testi**, sia scritti sia orali; ma è messaggio qualsiasi comunicazione che esprima un significato (*Auguri!, Fermati!* se usiamo il linguaggio verbale, o l'immagine di un omino su una porta, se usiamo il linguaggio visivo);
- il **referente** (dal lat. *referre*, "riportare, riferire") è l'**oggetto**, l'**argomento** (cosa materiale, idea, situazione) **a cui il messaggio si riferisce**. Per capire la differenza tra messaggio e referente immaginiamo due persone, una italiana, l'altra francese che parlano di un cane: il referente – il mammifero con quattro zampe che abbaia – rimane invariato, mentre cambia il messaggio perché formulato in un diverso codice, la lingua italiana e quella francese;
- il **codice** è un **sistema di segni** che, combinati tra loro secondo **regole convenzionali**, consente di formulare messaggi diversi. Affinché la comunicazione possa avvenire in modo completo, l'emittente e il destinatario devono conoscere entrambi il **codice**, cioè essere in grado di interpretare i singoli segni e le regole con cui essi si combinano. Se la condivisione del codice è solo parziale, la comunicazione può avvenire, ma in maniera limitata;
- il **canale** è il **mezzo fisico** richiesto dal codice prescelto; può essere sia il **mezzo sensoriale** coinvolto nella comunicazione, come la voce, la vista o l'udito, sia il **mezzo tecnico** tramite il quale il messaggio viene trasmesso nelle comunicazioni a distanza, come il telefono, il computer, la televisione ecc.

A questi sei elementi dobbiamo aggiungere il **contesto**, cioè la situazione concreta in cui avviene la comunicazione (► p. 446) e lo **scopo** per cui si comunica; il contesto e lo scopo non sono parti attive dell'atto comunicativo, ma lo determinano e lo condizionano, come vedremo più avanti.

Tenendo conto dell'interazione di tutti i fattori, il modello della comunicazione può essere rappresentato schematicamente in questo modo:

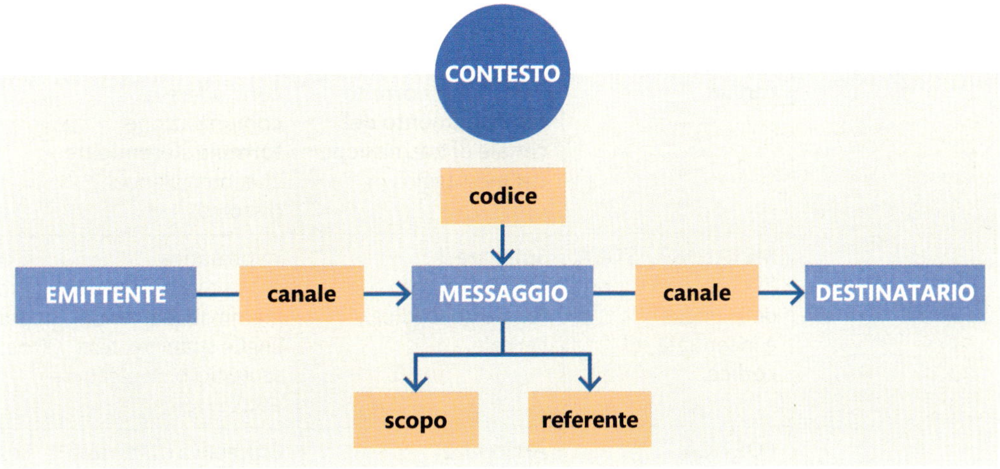

HAI CAPITO?

Individua l'emittente, il destinatario, il codice e il contesto del messaggio seguente.

Via Stoppani chiusa al traffico per lavori fino al 23 settembre. Traffico deviato su viale Abruzzi e via Plinio.

1.1 Perché comunichiamo

Si comunica **per raggiungere uno scopo**: il processo della comunicazione viene quindi messo in gioco di volta in volta con **funzioni** diverse e adattato all'**intenzione** e all'effetto desiderati da chi comunica.

Le funzioni della comunicazione sono varie e numerose, e spesso capita che uno scambio comunicativo ne contenga più di una. Lo studioso Roman Jakobson ha definito **sei funzioni fondamentali**, ciascuna delle quali **è incentrata su uno dei sei elementi della comunicazione** da lui identificati.

I sei elementi, infatti, sono presenti in ogni scambio comunicativo, ma di volta in volta uno di essi assume un **ruolo prevalente** rispetto agli altri e determina quindi una specifica funzione della lingua.

Funzione	Finalità	Tipologia testuale in cui è prevalente	Indicatori linguistici
REFERENZIALE o **INFORMATIVA**: è incentrata sul **referente**, cioè sul **contenuto del messaggio**.	**Informare in modo oggettivo**. L'emittente non esprime commenti o opinioni personali e non ne sollecita da parte del ricevente.	**Informativa-espositiva** (testi tecnico-scientifici e messaggi informativi in genere).	Chiarezza e precisione espositiva, tono neutro.
EMOTIVA o **ESPRESSIVA**: è incentrata sull'**emittente**.	**Esprimere** stati d'animo, sentimenti, idee, valutazioni e opinioni personali.	**Espressiva** (diari e lettere di contenuto privato, autobiografie).	Espressioni che evidenziano il coinvolgimento emotivo dell'emittente.
CONATIVA (dal lat. *conari*, "indurre a"), o **PERSUASIVA**: è incentrata sul **destinatario**.	**Convincere l'interlocutore** di qualcosa o indurlo ad assumere un determinato comportamento.	**Argomentativa** (discorsi politici, messaggi pubblicitari ecc.).	Modi imperativo o congiuntivo esortativo, formule di cortesia.
FÀTICA (dal lat. *fari*, "parlare"): è incentrata sul **canale**.	**Aprire**, **mantenere** o **chiudere il contatto** con il destinatario, o verificare il **corretto funzionamento del canale** di trasmissione del messaggio.	**Frasi convenzionali di saluto**, per dare avvio o per concludere la comunicazione; **formule stereotipate** che intercalano il discorso.	Espressioni brevi, spesso in forma interrogativa.
METALINGUISTICA: (dal gr. "al di sopra della lingua"): è incentrata sul **codice**.	**Spiegare** il funzionamento e le regole del codice verbale.	**Informativa-espositiva** (dizionari, grammatiche, testi di lingue straniere, testi scolastici o divulgativi ecc.).	Chiarezza e precisione espositiva, punto di vista oggettivo.
POETICA: è incentrata sul messaggio e **sul modo in cui lo si dice**.	**Arricchire** e **valorizzare** il messaggio.	**Espressiva** (tutti i testi letterari, in poesia e in prosa; proverbi, giochi di parole nella comunicazione ordinaria).	Lessico connotativo, figure retoriche, scelta accurata delle parole e della loro combinazione, per ottenere effetti fonici.

Spesso accade che i messaggi assolvano a più di una funzione: per esempio, un articolo sui rifiuti urbani può informare e allo stesso tempo cercare di convincere a fare la raccolta differenziata; la poesia, oltre a una funzione poetica, ha spesso una funzione espressiva, quella di esprimere i sentimenti del poeta.

Il messaggio inoltre può essere formulato in modo che lo scopo risulti chiaro e inequivocabile, oppure può essere espresso in una forma che, mostrando solo lo **scopo apparente**, lascia implicito quello vero e reale, detto **sovra-scopo**.

HAI CAPITO?

Indica se la comunicazione è usata in funzione referenziale [R], espressiva [E], conativa [C], fàtica [F], metalinguistica [M] o poetica [P].

a. Dieci chilometri di coda sulla tangenziale Est. ☐
b. Pronto? ☐
c. Vieni qui! ☐
d. Si sta come / d'autunno / sugli alberi / le foglie. ☐
e. Torno subito. ☐
f. Seduti! ☐
g. *Seduto*, participio passato del verbo sedere. ☐
h. Lavare in acqua fredda. ☐
i. Buongiorno a tutti! ☐
j. Che bel paesaggio! ☐

• I diversi linguaggi

Il **linguaggio è un sistema di segni**. Può essere verbale o non verbale.

Il **linguaggio verbale** (dal lat. *verbum*, "parola") è il codice specifico dell'uomo che è in grado di comunicare mediante **segni linguistici**, cioè per mezzo di **parole**, e ha la sua realizzazione pratica nella **lingua**. La lingua è il sistema comunicativo più ricco ed efficace, perché con un numero ridotto di segni riesce a rendere con chiarezza e precisione ogni tipo di messaggio.

Il **linguaggio non verbale** comprende i **linguaggi visivi**, basati sulla **vista**, che si distinguono ulteriormente in **grafici** e **gestuali**:

- i **linguaggi grafici** utilizzano come segni **figure**, **disegni** e **immagini** di vario genere. Ne fanno parte la segnaletica pubblica e stradale, il codice utilizzato nelle carte meteorologiche o nelle rappresentazioni cartografiche, le note musicali, le istruzioni per il lavaggio dei capi di biancheria, l'alfabeto Morse, i diagrammi, ecc. Sono molto diffusi perché si prestano alla **comunicazione a distanza**, rendono il **messaggio durevole nel tempo**, sono di **facile e immediata comprensione** anche a destinatari di lingue diverse;
- i **linguaggi gestuali** si avvalgono dei movimenti del corpo e delle espressioni del volto per comunicare, per esempio in assenza di condivisione di lingua, come tra stranieri.

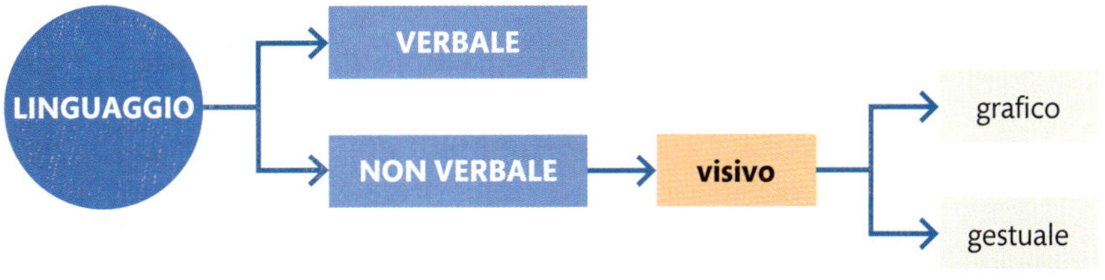

1.2 Il contesto

• Il contesto verbale e il contesto situazionale

In queste immagini la stessa frase pronunciata in contesti diversi cambia significato. Il **contesto**, rispettivamente musicale e malavitoso – chiarito dall'immagine –, fa immediatamente capire a quale significato rimanda la frase.

Il contesto (dal lat. *contexere*, "tessere insieme") è costituito da tutte le informazioni, **condivise** dall'emittente e dal destinatario, che stanno intorno al testo. Dal momento che ogni testo è calato in un contesto, dobbiamo distinguere tra:

- **contesto verbale**: indica le parole o le altre parti strettamente linguistiche che compongono il testo. Per esempio, la frase *in Italia lo sarà il 70% dei maschi*, contenuta nel titolo di un articolo di giornale, lascia perplessi ma viene chiarita dalla premessa *Nel 2030 un'epidemia di sovrappeso* che la accompagna.
- **contesto situazionale**: indica gli elementi esterni, l'ambiente fisico, l'epoca e la situazione sociale a cui appartiene il testo prodotto.

Consideriamo per esempio i significati che la frase *È cotta* assume nelle seguenti illustrazioni:

Nel primo caso l'espressione significa che la torta è pronta, mentre nel secondo ci fa capire che la donna raffigurata è molto stanca. Questa differenza di significati, di cui uno di valore metaforico, si può cogliere evidentemente solo osservando – o descrivendo – il contesto.

Vediamo un altro esempio.

> – Pronto, Telefono Azzurro?... Il babbo non fa che battermi.
>
> ("La Settimana Enigmistica", 16.10.14)

Ti fa ridere la battuta del bambino? Forse sì, a patto che tu comprenda il contesto situazionale della vignetta, e cioè che padre e figlio stanno giocando insieme alla playstation; devi sapere anche che il Telefono Azzurro è un'organizzazione contro la violenza e gli abusi ai danni dei bambini. Solo con queste informazioni si rende chiaro il doppio senso, e quindi l'ironia, della vignetta: non si tratta di un povero bambino picchiato dal padre, ma di un furbacchione che detesta farsi "battere" (e non picchiare!) alla playstation dal padre.

• **L'importanza del contesto**

Il contesto condiziona dunque il contenuto e la forma che il testo assumerà, così come la scelta del registro linguistico (▸ *I registri linguistici*, p. 448) determinerà lo stile e il lessico usato.

Per esempio, lo stesso termine può assumere significati diversi in base al contesto in cui viene usato, e si può creare un equivoco se viene male interpretato. Vediamo i diversi significati che assume la parola ***classe*** nei seguenti esempi:

Esempi	Contesto	Significato
È una donna di classe.	Conversazione informale	"È una donna elegante"
Viaggio sempre in seconda classe.	Viaggi	"Categoria relativa ad alcuni mezzi di trasporto"
Entrate in classe!	Scolastico	"Aula scolastica"
A quale classe di piante appartengono le orchidee?	Scientifico	"Raggruppamento omogeneo"

Inoltre il modo di comunicare può variare molto in base al contesto (con chi e in quale situazione comunichiamo, dove avviene la comunicazione ecc.). Infatti non basta che il codice sia comprensibile, ma deve anche essere appropriato al contesto in cui avviene la comunicazione. Se non lo è, il messaggio può essere male interpretato, causando dubbi ed equivoci.

HAI CAPITO?

In quali contesti troviamo rispettivamente le espressioni *Alzate la mano* e *Mani in alto!*? Quale effetto si produce se una viene usata al posto dell'altra?

LAVORIAMO SULLA LINGUA

Le parole della scuola

Come hai visto, ci sono parole che hanno più significati, che si possono comprendere e distinguere solo se si conosce il contesto in cui vengono usate, come per esempio *classe*. Ti proponiamo ora un'attività su altre "parole della scuola" che in altri contesti hanno significati diversi.

1 **A COPPIE** **Leggete le parole elencate, quindi svolgete le attività proposte.**

banco ~ commissione ~ esame ~ profitto ~ programma ~ prova ~ relazione ~ saggio ~ tema ~ traccia ~ valutazione ~ verifica ~ vocabolario

a. Spiegate il significato di ogni parola nel contesto della scuola.

b. Con l'aiuto del dizionario, indicate in quali altri contesti si usa e con quale significato. Concentratevi solo sui contesti che vi sono familiari.

1.3 I registri linguistici

Leggiamo alcuni scambi comunicativi in occasione dell'inaugurazione del nuovo laboratorio informatico di una scuola e consideriamo il contesto comunicativo.

Il dirigente scolastico al sindaco:
Egregio Sindaco, Le saremmo grati se volesse onorarci della Sua presenza in occasione dell'inaugurazione del nuovo laboratorio informatico del nostro Istituto in data 5 ottobre c.a.

Il dirigente scolastico al corpo docente:
Cari colleghi, vorrei ricordarvi l'inaugurazione del nuovo laboratorio informatico della nostra scuola il prossimo 5 ottobre. Spero di vedervi numerosi.

Uno studente a un compagno:
Ciao, il 5 ott. inaugurazione del nuovo lab. informatico (era ora!).
Ci vai? Dai, ke forse si mangia pure gratis... ☺

Cosa hanno in comune e in che cosa si differenziano questi messaggi dal punto di vista del linguaggio? Il contenuto è lo stesso (l'inaugurazione del nuovo laboratorio informatico di una scuola), ma il rapporto tra l'emittente e il destinatario è diverso e determina una comunicazione più o meno formale.

Nel primo caso l'occasione è ufficiale: un'autorità si rivolge a un'altra con un linguaggio formale e ricercato.

Nel secondo, tra gli interlocutori c'è più familiarità e la lingua, pur corretta e articolata, è meno controllata, ma non colloquiale.

Nell'ultimo, gli interlocutori sono svincolati da alcune regole sociali e la comunicazione è del tutto informale: accanto all'uso del *tu* ci sono quindi espressioni colloquiali, abbreviazioni, emoticon.

Dagli esempi risulta chiaro che la lingua si adatta al **contesto** in cui avviene la comunicazione (situazione ufficiale, ambito privato ecc.), modificandosi a seconda del rapporto che si stabilisce tra chi parla e il suo **destinatario** (formale, confidenziale ecc.), dell'**ambiente sociale** e del tipo di **messaggio** trasmesso.

Queste variabili impongono determinate scelte linguistiche e lessicali che, nel loro insieme, costituiscono il **registro linguistico**.

I tipi di registro

I principali tipi di registro sono i seguenti:

Registro formale o alto			
Destinatario	**Strutture e lessico**	**Contesto**	**Esempio**
Persone che non si conoscono o autorità/superiori.	Uso accurato e corretto della lingua: sintassi elaborata, attenzione alla forma; lessico ricercato; in base al livello di formalità si parla di registro formale o molto formale.	Incontri formali e situazioni ufficiali.	*Si prega di fare silenzio onde non arrecare disturbo a coloro che effettuano il riposo pomeridiano.*

Registro medio			
Destinatario	**Strutture e lessico**	**Contesto**	**Esempio**
Persone che si conoscono e/o frequentano.	Lingua meno controllata ma corretta: sintassi articolata ma scorrevole; lessico non formale ma nemmeno colloquiale.	Situazioni esterne all'ambito privato, in cui si può comunicare senza fare troppa attenzione alla forma, evitando però un linguaggio troppo familiare.	*Per favore fate silenzio per non disturbare chi riposa nel pomeriggio.*

Registro informale o basso			
Destinatario	**Strutture e lessico**	**Contesto**	**Esempio**
Persone con cui si è in confidenza.	Uso più o meno scorretto della lingua, periodi brevi, sintassi non rigorosa, talvolta usata in modo improprio; lessico semplice, di uso comune, espressioni colloquiali, gergali, dialettali ecc.; in base al livello di informalità si parla di registro informale o molto informale.	Comunicazione quotidiana in ambito privato.	*State zitti, sennò disturbate quelli che dormono.*

Come puoi notare, il modo in cui chi parla o scrive comunica il suo messaggio varia in base al registro scelto e lo stesso messaggio può essere espresso in modi diversi.

HAI CAPITO?

Indica a quale registro appartengono i seguenti messaggi.

	Formale	Medio	Informale
a. La signoria Vostra è pregata di presentarsi nei nostri uffici in data 30 c.m.	☒	☐	☐
b. Batti il cinque!	☐	☐	☐
c. Cari colleghi, credo che per oggi sia tutto. Vogliamo decidere la data della prossima riunione?	☐	☐	☐
d. Se lo becco gli faccio il pelo e il contropelo.	☐	☐	☐
e. Professore, mi può interrogare la settimana prossima?	☐	☐	☐

ADESSO TOCCA A TE

► Capitolo 1

INDIVIDUA E COMPLETA

Livello 1

1 ●○○ **Definisci l'emittente e il destinatario di ciascuno dei seguenti messaggi.**

Emittente	Messaggio	Destinatario
	Un cappuccino e un cornetto vuoto, per favore.	
	Come si sente dopo questa clamorosa vittoria?	
	Ha qualcosa per il mal di gola? Serve la ricetta?	
	Mi controlla l'olio, per favore?	
	Quali compiti dobbiamo fare per lunedì?	
	Posso uscire con gli amici sabato sera?	

2 ●○○ **Completa la seguente tabella con l'emittente, il destinatario, lo scopo e il contesto dei testi elencati.**

Emittente	Messaggio	Destinatario	Scopo	Contesto
insegnante	*Ragazzi, vi ho riportato i compiti.*	studenti	comunicare i voti	scuola
	Ce l'ha il 37 in nero?			
	Guai a te se non torni entro mezzanotte!			
	Favorisca un documento, prego.			
	Arbitro venduto!			
	Respiri profondamente.			

Livello 2

3 ●●○ **Individua i contesti che conosci in cui i seguenti messaggi assumono significati diversi e completa lo schema.**

Messaggio	Contesti	Significati
a. Ha avuto una forte influenza.	salute, storia, biografia, parlando dell'effetto di una persona su altri	malattia, impatto, effetto
b. Ha fatto un tempo fantastico.		
c. Prego.		
d. Via!		
e. Dai!		
f. L'operazione è riuscita.		

4 ●●○

Per ciascuno dei seguenti esempi indica il contesto in cui viene usata la parola evidenziata.

a. È proprio una peste! > contesto familiare o scolastico, parlando di un bambino

b. Hai una penna? ...

c. Si è rotto il bacino. ...

d. Hanno messo a segno il colpo del secolo. ...

e. È un giallo che ti tiene con il fiato sospeso. ...

f. Il palo li ha avvertiti. ...

5 ●●○

Indica il contesto in cui vengono prodotti i messaggi elencati.

a. Lunedì prossimo c'è il compito in classe. Scuola

b. La seconda e ultima puntata andrà in onda martedì prossimo alle 21,30. ...

c. Sabato i miei non ci sono. Tutti da me! ...

d. Mi sta piccolo. Ce l'ha in una taglia più grande? ...

e. Chiuso per riposo settimanale. ...

Livello 3 **6** ●●●

Indica il vero scopo della comunicazione illustrata nella seguente vignetta. Da che cosa lo deduci?

– Signora maestra, un virus mi ha mangiato il compito.

("La Settimana Enigmistica", 04.12.14)

ANALIZZA

Livello 1 **7** ●○○

Indica il referente in ciascuna delle seguenti situazioni comunicative.

a. Gentili telespettatori, benvenuti alla prima puntata del nostro nuovo programma.

b. Vi ricordo che quest'anno la gita avrà luogo in aprile.

c. Volevo dirti che posso venire alla tua festa; a che ora è?

d. Si comunica ai gentili passeggeri che il treno avrà un ritardo di circa 20 minuti.

e. Buongiorno, sono Paola della Supertel. Le dispiacerebbe rispondere ad alcune domande per un breve sondaggio?

f. Gli esami di maturità cominceranno lunedì prossimo con la prima prova di italiano.

Livello 2 **8** ●●○

Indica il codice e il canale utilizzati in ciascuna delle seguenti situazioni comunicative.

Situazione	Codice	Canale
Comunicare a un amico che non puoi incontrarlo		
Spiegare un argomento in classe		
Salutare qualcuno da lontano		
Dare inizio a una partita di calcio		
Fermare un automobilista		
Comprare qualcosa attraverso Internet		

9 ●●○ **I seguenti testi non utilizzano un registro adeguato al contesto della comunicazione: perché? Riscrivili utilizzando un registro adeguato.**

a.

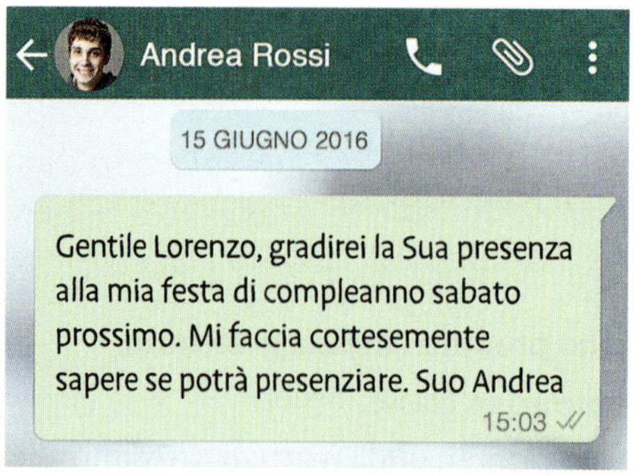

b.

c.

Da: Andrea
A: Prof Guerrini
Data: 10 marzo 2016 15.32.57 GMT +02.00
Oggetto: **Re: Interrogazione**

Prof x lei va bene nn interrogarmi qst sett????? sn triste xké il mio cane è morto e nn so + ke fare nn c'ho la testa ☹ Grazie

Livello 3 **10** ●●● **Individua i sei elementi della comunicazione nell'immagine qui a fianco.**

a. L'emittente
b. Il destinatario
c. Il messaggio
d. Il referente
e. Il codice
f. Il canale

PRODUCI

Livello 1 **11** ●○○ **A COPPIE Quanti significati delle parole seguenti conoscete? Elencateli, poi create degli esempi con ciascun significato (tre parole ciascuno, due frasi per parola). Infine, scambiateveli e commentate i vostri esempi.**

tempo ~ operazione ~ grado ~ termine ~ esercizio ~ numero

Livello 2 **12** ●●○ **Indica come i seguenti interlocutori comunicherebbero che un'interrogazione è andata male.**

– Un insegnante a uno studente ....
– Un figlio adolescente ai genitori ....
– Uno studente a un coetaneo ....
– Un nipote al nonno ....

Livello 3 **13** ●●● **Crea una pubblicità per una delle seguenti situazioni, tenendo presenti i sei elementi della comunicazione.**

un evento sportivo ~ un'iniziativa nel tuo quartiere ~ un problema sociale ~ un problema legato alla scuola ~ far conoscere un aspetto della tua cultura

2 Che cos'è il testo

Il **testo** rappresenta l'**unità fondamentale della comunicazione**, senza la quale la comunicazione stessa non può esistere.

Per definirlo ci è utile richiamare l'origine della parola. *Testo* deriva dal latino *texere* ("tessere"), il riferimento è quindi a una produzione che si ottiene grazie al sapiente **intreccio** di fili. Possiamo così affermare che il testo è un discorso orale o scritto in cui le parole si collegano e si intrecciano tra loro secondo regole ben precise come nella trama di un tessuto, formando un'unità **completa** nelle informazioni, **corretta** e coesa nella forma e **coerente** – cioè ben strutturata dal punto di vista logico – nel contenuto.

PROVIAMO INSIEME

Dopo aver letto i seguenti testi, completa la tabella.

1

Come deve essere la lunga estate dello studente italiano?
È meglio lasciare i ragazzi totalmente liberi da impegni di studio, felici di scorrazzare sulle spiagge, di fare serenamente tardi la notte, di alzarsi a mezzogiorno senza preoccupazioni di nessun tipo, oppure vanno tenuti mentalmente attivi, e nel silenzio e nella penombra della controra è opportuno che si dedichino a complessi esercizi di matematica e sostanziose letture di classici, in bermuda ma a testa china sulla scrivania?
Certo sarebbe bello se i nostri studenti, avendo davanti a loro decine e decine di giorni di relax, e a volte anche di noia, si mettessero a leggere romanzi importanti, le settecento pagine di *Anna Karenina*, le mille e cinquecento dei *Fratelli Karamazov*, ma temo che imporlo non sia proprio possibile. È una battaglia persa in partenza.
È meglio che la scuola si concentri sui suoi nove mesi, che sono tanti, se usati bene.
È meglio che l'estate scorra al di fuori dei programmi e delle pianificazioni, sperando di ritrovare a settembre i ragazzi più alti, più robusti, e forse con un libro in tasca che hanno scovato da soli.

(adattamento e riduzione da M. Lodoli, *Il rosso e il blu*)

2

scrutìnio o †**scruttìno** [vc. dotta, dal lat. tardo *scrutĭniu(m)* 'investigazione, esame', da *scrutināre* ✱ 1337] **s. m.** (**pl.** *-i* o *raro -ii*) **1** (*raro*) esame accurato **2** spoglio dei voti in una votazione | ***s. segreto***, in cui non è resa palese l'identità dei votanti | ***s. uninominale***, sistema elettorale in cui si vota per un solo candidato | ***s. di lista***, sistema elettorale in cui si vota una lista di candidati **3** operazione mediante la quale un'apposita commissione di insegnanti valuta il profitto degli alunni di una classe alla fine di un trimestre, quadrimestre o di un intero anno scolastico

3

4

AFFITTASI

Appartamento pianoterra 65 mq,
semiarredato, soggiorno, camera,
bagno, cucina abitabile, verandina
chiusa, giardinetto, box auto.
Buono stato.

Per informazioni Tel: 333 4564128

	Destinatario	Scopo	Messaggio
Testo 1			
Testo 2			
Testo 3			
Testo 4			

2.1 I requisiti di un testo

Analizziamo il messaggio *Ci vediamo stasera alle 21 al solito posto*:

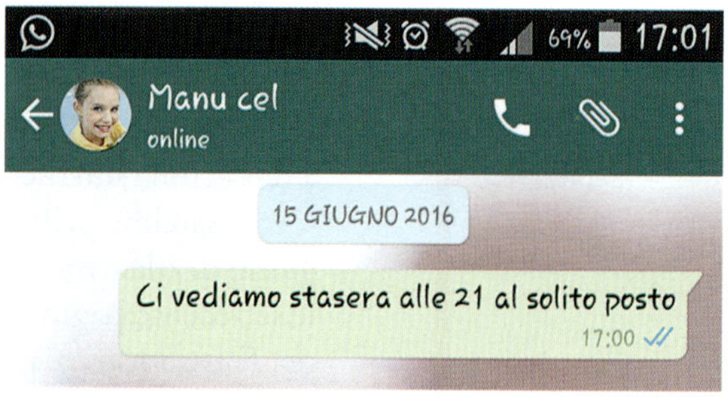

- La persona che l'ha inviato intende comunicare i dettagli di un appuntamento. Poiché non lascia dubbi sulla data e il luogo dell'incontro, possiamo dire che il messaggio corrisponde all'**intenzione** dell'emittente.
- Il messaggio è **accettabile**, però, solo se inviato a una persona con cui si intrattiene una relazione confidenziale. **Non è accettabile**, invece, se è rivolto a uno sconosciuto o a qualcuno con cui ci si deve relazionare in modo formale.
- Il messaggio è comprensibile a condizione che tenga conto della **situazione** comunicativa, cioè che l'emittente e il destinatario del messaggio **condividano l'informazione** su ciò che succederà stasera alle 21 e su quale sia il *solito posto* di cui si parla.
- Il messaggio è **coeso** perché forma un insieme formalmente corretto.
- Il messaggio è **coerente** perché le parole che lo costituiscono sono presentate secondo un ordine logico.

I cinque requisiti fondamentali

Per essere efficace dal punto di vista comunicativo, un testo deve infatti soddisfare cinque requisiti fondamentali. Deve:

- corrispondere alle intenzioni di chi lo ha prodotto (divertire, informare ecc.), rispettando il requisito dell'**intenzionalità**;
- adeguarsi alle aspettative di chi lo riceve, perché lo possa comprendere, in base al requisito dell'**accettabilità**;
- essere adeguato alla situazione comunicativa, rispettando il requisito della **situazionalità** o accettabilità;
- essere **coeso**, nel senso che le diverse parti che lo compongono vanno ben collegate tra loro per formare un insieme corretto nella forma;
- essere **coerente**, nel senso che deve essere strutturato secondo un preciso senso logico.

Torneremo sulla coerenza e sulla coesione più avanti nel nostro percorso (▸ pp. 463 e 466).

3 Oralità e scrittura

La **lingua parlata** o orale e la **lingua scritta** sono varietà che dipendono dal mezzo utilizzato – la voce e la scrittura – e sono caratterizzate da situazioni comunicative diverse.

Prima di esaminare le specificità linguistiche, vediamo in quali diversi contesti si collocano il parlato e lo scritto, almeno nelle forme tradizionali.

Lingua parlata	Lingua scritta
L'emittente e il destinatario sono compresenti e possono quindi interagire.	L'emittente e il destinatario non sono in una situazione di compresenza e quindi non possono interagire.
Il messaggio si sviluppa nel tempo, una parola dopo l'altra; viene costruito nello stesso momento in cui si parla e ciò che è già stato pronunciato non può essere cancellato né modificato. Tuttavia, l'emittente può intervenire a integrare o a riformulare il messaggio in tempo reale sulla base delle reazioni o delle richieste del destinatario.	Il messaggio si sviluppa nello spazio, cioè sul foglio o su uno schermo ecc., una volta scritto può essere corretto e messo a punto dall'emittente. Nella sua forma definitiva, però, non può più essere riformulato in tempo reale; perciò l'emittente deve fornire informazioni esaurienti, tenendo conto di tutte le necessità del destinatario; il destinatario deve impegnarsi a comprenderlo senza poter chiedere ulteriori informazioni aggiuntive all'emittente.
Il messaggio, espresso nel linguaggio verbale, può essere rafforzato e completato da elementi paralinguistici, dal tono della voce, dall'intonazione, dai gesti e dalle espressioni dell'emittente.	Il messaggio, espresso nel linguaggio verbale, può essere rafforzato da mezzi grafici, caratteri, tabelle, schemi.
Il messaggio può essere recepito a una distanza limitata, non dura nel tempo (a meno che non sia registrato) e raggiunge un numero limitato di destinatari, a meno che non si avvalga di uno strumento tecnico di supporto.	Il messaggio si trasmette nello spazio e nel tempo, rimanendo inalterato e può raggiungere un numero illimitato di destinatari.

• Gli elementi extralinguistici della lingua parlata

La lingua parlata dispone di **mezzi extralinguistici**, utili alla corretta decodificazione del messaggio. Questi **canali non verbali**, legati anche alla cultura e alla tradizione di una determinata società, possono essere elementi paralinguistici o cinesici.

Gli **elementi paralinguistici** (dal gr. *para-*, "accanto") sono l'intonazione, la velocità, il ritmo e l'intensità della voce, chiariscono l'intenzione e lo stato d'animo di chi parla e possono confermare, rafforzare o persino smentire il messaggio verbale. La stessa frase, pronunciata con una diversa intonazione e intensità, produce significati diversi.

Gli **elementi cinesici** (dal gr. *kinesis*, "movimento") riguardano i movimenti delle varie parti del corpo durante lo scambio comunicativo, come quelli degli occhi, del volto, delle mani. In generale, questi elementi possono svolgere varie funzioni:

- sostituire contenuti che potrebbero essere espressi anche a parole (salutare aprendo e chiudendo una mano);
- commentare o sottolineare il contenuto (scandire le parti di un discorso, indicare oggetti o luoghi del contesto);
- smentire il contenuto (esprimere a parole gioia e interesse ma mostrare con i gesti disappunto e noia);
- essere fonte di *feedback* (mostrare interesse o distrazione);
- indicare stati d'animo (torcersi le dita);
- esprimere rituali propri di una cultura (stringere la mano, assentire o negare con la testa).

ADESSO TOCCA A TE ▶ Capitoli 2, 3

INDIVIDUA E ANALIZZA

Livello 1

1 ●○○ **Quale dei seguenti testi rispetta il minor numero di requisiti fondamentali? Quali?**

a. Ciao Paolo, fatti vivo quando vuoi. Devo darti una buona notizia!

b.

c. L'obbligo d'uso del casco per conducenti e passeggeri di moto e scooter sopra i 50 cc. è entrato in vigore nel 1986. Nel caso dei ciclomotori l'obbligo era limitato ai minorenni, ma nel 2000 l'obbligo si è esteso anche agli over 18.

2 ●○○ **Analizza il testo 4 a p. 453 dal punto di vista dei requisiti fondamentali.**

Livello 2

3 ●●○ **Leggi il seguente messaggio su Whatsapp e rispondi alle domande.**

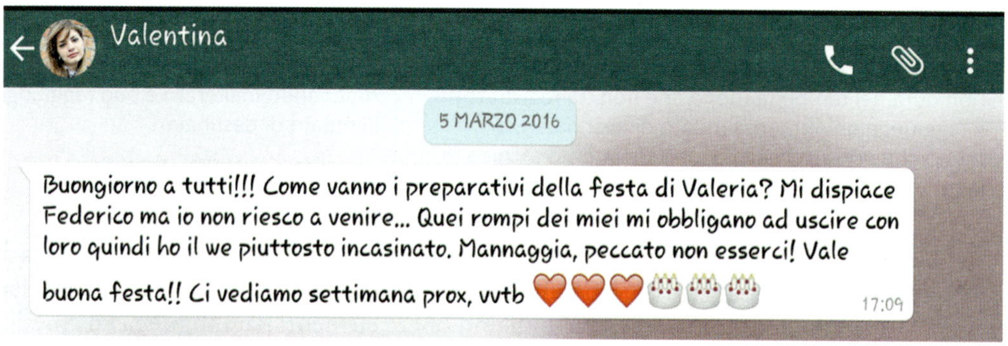

a. Quale dei cinque requisiti fondamentali non è pienamente rispettato in questo testo?

b. Che tipo di registro sceglie Valentina? Motiva la tua risposta con alcuni esempi.

4 ●●○ **Nel seguente post, individua le caratteristiche che lo avvicinano più al parlato che allo scritto ed elencale nella tabella, citando degli esempi dal testo e cosa indicano. Prendi in considerazione sia il livello linguistico sia quello grafico.**

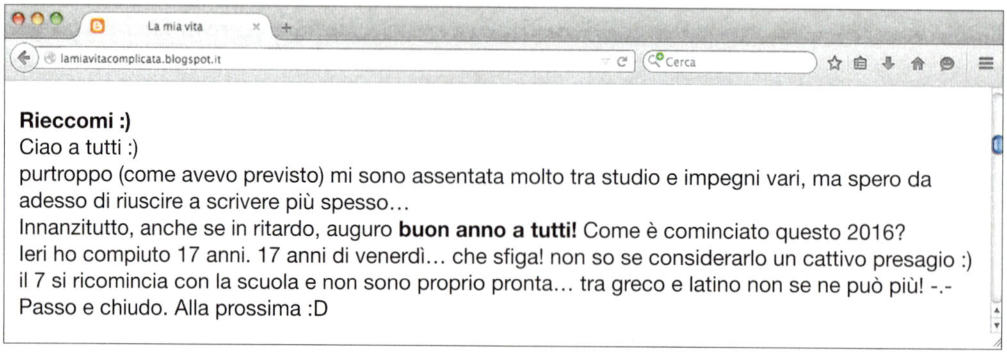

Rieccomi :)
Ciao a tutti :)
purtroppo (come avevo previsto) mi sono assentata molto tra studio e impegni vari, ma spero da adesso di riuscire a scrivere più spesso...
Innanzitutto, anche se in ritardo, auguro **buon anno a tutti!** Come è cominciato questo 2016?
Ieri ho compiuto 17 anni. 17 anni di venerdì... che sfiga! non so se considerarlo un cattivo presagio :)
il 7 si ricomincia con la scuola e non sono proprio pronta... tra greco e latino non se ne può più! -.-
Passo e chiudo. Alla prossima :D

(adattamento da http://lamiavitacomplicata.blogspot.it/)

Caratteristica	Esempio	Cosa indica

Livello 3 **5** ●●● 1

Sofia Viscardi aveva un canale su Youtube molto seguito. Ascolta ciò che racconta in uno dei suoi video e rispondi alle domande.

a. A chi si rivolge Sofia?
b. Qual è lo scopo del suo messaggio?
c. Quale canale usa per comunicare il suo messaggio?
d. Quale registro sceglie? Perché?

PRODUCI

Livello 1 **6** ●○○

Scrivi un biglietto di auguri a un adulto (genitore, insegnante ecc.) che rispetti tutti i requisiti di un testo.

Livello 2 **7** ●●○

Scrivi un breve testo in cui elenchi le attività in classe che ti piacciono di più e quelle che ti piacciono meno, considerando che il destinatario del testo è un tuo insegnante.

Livello 3 **8** ●●●

"Traduci" dal didattichese il seguente giudizio di un insegnante relativo a un elaborato scritto. Dovrai utilizzare un registro medio per renderlo più immediatamente comprensibile.

La trattazione, attinente al tipo di testo, rispetta la traccia in modo appropriato ed il pensiero è espresso in modo articolato e consequenziale. Il contenuto è ampio ed elaborato in modo personale e originale. La forma risulta sufficientemente corretta, ma il lessico è generico e vi sono alcune incertezze nel registro linguistico.

FACCIAMO IL PUNTO

definire + riassumere + classificare + memorizzare

LOSAI? RIPASSA CON LO SMARTPHONE

La comunicazione

- *è un processo che vede coinvolti 6 elementi* →
  - Emittente
  - Destinatario
  - Messaggio
  - Codice
  - Referente
  - Canale
- *può avere funzione* →
  - referenziale o informativa
  - emotiva o espressiva
  - conativa o persuasiva
  - fàtica
  - metalinguistica
  - poetica
- *è influenzata dal* → **CONTESTO**
  - **VERBALE**: gli elementi linguistici
  - **SITUAZIONALE**: gli elementi esterni (ambiente, epoca ecc.)
  - *determina il* → **REGISTRO**
    - **FORMALE**: forma e sintassi controllate; lessico ricercato
    - **MEDIO**: lingua corretta ma meno controllata; lessico di uso comune
    - **INFORMALE**: lingua e sintassi poco controllate, se non scorrette; lessico di uso comune con espressioni colloquiali, gergali, dialettali ecc.

Il testo

- *può essere* ***scritto*** *o* ***orale***
- *possiede alcuni* → **REQUISITI** fondamentali
  - **INTENZIONALITÀ**
  - **ACCETTABILITÀ**
  - **SITUAZIONALITÀ**
  - **COESIONE**
  - **COERENZA**
- *il suo scopo è* → Trasmettere il **messaggio** di un **emittente** a un **destinatario** in un determinato **contesto** e per un determinato **scopo**

CONOSCENZE

1 **Indica se le seguenti affermazioni sono vere [V] o false [F].**

a. L'emittente è la persona che produce il testo. V F
b. Codice e referente sono elementi interscambiabili. V F
c. Il contesto influisce sulla sintassi ma non sul lessico. V F
d. La scelta del registro dipende da destinatario, ambiente sociale e messaggio che si vuole trasmettere. V F
e. Il registro informale si usa in ambito privato. V F
f. Un testo è coerente quando è corretto nella forma. V F
g. Un testo è accettabile quando risponde alle aspettative del destinatario. V F
h. Il testo è sempre scritto. V F

ABILITÀ E COMPETENZE

2 **Completa la seguente tabella con l'emittente, il destinatario, lo scopo e il contesto dei messaggi elencati.**

Emittente	Messaggio	Destinatario	Scopo	Contesto
	È la prossima a destra, non può sbagliare.			
	Prof, mi può interrogare un'altra volta?			
	Piazza Cavour 18, per favore.			
	Per 30.000 euro, qual è la città della pastiera e delle sfogliatelle?			

3 **Indica gli elementi della comunicazione coinvolti nel seguente testo.**

L'emittente: ....

Il messaggio: ....

Il destinatario: ....

Il referente: ....

Il codice: ....

Il canale: ....

4 **Indica il significato verbale dei seguenti esempi di linguaggio grafico.**

a.

b.

c.

d.

e.

f.

5 **Indica in quale contesto si possono sentire le seguenti frasi.**

a. Vuoi tu, Paolo, prendere Laura come tua legittima sposa? ....
b. Tanti auguri a te, tanti auguri a te... ....
c. Giuro di dire la verità, tutta la verità, nient'altro che la verità ....
d. Si certifica che Lolli Marco gode di sana e robusta costituzione ....
e. Ultima chiamata per i passeggeri Gaetani e Miccoli ....
f. Fratelli d'Italia, l'Italia s'è desta, dell'elmo di Scipio s'è cinta la testa ....
g. Ninna nanna ninna oh... ....

6 **Indica la principale funzione comunicativa dei seguenti messaggi: informativa [I], espressiva [E], persuasiva [PE], fàtica [F], metalinguistica [M] o poetica [PO].**

a. Provate il nostro prodotto, non ve ne pentirete [PE]
b. M'illumino d'immenso (G. Ungaretti) [ ]
c. Allora, cosa stavamo dicendo? [ ]
d. "Chip" è una sigla che sta per *Consolidated Highly Integrated Processor*, cioè "processore consolidato altamente integrato". [ ]
e. Il passato prossimo si usa per esprimere un'azione conclusa in un passato recente. [ ]
f. Votate "Sì"! [ ]
g. Non vedo l'ora di vederti! [ ]

7 **Unisci i termini appartenenti al registro informale nella colonna di sinistra al loro equivalente formale nella colonna di destra.**

a. crepare	1. lamentela
b. sfiga	2. caro
c. menare	3. morire
d. fifone	4. innamoramento
e. salato	5. sfortuna
f. lagna	6. soldi
g. grana	7. picchiare
h. cotta	8. pauroso

8 **Quale dei requisiti fondamentali non viene rispettato nella battuta tra alunno e professore illustrata nella seguente vignetta? Quale effetto produce nel professore?**

– Però, prof. lei non mi ha domandato se questa fosse la mia risposta definitiva.
("La Settimana Enigmistica", 02.10.2014)

2 Testi scritti e testi orali

IN QUESTA UNITÀ

- Che cos'è il **testo scritto**?
- Quali elementi **caratterizzano il testo scritto**?
- Che cosa sono la **coerenza** e la **coesione** di un testo?
- Quali **tipologie testuali** possiamo distinguere?
- Che cos'è il **testo orale**?
- Quali elementi **caratterizzano il testo orale**?
- Quali punti di contatto esistono tra l'**oralità** e la **scrittura**?
- **LAVORIAMO SULLA LINGUA** Scopriamo come, nel lessico, le parole che derivano dalla stessa parola base formano una rete detta **famiglia di parole**

1 Il testo scritto

Il **testo scritto** è un messaggio dotato di senso, trasmesso attraverso la **scrittura** e ricevuto attraverso la **lettura**. Sono testi scritti i libri, i temi per la scuola, gli articoli su giornali e riviste, gli interventi su un blog, le e-mail, gli sms, i messaggi su whatsapp, i post sui social network e così via.

Come tutti i testi, per essere efficace dal punto di vista comunicativo, un testo scritto deve possedere cinque requisiti fondamentali (▸ p. 454).

1.1 Le caratteristiche del testo scritto

Analizziamo nel dettaglio le **caratteristiche** del testo scritto.

• **La durata**

Il testo scritto **dura nel tempo** e si può rileggere in qualsiasi momento, mantenendo la sua efficacia comunicativa per lungo tempo o addirittura per l'eternità, come è il caso di tanti classici della letteratura.

Anche i testi prodotti nei media digitali come i blog, le chat, i post sui social network, possono essere riletti e dureranno quindi più di una conversazione orale. Tuttavia, essendo prodotti spesso per comunicare esperienze e sensazioni del momento, nel tempo perderanno probabilmente la loro efficacia e interesse.

• **Chi, dove e quando**

L'**emittente** di un testo scritto è un **autore**, mentre il **destinatario** è il **lettore**. Autore e lettore non condividono lo **spazio** e il **tempo** in cui avviene la comunicazione, e spesso l'autore non sa esattamente chi è il destinatario, a meno che non si tratti di una comunicazione privata. Per questa ragione, il testo scritto non può ricorrere a **deissi** (dal greco *deíxis*, "indicazione") per indicare gli interlocutori, il tempo e lo spazio, ma deve renderne esplicito il contenuto. Inoltre non può fare ricorso agli elementi extra linguistici come l'intonazione della voce, l'espressione del volto o la gestualità. Questi elementi vanno calati nella scrittura. Inoltre, nel testo scritto l'autore scrive con i tempi e i ritmi che sceglie, così come il destinatario decide quando e come leggerlo.

• L'assenza di *feedback*

Lo scarto temporale tra la scrittura e la lettura e la non condivisione del contesto tra autore e lettore rendono difficile ottenere un *feedback* della comprensione o gradimento del testo, fatta eccezione per i testi scritti privati come le chat, i messaggi sui social network ecc., in cui il *feedback* può essere immediato.

• La forma

Sul piano formale, il testo scritto presenta un uso sorvegliato delle regole grammaticali e del lessico. In particolare:

- una prosa ricca di **subordinate** è più frequente nel testo scritto;
- si usa l'intera gamma di **modi** e **tempi** verbali;
- **congiunzioni** e **pronomi** (> *e*; *o*; *se*; *benché*; *che*; *cui*; *ciò*; *lo* ecc.);
- gli elementi costitutivi della **frase** (soggetto, verbo ecc.) sono disposti nell'ordine corretto imposto dalla lingua scritta;
- il **lessico** è accurato, vario e accanto ai termini di uso comune troviamo altri più strettamente legati al contesto.

• La struttura

Il testo scritto è pianificato anche nella struttura. È composto da **frasi** e **paragrafi**, a loro volta suddivisi in **capoversi**, cioè in blocchi di testo più o meno lunghi separati dal blocco precedente attraverso un punto e a capo. L'andare a capo indica un cambio di argomento, il passaggio a un sottoargomento o allo sviluppo di un punto particolare dell'argomento che si sta trattando.

In base alla struttura, si parla di testi

- **continui**: testi caratterizzati da frasi organizzate in capoversi (o strofe, nel caso della poesia) che possono, a loro volta, far parte di una struttura più ampia (paragrafo, capitolo, sezione). Tra questi testi troviamo i testi letterari, i saggi, i verbali ecc.;
- **non continui**: appartengono a questa categoria le mappe concettuali (▸ p. 500), le tabelle, i grafici, le figure e le didascalie ecc.
- **misti**: testi che combinano elementi dei testi continui e di quelli non continui (articoli di opinione o di carattere tecnico-scientifico; presentazioni multimediali, libri di testo ecc.).

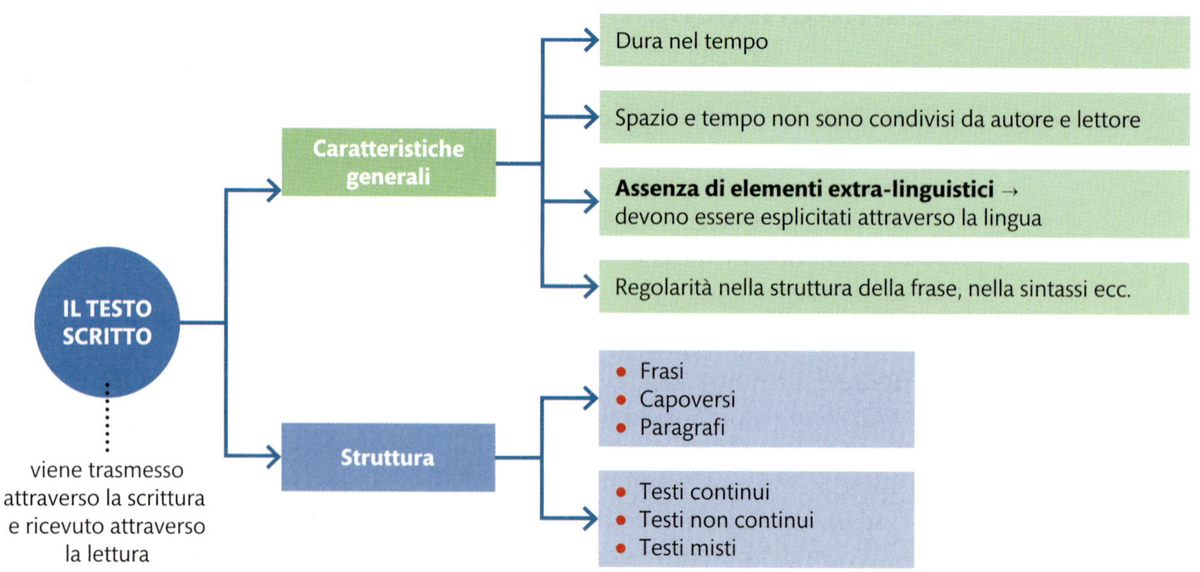

1.2 Una rete di significati: la coerenza

Un giorno davanti verso mezzogiorno di dietro sulla piattaforma davanti e posteriore di dietro di un autobus davanti quasi completo di dietro vidi davanti un uomo di dietro che aveva davanti un collo lungo di dietro e un cappello davanti con una treccia di dietro al posto del nastro davanti. Di colpo di dietro quello davanti si mette ad assalire di dietro un vicino davanti che gli pestava di dietro i picdi davanti, ogni volta che di dietro qualcuno saliva davanti. Poi andò a sedersi davanti su di un posto di dietro rimasto libero davanti.

(R. Queneau, *Esercizi di stile*)

Un testo incoerente

Il brano qui sopra si presenta come un insieme disarmonico, costituito da elementi scollegati tra loro e il lettore fatica a seguire il senso della storia. Questo effetto è prodotto dall'aggiunta di parole "intruse", rispettivamente *davanti* e *di dietro*, che rendono il testo **incoerente** perché lo privano dell'ingrediente fondamentale per la sua comprensione: la **continuità di senso**. Se provi a toglierli, ne risulterà invece un **testo coerente**.

Naturalmente in questo caso l'autore ha prodotto un testo di questo tipo intenzionalmente, ricorrendo al "non senso" proprio per mostrare al lettore l'effetto di un testo **non coerente**. Vediamo dunque cosa è la **coerenza**, e perché è così importante nella creazione di un testo, a qualunque genere esso appartenga e per qualunque scopo venga prodotto.

La **coerenza** è l'organizzazione delle informazioni presenti in un testo in un insieme unitario, completo e compatto, in cui il principio della continuità di senso è alla base del contenuto espresso dal testo.

I tipi di coerenza

Un **testo coerente** avrà dunque le seguenti caratteristiche, che rimandano a diversi **livelli di coerenza**.

- **Coerenza di contenuto:**
  - è possibile individuarvi l'**argomento centrale**, o **tema**, intorno al quale è organizzato il contenuto del testo. È importante infatti che questo sia aderente all'argomento, non lo contraddica e non vada "fuori tema";
  - il testo è **connesso**, senza salti logici, e il passaggio da un argomento all'altro deve essere segnalato in modo esplicito. Inoltre, **non è dispersivo** e non fa perdere il filo del discorso con informazioni irrilevanti, digressioni ecc.;
  - le informazioni sono organizzate secondo una precisa **struttura di riferimento** o **schema organizzativo** (che può dipendere dal **tipo di testo** o dall'**argomento** trattato). Per esempio, la struttura cambierà se il testo è un tema, un articolo di cronaca, un regolamento, una ricetta di cucina, una serie di istruzioni ecc.
- **Coerenza logica:**
  - tutte le parti che compongono il testo sono collegate tra loro in un certo ordine e attraverso una rete di **legami logici**, rispettando la successione cronologica degli eventi, i rapporti di causa-effetto, i legami spazio-temporali ecc., che permettono al lettore di comprendere il senso del testo;
  - le informazioni sono organizzate anche secondo una **coerenza di struttura** del testo (titolo, punteggiatura, paragrafi, capoversi ecc. ▸ *La struttura*, p. 462).

- **Coerenza della forma:** il **lessico** e il **registro** sono adeguati all'argomento e al contesto in cui viene prodotto il testo, senza "salti" da un registro all'altro (a meno che non sia giustificato).

IL TESTO COERENTE

Le informazioni sono organizzate in un insieme **unitario**, **completo** e **compatto**, in cui il principio **della continuità di senso** è alla base del senso espresso dal testo.

Coerenza di contenuto

- Il contenuto aderisce al **tema centrale**
- Le informazioni **non sono contraddittorie**
- I cambiamenti d'argomento **sono segnalati**
- Il non si perde **il filo del discorso**
- Le informazioni si **organizzano** in base al **tipo di testo** e/o al **tema**

Coerenza logica

- Il testo è "tenuto insieme" da una rete di **legami logici**
- Sono chiari i rapporti **spazio-tempo** e **causa-effetto**
- È rispettata la **coerenza interna** (organizzazione in paragrafi e capoversi, punteggiatura ecc.)

Coerenza della forma

- **Lessico** e **registro** adeguati al contesto
- Non ci sono "salti" da un registro all'altro

HAI CAPITO? Rileggi il testo della pagina precedente e togli le espressioni *davanti* e *di dietro* fino a ottenere un testo coerente.

ADESSO TOCCA A TE

▶ Capitoli 1.1, 1.2

INDIVIDUA E COMPLETA

Livello 1

1 ●○○ **Individua nelle seguenti frasi i punti di incoerenza, poi modificali in frasi coerenti.**

a. C'è un sole che spacca le pietre, sarà meglio accendere il termosifone.
b. Da quando ho imparato bene l'inglese, quando vado a Parigi posso finalmente comunicare con tutti senza problemi di comprensione.
c. Mia sorella ha avuto un bambino: finalmente sono diventato nonno!
d. È stato promosso, quindi quest'estate deve studiare italiano e tecnologia per gli esami di settembre.

2 ●○○ **Nel seguente articolo, abbiamo tolto i titoli dei paragrafi. Riordina i titoli elencati sulla base dell'argomento di ciascun paragrafo.**

Non per rimorchiare ~ Senza di loro potremmo essere fraintesi ~ Messaggiare senza dirsi nulla ~ Il cervello reagisce come davanti a un volto

Le faccine parlano più delle parole

a. ....

"La scrittura usata nei social network è una forma di oralità scritta", spiega Davide Bennato, docente di Sociologia dei media [...]. "Ha cioè le caratteristiche della comunicazione scritta ma l'uso sociale è simile a quello della chiacchiera a voce". Nella conversazione ha un ruolo importante l'espressione facciale e corporea, assente nello scritto. L'uso delle emoji migliora quindi la connotazione emotiva presente quando parliamo a quattr'occhi.

b. ....

L'efficacia delle emoticon è dimostrata: pare che di fronte a uno smile disegnato con la punteggiatura il nostro cervello abbia la stessa reazione che ha di fronte a un vero sorriso.

c. ....

Tra adolescenti va di moda inviare messaggini zeppi di emoji e di sticker, disegni e vignette che vanno per la maggiore su sistemi come WhatsApp, WeChat, Facebook Messenger e Line. "Anche quando una comunicazione è priva di testo serve a creare un legame o rafforzarne uno preesistente" spiega Bennato.

d. ....

Gli uomini che usano troppe emoji non piacciono alle donne. Ad affermarlo è il sito di incontri Zoosk, che ha condotto un'indagine tra gli iscritti. [...] Il motivo forse è che l'emoji appare infantile e poco virile.

(adattamento da *Airone*, gennaio 2015)

3 ●○○ **Completa il seguente testo con i legami di coesione elencati.**

allora ~ così che ~ e ~ e anche ~ e così ~ fra l'altro ~ il primo ~ ~~ma~~ ~ poi ~ subito dopo

Venerdì 12 giugno ero già sveglia alle sei: si capisce, era il mio compleanno! ...Ma... alle sei non mi era consentito d'alzarmi, ... dovetti frenare la mia curiosità fino alle sei e tre quarti. .... non potei più tenermi .... andai in camera da pranzo, dove Moortje, il gatto, mi diede il benvenuto strusciandomi addosso la testolina.
.... le sette andai da papà e mamma e .... nel salotto per spacchettare i miei regalucci. .... che mi apparve fosti *tu*[1], forse uno dei più belli fra i miei doni. [...] Da papà e mamma ebbi una quantità di cose, e anche i nostri numerosi conoscenti mi hanno veramente viziata. .... ricevetti un gioco di società, molte ghiottonerie, cioccolata, un puzzle, una spilla [...] e un po' di denaro, ... mi potrò comperare i *Miti di Grecia e di Roma*. Che bellezza!

(A. Frank, *Diario*, Einaudi, Torino, 1954)

1. **tu:** si riferisce al diario su cui scrive.

Livello 2 **4** ●●○ **Completa il seguente brano con la punteggiatura, che l'autore ha intenzionalmente omesso in buona parte, per renderlo coeso. Fai tutti i cambiamenti necessari. La vicenda riguarda una famiglia che viaggia di notte sull'autostrada.**

Stanno tornando da una vacanza di tre giorni al mare l'albergo non era sul mare c'eran molte zanzare le cotolette eran dure.

La madre dice appena vedi un'area di servizio fermati.
Il padre dice non mi fermo la prossima mi fermo quella dopo.
Il figlio dice io ho sete subito.
Il padre dice ho detto la prossima qua nella Fiat comando io. La figlia sta per dire qualcosa ma la mamma la blocca se no quello è capace di fermarsi alla prossima dopo la prossima dopo la eccetera.

(S. Benni, *Autogrill Horror*, in *Il bar sotto il mare*, Feltrinelli, Milano, 1987)

Livello 3 **5** ●●●

Nel seguente testo individua la storia centrale eliminando gli elementi che la rendono incoerente. Che effetto produce la presenza di questi elementi?

Che branco di imbranati! Oggi, verso mezzogiorno (con tutto che faceva caldo, per fortuna mi ero messa il deodorante sotto le ascelle, sennò il mio vestitino estivo in cretonne della mia sartina che mi fa dei prezzi speciali era spacciato), dalle parti del Parc Monceau (è meglio che il Luxembourg, dove mando mio figlio: che idea, quella di avere l'alopecia alla sua età...), l'autobus passa, era pieno, ma io ho fatto gli occhi dolci al bigliettaio e sono salita. Naturalmente la massa di ebeti in fila con il numerino ha protestato ma uf! l'autobus era già lontano. E io ero sopra. Era strapieno. Con tutto che ero schiacciata, neanche un uomo seduto all'interno che mi ha offerto il suo posto. Che cafoni!

(R. Queneau, *Esercizi di stile*, trad. di U. Eco, Einaudi, Torino, 2014)

1.3 I legami che tengono insieme: la coesione

• **Un testo ben legato**

Un testo è coerente quando tutte le sue parti rimandano all'argomento centrale, quindi al significato del testo. Ma esso deve risultare "legato" anche dal punto di vista linguistico (morfo-sintattico logico-sintattico e semantico) e le sue diverse parti devono essere ben collegate tra loro, rispettando così il principio della **coesione**. Nel seguente testo vediamo alcuni esempi dei principali **legami di coesione**.

- = **Concordanze** di **persona**, **genere** e **numero** riguardo a nomi, **articoli**, **aggettivi** e **verbi**
- = **Concordanze** di **tempo**, **modo** e **aspetto** riguardo ai **verbi**
- = **Sostituenti** (di tipo morfologico)
- = **Connettivi**
- = **Sostituenti** (di tipo semantico)

Mileva Maric nacque a Titel (Serbia) con un difetto all'anca sinistra.

Era portata agli studi di matematica e di scienze naturali. Incoraggiata dal padre, poté frequentare il ginnasio di Zagabria.

Poiché le donne non erano ammesse nelle università dell'Impero austro-ungarico, a 18 anni si recò – da sola – all'Università di Zurigo dove conobbe Albert Einstein. La coppia, però, non si poté sposare per l'opposizione dei genitori di lui al matrimonio con una donna non ebrea.

Dopo essere rimasta incinta, Mileva fu costretta a partorire di nascosto. Affidò la figlia Lieserl, neonata, a una nutrice; della sua esistenza si è saputo solo di recente: pare avesse un grave handicap e presto se ne persero le tracce. A causa del dispiacere Mileva non portò mai a termine i suoi studi.

La donna, tuttavia, fu una grande matematica: era tenace e sistematica, abilissima nell'eseguire i calcoli più dello stesso fisico tedesco. Nel 1903, dopo la morte del padre di Einstein, poté sposare Albert. Ebbero altri due figli, Hans Albert ed Eduard. Quest'ultimo poi si ammalò di schizofrenia. Albert e Mileva si separarono nel 1914 e nel 1919 ottennero il divorzio.

Mileva si era sempre rifiutata di citare il suo nome nelle pubblicazioni di Einstein, sia come autrice, sia come collaboratrice. È rimasta celebre la sua affermazione: "Siamo entrambi una sola pietra" (ein stein-una pietra). Si presume che questa donna votata alla causa del marito, pur essendo sempre rimasta nell'ombra abbia fornito un grande contributo alle opere sulla teoria della relatività.

(adattamento da R. Levi-Montalcini, *Le tue antenate*, Gallucci, Roma, 2008)

La coesione è dunque il corretto collegamento grammaticale, sintattico e lessicale delle informazioni di un testo.

Un testo coeso dovrà rispettare i seguenti tipi di legame:

- la **coesione morfo-sintattica** che riguarda la concordanza tra le parole, relativa al genere e al numero dei nomi, articoli, aggettivi, pronomi, alla persona relativa ai verbi, ai rapporti temporali espressi dai modi e tempi verbali, e alla reggenza dei nomi e degli aggettivi;
- la **coesione logico-sintattica**, relativa alla disposizione e ai rapporti logici delle parole all'interno di una frase e di una frase in un periodo. Le frasi devono essere scandite da un'adeguata punteggiatura e da **connettivi** opportuni (congiunzioni, preposizioni, avverbi, ecc.);
- la **coesione semantica**, che si realizza attraverso la sostituzione grammaticale (con l'uso di pronomi, aggettivi, ecc.) e lessicale (attraverso sinonimi, iperonimi, ecc.) per evitare ripetizioni.

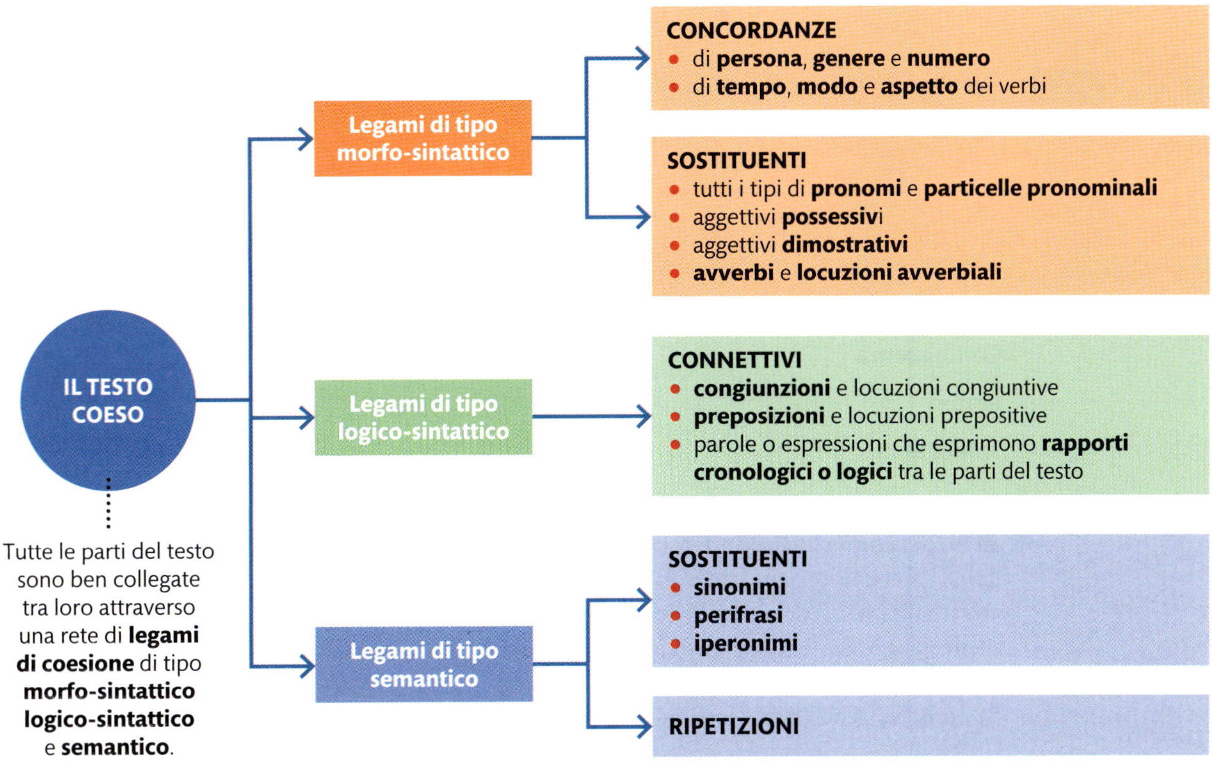

ADESSO TOCCA A TE

▶ Capitolo 1.3

INDIVIDUA

Livello 1 **1** ●○○

I capoversi nel seguente racconto sono nell'ordine sbagliato. Ricostruisci il testo numerando i capoversi da 1 a 6. Quali riferimenti logico-cronologici e legami di coesione ti hanno aiutato a ricomporre l'ordine? Fai qualche esempio.

☐ Assieme alla sorella Sheena tentò di disperderla con ogni mezzo: sventolando lenzuola, gettando secchi d'acqua e pregando in gaelico. Solo dopo qualche tempo la signora si accorse che sopra la sua abitazione si era posata l'estremità di un arcobaleno di eccezionale grandezza e compattezza. La nube era per l'appunto causata da uno degli anelli iridati.

☐ I pompieri, subito intervenuti, riuscirono a scalare alcuni metri di arcobaleno, ma furono costretti a desistere per via dell'umidità e della scivolosità della parete.

☐ 1 La signora Judy O'Flannagan di Ballyamosduff (Irlanda), svegliandosi una mattina dell'anno 1964, trovò la casa interamente immersa in una nube purpurea.

☐ Un fenomeno analogo venne registrato all'altra estremità dell'arcobaleno, e precisamente a sei miglia di distanza in località Bailieborough, nella fattoria della signora Edna O'Raferty. L'unica differenza fu che lì l'alone era di colore giallo e che il marito, Paddy O'Raferty, dimostrando poca immaginazione e scarsa conoscenza della meteorologia, non credette alla spiegazione della moglie riguardo alle camicie.

☐ Fortunatamente dopo breve tempo l'arcobaleno sparì, così come era venuto. Non ci fu alcuna conseguenza spiacevole per la casa della signora O'Flannagan, se non che tutte le camicie del marito uscirono leggermente tinte in rosa dal bagno iridato.

☐ – Per me è stato un maledettissimo calzino che ha perso colore nel bucato – dichiarò alla stampa.

(adattamento da S. Benni, *Incredibile ma vero*, in *L'ultima lacrima*, Feltrinelli, Milano, 1994)

Livello 2 **2** ●●○

Nel seguente brano individua i legamenti di coesione che indicano:

Tempo:
- anteriorità: ....
- posteriorità: ....

Spazio: ....

Opposizione: ....

Conseguenza: ....

Ipotesi: ....

Spiegazione: ....

Italo Marchioni fu un produttore italoamericano di gelati e cialde. Nato in una frazione del comune di Vodo di Cadore, emigrò negli Stati Uniti durante gli anni Novanta del XIX secolo, soggiornando prima a Filadelfia, poi a New York. Là, se è vero quanto afferma il New York Times, Italo aprì alcuni ristoranti e, intorno al 1896, creò il primo cono gelato. In seguito impiantò a Hoboken una fabbrica di coni e cialde, e nel 1903 brevettò il macchinario per la loro produzione. Successivamente, nel 1913, la ditta di Italo fu però accusata di violazione di brevetto da parte della Valvona-Marchiony Company. La società era infatti presieduta da Frank Marchioni, un cugino di Italo che possedeva un negozio di gelati a New York, e da Antonio Valvona, che nel 1902 aveva brevettato negli USA un forno per produrre "coppe di biscotto per gelati".

(adattamento da www.wikipedia.org)

Livello 3 **3** ●●●

Leggi il seguente articolo e individua le concordanze che riguardano il protagonista della vicenda.

Resta chiuso per tre giorni nel bagno dell'azienda

CREMONA – È rimasto chiuso per due giorni e tre notti, durante il week end, nel bagno dell'azienda per la quale lavora, senza poter dare l'allarme e soprattutto senza avere qualcosa da mangiare. La disavventura è capitata a un operaio quarantaduenne di Casalmaggiore (Cremona), della cui assenza nessuno si è accorto fino a quando non l'hanno ritrovato nel bagno della ditta.

L'uomo, A.F., scapolo e solitario, dipendente di una ditta di Motta Baluffi (Cremona), venerdì della scorsa settimana è stato inavvertitamente chiuso a chiave nel bagno dello stabilimento da un suo collega, il quale non si era assolutamente accorto della sua presenza. Tutti se ne sono andati a casa, e ogni tentativo di richiamare l'attenzione di qualcuno è stato inutile.
L'azienda, che si trova in una zona isolata, è rimasta chiusa due giorni, sabato e domenica, e così il lavoratore, che per colmo di sfortuna non aveva con sé il telefono cellulare, si è rassegnato all'ingrato destino di rimanere prigioniero in un bagno. Fortunatamente c'era un lavabo e dunque l'acqua non gli è mancata. Ma per il resto è stata dieta assoluta. Due giorni interi e tre notti trascorsi così sono stati interminabili. Ma lui non si è scoraggiato e non ha perso la testa. Ha atteso pazientemente che arrivasse il lunedì, finché un collega, finalmente, alla ripresa del lavoro ha riaperto il bagno, restituendogli la libertà.

(riduzione da www.repubblica.it)

PRODUCI

Livello 1 **4** ●○○

Riordina la seguente trama del film *L'Estate addosso* in modo da ottenere un testo coerente e coeso.

- [1] Marco ha 18 anni,
- [ ] è terribilmente angosciato dall'incertezza assoluta sul proprio futuro.
- [ ] ma di fronte alle fatali scelte della vita,
- [ ] sta per diplomarsi al liceo,
- [ ] L'estate "della maturità" subisce un improvviso colpo di scena quando,
- [ ] Marco riceve dall'assicurazione un risarcimento
- [ ] in seguito a un incidente con lo scooter,
- [ ] che gli consentirà di partire per San Francisco.
- [ ] Con suo grande disappunto però,
- [ ] una compagna di scuola soprannominata da tutti "la Suora",
- [ ] ospite della stessa coppia di amici contattati dal compagno di classe Vulcano.
- [ ] anche Maria,
- [ ] partirà alla volta della sua stessa meta,

(adattamento da www.diregiovani.it)

Livello 2 **5** ●●○

Usa le seguenti informazioni per scrivere un testo coerente e coeso, aggiungendo parole o espressioni adatte al contesto (circa mezza pagina).

Vinto un viaggio a Londra ~ aeroporto ~ dimenticato carta d'identità ~ telefonata ~ aereo in ritardo ~ recupero carta d'identità ~ check-in ~ arrivo a Londra

Livello 3 **6** ●●●

A COPPIE Utilizzando le seguenti parti del discorso, scrivete una breve notizia di cronaca (circa 10-15 righe), aggiungendo tutti gli elementi che ritenete necessari e dando un titolo all'articolo. L'insegnante vi mostrerà l'originale: chi si è avvicinato di più?

Nomi: casa, ragazzo, ragazza, anni, 15, 17, ore, angoscia, famiglie, coppia, interland, tappa, Civitanova Marche, carabinieri, stazione, vacanza, abbraccio, genitori, fuga.

Aggettivi: rispettive, milanese, locale, breve, arrabbiati, felici, sani, salvi.

Verbi: allontanarsi, far passare, fare tappa, rintracciare, ritrovare

1.4 Le tipologie testuali

Abbiamo visto che i testi assolvono un preciso **scopo comunicativo** dell'emittente (**intenzionalità**) e che nella produzione di un testo è necessario tener conto del contesto e del destinatario (**situazionalità**), in modo che la **codifica** del messaggio sia efficace.

È importante, inoltre, distinguere i **testi d'uso**, come quelli illustrati nella tabella seguente, e i testi **letterari**, che non affrontiamo in questo manuale.

- I **testi d'uso** svolgono uno **scopo pratico**: informano, persuadono, spiegano, prescrivono ecc. Si riferiscono a un contesto reale, a **persone e cose esistenti** e a **fatti realmente accaduti**;
- i **testi letterari** hanno come obiettivo quello di **raccontare e "intrattenere"** il lettore. Appartengono a questa categoria romanzi, racconti, poesie, biografie, relazioni di viaggio, opere teatrali ecc. Sono contraddistinti da un'attenzione particolare all'aspetto formale e normalmente in esse prevale la finzione.

Nella seguente tabella presentiamo le tipologie testuali, in base alla funzione che svolgono e nell'ordine in cui verranno trattate.

Funzione	Tipologia testuale	Genere testuale
Comunicare (in modo formale e informale)	Testi espressivo-informativi	Lettere, e-mail, blog, diari ecc.
Dare regole e istruzioni	Testi regolativi	Regolamenti, ricette, istruzioni, leggi ecc.
Esporre e informare	Testi informativo-espositivi	Relazioni, report, manuali, enciclopedie, saggi, articoli di giornali e riviste, siti web ecc. Testi tecnico-scientifici: definizioni, descrizioni di esperimenti, database, foglietti illustrativi dei medicinali
Esprimere giudizi e argomentare	Testi argomentativi	Articoli di opinione, recensioni, tema, saggio breve

I testi possono svolgere più funzioni e avere le caratteristiche di più tipologie: per esempio un testo scientifico, di tipo espositivo, può contenere anche parti argomentative in cui l'autore sostiene la sua ipotesi interpretativa oppure il foglietto illustrativo di un medicinale, il cosiddetto bugiardino, è insieme un testo informativo e regolativo.

PROVIAMO INSIEME

1

Regolamento di viaggio

Il viaggiatore deve esibire, su richiesta del personale ferroviario, in prossimità della salita, a bordo del treno e fino all'uscita dalla stazione ferroviaria il titolo di viaggio ed il documento che giustifica l'eventuale riduzione di prezzo fruita e, nel caso sia richiesto, deve riconsegnare il titolo di viaggio a viaggio terminato al personale incaricato del ritiro. Nel caso di titolo di viaggio rilasciato in modalità Ticketless, il viaggiatore deve fornire il codice identificativo di prenotazione ricevuto al momento dell'acquisto.

(www.trenitalia.com)

2

Turisti e viaggiatori

Queste due definizioni hanno un senso, e un senso ben diverso tra di loro; la differenza potrebbe essere innanzitutto storica: chi ha viaggiato prima di una certa data, quando erano pochi privilegiati a farlo, può essere considerato **viaggiatore**, e chi invece si è mosso dopo gli anni del boom economico (anni '60 del '900) in Italia, è un **turista**. Altra ipotesi: se uno parte per un viaggio organizzato è un turista, se invece si organizza tutto da solo è un viaggiatore. Oppure: chi sa bene la lingua, è esperto e si muove bene è viaggiatore, chi non sa una parola di inglese, si perde, si lamenta che si mangia male, è il perfetto turista.
In conclusione: il viaggiatore è originale, straordinario, competente, consapevole, romantico, profondo, il turista è banale, ordinario, prevedibile, superficiale, inadatto, ignaro, spesso deriso (vedi il celebre spot "Vacanze fai da te? No Alpitour, ahi, ahi, ahi.")

(P. Conte et al., *Laboratorio di accoglienza turistica,* Clitt, Roma, 2015)

3

Prima del viaggio

Prima del viaggio si scrutano gli orari,
le coincidenze, le soste, le prenotazioni
e le prenotazioni (di camere con bagno
o doccia, a un letto o due o addirittura
un *flat*);
si consultano
le guide Hachette e quelle dei musei,
[...]
prima del viaggio s'informa
qualche amico o parente, si controllano
valige e passaporti...

(E. Montale, *Tutte le poesie*, Mondadori, Milano, 1997)

1. A quale tipologia testuale appartengono i tre testi?
   1. ....
   2. ....
   3. ....
2. Quali elementi ti permettono di definirli?

ADESSO TOCCA A TE

▶ Capitolo 1.4

INDIVIDUA E ANALIZZA

Livello 1 **1** ●○○

Tra i seguenti testi indica quale è continuo, non continuo o misto completando le frasi.

a. Il testo 1 è ....
b. Il testo 2 è ....
c. Il testo 3 è ....

1

Vedo le cose sotto una luce diversa

SERVIZIO CIVILE REGIONALE 2016
rivolto a ragazze e ragazzi dai 14 ai 19 anni

PER INFORMAZIONI E CHIARIMENTI
CO.PR.E.S.C.
Via San Felice 25 • 40122 • Bologna
tel. 051/6599261 • fax 051/6598620
cell.392 2683183
serviziocivilebologna@gmail.com
Coordinamento Provinciale Enti Servizio Civile di Bologna
www.serviziocivile.cittametropolitana.bo.it

CHE COS'È

Il servizio civile regionale offre l'opportunità di svolgere una prima **esperienza di cittadinanza attiva ai giovani tra i 14 e i 19 anni** (legge regionale n.20/2003 e successive modifiche legge regionale 8/2014).

E' un'occasione per mettersi al servizio della collettività, valorizzare le proprie capacità, acquisire nuove conoscenze e sperimentare azioni concrete di solidarietà.

LE ATTIVITÀ

I progetti propongono attività in campo **sociale, culturale, educativo e ambientale.** La disponibilità minima richiesta è di 35 ore da svolgere durante l'anno scolastico o nel periodo estivo.
L'impegno è volontario e gratuito.

Gli enti offrono il supporto dei propri operatori e un'esperienza altamente formativa.
Alla fine del percorso viene rilasciato un attestato di partecipazione dalla Regione Emilia Romagna e l'istituto scolastico può riconoscere dei crediti formativi.

COME PARTECIPARE

L'iscrizione è sempre aperta e non vengono richiesti requisiti particolari.
Guarda i progetti e scegli quello che fa per te!
Scarica la scheda di adesione dal sito www.serviziocivile.cittametropolitana.bo.it
Consegna la scheda di adesione compilata e firmata (da un genitore) all'ufficio di Coordinamento: puoi portarla a mano oppure inviarla via fax (051/6598620) o via mail (serviziocivilebologna@gmail.com)
Sarai contattato direttamente dall'ente del progetto che hai scelto per un primo incontro, se sei davvero interessato potrai iniziare l'attività nei giorni ed orari concordati.

2

CHE COSA SIGNIFICA BLOG

Deriva dalla contrazione della parola *web-log*, ovvero "diario in rete". Il termine è stato coniato nel 1997 dal blogger americano Jorn Barger. Nato inizialmente come un diario intimo sul web, su cui anche altri utenti potevano lasciare dei commenti, è diventato nel tempo uno strumento di comunicazione e di condivisione di idee e informazioni sui temi più disparati, tanto da esser adottato anche da molti giornali online.

(da *Airone*, aprile 2015)

3

domenica 4 SETTEMBRE

Rai 1

8.00 **Tg 1**
8.20 **Passaggio a Nord-Ovest**
9.00 **Tg 1**
9.05 **Dreams Road 2014**
9.45 **Tg 1 L.I.S.**
9.50 **A Sua immagine. Speciale canonizzazione Madre Teresa**
10.20 **Canonizzazione della Beata Madre Teresa di Calcutta**

Rai 2

6.30 **Memex - La scienza raccontata dai protagonisti**
7.00 **Sea Patrol** Telefilm
8.30 **Heartland** Telefilm
9.45 **La nave dei sogni - Viaggio di nozze in Sicilia** Regia di Hans-Jürgen Tögel. Con Jessica Boehrs, Marcus Grusser (Sentimentale, 2013)
11.25 **La nave dei sogni - Viaggio di nozze in Provenza** Regia

Rai 3

8.00 **L'innocente Casimiro** Regia di Carlo Campogalliani. Con Erminio Macario, Enzo Biliotti (Commedia, 1946)
9.20 **La cento chilometri** Regia di Giulio Petroni. Con Massimo Girotti, Mario Carotenuto (Commedia, 1959)
10.40 **Speciale Camera con vista - Radio Days**
11.10 **I magnifici sette** Telefilm

4

7.25 **Tg 4 Night News**
7.45 **Mediashopping**
8.15 **Mondo Sommerso - Europa**
9.20 **Hidden Kingdoms - Sotto lo stesso cielo**
11.30 **Tg 4 - Telegiornale**
12.00 **Armiamoci e partite!** Regia di Nando Cicero. Con Franco Franchi, Ciccio Ingrassia, Philippe Clay (Comico, 1971)
14.00 **Per grazia ricevuta** Regia di

Livello 2 **2** ●●○ **Attribuisci ciascuno dei seguenti testi sull'autogestione al suo autore e giustifica la tua risposta.**

a. L'autogestione indica un'attività nella quale gli studenti gestiscono in maniera autonoma le lezioni della mattinata organizzando dibattiti, cineforum, confronti ecc. su temi come la legalità e la mafia, l'affettività e la sessualità, che a causa di programmi obsoleti e scarsezza di fondi non possono essere approfonditi nella maniera necessaria alla nostra formazione.

(adattamento da www.isis-archimede.it)

b. Se si fa qualcosa di ben organizzato, i nostri ragazzi possono imparare a rispettare e a seguire la democrazia, con degli effetti positivi anche al di fuori della scuola.

(adattamento da win.liceomarinelli.org)

c. ART. 1 L'autogestione vuole essere espressione dell'autonomia della componente studentesca dell'istituto. Socializzazione, integrazione e confronto sono i punti cardine di questa forma di protesta.

(da www.ruffini.org)

1. genitore ☐ ....

2. regolamento scolastico ☐ ....

3. studente ☐ ....

Livello 3 **3** ●●● **A quale tipologia tra quelle nella tabella a p. 470 appartengono i seguenti testi?**

a. Quella sera cenammo presto. Era sabato, lui avrebbe potuto fermarsi anche la domenica, ma credo che ci fosse l'imbarazzo dei letti. A casa li avevo già visti fare e disfare il divano. Mio padre lavò i piatti fischiettando quel vecchio pezzo di Willie Nelson.

(P. Cognetti, *La stagione delle piogge*, in *Una cosa piccola che sta per esplodere*, minimum fax, Roma, 2007)

b. *Il racconto dei racconti* è un film sorprendente in cui il fantasy, la storia, l'arte, la letteratura, l'architettura, il cinema si fondono con un risultato davvero unico. Partirei col dire che questo film segna una rivoluzione per il cinema nostrano, dato che nessun regista italiano prima di Matteo Garrone si era spinto così in là da realizzare un film fantasy fatto COSÌ bene e soprattutto con un'impronta davvero internazionale.

(www.filmscoop.it)

c. **robòtica** Settore disciplinare che ha per oggetto lo studio e la realizzazione di robot, e le loro applicazioni pratiche nelle attività di produzione industriale e di ricerca scientifica e tecnologica.

(www.treccani.it)

4 ●●● **Trasforma le informazioni lungo la seguente linea del tempo in un breve testo scritto.**

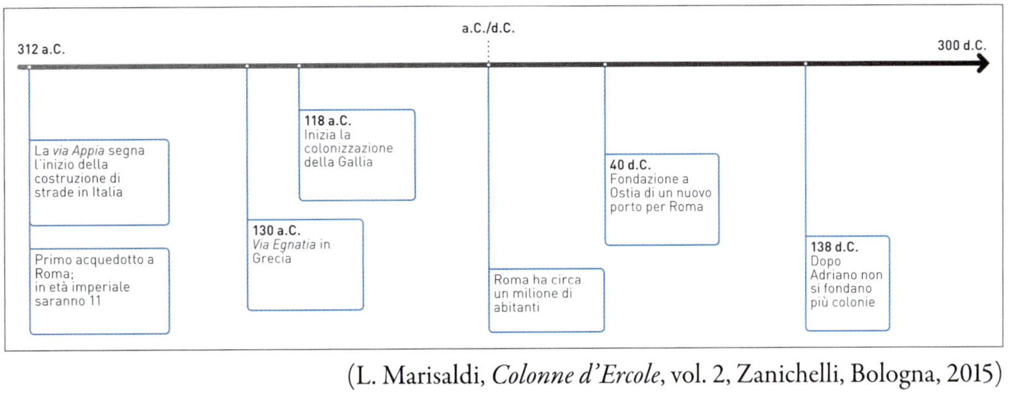

(L. Marisaldi, *Colonne d'Ercole*, vol. 2, Zanichelli, Bologna, 2015)

2 Il testo orale

Il **testo orale** è una produzione linguistica che viene trasmessa attraverso il **parlato** e ricevuta attraverso l'**ascolto**. Sono testi orali, per esempio, le telefonate, le videochiamate, le conversazioni, i programmi che ascoltiamo alla radio, alla televisione o attraverso altri mezzi, i dialoghi dei film o degli spettacoli teatrali, i comizi politici e così via.

2.1 Le caratteristiche del testo orale

• I tipi di parlato

Se il testo si basa su una traccia prestabilita e viene quindi "recitato", parliamo di **parlato-recitato** non spontaneo. Può trattarsi di un testo che viene letto integralmente o riprodotto a memoria. Ma può anche darsi che la sua esposizione sia **pianificata** sulla base di una scaletta o di appunti che seguono un determinato ordine; in questo secondo caso non mancheranno elementi di spontaneità.

Se invece il testo è **libero**, lo definiamo **parlato-parlato**, cioè originato da una comunicazione orale spontanea.

In base al numero di interlocutori, il testo orale si presenta come **monologo** (pronunciato da una sola persona) o **conversazione** (con due o più interlocutori).

HAI CAPITO?

A COPPIE Discutete se i tipi di testo orale elencati sono spontanei o non spontanei e se sono monologhi o conversazioni. Quali testi non spontanei nel contenuto possono contenere un elemento di spontaneità nell'esposizione?

a. Lezione scolastica
b. Presentazione della tesina all'esame di maturità
c. Messaggio sulla segreteria telefonica
d. Interrogazione o esame orale
e. Lettura ad alta voce
f. Colloquio genitori/professori

• La fuggevolezza

Il testo orale è effimero: esiste nel momento in cui viene pronunciato, a meno che non venga registrato.

• La condivisione di tempo e spazio

I partecipanti a una conversazione faccia a faccia condividono lo **spazio** e il **tempo** in cui avviene la comunicazione, mentre in una conversazione a distanza, come una telefonata, condividono il tempo ma non lo spazio. In ogni conversazione, inoltre, si sa chi vi prende parte.

• L'immediatezza Il testo orale viene percepito dal destinatario **nel momento stesso in cui viene prodotto** e si ha un riscontro immediato.

• Irregolarità e frammentazioni In generale, chi parla lo fa seguendo il proprio pensiero via via che lo va formulando, senza pianificare troppo. Ciò può portare, soprattutto nel caso di discorsi più complessi, a:

- pause, ripetizioni e riformulazioni;
- correzioni, numerosi intercalari e segnali discorsivi (> *diciamo, eh, cioè*);
- frasi incomplete e rapporti sintattici irregolari;
- cambi di progetto (quando si comincia a esprimere un concetto ma a frase iniziata si cambia argomento).

Questi fattori spiegano perché il testo orale è spesso più irregolare e frammentario del testo scritto e l'ordine delle parole nella frase non è sempre lineare, e non rispetta pienamente il requisito della **coesione** (▸ p. 463). Inoltre, la possibilità di ripetere e riformulare porta spesso a interruzioni o sovrapposizioni (quando si parla uno sull'altro), frasi incompiute ed esitazioni.

• Gli elementi extralinguistici Il testo orale è spesso accompagnato da **gesti**, **espressioni del viso** e **intonazione** della voce che permettono di integrare o rendere più efficace la comunicazione verbale. In altre parole, **gli elementi extralinguistici rafforzano la capacità espressiva di chi parla** e permettono di verificare se il destinatario ha ricevuto e capito il suo messaggio (***feedback, informazione di ritorno***).

• La forma A livello formale nel testo orale di tipo parlato-parlato di solito:

- prevale la **coordinazione** rispetto alla **subordinazione**;
- si usa maggiormente il **modo indicativo** – più semplice e di immediata comprensione – rispetto al condizionale e al congiuntivo;
- i costituenti della **frase** non sempre sono nell'ordine corretto imposto dalla lingua scritta;
- il lessico può essere di uso comune o colloquiale.

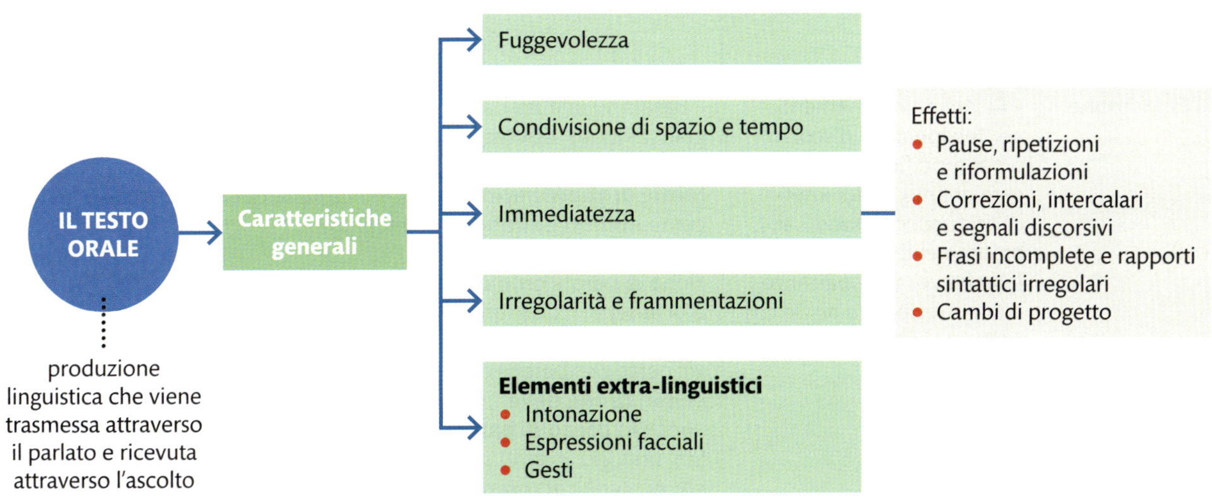

HAI CAPITO? 2

1. Ascolta un messaggio pubblicitario, un tipo di testo orale basato su una traccia scritta. Qual è il suo **scopo** e a **chi** si rivolge?
2. In che modo viene sottolineato il messaggio?
3. Ora crea tu uno spot di max 5 righe che inviti a leggere.

	Parlato parlato	Scritto parlato	Parlato scritto	Scritto scritto
Contesto d'uso	Quotidiano, privato.	Quotidiano, privato, sui social media (sms, chat, forum, post).	Formale, colto, pubblico.	Formale, colto.
Situazione comunicativa	Emittente e destinatario compresenti; possono interagire.	Emittente e destinatario non compresenti; possono interagire a distanza.	Emittente e destinatario compresenti; comunicazione unidirezionale; non possono interagire.	Emittente e destinatario non compresenti; non possono interagire.
Sintassi	- **Semplice**, con **frasi brevi** e prevalente coordinate, talora lasciate incomplete o sospese. - l'elemento del discorso ritenuto più importante è collocato all'inizio della frase (*Il sole io non lo sopporto*); - le **norme grammaticali** spesso non sono rispettate; - uso improprio e non sorvegliato dei pronomi, dei tempi e dei modi verbali (*Di questo non me ne interesso proprio e se lo sapevo te lo dicevo prima...*).	- **Semplice**, con **frasi brevi** e **spezzettate**, spesso giustapposte; - le **norme grammaticali** spesso non sono rispettate.	- Organizzata: i periodi sono lunghi e complessi, spesso articolati in subordinate, con il controllo dei connettivi e dei coesivi; - i periodi non sono **mai incompleti**, salvo per ragioni retoriche, di reticenza; - le **norme grammaticali** sono rispettate.	- Organizzata: i periodi sono più lunghi e complessi, spesso articolati in subordinate; - le varie parti del discorso sono disposte all'interno della frase in modo regolare; i periodi risultano completi e opportunamente collegati; - le **norme grammaticali** sono rispettate.
Esposizione	- Ricorso a vari elementi per recuperare il discorso o per modificare e correggere quanto detto: intercalari (*cioè, insomma ... sì, precisamente... niente, per farla breve*), false partenze, autocorrezioni (*io penso che posso...no, cioè... noi possiamo andare*).	- Basata su una modalità grafica nuova, dovuta al mezzo, come varie **forme di abbreviazione**, come **numeri** e **simboli matematici** in sostituzione di parole omofone o di lettere (1: uno, una; 6: (tu) sei; *X*: per; perché; *xò*: però; *xké*: perché); **eliminazione delle vocali in corpo di parola** (*nn*: non; *grz*: grazie; *qlk*: qualche); **acronimi** (*tvtb*: ti voglio tanto bene); **errori ortografici** (mancanza della lettera *h*, di apostrofi, accenti...) dovuti alla velocità o all'incuria.	Esposizione **rigorosa e chiara** riconducibile alla pianificazione del discorso.	Esposizione **rigorosa e chiara** riconducibile alla pianificazione del discorso.

pianificazione
strutturazione
elaborazione formale
proprietà lessicale

	Parlato parlato	Scritto parlato	Parlato scritto	Scritto scritto
Lessico	– **Generico e povero**, uso di alterazioni o abbreviazioni di nomi, di termini o espressioni colloquiali e regionali; – uso di strumenti **extralinguistici**, come i **deittici**, elementi che fanno riferimento allo spazio, al tempo o alle persone della situazione comunicativa (*Prendilo tu... È quello lì sul tavolo*)	**Generico e povero**, con abbreviazioni, soprannomi, elementi gergali, prestiti da lingue straniere e neologismi.	**Appropriato e non ripetitivo**, evita modi di dire colloquiali e regionali.	**Appropriato e non ripetitivo**, evita modi di dire colloquiali e regionali.
Lingua	Varietà di **italiano** per lo più **regionale**, che può essere riconosciuta non solo ma soprattutto dalla pronuncia.	Varietà di **italiano** per lo più gergale, legato ai linguaggi e alle mode delle fasce più giovani e innovative della società.	Italiano standard.	Italiano standard.

PROVIAMO INSIEME 🎧 3

Quali sono le caratteristiche di un testo orale? Esaminiamole attraverso un brano tratto da un'intervista radiofonica con la giovane videoblogger Sofia Viscardi. Dopo aver ascoltato il brano, rispondi alle domande.

1. Individua gli interlocutori e indica dove e quando avviene la conversazione.
2. Nel testo, trova alcuni esempi per ciascuna delle seguenti caratteristiche:
   – ripetizioni
   – interruzioni
   – espressioni colloquiali e regionali
   – segnali discorsivi, cioè parole che segnalano qualcosa nella comunicazione (esitazione, ricapitolazione, mantenere acceso il canale, pausa ecc.)
3. L'intonazione della voce quali differenti atteggiamenti e stati d'animo ci permette di cogliere?
4. Nell'intervista la sintassi è prevalentemente semplice, con frasi brevi perché...
   A è un testo scorretto per natura e i partecipanti non saprebbero comunicare diversamente.
   B è destinato a un pubblico di giovani, che non hanno ancora incontrato una sintassi più complessa.
   C consente di comunicare all'insegna dell'immediatezza, tipica del parlato.
5. Quali tra le seguenti affermazioni riguardanti il lessico sono valide per questo testo? Scegli tutte le opzioni corrette.
   A Lessico semplice, di base.
   B Sono presenti diversi termini di registro alto.
   C Lessico diretto e informale.
   D Prevalgono parole generiche.
   E Sono presenti molte parole alterate per dare enfasi alle parole stesse.
   F Si utilizza un lessico specialistico.

ADESSO TOCCA A TE ▶ Capitolo 2

INDIVIDUA E COMPLETA

Livello 1

1 ●○○ 🎧 4 Ascolta uno spot per la campagna pubblicitaria *M'illumino di meno* e completa i fattori della comunicazione coinvolti.

Emittente: Campagna *M'illumino di meno*

Destinatario: ....

Messaggio: ....

Referente: ....

Canale: ....

Codice: ....

2 ●○○ Quali caratteristiche aiutano, secondo te, a memorizzare il messaggio della pubblicità dell'esercizio 1?

3 ●○○ Che effetto ti fa la presenza di versi in inglese nella pubblicità dell'esercizio 1? Secondo te ha un significato particolare?

Livello 2

4 ●●○ 🎧 5 Ascolta un altro brano tratto dall'intervista con Sofia Viscardi. Indica almeno un esempio per ciascuna delle caratteristiche elencate.

a. interruzioni o sovrapposizioni ....

....

b. intercalari e segnali discorsivi ....

....

c. espressioni tipiche del parlato ....

....

Livello 3

5 ●●● 🎧 6 Completa la trascrizione del seguente brano, da cui abbiamo eliminato buona parte della punteggiatura, e fai i cambiamenti necessari. Poi ascolta il testo e fai eventuali modifiche. Il brano è tratto da un'intervista con una ragazza che sta frequentando il quarto anno delle superiori in Russia.

Sara: Eh... No, qui si conoscono tutti si conoscono da quando erano piccoli perché in Russia la scuola è unica e si sta assieme dalla prima classe all'undicesima... sono tutti insieme... elementari medie superiori...

Conduttore: Ma c'è differenza tra liceo classico scientifico linguistico... come qua da noi in Italia oppure no?
Sara: No, i licei sono principalmente basati sulla matematica fisica perché ci tengono molto e poi se vuoi specializzarti lo puoi fare dopo la nona classe che è più o meno la nostra seconda superiore e allora puoi decidere di andare in un college... specifico per... le lingue o per l'economia eccetera.

6 ●●● 7

Ascolta il testo e rispondi alle domande seguenti.

a. Completa la tabella con alcune informazioni sugli elementi della comunicazione.

Emittente	Destinatario	Referente
....	....	....
....	....	....
....	....	....
....	....	....

b. A quale tipo di parlato appartiene questo testo?

c. Quale elemento extra-linguistico è presente in questo testo? Fai degli esempi.

d. Riassumi oralmente il contenuto del testo ascoltato: di cosa parla?

PRODUCI

Livello 1 **7** ●○○

Pronuncia le seguenti frasi in maniera diversa, in modo tale da esprimere gli stati d'animo o i significati tra parentesi.

– Come? (non ho sentito; rabbia)
– Va bene (ripetizione per l'ennesima volta; interrogativo; concessione)
– Non ci credo (affermazione; sorpresa; rabbia)
– Ho preso 4 (strafottenza; paura)

Livello 2 **8** ●●○

IN GRUPPO Improvvisa una conversazione spontanea con un gruppo di compagni su uno degli argomenti elencati.

un'abitudine alimentare ~ un evento sportivo recente ~ una festa a cui avete partecipato ~ un episodio successo a scuola ~ una vacanza ~ un desiderio ~ il/la cantante preferito/a

Registrate o filmate la conversazione, poi riascoltatela. Quali caratteristiche linguistiche ed extra-linguistiche del testo orale sono più evidenti?

Livello 3 **9** ●●●

IN GRUPPO In gruppi di tre, dividetevi i seguenti ruoli all'interno di un programma radiofonico: conduttore, ospite, ascoltatore che telefona. Registrate e preparate un breve programma per porre un quesito all'ospite, per esempio che effetto fa essere famosi, è meglio essere figli unici o avere fratelli ecc., poi ascoltatelo in classe e discutetene.

LAVORIAMO SULLA LINGUA

Le famiglie di parole

Il termine *orale* viene dal latino *orare* ("parlare"), così come *scritto* deriva dal latino *scríbere* ("scrivere"). Da questi termini latini derivano anche altre parole, rispettivamente *oralmente, oratore, oralità* ecc. e *scrittore, scrittura, scritta, iscrivere, trascrivere* ecc. Da una parola base, o primitiva, attraverso l'aggiunta di elementi ne derivano altre di significato diverso ma con la stessa radice. Si formano così le **famiglie di parole**. Comprendere la rete di rapporti che si crea è di grande aiuto per arricchire il lessico e collocare le parole nella corretta categoria grammaticale.
Per esempio, vediamo alcuni termini che derivano dalla parola primitiva *freddo*. Poi, svolgi le attività.

FREDDO

freddezza | freddoloso | raffreddare | freddare | freddamente | raffreddore | semifreddo

1 **Dividi le parole derivate da *freddo* nelle seguenti categorie grammaticali:**

Nomi: ....

Aggettivi: ....

Verbi: ....

Avverbi: ....

2 **Da quale parola primitiva derivano le seguenti famiglie di parole? Se ci sono parole che non conosci, consulta il dizionario per arricchire il lessico.**

a. .... sciacquare, acquario, acquazzone, acquatico
b. .... abboccare, boccone, sboccato, imboccare
c. .... ideare, idealmente, idealista, ideologia
d. .... giornale, giornalmente, aggiornare, aggiornamento

3 **Per ciascuna delle seguenti parole primitive ti diamo alcuni termini che derivano da esse. Continua tu la lista con le parole che conosci.**

a. **scuola**: scolarizzare, scolaro ....
b. **linea**: lineare, allineare ....
c. **caldo**: scaldare, caldaia ....
d. **fondo**: affondare, affondamento ....

4 **In ciascuna delle seguenti famiglie di parole, trova l'intruso.**

a. fuoco, sfuocato, infuocare, foca, focoso, focosamente
b. terra, terremoto, terreno, atterrare, terrorizzare, sotterraneo
c. uomo, umanamente, umido, umanità, disumano, omone
d. latte, lattina, lattosio, latticini, allattare, caffelatte

5 **Scrivi almeno quattro parole che appartengono alla stessa famiglia delle parole elencate.**

a. lingua: ....
b. centro: ....
c. ripetere: ....
d. informare: ....

FACCIAMO IL PUNTO

definire + riassumere + classificare + memorizzare

LOSAI? RIPASSA CON LO SMARTPHONE

Il testo scritto

produzione linguistica trasmessa attraverso la **scrittura** e ricevuta attraverso la **lettura**

le sue ***caratteristiche*** *sono*

- **DURATA**: dura nel tempo
- **SPAZIO E TEMPO**: non condivisi
- **ASSENZA DI ELEMENTI EXTRALINGUISTICI**: si può ricorrere solo alla lingua

Tipi di scritto:
- per essere detto
- per essere letto

Per comunicare in modo efficace sono necessarie

- **COERENZA**
  Organizzazione delle informazioni in un **insieme unitario**, secondo il principio della **continuità di senso**
- **COESIONE**
  Insieme di **legami** di **coesione** che rendono tutte le parti di un testo **ben collegate** tra loro.

Il testo orale

produzione linguistica trasmessa attraverso il **parlato** e ricevuta attraverso l'**ascolto**

le sue ***caratteristiche*** *sono*

- **DURATA**: limitata
- **SPAZIO E TEMPO**:
  - condivisi nella conversazione faccia a faccia
  - condiviso solo il tempo in quella a distanza
- **IMMEDIATEZZA**: nel momento in cui viene prodotto
- **IRREGOLARITÀ**: pause, ripetizioni, correzioni, interruzioni ecc.
- **ELEMENTI EXTRALINGUISTICI**: gesti, espressioni del viso e intonazione della voce

Tipi di parlato:
- parlato-recitato
- parlato-parlato

Monologo: un interlocutore
Conversazione: più interlocutori

CONOSCENZE

1 **Indica se le seguenti affermazioni sono vere [V] o false [F].**

a. Il testo scritto è maggiormente pianificato di quello orale. V F
b. Il contenuto di più testi sullo stesso tema varia in base al punto di vista di chi l'ha scritto. V F
c. Un testo è incoerente se vi manca la continuità di senso. V F
d. I connettivi sono legami di coesione. V F
e. Il testo orale si basa sempre su una traccia scritta. V F
f. Il testo orale con un solo interlocutore si definisce monologo. V F
g. La durata del testo orale è più limitata di quello scritto. V F

ABILITÀ E COMPETENZE

2 **Nelle seguenti storielle ci sono errori di coerenza e di coesione: trovali e correggili.**

a. Il londinese James Pidherney è stato multata per aver ammassato 85.000 lattine su un terreno pubblico: volevo venderle come "arte d'avanguardia" per pagare con il ricavato l'ipoteca della sua casa.
b. A New York, fa qualche tempo è stato aperto un ristorante chiamato *Twins* (= gemelli): il locale è gestito dai gemelle Lisa e Debbie Ganz, e tutto il suo arredamento è costituito solamente da fratelli.
c. Nell'Ottocento, lungo i binari delle strade statunitensi viaggiavano anche persone che pedalavano su speciali tricicli, per evitare di pagare il finestrino del treno.

(adattamento da "La Settimana Enigmistica", 2 aprile e 30 aprile 2015)

3 **Leggi il seguente testo e ricomponine l'ordine inserendo nelle caselle i numeri da 1 a 7.**

☐ L'ESAMINATORE *allo studente*: S'accomodi.
Sfogliando il registro: Come si chiama lei?

☐ LO STUDENTE Perché ho risposto bene alla prima domanda.

☐ LO STUDENTE Luigi de Rossi, *ride soddisfatto*.

☐ La scena si svolge durante gli esami che affliggono immeritatamente la gioventù studiosa. Gli studenti debbono rispondere a tre domande.

☐ L'ESAMINATORE *impermalito*: Perché ride?

☐ Personaggi:
L'ESAMINATORE
LO STUDENTE

☐ *Sipario*

(A. Campanile, *Esami*, in *Tragedie in due battute*, Rizzoli BUR, Milano, 1978)

4 **Quale struttura di riferimento riconosci nel testo dell'esercizio 3? Di che tipo di testo si tratta e da quali elementi lo deduci?**

5 **A COPPIE** **Dividetevi i ruoli e recitate la breve "tragedia" dell'esercizio 3, lavorando sull'intonazione della voce per esprimere l'ironia del testo.**

6 **La seguente ricetta è stata modificata in modo da diventare un testo incoerente. Trova gli errori e correggili.**

Risotto Zafferano, zucchine e speck

Ingredienti

riso Carnaroli – zucchine – speck altoatesino – zafferano – vino bianco secco – cipolla burro – grana Padano grattugiato – brodo vegetale – sale grosso

Preparazione

Preparare il brodo di carne vegetale con sedano, carota, cipolla, acqua fredda e pepe sale grosso. Tagliare una parte del prosciutto dello speck a cubetti; affettare la parte restante ed essiccarla dolcemente in frigo forno ventilato a 150° per 15 min. Saltare i cubetti di prosciutto speck in padella e a parte, le zucchine sino a renderle croccanti.

In una casseruola far soffriggere olio, burro e cipolla tritata finemente, tuffarvi il riso e farlo tostare; aggiungere lo zafferano e sfumare con il vino rosso bianco secco. Continuare la cottura del riso con il brodo e, dopo circa 10 min, aggiungere le zucchine e lo speck saltati in precedenza. A cottura ultimata, fuori dalla fiamma, mantecare con abbondante burro e Grana Padano grattugiato. Decorare con lo speck essiccato. Buona degustazione.

A.S. 2014/2015 – a cura degli allievi della III A Enogastronomia: Serena Audino, Lorenzo Cestari, Cristina Gambera

(adattamento da http://www.istitutoartusi.it)

7 (8) **Ascolta un servizio sul rientro a scuola e concentrati sulla giornalista: come definiresti il suo parlato? Individua poi:**

a. l'elemento extralinguistico che introduce il tema del servizio: ....

b. cosa esprime l'intonazione della voce dell'insegnante: ....

c. irregolarità e frammentazioni: ....

8 (9) **Ascolta la lettura di una favola di Esopo:**

- **Indica gli elementi che rendono la drammatizzazione un esempio di parlato-recitato.**
- **Riascolta poi il testo e definisci il tono della voce del lettore in alcuni punti. Completa le frasi con l'opzione corretta tra quelle proposte.**

a. Nel punto in cui il leone ruggisce contro la volpe per l'accusa del lupo contro di lei, il tono della voce esprime irritazione / benevola delusione / indifferenza.

b. Nel punto in cui la volpe si discolpa ricordando al leone che è andata a trovarlo e ha fatto tanto per trovargli una cura, il tono della voce esprime rabbia e desiderio di vendetta / calma e rassegnazione / delusione e irritazione.

c. Nella frase che la volpe esprime dopo la morte del lupo, il tono della voce esprime dolore / divertimento / delusione.

PERCORSO E
IL TESTO

Sei pronto per la verifica?

METTITI ALLA PROVA

Leggi con attenzione il brano seguente, quindi svolgi le attività proposte.

Adeguare lo stile alle situazioni

Tutti ci comportiamo in maniera diversa davanti a un familiare, a un amico, alla persona amata, a un bambino, a un professore, a un dirigente, a un estraneo a cui chiediamo un'informazione, a un'autorità o a una celebrità, e usiamo in ciascuna situazione parole, toni di voce, costrutti diversi. Allo stesso modo, quando scriviamo dobbiamo essere consapevoli da un lato dei mezzi linguistici e delle aspettative di coloro che ci leggeranno, e dall'altro delle convenzioni che regolano i vari testi e i vari stili.

È la questione dei "registri" stilistici. I registri sono i modi di usare una lingua: un registro familiare usa un numero limitato di parole, costruzioni semplici e non è tenuto a un'attenzione maniacale alle regole grammaticali; un registro elevato impiega un ampio bagaglio lessicale, può scegliere una sintassi elaborata e deve curare la forma. E tra un registro basso e uno alto ci sono numerose modulazioni.

La cosa fondamentale, dunque, è fare le scelte giuste. La prima è la più scontata: scegliere il registro adeguato al contesto. È (relativamente) scontata perché di solito, con un minimo di esperienza, tutti disponiamo dei "modelli" necessari alle varie situazioni (nessuno scriverebbe una domanda in carta da bollo[1] per chiedere un'aranciata al bar nè lascerebbe un post-it su uno sportello del Comune col messaggio: "Voglio ingrandire il garage. Mi dai la licenza?"). Meno scontato è il passo successivo: la coerenza stilistica. Una volta scelto il registro, bisogna rispettare i canoni[2], evitando cadute di stile. È una caduta di stile non solo infilare una parola gergale in un testo molto formale, ma anche inserire parole auliche[3] o costruzioni complicate in un testo colloquiale.
Prendiamo un esempio dalla realtà. Nella pagina degli spettacoli di un quotidiano nazionale è comparso un articoletto dedicato a una fiction televisiva, su un avvocato che, "dopo una vicenda che gli sconvolge la vita, lascia lo studio per difendere i più deboli e i meno abbienti". Spiega infatti il regista: "È la storia di un uomo che decide di cambiare vita per occuparsi dei più bisognosi, per difendere le fasce deboli della popolazione".
Cosa c'è che non va in questo testo? C'è che il regista usa un cliché[4] sociologico-politico (*le fasce deboli della popolazione*) del tutto fuori posto nel registro di una lingua di conversazione. Un'intervista è una conversazione. Espressioni come *le fasce deboli della popolazione* (e anche *i meno abbienti*) sono giustificate in un rapporto del Censis[5] o nel programma di un partito, non in una vera conversazione di due persone vere che usano parole vere.
Alla padronanza dei registri non si arriva attraverso grammatiche o manuali di retorica. Ci si arriva con la pratica quotidiana della lettura e della scrittura.

(riduzione da M. Birattari, *È più facile scrivere bene che scrivere male*, Ponte alle Grazie, Milano, 2002)

1. **carta da bollo:** foglio con il bollo dello Stato, spesso richiesto per atti ufficiali.
2. **canoni:** regole fondamentali da rispettare.
3. **parole auliche:** parole di registro elevato, solenne.
4. **cliché:** modello o comportamento convenzionale e stereotipato, luogo comune.
5. **Censis:** Centro Studi Investimenti Sociali, è un istituto di ricerca socio-economica fondato nel 1964.

1 Quali sono in sintesi lo scopo e il messaggio del testo?

....

....

PUNTI ....../2

2 Come si raggiunge la padronanza dei registri linguistici?

....

PUNTI ....../2

3 Spiega con parole tue come l'autore definisce una "caduta di stile".

....

....

PUNTI ....../3

4 Perché, secondo l'autore, la scelta del registro è più facile e scontata della coerenza linguistica?

....

....

PUNTI ....../3

5 Quale delle seguenti espressioni sarebbe appropriata al contesto dell'esempio indicato dall'autore nel terzo paragrafo?

- A Devo ingrandire il garage. Ho bisogno della licenza.
- B Il sottoscritto Mario Rossi richiede la licenza di ingrandire il garage presso il proprio domicilio.
- C Siccome devo ingrandire il mio garage, vi prego di darmi la licenza.

PUNTI ....../2

6 Riassumi l'esempio di "caduta di stile" raccontato dall'autore.

....

....

PUNTI ....../4

7 Cosa hanno in comune la lingua scritta e quella parlata per quanto riguarda una comunicazione efficace?

....

....

PUNTI ....../2

8 Indica quali sono i seguenti elementi della comunicazione nel testo.

a. Emittente ....

b. Destinatario ....

c. Referente ....

d. Codice ....

e. Canale ....

PUNTI ....../5

9 Qual è la funzione della comunicazione prevalente nel testo?

A Fàtica. B Persuasiva. C Persuasiva. D Espressiva.

PUNTI ....../2

10 L'autore afferma che le espressioni "le fasce deboli della popolazione" e "i meno abbienti" non sono adatte al contesto in cui sono usate. Con quali espressioni più adatte si potrebbero sostituire?

....

PUNTI ....../3

11 A quale tipologia testuale tra quelle elencate a pagina 470 appartiene questo testo?

....

PUNTI ....../2

Le soluzioni sono a p. 627. TOTALE PUNTI ....../30

COMPITO DI REALTÀ

IL NOTIZIARIO DELLA CLASSE O DELLA SCUOLA

Competenze
- Saper raccogliere, interpretare e selezionare situazioni ed eventi degni di nota
- Saper prevedere il possibile effetto sui destinatari dei dati selezionati
- Saper rendere avvincenti i fatti adottando il punto di vista adatto allo scopo
- Saper redigere le notizie utilizzando un registro in accordo con il tono scelto (serio, scherzoso...)
- Saper integrare la scrittura con il linguaggio delle immagini
- Saper leggere con scioltezza e la giusta espressività
- Saper progettare il lavoro individuale e di gruppo, valorizzando le capacità individuali e utilizzando le conoscenze apprese

A Presentazione del progetto

Il progetto prevede la raccolta di notizie (serie e reali, immaginarie e divertenti ecc.) riguardanti la propria classe o la propria scuola e la loro stesura. Le notizie verranno poi lette e registrate con una videocamera. Il notiziario può rivolgersi - oltre che alla propria classe - alle classi più vicine e all'intera scuola; l'invito può essere o meno esteso anche ai genitori interessati.

B Consegna per gli studenti

Tutta la classe partecipa alla realizzazione del progetto che prevede questo ordine:
- raccolta delle notizie (almeno 5 notizie): per questa attività la classe può essere suddivisa in gruppi di 4/5 ragazzi e ogni gruppo si occupa di una notizia
- scrittura delle notizie raccolte: anche questa attività può essere svolta in gruppi di 4/5 ragazzi
- scelta di immagini (per es. cartelloni, riproduzione di foto a testimonianza dei fatti) che potrebbero corredare le notizie da leggere
- scelta del "giornalista" che leggerà il "notiziario". I lettori possono essere più di uno
- scelta di chi riprende, chi si occupa di uno stacco musicale e/o una sigla di apertura
- registrazione del notiziario
- presentazione e visione del notiziario alla presenza del destinatario (vd. sopra)

Tempi previsti
- 2 ore a scuola per impostare il lavoro di ricerca delle notizie
- 4 o più ore a casa per proseguire il lavoro
- 3 ore a scuola per realizzare la registrazione vera e propria

PERCORSO F
LAVORARE CON IL TESTO

UNITÀ

1 Leggere e comprendere un testo scritto

IN QUESTA UNITÀ

- **Perché** e **cosa leggiamo**?
- Che cosa significa **saper leggere**?
- Quali diversi **tipi di lettura** esistono?
- Quali **fasi** possiamo distinguere nella lettura? Qual è la loro funzione?
- Quali sono le differenze tra un **testo cartaceo** e un **testo digitale**? Come cambia la lettura di questi testi?
- Come si **riassume** un testo?
- **LAVORIAMO SULLA LINGUA** Rafforziamo le strategie per **capire parole nuove**

1 Leggere e saper leggere

Perché e cosa leggiamo

La lettura è parte integrante della comunicazione e ogni giorno leggiamo o consultiamo un testo scritto per **scopi** ed **esigenze diversi**. Il testo può essere semplice e breve come lo STOP su un cartello stradale, o complesso e lungo come un manuale tecnico.

Riflettendo, ti renderai conto che si legge per:

- **imparare** (testi didattici, informativi ecc.);
- **informarsi/aggiornarsi** (articoli, orari, avvisi ecc.);
- **farsi un'opinione** (libri, riviste, social network ecc.);
- **svago** (romanzi, racconti, fumetti, social network ecc.).

HAI CAPITO?

Quali dei testi elencati leggi? Selezionali e indica lo scopo della lettura: imparare [IMP], informarsi [INF], farsi un'opinione [OPI], svagarsi [SVA].

a. ricetta di cucina [.....]
b. scontrini [.....]
c. chat [.....]
d. romanzi e racconti [.....]
e. oroscopo [.....]
f. manuali d'uso [.....]
g. sito di una compagnia aerea [.....]
h. manifesti per la strada [.....]

Saper leggere

La lettura implica una serie di **abilità** che riguardano la scelta di un testo e del tipo di lettura adatto allo scopo per cui si legge, il livello di comprensione, la rapidità di lettura. In sintesi, **saper leggere** significa saper:

- **scegliere** che cosa leggere e il tipo di lettura in base allo scopo che si vuole ottenere;
- riconoscere il **tipo di testo** che leggiamo e il suo **scopo**;
- **leggere in silenzio** con una certa rapidità;
- **leggere ad alta voce** con la corretta dizione e intonazione.

2 I diversi tipi di lettura

In base allo scopo per cui leggiamo un testo, sono possibili diverse modalità di lettura.

1. **Lettura globale o orientativa**

   È una lettura **molto rapida** e **silenziosa** il cui scopo è quello di farsi un'**idea complessiva** del suo contenuto per stabilire se è adatto ai nostri obiettivi.

   Consiste nello **scorrere velocemente** un testo per individuarne gli **elementi-guida** essenziali: titolo e sottotitolo, divisione in capitoli e paragrafi, immagini, mappe, grafici e tabelle, termini evidenziati ecc.

2. **Lettura selettiva**

   È una lettura **rapida**, **silenziosa** e **"incompleta"** il cui scopo è quello di trovare velocemente un'**informazione specifica**.

   Consiste infatti nello **scorrere** un testo saltando interi blocchi fino a quando si individua l'informazione ricercata.

3. **Lettura analitica**

   È una lettura **approfondita** e **silenziosa** in cui si legge il testo **parola per parola** a una velocità che varia in base al livello di difficoltà. Il suo scopo è infatti la **comprensione approfondita** del discorso.

   Oltre agli argomenti principali di un testo, questo tipo di lettura permette di individuare, memorizzare e comprendere a fondo le sue **idee-chiave** e di collegarle alle conoscenze che già si possiedono. La capacità di **collegare le informazioni nuove a quelle già note** è alla base dell'apprendimento e lo facilita molto.

   Nel corso di una lettura analitica è quindi utile sottolineare le **informazioni principali** e le **parole-chiave**, scrivere commenti e appunti a margine ecc. (▸ *Impariamo a... prendere appunti*, p. 521) e può essere di aiuto il **dizionario**, nel caso di parole sconosciute il cui significato non si riesce a riconoscere attraverso **altre strategie** (▸ *Le strategie per capire parole nuove*, p. 512).

4. **Lettura espressiva**

   È una lettura **a voce alta** il cui scopo è quello di **accrescere l'interesse** del destinatario e di **coinvolgerlo emotivamente**. Per far ciò in modo efficace, è necessario preparare preventivamente la lettura del testo. Una buona dizione e il tono adeguato ne valorizzano infatti il contenuto e la forma.

LA LETTURA

- **GLOBALE o ORIENTATIVA**: **rapida** e **silenziosa** per farsi un'**idea complessiva** del contenuto del testo
- **SELETTIVA**: **rapida**, **silenziosa** e "**incompleta**" per **cercare un'informazione specifica**
- **ANALITICA**: **approfondita** e **silenziosa** per comprendere bene le **idee-chiave** del testo
- **ESPRESSIVA**: **a voce alta** per **interessare** e **coinvolgere** il destinatario

La lettura silenziosa e ad alta voce

Tra i **quattro principali tipi di lettura** tre richiedono una **lettura silenziosa**, in cui il lettore:

- legge a velocità variabile, in base agli scopi che si prefigge (capire il senso generale, individuare informazioni specifiche o studiare attentamente il testo);
- analizza e interpreta il testo e le convenzioni che lo regolano (libro di testo, ricetta di cucina, oroscopo ecc.);
- usa le informazioni che possiede già per fare ipotesi sul contenuto del testo.

Il **quarto** tipo di lettura, la lettura **espressiva**, richiede invece una **lettura ad alta voce**, che si distingue da quella silenziosa perché:

- generalmente avviene **dopo** la lettura silenziosa del testo. Per leggere un testo ad alta voce in modo efficace, infatti, è necessario prima comprenderne il **significato profondo** per scegliere di conseguenza la **dizione**, il **tono e la modulazione della voce**, la **velocità di lettura** adatti a **valorizzarne il contenuto**;
- implica un **destinatario** che non sia il lettore stesso.

La lettura ad alta voce è quindi una vera e propria forma di recitazione, tanto è vero che gli audiolibri, le letture alla radio ecc. vengono affidati ad attori professionisti.

Leggere → *comprendere un testo scritto significa* →

- Cogliere l'**argomento** centrale e il **significato** di tutte le parole
- Individuare le **sequenze** del testo e l'**argomento di ogni sequenza**
- Distinguere le **informazioni principali** da quelle **secondarie**
- Comprendere i **legami logici** tra le informazioni
- Fissare il contenuto con **appunti e rielaborarli** per riformulare il testo

HAI CAPITO?

IN GRUPPO Svolgete le attività sul seguente raccontino.

- Leggetelo una prima volta per stabilire quante voci sono necessarie, poi dividetevi i ruoli.
- Preparate la lettura del testo, aiutandovi anche con la punteggiatura e facendo attenzione ai punti in cui il tono è ironico.
- Recitate il testo di fronte alla classe e scegliete l'interpretazione migliore.

Quando Galileo, osservando le oscillazioni del pendolo, fece la grande scoperta, per prima cosa andò a dar la notizia al Granduca.
"Eccellenza," gli disse "ho scoperto che il mondo si muove."
"Ma davvero?" fece il Granduca, meravigliato e anche un po' allarmato. "E come l'avete scoperto?"
"Col pendolo."
"Accidenti! Colpendolo con che cosa?"
"Come, con che cosa? Col pendolo, e basta. Non c'era nient'altro, quand'ho fatto la scoperta."
"Ho capito. Ma colpendolo con che cosa? Con un oggetto contundente? Con un'arma? Con la mano?"
"Col pendolo, soltanto col pendolo."
"Benedetto uomo, ho capito. Avete scoperto che il mondo si muove colpendolo. Cioè, che si muove quando lo si colpisce. Bisogna vedere con che cosa lo si colpisce. Non potete averlo colpito con niente. E ci vuole un bell'aggeggio per colpire il mondo in modo da farlo muovere."
Il grande astronomo e matematico si mise a ridere di cuore.
"Eccellenza," disse "ma voi credete che 'col pendolo' vada legato con 'si muove'. No.

Va legato con 'ho scoperto'. Col pendolo ho scoperto che il mondo si muove. L'ho scoperto col pendolo."
"Colpendo il mondo. Ho capito."
"Ma no. Col pendolo. Col pendolo!"!
"Ma colpendo chi, allora? E con che?"
"Ma non colpendolo. Col pendolo!"
"Che modo di ragionare! Non colpendolo, ma colpendolo!"
Insomma, dovette scriverglielo su un pezzo di carta[1].

E dire che avrebbe chiarito tutto se avesse detto: "Con il pendolo".

(A. Campanile, *Vite degli uomini illustri*, Rizzoli BUR, Milano, 2010)

3 Le strategie della lettura

• Prima di leggere

Prima di leggere è utile porsi **domande preliminari** per identificare il tipo di testo e il suo scopo, ipotizzarne temi e contenuti, fare il punto su quanto si sa già sull'argomento ecc., per esempio:

- di che tipo di testo si tratta e quali caratteristiche mi permettono di riconoscerlo?
- per quale scopo immagino sia stato scritto?
- qual è l'argomento centrale?
- quali altre informazioni posso ottenere dagli elementi che accompagnano il testo? (immagini, titolo, termini evidenziati)
- cosa so già sull'argomento?
- quali parole e idee penso che saranno presenti nel testo?

Questa fase prepara il terreno alla lettura vera e propria.

• Durante la lettura

Questa è la fase centrale e accresce la **comprensione** del testo.

Anche in questa fase è utile porsi alcune **domande**, per esempio:

- qual è lo scopo di chi scrive?
- quali sono le informazioni principali, quali le secondarie?
- quali sono le parole-chiave?
- quali sono le parole ed espressioni legate all'argomento del testo?
- quali previsioni fatte nella fase di pre-lettura sono confermate, quali contraddette?
- quali informazioni sono oggettive? Quali sono soggettive (cioè legate all'opinione di chi scrive)?

• Dopo la lettura

Questa fase ci permette di verificare quanto abbiamo capito e assimilato di ciò che abbiamo letto, **rielaborandolo** in forma di domande di comprensione, elaborato scritto, presentazione orale, riassunto, riflessioni su ciò che si è imparato, approfondimenti, lavoro sul lessico ecc.

Le **domande** che possiamo porci sono le seguenti:

- quali nuove conoscenze ho acquisito che si aggiungono a quelle che avevo già?
- a cosa mi può servire quello che ho imparato?
- quali sono i legami tra i concetti, eventi ecc.? (causa-effetto, cronologici ecc.)
- quali dubbi devo chiarire?
- quali aspetti voglio approfondire?

• Capire un testo

Attraverso le attività svolte in questa unità e la tua esperienza di studente e lettore, ti sarai reso conto che per capire quello che leggi devi:
- cogliere l'**argomento centrale** del testo;
- comprendere il significato di **tutte le parole**, ricorrendo a varie strategie per afferrare anche il significato delle parole nuove (▸ *Le strategie per capire parole nuove*, p. 512);
- individuare i **blocchi** o sequenze in cui è suddiviso il testo;
- individuare l'**argomento** di ogni blocco o sequenza;
- distinguere le **informazioni principali** da quelle secondarie;
- comprendere i **legami logici** che collegano le informazioni;
- fissare quello che hai letto attraverso **appunti** e schematizzazioni del testo;
- saper rielaborare i tuoi appunti per **riformulare il contenuto** del testo.

PROVIAMO INSIEME

1. **A COPPIE** Considerando che il titolo dell'articolo è *Come il lavoretto estivo aiuta anche a fare carriera*, rispondete alle seguenti domande:
   – Quali lavoretti pensate vengano citati nel testo e quali argomenti potrebbero essere affrontati?
   – Cosa hanno in comune i lavoretti che avete elencato?

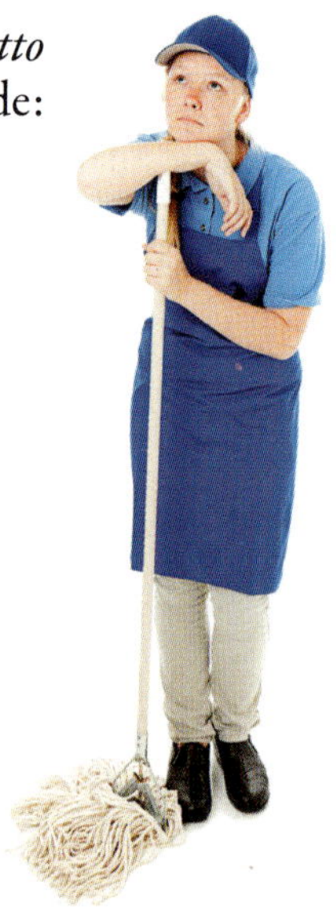

2. Unisci le parole nella colonna di sinistra a quelle nella colonna di destra per formare delle espressioni che compariranno nel testo.

a. pilota	**1.** le piante
b. portatore	**2.** le bollette
c. pulitore	**3.** di call center
d. tagliare	**4.** di scooter
e. annaffiare	**5.** la spesa a domicilio
f. consegnare	**6.** di curriculum vitae
g. pagare	**7.** di cenere lavica
h. operatore	**8.** l'erba

3. Leggi l'articolo velocemente una prima volta: quante delle parole e dei lavoretti estivi che hai elencato negli esercizi 1 e 2 vi si trovano?

Come il lavoretto estivo aiuta anche a fare carriera

Pilota di scooter a Positano, portatore di curriculum vitae a uffici di collocamento, pulitore di cenere lavica a Catania, photoshoppista. Tutti lavoretti estivi per ragazzi dai 15 anni in su. Impieghi fantasiosi che fanno un po' sorridere: sono soluzioni estreme. Ma quando si è giovani e si vuole mettere qualche soldo in tasca non si va tanto per il sottile.

«Tagliare l'erba, annaffiare le piante e consegnare la spesa a domicilio sono tra le offerte principali – spiega Alessandro Notarbartolo, ideatore del sito Tabbid, il social network dei lavoretti – oppure c'è chi cerca un codista, ossia una persona che vada a pagare le bollette». Su Tabbid il 30% delle offerte riguarda piccoli lavori per giovanissimi, a volte anche di un giorno (vedi volantinaggio). Mentre sul portale Kijiji del Gruppo eBay le opportunità abbondano. «Il 17% riguarda lavori stagionali – precisa Chiara Bonifazi, pr manager di Kijiji –. Qui il settore turistico rappresenta lo zoccolo duro[1], le segnalazioni più numerose riguardano camerieri, animatori, dj e lavapiatti,

1. **zoccolo duro:** elemento forte e costante.

nelle zone balneari come nelle grandi città: Milano, Bologna e Roma. Qualcosa c'è sull'estero: in Germania e Svizzera si cercano gelatai e pizzaioli... può diventare una chance per migliorare una lingua straniera». L'annuncio più gettonato? «Quello di operatore di *call center* a Cosenza».

Oltre alla soddisfazione economica e personale, il lavoretto estivo produce un effetto positivo a lungo termine: rende i ragazzi più competitivi da adulti. Più abili a fare carriera. Lo ha evidenziato uno studio canadese pubblicato sulla rivista *Research in the sociology of work* realizzato su un campione di 246 mila soggetti dai 15 anni fino ai 25. Secondo la ricerca, gli over 25 con lavoretti estivi alle spalle dimostrano di avere una marcia in più: capiscono come funziona il mondo del lavoro prima di entrarci veramente, scoprono abilità prima ignorate, sviluppano *skill*[2] trasversali, imparano ad andare a caccia di un impiego in maniera efficace. In altre parole, centrano gli obiettivi con meno fatica. Non solo. La cosa più importante è che costruiscono network di relazioni che in futuro possono servire.

(adattamento da P. Caruso, "Il Corriere della Sera", 27.07.2015)

2. **skill:** abilità.

4. Svolgi le seguenti attività lessicali basate sul contenuto dell'articolo.

a. Trova l'equivalente delle seguenti parole ed espressioni (tra parentesi indichiamo il paragrafo in cui si trovano):
   1. lavori (par. 1) ....
   2. località di mare (par. 2) ....
   3. gruppo rappresentativo (par. 3) ....

b. **A COPPIE** Conoscete il significato dei i termini stranieri elencati, che compaiono nel testo? Se non li conoscete, aiutatevi prima di tutto con il contesto, oppure chiedete ai compagni o all'insegnante, o consultate un dizionario.
curriculum vitae ~ *dj* ~ *chance* ~ *call center* ~ *over 25* ~ *network* ~ *stage* ~ *set*

5. Leggi l'articolo con attenzione e sottolinea tutte le parti che si riferiscono agli **effetti positivi** dei lavoretti estivi.

6. Usando le informazioni dell'esercizio 5, completa la seguente **mappa mentale** che riassume gli effetti positivi dei lavoretti estivi.

I giovani che fanno lavoretti estivi...
- hanno l'opportunità di migliorare una lingua straniera.
- guadagnano.
- ....
- ....
- ....
- ....
- ....
- ....

7. **IN GRUPPO** Lavorate in gruppi di 3/4. Rileggete un paragrafo dell'articolo ciascuno e sottolineate le informazioni-chiave, poi condividetele con i compagni.

8. **IN GRUPPO** Quali effetti positivi dei lavoretti estivi aggiungereste a quelli elencati nell'esercizio 6? E secondo voi ci sono anche aspetti negativi che l'articolo non menziona?

ADESSO TOCCA A TE

▶ Capitoli 1, 2, 3

INDIVIDUA, COMPRENDI E COMPLETA

Livello 1 **1** ●○○

Leggi il testo alla ricerca delle seguenti informazioni, sottolineale e rispondi alle domande.

a. Indica l'inventore e l'anno dell'invenzione di
- telegrafo ....
- telefono ....
- telegrafo senza fili ....

b. Quale fu l'utilità del telegrafo?

c. In cosa consistette la "rivoluzione" di Marconi?

L'invenzione del telegrafo – brevettato dall'americano Samuel Morse nel 1837 – ampliò in maniera decisiva la possibilità di **comunicare a distanza**. Rapidamente le regioni industrializzate d'America e d'Europa si coprirono di migliaia di chilometri di cavi; già nel 1866 venne deposto in fondo all'Atlantico un cavo telegrafico che univa i due continenti e nel 1870 un cavo sottomarino che passava per il Canale di Suez collegò l'India con la Gran Bretagna. Informazioni che prima richiedevano settimane o mesi potevano ormai giungere a destinazione in poche ore.

Verso la fine dell'Ottocento cominciò a diffondersi anche il **telefono**, brevettato dall'italiano Antonio Meucci nel 1871.

Era solo l'inizio. Il problema di comunicare da terra con una nave in mezzo all'oceano fu risolto da Guglielmo Marconi, che utilizzando le onde hertziane riuscì a trasmettere messaggi a distanza senza l'uso di fili elettrici e nel 1906 brevettò a Londra il "telegrafo senza fili". Da allora le **trasmissioni via radio** si affiancarono a quelle via cavo.

(L. Marisaldi, *Colonne d'Ercole*, vol. 2, Zanichelli, Bologna, 2014)

Livello 2 **2** ●●○

Svolgi le seguenti attività su un testo sul bullismo.

A. IN GRUPPO Prima di leggere il testo, rispondete alle seguenti domande.

a. Cosa sapete sul bullismo? Mettete insieme le vostre conoscenze, poi parlatene con il resto della classe.

b. Quali parole e concetti vi aspettate di trovare nel testo che leggerete? Fate una lista, concentrandovi sulla definizione di *bullismo*, sulle persone e azioni coinvolte e sui suoi effetti.

B. IN GRUPPO Leggete attentamente il testo e confrontatene il contenuto con le vostre previsioni nell'esercizio a. Riflettete su
- **quali previsioni sono confermate;**
- **quali informazioni possedevate alle quali non avete pensato;**
- **quali nuove informazioni su questo argomento avete acquisito.**

Il bullismo è un **comportamento antisociale** che coinvolge soprattutto ragazzi e adolescenti e implica comportamenti aggressivi che possono sfociare anche in **violenza fisica, oltre che psicologica**.
Perché si possa parlare di bullismo è necessario che l'aggressione sia sistematica, che duri nel tempo e che ci sia da parte del bullo l'intenzione di tiranneggiare la vittima. Le prevaricazioni possono essere dirette e indirette.

Quelle **dirette** sono osservabili: si tratta in genere di aggressioni fisiche e/o verbali, come le minacce, i pestaggi e le offese.
Le prevaricazioni **indirette** sono più difficilmente rilevabili. In genere si tratta di prepotenze tese a calunniare e ad escludere un ragazzo o una ragazza dal gruppo di coetanei. Gli studi evidenziano una differenza di genere nell'adozione di prevaricazioni dirette o indirette: quelle dirette, soprattutto fisiche, sembrano prevalere nei maschi. Quelle indirette prevalgono invece nelle femmine, ma non sono esclusi comportamenti violenti anche nelle ragazze.

(G. Colli, *Turismo.com*, Zanichelli, Bologna, 2014)

c. Rileggi il testo e sottolinea le parole nuove. Cerca di capirne il significato aiutandoti con il contesto in cui si trovano o attraverso la vicinanza di queste parole ad altre che conosci. Se non ci riesci, consulta il dizionario. Infine, per fissare alcune delle parole nuove, utilizzale per creare i tuoi propri esempi.

Livello 3 **3** ●●● **Leggi velocemente il seguente articolo sulla dipendenza dal telefonino. Hai 3 minuti di tempo per individuare e sottolineare tutte le parole ed espressioni che si riferiscono all'argomento centrale. Puoi usare colori diversi per quelle che si riferiscono al telefonino/smartphone e alla dipendenza.**

Siamo tutti schiavi del telefonino

Lo guardiamo 80 volte al giorno, almeno secondo una nuova ricerca tedesca. Ogni scusa è buona: le previsioni meteo, un "mi piace" su Facebook, un sms. Il rischio è che diventi una dipendenza

di Andrea Porta

È più forte di noi: sullo schermo dello smartphone compare l'icona di una notifica (un messaggio non letto, un nuovo "Mi piace" su Facebook o un invito a giocare a un gioco online) e anche se sappiamo che non è nulla di urgente, non riusciamo a fare a meno di controllare. Questo accade tante volte al giorno, 80 secondo una recente ricerca condotta dall'Università di Bonn (Germania). Per arrivare a questo numero gli studiosi hanno impiegato una specifica app che ha tenuto sotto controllo i dati di utilizzo dello smartphone di 50 studenti universitari e li ha inviati a un server che li ha analizzati con l'obiettivo di individuare segnali di comportamenti compulsivi.
La dipendenza da telefonino riguarda anche il nostro Paese. Un'indagine condotta da Audiweb mostra che ormai anche noi accediamo a internet più dallo smartphone che dal pc. Facile capire perché ormai, per molti, restare senza cellulare fa quasi paura. Secondo alcuni psichiatri, si può già parlare di una nuova patologia, la nomofobia (*no mobile phone phobia*, fobia da mancanza di cellulare), ovvero l'angoscia, causa di alterazioni dell'umore e difficoltà di concentrazione, che nasce quando ci rendiamo conto di non avere con noi lo strumento che ci tiene in contatto con gli altri. Secondo gli studiosi di *Net Children Go Mobile*, progetto di ricerca che coinvolge sei stati europei (Regno Unito, Romania, Danimarca, Irlanda, Belgio, Portogallo e Italia), si tratta di una dipendenza affettiva: i giovani, cioè, non possono fare a meno delle emozioni suscitate dai contenuti fruiti tramite smartphone. Nel nostro Paese l'86 per cento spiega che grazie al telefonino si sente più vicino ai propri amici e che non averlo compromette le loro possibilità di socializzazione.

(riduzione da "Airone", gennaio 2015)

4 ●●● **Leggi il seguente racconto, poi svolgi le attività.**

Mio zio scopre l'esistenza delle lingue straniere

Mio nonno paterno era un uomo molto magro e molto basso, esattamente della stessa altezza e nato nello stesso giorno del re d'Italia Vittorio Emanuele III. Essendo così basso non avrebbe dovuto fare il servizio militare; ma quell'anno è stato abbassato il limite minimo di altezza necessaria per entrare nell'esercito, perché altrimenti neanche il futuro re d'Italia avrebbe potuto entrare nell'esercito. Per questo motivo mio nonno ha dovuto fare il servizio di leva.

Era muratore e tutti i suoi figli hanno dovuto fare i muratori come lui, tranne mio padre perché andava in giro a suonare la chitarra e la fisarmonica nelle feste dei paesi. Mio nonno era il muratore di molte famiglie ricche, e anche della famiglia dei quell'occupatore di città di cui ho detto.

In casa e sul lavoro era dispotico come un re. Quando i suoi figli hanno dovuto fare il servizio militare, ha voluto diventassero tutti carabinieri benché il periodo di leva fosse più lungo, in quanto così guadagnavano dei soldi e non perdevano del tempo.

Per lui come per i suoi figli muratori i giorni di festa non contavano, lavoravano di domenica come gli altri giorni. Neanche la religione per loro contava, tranne per necessità come battesimi, matrimoni, funerali. Non solo mio nonno non leggeva i giornali, ma non credeva neanche che le notizie riportate sui giornali avessero qualche fondamento, e le considerava come favole che fanno solo perdere tempo.

Uno dei figli muratori molto presto ha litigato con mio nonno dispotico, e se n'è andato per conto suo a lavorare all'estero. È rimasto in Francia per alcuni anni, e diceva che durante quegli anni non s'era mai accorto che là si parlava francese.

Mio nonno e i suoi figli parlavano il dialetto del loro paese, ma appena fuori di casa e subito oltre il Po i dialetti erano già diversi. Quando mio zio se n'è andato di casa e s'è fermato a lavorare vicino a Genova, ha trovato un dialetto molto diverso dal suo. E così trovava dialetti molto diversi ad ogni posto in cui si fermava, Mentone, Nizza, Digione. Riusciva però sempre a farsi capire, e allora per lui un dialetto era uguale a un altro.

A Digione viveva in un sobborgo dove c'erano molti italiani. S'è sposato e subito ha imparato le frasi necessarie per parlare in francese con sua moglie e con gli altri; e anche quello era per lui un altro dialetto.

Infatti (raccontava mio zio) dov'era la differenza se lui parlava con un francese o con un contadino della riviera[1]? Capiva poco l'uno e poco l'altro, ma riusciva a intendersi con entrambi.

Poi è nato suo figlio. Due anni dopo è tornato a lavorare in Italia lasciando la moglie a Digione.

E solo quando è rientrato in Francia dopo altri due anni, ascoltando suo figlio e scoprendo che parlava in modo tanto diverso dal suo, cioè una lingua straniera, gli è venuto in mente un mare pieno di nebbia che non si può traversare: al di là c'è uno che ti parla e tu lo senti, ma non ci arriverai mai a farti capire, perché la tua bocca non riesce a dire le cose come stanno, e sarà sempre tutto un fraintendersi, uno sbaglio a ogni parola, nella nebbia, come vivere in alto mare, mentre gli altri però si capiscono bene e sono contenti.

Così mio zio ha scoperto l'esistenza delle lingue straniere, per primo nella nostra famiglia.

Sentire suo figlio che parlava in francese, così piccolo e già lontano mondi e mondi dal dialetto di mio nonno dispotico, è stata la più grande sorpresa della sua vita, come se si svegliasse da un sogno, e s'è messo a piangere.

(G. Celati, *Narratori delle pianure*, Feltrinelli, Milano, 1985)

a. Leggi attentamente il racconto e completa il grafico per riassumere la caratterizzazione del nonno del narratore.

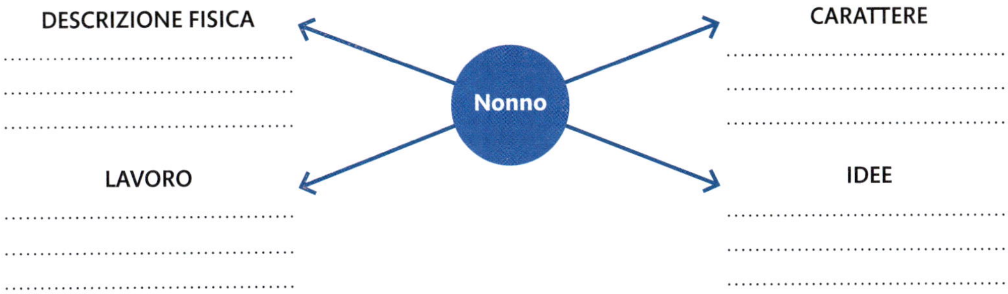

b. Il seguente elenco contiene i fatti che spiegano il significato del titolo. Individua la citazione testuale corretta per ogni punto in cui...

- **si spiega perché per lo zio del narratore i dialetti sono tutti uguali;**
- **si spiega perché per lo zio non c'è differenza tra lingua e dialetto;**
- **si descrive il fatto che lo zio non comprende la lingua di suo figlio;**
- **si descrive la reazione dello zio quando si rende conto che suo figlio parla un'altra lingua.**

IMPARIAMO A...

Leggere per studiare

Studiare un testo richiede **concentrazione** e implica una **lettura silenziosa e approfondita**. Si fa seguendo alcune **tappe** che, nel loro insieme, costituiscono un metodo efficace.

1. **Scorri velocemente** il testo per farti un'**idea complessiva** dell'**argomento principale**, per fare anticipazioni sul suo contenuto e per individuare alcuni **elementi-guida** come le parole-chiave evidenziate, titoli, illustrazioni ecc.
2. **Interroga il testo** per individuare le **informazioni fondamentali**.
3. **Leggi** il testo **in maniera approfondita**, quindi parola per parola. In questa fase della lettura per lo studio devi:
   - individuare i **termini che non conosci** e quelli relativi al **linguaggio specifico della materia** di studio. Se non riesci a ricostruirne il significato, cercali sul dizionario;
   - evidenziare le **parole-chiave** che rimandano all'argomento centrale del testo. È importante "archivia-

re" queste parole perché le ritroverai in altri testi e ti saranno utili nella produzione orale o scritta;

- sottolineare o evidenziare in altro modo i **concetti-chiave** su cui ruota il significato del testo. È anche utile usare lo spazio ai margini per **sintetizzare** i concetti in una parola o una frase e **segnalare** un dubbio, un commento o un'idea particolarmente importante attraverso **segni convenzionali**;
- individua gli eventuali **rapporti** tra i concetti presenti nel testo che sono segnalati da connettivi per indicare rapporti di causa-effetto (*perciò*, *quindi* ecc.), cronologici (*prima*, *poi* ecc.), e così via;

Queste operazioni aiutano a **comprendere a fondo** il testo e a **formarsi un'opinione** sul suo contenuto.

4. **Prendi appunti**, cioè riporta le annotazioni fatte nelle operazioni precedenti sul quaderno o su un altro supporto, in una varietà di formati. Se possiedi altre conoscenze sull'argomento, usale per integrare i tuoi appunti.
5. **Rileggi** e **rivedi** gli appunti allo scopo di esporli oralmente o di utilizzarli per un compito scritto.

• Un testo modello di lettura per lo studio

Vediamo un esempio di come affrontare la lettura per lo studio attraverso un testo tratto da un manuale scolastico di diritto.
Prima di leggere il testo, osservalo nel suo insieme ignorando per il momento le evidenziazioni:

- Di quale argomento tratta?
- Cosa sai su questo argomento?
- A quali altre parole ti fanno pensare i termini in grassetto?

Domande guida	Testo	Legami tra i concetti
Qual è lo scopo del diritto alla riservatezza? Proteggere la persona da intrusioni non volute nella propria vita personale e famigliare.	**Com'è tutelata la privacy delle persone?** Il **diritto alla riservatezza** (o *privacy*) tutela l'interesse della persona a non subire ingerenze non volute nella propria vita personale e famigliare.	
Che problema abbiamo in Italia? Il diritto alla riservatezza non è contemplato dal nostro ordinamento.	Benché a questo diritto sia oggi riconosciuta grande importanza, non esiste, nel nostro ordinamento, una norma rubricata *diritto alla riservatezza*, nella quale possiamo leggere fattispecie e sanzione.	**Benché**: anche se, a dispetto del fatto che. Questo diritto è considerato molto importante, ma il nostro ordinamento non lo contempla.
Quali norme si occupano di questo tema? L'articolo 10 c.c. (diritto alla riservatezza dell'immagine) e gli articoli 14 e 15 della Costituzione (diritto alla riservatezza del domicilio e della corrispondenza).	Esistono invece più norme che considerano aspetti particolari di questo ampio e multiforme diritto, come l'articolo 10 c.c., che tutela il *diritto alla riservatezza dell'immagine*, o gli articoli 14 e 15 della Costituzione, che tutelano il diritto alla *riservatezza del domicilio e della corrispondenza*.	**Invece**: contrariamente a quanto detto prima. Il nostro ordinamento non lo prevede, ma ci sono delle norme che ne considerano alcuni aspetti.

Qual è il problema principale riguardo alla riservatezza dei dati personali? Che possano essere ottenuti per via telematica e usati per schedare i cittadini.	Grande importanza ha assunto, in tempi recenti, il diritto alla riservatezza dei **dati personali**. Ciò che maggiormente preoccupa, in questo caso, è la possibilità che questi dati (raccolti per finalità del tutto lecite, per esempio dagli istituti bancari, dagli ospedali ecc.) possano essere poi prelevati per via telematica e aggregati in modo da consentire vere e proprie schedature dei cittadini.	
Cosa è successo di importante nel 2003? È stato emanato il Codice della privacy e istituita una Autorità garante per la tutela dei dati personali.	Per garantire abusi e distorsioni è stato emanato il d.l. n. 196 del 2003 denominato **Codice della privacy** e istituita una **Autorità garante per la tutela dei dati personali** alla quale è possibile rivolgersi per segnalazioni e reclami. Io che non ho nulla da nascondere, perché dovrei preoccuparmi? (P. Monti, *Res Publica*, Zanichelli, Bologna, 2014)	Per: allo scopo di. Il d.l. del 2003 è stato emanato allo scopo di garantire abusi e distorsioni.

Nella colonna a sinistra del testo trovi delle **domande guida** che ti aiutano ad individuare le **informazioni principali**.
Osserva ora le **parti sottolineate**, che indicano le **informazioni principali** e che vengono usate per rispondere alle domande nella colonna di sinistra.
Considera ora le **parole-chiave** evidenziate in fucsia, che fanno parte del linguaggio specifico dell'argomento. Sottolinea i termini che non conosci e cerca di capirne il significato; se non ci riesci, cercale sul dizionario o fai una ricerca in internet. Segnati a parte i dubbi che discuterai con la classe e con l'insegnante.
Le tre parole evidenziate in azzurro stabiliscono dei **legami** tra i concetti contenuti nel testo, che sono spiegati nella colonna di destra.
A questo punto rileggi e rielabori le annotazioni per scrivere un nuovo testo più breve che ne costituisca una sintesi, per esempio:

Si dà molta importanza al diritto alla riservatezza, che tutela la persona da intrusioni indesiderate nella propria vita. Sfortunatamente questo diritto non è contemplato dal nostro ordinamento, anche se qualche norma si occupa di alcuni dei suoi aspetti, come l'articolo 10 c.c. (diritto alla riservatezza dell'immagine) e gli articoli 14 e 15 della Costituzione (diritto alla riservatezza del domicilio e della corrispondenza). Un problema particolare riguarda la riservatezza dei dati personali, che si possono ottenere telematicamente e riutilizzare per schedare una persona. Proprio per questo nel 2003 è stato emanato il Codice della privacy ed è stata istituita un'Autorità garante per la tutela dei dati personali.

1 **Applica le frasi descritte a un testo che devi studiare.**

IMPARIAMO A...

Stendere mappe mentali

Uno strumento molto utile nella fase di **raccolta delle idee** su un argomento e nella **schematizzazione di un testo** è la **mappa mentale**.
Si costruisce a partire da un argomento posto al centro, intorno al quale si collocano le parole e i concetti ad esso collegati (attraverso linee o "rami") secondo un **criterio associativo**. Applicando lo stesso criterio, a tali parole e concetti se ne possono associare altri, fino ad avere una mappa il più possibile completa dell'argomento.

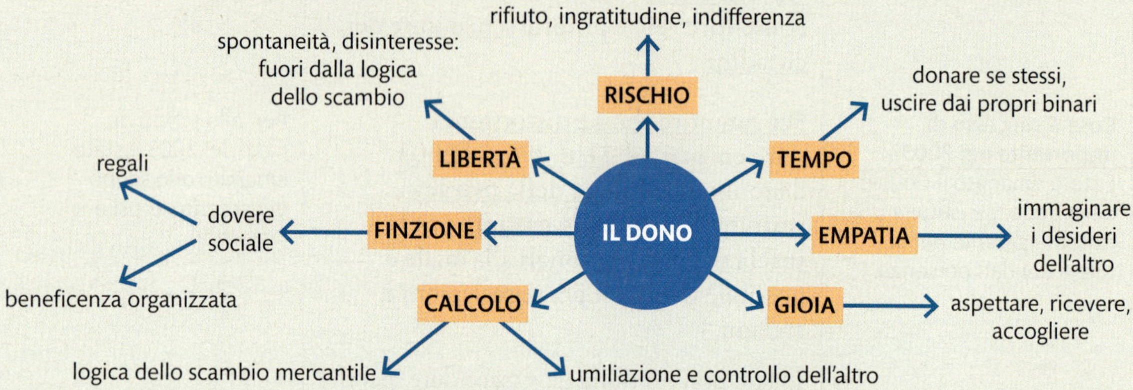

(L. Carrada, *Studio dunque scrivo*, Zanichelli, Bologna, 2015)

Un particolare tipo di mappa mentale è la **mappa concettuale**, come quelle che riassumono il contenuto di un capitolo (▸ per es. p. 458). Più analitica di quella mentale, la mappa concettuale rappresenta il contenuto di un testo evidenziandone i **legami logico-gerarchici**.
Si costruisce a partire da un **concetto-chiave** e tutto ciò che è ad esso associabile si colloca in figure geometriche collegate da linee che ne evidenziano il **legame logico-gerarchico** attraverso parole o brevissime frasi al presente indicativo.
Questo tipo di mappa è particolarmente **utile nello studio** perché

- aiuta a capire e a rappresentare i **collegamenti** tra le idee e i concetti;
- permette di **riassumere in modo chiaro e sistematico** il contenuto di un testo;
- propone una **sintesi visiva** del testo, facilitando la memorizzazione;
- è **integrabile**, infatti la si può riprendere e arricchire man mano che la propria conoscenza dell'argomento aumenta o si modifica.

Altre **forme di rappresentazione grafica** particolarmente utili a scuola sono:

- il **diagramma di Venn**, costituito da due cerchi che si intersecano (▸ per es. p. 520), è utile per individuare punti di contatto e di contrasto;
- le **linee del tempo**, adatte per ordinare gli avvenimenti in ordine cronologico;

(B. Panebianco, M. Gineprini, S. Seminara, *LetterAutori 3*, Zanichelli, Bologna, 2011)

- diagrammi per schematizzare rapporti di **causa-effetto** (dalla causa all'effetto e viceversa);

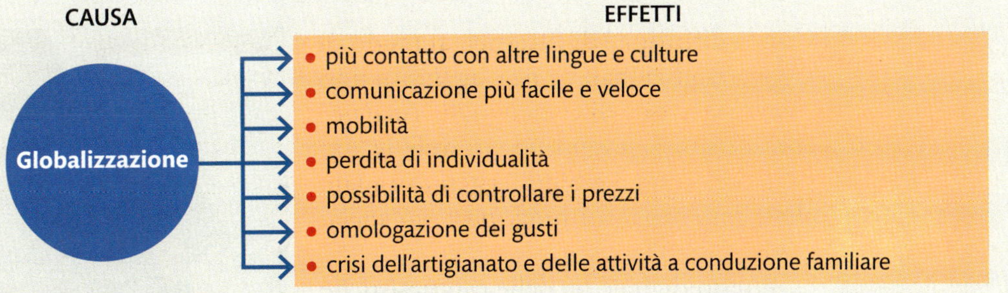

- le **scalette**, adatte a rappresentare una sequenza o una gerarchia, o a pianificare un'azione;

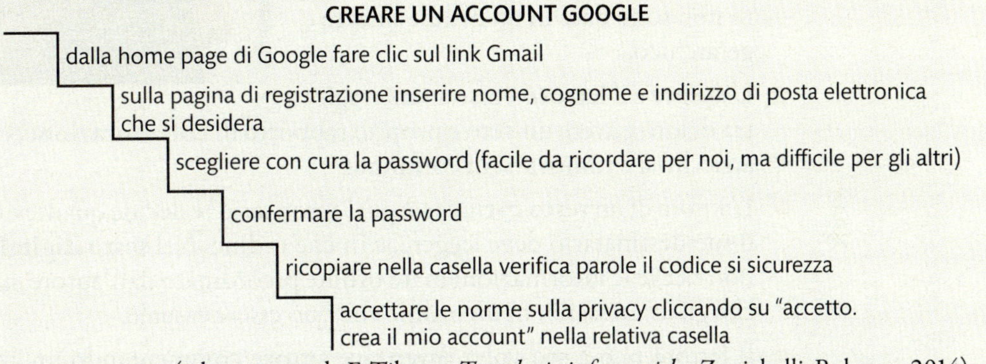

(adattamento da F. Tibone, *Tecnologie informatiche*, Zanichelli, Bologna, 2014)

- il **grafico delle 5 W** (*who?*/chi?, *what?*/che cosa?, *where?*/dove?, *when?*/quando?, *why?*/perché?) è anch'esso utile per individuare le informazioni principali.

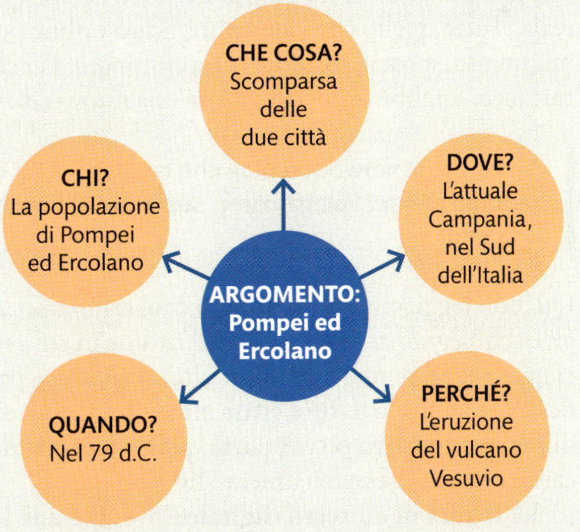

Le mappe e le altre rappresentazioni grafiche che abbiamo menzionato si possono costruire sia con supporti tradizionali (carta e penna, lavagna) o digitali (LIM, software specifici, dispositivi elettronici mobili).

1 **Scegli una delle schematizzazioni descritte e applicala allo studio. Perché l'hai scelta? In che modo ti è stata utile?**

4 La lettura digitale

Con la diffusione di Internet, al modo di leggere tradizionale se ne è aggiunto uno nuovo: la lettura di testi digitali. Tutti noi consultiamo ogni giorno siti web, le app sul telefono o sul tablet; leggiamo e-mail, chat, commenti sui blog, post sui social media, e-book.

Il testo digitale ha delle caratteristiche differenti da quello cartaceo.

- È un testo **a strati**, in cui le informazioni non sono date in un ordine lineare e gerarchico.
- L'**autore** e il **lettore** possono interagire tra di loro e avere un vero e proprio rapporto di **collaborazione**, che porta il testo ad arricchirsi e rinnovarsi di continuo.
- L'autore di un **testo cartaceo** è più "autoritario" e decide quante e quali informazioni il suo destinatario deve leggere, e in che ordine. Nel **testo digitale**, invece, il lettore non riceve le informazioni in un ordine preordinato dall'autore, ma cerca i contenuti che gli interessano, in un ordine che può essere casuale.
- Il lettore può a sua volta **diventare autore** commentando un articolo di giornale, scrivendo la recensione di un servizio o prodotto, prendendo parte a un dibattito su un blog, inviando una serie di tweet, o addirittura auto-pubblicandosi sul web.

I testi digitali non sono quindi **definitivi** come quelli cartacei, ma si evolvono in tempo reale. Tutto quello che viene pubblicato online può infatti essere modificato, integrato, migliorato, spostato o addirittura eliminato. Per effettuare queste operazioni su un testo cartaceo, sarebbe necessario farne una nuova edizione.

HAI CAPITO? Su un social network o blog che conosci, cerca un post che hai trovato particolarmente interessante. Spiega come, secondo te, i contributi successivi ne hanno arricchito il contenuto.

• Pagine e finestre: lettura cartacea e digitale

Quando leggiamo un **testo cartaceo**, tendiamo a effettuare una **lettura lineare**, in cui gli occhi seguono i contenuti nell'ordine in cui vengono presentati dall'autore. Cominciamo a leggere nell'angolo in alto a sinistra e proseguiamo fino all'angolo in basso a destra. Talvolta la lettura viene interrotta dalla necessità di leggere le note, dal desiderio di tornare indietro ecc. A parte queste piccole "deviazioni", però, la lettura di un testo cartaceo rimane essenzialmente lineare.

La lettura di un **testo digitale**, invece, è una **lettura movimentata**, in cui gli occhi si spostano liberamente da un elemento all'altro. Internet è infatti un **ipertesto**, i cui elementi non sono presentati in un ordine rigido e gerarchico, ma permettono di effettuare dei "salti" per cercare ciò che ci interessa di più, per lo più seguendo il **criterio dell'associazione**, come si fa quando si crea una mappa concettuale. Di volta in volta possiamo essere attratti da un personaggio, un titolo, una parola-chiave, una data e così via e l'ordine in cui si passa da un'informazione all'altra è del tutto personale e varia da lettore a lettore.

Questo dialogo continuo e movimentato che il lettore intrattiene con il testo costituisce quella che definiamo **interattività**: il lettore interagisce con il testo e lo fa suo, interviene fino a modificarlo, sceglie cosa leggere e in che ordine leggerlo.

Essendo suddivisi in un determinato numero di **pagine**, i **testi cartacei** sono **facili**

- da esaminare nel loro **insieme**;
- da quantificare in termini di **lunghezza**;
- da **sfogliare**;
- da "**navigare**" tornando indietro e andando avanti a seconda della necessità o dell'interesse;
- da **scorrere con gli occhi**, in quanto la carta si presta alla lettura più del testo retroilluminato di uno schermo.

Queste operazioni risultano più difficili su schermo, perché al posto delle pagine abbiamo le **finestre**, che ci permettono di vedere una piccola porzione di testo alla volta. Tuttavia, i **vantaggi dei testi digitali** sono:

- la possibilità di **informarsi** senza leggere testi lunghi e complessi;
- la maggiore **facilità di lettura** del testo, che è generalmente suddiviso in capoversi brevi e spaziati;
- la **varietà visiva** della pagina, che non è mai monotona e che si può guardare come se fosse un quadro;
- **elementi grafici** che guidano l'attenzione sulle informazioni importanti;
- la presenza di **parole "attive"**, sulle quali si può cliccare per avere più informazioni su determinati argomenti.

La lettura digitale: un pericolo?

Con la diffusione dei supporti digitali e la natura "spezzettata" della lettura dei testi online, non mancano quelli che "lanciano l'allarme", sostenendo che la lettura stessa è destinata a essere solo globale e selettiva, mentre si perderà la capacità di sostenere una lettura analitica. Ma è proprio detto che debba essere così?

Anche sul web si trovano testi lunghi. Il fatto che siano generalmente scanditi in modo da facilitarne la lettura generalmente non allontana il lettore, ma lo attira e lo invoglia a leggere il testo per intero.

Inoltre, la lettura digitale non esclude necessariamente quella tradizionale su carta, ma la accompagna, è uno **strumento supplementare e parallelo** di accesso alla conoscenza. Il lettore sceglie il mezzo che preferisce e ricorre all'uno o all'altro a seconda di quello che deve leggere, dello scopo della lettura o delle circostanze in cui legge.

Se il cartaceo va verso il digitale

Anche i testi cartacei tendono a diventare più accattivanti "rubando" elementi grafici dalla piattaforme digitali: spesso la gamma di caratteri e la scelta delle **immagini** che accompagnano i testi cartacei rispondono proprio a una maggiore necessità di vivacità visiva e di attrattiva per il lettore.

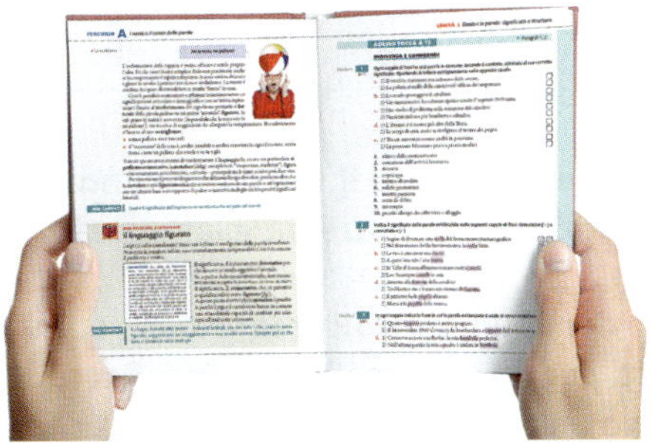

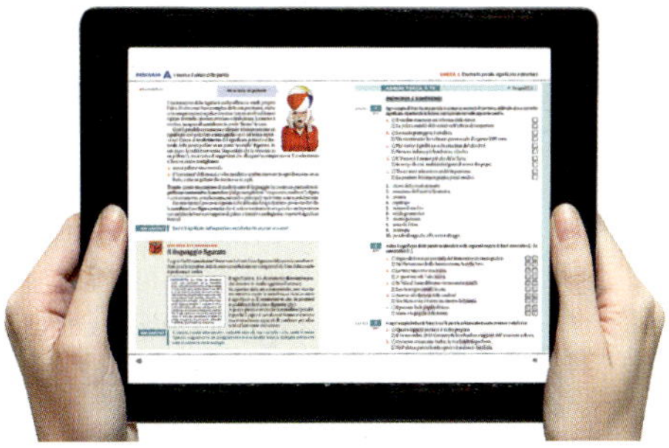

ADESSO TOCCA A TE

▶ Capitolo 4

INDIVIDUA, ANALIZZA E PRODUCI

Livello 1

1 ●○○ Vai sul sito www.diregiovani.it e svolgi le seguenti attività.

a. Naviga il sito per due minuti e traccia il tuo percorso di lettura. Che cosa ti ha guidato nello scegliere che cosa cliccare?

b. Scegli un testo da leggere per intero e in maniera approfondita e indica
   - perché lo hai scelto;
   - qual è l'argomento generale;
   - come viene sviluppato l'argomento;
   - qual è la tua opinione.

Livello 2

2 ●●○ Su un social network o blog che conosci, cerca un post che hai trovato particolarmente interessante. Spiega se e come, secondo te, i commenti successivi ne hanno arricchito il contenuto.

3 ●●○ **IN GRUPPO** Svolgete una ricerca in Internet sulla storia di un evento sportivo importante (Mondiali di Calcio, Giochi Olimpici, Giro d'Italia ecc.) e presentatela nel formato che preferite. Ricordatevi di

- utilizzare un certo numero di siti;
- raccogliere le informazioni più rilevanti e interessanti, condividerle con i membri del gruppo e selezionare quelle da includere nella presentazione;
- cercare e selezionare immagini adeguate;
- presentare le informazioni in maniera sintetica e tale da invogliare un lettore a leggere quello che avete scritto.

Livello 3

4 ●●● **A COPPIE** I seguenti link vi portano a due articoli che esprimono un punto di vista diverso sulla lettura su supporti cartacei e digitali. Procedete così:

- leggete un articolo ciascuno;
- riassumete al compagno il contenuto del vostro articolo, concentrandovi su quali sono i vantaggi e gli svantaggi dei due tipi di lettura, a seconda del caso;
- esprimete la vostra opinione sull'argomento e discutetene con la classe.

http://zink.to/lettura_digitale_ci_cambiera
http://zink.to/5_ragioni_per_dare_possibilita_libri_digitali

5 ●●● Scegli un articolo da un giornale cartaceo e cerca il suo corrispondente in Internet. Fai un confronto tra le due versioni, illustrando le differenze tra la lettura cartacea e quella digitale.

6 ●●● Immagina che un testo digitale sia come un centro commerciale: ci vai alla ricerca di qualcosa, ma poi vieni distratto e finisci per essere attratto da altro. Racconta episodi personali in cui ti è successo questo leggendo un testo digitale.

5 Il riassunto

Riassumere significa **rielaborare** il contenuto di un testo di partenza per formulare un **testo di arrivo più breve** che mantenga le informazioni essenziali. Il riassunto deve essere:

- **oggettivo**: il contenuto del testo di partenza deve essere mantenuto senza includere dati aggiuntivi oppure opinioni e interpretazioni personali;
- **breve**: il testo di arrivo deve essere più breve di quello di partenza;
- **chiaro e completo**: il riassunto deve essere compreso anche da chi non ha letto il testo di partenza, fornendogli tutte le informazioni essenziali.

La preparazione

Comincia con una **lettura approfondita** del testo e svolgi le seguenti operazioni:

- individua le **sequenze** del testo, cioè porzioni di testo autonome. Il passaggio da una sequenza all'altra può coincidere con i capoversi o con un cambiamento di argomento, di luogo o di tempo, con l'ingresso o con l'uscita di uno o più personaggi ecc.;
- cerca il **significato** delle parole che non conosci;
- in ciascuna sequenza, sottolinea le **informazioni** fondamentali e le **parole-chiave**, poi dalle un **titolo** e riassumila con una **frase** ai margini del testo;
- individua i **legami logici** tra le informazioni principali del testo di partenza.

La stesura

In questa fase **unisci** le sintesi delle singole sequenze in un unico testo che contenga le informazioni fondamentali e che sia chiaro e scorrevole alla lettura.

Nella stesura del riassunto è bene seguire alcune raccomandazioni:

- **riduci il testo** il più possibile. Per esempio, elimina parole non indispensabili, sostituisci giri di parole con una sola, condensa il testo usando connettivi per unire due periodi ecc.;
- usa la **punteggiatura** e i **connettivi** appropriati per collegare le frasi e i paragrafi (*prima*, *poi*, *infine* ecc.);
- **non riscrivere il testo di partenza**: il riassunto deve essere più breve;
- usa la **terza persona**, anche quando la narrazione è in prima persona;
- trasforma il discorso diretto dei dialoghi in **discorso indiretto**;
- usa lo stesso **tempo verbale**, a meno che non sia necessario cambiarlo, evitando soprattutto frequenti passaggi dal presente al passato;
- usa **le tue parole** il più possibile;
- non inserire **opinioni personali**.

La revisione e la riscrittura

Nell'ultima fase, importantissima, devi controllare

- che il testo rispetti quanto indicato nella **consegna**, per esempio un numero prefissato di parole;
- che **ortografia**, **punteggiatura**, **forma**, **coerenza** e **coesione** del testo siano corrette;
- di aver seguito le **raccomandazioni** suggerite.

Applichiamo le fasi del lavoro a un brano tratto dal romanzo *Vita di Pi* dello scrittore canadese Yann Martel e a un testo tratto da un manuale scolastico di Geostoria.

Testo modello 1

Pi è un ragazzino indiano il cui padre gestisce uno zoo. A causa della situazione economica e politica in India negli anni Settanta, il padre decide di emigrare in Canada con la moglie e i due figli, vendendo gran parte degli animali. Durante il viaggio la nave fa naufragio: riescono a salvarsi solo Pi, una tigre di nome Richard Parker, una zebra, una iena e un orango, che raggiungono una scialuppa di salvataggio. Alla fine sopravvivono solo Pi e la tigre, che giungono in Messico dopo 227 giorni di naufragio.

Sequenza 1 **Un viaggio apparentemente tranquillo** **Sintesi**: la nave *Tsimtsum* segue la sua rotta a dispetto di tutti gli eventi atmosferici a cui è esposta. **Parole nuove:** .... **Chi?** Il narratore **Cosa?** La nave; il viaggio; gli agenti atmosferici **Come?** La nave procede con la sicurezza di un continente **Dove?** In mare	Non so spiegarmelo. Per giorni la nave aveva seguito la sua rotta, ostentando indifferenza verso tutto ciò che la circondava. Splendeva il sole, cadeva la pioggia, soffiavano i venti, fluivano[1] le correnti, il mare si gonfiava e si apriva in valli profonde, e la *Tsimtsum* continuava il suo viaggio come se niente fosse. Galleggiava con la sicurezza massiccia e incrollabile di un continente. Avevo comprato un planisfero[2] e l'avevo appeso nella nostra cabina, su un pannello di sughero. Tutte le mattine chiedevo al ponte di comando la nostra posizione e la segnavo sulla mappa con uno spillo dalla capocchia arancione.
Sequenza 2 **Vita di bordo** **Sintesi**: Partono da Madras e fanno il primo scalo a Manila per le provviste, il completamento del carico e la manutenzione del motore. **Parole nuove:** .... **Chi?** Il narratore, la sua famiglia e gli animali **Cosa?** La rotta del viaggio; la vita di bordo; i rifornimenti **Come?** In buone condizioni di viaggio **Dove?** Da Madras a Manila **Quando?** Un tempo indefinito, ma a Manila restano due giorni **Perché?** Per fare provviste, accogliere un animale a bordo e controllare il motore	Eravamo salpati da Madras e avevamo attraversato il Golfo del Bengala, passando per lo stretto di Malacca e per Singapore fino a Manila. Mi ero goduto ogni istante del viaggio. La vita a bordo era eccitante. Gli animali ci tenevano impegnati e la sera andavamo a dormire distrutti. Ci fermammo due giorni a Manila, per rifornirci di provviste, completare il carico e, ci dissero, i normali interventi di manutenzione al motore. I rifornimenti comprendevano una tonnellata di banane; al carico si aggiunse una femmina di scimpanzé del Congo, risultato degli scambi organizzati da mio padre [...] 

1. **fluivano:** scorrevano.
2. **planisfero:** riproduzione di tutta la superficie terrestre su una superficie piatta.

Sequenza 3 **L'esplosione** **Sintesi**: Il mistero del motore della nave: dopo quattro giorni di viaggio Pi viene svegliato alle quattro e mezzo di notte da una sorta di esplosione a bordo. **Parole nuove:** .... **Chi?** Il narratore, la sua famiglia, gli operai **Cosa?** Problemi al motore; esplosione a bordo; rumore costante **Come?** Non si sa come sia successa l'esplosione **Dove?** Nell'Oceano Pacifico, sul mercantile su cui viaggiano **Quando?** Dopo quattro giorni di viaggio, alle quattro e mezzo di notte **Perché?** Un guasto al motore dalle ragioni ignote	Le banane e lo scimpanzé mi interessavano molto di più delle contrazioni meccaniche nelle viscere[3] oscure della nave. Ravi[4] invece passò tutto il tempo là sotto, a osservare gli operai al lavoro. Il motore aveva qualche problema, mi riferì. Forse quando provarono a ripararlo qualcosa andò storto. Non so. Credo che nessuno lo saprà mai. La risposta è un mistero che giace[5] in fondo all'oceano. Salpammo da Manila e ci addentrammo nel Pacifico. Quando affondammo eravamo in mare da quattro giorni, a metà strada per Midway. La nave svanì in un buco che sulla mia mappa era grande quanto la punta di uno spillo. Una montagna crollò davanti ai miei occhi e scomparve sotto i miei piedi. [...] Avevo la nausea. Ero sotto shock. Dentro mi si aprì un vuoto immenso, che poi si riempì di silenzio. Per giorni sentii il dolore e la paura trafiggermi il petto. Forse ci fu un'esplosione. Non ne sono sicuro. Successe mentre dormivo. Non viaggiavamo a bordo di una lussuosa nave da crociera, ma di un mercantile[6] sudicio, non certo progettato per il trasporto e il comfort dei passeggeri. Si udivano rumori di tutti i tipi, continuamente. Noi dormivamo come bambini perché il rumore era costante, una forma di silenzio che niente poteva spezzare, né il russare di Ravi, né le mie chiacchiere nel sonno. Dunque l'esplosione – se di quello si trattò – fu un rumore diverso dagli altri. Mi svegliai di soprassalto, come se Ravi avesse bucato un palloncino accanto al mio orecchio. Guardai l'orologio. Erano le quattro e mezzo appena passate. Mi sporsi a controllare la cuccetta sotto la mia. Ravi continuava a dormire.
Sequenza 4 **Pi agisce** **Sintesi**: L'azione di Pi e il sonno fatale del fratello. **Parole nuove:** .... **Chi?** Il narratore e la sua famiglia **Cosa?** Il desiderio di Pi di scoprire cosa è successo; il sonno fatale del fratello; il non bussare alla porta dei genitori **Come?** Da solo **Dove?** Nella cabina che Pi condivide con il fratello; davanti alla cabina dei genitori **Quando?** Durante la notte **Perché?** Il sonno vince il fratello; è troppo tardi per bussare alla porta dei genitori	Mi vestii e scesi dal letto. In genere sono un dormiglione, mi sarei girato dall'altra parte. Non so perché quella notte mi alzai. Se mio fratello fosse stato sveglio, quasi certamente avrebbe esclamato: "Sento il richiamo dell'avventura!" e sarebbe corso a esplorare i meandri[7] della nave. Ravi andava matto per la parola *avventura*. Il livello del rumore era tornato alla normalità, ma ora sembrava diverso, forse attutito. Scrollai Ravi. "Ho sentito un rumore strano. Andiamo a vedere cos'è." Mi guardò mezzo addormentato. Scosse la testa e si girò, coprendosi con il lenzuolo fino alle guance. *Oh, Ravi!* Aprii la porta della cabina. Percorsi il corridoio. Laggiù, alla luce pallida delle lampadine, il giorno era indistinguibile dalla notte. Ma dentro di me sentivo il buio. Mi fermai davanti alla porta di mamma e papà, chiedendomi se bussare. Ricordo che guardai l'ora e decisi che era meglio di no. (Y. Martel, *Vita di Pi*, trad. di C. Nubile, Piemme, Milano, 2003)

3. **viscere:** organi del corpo interni. Il termine è usato metaforicamente per indicare la parte più interna e nascosta della nave.
4. **Ravi**: nome del fratello del protagonista.
5. **giace**: letteralmente "è distesa, sdraiata", qui significa semplicemente "è".
6. **mercantile**: nave destinata al trasporto di merci.
7. **meandri**: parti più nascoste.

La successione dei fatti

LINEA DEL TEMPO

1. Prima di partire, Pi compra un planisfero
2. Pi, la sua famiglia e gli animali salpano da Madras in direzione di Manila
3. Giungono a Manila, dove si fermano due giorni: fanno provviste, comprano banane, accolgono a bordo una femmina di scimpanzé e fanno i controlli al motore
4. Il fratello comunica a Pi che il motore ha dei problemi
5. La nave salpa da Manila e si addentra nel Pacifico
6. Dopo quattro giorni c'è una forte esplosione, alle quattro e mezzo di notte
7. Pi si alza e cerca di svegliare il fratello, che continua a dormire
8. Pi va verso la cabina dei genitori, ma decide di non bussare

Il riassunto Riassumiamo il testo in 180 parole.

Prima di partire Pi compra un planisfero per segnare le tappe del viaggio, che comincia nel migliore dei modi. La *Tsimtsum* segue infatti la sua rotta a dispetto degli agenti atmosferici, stabile come un continente. Salpata da Madras, raggiunge Manila, dove sbarcano per le provviste, per accogliere una femmina di scimpanzé e controllare il motore della nave. Pi è entusiasta della vita di bordo e degli animali, mentre suo fratello preferisce osservare gli operai e gli dice che il motore della nave ha dei problemi, della cui natura nessuno saprà mai niente. La nave riparte e si addentra nel Pacifico. Dopo quattro giorni, alle quattro e mezzo di notte Pi si sveglia per qualcosa che gli sembra un'esplosione, che poi resterà un rumore costante; sotto shock, si alza e cerca di svegliare il fratello contando sul suo spirito avventuroso, ma sfortunatamente lui continua a dormire. Pi sente un vuoto dentro di sé, e per giorni sarà assalito dal dolore e dalla paura. Esce allora dalla cabina e si dirige verso quella dei genitori, indeciso se bussare, ma non lo fa.

Testo modello 2

Il testo tratto da un manuale scolastico di storia e geografia si intitola *La Cina, protagonista globale*.

La divisione in sequenze in un testo scolastico, rispetto a un testo letterario, è spesso facilitata dalla divisione in capoversi, titoletti, parole in grassetto ecc.

Sequenza 1 **Un'economia in espansione** **Sintesi**: L'economia cinese è in continua crescita. **Parole nuove:** .... **Cosa?** I progressi economici della Cina e la crescita del suo Pil **Come?** Sviluppo nell'istruzione, nella ricerca, negli investimenti stranieri, nelle esportazioni **Dove?** In Cina **Quando?** Da prima del 2010 **Perché?** Il paese si è aperto agli investimenti stranieri e offre manodopera a buon mercato	**Libertà economica, non politica** Nel 2010 il **Prodotto interno lordo** (Pil) della Cina è risultato il secondo al mondo, dopo quello degli Stati Uniti, e si prevede che verso il 2040 sarà al primo posto. L'economia del paese da tempo sta crescendo a ritmi molto alti, le città si espandono e si popolano di grattacieli modernissimi; molte università sono di altissimo livello e il paese è al terzo posto al mondo per gli investimenti nella ricerca. La Cina si è aperta agli investimenti stranieri (le aziende trovano qui manodopera a buon mercato) e ha aumentato moltissimo le esportazioni (fotocopiatrici, biciclette, macchine fotografiche, computer, televisori e altri elettrodomestici...). Le rotte commerciali mondiali che partono dalla Cina sono come una nuova "Via della Seta".

Sequenza 2 **Squilibri politici ed economico-sociali** Sintesi: La ricchezza è mal distribuita e alla libertà economica non corrisponde quella politica. Parole nuove: .... Chi? La popolazione cinese: i ricchi e i poveri Cosa? Gli squilibri economici, la mancanza di libertà politica e la mobilitazione popolare Come? Moltissime persone vivono sotto il livello di sussistenza; repressione della manifestazione di Tien-Anmen Dove? Piazza Tien-Anmen a Pechino Quando? Dal 1989, anno della mobilitazione Perché? La politica del regime comunista	La Cina è grande circa trenta volte l'Italia e ha oltre un miliardo e 300 milioni di abitanti. Il **Pil pro capite** (cioè la produzione totale divisa per il numero di abitanti) non è però il secondo al mondo, è molto più basso di quello di tanti altri paesi; tuttavia è in crescita e negli ultimi anni molte persone sono uscite dalla povertà e si è ampliata la classe media che vive nelle città. Sono però aumentati anche gli squilibri. Si valuta che ci siano circa 60 milioni di ricchi, ma anche altrettanti contadini che vivono al minimo livello di sussistenza; quasi la metà della popolazione ha un reddito di 2 dollari al giorno. Lo sviluppo della Cina è dovuto a una decisa azione del regime comunista al governo, che negli anni recenti ha **ampliato le libertà economiche**, ma **non quelle politiche**: il dissenso viene represso, la stampa è controllata dal regime, non si possono fondare altri partiti, c'è scarso rispetto dei diritti umani, la pena di morte è largamente applicata. La richiesta di riforme democratiche e di allargamento dei diritti civili portò nel 1989 a una grande mobilitazione popolare di protesta, che fu chiamata "primavera di Tien-Anmen" dal nome della grande piazza centrale di Pechino. La manifestazione fu repressa duramente e da allora il controllo del regime si è fatto ancora più severo.
Sequenza 3 **Squilibri economici e ambientali** Sintesi: Non tutte le regioni e i settori dell'industria sono ugualmente sviluppati e ci sono grossi problemi ambientali. Parole nuove: .... Cosa? Squilibri nello sviluppo dell'industria; problemi ambientali Come? Alcune regioni restano arretrate; popolazioni costrette ad abbandonare i villaggi e riduzione dell'agricoltura; deforestazione; inquinamento Perché? Rete di comunicazioni inadeguata; produzione e distribuzione dell'energia insufficiente; costruzione di dighe sui grandi fiumi; grandi fabbriche e traffico cittadino intenso e caotico	**Uno sviluppo economico con tante contraddizioni** La crescita dell'economia porta vantaggi, ma non a tutti. Se alcune regioni sono molto progredite (come la provincia di Shanghai e la valle del fiume Chang Jiang) alcune regioni agricole e montuose restano arretrate, anche perché non c'è un'adeguata rete di vie di comunicazione. Non tutti i settori dell'industria si sono sviluppati in uguale maniera. La produzione e la distribuzione dell'energia è insufficiente a garantire un equilibrato sviluppo. La costruzione di dighe sui grandi fiumi per produrre energia crea problemi sociali importanti (come l'abbandono di villaggi e il trasferimento altrove della gente che vive nelle zone destinate a essere sommerse), gravi dissesti ambientali e riduzione delle superfici coltivate. I problemi ecologici sono gravissimi, per la deforestazione, l'inquinamento dovuto alle grandi fabbriche e anche ai fumi prodotti dal traffico cittadino, intenso e caotico. (L. Marisaldi, *Colonne d'Ercole*, volume 2, Zanichelli, Bologna, 2014)

• Cause ed effetti Colleghiamo le informazioni fondamentali di questo testo individuandone i rapporti di causa-effetto.

Causa	Effetto
Manodopera a buon mercato	Investimenti stranieri
Pil pro capite basso	Molti contadini vivono al minimo del livello di sussistenza
Politica del regime comunista	• Controllo della stampa • Divieto di fondare partiti • Scarso rispetto dei diritti umani • Larga applicazione della pena di morte
Richiesta di riforme democratiche	Mobilitazione popolare
Mobilitazione popolare	Controllo del regime ancora più severo
Mancanza di un'adeguata rete di vie di comunicazione	Arretratezza delle regioni agricole e montuose
Produzione e distribuzione dell'energia insufficiente	Sviluppo squilibrato dell'industria
Costruzione di dighe	• Problemi sociali (es. abbandono dei villaggi) • Dissesti ambientali • Riduzione delle superfici coltivate
Fabbriche e traffico cittadino	Inquinamento

• Il riassunto Riassumiamo il testo in circa 180 parole.

L'economia cinese cresce moltissimo: grandi città, ottime università, finanziamenti alla ricerca, apertura agli investimenti stranieri grazie alla manodopera a buon mercato, aumento delle esportazioni. Il Pil della Cina è altissimo ma, in un paese di oltre un miliardo e 300 milioni di abitanti, il Pil pro capite è molto più basso di quello di tanti altri paesi. È cresciuta la classe media, ma è aumentato il numero di persone che vivono al minimo livello di sussistenza.
Lo sviluppo della Cina è dovuto all'azione del governo comunista, che ha ampliato le libertà economiche, ma non quelle politiche. La richiesta di riforme democratiche portò nel 1989 a una grande mobilitazione popolare di protesta, chiamata "primavera di Tien-Anmen", che fu repressa duramente.
La crescita dell'economia è squilibrata. Alcune regioni sono molto progredite, ma altre, agricole e montuose, restano arretrate, anche per la mancanza di un'adeguata rete di comunicazione.
Non tutti i settori dell'industria sono ugualmente sviluppati. L'energia prodotta è insufficiente a garantire un equilibrato sviluppo. La costruzione di dighe per produrre energia crea gravi problemi sociali ed ecologici e riduzione delle superfici coltivate.

ADESSO TOCCA A TE

▶ Capitolo 5

ANALIZZA E PRODUCI

Livello 1 **1** ●○○

Leggi il raccontino di Achille Campanile a p. 490 e riassumilo, prima oralmente poi per iscritto, immaginando di rispondere alla domanda "Di cosa parla il racconto e su cosa si basa la sua comicità?".

Livello 2 **2** ●●○

Leggi il seguente testo di Marco Malvaldi e riassumilo in 100-110 parole, stando attento a non dimenticare di indicare il tempo e il luogo della vicenda, le azioni dei personaggi e l'eventuale motivo che le giustifica.

Salvador de Bahia, 5 luglio 2014. A quarantacinque secondi dalla fine del match, mentre il cronometro segna il centoventunesimo minuto, il quarto uomo fa segno all'arbitro che l'Olanda è pronta per effettuare la sua ultima sostituzione. Esce Jasper Cillessen, entra il numero 23, Tim Krul. Lo stadio, insieme ai telespettatori, esplode in un boato.

Sostituire un uomo a meno di un minuto dalla fine, in realtà, non è così clamoroso: gli allenatori in vantaggio lo fanno spesso, per perdere qualche spicciolo di tempo prezioso e spezzare il gioco degli avversari all'arrembaggio. L'Olanda, però, non sta vincendo sul Costa Rica, e il pareggio non le garantisce affatto il passaggio del turno. Anzi, siamo ai supplementari, per cui in caso di pareggio si andrà ai rigori.

L'allenatore dell'Olanda, Van Gaal, lo sa benissimo. Per questo sostituisce Cillessen con Krul. Perché Cillessen è il portiere. Il portiere titolare, ma che nella sua carriera non ha mai parato un rigore; Krul invece si è allenato di nascosto per tutta l'estate a parare rigori.

O forse no.

Ma voi, al posto dei giocatori del Costa Rica, cosa pensereste?

Il titolare ci rimane male, com'è ovvio, e va in panchina senza salutare. Il sostituto, invece, affronta con entusiasmo la missione, tanto da rivolgersi ai rigoristi del Costa Rica [...] per dir loro che è da una settimana che li studia, e che sa benissimo dove tireranno.

Molto probabilmente, Ruiz e Umana gli credono.

Sta di fatto che se lo fanno parare entrambi, il loro penalty. E il panchinaro Krul, che in carriera ha parato due rigori su trentaquattro, ai quarti di finale del Mondiale ne para due su cinque. E si guadagna la gloria.

(M. Malvaldi, *Le regole del gioco*, Rizzoli, Milano, 2015)

Livello 3 **3** ●●●

Rileggi il racconto *Mio zio scopre l'esistenza delle lingue straniere* a p. 496 e svolgi le seguenti attività per riassumerlo in 180 parole, aiutandoti anche con le attività già svolte.

a. **Dividi il racconto in sequenze e motiva la suddivisione scelta.**
b. **Dai un titolo e sintetizza il contenuto-chiave di ciascuna sequenza.**
c. **Riassumi il racconto.**

Sequenza 1 fino a ....
Titolo: ....
Sintesi: ....

Sequenza 2 fino a ....
Titolo: ....
Sintesi: ....

Sequenza 3 fino a ....
Titolo: ....
Sintesi: ....

LAVORIAMO SULLA LINGUA

Le strategie per capire parole nuove

Quando leggi un testo, specialmente se contiene molti termini specialistici, troverai un certo numero di parole nuove. Chiediti prima di tutto se sono **parole-chiave**: se lo sono, la loro comprensione sarà essenziale, in caso contrario no.
Se pensi che la parola sia **importante**, cerca di attivare alcune **strategie** per **dedurne il significato**. Te ne proponiamo alcune:

- le parole non sono sole: cerca di dedurre il significato di una parola dal **contesto**;
- usa le tue **conoscenze** sull'argomento;
- parti da ciò che **hai capito** e usa la **logica** per comprendere ciò che non ti è chiaro;
- aiutati con la **punteggiatura** e le lettere **maiuscole**. Nella frase *Sono salito sul Kilimangiaro*, se la parola *Kilimangiaro* è nuova la lettera maiuscola ti indicherà che si tratta di un nome proprio, mentre il verbo *salire* e il contesto ti suggeriranno che si tratta di un monte;
- attribuisci la parola alla sua **categoria grammaticale**. La parola è un nome, un aggettivo, un verbo, un pronome e così via? Saperlo restringerà il campo e aiuterà ad arrivare più rapidamente al significato;
- all'interno di una **parola lunga**, è possibile che ce ne sia una **corta** che conosci. Se non conosci la parola *additare* e ci pensi bene, conoscerai sicuramente la parola *dito* e, riconoscendo che *additare* è un verbo all'infinito, arriverai alla conclusione che significa "puntare il dito, indicare in modo accusatorio".

1 **A COPPIE** **Leggete l'articolo della Costituzione della Repubblica Italiana e svolgete le seguenti attività.**

a. **Sottolineate le parole che non conoscete.**
b. **Cercate di capirne il significato attraverso le strategie che conoscete (individualmente).**
c. **Verificate le vostre ipotesi con il compagno.**
d. **Quali delle nuove parole trovate particolarmente utili? Cosa farete per ricordarle e usarle in futuro?**

ART. 33

L'arte e la scienza sono libere e libero ne è l'insegnamento.
La Repubblica detta le norme generali sull'istruzione ed istituisce scuole statali per tutti gli ordini e gradi. Enti e privati hanno il diritto di istituire scuole ed istituti di educazione, senza oneri per lo Stato.
La legge, nel fissare i diritti e gli obblighi delle scuole non statali che chiedono la parità, deve assicurare ad esse piena libertà e ai loro alunni un trattamento scolastico equipollente a quello degli alunni di scuole statali.
È prescritto un esame di Stato per l'ammissione ai vari ordini e gradi di scuole o per la conclusione di essi e per l'abilitazione all'esercizio professionale.

(www.quirinale.it)

2 **Scegli un testo che devi studiare e sottolinea prima tutte le parole che conosci, poi applica le strategie per capire le parole sconosciute.**

FACCIAMO IL PUNTO

definire + riassumere + classificare + memorizzare

LOSAI? RIPASSA CON LO SMARTPHONE

Il testo scritto → **LEGGERE E COMPRENDERE**

- *per* →
  - imparare
  - informarsi/aggiornarsi
  - farsi un'opinione
  - svagarsi
- *saper leggere significa* →
  - leggere in silenzio rapidamente o ad alta voce con la giusta intonazione
  - riconoscere il tipo di testo e il suo scopo
  - scegliere cosa leggere in base al proprio scopo
- *tipi di lettura* →
  - globale
  - selettiva
  - analitica
  - espressiva

Il riassunto

- *caratteristiche essenziali* → Oggettività, brevità, chiarezza e completezza
- *fasi principali* →
  PREPARAZIONE: individuare le sequenze del testo, sottolineare le informazioni fondamentali e riassumerle con una frase; individuare i legami logici tra le informazioni principali
  STESURA: unire le sintesi delle singole sequenze in un unico testo, chiaro e scorrevole
  REVISIONE E RISCRITTURA: verificare che il testo rispetti le consegne e controllare ortografia, punteggiatura, forma, coerenza e coesione

CONOSCENZE

1 **Indica se le seguenti affermazioni sono vere [V] o false [F].**

a. La lettura selettiva è approfondita e ha lo scopo di capire ogni aspetto del testo. V F

b. La lettura ad alta voce esprime il significato profondo di un testo. V F

c. Lo studio di un testo richiede una lettura ad alta voce. V F

d. L'autore e il lettore di un testo digitale possono interagire. V F

e. La lettura di un testo digitale è lineare. V F

f. I testi cartacei sono definitivi. V F

g. Le parole attive in un testo sono quelle per le quali ci sono le note. V F

h. Il riassunto può essere soggettivo. V F

ABILITÀ E COMPETENZE

2 Svolgi le attività sul seguente testo.

Cielo a pecorelle Droni a catinelle[1]

Chissà cosa direbbe Leonardo da Vinci vedendo volteggiare aeromobili a pilotaggio remoto. Certo non è come librarsi[2] nel cielo ma, con la risoluzione video disponibile oggi, l'effetto è comunque incredibile. Drone però non è solo sinonimo di riprese di eventi spettacolari o di incidenti. I multirotori[3], infatti, verranno presto impiegati nelle attività più diverse: contro la deforestazione[4], rilasciando sul suolo tramite aria compressa sementi pregerminate[5] per un totale di un miliardo di alberi all'anno; per aiutare le forze dell'ordine durante le sommosse, sparando dall'alto proiettili di gomma, capsule coloranti e spray urticante; oppure recapitare in aree lontane da ospedali defribillatori[6] e strumenti di primo soccorso. E ancora, per consegnare pacchi, viaggiare nello spazio senza pilota per testare nuove tecnologie e applicazioni e trasportare beni primari nelle zone disagiate[7]. Alcune sono ancora solo proposte, altre sono diventate realtà.

(adattamento da "*LF*", maggio 2015)

1. **Cielo e pecorelle Droni a catinelle:** gioco di parole basato sul proverbio *Cielo a pecorelle pioggia a catinelle*.
2. **volteggiare:** tenersi in equilibrio in aria.
3. **multirotori:** macchine che hanno più motori.
4. **deforestazione:** taglio graduale dei boschi per mano dell'uomo.
5. **sementi pregerminate:** semi che hanno già completato il primo stadio del loro sviluppo.
6. **defribillatori:** apparecchi speciali che arrestano la fibrillazione cardiaca, cioè l'alterazione del ritmo del cuore.
7. **disagiate:** prive di agi e comodità.

a. Leggi velocemente il testo una prima volta e individuane il tema e lo scopo.

b. Rileggi il testo attentamente e individua:
- la definizione di *drone*;
- le informazioni fondamentali, cioè gli usi pratici dei droni.

c. Che tipo di lettura di questo testo farebbero le persone nelle seguenti situazioni?
- Una persona che deve tenere una breve relazione sui droni e le loro potenzialità.
- Uno studente di robotica che cerca testi adatti per un progetto.
- Una persona che vuole conoscere gli usi pratici dei droni.

d. Riassumi il testo in 50-60 parole, per rispondere a qualcuno che ti chiede cosa sono i droni e a cosa servono.

e. Il testo dice *Chissà cosa direbbe Leonardo da Vinci vedendo volteggiare aeromobili a pilotaggio remoto*. Utilizzando le informazioni che possiedi su questo grande personaggio italiano e utilizzando altre fonti, prova a spiegare il significato di questa frase.

3 **Leggi il testo e svolgi le attività seguenti.**

I *drakkar* vichinghi

Le navi da guerra dei vichinghi, chiamate *drakkar*, derivavano il loro nome dalla polena, di forma mostruosa e solitamente rappresentante un drago che ne decorava la prua.

Lo scafo di queste imbarcazioni era eccezionalmente lungo e stretto: le navi potevano raggiungere i 35 metri di lunghezza contro i 4-6 metri di larghezza. Le traversine di legno disposte lungo le fiancate ne irrobustivano la struttura, aumentando la resistenza ai violenti marosi dell'oceano Atlantico.

La forma affusolata, molto idrodinamica, permetteva ai *drakkar* di fendere le onde e di procedere rapidamente. A garantire la velocità era anche la grande vela quadrata posta sull'unico imponente albero della nave. La vela non era in cotone, come quelle in uso nel Mediterraneo, ma di lana rinforzata da cuoio, così da offrire maggiore resistenza agli impetuosi venti del Mare del Nord.

In caso di bonaccia o di vento contrario, i *drakkar* procedevano a forza di remi: le navi più grandi potevano contare anche trenta coppie di vogatori.

A differenza di quanto avviene abitualmente, la struttura dei *drakkar* era simmetrica. Tale simmetria rendeva possibile invertire immediatamente la rotta in caso di necessità e garantiva ai *drakkar* una manovrabilità che le navi franche erano ben lungi dal possedere.

(adattamento da M. Lunari, *Le vie della civiltà*, Zanichelli, Bologna, 2015)

a. Leggi il testo una prima volta e sottolinea le parole che non conosci, poi cerca di capirne il significato utilizzando le strategie che conosci e aiutandoti con l'immagine.

b. Prendi appunti dal testo usando la schematizzazione che preferisci. Concentrati sugli aspetti riguardanti la struttura di un *drakkar* e la loro funzione.

c. Riassumi il testo rispondendo alle seguenti domande: Cosa era un *drakkar*? Come era fatto? Come navigava? Quali erano i suoi punti di forza?

d. Usa il testo appena letto come modello per crearne uno su un altro mezzo di trasporto. Usa le tue conoscenze e fai una ricerca consultando diverse fonti, cartacee e/o digitali.

e. Come immagini la versione digitale di questo testo? Quali caratteristiche potrebbe avere che secondo te faciliterebbero la lettura per lo studio?

4 **Cerca in Internet la biografia di un personaggio dello spettacolo che ti piace, su uno sport o un altro argomento che ti interessa e svolgi le seguenti attività.**

a. Indica, sotto forma di appunti, le conoscenze che possiedi sull'argomento.

b. Indica su quale sito hai trovato la biografia e traccia il tuo percorso di lettura: cosa hai guardato prima di tutto, dove hai cominciato a leggere, su cosa hai cliccato e in che ordine ecc.

c. Confronta quello che hai letto con le conoscenze che possedevi e integra gli appunti del punto **a.** con le nuove conoscenze acquisite.

2 Ascoltare e comprendere un testo orale

IN QUESTA UNITÀ

- **Perché** e **che cosa ascoltiamo**?
- Cosa significa **saper ascoltare**?
- Quali **tipi di ascolto** esistono?
- Quali **fasi** possiamo distinguere nell'ascolto? Qual è la loro funzione?
- Cosa significa ascoltare in modo **attivo**?
- Cosa possiamo fare per migliorare le nostre **abilità di concentrazione** e di ascolto?
- **LAVORIAMO SULLA LINGUA** Rafforziamo le strategie per annotare, fissare e arricchire il lessico

1 Ascoltare e saper ascoltare

• Sentire e ascoltare

Che differenza c'è tra sentire e ascoltare? **Sentire** è un fenomeno fisico che ci permette di percepire un suono attraverso l'udito, ma è indipendente dalla nostra volontà.

Ascoltare è invece un atto volontario, attraverso il quale ci poniamo di fronte a un testo orale con l'attenzione e l'empatia necessarie per coglierne il contenuto e il significato.

PROVIAMO INSIEME

10

1. Ascolta uno spot pubblicitario, in cui ci sono quattro dialoghi, ciascuno con due interlocutori. Quale caratteristica accomuna i quattro dialoghi e come viene evidenziata dallo spot?
   Qual è il messaggio finale dello spot? Trascrivilo parola per parola.
2. **IN GRUPPO** Lavora con due compagni. Rispondete alle seguenti domande e condividete le vostre esperienze e opinioni.
   - Vi è capitato di non ascoltare qualcuno? In quale contesto? Cosa ha fatto il vostro interlocutore?
   - Vi è capitato di non essere ascoltati? In quale contesto? Cosa avete fatto?
   - Avete difficoltà a concentrarvi? Su che cosa? Cosa vi aiuterebbe a migliorare la concentrazione, secondo voi?

• I fattori di disturbo nell'ascolto

Talvolta può succedere che il messaggio non raggiunga il destinatario o lo faccia in maniera incompleta o errata.

Nel caso di una lingua straniera, la causa si può attribuire alla difficoltà di comprendere tutto quello che viene detto in un'altra lingua, ma questo può succedere anche quando emittente e destinatario condividono la lingua in cui è espresso il messaggio.

Ci sono, infatti, diversi fattori che possono disturbare la comprensione di un testo orale, per esempio:

- il destinatario è distratto da altro;
- l'emittente parla a voce bassa, mangia le parole ecc.;

- troppe sovrapposizioni e interruzioni da parte degli interlocutori;
- l'accento dell'interlocutore oppure l'uso di parole dialettali o regionali;
- rumori esterni ed elementi distrattori (qualcuno interrompe, suona il cellulare ecc.);
- un linguaggio troppo tecnico, da addetti ai lavori.

2 Le diverse tipologie di ascolto

Le diverse tipologie di ascolto si differenziano essenzialmente sulla base di due fattori: **la condivisione** (o meno) **dello spazio e del tempo** da parte dell'emittente e del destinatario, e il **livello di attenzione** che il destinatario presta a ciò che ascolta.

La condivisione dello spazio e del tempo prevede due possibilità:

- un **ascolto diretto**, quando l'emittente e il destinatario sono fisicamente in contatto (una lezione, un'interrogazione scolastica, una conversazione ecc.). In questo caso è importante prestare attenzione, oltre che al tono della voce, anche alla gestualità e alle espressioni facciali;
- un **ascolto indiretto**, in cui, invece, l'emittente e il destinatario non condividono lo spazio e l'ascolto è mediato da un mezzo di comunicazione come la radio, il telefono, un tablet ecc.

In base al **livello di attenzione** si distinguono in:

- **ascolto passivo**, in cui l'attenzione del destinatario è superficiale. Ciò accade, per esempio, quando ascoltiamo la radio mentre siamo impegnati in altre attività. La voce e la musica, in quel caso, stanno in sottofondo e la nostra attenzione, in assenza di concentrazione e interesse, rimane superficiale;
- **ascolto estensivo**, caratterizzato da un'attenzione mirata a selezionare solo ciò che ci interessa. Se, per esempio, ci spostiamo in autobus e c'è il rischio di uno sciopero, ascolteremo le notizie alla radio concentrandoci su questo argomento specifico, isolando il resto, per scoprire informazioni sul giorno, l'ora e le zone interessate;
- **ascolto intensivo**, caratterizzato da un'attenzione approfondita. Se oltre alle informazioni pratiche sullo sciopero ci interessa conoscerne le ragioni e le reazioni del pubblico, ascolteremo anche le interviste e i commenti legati alla notizia.

• L'ascolto attivo

Sia l'ascolto estensivo sia quello intensivo implicano un **ascolto attivo**: per ascoltare attivamente abbiamo bisogno di tempo e di concentrazione. È quindi importante:

- liberare la mente da altri pensieri e stimoli esterni;
- evitare le interruzioni;
- rispettare i turni di parola il più possibile;
- avere pazienza nei confronti del nostro interlocutore.

Ascoltare attivamente significa anche porsi verso il nostro interlocutore con empatia, ovvero immedesimandosi nell'altro fino a condividerne pensieri ed emozioni. Per ascoltare correttamente e in modo empatico dobbiamo:

- creare un contesto adatto all'ascolto, in cui non ci siano elementi che possono ostacolarlo (rumori di fondo, stato d'animo non adatto, ecc.);
- non "parlare sopra" al nostro interlocutore;
- dare un *feedback*, cioè dimostrare che stiamo ascoltando, anche attraverso il linguaggio del corpo (guardare negli occhi, assentire, usare espressioni e intercalari come *Sì, certo*; *ok*; *vuoi dire che*... ecc.);
- prestare attenzione anche al linguaggio non verbale del nostro interlocutore;
- non fare finta di avere capito, ma chiedere chiarimenti e spiegazioni se necessario.

ASCOLTARE E COMPRENDERE UN TESTO ORALE

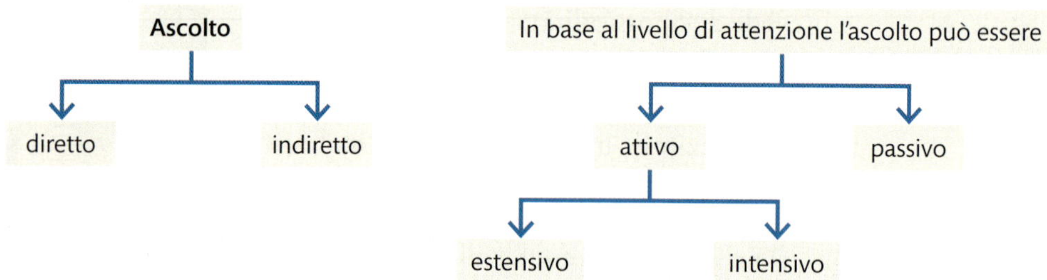

HAI CAPITO?

A COPPIE Indicate, individualmente, se il tipo di ascolto a cui appartengono le situazioni comunicative elencate è passivo, estensivo o intensivo. Motivate la vostra risposta, poi confrontatevi con il compagno.

a. Alla fine di dicembre ascolti l'oroscopo del tuo segno per il nuovo anno.
b. Mentre studi ti piace avere musica nel sottofondo.
c. La tua squadra del cuore vince lo scudetto e i media danno ampio spazio all'evento.
d. Sei sull'autobus e gli altri passeggeri parlano al telefono o tra di loro.
e. Prendi appunti durante una lezione.

3 Le strategie dell'ascolto attivo

L'ascolto ai fini di una comprensione approfondita è **l'ascolto intensivo**. Poiché i testi orali sono effimeri e durano il tempo della loro trasmissione richiedono l'adozione di **strategie** che ci permettano di fissare i contenuti.

• Prima dell'ascolto

Innanzitutto è necessario preparare il terreno per l'ascolto, che deve essere caratterizzato da consapevolezza e concentrazione. A questo scopo è utile porsi delle **domande preliminari**, per esempio:

- perché ascolto?
- di cosa si parlerà?
- chi potrebbe essere coinvolto?
- che cosa so già sull'argomento?
- quali parole e idee penso verranno affrontate?

Durante l'ascolto

L'ascolto vero e proprio richiede una concentrazione che varia in base allo **scopo dell'ascolto**:

- **ascolto globale** quando lo scopo è individuare l'argomento di cui si parla;
- **ascolto selettivo** quando lo scopo è individuare informazioni specifiche: esercizi di completamento (mappe, tabelle, frasi o paragrafi), individuare le parole o i concetti-chiave, rispondere a domande di comprensione, numerare (frasi, immagini ecc.), scegliere (vero/falso, scelta multipla);
- **ascolto approfondito** (o **intensivo**) quando lo scopo è comprendere ogni dettaglio di ciò che ascoltiamo: ricostruire un testo, prendere appunti ecc.

Anche in questa fase è utile porsi alcune domande, per esempio:

- qual è lo scopo di chi parla?
- quali sono le informazioni principali, quali le secondarie?
- quali informazioni sono oggettive? Quali sono soggettive (cioè legate all'opinione di chi parla)?

Dopo l'ascolto

In questa fase è utile verificare la comprensione di quanto ascoltato, ponendosi delle domande come le seguenti:

- che cosa ho capito?
- ho compreso sia il senso generale sia informazioni specifiche?
- quali sono i legami tra i concetti, eventi ecc.? (causa-effetto, cronologici, somiglianze e differenze ecc.)
- che cosa ho imparato di nuovo?
- a cosa mi può servire quello che ho imparato?

PROVIAMO INSIEME

1. Il testo che stai per ascoltare parla della crisi delle farfalle. Quale sarà l'ambito disciplinare secondo te? Scegli un'opzione tra quelle proposte.

   A Botanica.

   B Ambiente.

   C Veterinaria.

2. Per familiarizzare con l'argomento, unisci le parole nella colonna di sinistra (che compariranno nel testo) al loro significato nella colonna di destra.

a. bruco	**1.** studioso degli insetti
b. corridoio ecologico	**2.** famiglia di insetti
c. entomologo	**3.** larva che diventerà farfalla
d. greto	**4.** spazio naturale
e. lepidotteri	**5.** parte del letto di un torrente, fiume ecc. non ricoperta dall'acqua
f. ricolonizzare	**6.** ripopolare

11

3. Ascolta la prima parte dell'intervista e completa il breve profilo di Gianumberto Accinelli e dell'EUGEA.

   Gianumberto Accinelli è ....

   Gli scopi dell'EUGEA sono ....

4. Riascolta la prima parte dell'intervista e annota le informazioni che ti sembrano **principali** e quelle che ti sembrano **secondarie**. Puoi usare dei segni convenzionali (simboli, abbreviazioni ecc.).

5. Riascolta la prima parte dell'intervista e completa la seguente **mappa mentale**.

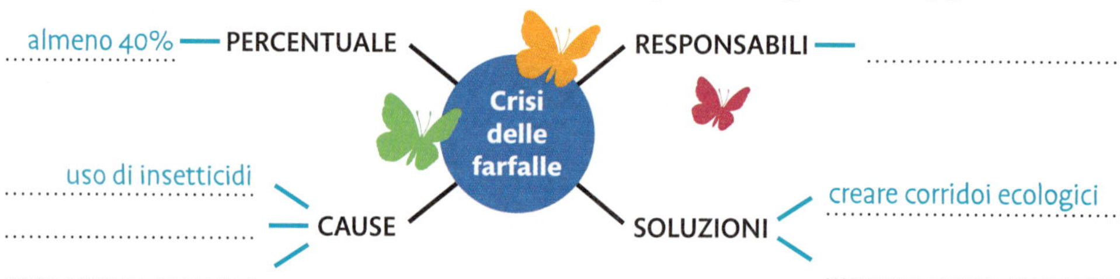

12

6. Ascolta la seconda e ultima parte dell'intervista, in cui si parla di **due piante**. Completa il seguente **diagramma**, collocando al centro la caratteristica condivisa da entrambe, a sinistra le caratteristiche tipiche del **finocchietto selvatico**, a destra quelle della **bodleia**.

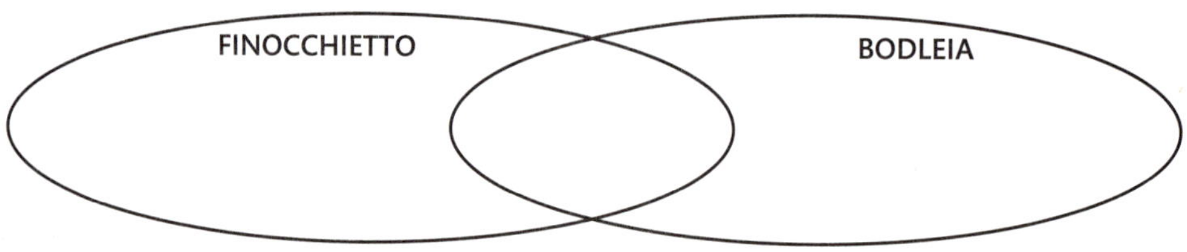

7. Riascolta la seconda parte dell'intervista. Che cosa ha simboleggiato la farfalla nel tempo? Completa il seguente testo.
   a. Per gli Egiziani rappresentava ....
   b. Per i Greci rappresentava ....
   c. In generale è un simbolo di ....: da verme a splendida farfalla.

8. Riascolta il brano per intero e verifica le tue risposte alle attività 2 e 3.

9. **IN GRUPPO** Lavorate in gruppi di 4 seguendo queste tappe:
   – a ciascun gruppo viene assegnato un segmento della trascrizione;
   – riascoltate il testo per intero, concentrandovi in particolare sul vostro segmento;
   – nel vostro segmento trascritto individuate alcune caratteristiche tipiche del testo orale che già conoscete, come, per esempio, interruzioni, pause ecc.

10. Rileggi le informazioni che hai raccolto nelle attività precedenti e usale per produrre un nuovo testo, più breve, sulla crisi delle farfalle. Puoi scrivere un testo continuo come un riassunto oppure un testo misto corredandolo di immagini o disegni, oppure puoi scegliere di preparare una presentazione al computer.

IMPARIAMO A...

Prendere appunti

Prendere appunti mentre ascoltiamo è molto utile – a scuola, ma non solo – per diverse **finalità**:

- aumentare la capacità di **concentrarsi** su quello che si sta ascoltando;
- imparare a **selezionare** le **informazioni principali** e distinguerle da quelle **secondarie**;
- **annotare** le informazioni principali per fissarle durante l'ascolto, per poi riutilizzarle;
- individuare ed evidenziare i **rapporti tra le informazioni**: cronologici, di causa-effetto ecc.

• Le tappe fondamentali

Le tappe fondamentali del prendere appunti da un testo orale sono le seguenti:

- **selezionare** le **informazioni principali**, ricordando che non tutto ha la stessa importanza;
- **annotare** le informazioni usando il minor numero possibile di parole e facendo ricorso a segni convenzionali (abbreviazioni, simboli ecc.);
- **segnalare** i collegamenti tra le informazioni, i rapporti cronologici o gerarchici, i rapporti di causa-effetto ecc., facendo ricorso a lettere o numeri progressivi, linee e ad altri simboli e segni convenzionali;
- **rileggere** gli appunti e verificare che siano chiari e comprensibili;
- **rielaborare** gli appunti per creare un **nuovo testo** più breve, che sarà utile per lo studio o per altri usi personali. È importante farlo **il prima possibile** dopo l'ascolto, quando le informazioni sono ancora fresche.

• I segni convenzionali

Quando prendiamo appunti dobbiamo essere veloci, se vogliamo annotare tutto ciò che consideriamo fondamentale e allo stesso tempo non perdere il filo del discorso.

Per questo è consigliabile ricorrere ad alcuni accorgimenti e segni convenzionali:

- scrivere solo le **parole** e i **concetti fondamentali**;
- **eliminare** gli **elementi grammaticali non necessari** per la comprensione: articoli, verbi ausiliari, preposizioni ecc.;
- segnalare i **collegamenti logici** attraverso simboli e abbreviazioni;
- segnalare i **collegamenti cronologici e gerarchici** attraverso numeri o lettere, eventualmente attraverso supporti grafici come linee del tempo o scalette;
- usare **abbreviazioni** per esempio xké, nn, cmq, p., pp., NB ecc.

Nella seguente tabella elenchiamo alcuni **simboli** e **abbreviazioni** di uso comune.

<	meno di	=	uguale	**p. / pp.**	pagina / pagine
>	più di	≠	diverso da	**cmq**	comunque
+	più	⇐	che deriva da...	**qnd**	quando
–	meno	⇒	da cui consegue...	**ns**	nostro
±	più o meno	⇔	bidirezionalità	**NB**	Nota Bene
x	per	**es.**	esempio	**xké**	perché

1 **Applica le tappe e le abbreviazioni descritte per prendere appunti durante una lezione.**

ADESSO TOCCA A TE

▶ Capitoli 1, 2, 3

INDIVIDUA, COMPLETA E PRODUCI

Livello 1 **1** ●○○ 8

Ascolta il testo e completa la tabella seguente.

CHI		
DOVE		
COSA	Il tema	
	I problemi	
	Parole-chiave relative alla scuola	
PERCHÉ		
COME		

Livello 2 **2** ●●○ 13

a. **A COPPIE** Prima di ascoltare lo spot, discutete sull'argomento, che è la partecipazione dei disabili come spettatori alle partite di calcio allo stadio. Quali idee vi vengono in mente?

b. Ascoltate poi il messaggio: quali delle vostre idee vi compaiono?

c. Qual è la differenza tra i messaggi espressi dalla prima voce e quelli espressi dalla seconda voce?

d. Che cos'è *Sapete come mi trattano*?

3 ●●○ 14

a. **A COPPIE** Prima di ascoltare un testo sul successo della gastronomia italiana all'estero, discutete su quali sono secondo voi le cause di tale successo e completate il grafico.

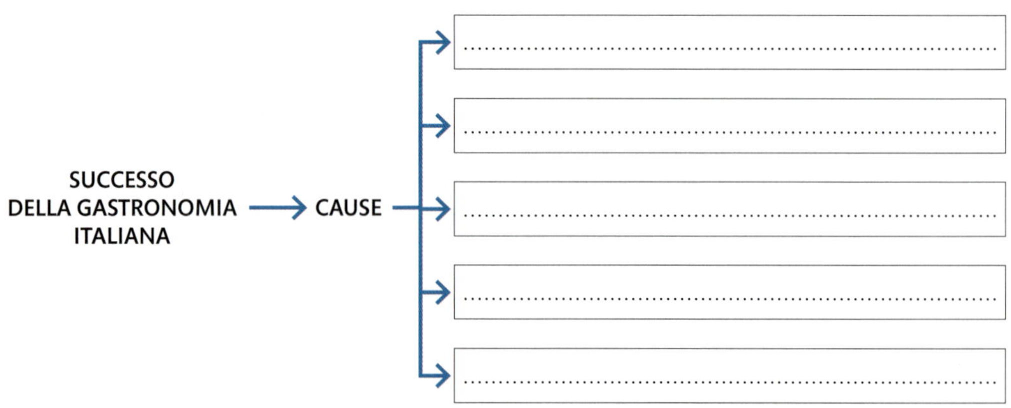

b. Ascolta il testo e modifica o integra il grafico dell'esercizio a. Le tue ipotesi coincidono con le affermazioni delle persone intervistate?

c. Riascolta il testo e indica se le seguenti affermazioni sono vere o false.

a. La cucina italiana ha successo soprattutto fuori dall'Europa. V F

b. I piatti italiani sono difficili da cucinare a casa. V F

c. La cucina francese è più elaborata di quella italiana. V F

d. La cucina italiana si è diffusa anche grazie al fenomeno dell'emigrazione. V F

e. Il cibo ha un ruolo secondario nelle radici e nella cultura degli italiani. V F

d. **IN GRUPPO** Dopo aver ascoltato il testo, lavorate in un gruppo che ha in comune la preferenza per la stessa cucina. Discutete i motivi di tale preferenza e presentateli alla classe, promuovendo la vostra cucina preferita ed esponendone le ragioni come nel brano ascoltato.

Livello 3 **4** ●●● 15

a. Ascolta l'ex arbitro Pierluigi Collina in un messaggio pubblicitario e individua il tema e lo scopo.

b. Riascolta il messaggio e prendi appunti sul tema seguendo la seguente traccia e usando dei segni convenzionali:
- annota le informazioni principali e quelle secondarie;
- individua le parole;
- individua eventuali collegamenti tra le informazioni.

c. Schematizza gli appunti dell'esercizio **b.** usando una delle rappresentazioni grafiche che conosci, poi rielaborali e scrivi un brevissimo testo (4 righe) che riassuma il contenuto del messaggio pubblicitario.

5 ●●● 16

a. **A COPPIE** Prima di ascoltare un testo su Steve Jobs, fondatore della Apple, riflettete su quali parole vi aspettate di trovare nel testo.

b. Ascoltate il testo:
- Quali parole individuate svolgendo l'esercizio **a.** avete sentito?
- Quali altre parole-chiave avete sentito? Aggiungetele alla vostra lista.

c. **A COPPIE** Riascoltate il testo. Uno di voi completa la seguente mappa con il profilo di Steve Jobs, l'altro crea una cronologia con le date e gli eventi principali menzionati nel testo. Poi, scambiatevi i ruoli e "correggete" il lavoro del compagno, integrandolo se necessario.

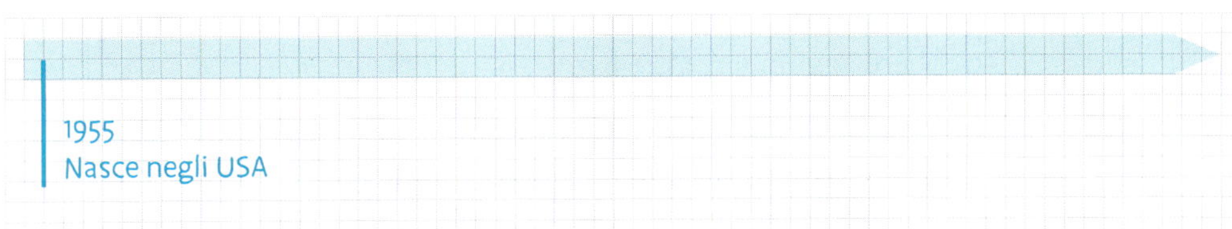

LAVORIAMO SULLA LINGUA

Strategie per annotare, fissare e arricchire il lessico

1 **IN GRUPPO** In piccoli gruppi discutete e rispondete alle seguenti domande:

a. Cosa fate quando incontrate una parola nuova? Come ne scoprite il significato?
b. Come la distinguete dalle altre parole intorno?
c. Osservate la relazione che ha con le parole subito prima e subito dopo?
d. La annotate? Come?
e. Quali strategie adottate per memorizzarla?

Sicuramente a scuola e nella vita di tutti i giorni incontri **parole nuove**. Forse hai la tendenza a considerarle "difficili" solo perché non le hai mai viste o sentite prima. Esistono però alcune strategie che aiutano a fissare le parole nuove, arricchendo così il lessico.

Mappa mentale

È più facile ricordare le parole che sono legate allo stesso **tema**, cioè raccolte in **gruppi tematici**. Se per esempio studiamo che cos'è **la famiglia nell'ordinamento italiano**, sicuramente incontreremo alcune parole nuove e "tecniche" legate a questo tema. Raccogliendole in un gruppo, ci sarà più facile associarle e quindi memorizzarne il significato.

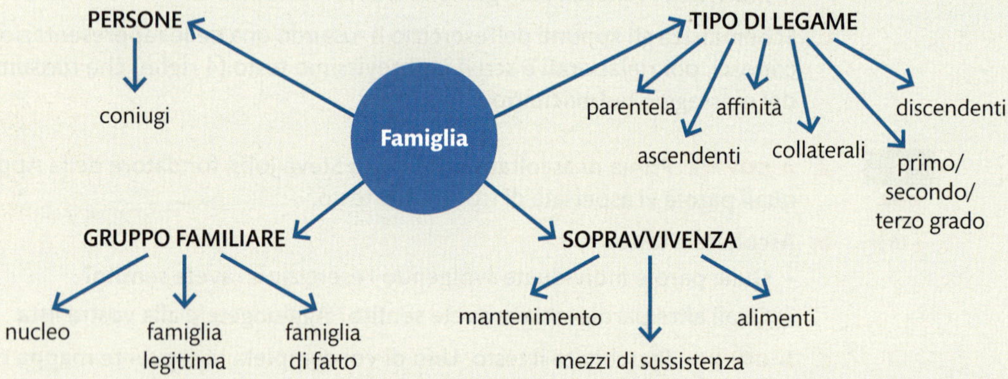

(adattamento da P. Monti, *Res Publica*, Zanichelli, Bologna, 2015)

Famiglia di parole

Ricordiamo la strategia delle famiglie di parole, molto utile per arricchire il lessico e collocare le parole nella corretta categoria grammaticale (▸ *Le famiglie di parole*, p. 480).

Albero di parole

Simili alle mappe mentali, sono una rappresentazione grafica della conoscenza in cui le parole legate al tema sono scritte in ordine sparso e non suddivise in sottotemi. Vediamo un esempio a partire dalla parola *marketing*, al quale si potrebbero aggiungere altre parole.

Mappa di una parola

Quando incontri una parola nuova che ti piace in modo particolare o che pensi userai spesso, puoi crearne una specie di carta d'identità. Puoi costruirla come vuoi, includendo le seguenti informazioni:

Definizione (data dall'insegnante, trovata sul dizionario ecc.)
Alcune collocazioni, cioè brevi frasi in cui la troviamo insieme ad altre parole
Uno o più sinonimi, cioè parole di significato simile
Una o più parole di significato contrario (antonimi)

Creare esempi propri

Per memorizzare una nuova parola è molto importante usarla anche in esempi creati personalmente. La **vera padronanza** di una parola, infatti, non si limita al sapere come si scrive e pronuncia, quali sono i suoi significati, a quale categoria grammaticale appartiene, in quali collocazioni si trova, ma comprende necessariamente il **saperla usare nel contesto appropriato.**
Se incontriamo una parola nuova, ne scopriamo il significato, ma poi non la usiamo, ce la dimentichiamo in fretta e, quindi, alla fin fine non la sappiamo. Ricordiamoci quindi di usare una parola nuova in **esempi concreti**, in modo da **memorizzarla** e farla entrare a far parte del **nostro lessico personale.**

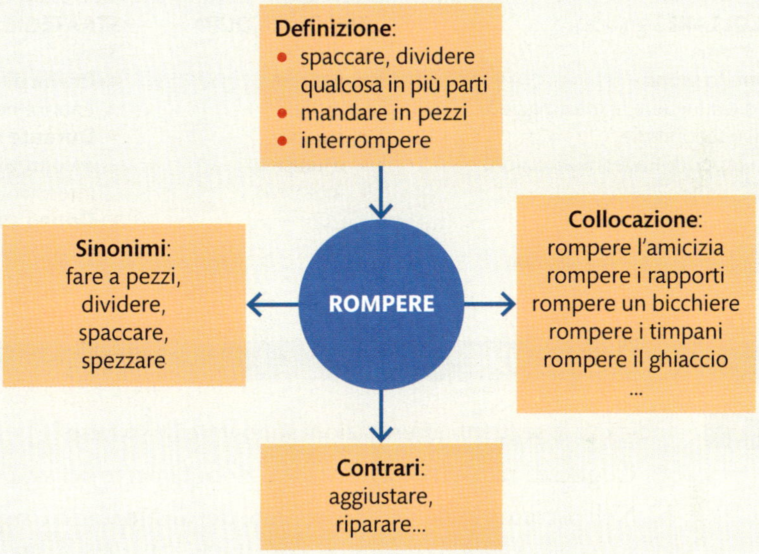

Ascoltare e leggere

Le parole non sono mai sole, ma si trovano in un contesto insieme ad altre parole. Una strategia preziosa sta nell'**ascoltare** e **leggere** il più possibile. Così non solo incontrerai parole nuove, ma avrai il piacere di rincontrarne altre che, da sconosciute e difficili, ora ti sono diventate familiari.

Giocare con le parole

Parole crociate, Scarabeo, Boggle, Pictionary, Persone/Cose/Città, Tabù, Impiccato, sono alcuni dei giochi basati sulle parole in cui il giocatore deve fare ricorso al suo bagaglio lessicale e allo stesso tempo lo arricchisce imparando dagli altri e dai propri errori.

2 **Seleziona alcune parole annotate da un testo che hai ascoltato e memorizzale usando una o più delle strategie suggerite. Come ti sei trovato?**

3 **Seleziona cinque parole che hai imparato di recente nell'ambito di una lezione/spiegazione a scuola. Scrivi un breve paragrafo in cui compaiano tutte e cinque.**

4 **Ascolta una lezione scolastica e costruisci un albero di parole a partire dal tema centrale. Sui rami metterai le parole legate al tema che l'insegnante menzionerà.**

FACCIAMO IL PUNTO

definire + riassumere + classificare + memorizzare

LOSAI? RIPASSA CON LO SMARTPHONE

Il testo orale

ASCOLTARE E COMPRENDERE UN TESTO ORALE

SAPER ASCOLTARE significa
- cogliere il tema
- individuare lo scopo
- cogliere e distinguere le informazioni principali e secondarie
- cogliere i rapporti tra le informazioni

TIPI DI ASCOLTO
- diretto
- indiretto

E
- passivo
- estensivo
- intensivo

STRATEGIE DI ASCOLTO
3 fasi:
- **Prima di ascoltare** (sensibilizzazione, entrare nel tema, anticipazione)
- **Durante l'ascolto** (ascolto vero e proprio): ascolto globale, ascolto selettivo, ascolto intensivo (dettagliato)
- **Dopo l'ascolto** (rielaborazione, interpretazione)

CONOSCENZE

1 Indica se le seguenti affermazioni sono vere [V] o false [F].

a. Cogliere i rapporti tra le informazioni fa parte del saper ascoltare. V F
b. Nell'ascolto estensivo l'attenzione del destinatario è superficiale. V F
c. Lo scopo dell'ascolto globale è quello di individuare informazioni specifiche. V F
d. Il testo originato dalla rielaborazione degli appunti è generalmente più breve di quello originario. V F
e. La mappa mentale è utile nella fase di raccolta delle idee. V F
f. Sentire e ascoltare sono la stessa cosa. V F
g. L'ascolto attivo implica immedesimarsi nell'interlocutore. V F
h. Prestare attenzione al linguaggio non verbale è importante nell'ascolto attivo. V F

ABILITÀ E COMPETENZE

2 Ascolta il testo e svolgi le seguenti attività.

17

a. Quali sono il tema e lo scopo del testo?
b. **A COPPIE** Riascoltate attentamente il testo. Individuate e annotate individualmente tutte le informazioni su Elisa D'Ospina che sentite. Poi confrontate gli appunti con il compagno e insieme decidete quali informazioni sono principali e quali secondarie.
c. Hai avuto difficoltà a capire tutte le parole in alcuni casi? Secondo te da cosa era causata questa difficoltà?

d. A COPPIE Dopo aver riascoltato il testo, completate il seguente paragrafo individualmente, poi confrontatevi. Infine, ascoltatelo un'ultima volta per verificare le vostre risposte.

Elisa D'Ospina è una .... modella vicentina che conduce una battaglia contro i .... e a favore dell' .... Vuole insegnare a non avere paura della .... e a non dare peso alle .... La sua battaglia è rivolta soprattutto alle .... più giovani, ma anche ai ....

3 18

Ascolta due o tre volte la breve intervista sull'ultima edizione del Dizionario Pop-Rock, edito da Zanichelli. Prendi appunti usando una delle schematizzazioni che conosci. Che tipo di ascolto di questo testo farebbero le persone nelle seguenti situazioni?

– Uno studente che deve fare una tesina sul rock.
– Un persona che sta facendo un calcolo molto importante.
– Un fan di Ligabue.

4 **IN GRUPPO Riorganizza gli appunti che hai preso nell'esercizio 3 prima di condividerli con un piccolo gruppo di compagni. Decidete quali sono secondo voi le informazioni principali e quali le secondarie.**

5 19

Ascolta l'intervista e svolgi i seguenti esercizi.

a. Completa la mappa mentale sull'esperienza di Sara in Russia.

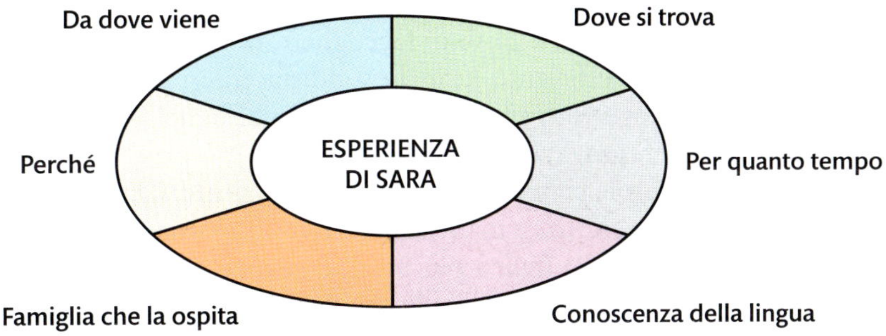

b. L'ascolto di questa intervista è diretto o indiretto? Perché?

c. Secondo te perché è stato prodotto questo testo?

A Per incrementare il turismo in Russia.
B Per informare sul sistema scolastico russo.
C Per mostrare i vantaggi di fare un'esperienza di studio all'estero.
D Per dimostrare che la scuola italiana è migliore.

d. Che tipo di ascoltatore farebbe un ascolto intensivo di questo testo?

e. Quali domande faresti a Sara?

FACCIAMO IL PUNTO

PERCORSO F
LAVORARE CON IL TESTO

Sei pronto per la verifica?

METTITI ALLA PROVA

Svolgi le attività sul seguente testo, scritto in italiano da una scrittrice indiana che studia la nostra lingua da tempo.

Il raccolto delle parole

Sono di continuo a caccia di parole.

Descriverei il processo così: ogni giorno entro in un bosco con un cestino in mano. Trovo le parole tutt'attorno: sugli alberi, nei cespugli, per terra. Ne raccolgo quante più possibile. Ma non bastano, ho un appetito insaziabile.

Raccolgo sia quelle che mi sembrano oscure (*sciagura*, *spigliatezza*) sia quelle che riesco facilmente a capire ma vorrei conoscere meglio (*inviperito*, *stralunato*). Raccolgo delle belle parole che non hanno equivalenti in inglese (*formicolare*, *chiarore*). Raccolgo una valanga di aggettivi (*malmesso*, *plumbeo*, *impiastricciate*) per descrivere migliaia di situazioni. Raccolgo innumerevoli sostantivi e avverbi che non mi serviranno mai.

Alla fine della giornata il cestino è pesante, traboccante. Mi sento carica, arricchita, frizzante.

Ma quando esco dal bosco, quando vedo il cestino, rimane appena una manciata di parole. La maggior parte sparisce. Evaporano nell'aria, colano come l'acqua tra le dita. Perché il cestino non è altro che la memoria, e la memoria mi tradisce, la memoria non regge.

Sento un legame con ogni parola che raccolgo. Provo affetto, insieme a un senso di responsabilità. Quando non riesco a ricordarle, temo di averle abbandonate.

Mi sento svuotata, abbattuta, come ci si sente la mattina dopo un sogno favoloso. Il bosco sembra un paradiso, un'allucinazione. Poi mi sveglio.

Benché sconfitta, non mi sento troppo scoraggiata. Semmai, mi sento ancora più determinata. Il giorno dopo, ritorno nel bosco. Non credo che il mio progetto sia uno spreco di tempo. So che il bello è il gesto di raccogliere, non il risultato.

Tuttavia non è sufficiente, neanche soddisfacente, radunare soltanto le parole sul taccuino. Voglio usarle. Voglio attingervi quando ne ho bisogno. Voglio entrare in contatto con loro. Voglio che diventino una parte di me.

Ripasso le parole per impararle, per memorizzarle. Ci penso mentre dialogo con qualcuno. So che ci sono, scritte a mano sul taccuino. Se fossi un genio, ricorderei tutto, così potrei conversare in maniera molto più precisa, sciolta. Ma quando mi servono, le parole sono elusive, imprendibili. Esistono sulla pagina ma non entrano nel cervello, quindi non escono dalla bocca. Restano sul taccuino, incastrate, inutili.

Tutte le parole dentro il taccuino sono il segno di una crescita fisica, metodica. Mi vengono in mente le prime settimane di vita dei miei figli, un periodo in cui andavo dalla pediatra ogni settimana per controllare il loro peso. Ogni grammo è stato notato, valutato. La mia comprensione dell'italiano cresce in modo simile. Acquisisco il mio vocabolario giorno per giorno, parola per parola. Eppure, il mio lessico si sviluppa senza logica, in maniera guizzante, fugace. Le parole si presentano, mi accompagnano per un po', poi, spesso senza preavviso, mi abbandonano.

Il taccuino racchiude tutto il mio entusiasmo per la lingua. Tutto lo sforzo. Uno spazio in cui posso vagabondare, imparare, dimenticare, fallire. In cui posso sperare.

(riduzione da J. Lahiri, *In altre parole*, Guanda, Parma, 2015)

1 Qual è l'argomento centrale del racconto?

....

.... PUNTI ....../2

2 A cosa viene paragonato l'apprendimento delle parole?

....

.... PUNTI ....../4

3 Nel testo trova una frase che esprime:

a. il desiderio dell'autrice di imparare sempre più parole ....

....

b. l'effetto profondo che le parole hanno sull'autrice ....

....

c. il valore delle parole ....

....

d. la determinazione a continuare a imparare ....

....

e. una difficoltà che incontra ....

.... PUNTI ....../5

4 Spiega i significati simbolici del bosco, del cestino e del taccuino.

Bosco ....

....

Cestino ....

....

Taccuino ....

.... PUNTI ....../6

5 Spiega il paragone tra le parole e i figli.

....

.... PUNTI ....../4

6 Un lettore leggerebbe questo testo per...

- A informarsi/aggiornarsi.
- B conoscere la storia dell'India.
- C ridere e divertirsi.
- D trovare materiale per una ricerca.

PUNTI ....../2

7 Secondo te perché l'autrice ha prodotto questo testo?

- A Per condividere la sua esperienza di studio dell'italiano.
- B Per insegnare come si impara il lessico.
- C Per far vedere come scrive bene in italiano.
- D Per sottolineare la difficoltà dell'apprendimento dell'italiano.

PUNTI ....../2

8 Riassumi il testo in circa 180 parole. PUNTI ....../5

Le soluzioni sono a p. 628. TOTALE PUNTI ....../30

COMPITO DI REALTÀ

UN PROVINO PER UNO SPETTACOLO SCOLASTICO (TEATRO IN PROSA O MUSICAL)

Competenze
- Saper orientarsi nella ricerca fra i testi del genere prescelto
- Saper leggere i testi selezionati focalizzandosi sullo scopo e scegliere di conseguenza
- Saper realizzare una lettura espressiva che sappia comunicare la personale interpretazione del testo
- Saper integrare il linguaggio verbale con quello gestuale

A Presentazione del progetto

Il progetto prevede la scelta e la lettura espressiva di un testo e la conseguente preparazione per un provino.

B Consegna per gli studenti

Ogni studente è chiamato a prepararsi per sostenere un provino al fine di ottenere una parte nello spettacolo scolastico di fine anno.
Innanzitutto si decide con la classe e l'insegnante il tipo di spettacolo da mettere in scena: potrebbe essere un musical o una commedia teatrale o una tragedia classica ecc.
In base al tipo di spettacolo che verrà rappresentato ogni studente deve
- ricercare in biblioteca e/o in Internet i testi adatti allo scopo e leggerli da solo con attenzione
- tra questi sceglierne uno che rispecchi i propri interessi e valorizzi al meglio la propria abilità di lettura e le complessive capacità interpretative
- leggere il testo scelto più volte, ad alta voce e con lettura espressiva. Può essere utile registrarsi con una videocamera e poi rivedersi e/o richiedere l'ascolto critico di qualcuno
- scegliere e provare le espressioni facciali e la gestualità che valorizzino l'espressività della lettura

A scuola infine ogni studente presenta il proprio pezzo davanti alla classe e all'insegnante.

Tempi previsti
- 2 ore a scuola in classe assieme all'insegnante per la scelta dello spettacolo
- 4 ore a casa
- 2 ore a scuola per i provini

PERCORSO G
PRODURRE

UNITÀ

1 Comunicare in modo formale e informale

IN QUESTA UNITÀ

- Qual è la caratteristica di un **testo espressivo**?
- Quali sono le differenze tra la **lettera** e l'**e-mail formale**?
- Che cos'è il ***curriculum vitae***, come è fatto e a cosa serve?
- A cosa serve la **lettera di assunzione** e quali informazioni deve contenere?
- Quali sono le caratteristiche della **scrittura informale**?
- **LAVORIAMO SULLA LINGUA** Associamo alcune **parole della tecnologia e del digitale** al loro significato

1 I testi per comunicare ed esprimersi

La **lettera** e l'**e-mail** sono testi in cui l'emittente comunica qualcosa o si presenta o parla di sè; essi possono essere:

- **formali**, se l'emittente si rivolge a un destinatario sconosciuto o con cui non ha rapporti confidenziali (ditte, enti, autorità, dirigente scolastico ecc.);
- **informali**, se chi scrive conosce il destinatario e può quindi permettersi di usare una lingua più colloquiale e vicina al parlato.

La caratteristica dei **testi espressivi** (lettera, diario ecc.) è la **centralità dell'emittente**: chi scrive lo fa in **prima persona**.

PARTIAMO DAL TESTO

Quali sono le caratteristiche della comunicazione formale e informale di un testo espressivo? Esaminiamole attraverso un'e-mail formale e uno scambio informale, sempre via e-mail. Dopo aver letto i testi, rispondi alle domande.

1

Da: cpac@gmail.com
A: erossini@ic25.bo.it
Oggetto: ringraziamento

Gentile Dirigente,
sono la mamma di una bambina che quest'anno ha ultimato la scuola primaria Dante Alighieri e parlo a nome della classe 5B in qualità di rappresentante di classe.

Durante questi cinque anni mia figlia ha avuto due maestre meravigliose che sono riuscite a comunicare a tutti i loro alunni non solo la passione per lo studio ma anche l'importanza di essere curiosi. In un momento in cui la scuola viene spesso criticata, mi sembra giusto che questa esperienza positiva venga segnalata per valorizzare quanti operano bene nella scuola.

Cordiali Saluti
Clara Pacinotti, rappresentante di classe

2

Da: farfallarosa@gmail.com
A: suno@gmail.com
Data: 28 giugno 2016 10:15
Oggetto: proviamoci!

Ciao Susi,
dopo la clamorosa buca di Dublino, ci provo io: non ho idea dei tuoi impegni, ma sono a Roma, se riuscissimo ad incastrare un caffè sarebbe bellissimo!

Il mio cell italiano è 3336545025 ma ho anche il nr irlandese su Whatsapp, quando sono in zona wifi… oppure l'email, ovviamente.

Senza impegno, ma appunto il tentativo è necessario :-)
Un abbraccio,
Clara

Da: suno@gmail.com
A: farfallarosa@gmail.com
Data: 28 giugno 2016 11:19
Oggetto: Re

Ciao!
che bello avere tue notizie!! :D Quanto ti fermi a Roma? Sarai qui per il caldo africano? ;)
Fammi sapere quanto resti, così proviamo a vederci!
Bacissimi,
S

Da: farfallarosa@gmail.com
A: suno@gmail.com
Data: 28 giugno 2016 13:12
Oggetto: Re [2]

Sì sì,
caldo africano e anche oltre. Vado al mare dal 9 al 19 e poi mi fermo ancora fino a fine mese… dici che ce la facciamo?

Da: suno@gmail.com
A: farfallarosa@gmail.com
Data: 28 giugno 2016 14:33
Oggetto: Re [3]

Assolutamente, io parto il 31! Non vedo l'ora di vederti e di aggiornarti! Il mio numero è 347 4572212.

Un bacio!

1. Come definisci il rapporto tra emittente e destinatario nei due testi? Perché?
Testo 1 ....
Testo 2 ....
2. Qual è lo scopo dei due testi?
Testo 1 ....
Testo 2 ....
3. Cosa hanno in comune i due testi?
4. Individua i tratti **formali** nel testo 1 e quelli **informali** nel testo 2, completando la seguente tabella.

	Testo 1	Testo 2
Formule di cortesia		
Formule confidenziali		
Strutture e lessico formali		
Espressioni e altri tratti colloquiali		

2 Le comunicazioni formali

Forse in questo momento della tua vita non scrivi né ricevi lettere e/o e-mail formali, ma tra non molto ti renderai conto che sono tante le situazioni in cui ciò avverrà: l'iscrizione all'università, la domanda di lavoro, un reclamo, la denuncia di un furto, il rinnovo dell'assicurazione e così via.

2.1 La lettera e l'e-mail formali

• Lo scopo

Lo scopo sia della lettera sia dell'e-mail formale è quello di **comunicare** a qualcuno qualcosa di **specifico**.

• Le differenze tra la lettera e l'e-mail

La lettera e l'e-mail formale si distinguono per quanto riguarda

- la **velocità della comunicazione**: l'e-mail arriva in tempo reale, la lettera deve sottostare ai tempi postali;
- la **quantità**: le e-mail non hanno il vincolo del recapito postale e possono arrivare in qualsiasi momento della giornata e in quantità;
- l'importanza dell'**oggetto**: nell'e-mail è più importante perché ha un'evidenza immediata. L'oggetto deve essere quindi efficace: breve e sintetico, ma chiaro per dare un'idea del contenuto e spingere il destinatario a leggere subito l'e-mail invece di "metterla in coda";
- il **livello di formalità**: è generalmente alto nella lettera, mentre l'e-mail tende a essere moderatamente formale;
- la **struttura** e alcuni **elementi stilistici** che analizziamo di seguito.

ANALIZZIAMO IL TESTO Analizziamo la struttura e alcuni elementi stilistici della lettera formale attraverso un esempio concreto.

Struttura	Testo della lettera	Elementi stilistici
Nome del mittente	**Smartabc s.r.l.**	
Nome e indirizzo del destinatario	Prof. Ezio Verdini Università degli Studi di Roma “La Sapienza” P.le Aldo Moro, 5 00185 Roma	È importante indicare il titolo professionale del destinatario (Prof., Dott., Ing., Rag. ecc.)
Data	Roma, 25 gennaio 2016	
Numero di protocollo; il protocollo è un registro in cui un'azienda riporta le lettere in arrivo e in partenza	Prot. 20/625	
Oggetto (l'argomento della lettera)	**Oggetto: perizia sulla sicurezza**	
Formula di apertura	Gentile Professor Verdini,	La lettera si apre con un titolo di rispetto nei confronti del destinatario, di solito Gentile o Gent.mo/a
Corpo della lettera, che è breve e pertinente all'oggetto	come d'accordo, le invio in allegato i risultati della perizia sulla sicurezza dell'area che intende adibire a spazio di incontro. Se ci fossero problemi nell'interpretazione dei dati sono disponibile per ogni chiarimento.	Il corpo della lettera si apre spesso con una frase introduttiva e/o il riferimento a comunicazioni precedenti
Formula di chiusura	Cordiali saluti.	
Firma del mittente	Bianca Bruni (Responsabile tecnico)	
Indicazione dei documenti allegati	Allegato: perizia spazio incontro	

IMPARIAMO A...

Scrivere un *curriculum vitae* e una lettera di assunzione

Il ***curriculum vitae*** (in lat. "corso della vita", abbreviato CV) è un testo **informativo** con cui la persona che cerca un lavoro dà informazioni su di sé, sulle conoscenze e competenze acquisite e sull'esperienza lavorativa maturata. È utile saper scrivere un *curriculum* anche alla tua età; ti potrà infatti servire per fare domanda per uno stage o per un lavoretto estivo, per frequentare un corso a numero chiuso ecc.

Il ***curriculum*** si articola in **sezioni** distinte:

- **informazioni personali** (nome, indirizzo, recapiti, data di nascita);
- **esperienze lavorative** (stage e altre esperienze di lavoro, in ordine cronologico dalla più recente, indicando la durata e le mansioni svolte);
- **istruzione e formazione** (diplomi conseguiti, corsi frequentati ecc.);
- **capacità e competenze personali** (conoscenza delle lingue straniere, capacità e competenze relazionali, organizzative, tecniche, artistiche, altre capacità e competenze, patente di guida);
- **ulteriori informazioni** (progetti, premi e riconoscimenti, appartenenza e associazioni ecc.);
- **allegati** (fotocopie di attestati di corsi, di certificazioni linguistiche ecc.).

Il modello di *curriculum* più utilizzato è quello **europeo**, che puoi trovare sul sito www.europass.cedefop.europa.eu/it/documents/curriculum-vitae.

Nome	Lucilla Minore
Indirizzo	Corso Trento Trieste 11, 41124 Modena
Telefono cellulare	+39 3482254345
E-mail	lumi@hotmail.com
Skype	lucillaminore
Data di nascita	11/10/1994
ISTRUZIONE E FORMAZIONE	Diploma di perito aziendale e corrispondente in lingue estere 100/100 conseguito nel 2013 Seminario "Le dichiarazioni dei redditi delle persone fisiche"
ESPERIENZE PROFESSIONALI	Stage aziendale (segreteria, archivio, comunicazioni in lingue straniere) Tirocinio di sei mesi presso uno studio di commercialisti (febbraio-luglio 2014)
COMPETENZE LINGUISTICHE	Inglese: livello B2 (First Certificate in English) Francese: livello B2 Tedesco: livello B1
COMPETENZE RELAZIONALI	Ottime competenze relazionali acquisite nel contesto scolastico, lavorativo e nel tempo libero.
COMPETENZE ORGANIZZATIVE	Sono stata rappresentante di classe per tre anni e sono attualmente capitano della mia squadra di pallavolo. Durante le mie esperienze lavorative ho esercitato e potenziato le mie competenze organizzative. Ottima attitudine al lavoro di squadra.
COMPETENZE INFORMATICHE	Ottima padronanza del pacchetto Microsoft Office (Word, Excel, Access, PowerPoint). Nel corso dei miei studi ho inoltre sviluppato la padronanza dei linguaggi di programmazione HTML, SQL e Visual Basic.
HOBBY E SPORT	Pratico la pallavolo a livello agonistico. Suono la chitarra e lavoro come volontaria presso una cooperativa sociale, per la quale organizzo attività per i bambini.
Autorizzo il trattamento dei miei dati personali ai sensi del D.lgs. 196 del 30 giugno 2003	

Un *curriculum* efficace deve:

- essere scritto in maniera **sintetica** e **corretta**, e avere un **aspetto grafico** chiaro e **curato** in modo che la lettura risulti facile e veloce;
- includere informazioni che **corrispondono al vero**, anche perché possono essere verificate;
- **essere salvato** anche in formato pdf;
- **essere aggiornato** con regolarità;
- **essere tradotto** anche in inglese;
- includere una tua **fotografia** in formato tessera.

La lettera di assunzione

La **lettera di assunzione**, o di presentazione, **accompagna il *curriculum*** e ha la funzione appunto di **presentare** il candidato. **Ne sottolinea i punti di forza** e ne dà una **descrizione il più completa possibile** in un testo abbastanza breve, allo scopo di attirare l'attenzione del selezionatore. Di seguito ti proponiamo un modello.

Spett.le Azienda Aurora Viaggi
Viale Roma, 12
20100 Milano

Milano, 6 febbraio 2016

Alla C.A. della Dott.ssa Bianchi, Responsabile delle Risorse Umane

Oggetto: Candidatura di Marco Rossi

← L'oggetto include il nome del candidato

Gent.ma Dott.ssa Bianchi,

vorrei sottoporre alla sua cortese attenzione la mia candidatura per il ruolo di addetto ai servizi turistici.

→ Il corpo della lettera si apre con il riferimento all'annuncio di lavoro e/o alla posizione offerta

Nel febbraio 2011 ho conseguito la laurea in Scienze del Turismo presso l'Università di Firenze.

← Citazione dei titoli conseguiti e che sono utili ai fini della posizione per cui si fa domanda

Le mie prime esperienze di lavoro presso *Viaggia con Noi* e *Italia Viaggi* e i miei studi mi hanno permesso di acquisire le competenze adatte a questa posizione all'interno della vostra Azienda.

→ Esperienze lavorative particolarmente rilevanti

Credo che un'esperienza di lavoro presso la vostra Azienda mi permetterebbe sicuramente di approfondire le conoscenze acquisite e intraprendere un percorso professionale stimolante.

← Vantaggi di lavorare per l'azienda che offre la posizione

Resto a disposizione per ogni chiarimento e la invito a contattarmi per un riscontro all'indirizzo e-mail: marcorossi@email.it

→ Offerta di dare maggiori informazioni e chiarimenti

Ringraziandola per l'attenzione, le porgo distinti saluti.

Marco Rossi

(adattamento da http://www.zanichellibenvenuti.it)

1 **Su un sito di annunci di lavoro, cercane uno adatto al tuo percorso di studi. Immaginando di aver già conseguito la maturità, scrivi il tuo *curriculum* e la lettera di assunzione da inviare all'azienda che offre la posizione che ti interessa.**

ADESSO TOCCA A TE

▶ Capitoli 1, 2

INDIVIDUA E PRODUCI

Livello 1

1 ●○○ **Nella seguente e-mail sono evidenziate alcune parti, che sarebbe opportuno cambiare. Quali sono le modifiche necessarie, tenendo presente che il testo è moderatamente formale?**

Da: r.costantini@gmail.com
A: sofiaf@gmail.com
Data: 15 marzo 2016 10:12
Oggetto: viaggi e visite d'istruzione

Salve Sofia,
le scrivo per segnalarle un'iniziativa dedicata a viaggi e visite d'istruzione in Italia.
L'obiettivo perseguito consiste nell'offrire esperienze educative, svolte sul campo, integrative rispetto a quelle scolastiche, valorizzando, nel contempo, l'immenso patrimonio ambientale, storico, archeologico e imprenditoriale del territorio italiano.
Naturalmente si tratta anche di un invito a visitare il nostro sito e a diffondere l'iniziativa in questione, qualora la trovasse di suo gradimento.
Ringraziandola per l'attenzione mi scuso infine per il disturbo eventualmente arrecato.
Colgo l'occasione per porgerle i più distinti saluti.
Raimondo Costantini

2 ●○○ **Scrivi un'e-mail a un/un'insegnante per esporre un tuo problema personale o scolastico e chiedere un consiglio.**

Livello 2

3 ●●○ **Scrivi un'e-mail a un personaggio italiano di spicco (politico, scienziato, attore ecc.) per esprimergli la tua ammirazione o per esporgli un problema.**

Livello 3

4 ●●● **A COPPIE Uno di voi è uno studente, l'altro il dirigente scolastico. Lo studente scrive una lettera al dirigente, che gli risponde, su uno dei seguenti argomenti:**

- la richiesta di uno spazio per un evento studentesco;
- l'organizzazione di un concerto a scuola e la richiesta di invitare studenti di altri istituti;
- un problema della scuola e la proposta di una soluzione.

5 ●●● **È stato annullato un concerto a cui dovevi assistere. Scrivi un'e-mail per chiedere come ottenere il rimborso, ricordandoti di fare riferimento al tipo di biglietto, al costo ecc.**

6 ●●● **Immagina di essere il rappresentante di classe e di dover scrivere un'e-mail a un museo per chiedere informazioni su una visita guidata: presenta il gruppo (numero di partecipanti), proponi una serie di date possibili e orari e informati sul costo, tenendo presente che l'e-mail deve essere formale.**

3 Le comunicazioni informali

La facilità e rapidità di comunicazione consentita dai nuovi media, come il computer, il telefono, i tablet, gli smartphone ha dato un nuovo impulso alla scrittura, con un effetto positivo e uno potenzialmente negativo:

☺ **Effetto positivo**
Si scrive di più e più spesso, anche se si producono testi più brevi, spesso brevissimi.

☹ **Effetto potenzialmente negativo**
Poiché si privilegia la rapidità della comunicazione, si dà meno importanza all'ortografia, si usano quasi esclusivamente frasi semplici o nominali, simboli al posto delle parole, abbreviazioni ecc.

L'effetto negativo influenza anche la lingua utilizzata in contesti più formali; è importante quindi saper distinguere le situazioni che consentono il linguaggio informale da quelle in cui è necessaria la correttezza formale.

• Gli SMS e le app di messaggistica istantanea

Il termine SMS è l'acronimo inglese di *Short Message Service* (servizio di messaggi brevi) e indica messaggi inviati da un telefono all'altro.

Le più recenti *app* (abbreviazione di *applicazioni*) di messaggistica istantanea hanno lo stesso scopo, ma consentono più funzioni, dalla condivisione di fotografie alla chiamata video, alla prenotazione e pagamento di servizi.

Lo scopo di questi messaggi è di comunicare qualcosa in modo rapido. Di conseguenza di solito sono brevi e caratterizzati da:

- **ortografia scorretta**: per esempio l'eliminazione delle maiuscole, degli accenti e dell'apostrofo;
- **abbreviazioni**: per esempio *nn* (non), *cmq* (comunque), *x* (per) *k* (ch) ecc.;
- **uso di *emoticons* o "faccine"**: sempre più diffuse, si usano al posto delle parole per esprimere lo stato d'animo di chi scrive.

• L'e-mail informale

Se rileggiamo le e-mail informali di p. 533, vedremo che la loro lingua è **semplificata** e caratterizzata da:

- **abbreviazioni** (*cell*, *nr*);
- **frasi brevi** e **sintassi elementare**;
- **lessico generico** e **colloquialismi** (*buca*, *incastrare un caffè*);
- **espressioni enfatiche** (punti esclamativi, *clamorosa buca*, *che bello*, *bacissimi*, *caldo africano*);
- termini che denotano un **rapporto confidenziale** (l'uso del *tu*, *ciao*, *un abbraccio*, *un bacio*); la **mancanza**, talvolta, di un'**apertura** e della **firma**;
- **emoticon** (☺, :D, ;)).

• I blog e i social network

La parola **blog** è la contrazione di *weblog* (diario sul web); il blog è dunque un sito personale in cui chi scrive (il cosiddetto ***blogger***) inserisce, con frequenza e regolarità variabile, i suoi **post** (commenti, riflessioni personali, racconti, video, immagini, link). Questi si presentano sulla schermata in ordine cronologico, dal più recente al più datato. Chi è iscritto al blog riceve la notifica dei post e può a sua volta commentare.

Chiunque può aprire un blog, utilizzando uno dei software disponibili, che sono facili da usare e gratuiti. Esistono diversi tipi di blog: quello **personale**, in cui il blogger parla di sé, si racconta, quello **tematico**, in cui si condivide un interesse, una passione, un hobby, quello **didattico**, creato da insegnanti o studenti a scopo di studio, il **photoblog** o **vlog**, in cui si postano foto, video e musica. Persone con interessi comuni si incontrano in uno spazio virtuale e condividono le loro conoscenze, competenze e interessi. È possibile conservare la traccia di discussioni, commenti, consigli, informazioni utili ecc., così come una volta si conservavano i diari cartacei.

Il linguaggio dei commenti può essere più o meno colloquiale, a seconda della tematica affrontata e dell'età delle persone che scrivono.

HAI CAPITO?

Ti presentiamo un gruppo di commenti su un blog che si riferisce a un post intitolato *Che cos'è l'amicizia?* A quale pubblico si riferisce e da cosa lo deduci?

ornella, ottobre 20, 2016 @ 20:47
ragazzi e trp bello... mi avete aiutato kn il tema...ke la mia prof si e anke congratulata...GRAZIE A VOI....ciau

nOemIn4, ottobre 25, 2016 @ 21:10
gRassle raGa...mi avetE aiUtatO anke a mE...x iL Tema in klasse wOwwww ;D gRassIE anCoraaaa ClaUz

lory, novembre 5, 2016 @ 21:50
Bellissima l'amicizia..........io ci credo, anche tra una donna e un uomo!!

PAOLA, novembre 10, 2016 @ 02:23
l'amicizia è veramente un sentimento complicato da definire... c'è stato un xiodo in cui x me la parola amicizia era diventato sinonimo di convenienza e di vincolo, ma ora, dopo aver incontrato una xsona speciale, ovvero la mia migliore amica, penso ke l'amicizia sia la forza ke ti xmetta di andare avanti quando tutto va male... e ke essa, se è vera, non è diminuita ne dal tempo e ne dallo spazio...

(adattamento da http://www.saccente.it)

I **social network** sono popolarissimi canali di comunicazione e condivisione. Nascono dall'intenzione di creare uno **spazio comune** in cui chi ha gli stessi interessi può **condividere** informazioni, foto, video, idee ed esperienze o comunicare con amici vicini e lontani, commentare sui post degli altri e così via.

Se prendiamo l'esempio di uno dei tanti social esistenti, su Twitter (dall'inglese *to tweet*, "cinguettare") possiamo costruirci un **profilo personale** e seguire "il cinguettio" di una persona che ci interessa, e a nostra volta ci costruiamo il nostro gruppo di "seguaci" (*follower*). I tweet sono contrassegnati dalle parole chiave della discussione preceduta dal simbolo cancelletto, per esempio #scrivereperlascuola. Questa etichetta viene definita ***hashtag*** e ha appunto la funzione di etichettare un gruppo o un argomento di discussione. Molti dibattiti oggi avvengono proprio su Twitter, dove vengono creati sempre nuovi *hashtag* noti a tutti per un certo periodo: passeranno poi di moda per lasciare il posto ad altri più attuali.

I messaggi su Twitter presentano i tratti tipici della scrittura informale, e hanno inoltre una caratteristica interessante: non devono superare i **140 caratteri**. Spesso criticati per gli effetti che possono avere sulla scrittura formale, questo "vincolo" può però aiutare a sviluppare le capacità di sintesi e l'abilità di scegliere con cura le parole.

HAI CAPITO? Scegli un *hashtag* popolare in questo momento e condividilo con la classe, spiegando i motivi della tua scelta.

• I rischi della condivisione

Quando pubblichiamo qualcosa online, dobbiamo essere consapevoli dei **rischi** che derivano dalla condivisione di materiali e informazioni, poiché una parte della nostra identità diventa di dominio pubblico. Non dobbiamo sottovalutare le conseguenze di quello che pubblichiamo sul web: ciò che sarà visibile a tutti può danneggiarci e diventare materiale per atti di bullismo, scherzi di cattivo gusto, accuse di diffamazione ecc. Fai quindi attenzione ai commenti e ai materiali che posti perché nessuno possa farne un uso indesiderato e perché tu stesso non danneggi altri, anche senza volere.

ADESSO TOCCA A TE

▶ Capitolo 3

PRODUCI E COMUNICA

Livello 1

1 ●○○ Scrivi per un blog immaginario la cronaca di una giornata diversa dalle altre. Dividila in 5 o 6 post di 300/400 caratteri ciascuno.

2 ●○○ Crea un hashtag su un argomento che ti sta a cuore e scrivi un tweet, ricordandoti di rispettare la lunghezza massima. Uno studente raccoglie poi tutti i tweet e ciascuno di voi ne "pesca" uno e risponde, poi lo passa a un compagno che a sua volta commenterà e così via, fino a quando l'insegnante porrà fine all'attività.

3 ●○○ **IN GRUPPO** Lavorate in un gruppo di 3 o 4 studenti che hanno tutti un account sullo stesso social network. Dal vostro profilo, selezionate alcune fotografie di una festa, un viaggio ecc. e condividetele con i compagni. Presentate le fotografie in un certo ordine e scrivete un breve testo sotto a ognuna, in modo da creare un racconto della vostra esperienza. I compagni commentano e/o vi fanno domande.

Livello 2

4 ●●○ **A COPPIE** Il blog si usa spesso per esprimere le proprie emozioni. Immaginate di scrivere sul vostro blog per raccontare il vostro stato d'animo in una delle situazioni elencate. Scrivete 8 righe al massimo. Poi scambiatevi il post e commentatelo a vicenda in 5-6 righe al massimo.

hai ricevuto una bella notizia ~ ti stai annoiando ~ devi affrontare un'interrogazione e non ti senti preparato/a ~ hai litigato con i tuoi genitori ~ hai fatto una figuraccia con qualcuno ~ hai subito un torto

5 ●●○ Se avete un blog di classe, scrivi un post su un'esperienza che hai condiviso con i compagni, poi commenta il post di uno di loro.

Livello 3

6 ●●● **A COPPIE** Se avete un account su Twitter o su un altro social network, seguite una personalità di spicco nel mondo dello spettacolo, dello sport, della letteratura, della politica ecc. Scegliete un paio dei suoi ultimi *tweet* o post e, in classe, scrivetene a vostra volta. Poi, scrivete sulla pagina o all'indirizzo e-mail di questa persona, e trasformate uno dei vostri messaggi in un testo più lungo e corretto nella forma.

7 ●●● **Se avete un blog di classe, scrivi un post su un argomento trattato in una lezione. Indica**
- cosa ti è piaciuto e perché
- cosa non ti è piaciuto e perché
- se non hai capito qualcosa, e in tal caso chiedi spiegazioni
- su cosa vorresti sapere di più
- cosa hai imparato di nuovo

8 ●●● **Scrivi un'e-mail a un amico/un'amica per... Scegli una delle seguenti situazioni:**

fare pace dopo un litigio ~ raccontare qualcosa di sensazionale ~ chiedere un favore ~ fargli/farle una dichiarazione d'amore ~ confidare un segreto

9 ●●● **Sul blog www.profduepuntozero.it l'autore ha pubblicato il post *Il mio primo disastroso giorno di scuola*. Scrivi un post per raccontare il tuo primo giorno di scuola ai compagni. Cosa è successo? Cosa ti è rimasto più impresso e che sensazioni hai provato?**

LAVORIAMO SULLA LINGUA

Le parole della tecnologia e del digitale

Sicuramente le parole che si riferiscono alle tecnologie digitali fanno parte del tuo lessico quotidiano, e alcune di esse sono state menzionate in questa unità (link, blog, hashtag, applicazione, profilo, network). Sei però sicuro di conoscere il loro esatto significato e funzione? Mettiti alla prova eseguendo la seguente attività.

1 **Attribuisci a ciascuna delle parole elencate e numerate la corretta definizione.**

1. *link*
2. *netiquette*
3. *browser*
4. *open source*
5. *plug-in*
6. *cookie*
7. *screenshot*
8. *tutorial*
9. *homepage*
10. *URL*

- ☐ norme di comportamento imposte dai gestori di un sito per regolarne l'uso
- ☐ software a cui l'utente può fare modifiche
- ☐ collegamento tra la pagina di un sito e un'altra, o fra diverse parti della stessa pagina
- ☐ porzione di immagine copiata dallo schermo e salvata attraverso un programma apposito che la fa apparire come una fotografia dello schermo
- ☐ lezione dimostrativa che insegna come si esegue qualcosa
- ☐ programma che consente il collegamento a internet
- ☐ pagina di apertura di un sito internet
- ☐ file inviato agli utenti di un sito per registrarne l'accesso e ottenere dati su di loro
- ☐ indirizzo di un sito web che inizia con http://
- ☐ componente aggiuntiva di un software

FACCIAMO IL PUNTO

definire + riassumere + classificare + memorizzare

LOSAI?
RIPASSA CON LO SMARTPHONE

Comunicare ed esprimersi

- **LE COMUNICAZIONI FORMALI**
  - **LETTERA** → **struttura e stile**: formule di apertura e di chiusura formali, titolo professionale del destinatario, riferimenti all'inizio del corpo della lettera, capoversi spaziati, lessico specialistico
  - **E-MAIL** → **struttura e stile**: entra subito nel merito, termini meno formali
    - *Le differenze tra queste due forme di comunicazione riguardano* → velocità, quantità, importanza dell'oggetto, livello di formalità, struttura, elementi stilistici
- **LE COMUNICAZIONI INFORMALI**
  - **SMS E APP DI MESSAGGISTICA** → messaggi brevi, immediati e caratterizzati da ortografia a volte scorretta, abbreviazioni, uso di emoticons
  - **E-MAIL INFORMALE** → messaggio più o meno breve, uso di abbreviazioni, frasi brevi e sintassi semplice, lessico generico e colloquialismi, espressioni enfatiche, tono confidenziale, emoticon, talvolta mancanza di apertura e chiusura
  - **BLOG E SOCIAL NETWORK** → spazi virtuali in cui esprimere commenti, riflessioni personali, racconti e condividere video, immagini, notizie; linguaggio più o meno informale in base all'argomento e all'età

CONOSCENZE

1 **Indica se le seguenti affermazioni sono vere [V] o false [F].**

a. Il destinatario è al centro di un testo espressivo. V F
b. L'e-mail è formale quanto una lettera. V F
c. L'oggetto è più importante nella lettera che nell'e-mail. V F
d. La scrittura attraverso il computer o il telefonino ha effetti sia positivi sia negativi. V F
e. Nell'e-mail informale sono assenti i tratti della scrittura rapida. V F
f. Nel blog il linguaggio è sempre colloquiale. V F
g. I messaggi su Twitter non devono superare i 140 caratteri. V F

ABILITÀ E COMPETENZE

2 **Trasforma la seguente e-mail informale in un'e-mail formale a un insegnante a cui devi comunicare un cambiamento di programma. Fai le modifiche che ritieni necessarie.**

Da: ancoramusica@gmail.com
A: quifesta@gmail.com
Data: 15 marzo 2016 10:12
Oggetto: per sabato sera

Ciao GG,

come ti butta?

Io mi appresto a venire a Roma, parto giovedì.

C'è una leggera variazione sul programma di sabato sera (il resto è uguale ☺): poiché il concerto è stato cancellato (☹), ci dirottiamo a San Lorenzo dove G. suona per l'inaugurazione di un nuovo localino, tanto per cambiare! Se vedo aggiornamenti dell'ultima ora su fb ti faccio il riassunto come in questo caso (come sono buona!!!), ma puoi sempre chiamare Marco…

Ti mando pure il link al nostro tabellone dei partecipanti all'evento (magari ti ci vorrebbe un po' a trovarlo nel caos di post su fb ;)), e perdonami se per caso l'ho già fatto: https://docs.google.com/xxxxx. Però cliccaci sopra!!!

Che mi dici di te?

Bacio

S

FACCIAMO IL PUNTO

3 **Trasforma la seguente lettera formale in una lettera o e-mail informale a una persona che conosci bene. Fai le modifiche che ritieni necessarie.**

> Cara signorina Lortz,
>
> la prego di scusarmi se restituisco in ritardo i suoi libri.
>
> Il mio rammarico è sincero perché mi sono stati estremamente utili per preparare il mio discorso. La prego di accettare questi soldi come risarcimento per la mia infrazione. Quello che avanza resti a lei come segno della mia profonda gratitudine.
>
> Cordiali saluti
>
> Sam Peebles

(S. King, *Quattro dopo mezzanotte*, trad. di T. Dobner, Sperling & Kupfer, Milano, 1992)

4 **Trasforma la seguente lettera formale di una ditta in una lettera informale a un cliente affezionato. Fai le modifiche che ritieni necessarie.**

> Gentile Signora/
> Egregio Signor XY,
>
> vorremmo ringraziarLa per averci visitato al nostro stand. Siamo lieti che abbia mostrato grande interesse per i nostri prodotti e per tale ragione Le inviamo una breve scheda riassuntiva delle nostre offerte.
> Come concordato provvederemo nel corso della prossima settimana a inviarLe un'offerta dettagliata, completa di preventivo personalizzato.
>
> Nel frattempo La salutiamo cordialmente e Le auguriamo ogni successo per la Sua attività.

5 **Immagina di aprire un blog e scrivi l'introduzione per... Scegli una delle seguenti situazioni:**

- presentarti e spiegare perché hai deciso di aprire il blog
- presentare la tua scuola a una classe di terza media
- illustrare alcuni problemi della tua città o del tuo quartiere, che hanno ispirato l'apertura del blog, e la proposta di alcune soluzioni
- illustrare una tematica che hai scoperto attraverso lo studio e che ti interessa in modo particolare

6 **IN GRUPPO** **Lavora con un gruppo di compagni che sono interessati allo stesso argomento tra quelli elencati. Scegliete chi di voi dà avvio a un blog su di esso e, a turno, date il vostro contributo. Trattandosi di una tematica seria, fate attenzione alla forma. Alla fine, lavorate insieme per controllare ciò che avete scritto e per migliorarlo.**

- La privacy ai tempi dei social network: quali rischi corriamo?
- Consigli per gli adolescenti: come comportarsi con i genitori?
- Come l'informatica influenzerà il nostro futuro: cosa vedi davanti a noi?
- Cosa bisogna fare per avere successo garantito all'esame di maturità?
- Il viaggio virtuale sostituirà, almeno in parte, quello reale? Perché?
- L'occupazione studentesca è una perdita di tempo o un momento di crescita personale e culturale?

UNITÀ

2 Dare regole e istruzioni

IN QUESTA UNITÀ

- Che cos'è un **testo regolativo**?
- Quali **tipi** di testo regolativo esistono?
- Qual è la **struttura** di un testo regolativo?
- Quali sono le sue **caratteristiche fondamentali**?
- Quali sono le caratteristiche di un testo regolativo **tecnico-scientifico**?
- LAVORIAMO SULLA LINGUA Approfondiamo la nostra conoscenza dei **linguaggi settoriali**

1 Il testo regolativo

PARTIAMO DAL TESTO

Esaminiamo le caratteristiche del testo regolativo attraverso due esempi. Dopo aver letto i testi, rispondi alle domande.

1

- La cassa chiude 30 minuti prima dell'orario di chiusura.
- L'impianto chiude 30 minuti dopo l'orario di chiusura delle vasche.
- È obbligatorio l'uso della cuffia.
- Presso il guardaroba e gli spogliatoi sono a disposizione armadietti.
- La chiusura degli armadietti è possibile solo con lucchetto personale degli utenti e soci.
- All'interno del piano vasche sono a disposizione cassette di sicurezza per piccoli oggetti, documenti, chiavi ecc.
- La direzione non risponde di furti che avvengano all'interno dell'impianto.

2

Ragù della bisnonna

Ingredienti per 6 persone:
3 etti di polpa di maiale (o vitello)
80 gr. di burro circa
circa mezza cipolla tagliata fine
un cucchiaino raso di sale grosso
un bicchiere medio di brodo di dado
un cucchiaino pieno di conserva di pomodoro

Preparazione
Si taglia la carne a quadrettini e si mette sul fuoco con il burro, la cipolla e il sale grosso. Quando il tutto ha rosolato adagio per mezz'ora vi si unisce il brodo con sciolta dentro la conserva di pomodoro. Si lascia bollire adagio e con coperchio ancora per un'ora e mezza, poi è pronto.

1. Quale dei due testi dà delle **istruzioni**, quale delle **regole**?
2. Come descriveresti il **linguaggio** dei due testi? Scegli le opzioni corrette per ciascun testo.

Testo 1

- A Periodi lunghi e complessi.
- B Frasi abbastanza brevi e testo schematico.
- C Lessico che rende il messaggio difficile da comprendere.
- D Alcuni termini relativi a un lessico specialistico appropriato alla situazione.

Testo 2

- A Linguaggio chiaro e preciso.
- B Alcuni termini relativi a un lessico specialistico appropriato alla situazione.
- C Frasi lunghe, con molte subordinate.
- D Linguaggio comprensibile solo ai cuochi professionisti.

3. Cosa hanno in comune i due testi?
4. Osserva la **struttura** dei due testi: come è organizzato e presentato il **contenuto**?

Testo 1 ....

Testo 2 ....

● **Il testo regolativo**

Il testo regolativo contiene **regole** o **istruzioni** e ha lo scopo di dare al destinatario norme su come comportarsi in una determinata situazione o indicazioni su come fare qualcosa.

● **Le tipologie**

Esistono diversi tipi di testi regolativi, che sono però raggruppabili entro due categorie principali: i **regolamenti** e le **istruzioni**.

I **regolamenti** indicano **obblighi** o **divieti** e descrivono il comportamento che si deve tenere in determinate situazioni, e le eventuali sanzioni per chi non rispetta le regole imposte. Possono anche presentarsi come una serie di **suggerimenti** su come comportarsi in certe situazioni. Il loro **scopo** è **persuasivo**.

Le **istruzioni** invece insegnano come si fa qualcosa, quali tappe bisogna seguire per raggiungere un obiettivo. Il loro **scopo** è **informativo**.

HAI CAPITO?

Indica se i seguenti testi regolativi sono **regolamenti** [R] o danno **istruzioni** [I].

a. La Costituzione della Repubblica Italiana R I
b. Le regole di un gioco R I
c. Le indicazioni per arrivare in un posto R I
d. Un articolo del codice della strada R I
e. Il foglietto illustrativo di un farmaco R I
f. I cartelli di divieto R I
g. Il manuale d'uso di un apparecchio elettronico R I
h. La ricetta di cucina R I
i. La netiquette di un sito internet R I
j. La mappa di un sito R I
k. Le indicazioni su come comportarsi in caso di incendio R I
l. Le misure di sicurezza presentate dagli assistenti di volo R I

● **Le caratteristiche**

Le caratteristiche fondamentali del testo regolativo sono le seguenti:

- **completezza**: devono esserci tutte le informazioni che permettono di seguire le regole e le istruzioni contenute nel testo;
- **brevità**: ci si deve limitare alle informazioni essenziali a raggiungere il suo scopo;
- **chiarezza**: il linguaggio usato, la grafica e le immagini devono rendere il testo chiaro e facilmente comprensibile;
- **ordine**: il contenuto va presentato secondo una struttura chiara e interpretabile in un unico modo;
- **oggettività**: non deve contenere le opinioni personali del mittente, con l'eccezione di qualche suggerimento.

● **Il contenuto e il linguaggio**

Il **contenuto** dei testi regolativi è presentato in modo **schematico**, spesso per punti. L'**ordine** è generalmente intercambiabile per i regolamenti (per esempio nel testo 1 di p. 546 i punti potrebbero avere un altro ordine), è rigido per le istruzioni.

Il **linguaggio** dei testi regolativi

- è **conciso** e **diretto**, con frasi brevi, pochi aggettivi o altri elementi non essenziali;
- fa uso di **indicatori di tempo** (*dopo, quando, per un'ora e mezza* ecc.);
- contiene spesso dei **termini specialistici**, come *piano vasche, guardaroba, spogliatoi, impianto* nell'esempio della piscina e *si mette sul fuoco, il tutto ha rosolato adagio* nell'esempio della ricetta;
- può contenere termini che appartengono al registro **formale burocratico-giuridico**, come *presso, utenti, la direzione non si assume...* nel regolamento della piscina.

I **tempi** e i **modi verbali** usati più frequentemente in questi testi sono l'infinito, l'imperativo, il presente indicativo e la forma impersonale.

In entrambe le categorie di testi, la **presentazione grafica** e l'uso di **immagini** contribuiscono a rendere il messaggio chiaro ed efficace.

1.1 Il testo regolativo tecnico-scientifico

ANALIZZIAMO IL TESTO

Il foglietto illustrativo di un farmaco, che in gergo si chiama "bugiardino", è un testo regolativo tecnico-scientifico che rientra nella categoria delle istruzioni, pur contenendo anche parti informative.

Struttura e lingua

La **struttura** è quella tipica di questo tipo di testo regolativo, con la suddivisione in **paragrafi,** con **titoli in grassetto** che seguono generalmente lo **stesso ordine**.

A livello di **grammatica** e **sintassi**:

- prevalgono le frasi semplici e coordinate, eccetto che nel paragrafo *Precauzioni d'impiego*, in cui sono presenti frasi più lunghe e alcune subordinate;
- viene usato un numero limitato di **tempi** e **modi verbali**;
- è frequente l'uso della forma passiva.

Il **lessico** è **specialistico**: sono presenti molti termini che appartengono alla **terminologia medica**, diversi dei quali derivano dal latino e dal greco.
Sono presenti anche termini ed espressioni di **registro elevato**: *deve essere istituito* (si deve cominciare), *assumere* (prendere) ecc.

Testo

ANGELINI

TACHIPIRINA 1000 mg compresse
TACHIPIRINA 1000 mg compresse effervescenti Paracetamolo

CATEGORIA FARMACOTERAPEUTICA
Analgesico-antipiretico.

PRECAUZIONI D'IMPIEGO
Nei rari casi di reazioni allergiche, la somministrazione deve essere sospesa e deve essere istituito un idoneo trattamento. Durante il trattamento con paracetamolo, prima di assumere qualsiasi altro farmaco controllare che non contengano lo stesso principio attivo, poiché se il paracetamolo è assunto in dosi elevate si possono verificare gravi reazioni avverse.

DOSE, MODO E TEMPO DI SOMMINISTRAZIONE
L'uso di Tachipirina 1000 mg compresse e Tachipirina 1000 mg compresse effervescenti è riservato agli adulti e ai ragazzi oltre i 15 anni di età.
Adulti e ragazzi oltre i 15 anni: 1 compressa o una compressa effervescente fino a 3 volte al giorno con un intervallo tra le diverse somministrazioni non inferiore a quattro ore, per un dosaggio massimo di 3 compresse al giorno.
Le compresse effervescenti devono essere disciolte in un bicchiere d'acqua.

AVVERTENZE
Non somministrare per più di 3 giorni consecutivi senza consultare il medico.

INTERAZIONI
Informare il medico o il farmacista se si sta assumendo o si è recentemente assunto qualsiasi altro medicinale, anche quelli senza ricetta medica.

SCADENZA E CONSERVAZIONE
Scadenza: vedere la data di scadenza riportata sulla confezione.
Attenzione: non utilizzare il medicinale dopo la data di scadenza riportata sulla confezione. La data di scadenza indicata si riferisce al prodotto in confezionamento integro, correttamente conservato.

Caratteristiche del testo regolativo

- **Completezza:** ci sono tutte le informazioni che permettono di seguire le indicazioni sul farmaco.
- **Brevità:** ci sono solo le informazioni essenziali.
- **Chiarezza:** la suddivisione in paragrafi e i titoli permettono di individuare facilmente le istruzioni che interessano; il lessico è però chiaro solo a chi conosce i termini scientifici che ricorrono in tale tipo di testo; il paragrafo più chiaro è quello sul dosaggio, data la sua importanza.
- **Ordine:** le indicazioni sul farmaco vengono presentate secondo la struttura tipica di questo tipo di testo.
- **Oggettività:** sono presenti solo i dati concreti relativi al farmaco.

ADESSO TOCCA A TE ▶ Capitolo 1

INDIVIDUA, ANALIZZA E PRODUCI

Livello 1

1 ●○○ **IN GRUPPO** Esaminate il *Regolamento di disciplina degli studenti* della vostra scuola e producete un documento analogo dal titolo *Diritti e doveri degli insegnanti*. Ricordatevi di applicare le caratteristiche fondamentali del testo regolativo.
Confrontate poi il vostro "regolamento" con quello degli altri gruppi: quale meriterebbe di essere pubblicato sul sito della vostra scuola? Quali indicazioni comuni trovate?

2 ●○○ Scrivi un messaggio a tutta la classe invitando i compagni a una festa o a un altro evento. Includi una mappa e dai istruzioni su come arrivare a destinazione partendo dalla vostra scuola.

3 ●○○ **A COPPIE** Dovete spiegare a uno straniero come si viaggia in treno o in autobus in Italia. Oltre alle norme imposte dalla legge, includete alcune norme sul buon comportamento quando si viaggia su un mezzo di trasporto. Usate la forma impersonale.

Livello 2

4 ●●○ Leggi la seguente descrizione di una specialità barese e poi svolgi le attività.

La focaccia barese

La focaccia barese si prepara mescolando farina di grano tenero, sale, lievito e acqua. Ne deriva un impasto piuttosto liquido che si versa in una teglia rotonda, si condisce con olio, pomodori freschi, olive e poi si cuoce nel forno a legna. Proprio perché l'impasto è liquido, i pezzi di pomodoro e le olive sprofondano nella pasta, creando e riempiendo dei piccoli crateri morbidi che diventano le parti più buone della focaccia. Si mangia calda ma non bollente, avvolta in un pezzo di carta da panificio, uscendo da scuola, al mare, per cena o anche per pranzo (o merenda o anche colazione, ma questa è roba da esperti): veloce, economico e deliziosamente unto.
La focaccia è una delle cose più buone al mondo. Mi trattengo dal dire che è la *più* buona per mantenere un minimo di prospettiva e per evitare il delirio campanilistico. Ci sono quelle sottili e croccanti, quelle alte e soffici, quelle con l'aggiunta delle patate o del rosmarino e molte altre varianti. Anche se la vera focaccia è quella con pomodori, olive, bordi bruciacchiati e basta.
La focaccia, a Bari, è una metafora dell'uguaglianza e uno dei pochi simboli (fra questi, degne di nota anche le cozze crude) in cui i baresi riconoscono la loro identità collettiva.

(adattamento da G. Carofiglio, *Né qui né altrove. Una notte a Bari*, Laterza, Bari, 2008)

a. Trasforma il contenuto in un testo regolativo che rispetti la struttura di una ricetta di cucina, come segue:
Ingredienti: ....
Preparazione: ....
Si consiglia di mangiarla...: ....
Varianti: ....

b. Quale caratteristica del testo regolativo non viene rispettata in questo testo per poterlo considerare tale?

5 ●●○

Osserva la sequenza delle immagini e scrivi le istruzioni per assemblare un divano, usando l'infinito. Puoi usare i verbi elencati, che non sono in ordine.

appoggiare ~ avvitare ~ girare ~ infilare ~ inserire ~ montare ~ ricoprire ~ risistemare ~ rovesciare

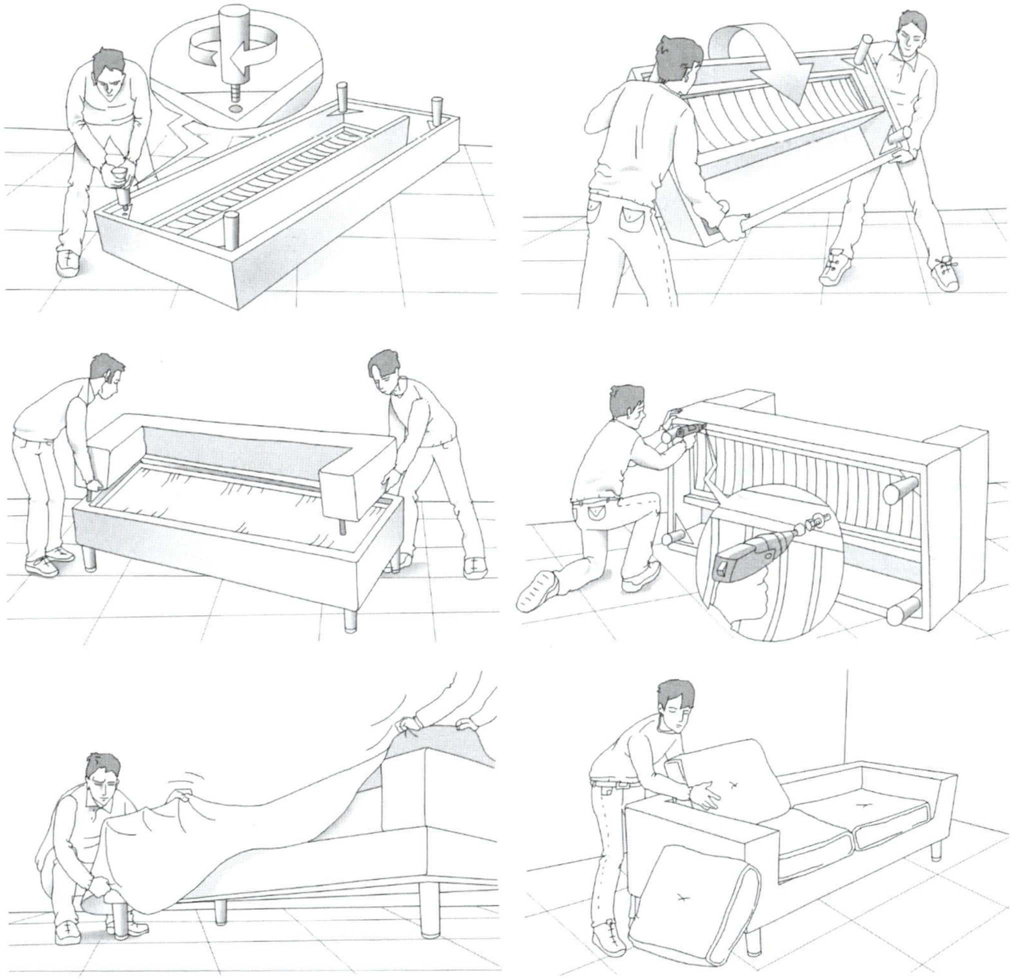

6 ●●○

A COPPIE Scrivete assieme a un compagno/a un decalogo (una lista con dieci regole o consigli) per il primo appuntamento e presentatelo alla classe: qual è il migliore e il più spiritoso?

Non arrivate in ritardo...

Livello 3 **7** ●●●

Scrivi un testo regolativo su come usare un social network o un software che conosci bene a una persona che non ne fa uso. Rispetta le caratteristiche di tale testo e ricordati che l'obiettivo principale è che la persona capisca le tue istruzioni.

8 ●●●

Leggi il seguente testo giuridico e cerca di cogliere le informazioni più importanti rispondendo alle domande che seguono anche se non capisci tutte le parole.

Art. 171
Uso del casco protettivo per gli utenti di veicoli a due ruote.

("Nuovo codice della strada", decreto legisl. 30 aprile 1992 n. 285 e successive modifiche)

1. Durante la marcia, ai conducenti e agli eventuali passeggeri di ciclomotori e motoveicoli è fatto obbligo di indossare e di tenere regolarmente allacciato un casco protettivo conforme ai tipi omologati, in conformità con i regolamenti emanati dall'Ufficio europeo per le Nazioni Unite – Commissione economica per l'Europa e con la normativa comunitaria (1) (4).

1-bis. Sono esenti dall'obbligo di cui al comma 1 i conducenti e i passeggeri:
a) di ciclomotori e motoveicoli a tre o a quattro ruote dotati di carrozzeria chiusa;
b) di ciclomotori e motocicli a due o a tre ruote dotati di cellula di sicurezza a prova di crash, nonché di sistemi di ritenuta e di dispositivi atti a garantire l'utilizzo del veicolo in condizioni di sicurezza, secondo le disposizioni del regolamento [...].

2. Chiunque viola le presenti norme è soggetto alla sanzione amministrativa del pagamento di una somma da euro 80 a euro 323. Quando il mancato uso del casco riguarda un minore trasportato, della violazione risponde il conducente.

(www.aci.it)

a. **Di quale obbligo si parla?**
b. **Chi riguarda?**
c. **Chi è esonerato dall'obbligo?**
d. **Quali sanzioni sono previste se non si osserva la legge?**

LAVORIAMO SULLA LINGUA

I linguaggi settoriali

Si dice **settoriale** un linguaggio caratterizzato da termini ed espressioni tipici di una **disciplina specialistica** (medicina, giurisprudenza, economia ecc.) o del **gergo** di determinati **settori** (sport, moda, musica ecc.). Le parole ed espressioni usate sono comprese da tutti coloro che condividono determinati studi, lavoro, interessi, categoria sociale ecc., talvolta escludendo gli altri.
Il foglietto illustrativo di p. 549, per esempio, rientra nel linguaggio settoriale della medicina. Nella seguente tabella ti presentiamo dei termini che appartengono ad alcuni altri linguaggi settoriali.

SPORT	***Ace*** **(tennis)** punto che si ottiene attraverso un servizio in cui l'avversario non arriva a rispondere	***Trick*** **(skateboard o snowboard)** manovra eseguita con la tavola	***Coast to coast*** **(pallacanestro)** quando si porta la palla da un lato all'altro del campo
MUSICA	***Staccato*** note suonate separatamente in modo da distinguerle	***Allegretto*** velocità moderata	***Stecca*** nota sbagliata
MODA	***Dress code*** regole che stabiliscono l'abbigliamento appropriato in una determinata situazione	***Francesine*** scarpe da donna con mascherina allacciata	***Vintage*** d'epoca
GIURISPRUDENZA	***Patteggiamento*** trattativa che ha lo scopo di raggiungere un accordo tra le parti coinvolte in una causa	***Atti*** verbale, relazione scritta	***GIP*** giudice per le indagini preliminari

ECONOMIA	***Leasing*** tipo di contratto con cui una parte concede l'uso di un bene - automobile, fotocopiatrice ecc. - dietro pagamento, con la possibilità di acquistare il bene alla scadenza del contratto	***Franchising*** accordo tra un produttore di beni e servizi e un'azienda, che paga al primo una somma per acquisire il diritto di venderne i prodotti e servizi	***Emissione*** operazione attraverso la quale vengono messi in circolo denaro, francobolli, titoli, assegni ecc.

I linguaggi settoriali sono caratterizzati da:

- un **lessico specifico** costituito da termini strettamente legati all'argomento o disciplina;
- l'uso di **parole comuni** a cui viene attribuito un **significato specifico** (*campo*, *sezione* ecc.);
- **parole straniere** come *computer*, *password*, *mouse*, *look* ecc.;
- **parole composte**, derivate soprattutto dal latino e dal greco (*antipiretico*, *emicrania*, *goniometro* ecc.);
- la tendenza a usare **sostantivi al posto di verbi** (*incontrarsi* → *incontro; riunirsi* → *riunione* ecc.).

1 **Trova un articolo su uno sport che ti interessa. Individua i termini specifici della disciplina sportiva e spiegane il significato.**

2 **A COPPIE Il gergo giovanile ha la caratteristica di modificarsi con il passare delle generazioni. Quali parole ed espressioni fanno parte del vostro gergo giovanile? Scrivete un dialogo in cui ne utilizzate alcune e che gli adulti avrebbero difficoltà a comprendere.**

3 **Scrivi tutte le parole specifiche che ti vengono in mente in relazione ai seguenti ambiti.**

a. Informatica ....
b. Geografia ....
c. Turismo ....
d. Gastronomia ....

4 **Indica quali settori utilizzano i seguenti termini con un significato specifico, scegliendoli tra quelli elencati. In alcuni puoi indicare più settori.**

gastronomia ~ geografia ~ geometria ~ informatica ~ matematica ~ meccanica ~ medicina ~ sport ~ teatro

a. dado ....
b. rigore ....
c. fiasco ....
d. bacino ....
e. prodotto ....
f. area ....
g. radice ....
h. icona ....

FACCIAMO IL PUNTO

definire + riassumere + classificare + memorizzare

LOSAI? RIPASSA CON LO SMARTPHONE

Dare regole, norme e istruzioni → **IL TESTO REGOLATIVO**

- **TIPOLOGIE** → **REGOLAMENTI** (scopo persuasivo); **ISTRUZIONI** (scopo informativo)
- **CONTENUTO E LINGUAGGIO** →
  - contenuto presentato in modo schematico
  - ordine più flessibile nei regolamenti, più rigido nelle istruzioni
  - linguaggio conciso e diretto, uso di indicatori di tempo, termini specialistici
  - tempi e modi verbali più frequenti: infinito, imperativo, presente indicativo e forma impersonale
- **CARATTERISTICHE** → completezza, brevità, chiarezza, ordine, oggettività

CONOSCENZE

1 **Indica se le seguenti affermazioni sono vere [V] o false [F].**

a. Lo scopo di un regolamento è persuasivo. V F
b. Le istruzioni indicano obblighi e divieti. V F
c. Il contenuto di un testo regolativo è presentato in modo libero. V F
d. Il linguaggio dei testi regolativi è conciso e diretto. V F
e. Il testo regolativo usa tutta la gamma dei modi e tempi verbali. V F
f. Il testo regolativo deve essere oggettivo. V F
g. La struttura di un testo regolativo è sempre la stessa. V F

ABILITÀ E COMPETENZE

2 **Scrivi un regolamento per la casa con i doveri e gli obblighi di tutti quelli che vi abitano.**

3 **Scrivi le regole di un gioco che conosci bene: un gioco dell'infanzia, da tavolo, sportivo ecc.**

4 **A COPPIE** **Scrivete una ricetta immaginaria per diventare... Scegliete tra le seguenti opzioni, poi presentate la vostra "ricetta" alla classe.**

un bravo insegnante ~ un grande campione ~ un musicista di successo ~ un astronauta ~ un bravo sindaco ~ un grande chef ~ un manager sportivo ~ un prestigiatore ~ un pilota ~ un presentatore televisivo ~ uno sviluppatore informatico ~ un traduttore ~ un attore

Ingredienti:

....

....

Preparazione:

....

....

....

5 **Come funziona la raccolta differenziata nella vostra città? Scrivete le istruzioni per un ospite.**

6 **IN GRUPPO** **Vi riportiamo i primi punti di una *netiquette* sull'uso dei social network. Discutete l'argomento e aggiungete altri punti. Potete ispirarvi ai suggerimenti elencati. L'insegnante vi mostrerà poi la *netiquette* completa: quanto si differenzia dalla vostra?**

1. Scrivi correttamente: attento ad ortografia e punteggiatura. Tutti vedono quello che scrivi e non ci fai una bella figura se sembra che tu non abbia finito le scuole dell'obbligo (leggi il messaggio tre volte prima di pubblicarlo).
2. Dalla parte opposta non essere troppo duro con chi commette errori: è sgarbato farglielo notare e poi ci sono modi e modi...
3. Non scrivere con caratteri MAIUSCOLI: sul web, per convenzione, equivale ad URLARE.

(www.giovannifracasso.it)

faccine ~ informazioni personali ~ chiedere l'amicizia ~ pubblicità ~ conversazioni private ~ taggare ~ pubblicare foto ~ messaggi privati ~ citare la fonte ~ offendere ~ prodotti illegali ~ hashtag

7 **A COPPIE** **Leggete il seguente regolamento - parziale - di una maratona. Analizzatelo dal punto di vista delle caratteristiche del testo regolativo. Se voleste partecipare alla maratona, avreste bisogno di aiuto per interpretare il regolamento?**

Maratona dles Dolomites – Enel regolamento

(testo valido per i soli partecipanti di nazionalità italiana)

1 Data: Domenica, 3 luglio 2016

2 Ritrovo-partenza: a La Villa – Alta Badia – Dolomiti (BZ) dalle ore 5.30 alle ore 6.15 [...]

3 Ordine di partenza (attenzione alla chiusura delle strade!): i gruppi verranno suddivisi nel seguente modo [...]

4 Percorsi: La Maratona 2016 prevede tre percorsi differenziati. Ogni concorrente ha la facoltà di scegliere il percorso a lui più confacente e tale scelta può essere presa nel corso di svolgimento della prova a giudizio insindacabile del partecipante.

5 Partecipazione: Aperta a tutti coloro che hanno compiuto 15 (quindici) anni d'ambo i sessi, tesserati alla FCI o Enti della consulta. Non sono ammessi alla manifestazione i ciclisti professionisti, gli elite e gli under 23 che sono ammessi esclusivamente a scopo promozionale e previo invito da parte del Comitato Organizzatore e non potranno partecipare in alcun modo alla classifica.

Ai minorenni a partire dai 15 (quindici) anni e a coloro che hanno superato i 65 (sessantacinque) anni di età ed ai cicloturisti è consentita la partecipazione esclusivamente nei percorsi Medio (106 km) e Sellaronda (55 km). La manifestazione è ad invito ed il Comitato Organizzatore potrà in ogni momento ed a suo insindacabile giudizio decidere se accettare o meno l'iscrizione oppure escludere un iscritto dalla manifestazione oltre che nei casi in proseguio indicati, anche qualora possa arrecare danno all'immagine della stessa. Non verranno accettate le richieste di iscrizione di chi abbia subito sanzioni e/o squalifiche in materia di doping superiori ai 6 mesi e di chi abbia una squalifica in corso in una delle 4 manifestazioni della FiveStars League. La Maratona 2016 prevede un numero chiuso di iscrizioni da dividere in parti uguali tra Italia ed Estero. I ciclisti non regolarmente iscritti non potranno inserirsi nei gruppi, pena l'immediata estromissione. In caso di incidente saranno denunciati a norma di legge.

(http://www.maratona.it/it/regolamento-mdd16)

a. **Brevità** ....

b. **Chiarezza** ....

c. **Ordine** ....

d. **Oggettività** ....

8 **Svolgi le attività su un articolo della Costituzione italiana che riguarda l'istruzione. Se non conosci alcuni termini, puoi aiutarti con il dizionario.**

Art. 34

La scuola è aperta a tutti.
L'istruzione inferiore, impartita per almeno otto anni, è obbligatoria e gratuita.
I capaci e meritevoli, anche se privi di mezzi, hanno diritto di raggiungere i gradi più alti degli studi.
La Repubblica rende effettivo questo diritto con borse di studio, assegni alle famiglie ed altre provvidenze, che devono essere attribuite per concorso.

(http://www.governo.it/Governo/Costituzione)

a. **A chi si rivolge questo articolo della Costituzione?**

- A Agli insegnanti.
- B Agli studenti.
- C A tutti i cittadini.

b. **Lo scopo di questo testo è**

- A informare.
- B persuadere.
- C istruire.
- D divertire.

c. **Come definiresti il registro, il linguaggio e la struttura di questo testo?**

d. **A GRUPPI** **Scrivete la breve "costituzione" per la fondazione di un gruppo: la vostra classe, una squadra sportiva, una band musicale ecc.**

e. **A GRUPPI** **Vi è stato chiesto di esprimere il vostro punto di vista in previsione di rivedere questo articolo della Costituzione. Riscrivetelo inserendo nuove norme che secondo voi sarebbero importanti per ridefinire la scuola ideale. Confrontatevi poi con gli altri gruppi e scegliete il testo migliore.**

3 Esporre e informare

IN QUESTA UNITÀ

- Che cos'è un **testo espositivo** e come si riconosce?
- Quali sono le sue **caratteristiche**, la **struttura** e il suo **scopo**?
- Quali **tipologie testuali** comprende?
- Quali caratteristiche deve avere una **relazione scritta**?
- Cos'è un **report** e a cosa serve?
- **LAVORIAMO SULLA LINGUA** Ragioniamo su alcuni termini di un tipo particolare di linguaggio settoriale: l'**aziendalese**

1 Il testo espositivo

PARTIAMO DAL TESTO

Il seguente testo fa parte di un manuale scolastico. È un breve approfondimento che serve a introdurre il percorso dedicato alle letture e alle riflessioni sulla scienza e sulla tecnologia. Leggilo e rispondi alle domande.

Dal transistor al computer

a. I transistor sono piccoli semiconduttori, a forma di mattoncino, in grado di isolare uno specifico segnale elettrico, come l'"onda radio" e di amplificarlo. Inizialmente furono utilizzati per sostituire le ben più voluminose e poco funzionali valvole termoioniche, componenti essenziali delle radio e dei telefoni. Grazie alla continua ricerca, la loro produzione portò sviluppi sorprendenti.

b. Nel 1957 alcuni dipendenti si staccarono dall'azienda fondata da William Shockley, il ricercatore che aveva inventato i primi transistor utilizzabili a livello industriale, e si misero in proprio. Tra questi c'era Bob Noyce che inventò un minuscolo circuito integrato al silicio, o microchip che, pur basandosi sul transistor, spalancava prospettive inimmaginabili poiché rese possibile costruire computer in miniatura. Fu questa la svolta che aprì la strada a una sorta di "seconda rivoluzione industriale", quella della massiccia computerizzazione estesa a tutti i settori della produzione industriale, dell'organizzazione sociale e della comunicazione.

c. La fabbrica di Bob Noyce si era insediata nella californiana Santa Clara Valley, nota fino ad allora per i suoi frutteti di albicocche, pere e susine. Accanto alla sua fabbrica ne sorsero centinaia, e degli alberi da frutta sopravvisse solo qualche sparuto esemplare, dimenticato tra i tanti capannoni. La valle, dove oggi hanno sede Apple, Microsoft, Google, Facebook, Yahoo!, eBay..., venne così rinominata Silicon Valley, dal nome del materiale essenziale per la nuova tecnologia, il silicio.

(C. Pisoni, B. Cauzzo, *Letture in gioco*, Zanichelli, Bologna, 2011)

Replica del primo transistor.

1. Per esprimere, con la massima sintesi, il contenuto del testo, scegli la formulazione corretta. Lo scritto ci **informa** circa:
   - A l'origine delle più grandi aziende informatiche.
   - B l'avvio della "seconda rivoluzione industriale" indotta dall'applicazione del microchip al transistor.
   - C la trasformazione della californiana *S. Clara Valley* nella zona industrialmente più avanzata del mondo.
2. Secondo te, il testo contiene solo fatti e dati oggettivi o esprime anche opinioni?
3. Osserva l'**immagine**. Arricchisce semplicemente la grafica o serve a illustrare e chiarire il testo? Spiega le ragioni della tua risposta.
4. Rintraccia i **termini** e le **espressioni di tipo tecnico** e fai una rapida ricerca per chiarire quelli che non conosci.

Il testo che hai appena letto:

- si **apre** con la **definizione** di "transistor" (*un semiconduttore*), ne spiega la funzione (*isolare uno specifico segnale elettrico*) e le applicazioni tecnologiche (*telefoni, radio*);
- dà **informazioni** sull'invenzione del microchip: caratteristiche tecniche (*minuscolo circuito integrato al silicio*) e conseguenze in ambito tecnologico, sociale e comunicativo (*massiccia computerizzazione*);
- infine, **si sofferma sullo sviluppo** della Silicon Valley, **segnalando** i cambiamenti che l'insediamento di tante aziende elettroniche produsse nel paesaggio circostante.

Le **informazioni** riportate dal testo sono complete e precise, la descrizione tecnologica accurata, la **sintassi** fluida e lineare. Tutti fattori indispensabili per facilitare una lettura molto mirata. Infatti chi legge un testo di tipo tecnico, specialistico o **divulgativo**, lo fa per acquisire **conoscenze specifiche**, oppure per aggiornarsi sulle **novità tecnologiche**. Il testo che assolve a questi compiti si dice **espositivo**.

Le caratteristiche

Il testo espositivo ha lo scopo di **informare**, infatti:

- **espone** idee, fatti, notizie, dati;
- fornisce **spiegazioni**;
- **illustra le caratteristiche** di qualcuno o qualcosa.

Le informazioni che trasmette servono ad acquisire, arricchire, modificare o approfondire le nostre conoscenze su un determinato argomento. Il suo contenuto è **oggettivo**, infatti non si basa su opinioni personali, ma su fonti documentate e sulla ricerca.

HAI CAPITO?

Tra i seguenti argomenti quali sono adatti a essere sviluppati in un testo espositivo?

- A Un incontro di baseball.
- B I prodotti di abbigliamento italiani più esportati.
- C Il funzionamento della LIM.
- D La storia del pomodoro.
- E La struttura del DNA.
- F Una gita scolastica.

• La struttura Il testo espositivo generalmente si articola in tre parti: **introduzione**, **sviluppo**, **conclusione**.

introduzione → **sviluppo** → **conclusione**

- introduzione: presenta l'argomento
- sviluppo: espone le informazioni
- conclusione: chiude l'esposizione, anche con eventuali considerazioni dell'autore

ANALIZZIAMO IL TESTO Considera l'esempio seguente, un testo d'argomento geografico-culturale.

Il concetto di nazione e Stato

La lingua e la religione di un popolo, insieme ad aspetti culturali quali le usanze, la musica, il modo di vestire, di mangiare ecc., fungono da base per la sua identità nazionale.

Introduzione Presenta l'argomento: i fattori che sono alla base dell'identità nazionale.

Il termine **nazione**, infatti, indica una comunità di persone che sentono di avere in comune molte vicende storiche e un insieme di elementi culturali. La nazione scozzese, per esempio, si riconosce tale in quanto parla una lingua di origine celtica, il gaelico, che ancora sopravvive accanto all'inglese; ha un particolare modo di vestire (gli uomini indossano un gonnellino di tessuto a quadri, il kilt); è composta in prevalenza da cattolici; ai primi del Seicento ha subito l'annessione al Regno Unito. In queste condizioni, è facile che una nazione ambisca a diventare uno Stato. [...] Se dunque il termine nazione significa comunità di persone che avvertono di condividere origine etnica, lingua e altri aspetti culturali, quello di **Stato** ha un significato diverso. Esso indica l'organizzazione politica di una società che vive in un determinato territorio.

Sviluppo Spiega il significato dei termine **nazione** e **Stato** e lo approfondisce illustrando un esempio specifico.

Perché vi sia uno Stato, dunque, deve esistere un **territorio**, un **popolo** che lo abita, e una **sovranità**, data dalle leggi e dalle regole che valgono all'interno di quel territorio.

Conclusione Riassume i requisiti essenziali per la fondazione di uno Stato.

(M. Lunari, *Le vie della civiltà. Geografia. Problemi e prospettive*, Zanichelli, Bologna, 2015)

HAI CAPITO?

Nel seguente breve testo espositivo evidenzia con tre diversi colori l'introduzione, lo sviluppo e la conclusione.

Parole ritrovate: *Candidato*

Il termine "*candidato*" ha origini latine. Per essere eletto (letteralmente "scelto fra molti") il *candidatus* dell'antica Roma si vestiva con una toga bianchissima (*candida*), così da essere notato e ispirare fiducia.

La veste candida, naturalmente, garantiva poco o nulla sull'effettiva onestà di chi la indossava, ma anche allora l'occhio voleva la sua parte.

(adattamento da A. Masi, "Corriere della Sera", "Sette", 26. 10. 2012)

Nel testo espositivo la spiegazione dell'argomento deve essere chiara, perciò è necessario presentare le informazioni rispettando un **ordine logico**. A seconda del contenuto del testo, i criteri più diffusi sono i seguenti:

- **ordine cronologico**: presenta le informazioni rispettando la successione temporale in cui si sono svolti i fatti (testi di argomento storico);
- **elencazione**: dispone le informazioni l'una dopo l'altra, dal generale al particolare (le voci dell'enciclopedia e del dizionario) o dalla più importante alla meno importante (i manuali scolastici);
- **confronto**: fornisce i dati e le notizie attraverso il confronto fra aspetti simili o contrastanti di oggetti, animali, fenomeni o di una stessa situazione in epoche o luoghi diversi (per esempio la condizione della donna nel mondo occidentale e in quello orientale);
- **successione causale**: espone i dati in base a rapporti di causa-effetto (argomenti scientifici e storici).

L'argomento centrale del testo e le informazioni sono suddivisi in **paragrafi**, con titoli e/o sottotitoli. Il contenuto può essere precisato con descrizioni e illustrato con immagini, disegni, carte, mappe e schemi, tabelle e grafici.

Tipico del testo espositivo è anche l'uso di caratteri tipografici particolari (grassetto, corsivo, virgolette per le citazioni) e di colori che servono ad attirare l'attenzione del lettore su concetti, parole-chiave o sulle fonti utilizzate.

HAI CAPITO?

Scegli un testo espositivo del tuo manuale scolastico di storia o di scienze, quindi evidenzia i suoi aspetti formali: paragrafi, caratteri tipografici speciali, immagini, grafici ecc. Quali elementi del contenuto chiariscono o mettono in risalto?

I requisiti di un testo espositivo

Un testo espositivo efficace deve avere i seguenti **requisiti**:

- **completezza**: il contenuto deve essere completo ma essenziale, riportare cioè, senza dilungarsi, le informazioni veramente significative;
- **chiarezza**: il lessico deve essere preciso, adatto sia all'argomento sia al destinatario a cui è rivolto. Il registro deve essere medio e omogeneo. Le frasi devono essere brevi e semplici. È preferibile utilizzare l'indicativo presente perché rende le informazioni attuali e sempre valide;
- **oggettività**: i commenti e le valutazioni personali vanno ridotti al minimo;
- **coerenza e coesione**: gli argomenti devono essere sviluppati in modo organico, seguendo un chiaro e rintracciabile filo logico, e ben collegati dai giusti connettivi (*quindi, dunque, perciò*...).

HAI CAPITO?

Quale tra le seguenti frasi, tratte da testi espositivi scritti da tuoi coetanei, utilizza un lessico preciso e appropriato?

A. La Germania è il Paese europeo con il maggior numero di persone: circa 83 milioni che vivono soprattutto nelle città.

B. Il *geyser* ("zampillo") è un fenomeno vulcanico secondario caratterizzato da una violenta e intermittente emissione di acqua calda mineralizzata, con getti che possono raggiungere i 70 km di altezza.

C. Il clima del Belgio è piuttosto umido e piovoso, con temperature che in estate e in inverno cambiano poco.

1.1 Il testo espositivo tecnico-scientifico

Vediamo ora le caratteristiche di un genere particolare di testo espositivo, il testo **tecnico-scientifico**:

- è un **testo misto** (► p. 462), infatti le parole si alternano a immagini, grafici, tabelle ecc.;
- è **chiaro** e **conciso**, e contiene solo le **informazioni essenziali**;
- la struttura della **frase** è il più possibile **semplice** e **lineare**, e i **periodi** sono perlopiù **brevi**;
- il lessico è preciso e **specialistico**;
- sono spesso presenti **termini stranieri**, in particolare inglesi.

ANALIZZIAMO IL TESTO Nella seguente tabella mettiamo in luce alcune di queste caratteristiche e altri aspetti che riguardano la struttura di questo tipo di testo.

Si ricorre al **grassetto** per dare evidenza all'argomento dell'articolo e a determinati termini (titolo dell'articolo, titolo dei paragrafi, acronimo "Maven").

I termini evidenziati in giallo sono in inglese.

I termini evidenziati in verde sono termini specialistici relativi all'argomento.

Il *corsivo* si usa per dare enfasi a un termine all'interno del contesto in cui si trova o per le parole straniere.

L'autore dell'articolo spiega il significato di alcuni termini perché questo vuole essere un testo divulgativo, comprensibile cioè anche al lettore non specializzato. Chi legge riceve quindi tutti gli elementi che gli servono per capire il testo e nello stesso tempo acquisisce la conoscenza di nuovi termini.

Nasa: nuovi studi spiegano com'è scomparsa l'atmosfera di Marte

Perché l'atmosfera di Marte è scomparsa? La risposta della Nasa, in base ai dati raccolti dalla sonda Maven in orbita attorno al Pianeta Rosso da settembre del 2014.

Su Marte, un tempo, scorreva acqua *liquida*, faceva più caldo e l'ambiente era più simile alla Terra di oggi. La trasformazione in pianeta arido e freddo è avvenuta in seguito alla perdita dell'atmosfera: come può essere avvenuto?

Grazie alla sonda della **Nasa Maven** (Mars Atmosphere and Volatile Evolution), in orbita marziana da settembre del 2014 per studiare l'atmosfera del Pianeta Rosso, si è arrivati forse a dipanare in parte il mistero.

Il ruolo del Sole. Lo studio dei dati rilevati ha messo in luce che il flusso di particelle che arrivano a Marte durante una tempesta solare accresce enormemente il numero di ioni (atomi o molecole che hanno perso uno o più elettroni) trascinati nello spazio.

Nel corso della ricerca si è verificato un evento importante: l'esplosione solare (brillamento, *flare*) di forte intensità avvenuta sul Sole l'8 marzo 2015. Nel corso dell'evento i sensori di Maven hanno osservato il formarsi di forti rotazioni delle linee del campo magnetico di Marte, che hanno formato delle specie di corde arrotolate su se stesse che si sono spinte nello spazio fino a 5.000 chilometri dalla superficie del pianeta. Nel frattempo, altri strumenti, rilevavano un abbondante flusso di ioni che si concentravano lungo le linee del campo magnetico, per arrivare nello spazio e poi perdersi. La velocità di flusso delle particelle era almeno 10 volte superiore al normale flusso di ioni verso lo spazio esterno.

(adattamento da http://www.focus.it/scienza/spazio/atmosfera-di-marte-e-vento-solare)

ADESSO TOCCA A TE

▶ Capitolo 1, 1.1

COMPRENDI, ANALIZZA E PRODUCI

Livello 1 **1** ●○○

Leggi con attenzione il testo, quindi rispondi alle domande.

La scrittura degli Aztechi: un mistero svelato

■ La fondazione di Tenochtitlán, dal *Codex Mendoza* (1545).

Al momento della conquista spagnola, gli Aztechi possedevano centinaia di manoscritti che illustravano, con figure e disegni, la loro storia e le loro tradizioni.

Oggi sappiamo che quei disegni costituiscono una vera e propria scrittura che è stata decifrata per la prima volta nel 1992 da uno studioso messicano, Joaquin Salarza.

Ecco un esempio dell'antica scrittura azteca: la prima pagina di uno dei più famosi manoscritti aztechi: il codice Mendoza. Al centro del disegno, al punto d'incrocio di quattro canali di preziosa acqua azzurra, sorge una città, il cui nome è scritto per mezzo di segni disposti secondo un certo ordine. Essi sono (disegno in basso a sinistra): la grande pietra **te**(tl), i frutti **noch**(tli) del cactus che vi cresce sopra, e il concetto di abbondanza**, titlan**, perché i frutti sono numerosi. Nell'insieme il disegno si può leggere: **Tenochtitlán**, la capitale degli Aztechi, ossia "il luogo dove abbondano i frutti del cactus che si erge sulla grande pietra".

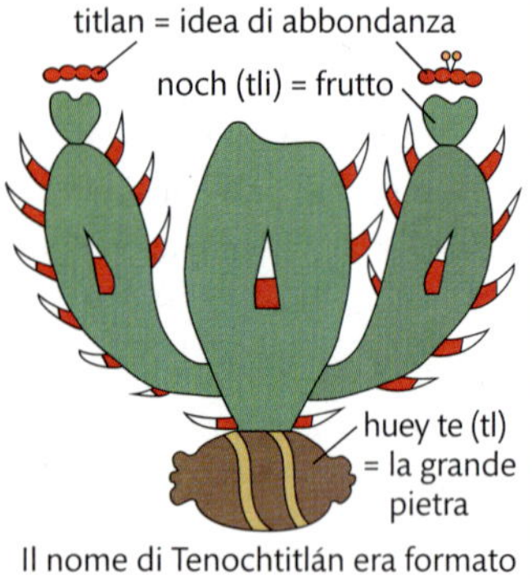

Il nome di Tenochtitlán era formato dall'unione di diversi segni.

I manoscritti aztechi, con la loro splendida scrittura disegnata, suscitarono all'inizio l'interesse degli Spagnoli conquistatori, ma poi all'ammirazione successe la diffidenza perché quelle opere bellissime erano frutto di una civiltà pagana e superstiziosa che doveva essere cancellata per sempre. Così le grandi biblioteche azteche vennero completamente distrutte e quasi tutti i manoscritti furono dati alle fiamme.

(adattamento da S. Paolucci, G. Signorini, *Il corso della storia*, Zanichelli, Bologna, 2003)

a. **Di che cosa parla il testo?**

b. **Chi sono i suoi destinatari?**

c. **Come si chiama il breve testo espositivo che spiega le due immagini?**

d. **Attraverso quale procedimento logico è sviluppato l'argomento?**

e. **Nel contesto, che cosa significa il termine "codice"?**

f. **"I manoscritti aztechi erano fatti con materiali facilmente deteriorabili, per questo sono quasi tutti andati perduti". Questa affermazione è vera o falsa? Motiva la tua risposta.**

g. **Quale registro linguistico è adottato?**

Livello 2 **2** ●●○

La seguente spiegazione scientifica definisce un argomento molto citato a proposito della nostra salute: i "radicali liberi". Rendila "divulgativa" completando il testo con le seguenti espressioni elencate in ordine casuale:

batteri ~ energia ~ patologie ~ elementi nutritivi semplici ~ elettroni ~ sistema immunitario ~ invecchiamento ~ cibi ~ organismo ~ coppia ~ corpo ~ biochimico ~ eccesso

Definizione scientifica Si definisce **radicale** (o **radicale libero**) un'entità molecolare molto reattiva avente vita media di norma brevissima, costituita da un atomo o una molecola formata da più atomi che presenta un elettrone spaiato: tale elettrone rende il radicale libero estremamente reattivo, in grado di legarsi ad altri radicali o di sottrarre un elettrone ad altre molecole vicine. I radicali giocano un ruolo importante in fenomeni come la combustione, la polimerizzazione e nella fotochimica, e molti altri processi chimici, compresi quelli che riguardano la fisiologia umana...

(www.wikipedia.it)

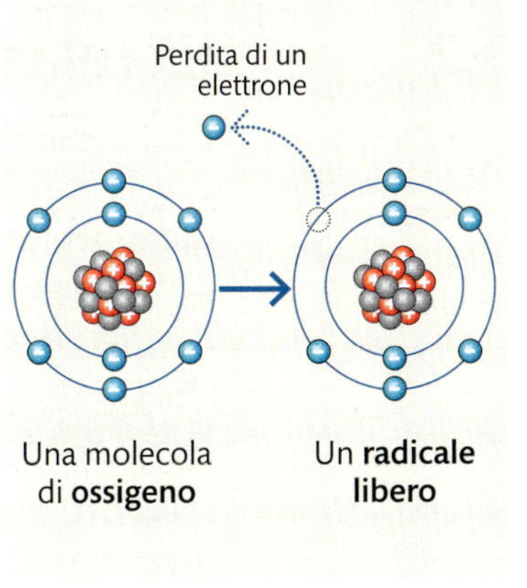

Definizione divulgativa I radicali liberi sono prodotti di "scarto" che si formano all'interno delle cellule del .... quando, tramite l'ossigeno, le molecole complesse dei .... vengono scomposte in .... per produrre .... (ossidazione). Se sono in quantità minima aiutano il .... a eliminare i .... ma quando sono in .... danneggiano l'.......................... accelerando l'.......................... e causando .... Dal punto di vista .... sono frammenti di molecola provvisti di un elettrone spaiato (normalmente gli .... sono accoppiati), perennemente alla ricerca di un altro elettrone a cui fondersi per completare la ....

3 ●●○ **A COPPIE Scrivete un testo espositivo su un argomento a vostra scelta tra quelli elencati. Seguite le seguenti fasi operative: ricerca e selezione delle informazioni, in biblioteca o su Internet; stesura del testo; suddivisione dell'esposizione in paragrafi; inserimento degli opportuni accorgimenti tipografici e di immagini adatte a illustrare e completare il lavoro. Infine, ricordatevi di indicare le fonti da cui avete attinto le informazioni.**

La musica jazz ~ La scherma ~ Breve storia del pianoforte ~ Le barriere coralline ~ Le specie faunistiche dell'Oceania ~ I pionieri del volo ~ I pellerossa del Nord America

Livello 3 **4** ●●● **Analizza attentamente la mappa che schematizza alcune cause del degrado ambientale e trasformala in un breve testo espositivo. I principali nessi causali sono già esplicitati.**

Degrado ambientale e povertà: il caso africano

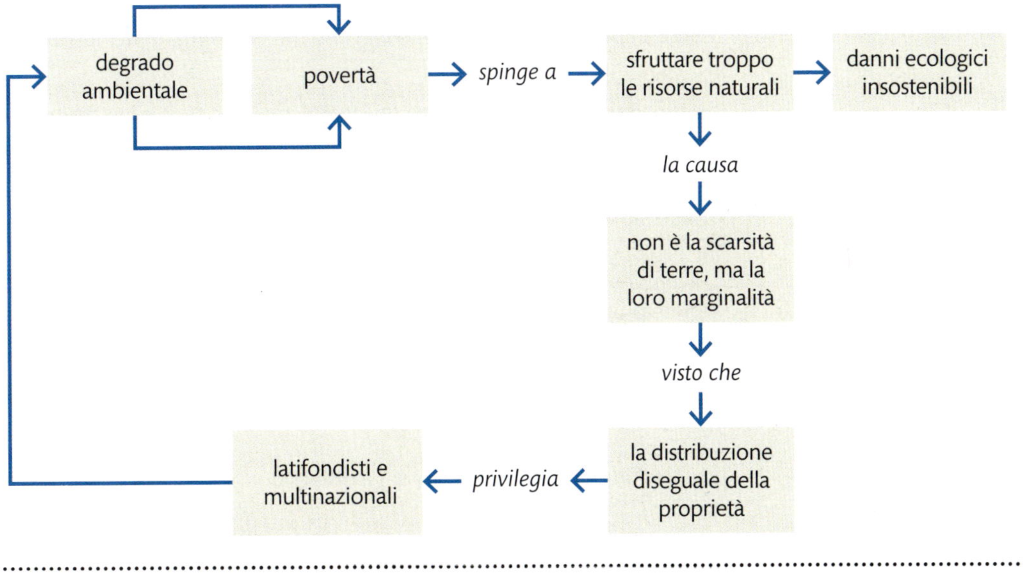

1.2 La relazione scritta

Che cos'è la relazione scritta

La relazione (dal lat. *referre*, "riferire") è un testo spesso utilizzato in ambito professionale e scolastico. Nel mondo del lavoro si usa per fare rapporto su un incarico portato a termine, per informare sui risultati di un'indagine (report). A scuola viene invece richiesta per **esporre una ricerca o un approfondimento** su argomenti di studio o temi di attualità, per **riferire su esperienze didattiche o di vita** (attività extra-curricolari, lezioni di esperti, visite guidate a mostre o musei, gite d'istruzione, soggiorni all'estero ecc.), per **fare il resoconto di un'attività tecnico-scientifica** svolta in laboratorio.

Una relazione particolare: il report

Il **report** (▸ p. 565) è un tipo particolare di relazione, che svolge la doppia funzione di presentare gli esiti di un'esperienza e costruisce una competenza per eventuali report del futuro lavorativo.

I requisiti e la struttura

I requisiti fondamentali di una relazione efficace sono i seguenti:

- **completezza della documentazione**;
- **precisione** e **oggettività** dei dati e/o delle informazioni;
- **organizzazione** del testo chiara e suddivisa in paragrafi ed eventuali sottoparagrafi;
- **sintassi scorrevole**, **lessico comprensibile e appropriato al contenuto**.

Per quanto riguarda la **struttura**, la relazione è articolata in

- una breve **introduzione** che presenta l'argomento;
- una **parte centrale** che costituisce l'esposizione vera e propria;
- una **conclusione** che sintetizza le conoscenze e le eventuali competenze acquisite.

Qualora nella conclusione siano espressi giudizi personali, suggerimenti, proposte e considerazioni motivate – per esempio su problematiche emerse, difficoltà incontrate o risultati raggiunti –, la relazione, e quindi anche il **report professionale** vero e proprio, si configurano anche come testo **informativo-argomentativo** (▸ p. 577).

Vediamo un esempio di struttura di una **relazione di laboratorio** tratta da un manuale scientifico e la funzione di ciascuna parte.

Struttura	A cosa serve
Titolo	Introduce l'esperimento
Scopo dell'esperimento	Spiega l'obiettivo dell'esperimento e completa il titolo
Richiami teorici	Elenca i principali concetti e le leggi fisiche che riguardano l'esperimento
Strumenti e materiale	Contiene: • una tabella degli strumenti utilizzati (con la portata e la sensibilità) • una descrizione del materiale (spesso è utile un disegno schematico che mostra il montaggio dei materiali)
Procedimento	Descrive in successione le fasi di svolgimento dell'esperimento
Dati raccolti	Presenta i dati sotto forma di tabella, con le rispettive incertezze
Elaborazione dei dati	Effettua un'analisi dei dati ottenuti, che comprende: • la valutazione degli errori sistematici • il calcolo delle incertezze • grafici e calcoli
Conclusioni	• Discute i risultati ottenuti • Verifica il raggiungimento degli obiettivi

(U. Amaldi, *L'Amaldi 2.0*, Zanichelli, Bologna, 2015)

1.3 Il report

PARTIAMO DAL TESTO

Leggi il seguente testo e rispondi alle domande.

Report di Ambra Ruffino, studentessa del corso Tecnico Economico (IV C) dell'Istituto L. Einaudi, Modena

Titolo *Un primo sguardo al mondo del lavoro*

Destinatari Gruppo docenti progetto *stage* e insegnante di Italiano dell'Istituto L. Einaudi

Introduzione Il seguente report espone l'esperienza di stage formativo promossa dall'istituzione scolastica per gli studenti che frequentano il quarto anno dell'Istituto. Viene redatto **al fine** di descriverne lo **svolgimento** e comunicare le relative **impressioni** e **riflessioni**.

I dati raccolti sono frutto di un quotidiano esercizio di stesura delle mansioni svolte e delle impressioni che ne sono derivate.

La rielaborazione che ne segue ha la specifica missione di fornire al destinatario uno strumento d'esame completo e analitico, perché possa valutare l'esito di questo periodo costruttivo.

Sommario / Abstract Il lavoro che ho svolto presso lo **studio commercialistico Serra-Morandi** ha riguardato svariate mansioni, alcune molto semplici, altre più avanzate e stimolanti. L'esperienza, sempre arricchente, ha messo in luce l'inevitabile distanza tra scuola e lavoro, tra insegnamenti teorici e pratica aziendale. Analoga distanza è emersa anche tra le relazioni vissute in ambiente scolastico e quelle, ben più complesse, interne all'ufficio. Affrontare queste diversità è stato facile grazie all'ottima collaborazione di tutto il personale dello studio, disponibile a spiegare e sostenermi.

Corpo del report Dal 20 maggio al 7 giugno 2016 ho lavorato presso lo **Studio commercialistico Serra-Morandi**, con il compito di mettere in pratica gli insegnamenti teorici, di carattere prevalentemente **economico**, ricevuti a scuola, in conformità con le mansioni tipiche dell'ambiente. Il mio **tutor scolastico** era il professor Vincenzo Mascagni, mentre nella **struttura lavorativa** facevo riferimento alla dottoressa Marianna Sandri. Nelle tre settimane a mia disposizione ho ricoperto diversi **incarichi**: a partire dalla fotocopiatura fino alla responsabilità di redigere un contratto, in un secondo momento debitamente verificato da chi ne aveva la competenza.

Sono stata incaricata di **mettere in ordine alfabetico** elenchi di varia natura, di **classificare** per fonte diversi tipi di documenti, di **riordinare le dichiarazioni dei redditi**, sia di persone fisiche, sia di società. Quest'ultima occupazione mi ha permesso di apprendere molte informazioni inerenti all'argomento. Ho inoltre avuto l'occasione di **accedere al programma societario delle dichiarazioni**, **compilandone** alcune parti importanti, **ho registrato scontrini fiscali** effettuando tutte le detrazioni del caso, ed infine ho potuto **approfondire** temi di carattere **economico**, **contrattuale** e **giuridico**, già accennati a scuola ma solo in maniera superficiale.

Ho avuto la fortuna di collaborare con persone cordiali e disposte a condividere saperi ed esperienze. Ogni compito mi veniva pazientemente spiegato, con attenzione agli aspetti che non mi erano del tutto chiari. Sono stata affiancata a due impiegate giovani e disponibili, sia a livello professionale, sia sul lato umano. Non meno sollecita si è dimostrata la mia *tutor* aziendale. La dottoressa Sandri si è infatti premurata di coinvolgermi anche in attività al di fuori della mia competenza specifica, illustrandole in modo semplice ed estremamente chiaro.

L'unico disagio che ho vissuto riguarda l'orario. Abituata alla scuola, che impegna in modo continuativo solo metà della giornata, il piombare in una realtà fatta di lunghe ore dentro un ufficio ha messo alla prova la mia capacità di adattamento. La pesantezza dell'orario ha rappresentato una problematica anche per i miei compagni, ma va bene così. Penso infatti che una delle finalità dello stage sia proprio questa: **far uscire gli studenti dalla dimensione protetta della struttura scolastica**, per dare loro un saggio di quella che sarà, poi, la "vera realtà", quella adulta del mondo del lavoro.

Conclusioni e raccomandazioni Grazie a questo percorso mi sono resa conto che ciò che viene trattato in classe non coincide esattamente con quanto viene richiesto nel lavoro. Sicuramente quest'ultimo risulta ben più stimolante, dal momento che costringe a essere attivi e versatili.

Concludo confermando di aver vissuto un'esperienza estremamente positiva e arricchente. Mi ha permesso di acquisire nozioni nuove e allargare le mie competenze, ma mi ha anche consentito di comprendere le dinamiche e la complessità delle relazioni che si intrecciano tra colleghi (che sono profondamente differenti da quelle che possono legare i compagni di classe).

Consiglio a tutti coloro che si apprestano a partecipare a uno *stage* la massima flessibilità. La mente deve essere aperta a tutto quello che di buono può derivare dall'immergersi in un mondo completamente diverso dalla realtà scolastica cui sono abituati.

1. Il corpo del report è diviso in quattro paragrafi. Assegna a ciascuno un titolo.
2. Sottolinea le righe in cui viene esplicitato lo **scopo specifico** del documento.
3. Quali **informazioni** fornisce essenzialmente ai destinatari? Completa la seguente sintesi con le espressioni elencate in ordine casuale:

   divario ~ incarichi ~ oggettive ~ realtà scolastica ~ collaborazione ~ luogo di lavoro

   Il report precisa le caratteristiche .... dell'esperienza: data, durata, ..., referenti. Elenca gli .... assunti, riferisce sul livello di .... vissuto in azienda ed esamina la difficoltà incontrata. Constata il .... esistente tra il mondo del lavoro e la ....
4. Nel report emergono anche valutazioni personali. Rintraccia i punti in cui sono espresse.

Il testo che hai appena letto è stato scritto da una studentessa al termine di un periodo di *stage* in azienda. È destinato agli insegnanti della materia di indirizzo e, in questo caso, anche a quello di italiano che ne valuta gli aspetti linguistici e l'efficacia comunicativa. Si tratta di un **report**, termine inglese che significa "**resoconto, relazione**". Nel mondo del lavoro questo termine è ormai d'uso comune per indicare il documento elaborato da chi deve **riferire**, nel suo contesto, i risultati di una specifica **attività-ricerca** professionale. Si parla dunque di **report** anche per lo *stage* studentesco, esperienza ponte tra scuola e lavoro.

• Le caratteristiche e lo scopo

Il **report** è uno strumento di cui ci si serve sempre più largamente nel lavoro. Ha la struttura di un **documento-relazione**, scritto secondo una procedura ben definita, che ha lo **scopo** di **riferire** lo sviluppo e i risultati di una **ricerca**, di uno **studio**, di un'**esperienza lavorativa**. È adottato nel mondo aziendale, all'università e – limitatamente a esperienze particolari – a scuola. Serve anche per fare il punto su questioni rilevanti e di grande attualità che riguardano i più disparati settori come, per esempio, quello tecnologico, medico, sociale, governativo.

• Una doppia funzione

Il report, nella sua parte più corposa, ha una **funzione** essenzialmente **informativa**. Tuttavia, poiché chi lo elabora deve "rendere conto" di ciò che ha sperimentato, non può prescindere dalla sua valutazione personale. Si devono dunque **esporre** i fatti in modo prevalentemente **oggettivo**, ma quando è il caso si può esprimere il proprio giudizio su ciò che si descrive. Tale giudizio è infine **richiesto** nella parte **conclusiva**.

• Il lavoro preliminare

Per creare un report efficace serve un lungo lavoro preliminare. Nel corso dell'esperienza è necessario prendere **appunti** su tutto ciò che colpisce l'attenzione e fa riflettere. Si compila insomma quello che viene definito "diario di bordo" (▸ Per saperne di più).

La stesura vera e propria si basa dunque sulla ricca documentazione che proviene sia dagli appunti personali – dai quali ricavare i **fatti** e le **impressioni** più importanti –, sia dall'insieme di **informazioni oggettive** raccolte.

• La struttura

La tabella seguente facilita la stesura del documento e ne scandisce le parti secondo un ordine logico ben preciso:

Titolo, destinatari	Indica con precisione il/i **soggetto/i** a cui è rivolto: persone fisiche o uffici, istituzioni.
Introduzione	Definisce l'**oggetto** del report, le **motivazioni** e lo **scopo** della sua stesura. Fornisce eventuali **informazioni tecniche** (modalità di documentazione ecc.).
Sommario	Facilita la lettura del destinatario con una **sintesi** che anticipa i dati oggettivi, le informazioni fondamentali del corpo del report e le conclusioni.
Corpo del report	Descrive l'esperienza, partendo dai **dati oggettivi** che indicano luogo, struttura in cui si opera, tempi di svolgimento, figure di riferimento. **Informa** con precisione sugli **incarichi** assunti, sulla tipologia e sulle **fasi del lavoro** svolto. Il corpo non richiede riflessioni personali, ma si limita a riferire e, se è il caso, a riportare giudizi altrui. Tuttavia, quando la situazione coinvolge anche aspetti emotivi - come nel nostro esempio - è inevitabile esprimere qualche valutazione soggettiva. Deve trattarsi comunque di valutazioni strettamente indispensabili per rendere completa l'informazione.

Conclusione	È la fase dedicata alla **valutazione**. Qui viene riassunto il senso complessivo dell'esperienza: il giudizio sui suoi punti forti e sugli aspetti problematici, i risultati ottenuti e - eventualmente - il divario tra le aspettative e gli esiti reali. Nel caso di uno stage, deve emergere chiaramente come l'esperienza abbia trasformato la percezione del percorso scolastico e del suo rapporto con la realtà lavorativa.

• Gli aspetti formali

Un report richiede un **linguaggio** molto **chiaro** e **conciso**, con una **costruzione sintattica semplice e lineare**. Il **lessico** è vario e appropriato: di tipo tecnico, quando serve, ma senza usare troppi tecnicismi. Non meno importante è l'**impostazione grafica**: ovviamente molto accurata, ma anche moderatamente creativa (tipo di caratteri, impaginazione ecc.)

PER SAPERNE DI PIÙ

Il diario di bordo

Per stendere un report attendibile non basta fare affidamento sulla memoria, è meglio costruire una "documentazione" personale che registri, giorno per giorno, dati e fatti oggettivi insieme alle impressioni soggettive. Si tratta cioè di appuntare sia ciò che realmente accade sul luogo di lavoro sia le valutazioni personali che accompagnano l'esperienza. Il seguente testo fornisce un esempio:

Lunedì 20 maggio *Il titolare dello studio è un tipo simpatico. Mi accoglie cordialmente e mi dice che la mia tutor, oggi fuori sede, sarà la dott. Lia Santarelli. Poi mi accompagna nell'ufficio che occuperò: "Denuncia dei redditi e contratti". Qui ci stanno due impiegate: una giovane, quasi come me, l'altra più anziana. Mi guardano con curiosità. Oddio sono sotto esame! Mi sento impacciata. Forse ho già fatto una brutta impressione?*

Martedì 21 *Mi presento all'orario stabilito, ma nessuno mi dice cosa fare. Finalmente arriva la tutor. È elegante, trafelata, corre sui tacchi alti e parla al cell. Poi mi guarda come non sapesse chi sono. Le dico: "Sono la ragazza dello..." "Ah sì sì, quella dello stage...bene bene, ora mi occuperò di te. Un attimo". Scompare per riapparire solo dopo mezz'ora. Mi guarda freddamente e dice: "Dunque, cerchiamo un po' qualcosa da farti fare...non è facile...Hai interessi particolari?" Io non so che dire, qualche interesse ce l'avrei, ma mi piomba addosso una timidezza paralizzante. Farfuglio: "Va bene qualunque cosa..." "Ok", dice lei rivolta all'impiegata più anziana, "falle vedere l'ultimo software". Poi si allontana con il solito rumore di tacchi. Domani chiederò aiuto alla mia tutor della scuola. Di questo software non capisco nulla! Secondo me ci vuole un'accoglienza migliore e poi mica mi possono sbattere così, al primo colpo, davanti a un programma sofisticato.*

Miranda Priestly (Meryl Streep), la terribile direttrice di una rivista di moda in *Il diavolo veste Prada* (2006).

ADESSO TOCCA A TE

▶ Capitoli 1.2, 1.3

TRASFORMA E PRODUCI

Livello 1

1 ●○○ **Migliora la qualità e la concisione del linguaggio semplificando le espressioni evidenziate.**

a. ... redigere un contratto, in un secondo momento debitamente verificato da chi...
b. ... disponibili sia a livello professionale, sia sul lato umano ...
c. ... La pesantezza dell'orario ha rappresentato una problematica anche per i miei compagni
d. ... da quelle che possono legare i compagni di classe...
e. ... a tutti coloro che si apprestano a partecipare a uno *stage*...

Livello2

2 ●●○ **Riformula con parole tue il secondo paragrafo del report di p. 565, mantenendo le seguenti espressioni originali:**

"incarichi" / "classificare per fonte diversi tipi di documenti, di riordinare le dichiarazioni dei redditi, sia di persone fisiche, sia di società" / "accedere al programma societario delle dichiarazioni" / "mettere in ordine alfabetico elenchi di varia natura" / "ho registrato scontrini fiscali effettuando tutte le detrazioni del caso" / "temi di carattere economico, contrattuale e giuridico"

3 ●●○ Scrivi la relazione su un esperimento di laboratorio svolto nel corso dell'anno scolastico. Organizza il testo secondo lo schema seguente:

- **introduzione**: definizione del tipo di attività, tempi e luoghi di svolgimento, soggetti coinvolti e scopo dell'esperienza;
- **parte centrale**: attività e procedimento seguito, descrizione degli strumenti e dei materiali utilizzati;
- **conclusione**: esposizione dei risultati sulla base dei criteri applicati ai dati sperimentali: osservazione, deduzione, interpretazione.

Livello 3

4 ●●● Riscrivi, in versione "negativa" i punti del report in cui si sottolinea la positività dell'esperienza (puoi ispirarti, se lo ritieni, al "diario di bordo" di p. 568).

5 ●●● **A COPPIE** Effettuate una ricerca su un argomento a scelta tra i seguenti:
"L'arte di dipingere il corpo", "Nuove tendenze del turismo", "La lingua italiana nel mondo", "L'organizzazione del lavoro: effetti e conseguenze della globalizzazione".

Presentate quindi il vostro lavoro in una relazione scritta.

Le procedure operative potrebbero essere queste:

- reperimento, selezione e organizzazione delle fonti, scritte e iconografiche;
- suddivisione dell'argomento in paragrafi;
- rielaborazione e riformulazione dei dati e delle informazioni;
- predisposizione della bibliografia.

La struttura del testo potrebbe essere questa:

- introduzione: definizione dell'argomento, dello scopo e dell'occasione in cui è nata l'attività di ricerca;
- parte centrale: resoconto dei dati e delle informazioni raccolte;
- conclusione: conoscenze acquisite, eventuali considerazioni personali su questioni o problematiche emerse;
- bibliografia.

2 La stesura di un testo

Prima di scrivere

Prima di cominciare a scrivere è necessario **pianificare** il proprio lavoro e **raccogliere le idee**. Il momento della **pianificazione** è quello in cui ci poniamo delle domande per individuare alcuni fattori-chiave che guideranno la scrittura:

- **cosa?** cioè l'**argomento**;
- **perché?** cioè lo **scopo** del testo;
- **per chi?** cioè il **destinatario**;
- **come?** cioè la **forma testuale** che adotteremo;
- **dove?** cioè la sua **destinazione** (rivista online, giornalino della scuola, l'insegnante ecc.).

Per rispondere a queste domande leggiamo attentamente la traccia che ci è stata data, ricorriamo al nostro bagaglio di conoscenze e cerchiamo informazioni in varie fonti.

Il momento della **raccolta delle idee**, invece, è quello in cui mettiamo a fuoco e annotiamo i concetti e le informazioni che vogliamo includere nel testo.

All'inizio scriviamo appunti casuali man mano che ci vengono in mente, creando delle semplici liste o delle "costellazioni di parole" o "grappoli associativi": al centro di un foglio scriviamo l'argomento o parola-chiave e tutt'intorno le parole e le idee che ci vengono in mente. A loro volta queste parole possono farcene venire in mente delle altre, e così via fino a creare dei veri e propri "grappoli" di parole associate le une alle altre.

In seguito schematizziamo le idee raccolte in una **mappa mentale** o **concettuale** (► p. 500).

Infine segue la schematizzazione delle idee raccolte, in cui diamo un ordine logico e coerente agli appunti organizzandoli in una **scaletta**, che poi costituirà la traccia del testo scritto.

La scrittura vera e propria

In questa fase si seguono i punti presenti nella scaletta elaborandoli in un **testo coerente** e **coeso**. Bisogna fare particolare attenzione a:

- la **struttura**, che deve essere chiara (titolo, capoversi, introduzione, sviluppo e conclusione);
- il **contenuto**: le informazioni fondamentali sono presenti, concetti e opinioni sono sostenuti da argomentazioni appropriate ecc.;
- **coerenza e coesione:** le varie parti del testo sono legate tra loro in modo logico attraverso l'uso di connettivi appropriati, e i passaggi sono chiari;
- la **correttezza formale**: morfologia, sintassi, punteggiatura;
- il **lessico** (appropriato all'argomento, vario ecc.) e l'**ortografia**.

Per comporre un testo possiamo fare ricorso a diverse tipologie di struttura:

- la **struttura classica**: si articola in quattro parti: *esordio* (introduzione), *narrazione* (esposizione dei fatti), *argomentazione* (approfondimenti), *epilogo* (conclusione) ed è tipica della scrittura per le tesine, le presentazioni, i discorsi in pubblico ecc.
- la **struttura "a diamante"**: anche in questo caso si parte dall'informazione più importante o dall'idea di cui si vuole convincere altri (la punta del diamante); questa viene approfondita, argomentata e spiegata nei minimi dettagli (le sfaccettature del diamante), per poi tornare al punto di partenza e confermare quanto si è detto all'inizio;

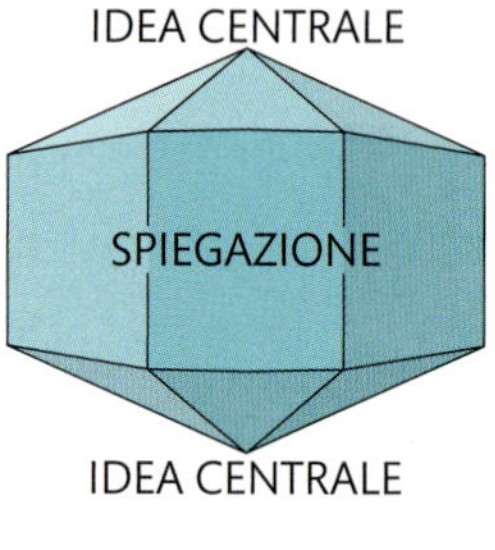

- la **struttura "a piramide invertita"** ispirata alla scrittura sul web, ma adottata anche dai quotidiani: si comincia dando le informazioni fondamentali, che invogliano il lettore a continuare a leggere, seguite da quelle importanti, da quelle utili ma non essenziali e, infine, dai dettagli di secondaria importanza. È una struttura utile nell'argomentazione (▸ p. 577).

Dopo la scrittura

È questa la fase della **revisione** di ciò che abbiamo scritto per controllare di aver rispettato i criteri elencati nelle prime due fasi e facendo eventuali interventi per migliorarlo. In particolare, dobbiamo controllare i seguenti aspetti, e possiamo farlo ponendoci delle domande:

- **la struttura**: ho rispettato la struttura adatta alla forma testuale? Sono presenti tutti gli elementi di tale struttura?
- **il contenuto**: ho incluso tutte le informazioni più importanti? Ho trattato tutti gli aspetti richiesti dalla traccia? Ci sono informazioni che non rientrano nel tema da trattare?
- **coerenza e coesione**: le parti del testo sono legate bene tra loro? La lettura scorre? I passaggi da un concetto all'altro sono chiari? Ho usati i connettivi giusti?
- **la correttezza formale**: ho rispettato le regole della **grammatica** e della **sintassi**: la concordanza soggetto/verbo, sostantivo/aggettivo, le concordanze dei tempi verbali?; Ho inserito i pronomi giusti? La struttura della frase e del periodo funziona in ogni suo aspetto? ecc.; Ho rispettato le regole fondamentali della **punteggiatura**?
- **il lessico**: ho usato il lessico sia vario sia specifico dell'argomento trattato? Ci sono inutili ripetizioni? Ho fatto errori di **ortografia** (consonanti doppie, plurale delle parole in -cia/-gia, accenti, uso dell'*h* ecc.)?

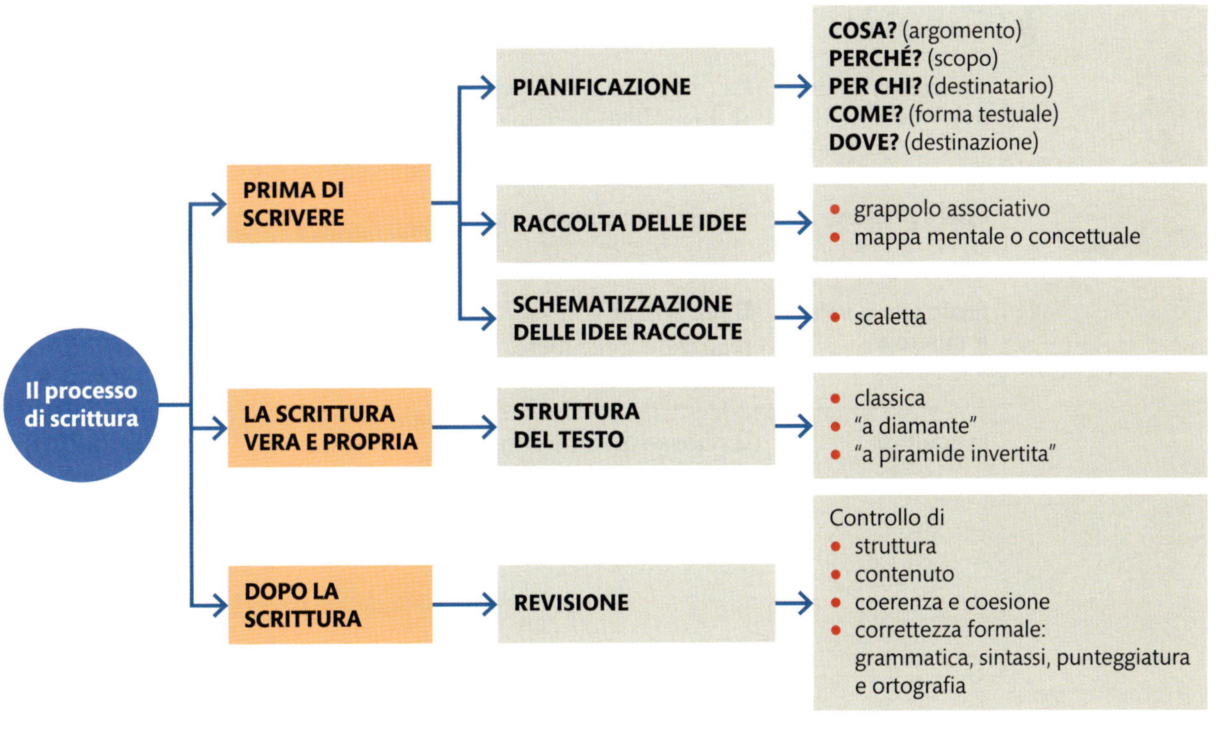

ADESSO TOCCA A TE

▶ Capitolo 2

RIFLETTI E PRODUCI

Livello 1 **1** ●○○ Quali sono i tuoi "punti deboli" nella stesura di un testo? Rifletti e produci un breve testo (max 15 righe).

Livello2 **2** ●●○ Applica la fase di revisione del testo a uno degli elaborati prodotto in questa unità. Cos'hai imparato svolgendo questo tipo di attività? Cosa devi migliorare in futuro?

Livello 3 **3** ●●● Scrivi un testo su uno dei seguenti argomenti, seguendo attentamente le fasi di stesura. Prima di affrontare la fase della **revisione**, poniti la seguente domanda: *Quali sono i miei "punti deboli" che devo tenere d'occhio nella fase di revisione?* Crea quindi la tua lista di punti deboli, o errori ricorrenti, e usala nella fase finale. Quanti errori riesci a correggere prima di consegnare il testo?

I valori dei giovani d'oggi ~ Il ruolo dell'informatica nell'insegnamento e nell'apprendimento ~ I problemi della mia città

LAVORIAMO SULLA LINGUA

L'aziendalese

Nell'introduzione del report a p. 565 si usa il termine *missione*. È la traduzione letterale del termine inglese *mission*, "**scopo**". In questo contesto è di uso comune e, forse, accettabile, ma appartiene a un linguaggio ben identificabile, caratterizzato da espressioni evitabili perché "pesanti" e/o improprie, come per esempio "problematica". Potremmo chiamarlo "**aziendalese**", ma è diffuso anche al di fuori del mondo aziendale.

Ecco alcuni esempi con le possibili alternative.

Aziendalese	Esempio	Alternativa più corretta
consentire/rendere possibile	La direzione rende possibile ai dipendenti la richiesta di congedi straordinari.	La direzione **concede** congedi straordinari ai dipendenti che lo richiedono.
essere preposto a	l'incaricato preposto a...	l'incaricato **che si occupa di, responsabile di...**
finalizzato a, volto a, mirato a	Il progetto è volto a realizzare il recupero edilizio del centro storico.	**L'obiettivo del progetto è realizzare** il recupero edilizio del centro storico.
in grado di	Il nuovo software è in grado di assicurare un servizio più veloce.	Se qualcosa "è in grado di fare...", è evidente che – più semplicemente – la "fa". Perciò è più chiara l'espressione "Il nuovo software **assicura** un servizio più veloce".

trasmettere	La preghiamo di trasmettere i Suoi dati al seguente indirizzo	La preghiamo di **inviare** i Suoi dati al seguente indirizzo
validare il titolo di viaggio	Il titolo di viaggio deve essere validato nell'apposita apparecchiatura	Il titolo di viaggio deve essere **timbrato** nell'apposita apparecchiatura
mancato accoglimento	Chiediamo chiarimenti in ordine al mancato accoglimento della certificazione richiesta.	Chiediamo chiarimenti in ordine al **rifiuto** della certificazione richiesta.
processo selettivo	In considerazione dei lavori per la realizzazione dell'opera sopra citata l'ente avvia un processo selettivo...	Per la realizzazione dell'opera sopra citata l'ente avvia **una selezione**...
messa in mobilità	A seguito della messa in mobilità, il lavoratore viene iscritto in un'apposita lista, che gli garantisce un accesso al lavoro agevolato.	A seguito del **licenziamento**, il lavoratore viene iscritto in un'apposita lista, che gli garantisce un accesso al lavoro agevolato.

1 **Nel seguente testo rintraccia e sostituisci le espressioni improprie sopra esaminate.**

Il nostro sito web consente di mostrare tutti i vantaggi che la nuova polizza assicurativa è in grado di offrire. Segnala e illustra, in particolare, la clausola più interessante, quella che rende possibile ottenere prestiti a condizioni eccezionali. Alla chiamata col numero verde, i nostri esperti preposti all'assistenza dei clienti illustreranno le innovazioni mirate a facilitare il pagamento dei premi in comode rate mensili. Qualunque problematica dovesse sorgere, sarà prontamente risolta.

2 **Il dirigente della tua scuola ha inviato la seguente circolare. Riassumila in parole semplici immaginando di volerne comunicare il contenuto ai tuoi genitori.**

Si comunica che le lezioni straordinarie pomeridiane di Matematica ed Elettronica previste il 5 aprile 2016 sono rinviate in data da destinarsi. Si riporta qui di seguito il calendario delle lezioni restanti.
Si sottolinea per gli alunni che non intendevano usufruire del corso che i genitori dovevano presentare una comunicazione debitamente firmata, in mancanza della quale gli studenti saranno considerati assenti.

FACCIAMO IL PUNTO

definire + riassumere + classificare + memorizzare

LOSAI? RIPASSA CON LO SMARTPHONE

Esporre e informare → **IL TESTO ESPOSITIVO**

- comprende → manuali, voci di enciclopedia, relazioni, articoli di giornali, relazioni, report
- presenta → notizie, dati, fatti, idee su argomenti specifici
- *si organizza in* →
  - **INTRODUZIONE**: presenta l'argomento
  - **SVILUPPO**: espone le informazioni
  - **CONCLUSIONE**: chiude l'argomento con eventuali considerazioni
- *gli argomenti possono essere presentati* →
  - in ordine cronologico
  - in elencazione
  - attraverso un confronto
  - in successione causale
- *per essere efficace deve essere* →
  - esauriente, chiaro e semplice, coerente e coeso
  - preciso e oggettivo nel lessico
- *comprende testi con struttura e destinazione specifiche* →
  - **IL TESTO TECNICO-SCIENTIFICO**
    - Utilizza anche immagini, grafici, tabelle ecc.
    - È conciso ed essenziale
    - Ha un lessico specialistico, ricco di termini stranieri
  - **LA RELAZIONE** nella realtà scolastica:
    - Riferisce esperienze didattiche o di vita
    - Fa il resoconto di attività tecnico-scientifiche di laboratorio
    - Può contenere valutazioni e argomentazioni
  - **IL REPORT**: documento-relazione di tipo professionale
    - Riferisce i risultati di una ricerca, uno studio, un'esperienza lavorativa come lo *stage*
    - Contiene valutazioni; in ambito professionale, anche argomentazioni

CONOSCENZE

1 **Indica se le seguenti affermazioni sono vere [V] o false [F].**

a. Il report è un documento-relazione. V F
b. Il report ha uno scopo esclusivamente informativo. V F
c. Il testo espositivo ha un contenuto oggettivo. V F
d. Il testo espositivo si rivolge a persone di cultura elevata. V F
e. Il testo espositivo è caratterizzato da una sintassi complessa. V F
f. Il testo espositivo deve fornire il maggior numero possibile di informazioni. V F
g. Nel testo espositivo lo sviluppo degli argomenti segue un ordine logico. V F

ABILITÀ E COMPETENZE

2 **In ciascuna coppia di testi, individua quello espositivo.**

a. [1] Una nazione è da considerarsi sviluppata se i suoi cittadini hanno la possibilità di condurre una vita lunga e sana, di acquisire conoscenze e di accedere alle risorse necessarie per mantenere un tenore di vita dignitoso.

[2] Nel mondo il tasso di alfabetismo delle donne è inferiore a quello degli uomini. Tale differenza si sta attenuando, ma è ancora evidente nei Paesi in via di sviluppo, nei quali circa il 64% degli analfabeti è costituito da donne.

b. [1] Il Sole è una stella gialla paragonabile a una gigantesca centrale di energia. Splende da ben 5 miliardi di anni e fornisce alla Terra il calore e la luce indispensabili alla vita.

[2] *Se una notte d'inverno un viaggiatore* è un romanzo di Italo Calvino nel quale le storie si inseguono e si incastrano le une nelle altre.

3 **Ordina le informazioni che seguono in modo da formare un testo espositivo. Attribuisci al testo un breve titolo che ne indichi l'argomento.**

.... [Titolo]

- [ ] Sul mare, invece, cade meno acqua di quanta ne evapora.
- [ ] Tramite l'evaporazione l'acqua passa nell'atmosfera (dove si può vedere sotto forma di nubi), per ritornare sulla superficie terrestre con le precipitazioni: pioggia, neve o grandine.
- [ ] La quantità di acqua che torna sulle terre emerse tramite le precipitazioni è maggiore di quella che ne evapora.
- [ ] Il vapore acqueo è presente nell'aria perché il calore del Sole provoca l'evaporazione dell'acqua che si trova sulla superficie terrestre: dal mare, dal terreno e dalle piante.
- [ ] Ciò alimenta i corsi d'acqua e le altre riserve.

(E. Lupia Palmieri, M. Parotto, *Immagini e itinerari del sistema terra*, Zanichelli, Bologna, 2001)

4 **Leggi i seguenti due paragrafi di testi espositivi e indica secondo quale procedimento sono organizzate le informazioni.**

a. Il 1778-89 fu caratterizzato dall'accorrere nell'esercito comandato da George Washington di volontari di vari Paesi, da battaglie vittoriose dei nemici dell'Inghilterra, Spagna e Francia, sui mari e per terra. Del tutto isolata dal concerto delle potenze, la Gran Bretagna dovette rassegnarsi, dopo la resa nel 1781 della sua guarnigione assediata intorno a Yorktown, alla sconfitta. Nella pace, formalizzata nel 1783 a Versailles, essa riconobbe l'indipendenza degli Stati Uniti.

....

b. Il gioco del calcio era praticato già nell'antica Roma. Si utilizzava una piccola palla e due squadre si affrontavano in un campo rettangolare delimitato da linee di contorno e da una linea centrale. Lo scopo era quello di riuscire a poggiare la palla sulla linea di fondo del campo avversario. Diversamente da quanto avviene nel calcio moderno, erano permessi passaggi sia con le mani che con i piedi. Nella Firenze rinascimentale era diffuso il calcio fiorentino, disputato dai partiti verdi e dei bianchi e chi vinceva si appropriava delle insegne avversarie. Mentre oggi i giocatori in campo per ogni squadra sono undici, allora erano ben 27, di cui 15 attaccanti!

....

5 **Leggi con attenzione il brano, quindi svolgi le attività proposte.**

Hedy Lamarr, stella dello spionaggio tecnologico

Hedy Lamarr (1914-2000) fu resa famosa dal primo nudo del cinema, nel film austriaco *Estasi*, da lei interpretato nel 1932 a 19 anni. La storia le rende omaggio non perché diva, ma perché scienziata, o meglio inventrice. Nel 1942 infatti Hedy Lamarr e il compositore George Antheil brevettarono un sistema di controllo radio delle torpedini che è alla base dello «spread spectrum», la tecnologia della comunicazione di alcuni dei telefoni cellulari e dei satelliti militari. Lo fecero per aiutare il loro Paese di adozione contro il nazismo.

Negli anni Trenta e Quaranta, la storia di Hedy Lamarr appassionò il mondo intero. L'attrice, nata e cresciuta a Vienna, sposò Fritz Mandl, un grande produttore di armi austriaco, amico di Hitler e Mussolini. La persecuzione degli ebrei la indusse a lasciare il marito e l'Austria, e a rifugiarsi prima in Inghilterra poi negli Stati Uniti. Esperta degli armamenti tedeschi, allo scoppio della Seconda guerra mondiale Hedy Lamarr si mise a disposizione del Pentagono. Una sera, ascoltando George Antheil al piano, concepì l'idea di dotare le torpediniere americane di un sistema di controllo radio indecifrabile per il nemico. Anziché segnali su un'unica frequenza, facili da intercettare e bloccare, disse al compositore, bisognerebbe usare frequenze sempre diverse, impossibili da neutralizzare, come le note di una canzone. George Antheil costruì un rudimentale apparecchio radio, detto «Sistema segreto di comunicazione», e il Pentagono lo brevettò a loro nome nel 1942. L'apparecchio non fu adottato dalla marina militare. Ma nel 1957 una società hi-tech, la Sylvania electronic, lo realizzò nella nuova forma di transistor: l'invenzione dell'attrice e del compositore venne impiegata per la prima volta nel blocco navale di Cuba nel 1962.

Il brevetto fu un contributo importante alle più diverse tecnologie moderne, dal radar a Internet. L'attrice non percepì un soldo, ma non se ne rammaricò: «Il mio obbiettivo» dichiarò «era di consentire alle torpedini americane di affondare impunemente le navi tedesche. Non lo raggiunsi, ma il brevetto si è rivelato lo stesso prezioso sia in guerra sia in pace».

(adattamento da E. Caretto, "Corriere della Sera", 5 settembre 2002)

a. **Nel testo distingui, separandole con una barra, la parte introduttiva, lo sviluppo e la conclusione. Indica poi i contenuti informativi di ciascuna.**

b. **Quale ordine segue prevalentemente l'esposizione?**

c. **Quali termini specialistici compaiono nel testo?**

d. **Qual è il tempo verbale utilizzato per esporre le informazioni?**

e. **In biblioteca o su Internet ricerca notizie su donne che nel XX secolo si sono distinte in ambito scientifico (per esempio Marie Sklodowska-Curie, Rita Levi Montalcini, Mileva Maric, Grace Hopper). Scegli quindi una personalità che ti ha particolarmente colpito e presenta le informazioni che riguardano la sua attività in un elaborato (max 16 righe) che rispetti le caratteristiche del testo espositivo. Fai attenzione a suddividere l'esposizione in paragrafi e ordina le informazioni secondo il criterio più opportuno. Arricchisci il lavoro con immagini adatte; infine, ricordati di citare le fonti cui hai attinto le informazioni.**

4 Esprimere giudizi e argomentare

IN QUESTA UNITÀ

- Che cos'è un **testo argomentativo**?
- Che cosa permette di distinguere i diversi **tipi** di testo argomentativo e a riconoscerne lo **scopo**?
- Qual è la **struttura** di un testo argomentativo?
- Quali sono le sue **caratteristiche fondamentali**?
- Che cos'è una **recensione** e come si articola la sua **struttura**?
- Che cos'è la **scrittura documentata**?
- Come si scrivono un **articolo di giornale** e un **saggio breve**?
- **LAVORIAMO SULLA LINGUA** Approfondiamo la nostra conoscenza del **linguaggio editoriale**

1 Il testo argomentativo

PARTIAMO DAL TESTO

Avviciniamoci a un testo argomentativo attraverso un articolo di giornale. Leggilo attentamente e rispondi alle domande.

= tesi e argomenti a sostegno della tesi
= antitesi e argomenti a sostegno dell'antitesi
= conclusione

Franzen e il dibattito sui social network
Ciò che serve è una nuova educazione

Lo scrittore e saggista americano: "Twitter è stupido, crea dipendenza"
La risposta di Juan Carlos De Martin

Per lo scrittore americano, «Twitter è stupido e crea dipendenza». Juan Carlos De Martin[1] gli risponde così: «Sul digitale si dicono molte esagerazioni, ma un aspetto è innegabile: mai un cambiamento ha toccato tante persone in così poco tempo. Basti pensare che ci sono voluti 126 anni prima che al mondo ci fossero un miliardo di telefoni fissi, ma appena 8 per avere un miliardo di persone su Facebook. Per non parlare degli smartphones, che fino a poco fa appesantivano le tasche solo dei più fanatici, ma ora rappresentano oltre il 50% dei telefoni venduti al mondo.» Cambiamenti molto rapidi che riguardano miliardi di persone: è inevitabile che i problemi siano elevati al cubo.

1. **Juan Carlos Martin:** informatico e professore universitario.

Problemi, ma anche benefici, o le reti sociali non avrebbero tanto successo: vengono apprezzate soprattutto perché offrono un'alternativa alla posta elettronica, giudicata da molti (soprattutto i più giovani) limitata e formale, per condividere video, libri, musica, eventi, fotografie, testi, notizie sulla propria vita personale.
Se i benefici sono chiari, meno chiaro è come usare in maniera ottimale questi strumenti, ovvero, come minimizzare i problemi che ogni tecnologia porta con sé. Come abbiamo detto, si tratta di una confusione dovuta all'estrema novità del fenomeno, fisiologica, ma comunque importante da chiarire. Un primo ordine di problemi deriva dal fatto che molti utenti non hanno ancora capito che le reti sociali sono piattaforme pubbliche. Usare Facebook non è come telefonare a un amico: è piuttosto come uscire sul balcone con un megafono e rivolgersi a una piazza. La differenza, anche giuridica, è enorme, e col tempo inizierà a esser chiara a sempre più persone, che impareranno a sorvegliare con più attenzione il loro linguaggio online.
Il secondo ordine di problemi deriva dal fatto che le reti sociali sono potentissime macchine della distrazione. Le conseguenze sociali e personali possono essere molto negative. Innanzitutto per lo spreco di tempo. Ma anche per i danni alle relazioni personali e professionali: è ormai molto frequente, soprattutto in Italia, vedere coppie in locali pubblici che invece di parlarsi interagiscono col loro schermo tascabile o professionisti che, incollati allo smartphone, passano le riunioni dedicando un'attenzione molto parziale a ciò che dice chi li circonda. Sono problemi che, sia pure in forme e contesti diversi, abbiamo però già affrontato molte volte: col telefono, con la tv e persino col libro, per cui qualche secolo fa abbiamo dovuto sviluppare appropriate norme d'uso sociali. Si tratta ora di fare lo stesso anche per i social media, puntando sullo sviluppo delle competenze per resistere alla distrazione e sulla comprensione dei danni che può fare un uso improprio.

(riduzione da www.lastampa.it)

1. Qual è l'opinione di Jonathan Franzen? Spiegala con parole tue.
2. Juan Carlos De Martin, autore dell'articolo, replica inquadrando il fenomeno di cui si parla. Che cosa afferma in proposito?
3. Quale argomento di De Martin è sicuramente a favore dei social network?
4. Quale, invece, presenta un problema, che De Martin ritiene però risolvibile?
5. Qual è, in sintesi, l'**opinione** o **tesi** di De Martin?

Il testo argomentativo è un testo scritto per convincere della validità di una determinata opinione, o **tesi**, di cui chi scrive (o parla) è convinto.

Argomentare significa presentare **argomenti** ben organizzati in modo che il destinatario arrivi a:

- comprenderli;
- valutarli;
- convincersi della loro validità o, perlomeno, a riconoscere la loro fondatezza.

Lo scopo

Lo **scopo** del testo argomentativo è quello di **dimostrare la fondatezza della propria opinione** (o tesi) e di **persuadere gli altri** circa la sua credibilità, soprattutto se vengono proposte idee contrarie (o antitesi).

La struttura

Esaminiamo la struttura dell'articolo che hai letto a p. 577. Il testo argomentativo include normalmente i seguenti elementi:

- **enunciazione del tema**: si presenta il tema, o problema, che è oggetto dell'argomentazione;
- **tesi**: opinione legata all'argomento, della cui validità si vuole convincere il destinatario;
- **argomenti a sostegno della tesi**: argomenti che si portano per sostenere la tesi (affermazioni di esperti, dati statistici, opinioni comuni ecc.);
- **antitesi e argomenti a sostegno dell'antitesi**: si espone una tesi contraria e i relativi argomenti;
- **conclusione**: si tirano le somme per confermare la tesi di partenza.

Non sempre tutti questi elementi sono presenti nel testo o lo sono in questo ordine, ma sono sempre riconoscibili il **tema** di cui si parla, la **tesi** (anche se talvolta è parzialmente espressa in modo problematico come nel nostro articolo) e gli **argomenti** portati a sostegno della tesi.

L'**introduzione** di un testo argomentativo ha la funzione di **attirare il lettore**, di interessarlo e invogliarlo a continuare la lettura.

La **conclusione** svolge un ruolo importante perché deve per così dire **chiudere il cerchio** e tornare alla tesi espressa all'inizio, confermandola.

La coerenza e la coesione

Nei testi argomentativi è molto importante l'uso appropriato dei **connettivi testuali** che lo rendono **coerente** e **coeso**, cioè sensato dal punto di vista logico e ben legato nelle sue diverse parti. Vediamo quali connettivi sono stati utilizzati nell'articolo che hai letto:

- per esprimere un'opposizione: *ma*;
- per introdurre dati o prove che rafforzano un'affermazione appena fatta: *basti pensare che, per non parlare di*;
- per esprimere una conseguenza logica: *è inevitabile che*;
- per esprimere una causa, una spiegazione: *perché*;
- per riprendere un punto già menzionato: *come abbiamo detto*;
- per presentare il primo argomento: *un primo ordine di problemi, innanzitutto.*

La seguente mappa illustra le tipologie di testo argomentativo che tratteremo in questa unità.

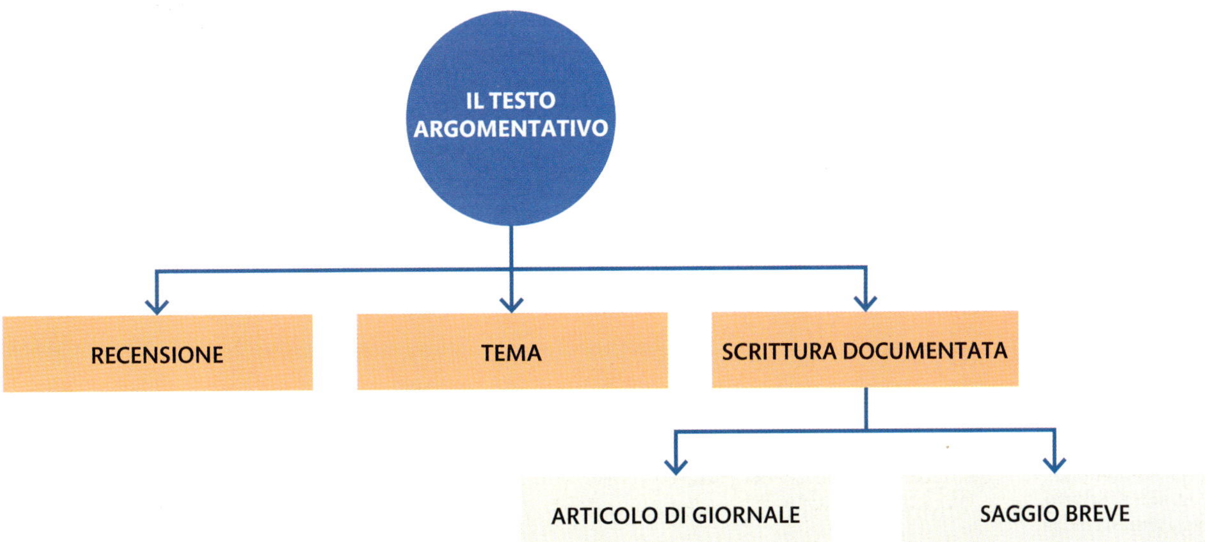

1.1 La recensione

La **recensione** è un testo argomentativo che **presenta e valuta opere** come film, romanzi, spettacoli musicali, opere teatrali, mostre, trasmissioni televisive ecc.

Si trova su quotidiani, riviste o siti web e si rivolge a un **lettore interessato all'argomento**. Il suo **scopo** è informare e, insieme, persuadere il lettore della validità di un dato prodotto culturale oppure stroncarlo dandone un giudizio negativo.

La **struttura** della recensione prevede normalmente tre parti:

- **introduzione**: è la parte **informativa**, in cui si presenta l'opera e se ne forniscono i dati generali. Nel caso di un film, per esempio, vengono indicati titolo, regista, interpreti, genere, trama, altre opere dello stesso regista, eventuale romanzo da cui è tratto il film ecc.;
- **analisi e interpretazione**: si analizzano e interpretano il contenuto dell'opera e i suoi aspetti formali: le tecniche di regia e di recitazione, la colonna sonora, gli effetti speciali, la scenografia, lo scopo dell'opera ecc.;
- **valutazione**: si dà un giudizio personale sull'opera in generale e sui suoi elementi caratteristici, che variano in base al tipo di opera recensita.

ANALIZZIAMO IL TESTO

Per vedere da vicino la struttura di questo tipo di testo argomentativo, ti proponiamo la recensione di un film.

Testo della recensione	Struttura

Il ritorno di Star Wars, ma è così memorabile? L'abbiamo visto e ve lo raccontiamo

L'attesissimo settimo episodio della saga giudicato dal critico del *Corriere* Paolo Mereghetti. Un film con un (inevitabile) colpo di scena finale

di Paolo Mereghetti

La forza si è risvegliata davvero. L'attesissimo settimo episodio della saga di Star Wars non tradisce le attese e anzi mette a segno qualche colpo ben indovinato. Senza rinnegare lo spirito iniziale di Lucas[1] e del primissimo *Guerre stellari* (quello che poi è diventato per tutti *Star Wars – Una nuova speranza*, l'episodio numero quattro), di cui di fatto questo «Il risveglio della forza» diretto da J.J. Abrams è una specie di intelligente remake. Naturalmente con nuovi protagonisti – la «raccoglitrice di rottami» Rey (Daisy Ridley), il «traditore» Finn (John Boyega), il pilota stellare Poe (Oscar Isaac) – che si affiancano ai vecchi eroi Han Solo, Chewbacca, Leia Organa e Luke Skywalker e che permettono a questo film di diventare, oltre che un remake, anche un reboot, una nuova «ripartenza» verso altre avventure, un po' come è successo a James Bond con la regia di Sam Mendes e l'interpretazione di Daniel Craig[2].

→ **INTRODUZIONE**
Dati generali e presentazione dell'opera: titolo, regista, interpreti, filone in cui si colloca il film, paragone con un altro film.

1. **Lucas:** George Lucas (n. 1944), regista, sceneggiatore e produttore statunitense, famoso soprattutto per le saghe di *Guerre stellari* (*Star Wars*) e *Indiana Jones*.
2. **Daniel Craig:** attore britannico (n. 1968), noto soprattutto per l'interpretazione di James Bond, l'agente 007 frutto della fantasia di Ian Fleming.

Il film inizia con l'ormai tradizionale incipit «tanto tempo fa, in una galassia lontana lontana» e ci mostra il pilota della Resistenza Poe che affida al curvilineo drone BB8 una mappa stellare, proprio mentre le forze del Primo Ordine (che ha sostituito l'Impero nell'ambizione di dominio galattico contro la Repubblica e i suoi Ribelli) stanno arrivando per impossessarsi di quell'informazione, l'unica che permetterebbe di ritrovare l'eremo-nascondiglio in cui si è ritirato Luke Skywalker.

A guidare i «cattivi» c'è Kylo Ren (Adam Driver), il nuovo padrone del «lato oscuro della forza» che si nasconde sotto una maschera simile a quella di Darth Vader (attenzione: anche nell'edizione italiana i protagonisti riprendono i nomi originali inventati da Lucas, per cui Leila ritorna Leia e Jan Solo è Han Solo) la cui vera identità sarà una delle (belle) sorprese della sceneggiatura di J.J. Abrams, Lawrence Kasdan e Michael Arndt. Come proseguirà il film, come Rey e Finn, e poi Poe, incroceranno le loro strade con quella di Han Solo e del Millennium Falcon lo lasciamo scoprire agli spettatori.

ANALISI E INTERPRETAZIONE
L'autore espone un sommario della trama, soffermandosi sull'incipit che è il dato caratterizzante della "serie". In questo modo analizza anche la struttura della sceneggiatura.

Da parte nostra possiamo solo aggiungere che J.J. Abrams non ha tradito le aspettative dei tantissimi fan della saga (e neanche quelle di George Lucas) e che naturalmente «Il risveglio della forza» finisce su una scena che è perfetta nell'accendere l'aspettativa per un episodio successivo.

(www.corriere.it, 16 dicembre 2015)

VALUTAZIONE
L'autore dell'articolo entra nel merito della qualità dell'opera, che valuta positivamente. A suo parere il film corrisponde alle aspettative e ne suscita di nuove.

ADESSO TOCCA A TE

▶ Capitoli 1, 1.1

INDIVIDUA E PRODUCI

Livello 1 **1** ●○○

Nel seguente articolo sottolinea la tesi e le prove che la sostengono.

Troppa televisione mina i giovani cervelli

USA I giovani under 30 che siedono davanti allo schermo per tutto il giorno e non fanno attività fisica rischiano un **declino precoce delle loro capacità cognitive**. Ora lo prova scientificamente uno studio pubblicato sulla rivista "Jama Psychiatry". Se infatti siamo tutti consapevoli che stare seduti per ore sul divano a guardare la tv non faccia bene al fisico, ora una ricerca americana dimostra che **questo comportamento a lungo termine può danneggiare l'intelligenza**.

Doppia probabilità di andare male

Gli scienziati del Northern California Institute for Research and Education hanno raccolto i dati con uno studio **durato 25 anni** che ha coinvolto più di 3.200 persone tra i 18 e i 30 anni. Dai risultati è emerso che i partecipanti che dichiaravano di **guardare la tv oltre tre ore al giorno** per più di quattro giorni alla settimana, facendo di rado esercizi fisici, avevano una probabilità doppia rispetto agli altri di andare male nei test per misurare l'intelligenza e la cognizione.

Rallentamento mentale

«Abbiamo scoperto che bassi livelli di attività fisica e alti livelli di fruizione televisiva durante l'adolescenza e la prima età adulta sono **direttamente associati a performance cognitive peggiori nella mezza età** – ha spiegato la responsabile dello studio, Tina Hoang [...]. Una delle ipotesi è che la mancanza di esercizio fisico impedisca [...] lo sviluppo del tessuto nervoso, ma potrebbe esserci anche un'altra spiegazione: ovvero che le persone con basse funzioni cognitive sono quelle più propense alla pigrizia e al bombardamento televisivo.

(adattamento da http://www.metronews.it)

2 ●○○ **Scegli una delle tesi elencate. Se la condividi spiega perché, portando delle opportune brevi argomentazioni. Se al contrario non la condividi, formula la tua antitesi e sostienila anche in questo caso con opportune argomentazioni.**

- Professori e studenti non possono essere amici.
- I fast food fanno male alla salute e dovrebbero essere aboliti.
- Le scritte sui muri sono una forma d'arte.
- Le scuole dovrebbero essere chiuse il sabato.

Livello 2 **3** ●●○ **Leggi il seguente articolo argomentativo e individua la tesi, l'antitesi e gli argomenti a sostegno dell'una e dell'altra.**

Una montagna di regali per i figli sotto l'albero. Il web: "Diseducativo". La mamma risponde così

Quando ha condiviso sui social la foto del suo albero di Natale sommerso dai doni per i suoi tre figli non immaginava di certo che avrebbe scatenato una reazione sdegnata per quella montagna di pacchetti. Emma Tapping, mamma 27enne dell'Isola di Mann, ha acquistato più di 80 regali per ognuno dei suoi bambini, spendendo l'equivalente di duemila euro in totale.

Le critiche hanno attaccato il suo modo di educare i figli, e alcuni sostengono che in questo modo non cresceranno con sani principi. La signora Tapping ha spiegato le sue ragioni via Skype. "Si possono comprare due o 200 regali per i propri figli, ma questo non c'entra con il modo di educarli. Potrebbero anche riceverne solo uno ed essere comunque delle pesti. I miei figli conoscono la differenza tra giusto e sbagliato, apprezzano tutto quello che hanno. Se si rompe qualcosa come il loro telefono cellulare devono conservare il loro denaro per sostituirlo". Ha poi aggiunto che la famiglia "non è affatto ricca" e ha iniziato lo shopping durante il periodo dei saldi. Quando Emma ha notato che persone da tutto il mondo stavano condividendo e commentando la foto del suo albero si è affrettata a rispondere con una seconda foto pubblicata su Facebook e accompagnata da un messaggio: "Dovrei postare un'altra foto del mio albero? Ci potete scommettere. Visto che la mia immagine è diventata virale (senza il mio consenso!) Ecco il mio albero. AMO il Natale AMO rovinare i miei figli durante le feste e lavoro duramente per poterlo fare".

(riduzione da www.leggo.it)

4 ●●○ **Scegli una delle tesi elencate e scrivi un testo di circa 15 righe in cui, se sei d'accordo, porti argomentazioni per sostenere la tesi; se non sei d'accordo, elabora un'antitesi e presentala insieme ad alcuni argomenti che la sostengano.**

- Il look, l'apparenza, la moda sono fondamentali per costruire una relazione.
- Dovrebbe essere possibile prendere la patente a 16 anni.
- L'istruzione secondaria superiore dovrebbe basarsi sull'alternanza scuola e lavoro.

5 ●●○ **Scrivi la recensione di due eventi culturali a cui hai assistito scegliendoli tra quelli elencati.**

film ~ spettacolo teatrale ~ programma televisivo ~ spettacolo scolastico ~ concerto di un gruppo celebre ~ concerto scolastico ~ mostra

Livello 3

6 ●●● **Partendo dallo slogan della manifestazione studentesca illustrata, ti forniamo un elenco di possibili argomentazioni favorevoli e contrarie. Rifletti, scegliendo quelle che approvi e aggiungi le tue personali, quindi produci un testo argomentativo completo di tesi e antitesi (max 50 righe). Ricordati di fare prima una scaletta che organizzi il contenuto.**

Argomentazioni favorevoli	Argomentazioni contrarie
– I ragazzi sono l'anima della scuola – È l'iniziativa dei ragazzi che rende la scuola migliore – Lo studio è un diritto di cui gli studenti sono felici di avvalersi, partecipando alla vita scolastica con entusiasmo	– La bontà della scuola dipende dalla competenza dei suoi insegnanti – La buona scuola è tale perché è dotata di attrezzature all'avanguardia – È responsabilità dei legislatori garantire una buona scuola agli alunni

7 ●●● **Immaginando di scrivere su un sito per turisti, scrivi la recensione di un ristorante, albergo o altro tipo di alloggio ecc. di una località che hai visitato. Ricordati di dare tutte le informazioni pratiche necessarie e di motivare la tua valutazione.**

8 ●●● **Stai pensando di andare a vedere un film o a sentire un concerto, o di leggere un libro ecc., ma prima di farlo decidi di leggere alcune recensioni. Cercane alcune e scegli quella che ti sembra più convincente, spiegando le ragioni della tua scelta.**

1.2 Il tema argomentativo

Il tema argomentativo è un tipo di testo tradizionalmente associato alla scuola. Consiste nello **sviluppo di un argomento** indicato da una **traccia** e ha lo **scopo** di esercitare e verificare le abilità di scrittura.

Il tema ti permette infatti di accertare se

- sai sviluppare la traccia attraverso le **conoscenze** acquisite a scuola e quelle personali;
- sai esprimere le tue opinioni motivandole con **argomentazioni** appropriate;
- sai **padroneggiare** tutti gli aspetti della **lingua** e costruire un testo chiaro, coerente e coeso.

Le tipologie di tema

Per quanto riguarda il modo di sviluppare i contenuti, i principali tipi di tema sono i seguenti:

- **espositivo**: vi si espongono dati e informazioni in maniera chiara e coerente (▸ *Il testo espositivo*, p. 557);
- **narrativo**: si narrano fatti e avvenimenti, come in un racconto;
- **argomentativo**: si enuncia una tesi sostenendola con argomentazioni appropriate.

Tieni presente che in un unico tema queste tipologie si possono mescolare, anche se il "taglio" scelto si caratterizza per una di esse in particolare. In questa unità ci concentriamo sul **tema argomentativo**.

La struttura del tema

La struttura del tema si articola in tre parti:

- **introduzione**: in non più di due capoversi introduciamo appunto l'argomento e la tesi che vogliamo sostenere, e indichiamo il modo in cui intendiamo affrontarli;
- **sviluppo**: è la parte centrale del tema, e anche la più corposa. Qui sviluppiamo l'argomento ed elenchiamo le argomentazioni a sostegno della nostra tesi, a ciascuna delle quali sarà dedicato un capoverso;
- **conclusione**: in un capoverso, tiriamo le somme di quanto abbiamo detto nella parte centrale e ribadiamo la nostra posizione riguardo l'argomento trattato.

Le fasi del tema

Bisogna prima di tutto **leggere molto bene la traccia** e individuare le **parole-chiave**, che ci orientano verso ciò che ci viene richiesto. Fatto ciò, nella scrittura di un tema individuiamo le **cinque fasi fondamentali** che trovi spiegate a p. 570.

1. pianificazione
2. raccolta delle idee
3. schematizzazione delle idee raccolte
4. scrittura vera e propria
5. revisione

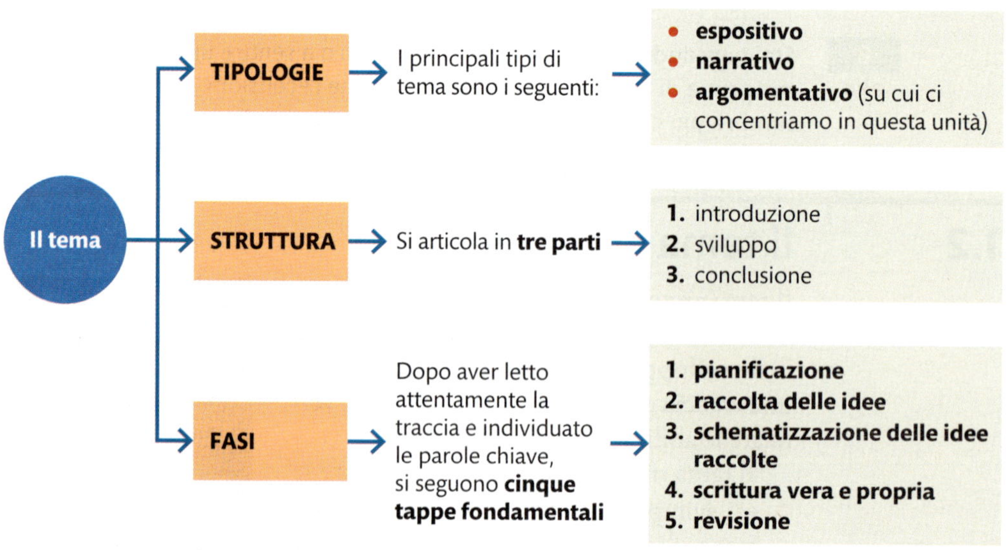

Per vedere da vicino la struttura e l'elaborazione di un tema argomentativo, te ne proponiamo uno scritto da un tuo coetaneo. La traccia è "Ballare in discoteca fino all'alba è rischioso per la salute fisica e mentale". La parola-chiave su cui si focalizzerà correttamente l'elaborato è "salute fisica e mentale".

ANALIZZIAMO IL TESTO

- = tesi
- = argomenti a sostegno della tesi
- = argomenti a sostegno dell'antitesi
- = conclusione

Testo del tema	Struttura
Nonostante la nostra epoca si caratterizzi per la modernità sempre più spinta e la flessibilità dei modi di pensare, c'è ancora chi, quasi sempre in forma di pregiudizio, giudica dannosa per la salute fisica e mentale dei giovani la vita notturna delle discoteche. Ritengo tale opinione decisamente vecchia e superata, e sintomo di una sbagliata percezione di un fenomeno che non è altro che una manifestazione della spontaneità e dell'allegria. Spontaneità e allegria che è giusto contraddistinguano la generazione degli adolescenti e non solo.	Introduzione ed enunciazione della tesi
Uscire la sera, magari dopo una giornata di intenso lavoro o di studio, può risultare rilassante e liberatorio, e consente di svagare la mente da tutte quelle preoccupazioni e quelle ansie che ci perseguitano durante la giornata. Se da un punto di vista psicologico risulta tutt'altro che impegnativo, sul lato fisico, al contrario, andare in discoteca comporta una dispersione di energie non indifferente, ma sicuramente salutare. Bisogna riconoscere infatti che il ballo allenta le inibizioni che generalmente compromettono la nostra libertà di movimento nella vita di tutti i giorni, e ci permette quindi di esprimere tutta quella vitalità repressa, accumulata nel tempo della routine quotidiana. Il giorno seguente inoltre, diversamente dalla tesi che sostiene che si tratti di un risveglio improduttivo e poco salubre, il ricordo di una serata piacevole trascorsa in compagnia di amici continua a rimanere vivo nella mente e colora di ottimismo l'inizio della giornata. L'eventuale stanchezza non compromette affatto la salute: è più che altro un piacevole rilassamento e il recupero è veloce.	Enunciazione degli argomenti a sostegno della tesi: Argomento 1 Argomento 2 Argomento 3
Va detto però che la convinzione retrograda di chi ritiene sbagliato divertirsi andando a ballare fino a tarda notte, è condivisibile quando questa forma di svago viene praticata in modo scorretto. Questo capita se si fa uso di droghe o alcolici, le cui conseguenze sono pericolose specialmente se al termine della serata ci si deve mettere alla guida di un'automobile.	Argomento a sostegno dell'antitesi
La tesi contenuta nel titolo è quindi perfettamente confutabile, se quella che io giudico come una semplice ed efficace forma di distrazione, non reca danno né alla persona interessata né a chi la circonda. Ricadere in superati luoghi comuni la maggior parte delle volte denota grande ottusità, specialmente per quanto concerne l'argomento in esame. Andare a ballare è un modo come un altro per trascorrere e condividere momenti piacevoli, e, come tutte le cose, se fatta con giudizio e coscienza, non può che essere rispettata, senza preconcetti.	Conclusione: ripresa e convalidazione della tesi

ADESSO TOCCA A TE

▶ Capitolo 1.2

INDIVIDUA E PRODUCI

Livello 1 **1** ●○○

Svolgi un tema su quattro colonne di foglio protocollo rispondendo a una delle domande proposte. Esprimi la tua opinione e sostienila con opportuni argomenti.

È possibile una vera amicizia tra ragazzi e ragazze? ~ È necessario avere regole da seguire? ~ I compiti sono inutili? ~ Una vita senza internet è possibile?

Livello 2 **2** ●●○

Leggi la seguente domanda postata su un blog di studenti e la relativa risposta e svolgi le attività seguenti.

DOMANDA: Molto spesso vengo etichettata come "strana" solo perché preferisco leggere e studiare durante il mio tempo libero. Mi chiedo... può la cultura passare di moda?

RISPOSTA: La cultura al primo posto, sempre e comunque! Non sei tu quella strana, tranquilla, sono loro gli strani! Ma cosa sta succedendo? Da qualche anno a questa parte si aggira nell'aria un declino culturale, tutto viene sottovalutato: arte, musica, spettacolo, soprattutto la lettura. Di chi è la colpa? Forse del mondo digitale. Ormai è tutto nelle sue mani!
Per alcuni leggere un libro è faticoso, annoia. "Dove la trovo la forza per leggere tutte quelle pagine?"
Non voglio essere melodrammatica, giuro, ma finiremo nel baratro dell'ignoranza di questo passo, sottovalutando i classici del passato. Ora più che mai urge un ritorno al valore della cultura senza naturalmente fermare il progresso. Trovare un maggiore equilibrio tra restaurazione ed evoluzione.

(www.licealicorigliano.it)

a. Individua la tesi sostenuta nella risposta.
b. Scrivi un tema argomentativo a partire da tale tesi. Se sei d'accordo, porta ulteriori argomentazioni a suo sostegno. Se sei contrario/a, esponi la tua antitesi per confutare la tesi dello studente che scrive.

3 ●●○

Svolgi un tema argomentativo su uno degli argomenti elencati relativi alla scuola.

I programmi ministeriali vanno bene così come sono e non hanno bisogno di modifiche ~ L'insegnamento e l'apprendimento attraverso le nuove tecnologie sono molto più efficaci ~ Le gite scolastiche sono una perdita di tempo e un onere finanziario per molte famiglie ~ Si parla molto di "buona scuola": vi spiego cosa significa per me...

Livello 3 **4** ●●●

Presenta il programma dell'autogestione nella tua scuola sotto forma di tema. Motiva la scelta delle iniziative proposte, esponi quali sono per te gli aspetti positivi o negativi dell'autogestione, e confuta le possibili obiezioni da parte del mondo degli adulti.

5 ●●●

Scrivi un tema a partire dall'immagine che ti proponiamo. Dopo averlo scritto, scegli un titolo.

2 La scrittura documentata

La scrittura documentata consiste in un testo **argomentativo** o **espositivo** (▸ p. 557) in cui si discute o si espone un argomento sostenendolo con una documentazione adeguata. La principale differenza, infatti, tra il tema e la scrittura documentata è che quest'ultima va sostenuta da **testi e citazioni**.

La seguente tabella illustra le differenze fondamentali tra il tema e la scrittura documentata.

Tema	Scrittura documentata
Si parte da una **traccia** da sviluppare	Si parte da **documenti** e si sviluppa l'argomento proposto in modo "libero"
La traccia costituisce il **titolo** del testo	Allo studente si richiede di scegliere un **titolo** per il suo testo
Il **destinatario** è l'insegnante	Il destinatario è costituito anche da un **pubblico** potenzialmente **più ampio** di quello del tema, che è strettamente scolastico
Sviluppo più libero nelle caratteristiche generali	**Sviluppo vincolato** dalle caratteristiche del tipo di testo che si produce, saggio o articolo, e da requisiti di **lunghezza** e di **struttura** ben precisi

Una delle tipologie dell'esame di Stato richiede la stesura di un **articolo di giornale** o di un **saggio breve**, partendo da un dossier di documenti (brani, tabelle, immagini, ecc.). I documenti proposti riguardano 4 diversi ambiti: artistico-letterario, socio-economico, storico-politico, tecnologico-scientifico. Vediamo insieme le tappe da seguire per entrambe le tipologie testuali.

• La consegna ministeriale

Analizziamo insieme la consegna ministeriale che accompagna il dossier di testi. È molto importante leggerla attentamente, dato che, come illustrato nella tabella, ci dà molte indicazioni su come procedere.

ANALIZZIAMO IL TESTO

TIPOLOGIA B: SAGGIO BREVE O ARTICOLO DI GIORNALE

(puoi scegliere uno degli argomenti relativi ai quattro ambiti proposti)

Sviluppa l'argomento scelto o in forma di "saggio breve" o di "articolo di giornale", interpretando e confrontando i documenti e i dati forniti. Se scegli la forma del "saggio breve" argomenta la tua trattazione, anche con opportuni riferimenti alle tue conoscenze ed esperienze di studio. Premetti al saggio un titolo coerente e, se vuoi, suddividilo in paragrafi. Se scegli la forma dell'"articolo di giornale", indica il titolo dell'articolo e il tipo di giornale sul quale pensi che l'articolo debba essere pubblicato. Per entrambe le forme di scrittura non superare cinque colonne di metà di foglio protocollo.

Elemento della consegna	Analisi
(puoi scegliere uno degli argomenti relativi ai quattro ambiti proposti) *Sviluppa l'argomento scelto o in forma di "saggio breve" o di "articolo di giornale", interpretando e confrontando i documenti e i dati forniti.*	Ti viene chiesto di: • scegliere un **ambito tematico** tra i quattro proposti; • decidere la forma che prenderà il tuo testo: **saggio breve** o **articolo di giornale**; • utilizzare **i documenti** contenuti nel dossier che ti viene fornito per ciascun ambito tematico: leggerli, schedarli e confrontarli.

Se scegli la forma del "saggio breve" argomenta la tua trattazione, anche con opportuni riferimenti alle tue conoscenze ed esperienze di studio. Premetti al saggio un titolo coerente e, se vuoi, suddividilo in paragrafi.	Se scegli il saggio breve, devi • **argomentare**, cioè esaminare i documenti proposti in modo critico e integrarli con le tue conoscenze personali sull'argomento; • scegliere un **titolo** appropriato per il tuo saggio; • dividere il testo in **paragrafi**, se lo ritieni opportuno (tieni presente che la suddivisione in paragrafi è molto utile per controllare coerenza e coesione).
Se scegli la forma dell'"articolo di giornale", indica il titolo dell'articolo e il tipo di giornale sul quale pensi che l'articolo debba essere pubblicato.	Se scegli l'articolo di giornale, devi • scegliere un **titolo** coerente con la tipologia del testo e con lo stile che scegli di adottare; • indicare la **destinazione editoriale** del tuo articolo, cioè il **tipo di pubblicazione** in cui lo includeresti e il **pubblico** a cui si rivolge.
Per entrambe le forme di scrittura non superare cinque colonne di metà di foglio protocollo.	Poiché la consegna dà indicazioni precise sulla **lunghezza** del testo, è importante tenere presente questo fattore in tutte le fasi della scrittura (pianificazione, stesura, revisione).

• La riflessione sull'argomento

Rifletti sull'**argomento**, sul quale puoi già avere delle conoscenze. Puoi porti domande come le seguenti, organizzando le tue risposte/idee attraverso liste o mappe, o scrivendole sotto forma di appunti liberi ecc.

- Quali dati e informazioni ho già su questo argomento?
- Quali esperienze ho avuto che hanno relazione con l'argomento?
- Cosa ho letto o sentito su di esso? Dove e quando?
- Quali parole specifiche conosco che sono legate ad esso?

• La lettura e la comprensione dei documenti

La prima tappa nella scrittura documentata è quella di **leggere** attentamente e **schedare** i documenti forniti. Puoi procedere così:

- **sottolinea** le parole-chiave e le informazioni fondamentali in ciascun documento;
- **integra** le informazioni sottolineate con le tue conoscenze personali sull'argomento;
- trova **elementi in comune** e **differenze** tra i documenti;
- sviluppa una **tesi** basata sull'argomento proposto e sul dossier che lo accompagna;
- **individua** gli **argomenti** a favore o contro la tesi proposta;
- **seleziona** i testi che intendi utilizzare e le parti che intendi citare.

• La pianificazione, la stesura e la revisione del testo

Dopo aver analizzato i documenti forniti, procedi con la pianificazione della scrittura. Oltre a seguire le **cinque tappe fondamentali** (▸ p. 570), devi

- specificare la **destinazione** del tuo testo (blog, sito della scuola, giornalino scolastico, rivista specializzata ecc.);
- scegliere il **registro linguistico** adeguato alla destinazione (alto, medio, colloquiale);
- dare un **titolo** al testo, cosa che puoi fare anche quando hai concluso la stesura.

Il seguente dossier è stato proposto come simulazione d'esame al liceo scientifico Leonardo Da Vinci di Casalecchio di Reno (Bologna) nell'ambito socio-economico. Te lo presentiamo con le idee centrali evidenziate e le parole chiave in parentesi. È seguito da un esempio di saggio breve, con le correzioni dell'insegnante. Al saggio premettiamo una mappa che, al posto della scaletta lineare, ne organizza visivamente lo sviluppo.

ANALIZZIAMO IL TESTO

B2 AMBITO SOCIO-ECONOMICO
Il lavoro tra flessibilità e precarietà

Il lavoro è un diritto costituzionale

La Repubblica riconosce a tutti i cittadini il diritto al lavoro e promuove le condizioni che rendono effettivo questo diritto.
Ogni cittadino ha il dovere di svolgere una attività o una funzione che concorre al progresso materiale e spirituale della società.

(*Costituzione della Repubblica Italiana*, art. 4)

Flessibilità come indicatore di variabilità del mercato

Nel mercato del lavoro la flessibilità - la capacità di un sistema economico di adattarsi ai mutamenti della realtà - è un concetto evocato continuamente, ma spesso in modo indefinito ed erroneamente associato alla sola facilità di licenziamento e assunzione delle imprese. La flessibilità del lavoro esprime, invece, più in generale, una sorta di indicatore dell'intensità e della velocità con cui le variabili fondamentali proprie di questo mercato reagiscono al verificarsi di particolari eventi.

(L. Pagani, *Flessibilità*, in *Dizionario di Economia e Finanza* (2012), in www.treccani.it)

Flessibilità non significa niente tutele

Nel mondo del lavoro, la "flessibilità" sembra una parola magica che unisce il vecchio con il nuovo secolo. Sembra il tratto unificante tra la fine della società fordista del *Lavoro*, al singolare e maiuscolo (a tempo pieno e indeterminato, presso un unico datore, tendenzialmente per tutta la vita) e l'avvio della società post-fordista dei *lavori*, al plurale e minuscoli (a termine, a tempo parziale, intermittenti, ripartiti, formativi, somministrati, a progetto, occasionali ecc.). Sia la proposizione «fordismo uguale rigidità (o meglio stabilità)» sia la proposizione «post-fordismo uguale flessibilità (ed efficienza)» non sono vere, quanto meno sul piano della scienza giuridica. In altre parole, non c'è una correlazione necessaria, per un verso, tra forme di organizzazione del lavoro fordiste e tutele rigide, e, per altro verso, tra modello post-fordista ed eliminazione delle norme che limitano la libertà di azione delle parti.

(M. Brollo, *La flessibilità del lavoro e del diritto*, in www.multiversoweb.it, 2006)

Biografie spezzate dal precariato

Quello che caratterizza le contemporanee biografie "flessibili" è la frammentazione e l'imprevedibilità dei percorsi lavorativi, che mette a rischio la possibilità stessa della *narrazione* di sé. La conseguenza di questa impossibilità è quella della difficoltà di giungere ad una qualche forma di "padronanza" (o di *governo*, come si può dire con Foucault) del proprio percorso di vita, sia pure in termini puramente simbolici.
Il processo del conferire un senso alla propria biografia aiuta in realtà ad avere ragione degli errori del passato, stimola ad agire nel presente e proietta nel futuro. E soprattutto aiuta a sopportare l'evento sempre più frequente nel mondo del lavoro flessibile: il fallimento.

(V. Mele*, *Lavoro e identità nella "città flessibile"*, in www.hevelius.it, ottobre 2011)

* sociologo

Flessibilità non significa precarietà

Flessibilità e non precarietà perché la precarietà uccide. E no a contratti a termine oppressivi e che favoriscano l'azienda e non i giovani. A intervenire sulle questioni dei contratti a termine e della politica del governo Renzi sul tema della disoccupazione è il vescovo di Campobasso, monsignor Giancarlo Maria Bregantini. «La precarietà è anche povertà di vita. Impariamo dai giovani a vivere con più serenità, accompagnandoli e stando con loro. Certamente bisogna anche cambiare alcune dinamiche. Lavorare meno per lavorare tutti, meno ore per poterle condividere, un pizzico di salario in meno per poterlo spartire con chi non ha nulla. Valutare bene che i co.co.co non siano oppressivi, che abbiano un tempo ben limitato, che siano forme di ingresso e non forme di esclusione, non gioco dell'azienda, ma valorizzazione della persona. Vorremmo ritornare alla parola flessibilità e non precarietà. La flessibilità è necessaria specialmente in fase di ingresso, ma la precarietà uccide».

(*Jobs Act, monsignor Bregantini: flessibilità, non precarietà*, in www.avvenire.it, 20 febbraio 2015)

Protezioni rigide e incremento del precariato

Obiettivo della legge: contratti a tempo indeterminato

D. Il contratto a tutele crescenti è la risposta adeguata contro la precarizzazione del lavoro?

R. Ci sono molti motivi per ritenere che il sistema di protezione del lavoro sperimentato in Italia nell'ultimo mezzo secolo, centrato su di una fortissima limitazione della facoltà di licenziamento, costituisca la causa del diffondersi del lavoro precario, quindi della rilevantissima differenza di condizione protetti e non protetti. Se, come tutte le proiezioni inducono a prevedere, il superamento di quel sistema di protezione sarà accompagnato da un raddoppio o addirittura dalla triplicazione della quota di assunzioni a tempo indeterminato sul flusso totale, questo costituirà una conferma di quel rapporto strutturale tra rigidità della protezione e diffusione delle forme di rapporto di lavoro precario.

D. La riforma dunque porterà maggiore omogeneità nel lavoro?

R. L'obiettivo del legislatore è di far tornare il contratto a tempo indeterminato a essere la forma normale di assunzione.

Quindi sopra la metà del flusso totale delle assunzioni. E di rendere molto più facile l'accesso a questo contratto per chi ciononostante parte con un contratto a termine o altra forma di lavoro precario.

(*Gli intendimenti di fondo del Jobs Act, i primi passi compiuti e quelli ancora da compiere*, intervista di A. Bossi a P. Ichino, in "Acli News", febbraio 2015)

Scardinamento sostanziale dei diritti di cittadinanza

Permanenza del precariato

«È cambiato tutto, siamo alla fine di un'epoca. È venuto il momento di sfidare democraticamente Renzi». Le parole di Maurizio Landini, il giorno dopo il varo del Jobs Act, sono molto chiare; il segretario della Fiom ritiene che un limite storico sia stato valicato e ora occorra costruire una risposta adeguata.

D. Siamo dunque a un cambio d'epoca?

R. Non c'è dubbio. Non solo Renzi applica tutto quello che gli ha chiesto Confindustria, ma afferma il principio che pur di lavorare si debba accettare qualsiasi condizione. Non c'è più il concetto che il lavoro è un diritto e la persona deve avere tutti i diritti di cittadinanza. Inoltre, viene messo in discussione un diritto fondamentale: quello di potersi coalizzare e agire collettivamente per contrattare la prestazione lavorativa.

D. Lei vede in atto lo smantellamento dello Statuto dei lavoratori?

R. Siamo a uno scardinamento sostanziale. Lo Statuto non solo tutelava le singole persone ma riconosceva la contrattazione collettiva e quindi la mediazione sociale come uno dei pilastri delle relazioni sindacali. Oggi questa logica viene messa in discussione. Non a caso Confindustria rilancia chiedendo di realizzare quanto fatto alla Fiat, oggi Fca: cancellare il contratto nazionale. E infatti alla Fca il salario minimo è più basso di quello nazionale.

D. Renzi, però, sostiene che la sua legge rottamerà la precarietà.

R. È una grossa bugia, perché il nuovo contratto non è a tutele progressive. Se si pensa che ogni anno circa il 9% dei lavoratori cambia lavoro, si capisce che nel giro di poco tempo la tutela contro il licenziamento illegittimo non esisterà più.

D. Eppure, si dice, sono stati aboliti i contratti precari.

R. Le forme fondamentali sono rimaste tutte, così come non sono state riviste le partite Iva. E gli ammortizzatori sociali non vengono realmente estesi. La cassa integrazione non lo è e la Naspi, che copre solo chi ha lavorato, sostituisce anche la mobilità. Solo che questa durava fino a tre anni mentre quella sarà portata a 18 mesi.

(S. Cannavò, *Maurizio Landini: "Cambia un'epoca. È ora di sfidare Matteo Renzi"*, in "Il Fatto Quotidiano", 22 febbraio 2015)

2.1 Il saggio breve

Il **saggio breve** è un testo **argomentativo**, che può però contenere delle **parti espositive**.

La sua **destinazione** è una rivista specializzata, un sito dedicato ecc. Si dice "breve" perché ha una lunghezza predefinita di circa 4 o 5 colonne.

Ha lo **scopo** di esporre un argomento e **sostenere una tesi** su un dato argomento attraverso delle **prove**. Tali prove sono reperite dall'autore del saggio attraverso l'analisi di dati e informazioni. Tra questi, l'autore può anche individuare eventuali argomentazioni contrarie alla propria tesi (**antitesi**) e confutarle per confermare la validità della tesi stessa.

Dal punto di vista linguistico, bisogna tenere presente che:

- la **sintassi** deve avere una certa complessità;
- il **lessico** deve essere preciso e specifico, talvolta persino ricercato (senza esagerazioni);
- i **legami della coesione** sono fondamentali, poiché hanno un ruolo chiave nell'argomentazione. Mentre nell'articolo si può anche fare a meno di certi "connettori", guadagnando in tal modo agilità, nel saggio devono essere esplicitati;
- la **coerenza** del testo, che sta alla base di un discorso articolato e ordinato. Per questa ragione sono importanti la struttura e la suddivisione del testo in paragrafi, collegati tra loro attraverso l'uso appropriato di connettivi logici;
- le **conoscenze** del candidato sull'argomento hanno un peso maggiore e devono essere esposte con **rigore** e **completezza**.

Il **titolo** del saggio ha il compito di **presentare l'argomento** e **attirare l'attenzione** del lettore. Si può scegliere anche al termine della stesura.

Scelta la forma del saggio breve, schematizziamo sotto forma di mappa i concetti che emergono dalla lettura dei documenti.

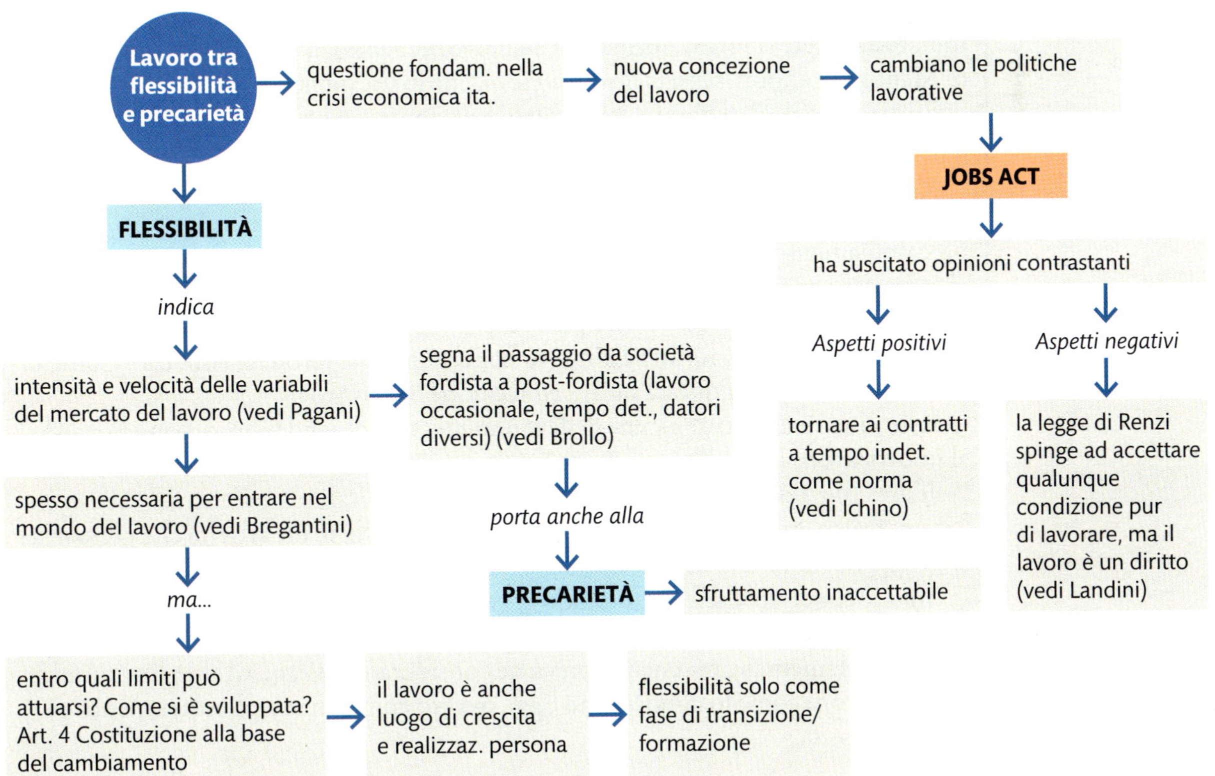

ANALIZZIAMO IL TESTO

Testo del saggio breve

Titolo

Il lavoro ~~non solo~~ per il progresso della società

ma non solo

Introduzione

Quella del lavoro è sicuramente una questione molto importante e di grande interesse oggi più che mai in un'Italia che, come molti altri paesi, si trova vivere un periodo di grande crisi economica.

Sviluppo

Se vogliamo parlare di lavoro non possiamo ignorare i due elementi che lo hanno caratterizzato negli ultimi tempi: la flessibilità e la precarietà. Due termini che vengono spesso confusi ma che hanno in realtà significati differenti. La flessibilità può essere infatti definita come "una sorta di indicatore dell'intensità e della velocità con cui le variabili fondamentali propri di questo mercato reagiscono al verificarsi di particolari eventi", come scrive Laura Pagani in *Dizionario di economia e finanza*. Inoltre la flessibilità, come scrive monsignor Bregantini sul sito di "Avvenire" il 20 febbraio 2015, risulta spesso necessaria quando si vuole entrare nel mondo del lavoro, mentre la precarietà uccide.
Inoltre, secondo quanto scrive Marina Brollo nell'articolo *La flessibilità del diritto e del lavoro* del 2006, questo nuovo lavoro flessibile, e spesso anche precario, segna un passaggio dalla società fordista, il cui il lavoro è a tempo indeterminato e presso un unico datore, alla società post-fordista, in cui il lavoro è occasionale, a tempo determinato presso diversi datori.
Il lavoro sta quindi cambiando e stanno cambiando anche le politiche ad esso relative, basti pensare al recente Jobs act del governo Renzi, riguardo al quale vi sono ovviamente opinioni contrastanti. Pietro Ichino, per esempio, in un'intervista su "Acli news" del febbraio 2015, mette in evidenza un aspetto a suo parere positivo della riforma: quello di aver l'obiettivo di far tornare il contratto a tempo indeterminato ad essere la forma normale di assunzione. Molto diversa invece la posizione di Maurizio Landini, segretario della Fiom, che in un'intervista rilasciata a "Il fatto quotidiano" del 22 febbraio 2015 sottolinea come, secondo lui, Renzi affermi il principio che pur di lavorare si debba accettare qualsiasi condizione, dimenticando che il lavoro è un diritto.
Siamo quindi di fronte a un cambiamento sostanziale nella concezione del lavoro, un cambiamento che deve però attuarsi all'interno di alcuni limiti, in modo che al lavoratore continuino ad essere garantiti i diritti e dignità, perché solo in questo caso il cambiamento potrà essere positivo.
Ma quali sono questi limiti? La nuova concezione del lavoro li rispetta? Come e perché si è sviluppata questa nuova concezione del lavoro?
Queste sono sicuramente alcune delle innumerevoli domande che sorgono riguardo al nuovo lavoro flessibile e precario.
Nell'articolo 4 della Costituzione della Repubblica italiana è scritto che il lavoro è sì un diritto, ma anche che ogni cittadino deve svolgere un'attività che concorra al progresso materiale e spirituale della società. In queste poche ~~righe~~ ritengo che si trovi il concetto che sta guidando il cambiamento del lavoro: Il lavoro come mezzo che contribuisca al progresso materiale della società. Un aspetto sicuramente fondamentale, ma che se non viene considerato insieme ad altre linee guida, porta al lavoro come lo conosciamo oggi, ovvero come un semplice strumento per il progresso.

parole

in che senso? sarebbe una domanda da farsi

Conclusione ←

Il lavoro non dovrebbe essere solo questo, ma anche e soprattutto un luogo di crescita e di realizzazione della persona, che possa quindi svolgere un'attività che sia il più gratificante possibile e che sia regolata da dei diritti. I lavori flessibili e precari appaiono come una negazione di tutto ciò, ma tuttavia ritengo che vadano distinte le due tipologie. Il lavoro flessibile potrebbe essere accettato come fase di transizione, o anche di formazione, verso un lavoro con le caratteristiche prima descritte e dovrebbe quindi essere di breve durata. Il lavoro precario invece sfrutta l'uomo come semplice erogatore di forza lavoro e nega il lavoro come opportunità di crescita, poiché per sua natura pone un fine prestabilito e deve solo rispondere ad alcune esigenze del mercato. Purtroppo però il mondo del lavoro ignora quasi sempre questi aspetti in nome del guadagno e dell'efficienza, facendo sì che lavoro gratificante e realizzante siano oggi un lusso di pochi, mentre è per molti flessibile e precario e quindi spesso frustrante e alienato.

(saggio svolto da Giacomo Manferdini, Liceo scientifico Leonardo da Vinci, Casalecchio di Reno, 5 A, 30/03/2015)

2.2 L'articolo di giornale

L'**articolo di giornale** può essere un testo **espositivo** (► p. 557), cioè un testo che fornisce dati concreti e informazioni, o un testo **argomentativo**, come l'articolo di opinione.

L'autore di un articolo di tipo argomentativo fornisce sempre dati e informazioni, ma espone anche una tesi che sostiene con argomenti opportuni, allo **scopo** di **convincere** il lettore della sua validità.

La sua **destinazione** è il giornalino scolastico, un blog, un quotidiano ecc. La scelta della destinazione determina il registro linguistico da usare, che sarà più basso, per esempio, nel caso del giornalino scolastico e del blog, più alto in quello di un quotidiano.

L'articolo deve anche avere un **titolo**. Generalmente scritto in **caratteri grandi**, deve contenere il **messaggio centrale** del tema e **attirare l'attenzione** del lettore, stimolandone la curiosità. Il titolo è definito "caldo" quando contiene una frase a effetto, "freddo" quando presenta semplicemente l'informazione.

Prima di scrivere l'articolo, si stende una scaletta delle idee e dei punti che si vogliono trattare.

- Dati Eurostat sui media: doccia fredda
- L'Italia non riprende quota, crisi dell'occupazione giovanile
- Nodi di fondo: "flessibilità" e "precarietà"
- Articolo 4 della Costituzione
- Mercato del lavoro oggi, nuovi modi di produrre e delocalizzazione → conseguenze
- Cosa significa "flessibilità"? Rischi delle cattive interpretazioni del concetto
- Precariato e giovani: mancanza di progetti, continuità e senso, sacrifici ingiusti
- Il Jobs Act: posizioni di Ichino e Landini

ANALIZZIAMO IL TESTO

Testo dell'articolo

Titolo

Destinazione editoriale

Introduzione

Sviluppo

Obiettivo lavoro: una sfida senza tregua

Articolo destinato al Periodico online del Circolo sociale "Quartiere San Felice"

La notizia rilanciata da tutti i media in questi giorni riguarda i dati Eurostat, rielaborati dal ministero dello Sviluppo Economico (Mise). Purtroppo si tratta di una doccia fredda: dall'indagine risulta che la ripresa, già timida, sta di nuovo frenando. L'Italia non riesce a recuperare le perdite e i ritardi dovuti alla crisi e a stentare è soprattutto l'occupazione giovanile che, dal minimo registrato a partire dall'inizio della crisi economica, ha recuperato solo 0,9 punti (contro i 2,7 in Germania, 4,2 in Gran Bretagna e 1,9 in Spagna). Bene invece il clima di fiducia: e meno male! Se bastasse...

Rieccoci dunque obbligati ad affrontare per l'ennesima volta il tema cruciale del lavoro. Sappiamo che i suoi nodi di fondo – ormai dei veri e propri tormentoni – sono "flessibilità" e "precarietà", visti ora anche alla luce della riforma del diritto del lavoro, il Jobs Act.
A proposito di legge, il pensiero corre alla Costituzione: "il lavoro è un diritto di tutti i cittadini e la Repubblica promuove le condizioni ecc." (art. 4). Purtroppo però l'articolo 4, da solo, non cambia le cose e rispetto al 1948 il panorama economico non potrebbe essere più diverso, come il mercato del lavoro, che rispecchia i nuovi modi di produrre governati dal "globale". È facile capire questi rivolgimenti, anche solo quando, per esempio, acquistiamo un prodotto a marchio italiano e scopriamo che è stato fabbricato chissà dove: Europa balcanica, paesi orientali... Si chiama delocalizzazione, fenomeno apparentemente inarrestabile e "selvaggio" perché senza regole e senza scrupoli. Chiusa la fabbrica in Italia, la manodopera locale passa dalla zona grigia della cassa integrazione a quella, nera, della disoccupazione.

A volte portare la produzione fuori dal Paese e dislocarla dove i costi sono più bassi, è una necessità per far quadrare i conti. A volte è avidità, smania di profitti sempre più alti, come nel caso di alcuni marchi di lusso.
Ci siamo abituati al fenomeno, certo, ma resta un po' inquietante anche per i consumatori: chi produce cosa, per chi e con quale costo / sfruttamento della manodopera e con quale prezzo al consumo?
Tutto questo è conseguenza della "flessibilità"? Non proprio. Flessibilità vuol dire, in sostanza, adattamento alla velocità dei cambiamenti nel mercato, come scrive Laura Pagani in *Dizionario di economia e finanza*. Opporsi ai cambiamenti è impossibile: chi si irrigidisce sui vecchi schemi viene spazzato via. Attenzione però, perché un concetto dinamico come "flessibilità" è stato interpretato anche in malafede per giustificare una linea di condotta come la delocalizzazione selvaggia o, in patria, come una specie di "liberi tutti". Il ritornello di molti imprenditori è stato: "Se dobbiamo adattarci, e ce lo chiede il mercato, basta con le tutele dei lavoratori, per noi soffocanti e troppo costose. Vogliamo assumere e licenziare secondo necessità, e l'unico strumento è il la-

voro occasionale a tempo determinato". Praticamente un "via libera" a forme nuove di sfruttamento, specialmente sulla pelle dei giovani, per sempre esclusi dai vecchi contratti di lavoro garantito.

Così si è imposto, sempre più massicciamente, il fenomeno del "precariato", condizione ben diversa da una accettabile flessibilità. Ai giovani, infatti, non si è chiesto di essere più "adattabili" dei loro padri, di sapersi riconvertire a lavori diversi, di acquisire sempre nuove competenze, di mettersi in gioco insomma. Si è pretesa da loro l'accettazione di un orizzonte lavorativo schiacciato, di un percorso imprevedibile e frammentato. Ad essere "spazzato via" in questo caso è il progetto di vita dei nuovi "esclusi". Il sacrificio richiesto è troppo grosso, e profondamente ingiusto. Ha ragione Marina Brollo nell'articolo *La flessibilità del diritto e del lavoro* del 2006: una vita priva di una qualche forma "padronanza" e di progetto è insostenibile. Abbiamo tutti bisogno di una "biografia" dotata di continuità, di senso; la vita non può ridursi a un film fatto di sequenze continuamente interrotte. Pensiamo a certi *curricula* lunghi chilometri, a spostamenti di sede, di città, di amicizie, di incarichi professionali... Chi sale su questa giostra, di stabile ha solo l'ansia.

Sviluppo

Arrivati a questo punto, una nuova legge che riequilibrasse la situazione del mercato del lavoro, rendendolo più equo e omogeneo, era più che urgente.
Il Jobs Act del governo Renzi è riuscito in questo intento? Sì, decisamente, secondo l'economista Pietro Ichino. In un'intervista su "Acli news" del febbraio 2015, lo studioso sostiene che il precariato si è diffuso anche grazie al sistema di "protezione del lavoro sperimentato in Italia nell'ultimo mezzo secolo". Tra queste protezioni c'era il famoso articolo 18 dello Statuto del Lavoratori, che vietava i licenziamenti senza giusta causa. Secondo Ichino, l'attuale pratica dei contratti a tempo determinato sarebbe da intendersi come una risposta quasi obbligata degli imprenditori per aggirare un divieto di licenziamento ormai economicamente insostenibile.
A difendere il vecchio ordine è rimasto, in prima linea, il segretario della Fiom Maurizio Landini, personaggio simbolo di un'opposizione irriducibile: delle tesi di Ichino e di tutta la legge. Secondo Landini, il Jobs Act scardina completamente il dettato costituzionale che considera il lavoro un diritto, e lo fa eliminando sostanzialmente tutte le conquiste fondamentali dei lavoratori. Tra queste, la contrattazione collettiva, tolta di mezzo la quale ognuno è solo di fronte al proprio datore di lavoro, costretto ad accettare qualunque condizione.

Conclusione

La posizione di Landini è estrema e magari un po' catastrofista, anche se i rischi di cui parla sono tutt'altro che immaginari, quella di Ichino è forse troppo ottimista e meno attenta alla questione dei diritti. Resta da verificare, nel tempo, se la legge andrà davvero nel senso di governare equamente la flessibilità, creando tutele crescenti al posto delle vecchie garanzie e contribuendo a eliminare il precariato. Per ora è servita almeno a trasformare parecchi contratti temporanei in assunzione a tempo indeterminato. Stiamo a vedere se porterà, prima o poi e complice una ripresa un po' più spinta, anche alla creazione di nuovi posti di lavoro.

La seguente tabella riassume le caratteristiche della struttura dell'articolo di giornale argomentativo e del saggio breve.

	Articolo di giornale	Saggio breve
Introduzione	Presenta l'argomento legandolo a un evento di attualità. Ha lo scopo di invogliare il lettore a continuare a leggere. Talvolta, però, non c'è una vera e propria introduzione e si entra subito nel "cuore" del discorso. Può essere un modo più forte di catturare l'attenzione.	Presenta il problema trattato nel saggio.
Sviluppo	Si articola in **paragrafi**, in cui l'autore espone e analizza **dati** e **informazioni**, fa **confronti**, esprime le sue **opinioni** e quelle di altri ecc.	• Si introduce la **tesi** • Si presentano gli **argomenti** a sostegno della tesi, meglio se in **paragrafi** distinti • Si presentano eventuali opinioni contrarie alla tesi (**antitesi**) e gli argomenti che le sostengono.
Conclusione	Si tirano le somme di quanto si è detto per sintetizzare e definire meglio le opinioni sostenute ed eventualmente aggiungerne di nuove e conclusive.	Si riprende la tesi e si confutano le prove a sostegno dell'antitesi per confermare la validità della tesi.

HAI CAPITO?

Completa la tabella indicando a quale tipologia testuale si riferiscono le affermazioni elencate.

	Articolo di giornale	Saggio breve
Sintassi più complessa		
Linguaggio ad effetto		
Registro più "sostenuto"		
Maggiore agilità di lettura e uso di metafore		
Uso di domande retoriche		
Tono ironico		

ADESSO TOCCA A TE

▶ Capitoli 2.1, 2.2

ANALIZZA E PRODUCI

Livello 1 **1** ●○○

Per una simulazione di prova d'esame è stato proposto il seguente argomento di ambito tecnico-scientifico: "Le frontiere della scienza". Rifletti sull'argomento e prendi appunti rispondendo alle seguenti domande. Puoi organizzare i tuoi appunti sotto forma di mappa, scaletta o appunti liberi.

- **Quali dati e informazioni possiedi su questo argomento? Come li hai acquisiti? (studio, mostra, documentario, conversazione con un adulto ecc.)**
- **Quali parole specifiche conosci che sono legate ad esso?**

Livello 2 **2** ●●○

Leggi attentamente il seguente dossier proposto per la simulazione della seconda prova al Liceo Linguistico "C. Bocchi - G. Galilei" di Adria (Rovigo), poi svolgi le seguenti operazioni utilizzando lo schema modello.

- **Sottolinea le parole-chiave e le informazioni fondamentali in ciascun documento**
- **Integra le informazioni sottolineate con le tue conoscenze personali sull'argomento trova elementi in comune e differenze tra i documenti**
- **Sviluppa una tesi basata sull'argomento proposto e sul dossier che lo accompagna**
- **Individua gli argomenti a favore o contro la tesi proposta**
- **Seleziona i testi che intendi utilizzare e le parti che intendi citare**

1.

"Poter installare se stessi in un computer potrebbe significare vivere per sempre": questa è l'affermazione di Rick Meyer, ricercatore presso Lifenaut, azienda americana che sta cercando di costruire il primo di questi cloni digitali.

Dobbiamo quindi aspettarci una generazione di computer capace di pensare e agire come noi, animati da veri sentimenti degni del peggior film di fantascienza? No, almeno non nell'immediato. Sul sito di Lifenaut, per esempio è possibile costruire, per ora gratuitamente, il proprio alter ego di vita: si carica la propria foto, si inseriscono video, immagini e altri documenti personali come corrispondenza e diari, e si risponde a quasi cinquecento domande sulla propria personalità. Il risultato finale dovrebbe essere un avatar animato elettronicamente che ha la nostra faccia e che è capace di descrivere, attraverso un sintetizzatore vocale, alcuni eventi chiave della nostra vita, per esempio il giorno del nostro matrimonio.

Troppo poco? Se siete disposti a pagare, potete avere molto di più. Infatti altre aziende hanno sviluppato sistemi più evoluti che permettono di ottenere alter ego digitali molto più realistici: Image Metrics, per esempio, scatta una serie di foto ad alta risoluzione del volto di chi vuole farsi clonare digitalmente, ciascuna con un'espressione diversa, e poi calcola le differenze tra queste immagini grazie a un potente algoritmo matematico. In questo modo riesce a ottenere un'animazione e un'espressività molto più realistiche. Alla modica cifra di 300.000 euro.

(www.focus.it/scienza, 14 giugno 2010)

2.

Forse c'è vita dopo la morte. Tra cinquecento anni potremmo risorgere, magari tra mille. E quando ci risveglieremo, potrebbero esserci le cure che ci faranno guarire dai mali per cui siamo morti. Così continueremo a vivere ancora a lungo, dopo il decesso soltanto temporaneo. Immortali, o quasi. Per qualcuno è fantascienza, per altri una speranza, per pochi ancora una certezza. «Siamo sicuri di rinascere nei prossimi secoli».

Non sono pazzi, credono fortemente nella scienza e hanno stipulato onerosi contratti di ibernazione con società americane. Vitto Claut, avvocato friulano, è uno dei primi italiani ad avere scelto l'auto congelamento. Daniele Chirico, romano, si farà ibernare insieme alla moglie Rita e alla loro figlia Ilenia. Tutti loro andranno a morire negli Stati Uniti, negli ospedali delle società che si occuperanno della conservazione del loro corpo a -196 gradi, dentro silos d'alluminio pieni di azoto liquido, dove attualmente è già conservato un centinaio di cadaveri. Anzi, pazienti in attesa di risorgere.

(J. Storni, www.corriere.it, 3 marzo 2015)

3.

Dmitry Itskov è un miliardario trentaduenne che ha costruito il suo impero finanziario principalmente investendo in social media. Nel 2011 lancia il suo folle progetto, all'epoca Russia 2045. Obiettivo: l'immortalità.

Nell'ultimo periodo, si moltiplicano le notizie legate al transumanesimo: la creazione del primo uomo bionico, la plausibilità di trapianti di testa. Recentissima anche la produzione di lenti a contatto che permettono letteralmente di zoomare. Tra tutte queste novità, quella che maggiormente sta influenzando e dando grande visibilità al nostro movimento è proprio la *2045 Initiative* di Dmitry Itskov. L'obiettivo è la creazione di un avatar, un *doppelganger* robotico nel quale trasferire la propria mente. Tutto il progetto si fonda, quindi, sul *mind uploading*, ossia la possibilità di poter copiare la propria mente e la propria personalità su un supporto digitale.

(C. De Donno, immortallife.info, 4 luglio 2013)

4.

Perché (i cattolici) non accettano fino in fondo la libertà dell'uomo? Secondo me, occorrerebbe un cristianesimo che sappia stare accanto all'uomo padrone del proprio destino.
Questo significa che l'uomo debba fare quello che vuole? No! L'uomo avrà potenzialità illimitate di scelta, ma dovrà decidere responsabilmente. Questo richiede un'enorme iniezione di eticità. Per questo si ha bisogno del cristianesimo, purché accetti questa situazione e non cerchi di allontanarla da sé.
Quando saremo in condizioni di farlo, tutti potremmo fare ciò che vorremmo? Questo no: ci sono dei valori superiori che vanno rispettati. Il principale di essi è l'unità dell'umanità: ogni trasformazione potrà essere accettata solo nel momento in cui essa potrà essere goduta da tutta l'umanità, altrimenti romperemo quell'unità che un valore troppo importante.

(intervento di A. Schiavone alla Settimana Teologica di Pistoia, 7 dicembre 2009)

5.

San Giovanni dice dei dannati che il fumo del loro tormento salirà per i secoli dei secoli (*Apocalisse* 14,11). Si comprende bene come questo faccia difficoltà, ma basta ragionare: Dio ha creato l'uomo per l'immortalità, e non c'è dubbio che il vivere per sempre sia un dono, non un castigo; contemporaneamente ha dato all'uomo la possibilità di scegliere se dedicarsi al bene o al male; ora è evidente che dando libero corso alla propria decisione l'uomo, e non Dio, stabilisce come trascorrere la propria immortalità.

(C. Crescimanno, *L'inferno*, in "Il Timone", maggio 2013, pp. 36-38)

DOCUMENTO ....

Idea centrale/Informazioni fondamentali:

....

....

Integrazione:

....

....

Argomenti a favore o contro la tesi:

....

....

....

Elementi comuni ad altri documenti (specificare quali):

....

....

Livello 3 **3** ●●● **Dopo aver analizzato e schedato i documenti forniti, rifletti sull'argomento per sviluppare le tue personali convinzioni. A questo fine ti forniamo alcuni spunti.**

a. Il sogno dell'immortalità: cloni digitali, *avatar*, uomo bionico, l'autocongelamento
b. Il Cristianesimo: una guida verso scelte responsabili nel rispetto dei valori superiori, primo tra tutti l'unità dell'umanità?
c. Dio ha creato l'uomo per l'immortalità?
d. La scelta tra il bene e il male

4 ●●● **Pianifica la scrittura del tuo testo (articolo di giornale o saggio breve) preparando una scaletta secondo la tabella riassuntiva di p. 596.**

5 ●●● **Scrivi un articolo di giornale o saggio breve sull'argomento proposto. Ricordati di specificare la destinazione editoriale e di usare il registro linguistico appropriato. Infine, dà un titolo al tuo testo.**

LAVORIAMO SULLA LINGUA

Il lessico dell'editoria

1 **Leggi il seguente testo e unisci le parole evidenziate alla loro definizione.**

Saper correggere un testo è molto importante. Esistono perciò delle figure professionali che si occupano proprio di questo: la **correzione delle bozze** è un lavoro a più livelli che consiste nell'eliminazione di errori grammaticali, refusi e incongruenze, nel controllo di spazi, divisione del testo in paragrafi e capoversi, interlinea, dimensioni dei caratteri, nella verifica delle didascalie e degli elementi tipografici (grassetto, corsivo, sottolineato, maiuscoletto ecc.) e così via. Il correttore di bozze segnala le modifiche nel margine più vicino all'errore.

a. bozza	1. errore di battitura o di stampa
b. refuso	2. spazio tra le righe di un testo
c. paragrafo	3. breve testo che accompagna le immagini
d. capoverso	4. prova di stampa
e. interlinea	5. parte dotata di unità e completezza in cui si divide un testo
f. carattere	6. forma delle lettere e dei segni
g. didascalia	7. parte di un testo compresa tra un a capo e l'altro

2 **Completa il seguente testo con le parole elencate.**

copyright ~ diritti ~ editing ~ fonti ~ layout ~ redattore ~ riscontri

L'.............................. ("revisione editoriale") consiste in una correzione più approfondita, in cui il .... adotta una prospettiva a 360 gradi, mettendosi dalla parte del lettore. Il redattore ha l'obiettivo di adeguare lo stile e il linguaggio del testo alla sua destinazione editoriale e collocazione commerciale, e al .... (o disposizione del testo) tipico della categoria a cui appartiene il testo. Il redattore dà inoltre uniformità al testo e propone modifiche seguendo il criterio di una rigorosa correttezza della forma, verifica l'appropriatezza delle scelte lessicali e l'utilizzo corretto delle strutture verbali, verifica le .... per chiedere i .... a chi ne detiene il ...., e fa tutti i necessari ...., cioè controlli appropriati.

FACCIAMO IL PUNTO

definire + riassumere + classificare + memorizzare

LOSAI? RIPASSA CON LO SMARTPHONE

Esprimere giudizi e argomentare → **IL TESTO ARGOMENTATIVO**

lo scopo è → **persuadere** circa la **validità** della **tesi** sostenuta

- **STRUTTURA GENERALE** → tesi, antitesi, argomentazioni / introduzione, sviluppo, conclusione
- **CONTENUTI**
  - ***devono** essere presenti* →
    - enunciazione **del tema** o **problema** che si intende dimostrare
    - **tesi** od opinione sostenuta
    - **argomenti** a sostegno della **tesi**
  - ***possono** essere presenti* →
    - **antitesi** o opinioni contrarie
    - **argomenti** a sostegno dell'**antitesi**
- **LINGUAGGIO** →
  - **Registro** appropriato alla **destinazione editoriale**
  - **Argomentazione** chiara e logicamente **coerente**
  - Uso corretto dei **connettivi testuali**
- **TIPOLOGIE**
  - **RECENSIONE** → Presenta un **prodotto culturale** dandone una **giudizio**
    - *struttura* →
      - Introduzione,
      - Interpretazione
      - Valutazione
  - **TEMA** → Sviluppa un argomento sulla base di una **traccia**
    - *fasi* →
      - Pianificazione
      - Raccolta delle idee
      - Schematizzazione delle idee
      - Stesura
      - Revisione
  - **SCRITTURA DOCUMENTATA** → espone un'**opinione tesi** sostenendola con una documentazione adeguata
    - *tipologie* →
      - **articolo** di giornale
      - **saggio** breve

FACCIAMO IL PUNTO

CONOSCENZE

1 **Indica se le seguenti affermazioni sono vere [V] o false [F].**

a. Nel testo argomentativo è sempre presente anche un'antitesi. [V] [F]
b. Nella conclusione di un testo argomentativo si conferma la tesi esposta all'inizio. [V] [F]
c. La recensione presenta un giudizio su temi e altri elaborati scritti di studenti. [V] [F]
d. Lo scopo della recensione è informativo e persuasivo. [V] [F]
e. Lo scopo del tema è solo quello di valutare le abilità di scrittura degli studenti. [V] [F]
f. Il dossier per la scrittura documentata include solo testi scritti. [V] [F]
g. Nella scrittura documentata si includono anche conoscenze personali sull'argomento indipendenti dal dossier. [V] [F]
h. Nel caso dei testi documentati è importante tenere presente la destinazione. [V] [F]
i. I testi documentati si articolano in un unico paragrafo. [V] [F]

ABILITÀ E COMPETENZE

2 **Rispettando la struttura e le caratteristiche del testo argomentativo, scrivi un tema sulla traccia "I fast food dovrebbero essere aboliti o sostituiti con formule simili ma più sane".**

3 **A COPPIE Rileggete il seguente estratto dall'articolo di p. 577 e sviluppate un'antitesi che in opposizione alla tesi espressa dal giornalista, concentrandovi in modo particolare sulle parti sottolineate.**

"Le reti sociali sono potentissime <u>macchine della distrazione</u>. Le conseguenze sociali e personali possono essere molto negative. Innanzitutto per lo <u>spreco di tempo</u>. Ma anche per i <u>danni alle relazioni personali</u> e professionali: è ormai molto frequente, soprattutto in Italia, vedere <u>coppie in locali pubblici che invece di parlarsi interagiscono col loro schermo tascabile</u> o <u>professionisti</u> che, <u>incollati allo smartphone</u>, passano le riunioni dedicando <u>un'attenzione molto parziale a ciò che dice chi li circonda</u>".

4 **Leggi il seguente tema sulla traccia "È meglio vedere un film o leggere un libro?" e svolgi le attività.**

Secondo molti italiani è meglio vedere un film che leggerne il libro, ed io concordo perché è veramente entusiasmante e divertente vedere immagini proiettate in uno dei "Grandi schermi" del cinema.

Il film aiuta a comprendere meglio la storia e a vivere le proprie emozioni. Ci sono diverse argomentazioni che rendono il film migliore del libro:
- il film è più dinamico e aiuta meglio la comprensione di una certa scena della storia;
- è più facile comprendere i sentimenti dei personaggi grazie alle espressioni facciali;
- il film è stato creato per stupire chi lo guarda, perciò è fatto da immagini che stimolano i sensi di colui che guarda, mentre nel libro tu immagini la vicenda perciò la vivi con meno coinvolgimento.

Però d'altro canto il libro potrebbe offrire alcuni vantaggi:
- grazie al testo si può dare libero sfogo alla fantasia, immaginando i personaggi, le voci, l'ambientazione, le vite dei personaggi;
- nel volume la storia è arricchita da numerose descrizioni che aiutano a comprendere l'ambientazione nella quale si svolge l'intera vicenda.

Tutte queste argomentazioni a vantaggio del libro sono vere, ma è anche vero che immaginare quello che si legge in un libro non è sempre facile e non sempre suscita nel lettore emozioni forti come il guardare un film. Inoltre il lettore deve avere la sensibilità e capacità di apprezzare le numerose descrizioni di un libro che spesso possono risultare noiose o pesanti nel contesto del libro.
Perciò riaffermo nuovamente che vedere un film è meglio che leggere il suo libro. Spero che tu sia d'accordo con me.

di sperandio22 (Medie Inferiori, 15.01.15)
(adattamento da www.scuola.repubblica.it)

a. **Qual è la tesi espressa dallo studente?**

b. **A COPPIE Uno di voi individua gli argomenti a sostegno della tesi, l'altro quelli dell'antitesi. Riassumeteli con parole vostre e scambiateveli.**

Argomenti a sostegno della tesi: ....

Argomento 1: ....

Argomento 2: ....

Argomento 3: ....

Argomento 4: ....

Argomenti a sostegno dell'antitesi: ....

Argomento 1: ....

Argomento 2: ....

c. **Individua e riassumi la conferma della tesi nella conclusione.**

5 **Leggi la seguente recensione e svolgi le attività.**

Checco Zalone, la recensione

di Roberto Escobar

Quo vado? (Italia, 2016, 86') ha incassato più di *Star Wars: Episodio VII – Il risveglio della forza*, ed è stato distribuito in 1500 copie, contro le 800 del suo diretto rivale. Tenendo conto del gran numero di multisala, si stima sia stato programmato in 60 cinema su 100. Ora però lasciamo calcoli e incassi e veniamo al film girato da Gennaro Nunziante e interpretato da Luca Medici, in arte Checco Zalone. Checco, dunque, è un italiano tipico. Essendo un italiano tipico, è legato al tipico ideale del posto fisso come una patella[1] allo scoglio. Ma ha anche altri valori, tutti tipici. La donna della sua vita è la sua mamma, nelle funzioni di cuoca, sguattera e guardarobiera[2]. Quanto al lavoro, ahinoi, quello stanca. Molto meglio è lo stipendio, per di più raddoppiato a dicembre[3]. Checco così spiega questa tipica usanza

1. **patella:** mollusco attaccato agli scogli.
2. **sguattera e guardarobiera:** rispettivamente chi svolge lavori più umili e la domestica che si occupa del guardaroba dei padroni, cioè della loro biancheria e indumenti.
3. **stipendio raddoppiato a dicembre:** i lavoratori italiani a dicembre ricevono la cosiddetta "tredicesima", cioè una somma che si aggiunge all'ultimo stipendio dell'anno.

italica a un "buon selvaggio" incontrato in una foresta africana: è come se la tua freccia prendesse un cinghiale al mese e a fine anno, per magia e senza fatica, ne prendesse due. Ma non cediamo all'entusiasmo e procediamo con ordine, nonostante la sceneggiatura (degli stessi Nunziante e Zalone) vada avanti senza darsene pensiero, d'un qualunque ordine. Accade dunque che l'ottimo Checco rischi di perdere il suo posto fisso in Provincia. Il governo ha deciso di abolirle, le provincie. Dopo quindici anni di timbri, lui però non si lascia rottamare. Piuttosto che firmare le dimissioni, accetta trasferimenti ovunque, anche in un centro di ricerca al Polo Nord. E lì incontra Valeria (Eleonora Giovanardi), una scienziata belloccia e, dispiace dirlo, un poco tonta. Sennò, come potrebbe mettersi con un trentottenne bruttino che al suo attivo ha solo la pancetta debordante dalla cintura? Ma tant'è, *the show must go on*, come dicono gli americani (che però li sanno scrivere, i film). Dopo qualche mese di rieducazione in Norvegia – dove ha modo di apprezzare la tipica civiltà nordica –, il nostro scopre in tivù che Romina e Al Bano[4] son tornati insieme. È troppo. La nostalgia lo richiama in patria. E in patria, tipicamente... Fermiamoci qui. Già Nunziante e Zalone non sanno dove andare, e però insistono ad andarci. Se vi si guasta anche l'imprevisto, chi ci entra più, in quei tali 60 cinema su 100?

Ci si domanderà perché davvero un piccolo film mal scritto e qua e là mal recitato abbia trionfato in 60 cinema su 100. La risposta è già nella domanda: lo hanno programmato in 60 cinema su 100, ed è questo il motivo, banalissimo e concretissimo, per cui ha incassato più del settimo Star Wars.

(adattamento da www.ilsole24ore.com)

4. **Romina e Al Bano**: Romina Power e Al Bano Carrisi, cantanti italiani che hanno avuto un lungo sodalizio artistico e personale. Dopo una lunga separazione anche artistica, di recente hanno ripreso a collaborare.

a. **Nella recensione, individua i dati generali e completa la scheda del film:**

Titolo: ....

Anno di produzione: ....

Durata: ....

Regista: ....

Sceneggiatura: ....

Genere: ....

Interpreti: ....

b. **Nel terzo capoverso l'autore della recensione riassume la trama del film. Perché, secondo te, alla fine dice "Fermiamoci qui"?**

c. **La recensione dà una valutazione negativa del film. Individua nel testo le frasi ed espressioni che esprimono un giudizio negativo, includendo alcune espressioni ironiche.**

6 **Svolgi le seguenti attività su un dossier di documenti proposto all'esame di Stato nel 2011 in ambito socio-economico.**

a. **L'argomento è: "Siamo quel che mangiamo?". Cosa sai su questo argomento? Quali idee ed esperienze personali ti fa venire in mente? Crea una mappa di idee su questa tematica.**

b. **Leggi attentamente i documenti proposti e, per ciascuno di essi, svolgi le seguenti operazioni:**
- **individua le parole-chiave**
- **individua l'idea centrale**
- **fai una sintesi del contenuto del documento**
- **aggiungi le tue idee in libertà**

DOCUMENTO 1

"Le evidenze scientifiche pubblicate nell'ultimo anno non lasciano dubbi - dice Massimo Volpe, presidente della Siprec (Società Italiana per la Prevenzione Cardiovascolare) - la vita sedentaria è un rischio per il cuore. Se a questo si aggiunge che spesso si mangia male, il quadro generale peggiora. Commettiamo troppi peccati di gola, trascuriamo la dieta mediterranea e gli alimenti cardine di una sana alimentazione. Pochissimi sanno davvero giudicare la salubrità di un alimento, molti si nutrono in modo disorganizzato". Il 95 per cento, continua l'esperto, dichiara che il pranzo è il pasto più importante, ma poi l'80 per cento sceglie una pasta molto condita accompagnata dal pane. Un italiano su due mangia carne magra, ora c'è un buon 20 per cento che sceglie carni grasse più volte alla settimana: il 45 per cento consuma formaggi come minimo tre volte a settimana. Uno su tre, poi, mangia pesce appena una volta alla settimana mentre andrebbe consumato almeno due, tre volte. "Dobbiamo modificare le nostre abitudini - dice il cardiologo - e renderci conto che la salute del cuore si costruisce mattone dopo mattone, proprio come una casa. Sia il medico che il paziente possono imparare a fare prevenzione".

DOCUMENTO 2

"Mercoledì 17 novembre 2010. La quinta sessione del Comitato intergovernativo dell'UNESCO [...] ha iscritto la Dieta Mediterranea nella prestigiosa lista (sc. del patrimonio culturale immateriale dell'umanità). [...] La Dieta Mediterranea rappresenta un insieme di competenze, conoscenze, pratiche e tradizioni che vanno dal paesaggio alla tavola, includendo le colture, la raccolta, la pesca, la conservazione, la trasformazione, la preparazione e, in particolare, il consumo di cibo. La Dieta Mediterranea è caratterizzata da un modello nutrizionale rimasto costante nel tempo e nello spazio, costituito principalmente da olio di oliva, cereali, frutta fresca o secca, e verdure, una moderata quantità di pesce, latticini e carne, e molti condimenti e spezie, il tutto accompagnato da vini o infusi, sempre in rispetto delle tradizioni di ogni comunità. Tuttavia, la Dieta Mediterranea (dal greco *diaita*, o stile di vita) è molto più che un semplice alimento. Essa promuove l'interazione sociale, poiché il punto in comune è alla base dei costumi sociali e delle festività condivise da una data comunità, e ha dato luogo a un notevole corpo di conoscenze, canzoni, massime, racconti e leggende. La Dieta si fonda nel rispetto per il territorio e la biodiversità, e garantisce la conservazione e lo sviluppo delle attività tradizionali e dei mestieri collegati alla pesca e all'agricoltura nelle comunità del Mediterraneo"

(CNI-UNESCO, La Dieta Mediterranea è patrimonio immateriale dell'Umanità, www.unesco.it)

DOCUMENTO 3

"La politica alimentare [...] si deve basare sul concetto che l'energia primaria della vita è il cibo. Se il cibo è energia allora dobbiamo prendere atto che l'attuale sistema di produzione alimentare è fallimentare. [...] Il vero problema è che da un lato c'è una visione centralizzata dell'agricoltura, fatta di monoculture e allevamenti intensivi altamente insostenibili, e dell'altro è stata completamente rifiutata la logica olistica, che dovrebbe essere innata in agricoltura, per sposare logiche meccaniciste e riduzioniste. Una visione meccanicista finisce con il ridurre il valore del cibo a una mera commodity, una semplice merce. È per questo che per quanto riguarda il cibo abbiamo ormai perso la percezione della differenza tra valore e prezzo: facciamo tutti molta attenzione a quanto costa, ma non più al suo profondo significato. [...] Scambiare il prezzo del cibo con il suo valore ci ha distrutto l'anima. Se il cibo è una merce non importa se lo sprechiamo. In una società consumistica tutto si butta e tutto si può sostituire, anzi, si deve sostituire. Ma il cibo non funziona così."

(C. Petrini in Petrini-Rifkin, *Il nuovo patto per la natura*, "la Repubblica" - 9 giugno 2010)

DOCUMENTO 4

"Mangiare mentre si legge la posta, si gioca o si lavora al pc può avere serie conseguenze sulla nostra forma fisica. [...] Secondo quanto riportato dalla rivista *American Journal of Clinical Nutrition*, chi mangia svolgendo altre attività, sia questa navigare in internet o sui profili degli amici su Facebook, è più propenso ad esagerare con le quantità in quanto non ha il senso delle calorie che sta realmente introducendo e inoltre ha più voglia di dolci [...]. Quindi nonostante sia costume sempre più diffuso quello di mangiare rimanendo "connessi" con il mondo intorno a noi, per chi ci tiene a non mettere su chili di troppo, meglio evitare le distrazioni durante i pasti e focalizzare l'attenzione su quello che si sta consumando".

(S. Maglioni, *Mangiare davanti al computer fa male alla linea*, www.leonardo.it)

c. **Decidi se scriverai un articolo di giornale o un saggio breve. Sviluppa la tua tesi e gli argomenti che la sostengono, poi ordina i punti che vuoi trattare in una scaletta.**

d. **Scrivi il tuo testo e, alla fine, scegli un titolo.**

e. **Rivedi quello che hai scritto facendo riferimento ai criteri di revisione di p. 571. L'insegnante ti potrà fornire, come riscontro, un modello sia di articolo sia di saggio, tra loro messi a confronto.**

5 Esprimersi oralmente

IN QUESTA UNITÀ

- Esistono diversi **tipi di parlato**?
- Che cosa caratterizza una **discussione** e quali **regole** è necessario seguire?
- Seguiamo insieme le tappe fondamentali per organizzare e partecipare a un **dibattito**
- Quali sono le **caratteristiche** della **relazione orale**?
- Come si **prepara** una **relazione**?
- Cosa significa **raccontare**?
- Quali sono le **strategie** per un buon **racconto orale**?
- LAVORIAMO SULLA LINGUA Rafforziamo l'uso del **registro linguistico** appropriato nel parlato

1 Parlare

In base alla direzione e al livello di progettazione, distinguiamo i seguenti tipi di parlato.

• Parlato unidirezionale e dialogico

A seconda della **direzione**, il parlato si distingue in **unidirezionale** e **dialogico**:

- nel **parlato unidirezionale** il destinatario ascolta senza poter intervenire in alcun modo. Esempi di parlato unidirezionale sono la lezione scolastica frontale (in cui l'insegnante spiega e gli studenti ascoltano senza interrompere), un monologo a teatro, la lettura di una notizia del telegiornale ecc.;

- nel **parlato dialogico** c'è uno scambio continuo (interruzioni, interventi, risposte ecc.) tra emittente e destinatario (o più destinatari). Esempi di parlato dialogico sono la conversazione, la lezione scolastica interattiva, il colloquio di lavoro ecc.

• Parlato spontaneo e programmato

A seconda del livello di progettazione, il parlato può essere **spontaneo** o **programmato**:

- il **parlato spontaneo** è improvvisato o basato su un basso livello di progettazione. È ciò che accade per esempio nella conversazione, che sia faccia a faccia, al telefono o in videochiamata;
- il **parlato programmato** è più formale e richiede un livello più alto di progettazione che lo avvicinano a un testo scritto. È molto importante che ti alleni a padroneggiare questo tipo di parlato, che ti sarà utile in moltissime situazioni, dallo studio al lavoro.

Esempi di parlato programmato sono l'interrogazione scolastica, il dibattito, la relazione, l'intervento in assemblea o consiglio di classe, la presentazione, la conferenza, l'arringa di un avvocato ecc.

HAI CAPITO?

Indica se le seguenti affermazioni si riferiscono al parlato spontaneo [S] o programmato [P].

a. Usa termini gergali. S P
b. È ricco di pause e interruzioni. S P
c. Di solito coinvolge una sola persona. S P
d. Necessita di precisione. S P
e. Può essere modificato dall'interlocutore. S P
f. Implica numerosi turni di parola. S P
g. Di solito coinvolge diverse persone. S P
h. È ricco di ripetizioni non necessarie. S P

Le regole del parlato

Oltre alla scelta del linguaggio appropriato alla situazione comunicativa (▸ p. 446), ci sono alcune "regole d'oro" da seguire quando si parla:

- la **chiarezza**: ciò che diciamo deve essere comprensibile per gli ascoltatori;
- la **pertinenza**: il nostro intervento deve riguardare l'argomento di cui si sta parlando;
- la **quantità**: dobbiamo dare solo le informazioni necessarie, escludendo quelle superflue o ridondanti;
- la **qualità**: le nostre parole devono basarsi su dati concreti e verificabili.

Vediamo un esempio di dialogo in cui non tutte le regole del parlato sono rispettate. Il testo riguarda una conversazione tra un professore/preside e un alunno di scuola media.

– Zeffirini, ancora lei – disse severo – sempre in ritardo.
– Ho perso l'autobus, professore.
– E come mai non ha ancora un motorino, Zeffirini? Ne dovrò parlare con i suoi genitori...
– Dicono che sono troppo piccolo.
– Piccolo, piccolo. A dodici anni si è già cittadini a pieno titolo!
– Posso andare? – disse Zeffirini. Era suonata la seconda campanella.
– Sì. Anzi no. Un momento...
Il preside esaminò lo zainetto d'ordinanza con aria allarmata.
– Se è per la bretella, l'aggiusto subito – assicurò il bambino.
– Non è per la bretella – disse il preside. – Come mai lei non ha adesivi o gadget o scritte sullo zaino? Non trova nulla che le piace, in questo paese?

(S. Benni, *L'ultima lacrima*, Feltrinelli, Milano, 1994)

La **chiarezza** è rispettata perché la lingua utilizzata è comprensibile; al contrario, la regola della **pertinenza** è ignorata perché il preside si allontana dall'argomento centrale (il ritardo del ragazzo), parlando di tutt'altro. Di conseguenza anche le regole della **quantità** e della **qualità** non sono rispettate, la prima perché il preside allunga la conversazione senza alcuna ragione, la seconda perché fa commenti superficiali e discutibili che nulla hanno a che vedere con la ragione per cui è cominciata la conversazione.

2 Esprimere opinioni

Sono tante le situazioni in cui ci troviamo a esprimere le nostre opinioni: per un semplice confronto con gli altri, per sostenere una causa, per convincere della validità del nostro punto di vista. In tutti i casi, bisogna seguire alcune **regole dei turni di parola**, che stabiliscono chi può prendere la parola e quando:

- parlare **uno alla volta**;
- **non interrompere** chi sta parlando;
- **non sovrapporsi** agli altri nella conversazione;
- **segnalare** l'intenzione di parlare, per esempio alzando la mano, con lo sguardo ecc.;
- **evitare** i momenti di **silenzio**.

Vediamo ora le caratteristiche della discussione e del dibattito, due momenti importanti della vita scolastica, ma non solo, in cui sei invitato a esprimere opinioni e in cui si alternano momenti di ascolto e di parlato.

2.1 Discussione e dibattito

• La discussione

La **discussione** è una forma di dialogo in cui i partecipanti condividono opinioni diverse su un argomento conosciuto per confrontarsi o raggiungere un accordo. A scuola, a casa e tra amici prendi parte a frequenti discussioni, e ti sarai reso conto che bisogna seguire alcune **regole**:

- conoscere e avere un'**opinione** sull'**argomento** di discussione, **motivandola**;
- essere aperti a **cambiare** la propria **posizione**;
- **ascoltare** e **rispettare** le opinioni degli altri;
- rispettare i **turni di parola**;
- **non monopolizzare** la discussione parlando troppo a lungo;
- **non imporsi** alzando la voce;
- parlare in modo **chiaro** e con un **tono di voce** moderato;
- **chiedere spiegazioni** agli altri se ci sono punti poco chiari.

• Il dibattito

Il **dibattito** è un discorso orale su un argomento specifico, a cui partecipano due o più persone allo scopo di far valere la propria opinione.

È coordinato da un **moderatore**, che ha il compito di "dirigere" gli interventi **concedendo la parola** a ciascun partecipante per un periodo di **tempo massimo** e, se necessario, di **stimolare** i partecipanti a parlare.

• Le fasi del dibattito

Generalmente il dibattito in classe prevede **tre fasi**:

- un'**introduzione**: il moderatore annuncia l'argomento e presenta i partecipanti;
- lo **sviluppo**: è la fase del dibattito vero e proprio, in cui i partecipanti si alternano secondo l'**ordine** e la **durata** stabilita dal moderatore;
- una **conclusione**: alla fine del tempo stabilito, il moderatore riassume le opinioni emerse durante il dibattito e lo dichiara concluso.

• Le regole del dibattito

Nell'organizzazione di un buon dibattito, in classe e in altre situazioni, è importante seguire alcune regole **prima** e **durante** il dibattito.

Prima del dibattito è necessario:

- nominare un moderatore;
- documentarsi sull'argomento;
- stabilire la durata dell'intero dibattito e dei singoli interventi;
- preparare una scaletta e organizzare il proprio discorso in modo chiaro ed efficace, considerando la durata dell'intervento.

Durante il dibattito è importante:

- rispettare le **regole dei turni di parola**;
- **rivolgersi a tutti i partecipanti**, a meno che una persona in particolare non faccia una domanda;
- esprimersi con **precisione** e in modo **corretto** dal punto di vista della **forma**;
- prendere **appunti sintetici** sugli interventi degli altri, per **collegarli** al proprio;
- **partecipare attivamente** al dibattito, chiedendo e fornendo esempi e spiegazioni, valutando punti di vista diversi, reagendo al punto di vista di altri ecc.;
- **esprimere** le proprie **opinioni**, sostenendole con **spiegazioni convincenti**.

• Un tipo particolare di dibattito: il talk show

Un tipo particolare di dibattito è il ***talk show***, termine inglese che significa, più o meno, "spettacolo di parole". Si tratta di un programma televisivo o radiofonico in cui un moderatore intervista gli **ospiti** invitati (personaggi più o meno conosciuti in vari campi), che esprimono le loro opinioni su vari temi di cronaca, politica, società ecc. Le modalità del dibattito vanno dai toni pacati al vero e proprio litigio, in cui il moderatore trova difficile se non impossibile far rispettare i turni di parola.

ADESSO TOCCA A TE

▶ Capitoli 1, 2

ANALIZZA E PRODUCI

Livello 1

1 ●○○ **IN GRUPPO** In gruppi di 3 o 4, discutete sul seguente argomento: "Cosa farei se potessi cambiare il mondo". Prima di cominciare la discussione, ricordatevi di riflettere sull'argomento e di preparare quello che volete dire.

2 ●○○ **IN GRUPPO** In gruppi di 4 o 5, organizzate un dibattito sul seguente argomento: "Le vacanze scolastiche dovrebbero essere distribuite diversamente, con pause più frequenti e più brevi". Registrate il dibattito.

3 ●○○ **IN GRUPPO** Analizzate la registrazione del dibattito dell'attività 2 e indicate quali sono i suoi aspetti positivi e negativi. Cosa potete fare per migliorare?

Livello 2

4 ●●○ **IN GRUPPO** In gruppi di 4 o 5, discutete sul seguente argomento: "Come superare la paura delle interrogazioni".

- Prima di cominciare scegliete un moderatore, che registrerà il dibattito.
- Dopo la discussione, analizzatela indicando se sono state rispettate le regole del parlato: chiarezza, pertinenza, quantità e qualità. Quali regole non sono state rispettate e quali comportamenti lo indicano?

5 ●●○ **IN GRUPPO** In gruppi di 4 o 5, organizzate un dibattito sul seguente argomento: "I graffiti: una forma d'arte o un atto di vandalismo?" Il moderatore prende appunti durante il dibattito e lo registra; alla fine, indica se sono state rispettate la struttura del dibattito in tre fasi e le regole prima e durante il dibattito.

Livello 3

6 ●●● Prepara un breve discorso per una delle seguenti situazioni, tenendo presente le regole del parlato.

- Sei impreparato in una materia per la seconda volta di seguito e spieghi perché all'insegnante.
- Torni a casa molto tardi e tua madre ti chiede una spiegazione.
- Vuoi convincere i tuoi genitori a mandarti a un concerto, in vacanza con gli amici ecc.

7 ●●● **IN GRUPPO** In gruppi di 4 o 5, discutete sul seguente argomento: "Come fare bella figura a un colloquio per uno stage". Prima di cominciare scegliete un moderatore, che prende appunti durante il dibattito e lo registra; alla fine, dopo aver riassunto l'esito della discussione, indica se ne sono state rispettate le regole della discussione (▶ p. 608).

8 ●●● Cerca uno spezzone di talk show televisivo in Internet e analizzalo: quali regole del parlato e del dibattito non vengono rispettate?

IMPARIAMO A...

Parlare in pubblico

VIDEO
http://zink.to/intervista_la_cecla

Entriamo nel tema ascoltando un brano tratto da un'intervista con Franco La Cecla, docente di antropologia dei media, sul tema "Lasciarsi ai tempi di Facebook".

Il suo intervento è **parlato programmato** perché il professor La Cecla è un esperto di questo tema e si è sicuramente preparato per l'intervista. Le regole del parlato sono rispettate e il professore dimostra di **saper parlare** e di saperlo fare in pubblico perché

- la sua **intenzione comunicativa** è chiara, cioè si capisce cosa vuole comunicare e a chi (anche un pubblico di non esperti sull'argomento);
- esprime idee e concetti in modo **chiaro** e **corretto**;
- sa **coinvolgere gli ascoltatori**, anche se questi non possono intervenire;
- sa **organizzare un discorso**;
- anche se ha preparato l'intervento, il suo parlato risulta **sciolto e spontaneo** perché non lo legge. Sono infatti presenti alcuni tratti del parlato spontaneo: intercalari, ripetizioni, riformulazioni.

Le strategie per una comunicazione efficace

La capacità di parlare in pubblico in modo efficace si può acquisire con la pratica. Perché le regole del parlato siano rispettate e la tua esposizione orale in pubblico sia convincente, devi

- conoscere i tuoi **ascoltatori** a seconda del contesto in cui avviene la tua esposizione, in modo da renderti conto di quali informazioni sono importanti e quali superflue per soddisfare la tua intenzione comunicativa: cosa sanno sull'argomento? cosa vogliono o devono sapere? come giudicheranno quello che dico e come lo espongo?;
- avere ben chiara la tua **intenzione comunicativa**, cioè cosa vuoi comunicare. Il **feedback** (informazione di ritorno) degli ascoltatori e la **cooperazione** tra chi parla e chi ascolta sono infatti fondamentali per una comunicazione efficace;

È importante avere ben chiaro lo **scopo** del tuo discorso: informare, convincere, dimostrare, fare bella figura ecc.

- modulare il **tono di voce** in modo da mantenere vivo l'interesse degli ascoltatori e da trasmettere ciò che vuoi esprimere: opinione, commento ironico, dubbio ecc.;
- mantenere il **contatto visivo** con gli ascoltatori mentre parli, per renderti conto dell'effetto di ciò che dici e, se necessario, modificare il tuo modo di parlare;

Fai un uso adeguato dei **gesti** e del **linguaggio del corpo**: evita i gesti adatti a situazioni informali, non tenere le mani in tasca o le braccia conserte.

- preparare una **traccia** o il **testo** del tuo discorso, in modo da avere un percorso da seguire, non saltare punti importanti, e calcolare la lunghezza del tuo intervento;

Ricordati che l'**introduzione** del tuo discorso è molto importante: un buon inizio conquista gli ascoltatori e li predispone positivamente, e ti dà sicurezza.

- usare la traccia ma non leggerla, in modo che il tuo tono di voce non risulti monotono o artificiale. Il tuo discorso deve essere trasmesso attraverso un **parlato sciolto**, non recitato.

Prepara il tuo discorso esponendolo **ad alta voce**; puoi "provarlo" con qualcuno o registrarlo e poi riascoltarlo per valutare quali modifiche devi fare.

Tieni d'occhio l'ora, se il tuo intervento deve avere una durata specifica.

Strategie per una comunicazione efficace →

- Conoscere gli **ascoltatori**
- Avere chiara **l'intenzione comunicativa**
- Modulare il **tono di voce**
- Mantenere il **contatto visivo**
- Preparare una **traccia**, ma non leggerla

1 **Cliccando sul link http://zink.to/scuola_felicita puoi ascoltare e guardare il video di una lezione. Rispondi poi alle seguenti domande.**

a. Quali sono l'**intenzione** e lo **scopo** comunicativo di questa lezione? Scegli le opzioni proposte.

Intenzione:

A descrivere una scuola molto particolare.

B parlare di un'esperienza personale.

C presentare i pregi e i difetti di un metodo educativo.

Scopo:

A informare e far riflettere.

B convincere.

C stupire e divertire.

VIDEO
http://zink.to/scuola_felicita

b. Secondo te quali sono gli **aspetti positivi** di questa lezione?

c. Quali delle **strategie** per una comunicazione efficace mancano secondo te?

3 Esporre

Vediamo ora come si caratterizza il parlato in due contesti tipici della scuola, l'**interrogazione** e la **relazione**, in cui sei chiamato a dimostrare di aver raggiunto determinati obiettivi di apprendimento e a **esporre** ciò che sai in un discorso ben organizzato e trasmesso.

L'esposizione nell'interrogazione e nella relazione è caratterizzata da:

- **registro** formale adeguato alla situazione, non colloquiale;
- **correttezza** della forma;
- **lessico** specialistico della materia di studio.

3.1 L'interrogazione scolastica

L'**interrogazione** è un **dialogo** tra studente e insegnante, in cui il primo dimostra ciò che ha imparato su un dato argomento e il secondo gli dà gli stimoli giusti per farlo sotto forma di **domande**. È una forma di **parlato programmato** tipico della scuola, che richiede **preparazione** e in cui lo studente costruisce un discorso orale su un argomento affrontato in classe. L'interrogazione assume la struttura di un discorso **espositivo** (▸ p. 557) o **argomentativo** (▸ p. 577) a seconda dell'argomento e delle domande.

● **Tipi di domande**

Per rispondere bene a una domanda, è importante riconoscerne il tipo. Vediamo quelli più frequenti:

- **domanda chiusa**: prevede una risposta **semplice** e **nozionistica**;

> *In quale data l'Italia entrò in guerra nella Seconda guerra mondiale?*

- **domanda aperta**: prevede una risposta più **ampia** e **articolata**. Devi costruire un discorso in cui esponi le tue conoscenze in modo chiaro e completo;

> *Quali furono le cause della Seconda guerra mondiale?*

- **domanda di approfondimento o riflessione**: prevede l'inclusione nel discorso di **approfondimenti** o di **riflessioni personali**, anche attraverso **collegamenti** con altre materie o altri contesti.

> *Come immagini la vita della gente comune durante la Seconda guerra mondiale?*

Le strategie per preparare una buona interrogazione

In qualunque modo avvenga l'interrogazione, è importante adottare alcune strategie.

A casa:

- **preparati** sull'argomento usando una **varietà di fonti** (appunti presi in classe, libri, siti Internet ecc.);
- usa le **strategie di lettura** (▸ p. 491) e quelle per **prendere appunti** e **schematizzare** un testo (▸ p. 500);
- studia leggendo e ripetendo **a voce alta** i contenuti per allenarti a una buona esposizione orale;
- cerca di **immaginare** quali **domande** potrà farti l'insegnante;
- abituati a stendere scalette, mappe, liste ecc. per aiutarti a **organizzare il contenuto** del tuo discorso e utilizza le **informazioni adeguate** per rispondere a tono alla domanda;
- **organizza un discorso** di lunghezza ed elaborazione adeguati e corretto nella forma, e di tanto in tanto registralo per poterlo poi riascoltare e valutare.

A scuola:

- **ascolta** le lezioni e **prendi appunti** (▸ p. 521);
- **ascolta** le domande che vengono fatte ai tuoi compagni e formula mentalmente la risposta;
- **ascolta** bene le domande che ti vengono fatte e individuane il tipo; se la domanda non ti è chiara, chiedi all'insegnante di riformularla;
- usa il **lessico specifico** della materia;
- parla con un **tono di voce** chiaro e scandisci bene le parole;
- **evita** l'uso eccessivo di alcuni **intercalari** (*cioè*, *praticamente*, *diciamo* ecc.).

3.2 La relazione orale

La relazione è l'esposizione dei dati di una ricerca, di un argomento che si conosce bene o di un'esperienza. È una forma di **parlato programmato unidirezionale**; chi parla, infatti, si esprime in una sorta di **monologo**. È **generica** se si rivolge a tutti, indipendentemente dal livello di conoscenza dell'argomento; è invece **specialistica** se si rivolge a un pubblico di "addetti ai lavori". È inoltre caratterizzata da un alto livello di **progettazione**.

La struttura

Nella relazione orale devono distinguersi tre parti:

- un'**introduzione**: presenta l'argomento ed eventualmente le ragioni per cui lo hai scelto, o le informazioni pratiche relative a un esperimento o ricerca (dove, per quanto tempo, scopo, strumenti utilizzati ecc.);
- lo **sviluppo**: esponi la relazione vera e propria;
- una **conclusione**: riassumi i punti centrali della relazione e ne metti in evidenza gli aspetti o risultati più rilevanti, i problemi individuati e le soluzioni proposte.

Le strategie per preparare una buona relazione

Anche per la relazione ti suggeriamo alcune strategie per **prepararla** e per **esporla** in classe.

Preparazione:
- **studia** l'argomento in maniera approfondita o **ripercorri** nei dettagli l'esperienza su cui devi relazionare;
- mentre studi, prepara una **scaletta** dei punti che vuoi toccare nella tua relazione;
- schematizzane in altro modo il contenuto; ricordati di includere il lessico specifico dell'argomento;
- prepara **materiali di supporto** adeguati (grafici, immagini, videoclip ecc.);
- **esercitati** a esporre la tua relazione **a voce alta**, facendo attenzione al **registro**, alla **correttezza** formale, al **tono della voce** e alla **durata** in base al tempo a disposizione;
- nel caso di una **relazione di gruppo**, stabilite con precisione qual è il ruolo di ciascuno e dove si inserisce ogni intervento.

Esposizione:
- ricordati di usare il **lessico specifico** dell'argomento;
- parla con un **tono di voce** chiaro e scandisci bene le parole;
- **evita** l'uso eccessivo di alcuni **intercalari** (*cioè*, *praticamente*, *diciamo* ecc.);
- ricordati che devi comunicare, non recitare quindi, anche se puoi dare uno sguardo alla tua scaletta di tanto in tanto, **non leggere** la relazione, in modo che l'esposizione sia sciolta e la relazione interessante per gli ascoltatori;
- usa delle **strategie** per stimolare e mantenere l'**interesse degli ascoltatori**: tono della voce, contatto visivo, gesti e linguaggio del corpo adeguati, indicare, mostrare immagini ecc.;
- controlla la **reazione** degli ascoltatori, in modo da decidere come eventualmente modificare il ritmo, se chiedere un feedback ecc.;
- sii aperto a rispondere a **domande** e a fornire **spiegazioni**.

ADESSO TOCCA A TE

▶ Capitolo 3

INDIVIDUA, ANALIZZA E PRODUCI

Livello 1 **1** ●○○

Indica a quale tipologia appartengono le seguenti domande: chiusa [C], aperta [A], di approfondimento [APP].

a. Cosa sono le Alpi e gli Appennini? [.....]

b. Quali sono le conseguenze della morfologia della geografia italiana? [.....]

i. Perché in passato si preferivano le comunicazioni marittime per viaggiare tra il Nord e il Sud in Italia? [.....]

j. Secondo te come si viaggiava per l'Italia nell'Ottocento, considerando i mezzi di trasporto disponibili e la conformazione geografica del Paese? [.....]

k. Parlami del rapporto dei giovani con i viaggi: quali sono le mete preferite, come e con chi viaggiano... [.....]

f. Cosa ha rivoluzionato i viaggi in treno di recente? [.....]

Livello 2 **2** ●●○

Fai una relazione su un'esperienza scolastica (gita, visita culturale, torneo sportivo ecc.) seguendo la seguente traccia:

- **introduzione**: tipo di esperienza, scopo, dati concreti (chi, dove, quando ecc.);
- **sviluppo**: attività svolte, luoghi visitati, episodi memorabili, cosa hai imparato;
- **conclusione**: considerazioni generali sull'esperienza, suggerimenti o propositi per il futuro.

Livello 3 **3** ●●●

A COPPIE Spiegate i dati riportati nelle seguenti tabelle, che accompagnano un articolo intitolato *Una vita da WhatsApp*, e preparate una relazione orale sul ruolo del cellulare nella vita degli studenti italiani.

LO SMARTPHONE INCREMENTA LA CREATIVITÀ?

	Sì	No	Non so
Ritieni un'espressione originale ciò che hai creato utilizzando queste tecnologie?	**43,80%**	17,15%	34,28%
Le ritieni delle tue creazioni artistiche?	32,38%	**40,95%**	24,76%
L'uso di questi oggetti tecnologici ha arricchito il tuo modo di vedere le cose e di essere?	30,47%	**36,19%**	32,28%
Puoi esprimere liberamente la tua immaginazione o creatività?	**73,33%**	9,52%	15,23%
Ti senti stimolato o incoraggiato dagli altri a manifestare e condividere la tua immaginazione e creatività?	32,38%	23,80%	**42,85%**
Ti piacerebbe creare un'App?	**52,38%**	34,28%	11,42%

fonte: eCampus

Le tabelle di queste due pagine sono il frutto di una ricerca condotta dall'**Università telematica eCampus** tra dicembre e gennaio scorsi. L'autrice, Daniela Frau, ha coinvolto nell'indagine 9 classi di studenti delle scuole superiori di Quartu S. Elena (Cagliari) e di Viterbo

(C. Rossi, *Una vita da WhatsApp*, in "Il Venerdì di Repubblica", 11/09/2015)

4 ●●●

IN GRUPPO In gruppi di 3 o 4, scegliete uno degli argomenti elencati e fate una ricerca su cui poi riferirete alla classe attraverso una relazione orale. Prima di esporla, seguite queste tappe:

- trovate e selezionate le fonti e i materiali da utilizzare;
- usate i materiali selezionati per individuare gli aspetti fondamentali dell'argomento e risultati specifici;
- preparate il materiale di supporto come grafici, tabelle, immagini, link ecc. e ordinatelo;
- stendete la relazione dividendovi le tre parti che la compongono, poi assemblatele;
- provate l'esposizione a voce alta, sia come singoli sia come gruppo.

La privacy ai tempi dei social network ~ I gusti musicali della nostra generazione ~ Consigli per i genitori: come comportarsi con i figli adolescenti ~ I giovani e il tempo libero ~ L'importanza della conoscenza delle lingue straniere nella nostra società

IMPARIAMO AD...

Affrontare un colloquio di lavoro

Per ottenere uno stage durante la scuola e senza dubbio quando cercherai un lavoro in futuro, dovrai affrontare un **colloquio**.

Il **selezionatore**, cioè la persona che ti fa le domande, ha l'obiettivo di scoprire che tipo di persona sei e quali sono le tue conoscenze, competenze e qualità. Per farlo ha poco tempo, quindi ti farà domande molto mirate a capire se sei la persona giusta per la posizione offerta.

Per prepararti a un colloquio devi:

- cercare **informazioni sull'azienda** che offre lo stage o un impiego;
- preparare una lista dei tuoi **punti di forza** che ti rendono il candidato ideale;
- allenarti a rispondere alle domande con **onestà** e a parlare correttamente, con un registro e un tono di voce adeguato.

Le **domande standard** di un colloquio riguardano la **formazione** (quali studi ha compiuto? Come ha scelto la scuola che sta frequentando? Quali materie e attività scolastiche preferisce? ecc.), le **qualità personali** (quali sono i suoi punti di forza? Perché questo lavoro è adatto a lei? ecc.), le eventuali **esperienze pregresse** (riassuma brevemente la sua eventuale esperienza; Ha già svolto uno stage? Non le sembra di avere poca esperienza? ecc.), la **motivazione** (perché ha risposto alla nostra inserzione? Cosa sa della nostra azienda? Qual è il lavoro dei suoi sogni? ecc.).

Durante il colloquio, è inoltre molto importante:

- essere **vestiti** con cura;
- **sorridere**;
- stabilire un "rapporto" con il selezionatore, a cui dobbiamo **piacere**;
- essere discreti;
- usare bene il **linguaggio del corpo**: non rimanere immobili con le braccia conserte o in tasca, ma non usare nemmeno gesti adatti a contesti informali. Insomma, dare l'impressione di essere calmi e composti;
- **ascoltare** bene le domande e chiedere chiarimenti se necessario;
- **non prevaricare** il selezionatore, per esempio interrompendolo;
- modulare bene il **tono di voce**: non troppo alto né troppo basso;
- gestire i momenti di **silenzio**, che devono essere riempiti.

1 **A COPPIE** **Andate su un motore di ricerca di stage o impiego e scegliete una delle posizioni disponibili che potrebbero fare al vostro caso. Prendetevi il tempo per preparare il colloquio come suggerito e per indossare i panni del selezionatore pensando alle domande per il vostro compagno/candidato.**

4 Raccontare

Raccontare significa esporre **eventi** ed **esperienze** che coinvolgono una o più **persone** e che si svolgono in una data **epoca**, per un determinato **periodo di tempo** e in determinati **luoghi**. Gli **scopi** di chi racconta possono essere molteplici: **informare**, **condividere**, **convincere**, **divertire**, **far riflettere**.

Gli elementi fondamentali

Prima di tutto, bisogna **scegliere il fatto** che si vuole raccontare, considerandone l'**interesse** per gli ascoltatori.

Oltre all'oggetto del racconto devono essere esposti alcuni **elementi fondamentali**:

- il **luogo** in cui si svolgono i fatti (*dove?*);
- la **durata** dei fatti (*per quanto tempo?*);
- l'**epoca** in cui si svolgono (*quando?*);
- le **persone** coinvolte (*chi?*).

È necessario decidere se raccontare in **prima persona** (quando si parla di se stessi) o in **terza persona** (quando si parla di altri). Inoltre, in base al tipo di racconto, questo sarà:

- **oggettivo** se si limita a raccontare i fatti, senza commenti né coinvolgimento emotivo da parte del narratore. Un esempio di racconto oggettivo è un fatto di cronaca;
- **soggettivo** se, al contrario, la persona che racconta, lascia trasparire i propri sentimenti e opinioni sui fatti. Un esempio di ciò è la narrazione di un'esperienza personale.

È possibile che in entrambe le modalità di racconto si inseriscano elementi dell'altra.

La struttura del racconto

Generalmente, il racconto ha la seguente struttura:

- situazione di partenza;
- eventuale antefatto, se c'è (cosa è successo prima);
- sviluppo del fatto centrale;
- conclusione;
- eventuali conseguenze, se ci sono.

ADESSO TOCCA A TE

▶ Capitolo 4

PRODUCI

Livello 1 **1** ●○○

Racconta la prima volta che hai assistito a un evento sportivo, di persona o alla televisione, specificando
- **dove si è svolto l'evento;**
- **quando si è svolto;**
- **quanto è durato;**
- **chi ha partecipato;**
- **cosa hai provato.**

Livello 2 **2** ●●○

Racconta un'esperienza personale extrascolastica in modo soggettivo. Tieni anche presente lo scopo del racconto: divertire, far riflettere, condividere ecc.

Livello 3 **3** ●●●

IN GRUPPO In gruppi di 3 o 4, svolgete le seguenti attività sul tema dell'estate.

a. **A casa:** ciascuno di voi prepara il racconto di un episodio legato all'estate, per esempio una vacanza, un incontro importante, un'avventura a lieto fine, un amore estivo ecc., strutturando e praticando il proprio racconto, che dovrà durare circa 5 minuti.

b. **A scuola:** ciascun membro del gruppo racconta la propria esperienza, mentre gli altri ascoltano e annotano eventuali domande che faranno ai compagni quando avranno finito di raccontare.

LAVORIAMO SULLA LINGUA

I registri linguistici nel parlato

Per comunicare in maniera efficace, il modo in cui parliamo e il registro linguistico che utilizziamo cambiano in base a:

- il **contesto**, cioè le circostanze in cui avviene la comunicazione;
- l'**argomento**, che sarà semplice se si parla di eventi quotidiani con amici e familiari, più impegnativo nel caso di un dibattito o di un'interrogazione scolastica;
- l'**interlocutore**, con il quale il linguaggio cambierà in base a fattori come il livello di confidenza, l'età, il ruolo che ha in rapporto a chi parla;
- lo **scopo**, che può essere di vario tipo: esprimere opinioni, convincere, dimostrare, chiedere spiegazioni, descrivere, raccontare, dare istruzioni, divertire ecc.

I due tipi di registro più comuni nel parlato sono il **registro informale** e il **registro formale**. Vediamo come si distinguono.

Registro informale	Registro formale
Lo usi nella **sfera privata**, con le persone con cui hai un rapporto di confidenza. È caratterizzato da: • frasi brevi; • lessico comune; • espressioni colloquiali, gergali; • sintassi non rigorosa, a volte usata in modo improprio; • spontaneità. Esempi di comunicazione informale sono la conversazione con amici o la discussione in famiglia.	Lo usi nella **sfera pubblica**, con persone con cui non hai un rapporto confidenziale. È caratterizzato da: • frasi più lunghe e complesse; • lessico ricercato; • correttezza formale; • progettazione. A scuola esempi di comunicazione formale in cui vieni valutato sono la discussione e il dibattito, l'interrogazione e la relazione. Esempi di situazioni in cui non vieni valutato, ma in cui devi utilizzare un registro formale, sono il colloquio con un insegnante o con il dirigente scolastico ecc.

1 **A COPPIE** **Facendo tutti i cambiamenti grammaticali e lessicali necessari, trasformate la seguente conversazione tra un barista e un cliente in dialogo informale tra amici. Recitatelo poi davanti ai compagni e scegliete l'interpretazione migliore.**

– Qualcosa da bere, signore?
– Qualcosa di forte, di molto forte.
– Ha bisogno di tirarsi su, signore?
– Ebbene sì.
– Un *Bloody Mary* andrebbe bene?
– Ehm, sì.
– Una delusione d'amore?
– Come lo ha capito?
– Dal sospiro, signore.
– Dal sospiro?
– Esattamente. Il sospiro dell'innamorato deluso è assai diverso dal sospiro del bancarottiere o del semplice depresso. Faccio il barista da trent'anni e non mi è difficile riconoscerlo: lei ha tutti i sintomi di un uomo abbandonato di fresco.

(S. Benni, *Sherlock Barman. Tragedia da bar*, in www.stefanobenni.it)

FACCIAMO IL PUNTO

definire + riassumere + classificare + memorizzare

LOSAI? RIPASSA CON LO SMARTPHONE

Esprimersi oralmente

- **TIPI DI PARLATO**
  - *in base alla direzione* → **Unidirezionale**: il destinatario ascolta senza intervenire. **Dialogico:** scambio tra emittente e destinatario
  - *In base alla programmazione* → **Spontaneo:** improvvisato, basso livello di programmazione. **Programmato:** più formale, alto livello di programmazione
- **REGOLE DEL PARLATO** → chiarezza, pertinenza, quantità, qualità
- **ESPRIMERE OPINIONI**
  - **DISCUSSIONE** → **Regole:** essere disposti a cambiare le proprie opinioni; ascoltare e rispettare quelle altrui; rispettare i turni di parola, chiedere spiegazioni.
  - **DIBATTITO** → **Fasi:** Introduzione, sviluppo, conclusione. **Regole (prima):** scegliere un moderatore; documentarsi e stabilire durata e scaletta. **Regole (durante):** rispettare i turni di parola, usare una forma precisa e corretta; prendere appunti; esprimere opinioni e motivarle.
- **ESPORRE**
  - **INTERROGAZIONE** → **Tipi di domande:** chiuse, aperte, di approfondimento o riflessione. **Strategie:** organizzare il contenuto; immaginare le domande; preparare un discorso adeguato per forma e contenuto.
  - **RELAZIONE** → **Struttura:** introduzione, sviluppo, conclusione. **STRATEGIE:** **Preparazione:** documentarsi e utilizzare i materiali di supporto, praticare a voce alta. **Esposizione:** lessico specifico, tono di voce chiaro; evitare intercalari, controllare la reazione degli ascoltatori.
- **RACCONTARE** → **Elementi fondamentali:** luogo, epoca, durata, persone. **Struttura:** situazione di partenza, eventuali antefatti, sviluppo, conclusione, eventuali conseguenze

CONOSCENZE

1 Indica se le seguenti affermazioni sono vere [V] o false [F].

a. La conversazione è una forma di parlato unidirezionale. V F

b. Il parlato spontaneo è basato su un basso livello di progettazione. V F

c. Il dibattito si svolge intorno a un argomento specifico. V F

d. Vince il dibattito che impone le sue opinioni, anche senza motivarle. V F

e. Per comunicare in modo efficace è importante sapere chi sono gli ascoltatori. V F

f. La domanda aperta prevede una risposta breve e nozionistica. V F

g. In un colloquio, l'obiettivo del selezionatore è di metterti in difficoltà per vedere come te la cavi. V F

h. Nel racconto soggettivo chi parla lascia trasparire le sue opinioni. V F

i. Il registro formale si usa nella sfera pubblica. V F

ABILITÀ E COMPETENZE

2 **IN GRUPPO** In gruppi di 4 o 5, organizzate un dibattito su un argomento di attualità vicino ai giovani. Svolgete il dibattito all'interno del vostro gruppo, ricordandovi di

- scegliere un moderatore, che stabilirà l'ordine e la durata degli interventi, registrerà il dibattito e ne tirerà le somme alla conclusione riassumendone i punti principali;
- rispettare le regole del parlato, del dibattito e dei turni di parola.

3 Elabora un discorso per presentare la tua candidatura per una delle seguenti posizioni, sottolineando i tuoi punti di forza che ti rendono la persona migliore per il ruolo scelto.

rappresentante di classe ~ capo scout o di altra organizzazione simile ~ moderatore di un dibattito ~ organizzatore dell'autogestione ~ direttore del giornalino scolastico ~ promotore di una nuova iniziativa scolastica

4 **A COPPIE** Assegnatevi un capitolo diverso in una delle materie del vostro indirizzo di studi. A casa ciascuno di voi studierà il proprio capitolo e preparerà delle domande per "interrogare" il compagno. A scuola interrogatevi, poi scambiatevi le vostre riflessioni su

- la validità delle risposte: corrette e complete;
- la qualità dell'esposizione: lessico, correttezza formale, registro, tono di voce.

5 Fai il racconto soggettivo di una giornata per te memorabile, rispettando gli elementi fondamentali del racconto (▸ p. 618).

6 Fai il racconto oggettivo di un episodio che si è svolto nella tua città, quartiere o palazzo, ricordando le parole chiave dove, quando, per quanto tempo, chi e rispettando la struttura del racconto descritta a p. 618.

7 Fai il racconto oggettivo di un episodio che si è svolto a scuola, rispettando gli elementi fondamentali del racconto (▸ p. 618).

PERCORSO G
PRODURRE

Sei pronto per la verifica?

METTITI ALLA PROVA

Svolgi le attività sul seguente articolo.

Una vita da WhatsApp

Oltre 570 invii in 7 ore e mezza: è il ritmo con cui gli adolescenti italiani "messaggiano" tramite il proprio smartphone. Lo rivela un'indagine universitaria che esamina il rapporto di un campione di studenti con le tecnologie digitali e da cui emerge la diffusione prorompente di WhatsApp. Che, come spiega la dottoressa Daniela Frau, autrice della ricerca, "è il social network più usato e amato non solo da questa generazione, ma da tutti, principalmente perché è intimo e immediato".

A chi non è capitato di trovarsi a tavola, in platea oppure a conversare con qualcuno che messaggia compulsivamente? I più giovani in particolare fissano lo schermo durante qualsiasi attività (scuola compresa). Abitudini che, aldilà del galateo[1], interrogano in merito alla formazione di personalità, di rapporti, affetti delle generazioni cosiddette "native digitali". Tutti possessori di smartphone acceso h 24, i giovani calcolano di trascorrervi mediamente 7 ore e 48 minuti al giorno, che possono variare tra un'ora e mezza fino a quasi 14. Dotazione imprescindibile, i telefoni di nuova generazione hanno processori, sistemi operativi e software degni di un computer, fatto che li ha trasformati da puro strumento di comunicazione a terminale multimediale. Nell'arco di una giornata lo smartphone viene impiegato infatti, in media per circa 4 ore e tre quarti per conversare a voce, 4 ore e mezza per navigare in rete, 3 e mezza per ascoltare musica, quasi 2 ore e mezza a fare e vedere foto e video, 2 ore a giocare. Su tutto domina però l'instant messaging, con una media di 7 ore e 23 minuti. "Prevalentemente tramite WhatsApp, il ciclone che in appena un lustro[2] è arrivato a spodestare Facebook e rappresenta il vero fenomeno dell'ultimo biennio", spiega Frau. Commenta Paolo Ferri, docente di Teoria e tecnica dei Nuovi media all'università Bicocca di Milano: "I ragazzi si sono resi conto che quello che scrivono su Facebook lo vedono tutti coloro ai quali hanno 'dato l'amicizia', spesso genitori compresi, così hanno preferito tornare a uno strumento che ripristina una socialità uno a uno o uno a pochi". WhatsApp consente proprio questo, una conversazione in tempo reale con un solo amico, o con un gruppo scelto, più o meno numeroso. Non esiste più la dimensione "pubblica" di quel che si comunica. "Gli adolescenti preferiscono comunicare con pochi" dice Ferri. Le giovani generazioni si trovano dunque esposte alla pervasività delle app. "La rete è principalmente utilizzata per sopperire[3] alla mancanza dei luoghi di socializzazione, per annullare distanze fisiche e psicologiche, per condividere informazioni, interessi, stati d'animo con amici reali e non", spiega Daniela Frau. Il che non è esente da rischi. "Gli smartphone sono vissuti dai ragazzi come vere protesi[4] di sé, attraverso cui il reale spesso viene confuso con il virtuale, condizionando la formazione della personalità. Un'esistenza vissuta online è senz'altro esposta al rischio di omologazione[5], a relazioni superficiali, a un'immaginazione confinata entro parametri prestabiliti. WhatsApp, poi, pone il problema della quasi cancellazione dell'interlocuzione verbale. Faccine, foto, video, link ci riducono al silenzio e alla semplificazione di ogni espressione del nostro sé".

(adattamento da C. Rossi, "il Venerdì di Repubblica", 11 settembre 2015)

1. **galateo:** insieme di norme che regolano la buona educazione.
2. **lustro:** periodo di cinque anni.
3. **sopperire:** provvedere a, fare fronte a.
4. **protesi:** organo artificiale. Qui sta per "estensione".
5. **omologazione:** uniformazione a un unico modello uguale per tutti.

1 Qual è lo scopo dell'indagine di cui parla l'articolo?

....

PUNTI ....../3

2 Perché WhatsApp ha tanto successo?

....

PUNTI ....../3

3 Come è cambiato il telefonino nel tempo? Cosa è diventato?

....

PUNTI ....../3

4 Perché i giovani preferiscono WhatsApp a un social network come Facebook?

....

PUNTI ....../4

5 Qual è la funzione della rete per i giovani?

A Annullare le distanze fisiche e psicologiche, e condividere interessi e stati d'animo.
B Fuggire dalla realtà.
C Comunicare con gli altri senza il controllo dei genitori.
D Non essere obbligati a parlare.

PUNTI ....../2

6 Quali sono i rischi di passare molto tempo online, secondo Daniela Frau?

....

PUNTI ....../4

7 Qual è l'effetto dei messaggi WhatsApp sulla scrittura, secondo Daniela Frau? (2 opzioni corrette)

A I ragazzi scrivono di più.
B L'uso di elementi visivi elimina quasi la comunicazione verbale.
C I ragazzi non sanno più scrivere in italiano corretto.
D Si scrive semplificando i pensieri.

PUNTI ....../4

8 Chi sono i lettori ideali di questo articolo?

A Gli insegnanti di tutte le scuole e delle università.
B Gli studenti universitari.
C I giovani in genere e chiunque abbia a che fare con loro.
D Gli psicologi e i sociologi.

PUNTI ....../2

9 Ordina i seguenti temi così come vengono affrontati nell'articolo.

☐ WhatsApp batte Facebook
☐ L'avanzata di WhatsApp
☐ Una giornata incollati allo schermo
☐ I rischi che si corrono
☐ Un'abitudine diffusa che fa pensare

PUNTI ....../5

Le soluzioni sono a p. 628. TOTALE PUNTI ....../30

COMPITO DI REALTÀ

UNA BROCHURE INFORMATIVA DELLA SCUOLA PER L'OPEN DAY

Competenze
- Saper raccogliere ed elaborare dati informativi utili allo scopo
- Saper padroneggiare la scrittura di tipo espositivo-informativo
- Saper ricercare ed elaborare gli argomenti adatti a convincere i destinatari
- Saper costruire tabelle
- Saper utilizzare il linguaggio delle immagini per potenziare la persuasività del testo
- Saper collaborare alla stesura e alla realizzazione del progetto
- Saper organizzare il lavoro sulla base degli interessi e delle competenze individuali

A Presentazione del progetto

Il progetto è destinato ai ragazzi dell'ultimo anno della scuola secondaria di primo grado che visiteranno l'istituto per l'Open day e deve avere scopo persuasivo.
La brochure sarà un volantino di 4 pagine e deve fornire, oltre alle necessarie informazioni, argomenti che invoglino all'iscrizione.

B Consegna per gli studenti

La classe viene divisa in gruppi di 4/5 studenti ciascuno e ogni gruppo si occupa di un punto specifico del progetto:
- stesura di una breve storia della scuola
- realizzazione di tabelle informative con orari e materie di studio
- scrittura del testo persuasivo che porti a scegliere quella scuola
- scrittura di consigli su come affrontare al meglio la scuola superiore
- ricerca di immagini (o realizzazione e stampa) significative degli spazi della scuola e ideazione di uno slogan persuasivo

Tempi previsti
- 4 ore a scuola per analizzare e impostare la brochure, dividendosi i compiti
- 4 ore a casa per proseguire il lavoro impostato a scuola
- 4 ore a scuola per realizzare unendo il lavoro dei diversi gruppi nella creazione della brochure vera e propria

METTITI ALLA PROVA – SOLUZIONI

PERCORSO A
I SUONI E IL SENSO DELLE PAROLE

METTITI ALLA PROVA p. 75

1 **a.** 4 (s'è); **b.** 7 (fa); **c.** 9 (dà); **d.** 13 (sta); **e.** 2 (n'è). Se hai incontrato difficoltà nello svolgimento di questo esercizio, ritorna all'U1 e rileggi il cap. 5.

2 **a.** Costituzione, Repubblica; **b.** Giulio Cesare, Cristo; **c.** Girasoli, Van Gogh. Se hai incontrato difficoltà nello svolgimento di questo esercizio, ritorna all'U1 e rileggi il cap. 6.

3 A. In B. la posizione della virgola attribuisce alla frase un significato assurdo (la madre cucina il bambino); nella frase C. la virgola separa soggetto e verbo. Se hai incontrato difficoltà nello svolgimento di questo esercizio, ritorna all'U1 e rileggi sia il cap. 7 sia la scheda a p. 29.

4 **a.** droghe, incendio; **b.** strumenti musicali/musica, cucina (pasta alla chitarra); **c.** edifici, Medioevo, fiabe, arredamento (letto a castello); **d.** viso, dolci. Se hai incontrato difficoltà nello svolgimento di questo esercizio, ritorna all'U2 e rileggi il cap. 3.1.

5 **a.** 1; **b.** 3; **c.** 2; **d.** 1; **e.** 4; **f.** 1; **g.** 2; **h.** 3. Se hai incontrato difficoltà nello svolgimento di questo esercizio, ritorna all'U2 e rileggi il cap. 4.

6 **a.** A; **b.** C; **c.** P; **d.** D; **e.** P; **f.** D; **g.** A; **h.** C. Se hai incontrato difficoltà nello svolgimento di questo esercizio, ritorna all'U2 e rileggi i capp. 6 e 7.

7 Esempi: **a.** Megalopoli, megaconcerto; **b.** psicologia, antologia, patologia, ecologia. Se hai incontrato difficoltà nello svolgimento di questo esercizio, ritorna all'U2 e rileggi i capp. 6 e 7.

METTITI ALLA PROVA SUL TESTO p. 76

1 V.

2 A.

3 **a.** e-mi-gran-te; **b.** i-den-ti-ta-rio; **c.** mag-gior-men-te; **d.** sta-bi-liz-za-zio-ne.

4 **a.** pèrdere; **b.** notìzia; **c.** muòiono; **d.** trànsiti.

5 Di origine, di arrivo.

6 B.

7 B.

8 Emigrazione.

9 C.

10 **a.** V; **b.** F; **c.** F; **d.** V.

11 **a.** 3; **b.** 2; **c.** 4; **d.** 1.

METTITI ALLA PROVA SUL LESSICO p. 78

1 **a.** un individuo battagliero; **b.** mangia molto; **c.** un chiacchierone; **d.** ragionevole.

2 B.

3 Esempi possibili: **a.** impianto; look; **b.** oro; corpo; **c.** animo; tempo; **d.** economia; vegetazione; **e.** carattere; colore.

4 **a.** pieno di tormenti e situazioni difficoltose; **b.** eccessivamente lungo; **c.** studioso di ecologia; **d.** autore delle parole di canzoni; **e.** appassionato di cinema.

5 F. Sono entrambi socievoli, ma "affabile" è propriamente chi ha modi gentili, garbati.

6 **a.** carnagione/bucato candida/o – ingenuo – innocente; **b.** mare calmo/giornata calma – agitato – abitudine.

PERCORSO B
PAROLE E FORME: LE PARTI DEL DISCORSO

METTITI ALLA PROVA B1-B2 p. 169

1 **a.** indicativo, passato remoto; **b.** indicativo trapassato remoto; **c.** infinito passato; **d.** congiuntivo trapassato; **e.** condizionale presente; **f.** gerundio passato; **g.** congiuntivo passato; **h.** indicativo trapassato prossimo. Se hai incontrato difficoltà nello svolgimento di questo esercizio, ritorna all'U1 e rileggi il cap. 3.

2 **a.** ho pensato; **b.** videro; **c.** si sia rovinato; **d.** era stato attaccato. Se hai incontrato difficoltà nello svolgimento di questo esercizio, ritorna all'U1 e rileggi il cap. 3, quindi esercitati con le tabelle di pp. 124-131.

3 **a.** puntuale; **b.** durativo; **c.** iterativo. Se hai incontrato difficoltà nello svolgimento di questo esercizio, ritorna all'U1 e rileggi il cap. 13.

4 Esempi accettabili: oro/ori, argento/argenti, zucchero/zuccheri. Se hai incontrato difficoltà nello svolgimento di questo esercizio, ritorna all'U2 e rileggi il cap. 1.1.

5 Risposta autonoma dello studente. Se hai incontrato difficoltà nello svolgimento di questo esercizio, ritorna all'U2 e rileggi il cap. 1.2.

6 B. Se hai incontrato difficoltà nello svolgimento di questo esercizio, ritorna all'U2 e rileggi il cap. 2.2.

METTITI ALLA PROVA SUL TESTO p. 170

1 Indicativo imperfetto.

2 **a.** 1ª are; **b.** 3ª ire; **c.** 1ª are; **d.** 2ª ere; **e.** 3ª ire.

3 C.

4 **a.** indicativo trapassato prossimo; **b.** condizionale passato; **c.** indicativo imperfetto; **d.** infinito presente.

5 A.

6 **a.** amassero; **b.** se avesse abbandonato; **c.** lasciasse; **d.** partecipando; **e.** avrà sentito.

7 Padre, madre.

8 Sete.

9 F; sono privi di plurale ma astratti.

10 Insegnante.

11 **a.** spiritello/spiritaccio; **b.** vasetto/vasino/vasone; **c.** animuccia/animaccia/animetta; **d.** acquaccia/acquerella/acquetta/acquicella/acquolina; **e.** amoraccio/amorazzo/amoruccio/amoretto/amorino; **f.** amicone/amichetto/amicuccio.

12 Il più/il meglio.

METTITI ALLA PROVA SUL LESSICO p. 172

1 a. espulso; b. diffamato; c. lo sottopone a prove; d. si muove confusamente.
2 Risposta autonoma. Esempi accettabili:
a. una via, una scuola, la vita, il tempo, una canzone; b. un incendio, un debito, la sete; c. un'opera, una musica, una frase, un numero di telefono, una lite; d. un esame, un'idea, un'opinione, un amico, una parte; e. un'opinione, un'idea, un parere, un sentimento.
3 Risposta autonoma. Esempi accettabili: a. lavorare, produrre, protestare, scioperare; b. proteggere, aiutare; c. affollare, premere; d. pesare, gravare, assumersi.
4 a. i cittadini che pagano le tasse; b. i candidati; c. un'alleanza, un gruppo finanziario; d. brogli.
5 a. enigma; b. etnia.
6 a. festeggiare con solennità: c. le feste, il Natale b. fare attenzione: bada a quel che fai; spendere molto, senza economia.

METTITI ALLA PROVA B3-B4-B5 p. 261

1 a. nuovo, capillare; b. nostre, brevi, piacevolissime; c. ultima, assordanti, sfrenati; d. certo, gialli.
Se hai incontrato difficoltà nello svolgimento di questo esercizio, ritorna all'U3 e rileggi il cap. 1.
2 **Pronomi personali**: li, io, tu, voi, me; **pronomi determinativi**: alcuni, altri, quale, quanti, poche.
Se hai incontrato difficoltà nello svolgimento di questo esercizio, ritorna all'U4 e rileggi i cap. 1-2-3.
3 B. Se hai incontrato difficoltà nello svolgimento di questo esercizio, ritorna all'U4 e rileggi il cap. 2.
4 B. Se hai incontrato difficoltà nello svolgimento di questo esercizio, ritorna all'U4 e rileggi il cap. 4.
5 a. avverbio; b. aggettivo; c. avverbio; d. avverbio; e. aggettivo; f. aggettivo. Se hai incontrato difficoltà nello svolgimento di questo esercizio, ritorna all'U5 e rileggi il cap. 1.
6 a. infatti – quando/se; b. perché – invece/ma.
Se hai incontrato difficoltà nello svolgimento di questo esercizio, ritorna all'U5 e rileggi il cap. 2.

METTITI ALLA PROVA SUL TESTO p. 262

1 a. P; b. P; c. A; d. A; e. A.
2 F, sono indispensabili perché completano il significato della frase.
3 a. possessivo; b. dimostrativo; c. interrogativo; d. numerale; e. indefinito; f. qualificativo.
4 Comparativo.
5 B.
6 Penny Hardwick.
7 V, infatti si riferisce al fatto di essere favorevole alle brave ragazze.
8 Ognuna, in cui.
9 a. quantità; b. affermazione; c. dubbio; d. negazione; e. tempo; f. modo.
10 a. S; b. C; c. C; d. S.
11 Preposizione (impropria).
12 a. all' (alla); b. a.

METTITI ALLA PROVA SUL LESSICO p. 264

1 a. vive in povertà/poveramente; b. temporanei; c. isolano; d. è stato breve/è durato poco; e. completo/esaustivo.
2 a. comincia a essere famosa; b. che affiora dall'acqua.
3 V, infatti una persona che sta sulle sue tratta gli altri con distacco e alterigia, superbia.
4 Esempi: a. arrivare; b. bere; c. lavorare; d. parlare; e. guardare.
5 B.
6 A. colpito da una malattia, addolorato, dolore. B. spirito, audacia, innamorato / corteggiatore.

PERCORSO C
PAROLE IN RELAZIONE: IL VERBO E LA FRASE

METTITI ALLA PROVA p. 357

1 A. Se hai incontrato difficoltà nello svolgimento di questo esercizio, ritorna all'U1 e rileggi i capp. 1 e 2.
2 C. Se hai incontrato difficoltà nello svolgimento di questo esercizio, ritorna all'U1 e rileggi i capp. 5 e 6.
3 Farci. Se hai incontrato difficoltà nello svolgimento di questo esercizio, ritorna all'U2 e rileggi il cap. 1.
4 B. Se hai incontrato difficoltà nello svolgimento di questo esercizio, ritorna all'U2 e rileggi i capp. 1 e 2.
5 B, un tempo le scelte professionali di molti giovani erano condizionate <u>dall'ambiente famigliare</u>. Se hai incontrato difficoltà nello svolgimento di questo esercizio, ritorna all'U2 e rileggi il cap. 3.
6 Argomenti: Max, una disponibilità; espansioni nucleari: il bidello, grande, di denaro (necessaria); espansioni circostanziali: in questi ultimi tempi, grazie alla vincita, a una lotteria. Se hai incontrato difficoltà nello svolgimento di questo esercizio, ritorna all'U3 e rileggi i capp. 1, 2, 3,4.
7 a. Con il freddo (compl. di causa) a Luigi (compl. di termine) si arrossa (pred. verbale) facilmente (compl. avverbiale di modo) il naso (soggetto).
b. Per il viaggio (compl. di fine) a Parigi (moto a luogo) abbiamo prenotato (pred. verbale) il volo (compl. oggetto) fin da gennaio (tempo continuato). Se hai incontrato difficoltà nello svolgimento di questo esercizio, ritorna all'U3 e rileggi il cap. 7.

METTITI ALLA PROVA SUL TESTO p. 358

1 A (semplice).
2 a. nominale; b. verbale; c. verbale; d. nominale.
3 Al maschile, ovviamente.
4 a. 1; b. 2; c. 3; d. 2.
5 a. argomenti soggetto: le accademiche, la linguista; b. argomento oggetto diretto: dubbi; c. argomento oggetto indiretto: ci.
6 Vogliamo.
7 Passiva, impersonale.
8 V, perché il verbo *partire* è intransitivo.

9 Nei suoi discorsi pubblici.
10 Il pronome relativo "che".
11 B.
12 Falsa, infatti non sono aggettivi, ma nomi, quindi apposizioni.
13 a. luogo; b. tempo; c. specificazione; d. modo; e. agente; f. oggetto.
14 a. causa; b. mezzo; c. fine.

METTITI ALLA PROVA SUL LESSICO p. 360

1 a. evadono; b. riesce; c. ha deposto; d. scampato; e. stancato.
2 a. hanno deciso; b. guardano con insistenza; c. si intestardisce; d. si è stabilita.
3 F, infatti nella frase a. ha funzionamento transitivo e significa "far scendere lentamente" le reti in mare, nella b. ha funzionamento intransitivo e significa "diminuire", nella c. ha forma riflessiva e significa "muoversi dall'alto verso il basso, usando punti di appoggio naturali o strumenti".
4 Esempi: a. memoria, volontà, corona; b. industria, veste; c. valore, bene, ricchezza; d. fonte, informazione, notizia.
5 A (da vera star).
6 gradatamente; intensità; *il capo*; rifiutare; *un invito*; le generalità; un pronome.

PERCORSO D
PAROLE IN RELAZIONE: LA FRASE COMPLESSA

METTITI ALLA PROVA p. 432

1 Il Parlamento europeo ha chiesto ai Paesi membri [P] di inserire nelle scuole il gioco degli scacchi [S]. Questo gioco è considerato eccellente [P] per sviluppare le capacità cognitive [S]. Inoltre è ideale [P] per distogliere i giovani dalle dipendenze [S], aiuta [C] a superare le discriminazioni [S] e favorisce l'inserimento scolastico di allievi [C] provenienti da culture diverse [S]. Se hai incontrato difficoltà nello svolgimento di questo esercizio, ritorna all'U1 e rileggi i capp. 1, 2 e 3.
2

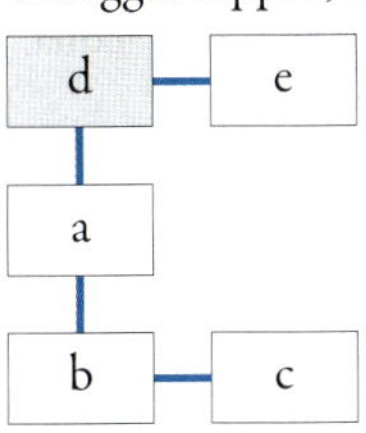

Se hai incontrato difficoltà nello svolgimento di questo esercizio, ritorna all'U1 e rileggi il cap. 3.1.
3 a. R; b. I; c. D; d. O; e. S; f. D. Se hai incontrato difficoltà nello svolgimento di questo esercizio, ritorna all'U2 e rileggi i capp. 1, 2, 3, 4, 5 e 6.
4 a. causale; b. finale; c. consecutiva. Se hai incontrato difficoltà nello svolgimento di questo esercizio, ritorna all'U2 e rileggi i capp. 7, 8 e 9.

METTITI ALLA PROVA SUL TESTO p. 433

1 Due.
2 Quattro.
3 a. S; b. S; c. C; d. C.
4 Per l'indovina quella volta fu facile.
5 Fece uno sforzo.
6 A.
7 a. I; b. E; c. I; d. E.
8 che la madre si fosse recata da un'indovina.
9 B.
10 a. V, infatti può essere trasformato in "Trascorsi/dopo che furono trascorsi/passati nove mesi"; b. F, infatti può essere trasformato in "per ricamare"; c. V, infatti può essere trasformato in "con gli aghi".
11 a. causale; b. finale; c. oggettiva; d. relativa; e. temporale; f. condizionale.
12 a. La nonna raccontava = principale; b. vantandosene = subordinata di primo grado, implicita, modale; c. che era stata lei = subordinata di primo grado, esplicita, oggettiva; d. a insegnar loro = subordinata di secondo grado, implicita, relativa.
13 L'indovina le predisse che presto avrebbe avuto delle creature che si sarebbero guadagnate da vivere usando gli aghi.

METTITI ALLA PROVA SUL LESSICO p. 435

1 a. per l'avvio del campionato; b. per guida senza patente; c. per la preghiera; d. con insulti; e. con l'evasione (delle tasse); f. In caso di necessità.
2 B.
3 a. lanciarsi; b. che domani ho appuntamento; c. che tu sia cambiato; d. Quando si avvicinano gli esami; e. perché il pubblico l'applaudì calorosamente; f. Nonostante la polizia avesse indagato.
4 a. di essere stato; b. di non essere punito; c. benché/pur avvisato; d. A essere sinceri; e. per potere giocare; f. a consegnare.

PERCORSO E
IL TESTO

METTITI ALLA PROVA p. 484

1 Lo scopo è di istruire e il messaggio è comunicare l'importanza delle scelte linguistiche nella comunicazione, in base a quello che si vuole dire e in quale contesto.
2 Leggendo e scrivendo molto.
3 L'uso di termini propri di un registro linguistico in un contesto che ne richiederebbe un altro.
4 Per i registri disponiamo di modelli standard necessari alle varie situazioni comunicative. La coerenza stilistica è un passo meno scontato perché bisogna rispettare i canoni (operazione che viene implicitamente considerata più difficile)
5 B.
6 Esempio: Si ha una caduta di stile quando si usano termini e strutture che non appartengono al registro linguistico scelto.

7 Il fatto che entrambe devono tener conto dell'interlocutore a cui si rivolgono e delle sue aspettative, nonché delle convenzioni che regolano i vari testi e i vari stili.
8 a. **Emittente** L'autore del testo b. **Destinatario** Chiunque debba scrivere, per motivi di studio, lavoro o nella vita pratica c. **Referente** L'adattamento dello stile al contesto d. **Codice** La lingua italiana e. **Canale** Il libro
9 C.
10 I più poveri/bisognosi, i meno fortunati, le persone in difficoltà ecc.
11 È un testo argomentativo.

PERCORSO F
LAVORARE CON IL TESTO

METTITI ALLA PROVA p. 528

1 Parla di come l'autrice impara parole italiane nuove e del suo rapporto con esse.
2 Viene paragonato a un raccolto nel bosco (come se fossero funghi).
3 a. ho un appetito insaziabile
b. Mi sento carica, arricchita, frizzante; Sento un legame con ogni parola che raccolgo. Provo affetto, insieme a un senso di responsabilità
c. Sembrano più preziose dei soldi; Mi sento una mendicante che scopre un mucchio d'oro, un sacco di gemme
d. non mi sento troppo scoraggiata. Semmai, mi sento ancora più determinata. Il giorno dopo, ritorno nel bosco
e. rimane appena una manciata di parole; La maggior parte sparisce. Evaporano nell'aria, colano come l'acqua tra le dita; quando mi servono, le parole sono elusive, imprendibili; non entrano nel cervello, quindi non escono dalla bocca; resistono alla mia memoria; forse non vogliono avere alcun rapporto con me
4 **Bosco** Il luogo immaginario dove può trovare e raccogliere le parole. È un modo di trasfigurare il lessico, cioè l'insieme delle parole di una lingua.
Cestino Il contenitore delle parole, la memoria.
Taccuino Il simbolo dell'entusiasmo dell'autrice per l'italiano e del suo impegno.
5 Vengono curate e crescono giorno per giorno. Ti accompagnano sempre, poi, all'improvviso, ti abbandonano.
6 A.
7 A.
8 Produzione autonoma. Esempio: Per la narratrice andare a caccia di parole è come entrare in un bosco con un cestino e riempirlo con tutte le parole che trova intorno. Raccoglie quelle oscure, quelle che capisce ma vorrebbe conoscere meglio, quelle che non esistono in inglese. Raccoglie ogni categoria di parole. A fine giornata il cestino è pieno e lei si sente arricchita. Ma appena esce dal bosco molte delle parole scompaiono nel nulla. Il cestino è come la memoria, e la tradisce. Lei ama le parole raccolte, e dimenticandole pensa di tradirle. Però non rinuncia, e tornerà nel bosco il giorno dopo per raccogliere altre parole. Quel che conta è il gesto di raccogliere, non il risultato. Anche scrivere le parole in un taccuino non basta, deve usarle perché diventino parte di lei. Ripassa le parole del suo taccuino per impararle e memorizzarle. Cerca anche di usarle, ma non sempre con successo, perché alcune restano sulla pagina senza entrarle nel cervello. Paragona la sua comprensione dell'italiano a figli piccoli: entrambi bisognosi di amorevoli cure quotidiane e di essere accompagnati passo passo nella crescita.

PERCORSO G
PRODURRE

METTITI ALLA PROVA p. 622

1 Esaminare il rapporto degli studenti/adolescenti con le tecnologie digitali.
2 Perché è intimo e immediato.
3 Da strumento di comunicazione a terminale multimediale.
4 Perché su WhatsApp hanno più privacy, ciò che scrivono non può essere letto dagli adulti con cui hanno l'amicizia, e perché preferiscono comunicare con pochi.
5 A.
6 È possibile confondere il reale con il virtuale, con effetti sulla formazione della personalità. Inoltre, c'è il rischio dell'omologazione e di relazioni umane superficiali, il limitare l'immaginazione entro parametri prestabiliti.
7 B. e D.
8 C.
9 1. L'avanzata di WhatsApp; 2. Un'abitudine diffusa che fa pensare; 3. Una giornata incollati allo schermo; 4 WhatsApp batte Facebook; 5. I rischi che si corrono.

INDICE DEI TERMINI E DEGLI ARGOMENTI

S

T

V

FONTI BIBLIOGRAFICHE

p. 2 A. Bergonzoni, *È già mercoledì e io no*, Mondadori, Milano, 1992; **pp. 27-28** I. Calvino, *Il visconte dimezzato*, Mondadori, Milano, 1993, **p. 28** E. Morante, *L'isola di Arturo*, Einaudi, Torino, 2005; **p. 37** F. Bégaudeau, *La classe*, trad. di T. Lo Porto, L. Pieri, Einaudi, Torino, 2008; **p. 43** G.A. Stella, *Il maestro magro*, Rizzoli, Milano, 2005, **p. 66** G. Culicchia, *Venere in metrò*, Mondadori, Milano, 2013; **p. 80** W. Laila, *Come diventare italiani in 24 ore*, Barbera editore, Siena, 2010; **p. 86** G. Caproni, *L'opera in versi*, Mondadori, Milano, 1998; **p. 98** E. Brontë, *Cime tempestose*, trad. di L. Noulian, Feltrinelli, Milano, 2012; **p. 105** L. Snicket, *Un infausto inizio. Una serie di sfortunati eventi*, trad. di V. Daniele, Salani, Milano, 2010; **p. 114** W. Shakespeare, *Amleto*, trad. di G. Baldini, Rizzoli, Milano, 1990; **p. 142** L. Garlando, *Per questo mi chiamo Giovanni*, Rizzoli, Milano, 2012; **p. 173** J. Krakauer, *Nelle terre estreme*, trad. di L. Ferrari e S. Zung, Rizzoli, Milano, 1997; **p. 181** A. Bertolucci, *Le poesie*, Garzanti, Milano, 1990; **p. 187** R. Bradbury, *34 racconti*, trad. di L. Grimaldi, Mondadori, Milano, 1984; **p. 203** A. Kennen, *Cercami*, trad. di P. Floridi, Il Castoro, Milano, 2008; **p. 213** G. Pascoli, *Poesie*, Mondadori, Milano, 1974; **p. 216** S. Meyer, *L'ospite*, trad. di L. Fusari, Rizzoli, 2008; **p. 230** S. Benni, *Margherita Dolcevita*, Feltrinelli, Milano, 2013; **p. 232** N. Evans, *Insieme con i lupi*, trad. di S. Bortolussi, Rizzoli, Milano, 1998; **p. 241** G. Leopardi, *Canti*, Einaudi, Torino, 2016; **p. 266** J. London, *Zanna Bianca*, trad. di I. Tron, Mondadori, Milano, 1990; **p. 270** Titolo originale: Brandvägg ©1998 by Hanning Mankell – Published by agreement with Leopard Förlag, Stockholm and Copenhagen Literary Agency, Copenhagen © 2005 by Marsilio Editori® spa in Venezia; **p. 284** D. Grossman, *Qualcuno con cui correre*, trad. di A. Shomromi, Mondadori, Milano, 2001; **p. 298** G. Caproni, *Tutte le poesie*, Garzanti, Milano, 1999; **p. 299** S. King, *La bambina che amava Tom Gordon*, trad. di T. Dobner, Sperling&Kupfer, Milano, 2014; **p. 305** G. Pascoli, *Poesie*, Mondadori, Milano, 1974; **p. 311** P. Levi, *Se questo è un uomo*, Einaudi, Torino, 2012; **p. 315** J. e W. Grimm, *Fiabe*, trad. di C. Bovero, Einaudi, Torino, 1992; **p. 325** G. Carofiglio, *Il silenzio dell'onda*, Rizzoli, Milano, 2011; **p. 333** A. Baricco, *Mr Gwyn*, Feltrinelli, Milano, 2011, **p. 335** P. Neruda, *I versi del Capitano*, a cura di G. Bellini, Passigli, Firenze, 1995; **p. 339** A. Anedda, *Il catalogo della gioia*, Donzelli, Roma, 2003; **p. 362** L.H. Anderson, *Le emozioni difettose*, trad. di S. Reggiani, Giunti editore, Milano, 2012; **p. 365** S. Quasimodo, *Ed è subito sera*, Mondadori, Milano, 1991; **p. 383** Rdhika Jha, *Confessioni di una vittima dello shopping*, trad. di A. Geraci, Sellerio, Palermo, 2014; **p. 388** K. Hosseini, *E l'eco rispose*, trad. di I. Vaj, Piemme, Casale Monferrato, 2014; **p. 393** A. de Saint-Exupéry, *Il piccolo principe*, trad. di N. Bompiani Bregoli, Bompiani, Milano, 2000; **p. 399** M. Satrapi, *Persepolis*, trad. di C. Sparagana, G. Gasparini, Sperling & Kupfer, Milano, 2004; **p. 402** A. Merini, *Terra d'amore*, Acquaviva, Milano, 2003; **p. 404** A. Sebold, *Amabili resti*, trad. di C. Belliti, e/o, Roma, 2002; **p. 408** R. Dahl, *Matilde*, trad. di F. Lazzarato, Salani, Firenze, 2008; **p. 411** M. Crichton, *Jurassic Park*, trad. di M.T. Marenco, A Pagnes, Garzanti, Milano, 2010; **p. 415** J. Fante, *A ovest di Roma*, trad. di A. Osti, Fazi, Roma, 1997; **p. 453** M. Lodoli, *Il rosso e il blu*, Einaudi, Torino, 2009; **p. 463** R. Queneau, *Esercizi di stile*, trad. di U. Eco, Einaudi, Torino, 2014.
pp. 6, 22, 40, 51, 152, 236, 317, 453 Lo Zingarelli 2017. Vocabolario della lingua italiana, Zanichelli, Bologna, 2016.

LOCANDINE E SCENE DA FILM

p. 37 *La classe – Entre les murs*, regia di L. Cantet, 2008; **p. 105** *Lemony Snicket – Una serie di sfortunati eventi* (*Lemony Snicket's A Series of Unfortunate Events*), regia di B. Silberling, 2004; **p. 107** *Fantozzi – Il ritorno*, regia di N. Parenti, 1996; **p. 114** *Hamlet*, regia di K. Branagh, 1996; **p. 115** *Il passato è una terra straniera*, regia di D. Vicari, 2008; **p. 150** *La grande bellezza*, regia di P. Sorrentino, 2013; **p. 173** *Into the Wild – Nelle terre selvagge*, regia di S. Penn, 2007; **p. 182** *La scuola più bella del mondo*, regia di L. Miniero, 2014; **p. 189** *Quel pazzo venerdì* (*Freaky Friday*), regia di M. Waers, 2003; **p. 189** *Questo piccolo grande amore*, regia di R. Donna, 2009; **p. 193** *Ogni cosa è illuminata* (*Everything Is Illuminated*), regia di L. Schreiber, 2005; **p. 195** *La solitudine dei numeri primi*, regia di S. Costanzo, 2010; **p. 212** *Vi presento i nostri* (*Little Fockers*), regia di P. Weitz, 2010; **p. 215** *Qualcuno con cui correre* (*Mishehu laruts ito*), regia di O. Davidoff, 2006; **p. 216** *The host*, regia di S. Ronan, 2013; **p. 234** *Quasi amici* (*Intouchables*), regia di O. Nakache e É. Toledano, 2011; **p. 290** *Piovono polpette* (*Cloudy with a Chance of Meatballs*), regia di P. Lord e C. Miller, 2009; **p. 333** *Notte prima degli esami*, regia di F. Brizzi, 2006; **p. 340** *Il mio vicino Totoro*, regia di H. Miyazaki, 1988; **p. 341** *Il fascino indiscreto dell'amore* (*Tokyo Fiancée*), regia di S. Liberski, 2014; **p. 371** *La ricerca della felicità* (*The Pursuit of Happyness*), regia di G. Muccino, 2006; **p. 372** *Divergent*, regia di N. Burger, 2014; **p. 387** *A beautiful mind*, regia di R. Howard, 2001; **p. 404** *Amabili resti* (*The Lovely Bones*), regia di P. Jackson, 2009; **p. 420** *True detective*, Stagione 1, episodio 1, regia di C.J. Fukunaga, 2014; **p. 426** *Tempi moderni* (*Modern Times*), regia di C. Chaplin, 1936; **p. 568** *Il diavolo veste Prada* (*The Devil Wears Prada*), regia di D. Frankel, 2006; **p. 580** *Star Wars: Il risveglio della Forza* (*Star Wars: The Force Awakens*), regia di J.J. Abrams, 2015; **p. 602** *Quo vado?*, regia di G. Nunziante, 2016.

ALBUM MUSICALI

p. 93 C. Cremonini, *Logico*, Universal Music, 2014; **p. 233** Elisa, L'anima vola, Sugar, 2013; **p. 271** Emis Killa, *Mercurio*, Carosello Records, 2013; **p. 395** Max Gazzè, *Quindi?*, Universal Records, 2010.

FONTI AUDIO

pp. 457, 477, 478 dall'intervista a Sofia Viscardi del 4/3/2015 su Radio Deejay
p. 475 Campagna "Leggere è il cibo della mente: passaparola!", Presidenza del Consiglio dei Ministri, Dip. per l'informazione e l'editoria, 2009
p. 478 Luca Vagnini, *Sarà Fantastica* (*It will be amazing*)
p. 516 http://www.pubblicitaprogresso.org/schede_mediateca/2001-il-valore-dellascolto Ente: PUBBLICITÀ PROGRESSO, Agenzia di pubblicità: FCB Italia, Casa di Produzione: Haibun, Centro Media: Media Italia, Agenzia di relazioni pubbliche: Hill &Knowlton – Gaia, Istituto di ricerche: RQ – Ricerche Qualitative
p. 520 dall'intervista a Gianumberto Accinelli del 4/3/2015 su RAI RADIO 2
p. 522 http://www.sapetecomemitrattano.it/media.php#1: spot realizzato dall'Agenzia ProgettiNuovi di Annamaria Testa e firmato dal copy Mirko Weiss per il concorso "Sapete come mi trattano?" promosso dalla FISH – Federazione Italiana per il Superamento dell'Handicap
p. 523 AIC – Associazione Italiana Celiachia (Realizzato da Mediart S.r.l.)
p. 527 dall'intervista a Enzo Gentile del 5/12/2014 su RAI Radio Gr1

I siti Internet indicati sono stati verificati a gennaio 2017.